Dir, lieber Christoph,

und

Dir, lieber Udo,

in Erinnerung an

viele schöne gemeinsame Unternehmungen!

In herzlicher Verbundenheit!

Euer

Gisela und Günter

10. Juli 2002

Hans-Günter Krüsselberg
Heinz Reichmann
(Hrsg.)

Zukunftsperspektive Familie und Wirtschaft

Vom Wert von Familie für Wirtschaft, Staat und Gesellschaft

Hans-Günter Krüsselberg
Heinz Reichmann
(Hrsg.)

Zukunftsperspektive Familie und Wirtschaft

Vom Wert von Familie für Wirtschaft, Staat und Gesellschaft

Die Deutsche Bibliothek - CIP-Einheitsaufnahme

Zukunftsperspektive Familie und Wirtschaft : vom Wert von Familie für Wirtschaft, Staat und Gesellschaft / Hans-Günter Krüsselberg ; Heinz Reichmann (Hrsg.). - Grafschaft : Vektor-Verl., 2002

ISBN 3-929304-42-2

Grafiken: Miriam Jans

Inhalt

Teil II

Teil III

Teil IV

Teil V

V Die Botschaften

Vorwort

Obwohl es sich tagtäglich beweist, es muss wohl wieder gelernt werden, dass sich im Leben der Familien das Leben der Gesellschaft und ihrer Wirtschaft spiegelt. Dass die meisten Familien der Bundesrepublik Deutschland in der Lage sind, mit den Problemen ihres Alltags fertig zu werden, bedeutet nicht, dass sie sich in der Realität gerecht behandelt fühlen. Zu viele ihrer Aufgaben werden ihnen schwer gemacht; zu viele ihrer Pflichten empfinden sie als unnötig belastend. Die Institution Familie, verstanden als persönlich bestimmtes Zusammenleben und Zusammenwirtschaften im Geschlechter- und Generationenverbund, sieht sich mit ständig wachsenden Leistungsansprüchen konfrontiert und das ohne Rücksicht darauf, ob ihre Daseinskompetenzen und Ressourcen dazu ausreichen. Angesichts sehr hoher, zudem nahezu als selbstverständlich erscheinender Erwartungen an familiale Leistungspotenziale, "Mündigkeit" und Entscheidungskompetenzen sind die Alltagsaufgaben im Familiensystem zeitraubender und verantwortungsträchtiger geworden. Gleichwohl bleibt die gesellschaftlich angemessene Anerkennung aus.

Der Sorge um die Zukunftsfähigkeit von Familien in unserem Land widmet sich diese Studie. Sie will die Botschaft vermitteln: Eine neue Familienorientierung braucht dieses Land – und zwar auf allen politischen Ebenen und in allen gesellschaftlichen Institutionen. Sie richtet sich an alle Entscheidungsträgerinnen und Entscheidungsträger unserer Gesellschaft. Wenn dabei zugleich die Zukunftsperspektive für Familie und Wirtschaft thematisiert wird, erfolgt dies unter dem Aspekt der offenkundigen Grundlegung von Zukunft durch die Ganzheitlichkeit der gesellschaftlichen Arbeit in Familie und Wirtschaft. In vielfältiger Weise beschäftigen sich die Autorinnen und Autoren dieses Bandes mit der Frage, welche volkswirtschaftlich unersetzbaren Leistungen von Familien erbracht werden. Sie plädieren dafür, die volkswirtschaftliche und gesellschaftliche Gleichwertigkeit von Familientätigkeit und Erwerbstätigkeit für alle Lebensbereiche anzuerkennen und die gegenwärtig vielfach festzustellende "strukturelle Rücksichtslosigkeit der Gesellschaft" im Hinblick auf das familiale Alltagsleben Schritt für Schritt abzubauen. Zukunftsfähigkeit zu bedenken bedeutet vor allem, Sorge zu tragen für die Sicherung und Stärkung des in Familien entstehenden, dort zu formenden und zu bewahrenden Humanvermögens der Gesellschaft, des an Bedeutung alles überragenden gesellschaftlichen Handlungspotenzials.

Über eine Zukunftsperspektive verfügen Wirtschaftsgesellschaften, die in der Lage sind, ihre produktiven Potenziale zu erkennen, deren Aufbau und Erhaltung zu fördern und einer nachhaltigen Nutzung zu unterwerfen. Es ist deshalb fatal, von einem gesellschaftlichen Funktionsverlust der Familie angesichts ihrer mutmaßlichen institutionellen "Spezialisierung" auf das intime private Leben zu reden und ihr damit ihre fundamentale Bedeutung für die Sicherung des gesellschaftlichen Handlungspotenzials abzusprechen. Familie ist weder Nur-Privatsache noch unproduktiv, nicht Nur-Konsument und damit Wertvernichter. Ihre gesellschaftlich entscheidende unersetzliche Funktion für die nachhaltige gesellschaftliche Entwicklung und die Förderung des Wohlstands ist und bleibt die Investition in Humanvermögen, in jene Investition, auf der alle anderen gesellschaftlichen Varianten von Investition gründen.

Die in den Familien laufend getätigten Investitionen in das persönliche, familiale und gesellschaftliche Humanvermögen und damit in die Zukunftssicherung rücken familiales Handelns seit jeher in das Zentrum des Prinzips der "Nachhaltigkeit von Entwicklung". Für keinen anderen Lebensbereich kann die Kernaussage der Grundsätze der Rio-Deklaration von 1992 für die zukünftige Gestaltung der Lebensbedingungen von Menschen deutlicher gelten als für familiales Handeln: "Das Recht auf Entwicklung muss so erfüllt werden, dass den Entwicklungs- und Umweltbedürfnissen heutiger und künftiger Generationen in gerechter Weise entsprochen wird". Wer nach einem Leitbild für eine konsensfähige Familienpolitik der Zukunft Ausschau hält, soll über die hier vorgelegte Studie die Anregung erhalten, es sei das Leitbild einer zukunftsfähigen, nachhaltigen Entwicklung. Empfohlen wird eine Gesellschaftsreform, die sich in ihrer Grundstruktur ausrichtet auf eine am Wohl von Familien orientierte Politik im Zeichen des Paradigmas der Nachhaltigkeit. Das ist eine Politik der Reform von unten nach oben.

Die Sorge um eine nachhaltige, zukunftsfähige Sicherung des individuellen, familialen und gesellschaftlichen Bestandes an Humanvermögen bestimmt die Themen dieser Studie. Es geht um die nachhaltige Sicherung der individuellen aktiven Partizipation der Menschen aller Altersstufen an allen gesellschaftlichen Institutionen. Es geht um gerechtere Teilhabe an den gesellschaftlich angebotenen Lebenshilfen, um deren kreative Mitgestaltung in der Bereitschaft, persönliche und solidarische Verantwortung zu übernehmen für die Chancen und Risiken zu eröffnender Freiheitsspielräume. Die Frage, welche Förderungsangebote an Familien Individuen zur Selbständigkeit und Kreativität befähigen, begleitet durchgängig diese Studie. Die Zukunftsperspektive von Gesellschaften wird weiterhin davon bestimmt sein, wie Solidarität bei potenzieller Rivalität zwischen den Generationen und den Geschlechtern nachhaltig sichergestellt werden kann. Defizite an Generationen- und Geschlechtersolidarität mindern das kreative Potenzial kooperativer Arrangements, die Möglichkeit der Nutzung unterschiedlicher Begabungen, Fähigkeiten und Wissensstände zum

Zweck der Wohlstandsmehrung für alle. Solche Defizite zeigen sich vielfach im Bereich der Sozialen Sicherung, des Bildungswesen, in der Arbeitswelt und bei der Übernahme von familialen Verpflichtungen. Das sind Tatbestände, welche zu den Diskussionen in diesem Band anregten, weil sie zu vielfältigen Belastungen im Leben von Familien führen, ohne dass sie gleichzeitig im gesellschaftlichen Diskurs adäquate Beachtung finden.

Einsichten in die parasitäre Aneignung der Ergebnisse familialen Handelns, ihrer Investitionen in die humane Infrastruktur unserer Gesellschaft, durch nicht-familiale Dritte zu vermitteln ist ein wichtiges Anliegen dieses Bandes und der daran anknüpfenden Botschaften. Es muss leichter werden "Familie zu leben". Haushälterische Ressourcen und Daseinskompetenzen zur Alltags- und Krisenbewältigung sind gefragt. Es bedarf dringend einer Aufwertung der Idee autonomer Gestaltbarkeit familialer Lebensbereiche. Dazu behandeln die Beiträge dieses Bandes Aspekte sowohl der Stärkung der elterlichen Erziehungskompetenz, der Erziehung von Kindern zur Selbständigkeit als auch der chancengleichen Handhabung von Wahlmöglichkeiten bei bislang kollektiv angebotenen gesellschaftlichen Dienstleistungen wie Kinderbetreuung, Gesundheitsverhalten, Schulbesuch, Soziale Sicherung und Karriereplanung.

Immer wieder wird von Kritikern des Sozialsystems der Bundesrepublik Deutschland die Forderung nach einem "Umbau" erhoben. Es sei ineffizient und zu teuer. Gelegentlich wird hinzugefügt, es verstoße gegen grundlegende Prinzipien der Gerechtigkeit. Die Autorinnen und Autoren dieses Bandes plädieren für "Gerechtigkeit gegenüber Familien" als Zielgröße, auf die sich jegliche Vorstellung über die Richtung des Umbaus dieses Sozialsystems einzulassen hat, weil, den empirischen Befunden folgend, derzeit vornehmlich die mannigfach vorhandenen "strukturellen Rücksichtslosigkeiten gegenüber Familien" abzubauen sind.

Nicht nur Verfassungstheoretiker wissen, dass sich alle Verfassungen, die einen Grundwertekatalog enthalten, auf eine historisch weitsichtige, weil zutiefst humanitäre, evolutionäre Wertbestimmung für Ordnungen eingelassen haben. Die dort verankerten Grundrechte zeichnet eine besondere Eigenschaft aus. Sie sind ein Beleg dafür, dass derart verfasste Gesellschaften gelernt haben, wie fundamental die Verletzung solcher Grundwerte durch die Gesellschaft deren Zukunftsfähigkeit bedrohen. Zu Recht fordert deshalb das Bundesverfassungsgericht der Bundesrepublik Deutschland "Gerechtigkeit für Familien" in vielen Einzelpunkten ein.

Dass es dabei um mehr als allein die Rentenversicherung geht, sucht unsere Studie vielfach zu belegen. Sie ist so angelegt, dass alle ihre Teile als Einzelbeiträge gelesen werden können. Andererseits soll nicht nur über dieses Vorwort, sondern vornehmlich über die Abschnitte "Zum Geleit" darauf verwiesen werden, wie wir uns die Einheit vorstellen, die diese Beiträge gedanklich miteinander verbindet. Es ist die Vision einer familiengerechteren Gesellschaft.

Unser Dank für das Zustandekommen dieses Buches gilt in erster Linie den Autorinnen und Autoren dieses Bandes. Sie waren bereit, den Anregungen der Herausgeber zu folgen, nicht nur über den Stand ihrer einschlägigen Forschungsergebnisse zu berichten. Sie kamen zudem der Bitte nach, "Botschaften" zu formulieren, in denen sie ihre auf die Zukunft gerichteten, gelegentlich sogar mit einem gewissen Utopie-Quantum angereicherten Gedanken darüber vortragen, was an Forschungsbedarf und Reformenideen angedacht werden sollte, wie zudem an das familienpolitische "Gewissen" der Öffentlichkeit appelliert werden könnte und sollte. Die Herausgeber wissen sehr zu schätzen, wieviel an Vertrauen und Kooperationsbereitschaft ihnen hier entgegengebracht wurde.

Ein gesonderter Dank geht an die beiden an dieser Edition beteiligten Landeskirchen. Ihre Beiträge unterstreichen deutlich eine zentrale Intention dieser Publikation, die nämlich, in einen fachübergreifenden Dialog über Familie und Wirtschaft einzutreten, in einen Dialog über grundlegende Werte unserer Gesellschaft und die Möglichkeit, ihnen in zeitgemäßer Gestalt Rechnung zu tragen. Hoffen wir, dass dieser Dialog dazu beiträgt, in einer Zeit des wirtschaftlichen und gesellschaftlichen Umbruchs, in einer Zeit mit einem hohen Reformbedarf zu Konsenslösungen zu gelangen, die dazu verhelfen mögen, "Familie lebbarer zu machen". Ein entscheidender Dank gebührt der Otto Wolff-Stiftung, ohne deren Unterstützung dieser Band wohl nie entstanden wäre. Sie hat die Planungsskizze für dieses Projekt ohne Vorbehalte akzeptiert und mit großer Geduld den zeitlichen Aufwand toleriert, der für eine Arbeit in Anspruch genommen werden muss, die nicht auf rasche Ergebnisse zielt. Ein herzlicher Dank geht zudem an Lydia Häufele-Jans, die Verlegerin dieses Bandes, die diese Edition sachverständig begleitet hat. Ihr Rat war für uns stets äußerst wichtig.

Alle Beteiligten hoffen auf eine Akzeptanz ihrer Gedanken, die die Zukunft in einer Perspektive zeigt, welche erkennen lässt, dass nur im Gleichklang Familie und Wirtschaft prosperieren können. Dass daraus die Forderung nach einer umfassenden gesellschaftlichen Reform abzuleiten sei, die die Wertigkeit von Familientätigkeit und Erwerbstätigkeit zeitgerecht umstrukturiert, steht von nun an als Dialogangebot im Raum des öffentlichen Disputs über aktuellen Politikbedarf.

Hans-Günter Krüsselberg *Heinz Reichmann*

Zum Geleit

Prof. Dr. Heinz Reichmann

Vorsitzender des Kuratoriums des
Arbeitskreises Evangelischer Unternehmer in Deutschland e. V. (AEU)

Die AEU-Studie

– ein Anstoß zur gesellschaftlichen Reflexion der Bedeutung von Familie im Gespräch zwischen Wirtschaft und Kirche

Der Arbeitskreis Evangelischer Unternehmer sieht eine wesentliche Aufgabe und Zielsetzung seiner Arbeit darin, die evangelische Kirche bei ihren vielfältigen Bemühungen um die zukünftige und verantwortliche Gestaltung der Wirtschafts-, Sozial- und Gesellschaftsordnung zu unterstützen. Die Diskussionen hierüber waren und sind in der Regel deswegen schwierig, weil sie durch Missverständnisse und wechselseitige Berührungsängste geprägt waren und immer noch geprägt sind. Diese abzubauen ist ein wichtiges Grundmotiv unserer Arbeit. Ein wesentliches Anliegen ist es, Brücken zwischen unserer Kirche und den Verantwortungsträgern in der Wirtschaft zu bauen, um auf diese Weise nicht nur zu sach- und menschengerechten Lösungen beizutragen, sondern auch einer Entfremdung von Kirche und Wirtschaft entgegenzuwirken.

Aus diesem Grunde hat der AEU die beiden Stellungnahmen des Rates der Evangelischen Kirche in Deutschland und der Deutschen Bischofskonferenz zur wirtschaftlichen und sozialen Lage in Deutschland begrüßt und sich von Beginn an intensiv in den Konsultationsprozess eingebracht. Dies geschah sowohl im Rahmen eigener Veranstaltungen als auch durch Vorträge und Teilnahme an Podiumsdiskussionen bei kirchlichen Foren. Die dabei gesammelten Erfahrungen waren Anlass, als vorläufiges Zwischenergebnis am 28. Februar 1997 ein Buch mit dem Titel “Die Soziale Marktwirtschaft als Wirtschafts- und Werteordnung” herauszugeben. Mit dieser Publikation wollten wir nicht nur einen Beitrag zur notwendigen Neuorientierung unserer Wirtschafts- und Sozialordnung leisten, sondern auch auf die ethischen Grundlagen und die protestantischen Wurzeln der Sozialen Marktwirtschaft aufmerksam machen. In dem Konsultationsprozess ist uns besonders deutlich geworden, dass bei Diskussionen über notwendige Reformen unserer Wirtschaftsordnung in der Regel Einzelprobleme im Vordergrund standen und dabei die wechselseitige Abhängigkeit zu anderen Ordnungssystemen außer Betracht blieb. Da punktuelle Ansätze zur Lösung gesellschaftlicher Probleme langfristig wenig hilfreich sind, haben wir uns bei unseren Aktivitäten im Rahmen des Konsultationsprozesses immer wieder deutlich zu machen versucht, dass die Lösung von Einzelproblemen ohne Berücksichtigung der Interdependenzen mit anderen Teilordnungen oft kontraproduktiv ist.

Der hier präsentierte Band mit dem Titel: "*Zukunftsperspektive Familie und Wirtschaft – Vom Wert von Familie für Wirtschaft, Staat und Gesellschaft*" greift ein in unserer Gesellschaft bisher ungelöstes Grundproblem auf. Durch die Auswahl der Autoren, die ausgewiesene Fachleute auf diesem Gebiet sind, ist es uns gleichwohl gelungen, den Lesern einen recht umfassenden Überblick über den gegenwärtigen Stand der familienpolitischen Diskussion zu vermitteln. Nur das Verständnis für die Zusammenhänge, unter denen sich familiale Lebensformen gestalten, und für die Probleme, denen sie gegenüberstehen, ermöglicht sachgemäße Lösungsansätze zur Verbesserung der Stellung der Familie in unserer Gesellschaft. Wie weit nicht nur die Pluralisierung der Lebensformen, sondern auch die der Familienformen gestiegen ist, wird von der breiten Öffentlichkeit bislang nur in Ansätzen wahrgenommen. Aber gerade in Anbetracht der Vielfalt bestehender Lebensformen brauchen wir aufgrund unseres christlichen Wirklichkeitsverständnisses ein verbindliches Leitbild. Nach unserem Grundverständnis kann dies in unserer Gesellschaft nur die Lebensform der Ehe sein.

Wie stark die familialen Verhältnisse von wirtschaftlichen, politischen und kulturellen Vorgaben abhängen, hat die hinter uns liegende Debatte über die Rentenreform gezeigt. Spätestens dabei müsste vielen Bürgern unseres Landes bewusst geworden sein, dass Familie nicht nur Privatsache ist, sondern auch eine erhebliche Bedeutung für das Gemeinwohl hat. Um so unverständlicher ist es, dass die Ausgestaltung der Familienpolitik und ihre Einbettung in übergreifende gesamtgesellschaftliche und gesamtwirtschaftliche Strukturen und Entwicklungstendenzen in der Vergangenheit so sträflich vernachlässigt wurde. Die Leistungen, die im Raum familialer Beziehungen erbracht werden, sind für die übrigen Gesellschaftsbereiche unverzichtbar.

Mit der Herausgabe dieser Schrift möchte der AEU nachdrücklich darauf aufmerksam machen, dass die Familien die entscheidende Grundlage jeglicher Art menschlichen Zusammenlebens darstellen und für die Zukunftsfähigkeit unserer Gesellschaft unersetzlich sind. Nur Familien sind in der Lage, für den Fortbestand und die Überlebensfähigkeit unseres Landes sowie für die Schaffung und Erhaltung von Humanvermögen zu sorgen. Ohne einen tragfähigen Unterbau an Humanvermögen wird nicht nur das Ziel der Wohlfahrtssteigerung, sondern auch die Bewahrung des Wohlfahrtsniveaus zu einer Illusion. Jedes Gemeinwesen verdankt seine Entwicklungskräfte und Zukunftschancen in erster Linie den Familien, eine Tatsache, die durch kein noch so effizientes Wirtschaftssystem ausgeglichen werden kann und wofür der zur Zeit heftig diskutierte Umfang der Immigration nur einen eng begrenzten Ausgleich bietet, weil damit letztlich nur partielle Probleme angegangen werden können.

Bundesregierung und Parlament haben dies erkannt und akzeptiert, was im Fünften Familienbericht festgestellt wurde (S. III), "dass das Humanvermögen einer Gesellschaft (als Ausdruck für die Gesamtheit der menschlichen Handlungspotentiale und Kompetenzen) durch die Leistungen der Familie begründet wird und alle Menschen vom Lebensbeginn bis zum Lebensende sowie die Gesamtheit der gesellschaftlichen Einrichtungen dieser familialen Leistungen bedürfen". Damit folgt die Politik ausdrücklich den Feststellungen der Familienberichtskommission, die in Anbetracht einer Dominanz erwerbswirtschaftlichen Denkens in unserer Industriegesellschaft daran erinnert: "Im Lebenszyklus geht die familiale und schulische Sozialisation stets der Erwerbstätigkeit voraus. Nur mit dem Sozialisationserfolg wird effiziente Wirtschaft möglich." Aber nicht nur für die Wirtschaft ist die Leistung der Familie von Bedeutung, sondern das ganze demokratische Gemeinwesen ist auf motivierte, partizipations- und solidaritätsbereite Bürgerinnen und Bürger angewiesen, deren entscheidende Grundlagen in erster Linie in den Familien gelegt werden. Leider ist der Familienberichtskommission auch darin zuzustimmen, wenn sie kritisch feststellt: "Dennoch gewährt die Gesellschaft den Menschen, die familiale Verantwortung übernehmen, keine entsprechende Anerkennung."

Die Erkenntnis, dass unsere Gesellschaft den Problemen der Familie nur unzureichend Rechnung trägt, hatte den AEU bewogen, dieses Problem im Rahmen des Konsultationsprozesses der beiden großen christlichen Kirchen zur wirtschaftlichen und sozialen Lage in Deutschland immer wieder zu thematisieren. Um unserem Anliegen Nachdruck zu verleihen, hatten wir die Jahrestagung im Jahre 1997 unter das Generalthema "Die Bedeutung der Familie in unserer Gesellschaft" gestellt. Die bei der Jahrestagung und in den anschließenden Diskussionsrunden unserer regionalen Arbeitsgruppen gesammelten Erfahrungen haben uns veranlasst, diese Problematik weiterzuverfolgen. Hierzu soll das vorliegende Buch beitragen, wobei wir wünschen und hoffen, dass es weiteren Gesprächsbedarf auslöst.

Die wirtschaftliche und soziale Problematik der Familien ist zwar nur ein Teilaspekt des derzeitigen Reformbedarfs in Deutschland, die Auswirkungen der Familienpolitik auf unsere Gesellschaft werden jedoch allzu häufig unterschätzt. Alle zur Lösung anstehenden Fragen wie Renten- und Steuerreform, Arbeitslosigkeit, schulische Defizite, fehlende Ausbildungsplätze, Eingliederung von Frauen in den Arbeitsprozess u. v. a. m. lassen sich nur im familialen Kontext angehen. Hierfür die richtigen Rahmenbedingungen zu schaffen ist Aufgabe der Politik, wobei wir hoffen, dass die anstehenden Reformen dem ordnungspolitischen Konzept der Sozialen Marktwirtschaft entsprechen. Eine besondere Herausforderung der zukünftigen Familienpolitik liegt darin, unter Berücksichtigung der derzeitigen Bedürfnisse der Familien eine bessere Balance zwischen Einzel- und Gemeinschaftsinteresse herzustellen. Einerseits gilt es, die Freiheit des Einzelnen nicht einzuschränken, andererseits muss das Sozialgebilde Familie aber auch so viel materiellen und immateriellen Freiraum erlangen, dass es seine elementaren Aufgaben und Leistungen optimal erfüllen kann.

Das Leitbild zukünftiger Familienpolitik hat sich nach unserer Auffassung an zwei Grundprinzipien zu orientieren, nämlich einmal an dem Prinzip der Gleichwertigkeit von Familientätigkeit und Erwerbstätigkeit, zum anderen an dem Prinzip der Vereinbarkeit von Familientätigkeit und Erwerbstätigkeit. Bei beiden Prinzipien geht es sowohl um Chancengleichheit als auch um die Anerkennung des Wertes gesellschaftlich bedeutsamer Leistungen der Familien. Diese Forderung wird sich nicht ohne die Schaffung neuer Lebens- und Zeitmuster realisieren lassen. Dass hier nicht nur die Gleichwertigkeit und die Vereinbarkeit von Familien- und Erwerbstätigkeit zur Debatte stehen, sondern auch die von Familientätigkeit und Bildung, ist ebenfalls ein zentrales Anliegen dieser Schrift.

Hierzu kann die Wirtschaft, auch zu ihrem eigenen Vorteil, einen wesentlichen Beitrag leisten. Die Möglichkeiten, zur Vereinbarkeit von Familien- und Erwerbstätigkeit hinzuführen, sind in den Unternehmen bisher nicht annähernd ausgeschöpft worden. Familienfragen dürfen zukünftig kein Randthema mehr bleiben, sondern müssen sowohl im Interesse des Gemeinwohls als auch im Interesse der Unternehmen selbst fester Bestandteil der Unternehmenspolitik sein. Brücken zwischen Familien und Arbeitswelt zu bauen ist darüber hinaus eine Voraussetzung für die Stabilisierung der Orientierungssicherheit in einer immer komplexer werdenden Welt.

Unser Dank für das Zustandekommen dieses Buches gilt nicht nur Herrn Professor Dr. Hans-Günter Krüsselberg und den übrigen Autorinnen und Autoren für ihre Beiträge, sondern ganz besonders der Otto Wolff-Stiftung, die die Herausgabe dieses Bandes ermöglicht hat.

Prof. Dr. Hans-Günter Krüsselberg

Philipps-Universität Marburg,
FB Wirtschaftswissenschaften, Wirtschafts-, Sozial- und Familienpolitik

"Politik für die Familie" im Diskurs – Das AEU-Projekt

Nach dem Verständnis der Herausgeber dieses Bandes sieht der Arbeitskreis Evangelischer Unternehmer (AEU) eine seiner Aufgaben darin, sich zu grundlegenden Fragen der gesellschaftlichen Entwicklung von Fall zu Fall zu äußern. Als angemessene Form der Stellungnahme betrachtet er nicht zuletzt die Vorlage von Diskussionsbeiträgen, in denen auf einschlägige wissenschaftliche Erkenntnisse aufmerksam gemacht, also Expertenwissen genutzt werden soll. Dabei sieht er wohl und das ist zugleich seine Absicht, dass diese Voten wiederum einer kritischen Beurteilung durch andere gesellschaftliche Gruppen unterworfen sein werden. Natürlich behält er sich selbst eine kritische Beurteilung der Forschungsergebnisse vor, die auf Grund eigener Initiativen wie im vorliegendem Fall seitens des langjährigen Vorsitzenden des Vorstands und jetzigen Vorsitzenden des Kuratoriums erarbeitet und in diesem "Expertenband" zusammengestellt wurden. Beabsichtigt war, eine Untersuchung anzuregen, die in die Rubrik der Bemühungen um eine "Erneuerung der Sozialkultur" eingeordnet werden kann, – wohlwissend, dass damit zugleich nach den Erfolgsaussichten für den allerseits als dringlich bezeichneten "Umbau des Sozialstaates" gefragt wird, was wiederum nicht ohne die Beantwortung der Frage nach den Leitideen der Wirtschaftspolitik geschehen kann.

1. Der verkannte Faktor "Familie" – Die Ausgangsposition

Die Einsicht, dass im Kontext eines Nachdenkens über eine Erneuerung der Sozialkultur in der Gegenwartsgesellschaft der Bedeutung der Familie eine ganz zentrale Rolle zugedacht sein muss, resultiert aus der Einschätzung, die Familie sei "die Lebenszelle der Gesellschaft", die "Bildungsstätte von Humanvermögen" und "ein bisher wenig beachteter Wirtschaftsfaktor". Mit dieser dreischichtigen gesellschaftlichen Standortbestimmung von Familie leitete Hans Geisler, Staatsminister in Sachsen, die Erörterung des Themas: "Die Bedeutung der Familie in unserer Gesellschaft" während der Jahrestagung des AEU im November 1997 in Leipzig ein. Ausdrücklich wird in diesem "Grußwort" "auf den Zusammenhang zwischen Wirtschaftspolitik einerseits und Wohlstandsentwicklung in den Familienhaushalten auf der anderen Seite" hingewiesen, den "insbesondere Ludwig Erhard und Alfred Müller-Armack, die Väter der Sozialen Marktwirtschaft", stets betont hatten.

Die Frage nach den ethischen Grundlagen der Sozialen Marktwirtschaft war ebenfalls eine Grundlage meines Vortrags in Leipzig mit dem Titel: "Familie und Familienpolitik: Zukunft des Humanvermögens". Offensichtlich sei, so meinte ich, inzwischen zu vielen Menschen das Wissen darum verloren gegangen, wie sehr jegliche wirtschaftliche und gesellschaftliche Ordnung in ihrem Erfolg getragen wird durch die grundlegenden Wertemuster, die sich in den Familien ausbilden.

Erinnert wurde dabei an jene Interpretation der protestantischen Ethik, die Max Weber in seiner Studie: "Die protestantische Ethik und der Geist des Kapitalismus" (1905) vorlegte. Danach gilt für den *"Idealtypus" des* (kapitalistischen) *Unternehmers* die Investition als Verpflichtung gegenüber dem ihm anvertrauten Besitz, als Zeichen seiner Verantwortung dafür, diesen Besitz zu Gottes Ruhm ungeschmälert zu erhalten und durch rastlose Arbeit zu vermehren (Weber 1965, S. 57 ff., 178 ff.). Gefragt wurde dann, ob nicht in diesem Sinne einer *Treuhänderschaft zur Bewahrung der Schöpfung* familiale Leistungen im Kern exakt jenes Element von Unternehmertum enthalten. Da die Familie der Ort ist, in der das menschliche Handlungsvermögen grundlegend für jegliche weitere individuelle Entwicklung aufgebaut und ein Leben lang bewahrt wird, und da jede gesellschaftliche Beziehung ohne die Kompetenzen, deren Bereitstellung die Familie zur Basisinstitution jeglicher Art menschlichen Zusammenlebens macht, inhaltslos ist, sei es eine wichtige Aufgabe der Wissenschaft, darauf aufmerksam zu machen, dass Kreativität und Verantwortlichkeit *die investiven Leistungen der Familie* ebenso charakterisieren, wie es die Moral des Marktes von der Unternehmertätigkeit fordert. Angesichts der vielfach zu registrierenden Unwilligkeit, mit dieser Einsicht so umzugehen, dass dem Schutz der Familie Hochrangigkeit in der Gewichtung des gesellschaftlichen Handlungsbedarfs eingeräumt wird, sei es – so lautete dann die Botschaft – ein Gebot der Stunde, als Gebot sowohl der gesellschaftlichen Moral als auch der gesellschaftlichen Vernunft, *Gerechtigkeit für die Leistungen der Familie zu erstreiten.*

Soziale Gerechtigkeit sei keine Illusion, aber nicht ohne Bezug auf ein Menschenbild zu definieren. Sozial gerecht sei jede Entscheidung, die sich an der Würde des Menschen orientiert, den Einzelnen zur Selbständigkeit, zu eigenverantwortlichen Entscheidungen befähigt und zum Aufbau verlässlicher zwischenmenschlicher Beziehungen beiträgt, die dem Menschen Gefühle der Geborgenheit und Sicherheit vermitteln. Sozial gerecht sei jede Beziehung, die sich auf Handlungsfreiheiten gründet und zugleich gewährleistet, dass die Wahrnehmung der Handlungsfreiheit erkennen lässt, wie grundlegend die Wertschätzung der Würde des Nächsten Maßstäbe und Grenzen für die Ausübung der eigenen Handlungsfreiheit setzt.

Als bedeutsames Element einer "Sozialkultur" wird vielfach die "Bereitschaft zu teilen" bezeichnet. Kinder zu haben, werden sie als Gabe Gottes empfunden oder auch nicht, heißt in jedem Fall für die Eltern, dass sie zu teilen bereit sind, zum Teilen von Zeit, Geld, Vermögen, Liebe und Zuneigung. Ein im Hinblick auf den Bestand an Ressourcen dieser Art stets begrenztes Budget verteilt sich mit der Entscheidung zum Kind unwiderruflich auf zusätzliche Köpfe. Dabei wird bei der elterlichen Bereitschaft zu teilen gewiss nur selten darüber nachgedacht, dass sich mit den neu in die Welt gelangten jungen Menschen für alle bereits Lebenden zusätzliche Lebenschancen eröffnen. Sie werden getragen von den Kompetenzen jener, die heute auf Zuwendung angewiesen sind. All diejenigen aber, die nicht an die Voraussetzungslosigkeit der Zukunftsfähigkeit von Gesellschaft glauben, werden hingegen wissen, dass die Zuwendung von Eltern an ihre Kinder der Schlüssel für die Zukunftsfähigkeit von Gesellschaften ist. Diese Zuwendungen sind *in der ökonomischen Perspektive* "Investitionen", Investitionen, die mit der Bereitschaft, gegenwärtige Ressourcen zu teilen, die gesellschaftlichen Leistungspotenziale der Zukunft über die nachwachsenden Generationen begründen. Zumindest diese Personen werden wissen, dass *nur die nachwachsenden Generationen* den Rahmen an Lebenschancen schaffen und erhalten können, in dem es möglich wird, wiederum Kinder zu haben und zugleich den vorangehenden Generationen eine menschenwürdige Bleibe zu gewähren.

Dem Bundesverfassungsgericht ist dafür zu danken, dass es gegen den Zeitgeist und gegen vielfache aus kurzfristigem Kalkül erwachsende Denkblockaden die politische Anerkennung dieser Einsicht durch die Politik einfordert. Seine Entscheidungen mahnen die tägliche Beachtung der Ideen und der Werte der Verfassung als Verpflichtung aller gesellschaftlichen Instanzen und aller Bürger an und zudem die verfassungskonforme Anwendung der Gesetze unter Wahrung der Grundrechte und der Lebenschancen der nachwachsenden Generationen.

Das Anliegen der Bewahrung der Umwelt findet vielfach und in aller Welt eine Lobby. Die Sorge um eine nachhaltige, zukunftsfähige Sicherung des individuellen und gesellschaftlichen Bestands an Humanvermögen, eines Bestands an zur Innovation befähigten kreativen Individuen und Institutionen war bis zur unmittelbaren Gegenwart eher lediglich bei Familienwissenschaftlern angesiedelt, ohne große Resonanz in der Wirtschaft und Öffentlichkeit zu finden. Nicht ohne Grund applaudieren viele Sachverständige und im Alltag Betroffene dem Votum F. X. Kaufmanns von der *"strukturellen Rücksichtslosigkeit der gesellschaftlichen Verhältnisse gegenüber Familien in der Bundesrepublik Deutschland"*. Dass sich dieses ändern muss, klingt in Teilen der Öffentlichkeit und der Wissenschaft inzwischen immer häufiger an. Das Wissen darum, dass sich dies nur ändern lässt, wenn es zu einer umfassenden Gesellschaftsreform kommt, die das Prinzip der auf Zukunftssicherung angelegten *"Nachhaltigkeit" konsequent auf die Sicherung des Bestandes an Humanvermögen* anwendet, leitet die Initiatoren und alle Autoren dieses Bandes.

2. Über den Bedarf an Auflösung von Denkblockaden

2.1. Erneuerung der Wirtschafts- und Sozialordnung durch eine Rückbesinnung auf Grundprinzipien der Sozialen Marktwirtschaft

Im Vorwort des im Jahre 1997 von dem Arbeitskreis Evangelischer Unternehmer herausgegebenen Buches "Die Soziale Marktwirtschaft als Wirtschafts- und Werteordnung" wird das am 28. Februar 1997 veröffentlichte Kirchenwort "Für eine Zukunft in Solidarität und Gerechtigkeit" als ein beachtenswerter Schritt in Richtung auf einen gemeinsamen Beitrag zu der notwendigen Neuorientierung der Gesellschaft und der Erneuerung der Sozialen Marktwirtschaft bezeichnet. Die an gleicher Stelle anklingende Kritik, dass in der aktuellen Diskussion durch die isolierte Darstellung einzelner Problemfelder bei den vorgeschlagenen Lösungsansätzen die wechselseitige Abhängigkeit der einzelnen sozialen Sicherungssysteme und Ordnungen außer Betracht zu bleiben droht, gab den Anstoß für die Anregung eines Forschungsprojektes mit dem Titel: *Gegen die Gefährdung der Institution Familie in entwickelten Wirtschaftsgesellschaften: Ausschöpfung des kreativen Potenzials der Gegenwartsgesellschaft* durch den Arbeitskreis. Die hier vorgelegte Publikation umfasst einen gewichtigen Teil dieses Projektes.

Ein zentrales Anliegen dieses Buches ist die Betonung dessen, dass die Ausgestaltung eines Wirtschafts- und Sozialsystems niemals losgelöst von den Gestaltungsprinzipien anderer gesellschaftlicher Teilordnungen des Staates, des Rechts und nicht zuletzt der Welt der Familien und ohne Beachtung der Wechselwirkungen zwischen ihnen konzipiert und umgesetzt werden kann und darf. Wegen der Verwurzelung der Wirtschaft in solchen anderen (Teil-)Ordnungen ist jede Wirtschaftsordnung zwar eine wichtige, niemals aber eine alle anderen Teilordnungen der Gesellschaft an Gewicht überragende Ordnungsvariante. *Vor allem deshalb muss im Hinblick auf die gegenwärtig vielfach erhobene Forderung nach einer notwendigen moralischen und strukturellen Erneuerung der gegenwärtigen Wirtschafts- und Gesellschaftsordnung die Frage nach ihrer Grundlegung in anderen Sozialsystemen, nicht zuletzt in den Familien, zu einem besonderen Anliegen der Reformdebatte werden.*

Gefragt werden muss, ob sich heute tatsächlich völlig neue Antworten finden lassen bezüglich der Gestaltung der Lebensformen der Menschen und der politischen und wirtschaftlichen Ordnungen der Zukunft. Ob nicht gar über eine Fortschreibung unserer Verfassung nachzudenken sei und ob dabei auch die Prinzipien der Sozialen Marktwirtschaft zur Disposition stehen sollten, wollen manche wissen. Schließlich sind viele Menschen in unserem Lande, unabhängig von ihrer parteipolitischen Bindung, davon überzeugt, dass es in einem demokratischen Gemeinwesen zu einer Wirtschaftsordnung vom Typ der Sozialen Marktwirtschaft, die in der Praxis den Menschen einen bislang noch nie erreichten Wohlstand beschert hat, keine ernsthafte ordnungspolitische Alternative gibt. Sie verbinde wie keine andere Wirtschafts- und Gesellschaftsordnung aufgrund persönlicher Freiheiten und wirtschaftlichen Wettbewerbs in idealer Weise eine hohe Leistungsfähigkeit der Wirtschaft mit sozialer Gerechtigkeit und Solidarität. Sie zu bewahren sei eine grundlegende gesellschaftliche Aufgabe.

Das ist nun allerdings ein Thema, das nicht nur die Evangelische Kirche und den Arbeitskreis Evangelischer Unternehmer angeht, sondern die gesamte deutsche Öffentlichkeit, von allen Bürgern zu allen Parteien. Es geht alle politischen Instanzen an, alle Verbände, die Wissenschaft und jegliche gesellschaftliche Gruppierung. Insofern zielt der von den Initiatoren dieses Projektes angestrebte Disput über die Zukunftsfähigkeit dieser unserer Gesellschaft in alle gesellschaftlich vorfindbaren Kommunikationsebenen.

2.2. Zur Geschichte des Begriffs "Soziale Marktwirtschaft"

Kein Begriff hat die Geschichte der Wirtschaftspolitik in der Bundesrepublik Deutschland so stark geprägt wie dieser Begriff der "Sozialen Marktwirtschaft". Keine wirtschaftspolitische Formel ist jedoch zugleich von breiten Teilen der Öffentlichkeit und der Wissenschaft so sehr missdeutet, missinterpretiert und in Bezug auf ihre prinzipielle Grundlegung zu unvollkommen begriffen worden wie diese. Parteien haben sie mit Beschlag belegt, ohne ihre Intentionen voll auszuschöpfen. Andere haben gegen sie angekämpft, ohne sich ernsthaft mit ihr auseinandergesetzt zu haben. Sie alle rangen um ihre spezifischen Etiketten für Parteiprogramme.

Dabei ist etwas ganz Entscheidendes bezüglich der Besonderheit dieses Denkansatzes einer "Sozialen Marktwirtschaft" allmählich aus der allgemeinen Wahrnehmung verschwunden: *Die Idee der "Sozialen Marktwirtschaft" ist nicht aus Parteiprogrammen erwachsen*. Die Entfaltung des Konzepts "Soziale Marktwirtschaft" war das Ergebnis langjähriger wissenschaftlicher Bemühungen einzelner engagierter Forscher, die glaubten, gesellschaftliche Zielsetzungen wie Freiheit, Soziale Gerechtigkeit und Soziale Sicherheit ("wesensnotwendige Ausprägungen des Sozialen", A. Müller-Armack und W. Eucken) in einer Ordnungskonzeption miteinander verknüpfen zu können, die die Sozialideen der christlichen Kirchen mit denen eines (evolutionistischen) Sozialismus und eines "neuen Liberalismus" zu einer "versöhnlichen Einheit" bringt.

Historisch erwuchs die Idee des Modells "Soziale Marktwirtschaft" aus den Lebenswerken "Politischer Ökonomen", die sich als Wissenschaftler vor die Aufgabe gestellt sahen, eine Mitverantwortung für die Gestaltung der Wirtschaftsordnung Deutschlands in der Zeit nach dem Zweiten Weltkrieg zu übernehmen. Ethisch orientiert sie sich an einem Menschenbild, das sich zu den Prinzipien der Humanität und der Aufklärung bekennt. Diese fordern einerseits, dass sich die Menschen selbst als verantwortliche Träger ihrer Geschichte verstehen, zum anderen stellen sie fest, das Handeln der Menschen werde entscheidend von dem geprägt, was die Menschen denken, glauben und wollen. Diese Autoren warfen die Frage nach der Kompetenz von Menschen auf, über hinreichende Einsichten in die Bedingungen zu verfügen, durch deren Verwirklichung eine wünschenswerte, eine menschengerechte Gesellschaftsordnung möglich wird. Sie betonten, zur Lösung der Gestaltungsaufgabe müsse nicht nur über das, was konkret ist, ein Wissen bereitstehen, sondern auch über das, was möglich werden kann (Krüsselberg 1997, S. 34-38).

Die geistigen Väter des Konzepts "Soziale Marktwirtschaft" wollten mit einer Leitidee für eine sozial gerechte Ausrichtung des wirtschaftlichen, gesellschaftlichen und politischen Neubeginns nach dem Nationalsozialismus eintreten. So ist die Formel "Soziale Marktwirtschaft" als Programm entstanden. Sie beansprucht nicht, ein Patentrezept anzubieten. Ihr Kernbereich steht gleichwohl fest: Politische und wirtschaftliche Freiheit und das Prinzip "soziale Gerechtigkeit" sind mit dem Wissen um die Leistungsfähigkeit einer marktwirtschaftlichen Ordnung in Einklang zu bringen (Müller-Armack 1966, S. 12, 242). Mit diesem Zielbündel wollten die Autoren werben für einen Konsens der Demokraten bezüglich der unverzichtbaren Bedingungen für eine sowohl freie als auch gerechte Wirtschafts- und Gesellschaftsordnung. Um die Betonung der Unverzichtbarkeit dieser Zielsetzung in der Gegenwart geht es auch in diesem Band.

2.3 Erneuerungsbedarf: Von einer Werteordnung "jenseits von Angebot und Nachfrage" – Wohlstand für die Familien

Es ist nicht zu leugnen, dass im Gegensatz zur Entstehungsgeschichte dieses Begriffs eine breite Öffentlichkeit mit dem Begriff der "Sozialen Marktwirtschaft" vornehmlich wegen der späteren Bindung von Ludwig Erhard und Alfred Müller-Armack an die CDU nur die Vorstellung des wirtschaftlichen Programms einer bundesrepublikanischen Partei oder bestimmter Parteienkoalitionen verbindet. Damit beginnen die Zuordnungsschwierigkeiten in der Praxis, die bis heute anhalten und sich hinter den Bemühungen um "Dritte Wege"der Wirtschafts- und Gesellschaftspolitik verbergen. Allerdings hatte kein Geringerer als Alfred Müller-Armack, der dieser Ordnungsidee den Namen "Soziale Marktwirtschaft" gab, jene parteipolitische Inanspruchnahme des Begriffs immer wieder mit den Worten beklagt: Er hätte sich stets gewünscht, dass in einem sehr viel größeren Kreis und wesentlich gründlicher an der gedanklichen Fassung dieses Konzepts zukunftsorientiert weitergearbeitet werde (Müller-Armack 1966, S. 11). Offensichtlich wirkte sich in diesem Punkte die an sich durchaus wünschenswerte Parteienkonkurrenz um wirtschaftspolitische Leitbilder äußerst ungünstig aus. Um so wichtiger ist es, auf die eben erwähnten geistigen und historischen Hintergründe aufmerksam zu machen, wenn weiterhin ernsthaft über die Aktualität dieses Denkansatzes diskutiert werden soll.

Aktuelle *Besorgnisse* zentrieren sich nämlich um eine Frage, die in der marktwirtschaftlich ausgerichteten Ordnungstheorie immer wieder eine besondere Rolle gespielt hat. Dort wird ganz grundsätzlich betont, dass der "Markt" nicht in der Lage sei, die für eine "gerechte" Ordnung notwendigen moralischen Werte zu schaffen. *Gemeint ist, dass sich Werte und Werteordnungen nicht nach dem Prinzip eines Gleichgewichts zwischen Angebot und Nachfrage bilden sollten, wenn "gute Ordnungen" intendiert sind.* 1958 legte Wilhelm Röpke in seinem Buch "Jenseits von Angebot und Nachfrage" die Gründe dar, die ihn veranlassten, diese These ausdrücklich hervorzuheben. Er meint, alle Sorge der Sozialwissenschaften müsse sich darauf konzentrieren, zu gesellschaftlichen Ordnungsformen zu gelangen, die die Freiheit und Mündigkeit der Staatsbürger, ihre Unabhängigkeit von staatlicher Gängelung und ihr Selbstbestimmungsrecht gewährleisten. Mit der Freiheit des Menschen, mit der sie sichernden Struktur des Staates und der Gesellschaft, mit der Herrschaft des Rechts und einer durch freie Preise und Märkte geordneten Wirtschaft nennt Röpke die "letzten" Bedingungen, ohne die seines Erachtens der Mensch unseres religiösen Glaubens, unserer philosophischen Überzeugungen und unserer Überlieferungen nicht mit Sinn und Würde leben könnte. Die eindringliche Botschaft Wilhelm Röpkes lautet: Jede Variante zeitgenössischer Politischer Ökonomik muss die vor dem Hintergrund dieser Wertprämissen unaufhebbare Interdependenz von Staat, Wirtschaft und Gesellschaft gegenwartsnah aufs Neue reflektieren, um für die Lebens- und Ordnungsformen "Maß und Mitte" bewahren zu können. Das heißt aber – so provokativ formuliert, wie Röpke es selbst tat: Marktwirtschaft ist nicht alles! Ganz grundsätzlich stimmte ihm Alexander Rüstow zu, dass die Wirtschaft *in allen Punkten und durchweg* in den Dienst überwirtschaftlicher Werte gestellt werden muss und dass im Konfliktfall diese überwirtschaftlichen Werte den Vorrang verdienen. Bereits 1932 hatte Rüstow den Begriff des Marktrandes entwickelt als "eigentliches Gebiet alles Menschlichen". Von diesem Rahmen her zu denken sei hundertmal wichtiger als allein vom Markt her.

Röpke sagte dazu ausdrücklich, das Beispiel der Geschichte der Sozialen Marktwirtschaft in Deutschland zeige, dass sie als *Konzeption und Leitidee* "ständig neu gewonnen und gesichert werden muss, nicht nur gegen immer neue Gefahren und Versuchungen und in immer neuer Bewährung vor ständig wechselnden Aufgaben". Und Röpke bleibt dabei: Selbstdisziplin, Gerechtigkeitssinn, Ehrlichkeit, Fairness, Ritterlichkeit, Maßhalten, Gemeinsinn, Achtung vor der Menschenwürde des anderen, das sind *die ethischen Werte*, ohne die das Marktgeschehen nicht gedeihen kann, die die Menschen mitbringen müssen, wenn sie auf den Markt gehen und sich im Wettbewerb miteinander messen. Sie sind die unentbehrlichen Stützen, die Märkte und Wettbewerb vor einer Entartung bewahren. *Sie muss die Wirtschaft von den "Bereichen jenseits des Marktes" beziehen: "Familie, Kirche, echte Gemeinschaften und Überlieferung müssen sie damit ausstatten".* Wir unterstreichen diese Aussage und fügen erläuternd hinzu: Es geht um "Familie" in der Pluralität der gelebten Formen!

3. Familie als Investor des Humanvermögens – Die Perspektive: Auf dem Weg zu einer Kultur der Pflege des "Humanvermögens"

Wer das "eigentliche Gebiet alles Menschlichen" zum Ausgangspunkt für eine Werteordnung "jenseits von Angebot und Nachfrage" erheben will, muss sich einig werden über die gesellschaftliche Bedeutung von Familien. *Die Ordnungskonzeption, auf die sich die Autoren dieses Bandes einlassen, basiert auf der Annahme einer grundlegenden familialen Bindung jeglicher Variante von Wirtschaft und Gesellschaft.* Das Anliegen, um das es hier geht, zielt auf die Frage nach der ethischen Grundlegung moderner Wirtschaftsgesellschaften. Es gilt, folgende *Botschaft* zu vermitteln: *Jede Gesellschaft bedarf zu ihrem erfolgreichen Überleben der Leistungen und der Qualitäten, die die Familie zur Basisinstitution für jegliche Art menschlichen Zusammenlebens macht. Die Familie ist die Institution, in der die Basis für die Entwicklung jeglichen menschlichen Handlungsvermögen geschaffen wird, wie immer es auch genutzt werden mag, und wo es, wenn die Familie als Institution gesellschaftlich nicht diskriminiert wird, jeweils ein ganzes Leben lang geschützt und bewahrt werden kann.*

Genau in diesem Sinne betonte der Fünfte Familienbericht 1994, es sei die Familie, in der bestimmt werde, mit welcher moralischen und emotionalen Orientierung junge Menschen ins Leben treten und wie es um die für Schule und Ausbildung ebenso wie für die Arbeitswelt besonders bedeutungsvolle Qualifikation in Gestalt von Lern- und Leistungsbereitschaft bestellt sei. Zur Bezeichnung für die Gesamtheit der hier geforderten Kompetenzen verwendet die Kommission den Begriff "Humanvermögen". Einvernehmlich empfahl seinerzeit der Bundestagsausschuss für Familie, Senioren und Jugend (als die für das gesamte Parlament und damit aller dort vertretenen politischen Kräfte in der Bundesrepublik Deutschland zuständige Instanz), zur Kenntnis zu nehmen, dass mit dem "Konzept von Humanvermögen die Kommission die Bedeutung von Familien für das Wohlergehen und den Fortbestand unserer Gesellschaft hervor(hebt) ... In den Familien wird die Grundlage für die Zukunft der Gesellschaft, der Wirtschaft und der Kultur geschaffen. Die Leistungen der Familien sind auch unverzichtbare Voraussetzung für den Wirtschaftsstandort Deutschland". Ausdrücklich wird der Bundestag aufgefordert anzuerkennen, dass durch die Arbeit der Sachverständigenkommission "die Leistungen der Familien herausgestellt und die mangelnde Rücksichtnahme der Gesellschaft gegenüber Familien thematisiert" wurden.

Diese Botschaften gingen in die Behandlung des Themas: "Die Bedeutung der Familie in unserer Gesellschaft" während der Jahrestagung des AEU im November 1997 in Leipzig ein. Sie verdichteten sich zur Aussage, dass sich die in der "Intimgruppe Familie" persönlich erbrachten Aktivitäten in der Institution Familie zur Wahrnehmung der für das Überleben von Gesellschaften unverzichtbaren Aufgabe verknüpfen, die Zukunft dieser Gesellschaft durch die Schaffung und den Aufbau menschlichen Handlungsvermögens in nachwachsenden Generationen zu sichern.

Die Grundlegung zukünftigen Handlungspotenzials durch die Bildung von Humanvermögen macht den Kern der fundamentalen wechselseitigen Abhängigkeit zwischen den Welten der Familie, der Wirtschaft und der Gesellschaft sichtbar. Lern- und Leistungsbereitschaft, Arbeitsmotivation und Zuverlässigkeit, Bereitschaft zur Teamarbeit und Eigenverantwortlichkeit werden in den Familien und deren Individual- und Gruppenkultur geprägt und vermittelt. Die Begründung von Kreativität und Verantwortlichkeit ist für alle Lebensbereiche konstitutiv, für das Familien- und Wirtschaftsleben und gleichfalls für ein demokratisches Gemeinwesen, das auf motivierte, partizipations- und solidaritätsbereite Bürgerinnen und Bürger angewiesen ist. Nur mit der erfolgreichen Humanvermögensbildung in Familie und Schule wird eine innovative und effiziente Wirtschaft möglich und darüber hinaus eine dynamische, weltoffene Gesellschaft, das ist die Botschaft des Fünften Familienberichts. Sie liefert die Begründung für die Notwendigkeit einer sorgfältigen Auseinandersetzung mit der Frage nach den Voraussetzungen, unter denen die Familien in Deutschland diese ihre unverzichtbare Aufgabe bestmöglich wahrnehmen können. Um aktuelle Versuche zur Beantwortung dieser Frage soll es auch in diesem Band gehen.

Die Herausgeber und die Autoren dieses Bandes haben ihre Beiträge unter der Annahme verfasst, dass der AEU mit seinem Forschungs- und Diskussionsanliegen die Probleme und die Chancen der Vereinbarkeit von Familien- und Wirtschaftsleben, von Familientätigkeit, Ausbildung und Erwerbstätigkeit erörtert haben möchte, zugleich dabei aber grundsätzlich für die Akzeptanz der These von der *Familie als "Grundbaustein" gesellschaftlichen Lebens werben will. In dieser Sicht dient jeglicher Schutz der Institution Familie nicht allein der Bewahrung einer Gesellschaft und ihrer Kultur, sondern stets auch dem Schutz der Menschenwürde und der Wahrung des Rechts auf Familie als ein Menschenrecht, eines Rechts, dessen Wahrnehmung niemals negativ sanktioniert werden darf.*

Mit dem Versuch einer Bestandsaufnahme und zugleich einer Problembestimmung für einige Bereiche jener Gesellschaft, die die Mitglieder der Fünften Familienberichtskommission "familienentfremdet" nennen, soll somit hier bedacht werden, welche Rahmenbedingungen, welche Initiativen und welche Wertemuster eine Rolle spielen können, soll über die Jahrtausendwende hinaus diese unsere Gesellschaft eine nicht über Gebühr gefährdete Zukunft haben. Dass die Gefahr zunehmend erkannt wird, dass über sie gesprochen wird, enthebt uns nicht der Aufgabe, Einsichten zu formulieren, Denkanstöße zu geben und eine "große Reform" einzufordern. Voraussetzung aber für das Gelingen einer "großen Reform", das hat die Geschichte der "Sozialen Marktwirtschaft" bewiesen, ist eine wissenschaftlich begleitete umfassenden Reflexion über ihre konstituierenden Elemente – auch in der Wirtschaft.

Literatur

Bundesministerium für Familie und Senioren (Hrsg.): Familien und Familienpolitik im geeinten Deutschland – Zukunft des Humanvermögens. Fünfter Familienbericht, Bonn 1994.

Eucken, Walter: Grundsätze der Wirtschaftspolitik. 4. Aufl., Tübingen, Zürich 1968.

Geisler, Hans: Grußwort. In: Arbeitskreis Evangelischer Unternehmer (Hrsg.): Die Bedeutung der Familie in unserer Gesellschaft. Karlsruhe 1998, 5-7.

Krüsselberg, Hans-Günter: Ethik, Vermögen und Familie – Quellen des Wohlstands in einer menschenwürdigen Ordnung. Schriften zu Ordnungsfragen der Wirtschaft, Band 56. Stuttgart 1997.

Krüsselberg, Hans-Günter: Familie und Familienpolitik – Zukunft des Humanvermögens. In: Arbeitskreis Evangelischer Unternehmer (Hrsg.): Die Bedeutung der Familie in unserer Gesellschaft. Karlsruhe 1998, 50-69.

Müller-Armack, Alfred: Wirtschaftsordnung und Wirtschaftspolitik. Freiburg im Breisgau 1966.

Röpke, Wilhelm: Jenseits von Angebot und Nachfrage. Bern,Stuttgart (1958), 5. Aufl. 1979.

Rüstow, Alexander: Das Versagen des Wirtschaftsliberalismus. 2. Aufl., Bad Godesberg 1950.

Rüstow, Alexander: Herrschaft oder Freiheit? Ortsbestimmung der Gegenwart. Erlenbach-Zürich 1975.

Weber, Max: Die protestantische Ethik. München (1920), 1965.

Prof. Dr. Hans-Günter Krüsselberg

Philipps-Universität Marburg,
FB Wirtschaftswissenschaften, Wirtschafts-, Sozial- und Familienpolitik

Zur Einführung: Die Denkanstöße dieser Studie

Wer Reformen anstrebt, muss um Aufklärung bemüht sein. Nur das Wissen um die Grundtatbestände gesellschaftlichen Lebens vermag Denkblockaden aufzulösen. Dass Denkblockaden in der Familienpolitik wesentlich mit zu einem Reformstau beizutragen vermögen, was sich gegenwärtig deutlich zeigt, ist eine Überzeugung vieler Wissenschaftler und Praktiker, wirken sich doch Versäumnisse in der Familienpolitik negativ in allen Feldern der Gegenwartspolitik aus – bis hin zur Bildungs- und Beschäftigungspolitik.

Zentrale Bereiche der Debatte über die Gegenwart der Familien in der Bundesrepublik Deutschland sollen deshalb in diesem Band vorgestellt werden. Wissenschaftlerinnen und Wissenschaftler, die in dieser Diskussion um zeitgerechte Aufklärung bemüht sind, wurden um Expertisen gebeten. Sie sollen und wollen die Öffentlichkeit aufmerksam machen auf die durch gravierende Strukturveränderungen bewirkten Belastungen und Herausforderungen für Familien. Ihr spezielles Anliegen zielt allerdings ebenfalls ab auf die Betrachtung gegebener Potenziale zu deren Bewältigung. Doch nicht nur Wissenschaftlerinnen und Wissenschaftler aus dem Bereich der Wirtschafts- und Sozialwissenschaften wurden um Expertisen gebeten. Den Herausgebern war es äußerst wichtig, zusätzlich Autoren zu gewinnen, die über die Bedeutung von Familie in theologischer Sicht reflektieren. Weil das Gespräch zwischen Kirche und Wirtschaft für den AEU ein beachtlicher Ausgangspunkt seiner Arbeit ist, war zunächst erwogen worden, die durch die Theologen und kirchlichen Gremien vorgestellten Positionen an den Anfang dieses Bandes zu setzen. Gewählt wurde dann doch eine Anordnung der Beiträge, die einer Konzeption folgt, nach der sowohl eine Ortsbestimmung der Familie in unserer Gegenwart als auch eine Debatte von Kernbereichen der familialen Umwelt erfolgen soll, die für die Zukunftsentwicklung besonderes Gewicht zu haben scheinen.

In den Beiträgen *"Zum Geleit"* wird die Erwartung geäußert, dass sich die im gesellschafts- und wirtschaftspolitischen Raum anstehenden Reformen stärker als bisher der Interdependenz aller Teilordnungen der Wirtschaft und Gesellschaft bewusst sein mögen. Es gibt nur wenige Lebensräume, deren Spielregeln nicht unmittelbar familiäre Bezüge und Auswirkungen haben. Es wird zudem die Hoffnung ausgesprochen, dass sich die Reformschritte an dem ordnungspolitischen Konzept der Sozialen Marktwirtschaft ausrichten mögen. Erinnert wird in diesem Zusammenhang daran, dass das Konzept der Sozialen Marktwirtschaft, bevor es zu einem Abgrenzungskriterium von Parteien wurde, aus den Lebenswerken "Politischer Ökonomen" erwuchs, die sich als Wissenschaftler vor die Aufgabe gestellt sahen, eine Mitverantwortung für die (Neu-)Gestaltung der Wirtschafts- und Gesellschaftsordnung Deutschlands in der Zeit nach dem Nationalsozialismus zu übernehmen. Lange Zeit ging der gesellschaftliche Konsens dahin, dass es mit der Verabschiedung des Grundgesetzes im Jahre 1949 prinzipiell zu einer Neuordnung des politischen Handelns gekommen sei. Mit dem Bekenntnis zu einer freien Gesellschaft und der Festlegung der damit verbundenen Spielregeln für eine demokratische politische Gestaltung des Gemeinschaftslebens sei auch das Leitbild der Sozialen Marktwirtschaft für die deutsche Bevölkerung handlungsleitend geworden. Wenn gegenwärtig über "Neue Dritte Wege" diskutiert wird, sollte jedenfalls nach Meinung der Herausgeber vorweg geklärt sein, welcher Rang einer zeitgerechten Familienpolitik in diesem Kontext zugedacht sein kann.

Dass die damit verbundenen Fragen nicht völlig neu zu stellen sind, ist das Thema des ersten Abschnitts in *Teil I*. Empfohlen wird dort eine kritische Rückbesinnung auf die Entwicklung des Systems der Sozialen Sicherung in der Bundesrepublik Deutschland. Das erscheint zum Ersten deshalb als angebracht, weil sich dort – nicht nur nach Ansicht des Bundesverfassungsgerichts, wie im Text erörtert wird – die derzeitigen Defizite der Familienpolitik am deutlichsten aufzeigen lassen. Ebenso wichtig wird jedoch zum Zweiten die Darlegung der Ansicht, dass die dort skizzierte Fehlentwicklung Ausdruck und Folge eines Wandels der praktizierten Wirtschaftspolitik ist. Als deren grundlegendes Defizit wird der Tatbestand ausgemacht, dass sich seit etwa Mitte der 60er-Jahre dauerhaft ein schleichender Vermögensverzehr in Wirtschaft und Gesellschaft vollzog. Während das Konzept der Sozialen Marktwirtschaft als unverzichtbare Grundvoraussetzung für den Erhalt und die Förderung von "Wohlstand für alle" eine stetige, über alle Bevölkerungsgruppen sich ausdehnende Vermögensbildung ansah, setzte sich in der "Nach-Erhard-Phase" von Politik eher eine Grundhaltung durch, die nachfrage- und konsumorientiert umzuverteilen begann. Die Alltagspolitik verlor zunehmend die *Tatsache* aus den Augen, dass sich ohne eine stetige Vermögensbildung die Chancen, in der Zukunft zur Gegenwart zumindest gleichwertige Einkommen zu erzielen, ebenso stetig reduzieren. Erst in der unmittelbaren Gegenwart scheint überdies die Einsicht aufzukeimen, dass diese Tatsache für die Politik dort besonders gravierend wurde, wo es um die Bildung und Erhaltung von Humanvermögen geht.

Schließlich ist das Humanvermögen jenes Aktivum, ohne dessen Einsatz weder Familie noch Wirtschaft denkbar sind. Es entsteht durch "Investitionen in den Menschen", die individuellen und gesellschaftlichen Konsumverzicht voraussetzen. Deshalb ist ein Soziales Sicherungssystem, das den Konsum fördert und die Investition bestraft, ein destruktives Element jeder Wirtschafts- und Gesellschaftsordnung. Mit dieser Feststellung wird die nächste Aufgabe umrissen, die sich hier stellt und zu bewältigen ist. Es gilt, in einer hinreichend umfassenden Weise darzustellen, wie in den Wirtschaftswissenschaften das Phänomen Familie an Aufmerksamkeit gewonnen hat, nicht zuletzt wohl deshalb, weil weltweit die Berechtigung jener Grundthese des Fünften Familienberichts (1994, S. 27) offenkundig wurde, die da lautet: *"Nur mit dem Sozialisationserfolg von Familie und Schule wird effiziente Wirtschaft möglich." Das ist zugleich die Basisbotschaft dieses Bandes*. Die Tatsache, dass das Alltagsleben von Familien von zentraler ökonomischer Bedeutung ist, verlangt geradezu nach einer Analyse *der werteschaffenden Leistungen von Familie im Kontext von Wirtschaft und Gesellschaft"*, wie sie die zweite Partie des Teils I zu liefern bemüht ist. Vielleicht gelingt es sogar dabei zu zeigen, dass eine ökonomische Analyse der Leistungen von Familien, im gesamtgesellschaftlichen Zusammenhang gesehen, nicht gegen die "Würde der Familie" gerichtet ist, sondern gerade die Argumente liefert, die deren Würdigung zu einem Gebot gesellschaftlicher Rationalität werden lassen. Natürlich bietet der ökonomische Aspekt nur einen Zugang zu einer zeitgerechten Analyse der Frage nach der Bedeutung von Familie und Familienpolitik. Gleichwohl ist er dann von Erkenntnis leitender Bedeutung, wenn mit ihm, wie es hier geschehen soll, die Frage nach den Prinzipien der gewünschten Wirtschafts- und Gesellschaftsordnung aufgeworfen wird.

Die Überzeugung, dass hier die Wirtschaftswissenschaft kein Monopol besitzt, war und ist der Ausgangspunkt für die Weiterleitung der damit begonnenen Diskussion in den Kompetenzbereich anderer sozialwissenschaftlicher Disziplinen, die hier mit den Sparten: Familien-und Haushaltswissenschaften in *Teil II*, Psychologie und Erziehungswissenschaft in *Teil III* und Evangelische Theologie in *Teil IV* vertreten sind.

Von einem Bedeutungsverlust von Ehe und Familie kann in unserer Gesellschaft nicht die Rede sein. Im Gegenteil: Die Ansprüche an die Familien als Lebens- und Solidargemeinschaften und die ökonomischen Belastungen der Familien waren in unserem Kulturkreis zu keiner Zeit so herausfordernd und verantwortungsvoll wie heute. Historisch auffällig ist die zu beobachtende Pluralität der familialen Lebensformen (II.1 Rosemarie Nave-Herz).

Soll Familie zu leben leichter werden, muss sich die Gesellschaft über das für die Familienorientierung der modernen Gesellschaft handlungsleitende "Kulturerbe" verständigen. Zu bestimmen ist ein für unsere Kultur und die Vielfalt unserer kulturellen Lebensweisekonzepte erwünschtes, sozial akzeptiertes und real auch lebbares Menschenbild. Es muss dessen gewiss sein, dass es bezüglich der Gleichrangigkeit und Gleichwertigkeit weiblicher und männlicher Lebenserfahrungen in allen Lebensphasen keine Beschränkungen gibt (II.2 Rosemarie von Schweitzer).

Gefragt sind Formen elterlicher Beziehungs- und Erziehungsgestaltung, die zu einer Persönlichkeitsentwicklung anleiten, welche den Weg zu einem individuell wie gesellschaftlich "bejahenswerten Leben" finden kann. Der Vorschlag, Erziehung unter dem Aspekt einer "Freiheit in Grenzen" zu denken, zielt auf eine gesellschaftlich als positiv eingeschätzte Kompetenz, Menschen sich selbst und ihre Begabungen entdecken zu lassen, Selbständigkeitspotenziale zu stärken. Das geht nicht ohne den Bezug auf ein ausgeprägtes Profil von Erziehungswerten (III. 1 Klaus A. Schneewind).

Hilfen zum biographischen Lernen, zur persönlichen und sozialen Selbstfindung im Bildungssystem sind umso wichtiger, je weniger die traditionellen Voraussetzungen einer gelingenden Familienerziehung gegeben sind. Diese Hilfen schließen Elemente von Werteerziehung ein, lassen sich vielleicht aber besser als Vermittlung schulischer und außerschulischer "politischer Bildung" für Kinder und junge Jugendliche bezeichnen, als Vermittlung von Daseinskompetenz für eine Lebensform, die den Umgang mit vielfältigen Partizipationsformen vorsehen und praktisch ermöglichen muss (III.2 Peter Büchner).

Die Beiträge in IV. zeigen, wie Kirche wesentliche Entwicklungen auf dem Gebiet von Theologie, Kirche und Gesellschaft mit kritischem Geist verfolgt, um zu theologisch verantworteten Stellungnahmen gelangen zu können. Ein besonderer Reiz der Anordnung dieser und mit ihnen aller Texte besteht darin, dass mit den Voten der Landessynode der Evangelisch-Lutherischen Kirche in Bayern (IV.1) erstmalig in diesem Band eine umfassende Auflistung von als besonders dringlich zu lösenden Aufgaben der Familienpolitik vorgelegt wird. Das ist deshalb reizvoll, weil sich zeigen lässt, wie stark die Vorstellungen über aktuelle Problemstellungen und über die Notwendigkeit, zu neuen familienorienierten Ordnungsformen zu gelangen, zwischen den an dieser Dokumentation Beteiligten konvergieren.

Das gilt auch für die eindringliche Mahnung von Wannenwetsch (IV.2), bei aller grundsätzlichen Bejahung der sozialen Lebensform Familie nicht von der "theologischen Tradition" abzugehen, den gesellschaftlichen Status quo einer solchen Lebensform jeweils zeitbezogen kritisch zu prüfen. Dann werde sichtbar werden, wie viel das aktuelle Denken über Familie an Emanzipationsdefiziten aufzuweisen hat angesichts von sehr angreifbaren Vorstellungen über den Charakter von "Produktivität", die Privatheit von Moral und die daraus abgeleitete nahezu gegebene Beliebigkeit, Familie privat und gesellschaftlich zur "Option" freizustellen.

Der besondere Beitrag evangelischer Ethik, das betont Bischof Hein (IV.3) sehr deutlich, komme darin zur Geltung, dass gezeigt wird, wie gut es begründet sei, die Lebensform der Familie und ihr zugeordnet die Lebensform der Ehe als Leitbilder zu gewahren. Wenn Lebensdienlichkeit verstanden wird als Kriterium der Weitergabe, der Entfaltung und der Bewahrung des menschlichen Lebens, dann hat das Konsequenzen für die Zuordnung anderer Lebensformen. Mit der Bejahung eines gesellschaftlichen Pluralismus, einer Perspektive, die die gegebene Vielfalt ernstnimmt, werde niemand davon entbunden, mit guten Gründen für die Notwendigkeit von orientierenden Leitbildern einzutreten.

Ich finde: Unsere Idee eines Wegs, der ein Zusammenwachsen von Perspektiven zur Entwicklung von konsensfähigen Positionen in der Gesellschaft und der Politik ermöglichen kann, deckt sich mit dem, was die Theologische Kammer der Evangelischen Kirche von Kurhessen-Waldeck als Procedere empfiehlt: *Ein Prozess der Meinungs- und Urteilsbildung über grundlegende Fragen der menschlichen Existenz solle nicht autoritär geschehen, nicht oktroyiert, keiner von vornherein vorgegebenen Linie folgend, sondern konziliar, d. h. in einem beständigen und gemeinschaftlichen Ringen um die angemessene Art und Weise, den Menschen in den unterschiedlichen Herausforderungen der Zeit hilfreiche Orientierung anzubieten.*

Exakt in diesem Sinne hoffen die Herausgeber das Gespräch zwischen wissenschaftlichen Disziplinen und allen Teilen der Öffentlichkeit mit der Vorlage dieses Bandes fördern zu können. Sie wissen, dass damit für alle, die Gestaltungsaufgaben sehen im Hinblick auf eine "Zukunftsperspektive Familie und Wirtschaft" und ein Weniger an Rücksichtslosigkeit gegenüber Familien in dieser unserer Welt und in dieser unserer Gesellschaft, das für die Diskussion erforderliche Gesamtspektrum nicht ausgeschöpft ist. Sie halten diesen Einstieg gleichwohl für einen beachtenswerten Schritt und hoffen auf Anstöße und Bemühungen, diesen Einstieg durch Fortsetzungen zu erweitern. Diese Notwendigkeit und Chance soll sich konkret bereits in der Gestalt von *Teil V* bekunden, in dem mit den dort gesammelten "Botschaften" nicht lediglich Zusammenfassungen der vorher gelieferten Texte zu finden sind, sondern über weiterführende Perspektiven nachgedacht wird, vielleicht sogar Gedanken skizziert werden, an die weitere Nachbardisziplinen anschließen könnten. Wir hoffen, dass das "Utopiequantum" und auch ein gewisses Quantum an visionärem Potenzial, das sicherlich an zahlreichen Stellen in unseren Texten spürbar wird, das Bemühen um eine Erneuerung der Familienorientierung in unserer Gesellschaft unterstützen wird.

Teil I

Familienpolitik in einer Sozialen Marktwirtschaft – die ordnungspolitische Herausforderung

Prof. Dr. Hans-Günter Krüsselberg,

Philipps-Universität Marburg,
FB Wirtschaftswissenschaften, Wirtschafts-, Sozial- und Familienpolitik

Teil I.1

Familienpolitik heute: Historisches, Grundsätzliches und Aktuelles

1. Von der Lebenslage zum Arbeitsvertrag und wieder zurück ? – Die Familie und die Sozialpolitik

1.1. Das Elend der Familien – der Ansatzpunkt für Sozialpolitik

In der Geschichte der Sozialpolitik spiegelt sich die Geschichte des Kampfes gegen die Proletarität, gegen die schicksalhafte Auslieferung von Menschen an eine Existenz ohne Arbeit und Besitz, ohne die Verfügung über die Quellen, die einen ihr Überleben sichernden Unterhalt ermöglichen können. "Familien ohne Betten, ohne Möbel, ohne Mittagsbrot, in Kot und Unrat, in Lumpen und Ekel wie begraben", so beschrieb Johann Heinrich Wichern, der Begründer des Rauhen Hauses in Hamburg, 1837 nach einem Aufenthalt in Bremen das *Elend der Armut*. Niemand redete damals von "Lebenslage". Deutlich war aber die Mehr-Dimensionalität von Armut in der vorindustiellen Zeit angesprochen mit dem Schwerpunkt des fehlendes "Hauses" und der notdürftigen Nahrung.

Nach den Erkenntnissen der modernen Geschichtsforschung (Fischer 1982) bestimmten in der vorindustriellen Zeit Ernte- und Bevölkerungsschwankungen weitgehend den Lebensstandard der Mehrheit der Bevölkerung. In durch Missernten verursachten Teuerungszeiten sank die Kaufkraft der unteren Schichten der Bevölkerung oft unter das Niveau des lebensnotwendigen Bedarfs an Nahrungsmitteln, und Teuerung bewirkte stets auch Massenarbeitslosigkeit. Die Kaufkraft selbst der wohlhabenden Bevölkerungsschichten wurde durch das auf das drei-, vierfache (und noch höher) gestiegene Preisniveau für Lebensmittel gebunden; die Nachfrage nach gewerblichen Produkten und Dienstleistungen (Gesinde) brach zusammen und setzte die dort tätigen Arbeitskräfte frei. Ausbleibende Ernten in den siebziger Jahren des 18. und zu Beginn des 19. Jahrhunderts (1803/4; 1816/17) und durch sie ausgelöste Teuerungskrisen, das entdeckten bereits die derzeitigen "Wirtschaftsforscher", begründeten jenes *Massenelend*, das nach inzwischen herrschender Meinung erst allmählich durch Industrialisierungsprozesse gemildert und schließlich abgebaut wurde. Das seit der zweiten Hälfte des 17. Jahrhunderts sich ständig beschleunigende Bevölkerungswachstum erreichte in der zweiten Hälfte des 19. Jahrhunderts seinen Höhepunkt. Es führte zu einer ländlichen Übervölkerung und gab Anlass zur Abwanderung vornehmlich der Besitzlosen in die Städte. Die Auswanderung aus den traditionellen Gemeinschaften löste sie aus den reziproken, Unterstützung leistenden Bindungen der "Assoziationen von kooperierenden Haushalten" (Peter Laslett) in den althergebrachten Sozialsystemen. So kumulierten die Verelendungsmerkmale, wie sie Wichern notiert hatte, vor allem in den städtischen Ballungszentren (Alber 1987, S. 29 ff.).

Bis in die Mitte des 19. Jahrhunderts wird Massenarmut oder Armentum damit umschrieben, dass eine zahlreiche *Volksklasse* sich durch angestrengte Arbeit höchstens das notdürftigste Auskommen verdienen kann, ohne dessen sicher zu sein und zudem in der Regel schon von Geburt an und auf Lebenszeit "solcher Lage geopfert ist", keine Aussichten auf Änderungen hat (Brockhaus 1846). Armut ist Armut in Permanenz, über die Einzelexistenz hinaus, über Generationen hinweg. Erst die Industrialisierung schuf dann jene Arbeitsplätze (und bewirkte zugleich die Verbesserung der Produktivität in der Landwirtschaft), welche die Rettung vor immer wiederkehrenden Verelendungskatastrophen brachten, wenngleich auch hier zunächst für große Teile der weiterhin rapide wachsenden Bevölkerung nur Einkommens- und Arbeitsverhältnisse möglich wurden, die eine *Lebensführung am Rande des Existenzminimums gestatteten*.

Nur vor dem Hintergrund der historisch sich durchsetzenden Industrialisierung lässt sich der Katalog der *Merkmale der Proletarität* in jener Gesamtheit ableiten, die eine "konsistente Systematik" für die Aufgabenstellung der sich damals entfaltenden Sozialpolitik anzubieten vermochte, eine Systematik, die noch heute von vielen als grundlegend betrachtet wird. Als Merkmale der Proletarität, die es durch Sozialpolitik zu beseitigen oder zu mildern gilt, bezeichnete Wilfrid Schreiber: a) das extrem geringe, kaum das physische Existenzminimum deckende Lohneinkommen des Arbeiters (Arbeitnehmers); b) die extrem lange Arbeitszeit je Tag, Woche, Jahr; c) die extreme Unstetigkeit des Einkommensstroms, Lohneinkommen fließt nur in der mittleren Phase des Lebens und ist auch dann noch durch Risiken bedroht, insbesondere durch: d) die fortwährende Gefährdung der Existenzsicherheit infolge von periodischen Wirtschaftskrisen der kapitalistischen Wirtschaft; e) das Fehlen von Vermögen als Garant der Existenzsicherheit, sogar das Fehlen bescheidener Kaufkraftreserven; f) das extrem geringe Niveau der "Geistesbildung" (das für viele Jahrzehnte die Erkenntnis der eigenen Klassenlage verhinderte); g) die aus e) und f) resultierende Erblichkeit des Proletarierstatus sowie h) die mangelnde Subjektstellung des Arbeiters in Staat, Gesellschaft und Betrieb (im Betrieb insbesondere das Schicksal, als bloßer Lieferant amorpher Arbeit "verschlissen" zu werden, ohne die Erwerbsarbeit als Teil der Sinnerfüllung des Lebens empfinden zu können: "Fronarbeit nur um des kargen Lohnes willen"). Auf diese sozialen Defizite hoben die Aktivitäten der einsetzenden Sozialpolitik ab. Damit begab sie sich auf den Weg zur Durchsetzung einer Programmatik, zu deren Schwerpunktbereichen vor allem der Arbeitnehmerschutz, die Sozialversicherung und das Tarifvertragswesen zählten. *Nicht nur für Wilfrid Schreiber ist dies allerdings eine Sozialpolitik "in der Sicht von gestern"* (Schreiber 1966, S. 278 ff.).

1.2. Über die "alte" und die "neue" Sozialpolitik – eine Konfliktlinie

Obwohl die Diskussion über die Berechtigung dieser Einschätzung allem Anschein nach nur randständig in der Öffentlichkeit ausgetragen wird, zeichnet sich hier bei näherem Hinschauen doch eine für die Politikanalyse in der Gegenwart bedeutsame Akzentverschiebung hinsichtlich der Bestimmung des Erkenntnisobjektes der Sozialpolitik ab. Wo die Trennungslinien verlaufen und welche gesellschaftliche Grundauffassungen dabei konfligieren, lässt sich am ehesten erläutern, wenn man die Argumente nennt, die führende deutsche Vertreter der Wissenschaft von der Sozialpolitik, vornehmlich Gerhard Mackenroth 1952; Gerhard Weisser 1953; Hans Achinger 1958; Wilfrid Schreiber 1957; Gerhard Albrecht 1961, aber auch Oswald von Nell-Breuning, in den Mitte der 1940er-Jahre einsetzenden Analysen, speziell aber in den fünfziger und sechziger Jahren des vergangenen Jahrhunderts vorgetragen haben. Sie wollten unterschieden wissen zwischen einer "alten" und einer "neuen" Sozialpolitik (siehe dazu die hervorragende Dokumentation im Band: Bernhard Külp; Wilfrid Schreiber, Hrsg., Soziale Sicherheit 1971 mit den oben genannten Texten oder auch Oswald von Nell-Breuning 1979).

Als *Gegenstand der alten Sozialpolitik* betrachteten sie die "Soziale Frage" in ihrer "klassischen" Ausprägung. Deren Kennzeichen seien Aktivitäten vornehmlich der öffentlichen Hand zugunsten jener Gruppen, die durch ihre *Klassenbezogenheit* in der Wirtschaft als benachteiligt und in ihrer Existenz gefährdet erscheinen. Ihr *Schwerpunkt* sei *der Ausgleich der Interessenunterschiede und -gegensätze zwischen der "Arbeit" und dem "Kapital"*, deren Inhaber sich auf unterschiedliche gesellschaftliche Klassen verteilen. Die Zielsetzung lautete: Ausgleich der Interessengegensätze zur Wahrung und Förderung des Gesamtwohls der Gesellschaft. Nach dieser Auffassung orientiert sich Sozialpolitik an den oben genannten Merkmalen der *Proletarität*; sie bemüht sich um die gesellschaftliche Integration des (im Zuge des Industrialisierungsprozesses historisch neu entstandenen) Sozialtyps "Arbeitnehmer" durch die Überwindung von Proletarität. Mit dem Stichwort der Sozialen Frage des 19. (und 20.) Jahrhunderts verknüpft sich somit das Problem der Integration der "neuzeitlich entstandenen" Arbeiterklasse in ein geordnetes Gesamtsystem von Wirtschaft und Gesellschaft. Vielfach wird noch heute darauf verwiesen, Sozialpolitik zentriere sich um jene Tatbestände, die aus der Existenz eines freien Arbeitsvertrages, aus dem Tatbestand des freien, im Vertragsverhältnis nach Weisungen von Dritten arbeitenden Menschen resultieren. *Die Institution und Qualität des freien Arbeitsvertrages sei der Angelpunkt, um den sich Sozialpolitik bewegen müsse.*

Genau das aber möchte die Lehre von der *"neuen" Sozialpolitik* problematisieren. Sie variiert deshalb das alte Thema mit einem Zusatz zu einer "Neuen Sozialen Frage". Ihre Ausgangsthese lautet: Die klassische Konzeption von Sozialpolitik sei überholt. Eine sozialschwache Arbeiterklasse gebe es nicht mehr. Die neue Zeit habe "nicht nur den zum König in seinem Haushalt avancierten Lohnarbeiter, sondern vor allem seine Angehörigen in Unsicherheit gestürzt", jene, "die nicht an dem Produktionsprozess in seiner neuen Form beteiligt sind" (Achinger 1958, S. 68).

1.3 Familie – das Objekt der "neuen" Sozialpolitik

Den Weg zu einer deutlichen Strukturierung dieses Konzepts einer neuen Sozialpolitik bahnten nicht zuletzt die Arbeiten von Gerhard Mackenroth. Für diesen Autor besteht das Grundanliegen der Sozialpolitik "immer ... und auch heute" darin, das Elend, "einfach das nackte äußere Elend" in der Welt auszurotten. Aufgabe der Sozialpolitik sei nicht mehr die Stützung einer sozialschwachen Arbeiterklasse, einer einzelnen Gruppe der Wirtschaftsgesellschaft. Die Aufgaben der Sozialpolitik seien nicht mehr als schichtenspezifisch, eher als "qualitativ total" anzusehen. Grundlegend verlautet: *"An Stelle einer Klasse muss heute Objekt der Sozialpolitik die Familie werden, und zwar quer durch alle Klassen und Schichten, es gibt da überhaupt keine Unterschiede mehr."*

Die Lösung des Konflikts zwischen Kapital und Arbeit sei legitimes Anliegen einer Sozialpolitik der Vergangenheit gewesen. Kapitaleigner und Arbeitnehmer seien inzwischen in starken Verbänden organisiert, die die Interessen ihrer Mitglieder im Verteilungskampf und im Politikfeld sehr gut zu vertreten wüssten. Zwei Gruppen der Bevölkerung bedürften nunmehr besonderer Aufmerksamkeit der Sozialpolitik: die *Nichtorganisierten* und die *Nichtproduzenten*. Betroffen seien vor allem kinderreiche Familien, alleinstehende Mütter mit Kindern, alte Menschen und die nicht mehr Arbeitsfähigen und Behinderten. Sie bildeten die Kristallisationspunkte für die Entstehung einer "Neuen Sozialen Frage". Sie alle seien den organisierten Verbänden im Ringen um politische Begünstigungen, um gesellschaftliche Unterstützung in Verteilungs- und Umverteilungskonfliken deutlich unterlegen.

Die *Unterprivilegierung der Nichtorganisierten* bestehe in ihrer Unfähigkeit, sich gegen Benachteiligungen zu wehren; sie verfügten über kein wirtschaftlich wirksames Leistungsverweigerungs- und damit über kein Droh- oder Störpotential, mit dessen Hilfe sie die Berücksichtigung ihrer Interessen politisch erzwingen könnten. Das gelte auch für die *Unterprivilegierung der Nichtproduzenten* als jenem Bevölkerungsanteil, der nicht in den Produktionsprozess eingegliedert ist. Nicht nur zwischen den Erwerbstätigen einerseits und den Nichterwerbstätigen andererseits, sondern auch innerhalb der Gruppen der Nichterwerbstätigen und Erwerbstätigen seien *neue Konfliktfelder* entstanden, *deren Bedeutung die aktuelle Problematik eines Gegensatzes zwischen Arbeit und Kapital gegenwärtig weit überrage*. Die Arbeiterschaft habe insgesamt ihre Position gefestigt; dagegen seien "ganz andere soziale Schichten, die früher gesichert schienen, heute notleidend geworden oder gefährdet ... Besitz und Eigentum sichern nicht mehr die Soziallage einer Familie über Generationen" (Mackenroth 1952).

Weibliches Geschlecht, Alter, Kinderreichtum sind die Merkmale der *Neuen Armut*, und das gilt "quer durch alle Sozialschichten hindurch". Es geht um potenzielle Armutskonstellationen, die als Folge eines Ausschlusses von Erwerbsarbeit zu befürchten sind. Von Armut bedroht sind danach in einem umfassenden Sinn all jene, die nicht in der Lage sind, durch Arbeitsertrag oder Sicherungsleistungen der Sozialpolitik für sich selbst als Individuum die Voraussetzungen zur Verwirklichung einer angemessenen Lebenslage zu erfüllen. Die schwierige Stellung der Frau mit ihrer oft unerträglichen Mehrfachbelastung durch Erwerbstätigkeit, Kindererziehung und Haushaltsführung, die Wahrung der Menschenwürde im Alter, die Lage der Gastarbeiter, die soziale Sicherung älterer Selbständiger, die Probleme der Kinder in einer Welt der Erwachsenen, die Frage der Erziehungsfähigkeit "unserer" Familien und die Schwierigkeiten von Behinderten und Alleinstehenden; sie seien neue soziale Probleme und verlangten nach einer Fortentwicklung der Sozialpolitik, der Entwicklung neuartiger sozialpolitischer Problemlösungen vor allem unter Berücksichtigung des Grundwertes der Gerechtigkeit.

Mackenroth betont, ohne eine intakte Wirtschaft und Gesellschaft könne keine Sozialpolitik funktionieren; "das war schon immer so". Er fügt hinzu: "Aber ohne eine darauf abgestimmte und koordinierte Sozialpolitik können auch Wirtschaft und Gesellschaft ernsten Schaden nehmen – *das ist neu*". Sozialpolitik sei zu einem integrierten Bestandteil des volkswirtschaftlichen Kreislaufs geworden. Sie habe aufgehört, diesem gegenüber nur noch eine Randerscheinung zu sein. "Die Sozialpolitik ... ist aus der Wirtschaft und aus dem ganzen Gesellschaftsaufbau nicht mehr wegzudenken, sie bestimmt diese mit und ist mit ihnen durch vielseitige Wechselwirkungen verbunden". Neu ist zudem der Gedanke, die Sozialpolitik müsse ihre Aufgabe ohne Rücksicht auf die Ursachen (causa) der Hilfsbedürftigkeit und damit auf eindeutig abgegrenzte Personenkreise erfüllen. Gefordert wird eine Relativierung des Kausalprinzips und damit der *Idee reaktiver Sozialpolitik und eine Hinwendung zum Finalprinzip mit einem Bekenntnis zur Idee einer aktiven, präventiven und auf die Sicherung wünschenswerter Lebenslagen ausgerichteten Sozialpolitik*.

Mackenroth stimmt mit Achinger in der Betonung dessen überein, eine zeitgemäße Sozialpolitik habe sich generell mit den Folgen des Prozesses der Industrialisierung für die *Lebensformen der Bevölkerung* zu befassen. Die einseitige Orientierung der Sozialpolitik an der Arbeiterfrage habe den Blick auf potenziell prekäre Folgen der Industrialisierung verschleiert und getrübt. Nach einer Lockerung oder gar Lösung des Zusammenhangs der Sozialpolitik mit der Arbeiterfrage (in ihrer gruppenmäßigen Ausrichtung) sei der "neue" Auftrag an die Sozialpolitik darin zu sehen, an der *Schaffung neuer Lebensformen* mitzuwirken. Es bedürfe schon "ganz bewusster Veränderungen gerade auch in der ökonomischen und sozialen Struktur der Familie, um sie in der industriellen Sozialordnung ebenso fest zu verwurzeln, wie es in der bäuerlich-handwerklichen Gesellschaftsordnung der Fall war". Im Sinne des Finalprinzips Gestaltungsziele zu erreichen sei entscheidend wichtiger als auf Ursachen zu reagieren.

Stabilisiert und damit gesichert werden soll die "Lebenslage". "Lebenslage" ist ein zentraler Begriff der "neuen" Sozialpolitik; er wurde vor allem von Gerhard Weisser geprägt. Die Lebenslage ist unter dem Aspekt potentieller Wohlfahrt zu interpretieren. Dieser Begriff zielt somit auf die (Bereitstellung bzw.) Eröffnung von Handlungsspielräumen für Personen (Gruppen, Gesellschaftsschichten) insbesondere dann, wenn sie sozial schwach, gefährdet oder unterprivilegiert sind. Die Lebenslage, das ist die entscheidende Aussage, wird durch eine Vielzahl von Einflüssen bestimmt, nicht allein durch die Höhe des Einkommens (und/oder Vermögens) oder die Beschäftigungssituation. Zu den Grundbedürfnissen, die zu befriedigen sind, zählen Streben nach wirtschaftlicher und gesellschaftlicher Partizipation, Chancen zur individuellen Wahl der Handlungsfelder, die man ausfüllen will, Gemeinschafts- und Umweltorientierung. Werte sind Selbstbewusstsein, Sicherheit der Lebenshaltung, Arbeitsfreude. Als Unwerte gelten Trennung von der Familie, Schmutz und Gefahren bei der Arbeit, Monotonie der Arbeit und des Lebens, die Abhängigkeit von fremdem Willen (grundlegend Weisser 1978).

An dieser Stelle sei aktualisierend nur angemerkt, dass sich diese Ausrichtung und Zielsetzung von Sozialpolitik sowohl im Hinblick auf die Erfassung der Merkmale der "neuen Armut" als auch die Verwendung der Lebenslagen-Konzeption mit dem Erscheinen des Bundestagsdrucksache 14/5990: "Lebenslagen in Deutschland – Erster Armuts- und Reichtumsbericht" im Jahr 2001 endlich auch politische Anerkennung verschafft zu haben scheint.

Anzumerken ist weiterhin, dass bislang gleichwohl zu wenig bedacht worden ist, wie grundlegend sich die Gesamtperspektive der Sozialpolitik als Gesellschaftspolitik mit der Hinwendung zur Familie als Objekt der Sozialpolitik nach Ansicht der genannten Autoren ändern sollte. Zu wenig reflektiert wurde vor allem die (wissenschaftlich begründete) Werbung für die vorrangige Beachtung des Finalprinzips in der Politik. Sie will die Einsicht vermitteln, dass es infolge der vielseitigen Wechselwirkungen zwischen der Lebenslage von Familien und der permanenten Veränderungen in der Wirtschaft und Gesellschaft sowie der darauf wiederum reagierenden Politik kaum möglich ist, weiterhin dem Kausalprinzip zu trauen. Angesichts der hohen Komplexität der sozialen Wirklichkeit sei es einfach unmöglich, alle in Frage kommenden Ursachen aufzuspüren, an die dann Sicherungsmaßnahmen anzuknüpfen hätten. Mit der Betonung des Aspektes der Finalität will die "neue" Sozialpolitik vor allem dazu beitragen, dass keine unerwünschten Lücken im Sicherungsnetz verbleiben. Die größte Chance, dies zu gewährleisten, scheint allerdings darin zu bestehen, die Handlungspotenziale und die Wahlmöglichkeiten der Familie in der Pluralität ihrer gelebten Formen so zu stärken, dass sie mit Hilfe der Stützung durch staatliche Hilfe selbst über die eigene Lebenslage entscheiden können. Aber all dies steht nach wie vor unter dem Zeichen einer unbewältigten Aufgabe, deren Konturen Wilfrid Schreiber mit einer nicht zu überbietenden Klarheit umriss.

1.4. Schreibers Vision eines "Solidar-Vertrags zwischen den Generationen" und des "mündigen Bürgers"

Mackenroth hatte ganz nachdrücklich darauf verwiesen, dass die Familie der industriellen Gesellschaft trotz der von ihr bewiesenen "eigentümlichen inneren Festigkeit" der Stützung durch Sozialpolitik besonders dort bedarf, wo es um die Stellung der Kinder und das Aufbringen der vollen ökonomischen Last für ihre Erziehung und Versorgung geht. Dass infolge "unserer sozialpolitischen Errungenschaften" Kinder für ihre Eltern "zu reinen Kostenelementen in der Familie" geworden seien, müsse – das könne er nachweisen – als eine der Hauptursachen für das extreme Ausmaß des Geburtenrückgangs angesehen werden.

Das damit verbundene gesamtgesellschaftliche Problem thematisierte W. Schreiber seinerseits unter dem Stichwort "Solidar-Vertrag zwischen den Generationen". Dabei argumentierte er wie folgt: Das "Königseinkommen" von heute ist das Arbeitseinkommen – Arbeit im weitesten Sinne verstanden. Das *vitale Problem des Industrialismus* ist die Verteilung des Lebenseinkommens auf die drei Lebensphasen: Kindheit und Jugend, Arbeitsalter und Lebensabend. Da zwischen Generationen Verteilungskonflikte auftreten können, bedarf es einer gesamtgesellschaftlichen Regelung zur Bewältigung dieser Konflikte. Gelingt es, in einer Gesellschaft Verständnis dafür zu wecken, dass sie in einer Solidargemeinschaft lebt, ließe sich dieser potenzielle *Gruppenkonflikt durch einen Solidar-Vertrag* schlichten. Erforderlich seien wegen des hiermit verbundenen Risikos für den sozialen Frieden durchaus Sicherungsmaßnahmen im Stile der "alten" Sozialpolitik. Grundsätzliche Aufgabe aber eines Solidar-Vertrages wäre es zu klären, auf welche Weise sich Anspruchsrechte und Leistungsströme auf die Altersgruppen einer Gesellschaft "verteilen", im Sinne einer Verteilung, die neben dem Unterhalt der mittleren Generation "die Aufzucht von Kindern und die Erhaltung der Alten ermöglicht".

Die damit aufgerufene Perspektive lässt sich relativ leicht veranschaulichen. Sie denkt von der Lebenslage der "Noch-nicht-" und "Nicht-mehr"-Erwerbstätigen her unter Berücksichtigung der Frage nach der Verfügbarkeit wirtschaftlicher Mittel. Betrachtet man zunächst die Lebenslage der Kinder-Generation, muss man davon ausgehen, dass sie während der Kindheitsphase Versorgungsleistungen von Seiten der dann im Erwerb stehenden Elterngeneration empfängt. Zum Ausgleich dafür sollte sie diese Elterngeneration in deren letzter Lebensphase unterhalten. Um aber selbst im Alter versorgt zu sein, muss sie ihrerseits mit dem Erreichen ihres Erwerbsalters den eigenen Kindern Unterhalt gewähren. Nur diese nachwachsende Generation kann wiederum den Unterhalt für ihre Eltern-Generation garantieren, sobald diese selbst ins Erwerbsalter und ihre Vorgänger-Generation in die Phase des Lebensabends hineingewachsen sind.

So stellt sich einmal das Bild der Zuordnung der realen Leistungsströme zu den Generationen dar. Es entspricht, wie Schreiber eigens hervorhebt, dem "berühmt gewordenen Satz von Mackenroth", "dass aller Sozialaufwand immer aus dem Volkseinkommen der laufenden Periode gedeckt werden muss", aus dem Volkseinkommen, das jeweils allein die Elterngeneration erwirtschaftet. Wichtig ist es zu sehen, dass dieses Bild der realen Leistungsströme einer normativ vorgegebenen Verteilungsordnung folgt mit der Leitidee einer Symmetrie zwischen Pflichten und Rechten. So soll gemäß obiger Anordnung der Leistungsströme ein *Recht auf Versorgung im Alter allein sowohl infolge der Vorleistungen an die Kinder während der Zeit der Erwerbstätigkeit begründet werden als auch infolge der Verpflichtung, während der Zeit der Erwerbstätigkeit die Unterhaltsleistungen der Kindheitsphase an die eigenen Eltern abzugelten*. Dieser Systemidee folgend leistet Sozialpolitik einen intertemporalen Ausgleich der Lebenseinkommen in engeren sozialen Gruppen zum Zweck der Sicherung bestimmter Lebensstandards oder Versorgungsniveaus aller Mitglieder dieser Gruppen.

Bekanntlich sind diese Reformideen in das Gesetzgebungswerk der Rentenreform in der Bundesrepublik eingegangen. Von Anbeginn jedoch ist von Schreiber und anderen Autoren auf eine *zentrale Voraussetzung für die nachhaltige Funktionsfähigkeit eines solchen Sicherungssystems* aufmerksam gemacht worden, dass nämlich das "Geschäftsvolumen" einer derartigen "Volksrentenanstalt" nicht abnimmt, sondern eher zunimmt. Lediglich bei einem stetig wachsenden Volk gilt aber diese Voraussetzung als *von vornherein gesichert*. Die Entwicklungstendenz in der Zahl der Bevölkerung, die demographische Konstellation erweist sich unter diesem Aspekt als sozialpolitisch höchst relevant. Ein Altersaufbau, der einer zahlenmäßig schrumpfenden Erwerbsbevölkerung anteilig steigende Lasten für die Versorgung von Nicht-Erwerbstätigen aufbürdet, könnte, so lautete bereits damals die Sorge, Anlass zu Umverteilungskämpfen zwischen den Generationen geben, zu einer Aufkündigung des Solidar-Vertrags durch die Erwerbsbevölkerung in Richtung auf die "Kinder" und "Alten". Dabei wollten die Vertreter der "neuen" Sozialpolitik die Befürchtung nicht ausschließen, dass jene Mitglieder einer Generation, die sich von den Ansprüchen überfordert fühlen, welche ihrem Augenschein nach mit der Erziehung und dem Unterhalt von Kindern verbunden sind, mit dem Verzicht reagieren, ihre Kinderwünsche zu realisieren.

Die Erwartung aber, dass die jeweils Erwerbstätigen mit der Sicherung der Renteneinkommen der älteren Generation das Anrecht erwerben, in ihrem eigenen Alter von den dann nachwachsenden Erwerbstätigen ebenfalls mitversorgt zu werden, verstößt gegen die "Moral" dieses Modells. Eine solche Leistung zu erbringen ist eine Pflicht, die Pflicht, ein empfangenes freiwillig gewährtes "Darlehen" ehrlich an die Eltern zurückzugeben. Die "Moral" dieses Modells fordert daher zur Erlangung des Rechts auf Versorgung von jedem Einzelnen mehr. Sie verlangt, dass jeder, der sein Alter wirtschaftlich sichern will, dafür Sorge tragen muss, dass das Volkseinkommen der Zukunft eine Höhe erreicht, die eine "angemessene" Versorgung aller zusammenlebenden Generationen zu gewährleisten vermag. Voraussetzung für die Sicherung der "Geschäftsgrundlage" dieses Sicherungssystems ist deshalb die Schaffung der wirtschaftlichen und sozialen Voraussetzungen für ein Nachwachsen der Generationen, wiederum durch ein "Darlehen" für sie. Wie hoch auch immer das Niveau des akkumulierten Sachvermögens sein mag, stets bedarf es des Komplementärfaktors Arbeitsvermögen, eines Handlungspotenzials, das nur im Kontext der Bildung von Humanvermögen in den Familien entstehen kann. "Es ist (daher) nicht mehr als billig und gerecht, dass der wirtschaftliche Dienst, den der Kinderreiche der Gesellschaft leistet und der Kinderarme schuldig bleibt, auch in den wirtschaftlichen Parametern der gesellschaftlichen Renten-Ordnung seinen Niederschlag findet." (Schreiber)

Solange diesem Grundprinzip in der Praxis der Bundesrepublik Deutschland nicht entsprochen wird, bleibt die gelebte und die lebbare Solidarität zwischen den Generationen eine "schöne Vision". Mit diesem Wissen könnten wir eintreten in die aktuelle Debatte über den Stand der Familienpolitik in diesem unserem Land, wenn nicht noch ein Punkt zu klären wäre.

1955 hatte Wilfrid Schreiber seine Vorschläge für die Neugestaltung der gesetzlichen Altersrente veröffentlicht. Entwickelt werden sollte ein System der "dynamischen Rente". Über dessen Basis-Idee einer "Repartierung", d. h. einer "Umschichtung" des Lebenseinkommens auf insgesamt drei Lebensstufen wurde bereits berichtet. Mit diesem bislang noch nicht erwähnten Terminus erläutert Schreiber den schon genannten des intertemporalen Ausgleichs der Lebenseinkommen in engeren sozialen Gruppen in einer individuellen Perspektive. Das *Lebenseinkommen*, in der Phase der Erwerbstätigkeit erzielt, – so meinte Schreiber – müsse, *vom Einzelnen her gesehen*, schließlich ausreichen, den Lebensunterhalt für alle Phasen der menschlichen Existenz zu decken. Es müsse daher als für drei Lebensabschnitte verfügbar gedacht werden. Damit sei es zu einem gegebenen Zeitraum auch nicht frei verfügbar. Ein Teil müsse dazu dienen, jenes Darlehen zurückzuzahlen, das der heranwachsende Mensch jenen schulde, die die Kosten seines Lebensunterhalts vor dem Eintritt in sein Erwerbsleben getragen haben. Ein weiterer Teil diene dazu, den eigenen Ruhestand zu finanzieren.

In einer Welt, in der das Arbeitseinkommen für mehr als 80 % der Bevölkerung die zentrale Einkommenskategorie darstellt, müsse jeder Einzelne seine Sozialversicherung selbst finanzieren, sagte Schreiber. Es gäbe nämlich keine an Einkommen und Kopfzahl stärkere Schicht "über ihm", die dieses leisten könnte, – am wenigsten der Staat selbst. *Eine Staatsphilosophie, die eine Umverteilungssouveränität des Staates zu suggerieren suche, sei "unsozial".*

Ausgehend von einem Leitbild des "mündigen Bürgers" bestimmt Schreiber damit seinen *Maßstab für eine freiheitlich-demokratische Sozialpolitik*. Eine normative Komponente ist hier nicht entbehrlich: "Der Erwerbstätige von heute ist willens und imstande, seine Angelegenheiten selbst, aus eigenem Entschluss, in eigener Zuständigkeit und aus eigener Kraft zu regeln. Er erwartet vom Staat, vom Parlament, von der Regierung und Verwaltung nichts anderes als Vertragshilfe, organisatorische Dienste, aber keine materielle Unterstützung, einfach weil der Staat dazu nicht imstande ist. Den Staat zu überfordern heißt immer: den Staat künstlich aufzublähen und sich in die Sklaverei des Staates zu begeben. Zu einem solchen Verlustgeschäft hat der wertbewusste Wirtschaftsbürger von heute keine Veranlassung" (Schreiber 1957, jetzt 1971, S. 286).

Die Botschaft ist klar: Solidarisch zwischen den Generationen die Aufteilung des Erwerbseinkommens auf alle Lebensphasen zu vollziehen, das sei eine organisatorische Aufgabe, zu deren Bewältigung die Gesellschaft lediglich der "Vertragshilfe" des Staates bedürfe, womit sich dieser völlig von Umverteilungsvisionen verabschieden könne. Aber diese Vision steht im Zeichen von Prämissen – der bewussten Bereitschaft zur Investition in die nachwachsende Generation durch wertbewusste Wirtschaftsbürger. *Verlangt wird die Fundierung des gesellschaftlichen Wertsystems durch eine "Kultur der Pflege des Humanvermögens" sowie eine "Kultur der Selbständigkeit", die in ihrer Gesamtheit nicht auf die "Eigenständigkeit" – wie Schreiber sagt – des Arbeitsnehmers verzichten kann.* "Das Verlangen nach sozialer Sicherheit ... ist und bleibt berechtigt und aus der Vitalsituation des Arbeitnehmers bedingt. Aber soziale Sicherheit kann heute nicht mehr als Geschenk 'von oben her' erwartet oder gespendet werden. Sie kann nur auf Selbsthilfe der Beteiligten, auf gesellschaftlichen Vereinbarungen, auf Solidarveranstaltungen beruhen" (Schreiber 1961, S. 87). Wie nah oder wie fern ist hier die Realität?

2. "Familienpolitische Revolution im Jahre 2001"? – Fünfzig Jahre alte Erkenntnisse

"Karlsruher Richter zetteln eine familienpolitische Revolution an", so oder ähnlich formulierten Journalisten, als sie über die vier Entscheidungen berichteten, die *der Erste Senat des Bundesverfassungsgerichts am 3. April 2001* verkündet hatte, welche sich mit verschiedenen Aspekten der Pflegeversicherung befassen. Dabei bezogen sie ihre Nachricht im Kern nur auf eines dieser Urteile, das nämlich, in dem es um die Verfassungswidrigkeit der Nicht-Berücksichtigung von "Betreuung und Erziehung von Kindern bei der Bemessung der (Pflegeversicherungs-)Beiträge/Prämien" geht.

Zur Begründung der Feststellung dieser Verfassungswidrigkeit macht das Gericht auf die Tatsache aufmerksam, dass die Finanzierung dieses Sicherungssystems nach dem Umlageverfahren erfolgt. Das *Umlageverfahren* ist durch die Eigenschaft bestimmt, dass alle Aufwendungen, die für Leistungen aus einer Versicherung getätigt werden, aus dem Aufkommen der in dieser Periode fälligen Einzahlungen (Beiträge/Prämien) bestritten werden. Nach diesem Prinzip erfolgte zunächst die Finanzierung der gesetzlichen Rentenversicherung in der Bundesrepublik Deutschland und später eben der Pflegeversicherung. Die Modellidee, die für die gesetzliche Rentenversicherung konstitutiv wurde, ist die, dass so wie die heutigen Rentner während ihres Erwerbsleben aus ihrem Erwerbseinkommen die Einzahlungen für die Renten ihrer Elterngeneration tätigten, ihre Renten von den gegenwärtig Erwerbstätigen finanziert werden. Mit dieser Leistung erwerben diese dann den Anspruch auf ihre eigene Altersversorgung im Rentenalter, die wiederum von der nachwachsenden Generation während ihres Erwerbslebens aus laufenden Beiträgen zu finanzieren ist. *Dass diese nachwachsende Generation während der Zeit ihres Heranwachsens ebenfalls zu versorgen ist, was zwangsweise bei den Eltern dieser Kinder und Jugendlichen zu sehr erheblichen finanziellen Aufwendungen führt, schafft ein Problem*, wenn nicht alle Erwerbstätigen gleichmäßig an der Finanzierung dieser Betreuungs- und Erziehungsleistungen teilhaben. Schließlich ist das Aufwachsen dieser Generation und deren Hinführung zur Erwerbstätigkeit die entscheidende Voraussetzung für die Funktionsfähigkeit und die Aufrechterhaltung dieses Systems sozialer Sicherung.

Mit seinem Urteil vom 3. April 2001 stellt der erste Senat des Bundesverfassungsgerichts nun fest, dass dieser für die stabile Fortführung dieses Versicherungssystems unentbehrliche generative Beitrag zur Zeit *in der Regel nicht mehr von allen Versicherten* erbracht wird. Er betont, dass Pflegebedürftigkeit, so wie es der Gesetzgeber selbst sah, ein maßgeblich vom Älterwerden der Versicherten bestimmtes Risiko darstellt. Unter der bereits diskutierten Voraussetzung, dass die Versicherungsleistungen den Regeln des Umlageverfahren folgen, führe ein gleicher Versicherungsbeitrag "zu einem erkennbaren Ungleichgewicht zwischen dem Gesamtbeitrag, den Kindererziehende in die Versicherung einbringen" (nämlich Kindererziehung und Geldbeitrag) und lediglich einem "Geldbeitrag der Kinderlosen". Die Kernsätze dieses Urteils lauten wie folgt: "Die Versicherungsleistung versicherter Eltern begünstigt innerhalb eines umlagefinanzierten Sozialversicherungssystems, das der Deckung eines maßgeblich vom Älterwerden der Versicherten bestimmten Risikos dient, in spezifischer Weise Versicherte ohne Kinder." ... "Eltern, die unterhaltsbedürftige Kinder haben" und "kinderlos bleibende Versicherte im erwerbsfähigen Alter", ... *"beide sind bei einer Finanzierung der Sozialversicherung im Umlageverfahren darauf angewiesen, dass Kinder in genügend großer Zahl nachwachsen" ... "Wird ein solches allgemeines, regelmäßig erst in höherem Alter auftretendes Lebensrisiko durch ein Umlageverfahren finanziert, so hat die Erziehungsleistung konstitutive Bedeutung für die Funktionsfähigkeit dieses Systems." ... "Für ein solches System (ist) nicht nur der Versicherungsbeitrag, sondern auch die Kindererziehungsleistung konstitutiv.* Wird dieser generative Beitrag nicht mehr in der Regel von allen Versicherten erbracht, führt dies zu einer spezifischen Belastung kindererziehender Versicherter". Das ist deshalb eine verfassungswidrige Benachteilung, weil sie die Verfassungsgebote des Art. 3 Abs. 1 und des Art. 6 Abs.1 GG verletzt. Sie verletzt einmal den Gleichheitssatz, zum anderen die Verpflichtung des Staates, Eingriffe in die Familie zu unterlassen, und die darüber hinausgehende Pflicht des Staates, Ehe und Familie zu schützen und zu fördern.

Wenn nun nach Ansicht der Chronisten, die vermutlich viele andere teilen, durch die oben genannten Entscheidungen des Bundesverfassungsgerichts eine *familienpolitische Revolution* "angezettelt" wird, dann kann dazu aus wissenschaftshistorischer Sicht nur gesagt werden, dass diejenigen, die dies so sehen, nicht wissen oder aus ihrer Erinnerung verdrängt haben, was, wie wir oben berichteten, in Teilen der deutschen Wissenschaft *seit circa 50 Jahren* diskutiert wird. Das Versäumnis, neben der Generation der Erwerbstätigen und der der Nicht-Mehr-Erwerbstätigen auch die Generation der Noch-Nicht-Erwerbstätigen als gleichwertig in ein Konzept der "Solidarität der Generationen" einzubeziehen, wird als ein grundlegender Systemfehler der seit 1957 bestehenden Regelungen über die Gesetzliche Rentenversicherung bezeichnet, als ein Versäumnis, das unbedingt zu revidieren sei. Schon 1955, während der Debatte über die Einführung dieses "Systems der dynamischen Rente", sprach Wilfrid Schreiber, der oft als Initiator dieses Systems bezeichnet wird, davon, dass die *Erkenntnis von der ausschließlichen und alleinigen Abhängigkeit der Versorgung der Nicht-Mehr-Erwerbstätigen von der nachwachsenden Generation* "unmittelbar an die tiefsten Grundlagen der Rentenreform" rührt. Deshalb müsse am "Anfang der

Sozialreform" eine Debatte über den Familienlastenausgleich stehen. Eine Debatte über Regelungen bezüglich einer gesetzlichen Altersversorgung und eines Familienlastenausgleichs könnte nur unter dem Aspekt ihrer "Einheit" volkswirtschaftlich sinnvoll angegangen werden.

3. Sozialreform in einer Sozialen Marktwirtschaft – die Denkanstöße der "Sozialenquete" des Jahres 1966

Zugegeben werden muss, dass diese Debatte schon bald nach der politischen Entscheidung über die Rentenreform im Jahre 1957 in das politische Abseits geriet. Zwar wurde sie, wie gezeigt wurde, von den in den fünfziger und sechziger Jahren prominentesten Sozialpolitikern geführt, die unbestritten zudem über einen erheblichen ökonomischen und soziologischen Sachverstand verfügten. Wichtige ihrer Forschungsergebnisse gingen ein in eine "Sozialenquete" mit dem Untertitel: Soziale Sicherung in der Bundesrepublik Deutschland. Von der damaligen Bundesregierung unter Kanzler Ludwig Erhard 1964 in Auftrag gegeben, lautete der Auftrag im Beschluss der Bundesregierung, "das gegenwärtige Sozialrecht der Bundesrepublik Deutschland und dessen wirtschaftliche und soziologische Auswirkungen in überschaubarer Form" darzustellen. "Vorhandenes und beschaffbares Material" sei dabei so auszuwerten und darzubieten, "dass es der Information und Meinungsbildung dienlich ist". Wie im Vorwort zu dem Abschluss-Bericht der Kommission verlautet, unterstellte diese, "der Beschluss der Bundesregierung sowie die Bildung der Kommission allein aus Vertretern der Wissenschaft" ließe deutlich erkennen, wie der Auftrag zu verstehen sei. Im Wortlaut heißt es dann: "Die geltende Ordnung sozialer Sicherung ... soll in ihren charakteristischen Wesenszügen dargestellt, aus der Sicht der gegenwärtigen Verhältnisse kritisch beleuchtet und auf Möglichkeiten neuer Gestaltung untersucht werden."

Eine kritische Sicht der geltenden Ordnung war nach Ansicht der damals beteiligten Autoren nicht zuletzt deshalb notwendig, weil sich diese Ordnung sowohl in ihrer rechtlichen Form "als auch in ihren wirtschaftlichen und sozialpolitischen Auswirkungen außerordentlich vielgestaltig" darstellt und "*keiner einheitlichen Konzeption folgt*". Die hier zu behandelnden rechtlichen, wirtschaftlichen und gesellschaftlichen Fragestellungen seien allerdings durch die "Einheit" ihres Gegenstandes verbunden; ausdrücklich formulierten sie: *"Mit der Rechtsordnung und Rechtspolitik haben Wirtschafts- und Sozialpolitik gemeinsam das Streben nach einer gerechten gesellschaftlichen Ordnung."* In ihrem Bemühen um die Suche nach einer gerechten gesellschaftlichen

Ordnung entschieden sie sich für eine “Konzeption sozialer Sicherung”, die weitgehend der in der Bundesrepublik Deutschland “gewählten Gesamtordnung” entspricht, was vor allem in ihrem Bezug zur Wirtschaftsordnung deutlich werde. Diese folge “im Gegensatz zum Laissez-faire nicht primär der Idee der Enthaltsamkeit des Staates, sondern der Idee der Anerkennung des Marktgeschehens ..., die zwar möglichst durch Zurückhaltung des Staates verwirklicht werden soll, jedoch mehr oder minder marktkonforme Interventionen zulässt, wenn ihre sonstigen Zielsetzungen gefährdet sind”. In diesem Konzept wird der Sozialpolitik *“eine gesellschaftspolitische Gestaltungsaufgabe”* zugewiesen – und zwar die der Aufrechterhaltung des von den Individuen in der Zeit ihrer “beruflichen” Aktivität erreichten Status. Dazu wird gleich angemerkt, dass die “als Hausfrauen und Mütter vollbeschäftigten Frauen im erwerbstätigen Alter ... in der Optik an der falschen Stelle” stehen, wenn man nicht neben der Kategorie der Erwerbspersonen eine zweite einführe, nämlich: “Verheiratete voll im Haushalt Tätige”. Dann würde das Bild der Frauen im Aktivalter dem der Männer genau entsprechen: Es würde zeigen, dass in der Zeit der vollen Schaffenskraft ... fast alle Männer und Frauen tätig sind und Werte schaffen, die ihren eigenen Unterhalt, den der gleichzeitig lebenden heranwachsenden Generation und den der Alten gewährleisten". Dieser starken Gruppe von aktiv Tätigen ebenfalls die soziale Sicherung zukommen zu lassen, “die durch gesetzgeberische Maßnahmen den Arbeitnehmern seit 70 Jahren in immer steigendem Umfang gewährleistet wird”, sei eine vordringliche gesellschaftliche Gestaltungsaufgabe.

Das zu errichtende Gesamtsystem sozialer Sicherung soll eine marktwirtschaftliche, wenngleich “pluralistisch durchsetzte” Grundlage haben. Vorrang solle deshalb dem *Prinzip der Selbstvorsorge* gebühren, institutionalisiert durch eine Pflichtversicherung mit einkommensproportionalen Beiträgen. Wenn aber als zweites *Prinzip* die *Statussicherung für alle* gelten solle, dürfe es keine Versicherungspflichtgrenzen und keine von der Versicherungspflicht ausgenommenen Berufe “einschließlich der Hausfrauen, wie besonders betont sei” geben. Mit der Heraushebung des marktwirtschaftlichen Prinzips der Selbstvorsorge erschienen “alle Umverteilungsvorgänge innerhalb der Versichertengemeinschaft als Abweichungen vom Prinzip”. Wenn schon aus sozialen Gründen Umverteilung als notwendig angesehen würde, müsste nicht die Versicherungsgemeinschaft, sondern die Gesamtheit aller Einkommen als der geeignetste Ausgangspunkt angesehen werden. Mit diesen Positionsbestimmungen wird ebenso politischer Handlungsbedarf angemeldet wie mit Empfehlungen für eine Vermögensbildung in Arbeitnehmerhand oder auch bezüglich der Erleichterung der künftig “für die Bewältigung des Rentenberges” zu erwartenden Belastung durch Kapitalansammlung “in der Gegenwart”. Wolle man *Gerechtigkeit als Grundprinzip* der gesetzlichen Rentenversicherungen anerkennen, dürfe es zu keinem Verfahren kommen, das "die spätere Generation relativ stärker belastet". Dass damit wesentliche Revisionen des 1957 eingeführten "Systems der dynamischen Rente" eingefordert wurden, lässt sich nicht übersehen. Welche Chancen sich die Autoren für eine ernsthafte und umfassende Diskussion ihrer Arbeit erhofften, drückt sich in ihrer festen Überzeugung aus, der Bericht werde "für die Entschlüsse der Bundesregierung und die spätere Arbeit des Parlaments bei der Fortführung der Sozialreform in der begonnenen Legislaturperiode wichtige Verwertungsmöglichkeiten bieten".

Wenn, wie sich heute zeigt, die Fortsetzung der sozialen Reformen in Einklang mit den Prinzipien der "Sozialen Marktwirtschaft" tatsächlich ein Gebot der politischen Vernunft war, die historische Entwicklung aber dazu führte, dass die Grundanliegen der Sozialenquete weder in der Politik, der Wissenschaft oder der Öffentlichkeit ausführlich diskutiert und schon gar nicht gesetzgeberisch umgesetzt wurden, muss auch hier, soweit es um Grundsätzliches geht, nach Hintergründen gefragt werden.

4. Soziale Marktwirtschaft – die Idee von der Einheit von Wirtschaft, Staat und Gesellschaft

Im Ringen um die weltanschaulichen Grundlagen der zu praktizierenden Politik übernahm während der sogenannten Wiederaufbauphase in der Bundesrepublik Deutschland das Konzept "Soziale Marktwirtschaft" die Führungsposition. Unermüdlich versuchte Ludwig Erhard den Bürgern zu vermitteln, dass der "tiefe Sinn" eines umfassenden Konzepts der "Sozialen Marktwirtschaft" darin liegt, "das Prinzip der Freiheit auf dem Markt mit dem des sozialen Ausgleichs und der sittlichen Verantwortung des Einzelnen dem Ganzen gegenüber zu verbinden". Es ist leider kaum bedacht worden, welche Bedeutung solchen Worten zuzumessen ist. Bereits in seiner Stellungnahme zur "Rangordung der volkswirtschaftlichen Aufgaben" (1947) hatte Erhard betont, eine Währungsreform sei die unabdingbare Voraussetzung für eine unmittelbar folgende Wirtschaftsreform. Von Anbeginn sollte die deutsche Öffentlichkeit erfahren, dass Währungsreform und Wirtschaftsreform eine Einheit bilden müssten, eine Einheit im Übergang zu einer marktwirtschaftlich fundierten Gesamtordnung, in einem "neuen Kurs" der Wirtschaftspolitik.

Kaum jemand hat registriert, dass Ludwig Erhard bei der Inangriffnahme der dazu notwendigen Maßnahmen die Inhalte der 1948 gegen widerstrebende Meinungen auf den Weg gebrachten Gesetzgebung als eine Einheit von Leitsätzen interpretierte, durch die nicht nur der Schutz der deutschen Währung und der wirtschaftliche Wiederaufbau, sondern zudem die Wiederherstellung der demokratischen Freiheit und der demokratischen Grundrechte sowie der Aufbau eines sozialen Sicherungssystems zu gewährleisten seien (siehe dazu die grundlegenden Reden Erhards im Juni und August des Jahres 1948; ferner Erhard 1988, S. 120-151).

Was darunter zu verstehen ist, hat Ludwig Erhard unmissverständlich in vielen Debatten gesagt: Es gelte dafür Sorge zu tragen, dass "die Menschen frei von Sorgen und Nöten leben können, dass sie die Möglichkeit gewinnen, Eigentum zu erwerben und dadurch unabhängig zu werden, dass sie mehr an menschlicher Würde entfalten können" und nicht "auf die Gnade anderer, auch nicht auf die Gnade des Staates angewiesen sind". Erhard forderte eine Gesellschaftsordnung, die verhindert, dass der Mensch "in einer nebelhaften Anonymität" untergeht, weil sich Organisationen anmaßen, den vorgeblichen "Gesamtwillen" Einzelner zu proklamieren. Er will nicht anerkennen, "dass die besten Argumente jeweils bei den stärksten Organisationen liegen", die ohnehin "immer das Absolute" zu fordern geneigt sind. Für Erhard ist "eine Organisation nur so lange unbedenklich und staatspolitisch ungefährlich ..., als sie sich ernsthaft um die Addition der individuellen Vorstellungen im Sinne der Kristallisation des Willens bemüht, aber sich davon fernhält, etwa eine originäre Machtpolitik entfalten zu wollen" (Erhard 1963, S. 118, 138). Unablässig warb Ludwig Erhard für seine Politik mit der These: Wohlstand für alle! Eigentum für jeden! Gefordert ist eine weitreichende Politik zur Sicherung einer dezentralen Willensbildung in Wirtschaft und Gesellschaft!

Erhard insistiert, dass erst dann, wenn die materielle Basis der Menschen geordnet sei, die "echten menschlichen Tugenden" zur Geltung kommen könnten: Fleiß, Nächstenliebe, "Verantwortungsfreudigkeit" gegenüber der Zukunft, der eigenen Familie oder auch dem Alter. Materielle Sicherung sei kein Wert an sich, sondern nur eine Voraussetzung, eine Chance zur Entfaltung menschlicher Aktivitäten vor dem Hintergrund eines "gesellschaftspolitischen Leitbilds", in dem "die unabdingbare Priorität des Allgemeininteresses" gegenüber den meist sehr mächtigen organisierten Interessen zu wahren sei. Zur Wahrung des Allgemeininteresses gehöre nicht nur die *Förderung des privaten Eigentums an Haus und Boden, sondern auch die Förderung der Bildung von Geldvermögen und die der Beteiligung am Produktivvermögen in allen sozialen Schichten zum Programm einer Politik Sozialer Marktwirtschaft. Eine breite Streuung des sich bildenden Vermögens stärke nicht allein die wirtschaftliche Freiheit und Unabhängigkeit des Einzelnen und der Familien, sondern auch die Stabilität der freiheitlichen Wirtschafts- und Gesellschaftsordnung. Dazu gehöre eine Sozialversicherung, deren Selbsthilfecharakter besonders herauszustellen sei, die weder etwas ver-*

schenkt noch ein Instrument interpersoneller Umverteilung ist. Für Erhard ging es um nichts Geringeres als um die Orientierung der Politik an der Idee der Einheit von staatlicher, wirtschaftlicher und sozialer Ordnung. Erhard konnte in diesem Kontext mit einer breiten Unterstützung durch Wissenschaftler rechnen, die "Kriterien für ein möglichst geschlossenes sozialpolitisches Konzept" zu entwickeln suchten, welches an ein Modell anknüpft, "an dem sich die demokratischen Ideale und, logisch mit ihnen verbunden, die Konzeption der Marktwirtschaft im 18.(!) Jahrhundert orientierten". Erinnert wird mit dieser Verweisung an die "Politische Ökonomie" eines Adam Smith oder David Hume, die unter Berufung auf das Wertesystem der Aufklärungsphilosophie, auf Glaubens- und Gewissensfreiheit, auf politische und wirtschaftliche Freiheit grundlegende verfassungswirksame gesellschaftliche Reformen anbahnten.

Es steht noch aus, davon reden zu können, dass über alle Parteigrenzen hinweg ein allgemeiner Konsens bezüglich der Verbindlichkeit der oben genannten Kriterien für die praktische Politik besteht. Gleichwohl kann festgehalten werden, dass das hier skizzierte Programm ein Programm für eine breit angelegte Politik der Förderung der Vermögensbildung in Familienhaushalten intendiert. Damit werden zugleich die Voraussetzungen geschaffen für eine *Familienpolitik, die sich in ihrer Gesamtheit als Vermögensbildungspolitik zu verstehen hat.* Und wo anders als in den Familienhaushalten entsteht die *wichtigste Variante von Vermögen, das menschliche Handlungsvermögen*, das zu Recht als *Humanvermögen* bezeichnet wird?

Schließlich darf ein *Grundtatbestand* nicht übersehen werden: Die elterlichen Leistungen im Prozess der Versorgung und Erziehung von Kindern sind Investitionen in Gestalt des Aufbaus menschlichen Handlungspotentials in der nachwachsenden Generation. Mit ihren Aufwendungen, Geld- und Arbeitsleistungen, vermitteln die Eltern mehr als lediglich die Qualitäten für eine Befähigung zur Arbeit. Zunächst wird nämlich in diesem Prozess der Heranführung junger Menschen an Lebenserfahrungen die Fähigkeit geschaffen, sich überhaupt in menschlichen Gruppen, konkret: in einer modernen Gesellschaft zurechtzufinden. Im Umfeld seiner Familie erwirbt ganz allmählich der junge Mensch seine Persönlichkeitsmerkmale, nicht zuletzt die Einsicht in die Normen gesellschaftlichen Lebens. Der Aufbau von Verhaltenssicherheit durch den Erwerb von sozialer Daseinskompetenz und von Fachkompetenz ist ein zentrales Element für ein gesellschaftliches Institut "Sozialer Sicherung", weil damit erst die Chance entsteht, mit anderen Kategorien von Vermögen problemgerecht umgehen zu können. Erst in ihrer Gesamtheit, in ihrer jeweils individuellen Bündelung werden Humanvermögen, Geldvermögen, Produktivvermögen und Soziales (Sicherungs-)Vermögen zu den Quellen einer nachhaltigen Bereitstellung von

Einkommen zur materiellen Fundierung und selbstverantwortlicher Entfaltung menschlicher Existenz. Daher kommt jeglicher Variante von Vermögenspolitik eine entscheidende Bedeutung für die Gestaltung der Lebenslage von Familien zu. Familienpolitik ist, das sollte viel konsequenter als bisher bedacht werden, stets gesellschaftlich relevante Vermögensbildungspolitik, und eine breit angelegte Vermögensbildungspolitik ist stets ein Garant für eine gesellschaftlich effiziente Familienpolitik.

Zwei Erkenntnisse lassen sich aus heutiger Sicht deutlich benennen. Erstens: Jedes System sozialer Sicherung setzt voraus, dass dauerhaft Vermögen gebildet wird. Zweitens: Heute weltweit diskutierte vermeintlich neue Reformkonzepte sozialer Sicherung, die Konzepte der *“Säulentheorie”*, nehmen lediglich das ausdrücklich auf, was von den Theoretikern der “Sozialen Marktwirtschaft” bereits als Selbstverständlichkeit gedacht wurde. Es ist die Idee, dass die Quellen, aus denen die Einkommensflüsse in Zeiten der Nicht-Erwerbstätigkeit stammen können, möglichst breit gestreut sein sollten.

Eine Weltbank-Studie aus dem Jahr 1994 fordert Rentenreformen in nahezu allen Ländern der Erde, einschließlich der OECD-Länder: Nur eine grundlegende Revision der Altersversorgungssysteme vermöge eine gravierende Krise im Bereich der Alterssicherung zu vermeiden. Dazu seien “multiple Instrumente, oder besser ‘Säulen,’ einzusetzen”. Der Vorwurf lautet, die bestehenden staatlichen Systeme im Umlageverfahren hätten vergeblich versucht, die drei grundlegenden Funktionen eines Alterssicherungssystems innerhalb eines einzigen Programms zu erfüllen, nämlich Ersparnisbildung, Umverteilung zum Zweck der Armutsbeseitigung und Versicherung. Für die OECD-Länder sei es vordringlich, eine neue Säule zu schaffen, die obligatorisch sein müsse, weil sie die Menschen zum Sparen mit dem Ziel der Versorgung im Alter zwingt, die privat verwaltet wird, um staatliche Manipulationen zu verhindern, und auf Fondsbasis operiert; die Mittelaufbringung solle über persönliche Sparpläne oder über betriebliche Rentenvereinbarungen erfolgen. Daneben müsse es eine obligatorische, staatlich verwaltete, durch Steuern finanzierte Säule geben, die über Umverteilung eine Mindestrente für diejenigen garantiert, die dies aus eigener Kraft nicht leisten können. Die Rentenformel solle deshalb ausdrücklich nicht an die Einkommen gebunden sein. – Schließlich werde eine dritte Säule unverzichtbar als eine auf Freiwilligkeit beruhende Säule für diejenigen, die zusätzlichen Schutz, das heißt ein Mehr an Rente, durch höhere Ersparnisse anstreben.

In der Sozialenquete hieß es seinerzeit schon deutlich breiter gespannt: “Ein Teil der Alterssicherung beruht auf nicht gesetzlich vorgeschriebener Vorsorge, wobei wieder zu unterscheiden ist zwischen betrieblicher Altersversorgung und privatem Sparen sowie vererbtem Vermögen ... Die Feststellung, dass die gesetzlichen Rentenversicherungen das Rückgrat der Alterssicherung in der Bundesrepublik sind, weist zugleich auf Vergleichs- und Abgrenzungsprobleme gegenüber anderen Formen der Alterssicherung hin." *Exakt diese Aufgabe der Abstimmung ist in der Bundesrepublik Deutschland nicht wahrgenommen worden, was wesentlich beigetragen hat zu den Defiziten, über die gegenwärtig zu Recht geklagt wird.*

5. Vom Beginn des Niedergangs der Idee von der Einheit von Wirtschaft, Staat und Gesellschaft in einer Sozialen Marktwirtschaft

Im Rückblick auf die Entstehungsgeschichte der Bundesrepublik Deutschland haben Beobachter gemeint, in den fünfziger Jahren sei für die wirtschaftliche, politische und gesellschaftliche Entwicklung eine ausgeprägte Phase der "Entideologisierung" charakteristisch gewesen. In der "Stunde Null" der deutschen Geschichte habe die Verabschiedung des Grundgesetzes im Jahre 1949 prinzipiell zu einer absoluten Neuorientierung des politischen Handelns geführt. Nach dem Bekenntnis des Grundgesetzes zu einer freien Gesellschaft und der Festlegung der damit verbundenen Spielregeln für eine demokratische politische Gestaltung des Gemeinschaftslebens schien es im Bereich der Durchsetzung neuer politischer Leitbilder zunächst keinen weiteren Handlungsbedarf mehr gegeben zu haben.

Dass es über eine geraume Zeitspanne hinweg gelang, diese Idee einer Einheit von staatlicher, wirtschaftlicher und sozialer Ordnung sowie die diese Einheit symbolisch und praktisch verkörpernden Prinzipien weiten Teilen der Bevölkerung glaubhaft und verlässlich darzustellen, dürfte entscheidend geworden sein für die wirtschaftliche und politische Stabilisierung der Bundesrepublik Deutschland und den daraus zunächst folgenden Leitbild-Charakter des wirtschafts- und gesellschaftspolitischen Experiments einer Sozialen Marktwirtschaft.

Ende der sechziger Jahre kam es jedoch zu einer politischen Bewusstseinskrise, die, wie einige Politologen unseres Erachtens zu Recht bemerken, eine massive Re-Ideologisierung zur Folge hatte – bis hin zu starken politischen Polarisierungen nicht nur zwischen den Parteien, sondern auch innerhalb der Parteien. Offensichtlich hatte der wirtschaftliche Erfolg, der mit dem Bekenntnis zur "Sozialen Marktwirtschaft" verbunden war, schwelende gravierende Meinungsverschiedenheiten über die Bedeutung dieser speziellen Variante einer marktwirtschaftlichen Ordnung überdeckt. 1966 erfolgte der Sturz von Ludwig Erhard als Bundeskanzler. Es begann die Zeit zunächst der Großen Koalition, die bis 1969 währte, danach die der Sozial-Liberalen Koalitionen bis 1982.

Verwunderlich ist, dass Erhards Vorstellungen von einer "Politik der Mitte und der Verständigung" und einer "Sozialpolitik aus einem Guss" hinfort keine Rolle mehr zu spielen schienen. Schließlich hatte kein Geringerer als Herbert Wehner anlässlich des Übergangs der Kanzlerschaft von Konrad Adenauer auf Ludwig Erhard im Jahr 1963 davon gesprochen, dass beim Thema Sozialreform "alles ... neu geprüft werden" müsse – unter Einschluss des Aspekts der Vermögensbildung in Arbeitnehmerhand, zu der "man auch einen Teil der beträchtlichen Sozialleistungen heranziehen könnte, die jetzt hier und da und je nach Betriebsumfang und Betriebsvermögen ausgegeben werden". – Die Preisgabe dieser Ideen passte auch nicht in ein Bild, dem Georg Leber glaubte in der Mitte der 60er-Jahre zum Durchbruch verholfen zu haben. Gemeint ist seine Vorstellung, die Beteiligung der Arbeitnehmer am wirtschaftlichen Vermögenszuwachs müsse und könne gelöst werden durch Tarifvereinbarungen über vermögenswirksame Leistungen bei einer nachdrücklichen Unterstützung dieses Programms durch den Gesetzgeber. Die Frage nach der Vermögensbildung in Arbeitnehmerhand berühre keine "Art Privatsache", sondern eine allgemein politische Aufgabe, die zu lösen sei "unter Bewahrung unserer Lebensart, die auch auf persönlicher Freiheit und Eigentum beruht". Dieses Thema ginge "das ganze Volk, seine freiheitliche Lebensordnung und deren Bewahrung und Sicherung auch für die Zukunft an". Bedauerliche Tatsache im Hinblick auf ein derart angelegtes Leitbild war jedoch, dass sich nach Erhards Sturz die weiterhin nicht verstummende Debatte über gesellschaftspolitischen Reformbedarf *völlig abkoppelte* von den Denkanstößen seitens marktwirtschaftlich orientierter Reformer und den Ideen der Verfasser der Sozialenquete. Anläßlich einer Ehrung im Jahr 1974 erklärte Erhard kategorisch, dass die *Epoche der Sozialen Marktwirtschaft längst beendet* sei.

Die neuen Themen lauteten: Vollbeschäftigungsgarantie – Privater Reichtum bei öffentlicher Armut – Demokratische gesamtwirtschaftliche Planung und Lenkung – Kollektive Investitionslenkung. Betrachtet man von heute aus die nun folgende Entwicklung, zeigt sich, dass die politische Preisgabe des Programms aktiver Konjunkturpolitik in den sechziger und siebziger Jahren die erste Akzentverlagerung im Konzept vermeintlich weiterhin praktizierter "Sozialer Marktwirtschaft" darstellt. An die Stelle bisheriger behutsamer Anpassungsinterventionen bei Strukturwandel und einer Politik zur Verhinderung von Geldwertverlusten trat die regierungsamtliche Verpflichtung auf eine Vollbeschäftigungsgarantie. Die Idee, durch monetäre (staatlich verantwortete) Nachfrageschübe Vollbeschäftigung *ohne Strukturwandel* nachhaltig sichern zu können, trug offensichtlich wesentlich dazu bei, dass sich in den Köpfen vieler Politiker der Fehlschluss beliebiger Planbarkeit und völliger Beherrschbarkeit wirtschaftlicher Prozesse einnistete. Nicht die Sicherung einer Ordnung in ihren mannigfaltigen Aspekten blieb Leitmotiv der Politik. Einen deutlich höheren Rang übernahm die Vorstellung, eine als unvollkommen zu betrachtende Wirtschaft und Gesellschaft durchgängig so reformieren zu können, dass der Anspruch zu realisieren sei, Prozesse auf bestimmte End-Ergebnisse und Zielwerte hin exakt zu lenken. Einmal erreichte Wachstumsraten wurden als dauerhaft durchsetzbar dargestellt, weil man über angemessene Steuerungsinstrumente hinfort glaubte verfügen zu können. Auf dieser Erwartung beruhende Zukunftsrechnungen für jeweils folgende zehn bis fünfzehn Jahre gaukelten den Administrationen *das Bild anstehender riesiger Vermögensüberschüsse* in den öffentlichen Haushalten und denen der Sozialversicherungen vor. Bald häuften sich Entscheidungen über Ausgabensteigerungen, die die Etats langfristig über Gebühr beanspruchten.

Bei bis zum Negativen hin sinkenden Wachstumsraten, steigenden Inflationsraten, massiv erhöhtem Staatsverbrauch, wachsender Arbeitslosigkeit und stark rückläufigem Außenbeitrag in der Mitte der siebziger Jahre kam plötzlich die These auf, man befinde sich in einer "Zweiten Weltwirtschaftskrise". Sie ließ die von der Richtigkeit ihrer Politik überzeugten regierenden Parteien (und viele mit ihnen sympathisierende Wissenschaftler) bald eine "Unregierbarkeit" moderner demokratisch verfasster, marktwirtschaftlich strukturierter Industriegesellschaften vermuten. Ohne Zweifel dachte Ludwig Erhard bei seiner letzten Rede vor dem Deutschen Bundestag am 14. Dezember 1976 an diese seines Erachtens wohl äußerst ungeeignete Formel für stabilitätspolitische Versäumnisse, als er sagte: "Zuviel Staat, zuviel Skepsis kann zur Sepsis werden und lähmt uns, auch wenn sie in der Kutte eines grauen Realismus oder eines überzeugungsängstlichen Pragmatismus auftritt". Er sah die Ursachen eher im Verlust ordnungspolitischer Grundüberzeugungen und mahnte deshalb, *im Ringen "um eine reifere politische und freiheitliche Wirtschafts- und Sozialordnung"* nicht nachzulassen (Erhard 1988, S. 1070).

Unter dem Titel: "Enttäuschte Hoffnungen – vergebene Chancen" blickte Harald Scherf (1986) auf die Wirtschaftspolitik der Sozial-Liberalen Koalition 1969-1982 zurück. Er sieht eine Politik, die angesichts ihrer Vision, eine "Feinsteuerung" wirtschaftlicher Prozesse sei möglich, auf jegliche als Krise eingeschätzte Situation mit einer Fülle von Maßnahmen hektisch reagiert. Er analysiert eine Politik, die die Bruttoinvestitionsquote von 26,1 % um mehr als ein Fünftel auf 20 % senkt , die das Sozialbudget um mehr als das Dreifache erhöht und einen mit der Rentenreform von

1972 prognostizierten milliardenschweren erweiterten Finanzierungsspielraum schon 1978 "verspielt" zu haben schien. Scherf betrachtet die Folgen der Ausweitung der gesetzlichen Rentenversicherung und fragt nach dem Geist einer Sozialpolitik, die "ihr Sorgerecht und ihre Sorgepflicht ... auf alle Wechselfälle des Lebens" ausdehnen will, die mit dem Anspruch auftritt, Reformen einzuleiten und durchzuführen, die "den Menschen" definitiv "die Chance" bieten, "sich in einer wandelnden Umwelt zu behaupten". Scherf fragt, welche Gestaltungsmacht über die Lebensbedingungen einer Vielzahl von Menschen sich eine solche Gesinnung anmaßt. Er will wissen, warum in die (sozial-)politische Diskussion der siebziger Jahre niemals der an sich naheliegende Gedanke eingegangen ist, "dass mit wachsendem Wohlstand, mit wachsendem Einkommen der Bürger die staatliche Sozialleistungspflicht abnehmen, dass der Bürger seine wirtschaftlichen Belastungen selbständiger tragen kann, wenn sein Realeinkommen zunimmt". Er sieht bei den Regierenden nicht einmal Ansätze dazu, den *Geist einer Sozialpolitik*, "deren Pole der betreute Mensch und der vor- und fürsorgende Politiker" sind, zu hinterfragen sowie eine Strategie zu problematisieren, die sich in der Maxime erschöpft: "Mehr soziale Sicherheit durch mehr Sozialleistungen".

Verdrängt wurde eine zentrale Einsicht ökonomischen Denkens: dass wirtschaftliche und gesellschaftliche Stabilität grundlegend von der Fähigkeit einer Volkswirtschaft abhängt, auf oft unprophezeibare, ungünstige Veränderungen der Rahmenbedingungen möglichst umgehend stabilisierend zu reagieren. *Für rasche Anpassungserfolge in Zeiten wirtschaftlichen Wandels*, das ist in dynamischen Marktprozessen der Normalfall, *ist die Existenz von Reserven an finanziellem und realem Vermögen sowie an humanem (Leistungs-)Vermögen von ausschlaggebender Bedeutung*. Wenn es dann aber zu einer politischen Strategie wird, Vermögensbestände, die als Reservefazilitäten gedacht waren, als Deckungsfonds für laufende Ausgaben zu betrachten, wenn Anreize zur Vermögensbildung nahezu systematisch abgebaut werden, gerät die wirtschaftliche und gesellschaftliche Stabilität in Gefahr.

Das Gesamturteil lautete schon 1972 in der Sicht von Erhard und Müller-Armack: "Die Politiker, nicht die Verfechter der Sozialen Marktwirtschaft haben versagt." - Externe Schocks, etwa die Ölpreissteigerungen der siebziger Jahre, sowie der Verlust der Illusion, mit Hilfe von Inflation könne man allen politischen Leistungsverpflichtungen nachkommen, bewirkten Hand in Hand mit innenpolitischen Reformfehlern eine Destabilisierung wichtiger Teilbereiche der privaten und öffentlichen Wirtschaft in den siebziger Jahren (Scherf 1986, S. 38 ff.) und am Ende erneut einen Regierungswechsel, den von 1982, mit dem neuen Bundeskanzler Helmut Kohl.

6. Die Fortsetzung des Problems: Von der Dauerhaftigkeit struktureller und vermögenspolitischer Defizite der Politik Sozialer Sicherung in der Bundesrepublik Deutschland

Nicht lange nach dem Übergang der politischen Verantwortung auf die neue Regierung, im Mai 1983, beschäftigte sich Willi Albers, ein renommierter Finanz-, Familien- und Sozialpolitikwissenschaftler, mit dem Thema "Perspektiven der Sozialpolitik". Er verwies auf "bekannte" Schwachstellen unseres sozialen Sicherungssystems und darauf, dass für dieses System trotz der gravierenden Verschlechterung seiner Finanzlage immer noch ein Reformkonzept fehle. Er sprach von einer *Gefälligkeitsdemokratie*, die in den vergangenen Jahren groß geschrieben worden sei. Nun aber erzwängen die trotz der gestiegenen Abgabenbelastungen auftauchenden Defizite, die von den öffentlichen Haushalten nicht mehr zu finanzieren seien, Anpassungsmaßnahmen, auf die die Verwaltung und der Gesetzgeber "angesichts der bisherigen Tendenz, Leistungen ständig zu erhöhen und immer mehr soziale Tatbestände in ein kollektives Sicherungssystem einzubeziehen, ... schlecht vorbereitet" seien. Für Albers stellt sich die Rentenreform von 1957 mit ihrer Dynamisierungskomponente und einer Niveauerhöhung um etwa 60 % "als Deckung des (gesellschaftlichen) Nachholbedarfs" dar. Die weitergehenden Maßnahmen der Reform von 1972 seien aber über das Sicherungsziel hinausgeschossen, nicht zuletzt wegen ihrer Nicht-Finanzierbarkeit trotz zusätzlicher Einnahmen.

Alle Betrachtungen hinsichtlich Reformmöglichkeiten – so meinte er dann – müssten an die Frage nach den Strukturmängeln des sozialen Sicherungssystems anknüpfen. Für Albers wird mit der fehlenden Orientierung der Sozialleistungen an der Familie *ein fundamentaler Strukturmangel des Systems* begründet. Das Individualprinzip sei eine Schwachstelle in einem System, das als Sicherungssystem auf sehr breit gelagerte gesellschaftliche Zusammenhänge bezogen sei. Hier sei das Individuum, dessen Existenz stets in soziale Beziehungen eingebunden sei, nicht unbedingt als allein relevante Adresse anzusehen. *Sozialleistungen sollten auf die Familie als enge und umfassende Lebensgemeinschaft abgestellt werden.* Insgesamt gelte es Fehlentwicklungen und Übersicherungen abzubauen. Ausdrücklich äußert Albers die Befürchtung, dass die Politiker aus den Fehlern der Vergangenheit nichts gelernt hätten und weiterhin eine Sanierung der Sozialfinanzen nach dem untauglichen Muster betrieben, deren finanzielle kurzfristige Entlastung mit einer auf die Zukunft verschobenen Zusatzbelastung zu suchen oder Einsparungen dort vorzunehmen, wo sie deshalb falsch plaziert sind, weil sie das Missverhältnis in den Versorgungsleistungen eher verstärken als ausräumen.

Damit war wiederum der Anschluss erfolgt zu einer Strukturreformdiskussion, wie sie seit den fünfziger Jahren angemahnt wurde. Es galt aufzuarbeiten, was sich an Fehlentwicklungen angebahnt hatte infolge einer Einstellung, die von der gesellschaftlich gefährlichen Annahme ausging, eine für alle weiterhin spürbare Wohlstandssteigerung ließe sich nahezu beliebig fortsetzen und es gäbe keinen über die reine Expansion der Leistungen hinausgehenden besonderen Handlungsbedarf im Bereich der Sozialpolitik. In den Wind geschlagen worden war zu bedenken, was die ökonomisch und soziologisch qualifiziertesten Vertreter des Fachs "Sozialpolitik" in der Wissenschaft stetig angemahnt hatten, dass sich eine "moderne" Sozialpolitik gedanklich zu emanzipieren habe von ihrer historischen Bindung an die "Arbeiterschaft" als sozialer Klasse. Da die Lebensform von Menschen nicht allein vom Arbeitsverhältnis, das historisch zunehmend Einkommenssicherheit gewährleistete, sondern von den konkreten Existenzbedingungen aller Mitglieder eines Familienhaushalts her zu beurteilen sei, müsse der *neue Aufgabenbereich von Sozialpolitik* auf die Problemlage "jene(r) fünfzig oder mehr Prozent der Bevölkerung" achten, die angesichts einer nunmehr "scharfen Trennung zwischen Verdienern und Verzehrern von jedem Zugang zum Geldeinkommen abgeschnitten wurden und blieben". Ihnen werde vorenthalten ein gebührendes Maß an sozialer Sicherung. Mit dieser Mahnung knüpfte, wie wir bereits betonten, Hans Achinger an die von Gerhard Mackenroth an, der schon früher festgestellt hatte: *"an Stelle einer Klasse muss heute Objekt der Sozialpolitik die Familie werden, und zwar quer durch alle Klassen und Schichten".*

Der politische Gestaltungsbedarf, über den weiterhin zu reden ist, wurde somit längst grundlegend thematisiert. Reformbedürftigkeit wurde erklärt, zugleich aber darauf verwiesen, dass es grundsätzlich nicht darum gehen könne, den Staat aus seiner Verantwortung für die soziale Sicherung seiner Bürger zu entlassen. In diesem Sinne äußerte sich gleichfalls die Evangelische Kirche in Deutschland (EKD) in den Jahren 1982 und 1987. Mit dieser Einschätzung verbanden sich Erwartungen im Hinblick auf die Anpassung der sozialen Sicherungssysteme an die stark veränderten demographischen Bedingungen, ein verändertes Erwerbsverhalten, eine neue Situation von Partnerschaft und Familie sowie eine neue Situation am Arbeitsmarkt.

Wie wenig sich in der Politik bis hin zum Verfassungsentscheid vom April 2001 änderte, lässt sich leicht belegen mit einer Erinnerung an den Text der Entschließung von 34 in der Bundesrepublik familienpolitisch tätigen Verbänden am 21. Februar 1994. Nachdrücklich unterstrichen dort die Verfasser, dass das Bundesverfassungsgericht seit 1990 in mehreren Urteilen der Bundesregierung und den gesetzgebenden Körperschaften aufgegeben habe, *"die verfassungswidrige Benachteiligung der Familien in den Steuer- und Sozialversicherungssystemen zu beseitigen"*. Appelliert wird "noch ein letztes Mal an die Parlamente und Regierungen in Deutschland, diese *verfassungsrechtlich gebotenen und überfälligen Reformen auf allen Ebenen* unverzüglich und energisch zu verwirklichen".

7. Familienpolitik: Über die "Nachhaltigkeit von Entwicklung"

"Noch ein letztes Mal" wird angemahnt eine Besinnung auf die Grundprinzipien der gesellschaftlichen Existenz und deren Umsetzung in eine Politik, die familienorientiert sein muss. Doch warum ist es notwendig, permanent die ausbleibende Umsetzung in Politik anzumahnen? Ist es – wie es Nell-Breuning mit Blick auf die Debatte über den sog. Schreiber-Plan bereits 1956 schrieb – so, dass grundsätzlich nur "das Alte ... als das sachlich Gebotene unterstellt" wird, die "Nachprüfung der inneren volkswirtschaftlichen und sozialpolitischen Konsistenz" aber unterbleibt, weil lediglich "die Freunde die Argumente pro und die Gegner die Argumente contra zusammentragen" (Nell-Breuning 1979, S. 20 f.)? Oder weil jede Regierung für sich stets in Anspruch nimmt, alles richtig gemacht zu haben und alles richtig zu machen? Vielleicht liegt das Versäumnis auch nur daran, dass ein konsensfähiges Leitbild fehlt!

Im Sinne dieser Frage soll dann hier doch nach einer Antwort gesucht werden und ein Vorschlag unterbreitet werden, der für einen Konsens werben will. Wer nach einem *Leitbild für eine konsensfähige Familienpolitik der Zukunft* Ausschau hält, könnte die Anregung erhalten, es sei das *Leitbild einer zukunftsfähigen, nachhaltigen Entwicklung*. Empfohlen wird eine Reform, die sich in ihrer Grundstruktur ausrichtet auf eine *Familienpolitik im Zeichen des Paradigmas der Nachhaltigkeit*. Verwiesen und angeknüpft werden sollte damit an den vollauf berechtigten Versuch der Weltöffentlichkeit bis hin zur UNO, in global angelegten Analysen die Zukunftschancen und allgegenwärtigen Gefährdungen der Bevölkerung der Erde zu erwägen. Auch die Wortwahl ist im Hinblick auf unser Problem angemessen, wenn sich die Debatte im Zeichen des Begriffs der "sustainable development", der *"Nachhaltigkeit von Entwicklung"* entfalten soll. Schon ein kurzer Blick auf die in diesem Kontext einschlägige Rio-Deklaration 1992 zeigt, dass es ihr entscheidend um die *Formulierung von Grundsätzen für die zukünftige Gestaltung der Lebensbedingungen von Menschen ging*. Einleitend heißt es dort: "Die *Menschen* stehen im *Mittelpunkt* der Bemühungen um eine nachhaltige Entwicklung. Sie haben das *Recht auf ein gesundes und produktives Leben im Einklang mit der Natur" (Grundsatz 1). "Das Recht auf Entwicklung* muss so erfüllt werden, dass den *Entwicklungs- und Umweltbedürfnissen heutiger und künftiger Generationen in gerechter Weise entsprochen wird"* (Grundsatz 3). Es ist damit völlig eindeutig der Tatbestand angesprochen, dass *das Recht auf Entwicklung* auf die *Entwicklungs- und Umweltbedürfnisse heutiger und künftiger Generationen* bezogen ist. Aus dieser Perspektive ist es schon verwunderlich zu sehen, dass sich die Nachhaltigkeitsdebatte bislang weitgehend in der Erörterung von Umweltfragen erschöpfte. Es erstaunt, wie einseitig oder gar oberflächlich oft mit dieser neuen Begrifflichkeit umgegangen wird. Ohne Zweifel zeigt sich doch die volle Bedeutung dieser neuen Begrifflichkeit erst, wenn sie in ihrer ganzen sozialen, ökonomischen und ökologischen Breite ausgelotet wird.

Dass im Kontext der Familiendiskussion dieses "Recht auf nachhaltige Entwicklung" inzwischen deutlich auch in Wirtschaftskreisen erörtert wird, ist nicht zu übersehen. Gewiss ist es bemerkenswert, bei einer Anfrage nach den Anforderungen an eine neue "Unternehmenskultur" Nachhaltigkeit als einen Bestandteil der unternehmerischen Verantwortung zu bezeichnen, wie es Paul Klemmer, der Präsident des Rheinisch-Westfälischen Instituts für Wirtschaftsforschung, tat. Unmissverständlich mahnt er die "Gleichrangigkeit des ökologischen, ökonomischen und sozialen Anliegens" dieser Sichtweise an (Wirtschaftskurier, Dezember 1998, S. 21). Wenn zudem verlautet, die Weitergabe des Lebens im Miteinander von Generationen, Geschlechtern und Geschwistern erzeuge "Lebensfähigkeit im elementarsten wie im spirituellen Sinne", wird unmissverständlich die *Botschaft* des Fünften Familienberichts auch *in die Welt der Wirtschaft transportiert*. "Lebensfähigkeit" heißt in der Sprache des Familienberichts "Humanvermögen". Und so wie Norbert Walter den Bedarf an Humanvermögen für das "Unternehmen der Zukunft" als "das Unternehmen, das eine Zukunft haben will", thematisiert, so erinnerte die Familienberichtskommission an diesen Bedarf für die "Zukunft der Gesellschaft" als eine Gesellschaft, die Zukunft haben will. Wenn zu befürchten ist, dass die Bundesrepublik Deutschland mit einem Durchschnitt von 1,2 Kindern pro Familie ihre Bevölkerung in einer Generation auf rund zwei Drittel ihres Ausgangsbestandes und die Zahl der Arbeitskräfte auf 60 Prozent reduziert, müsste – so meint dieser als "Chefökonom" der Deutschen Bank fürwahr nicht unbekannte Autor – dieser Tatbestand gewiss doch alle Unternehmen, die an ihrem langfristigen Überleben interessiert sind, "elektrisieren". Gleiches dürfte gelten für die Erkenntnis, dass die Menschen, denen im Alltag ihres Berufes nachhaltig eine hohe Leistungsmotivation abverlangt wird, eben zur Wahrung der "Nachhaltigkeit" dieser Leistungsfähigkeit, eines Ausgleichs durch Regeneration bedürfen, der ihnen nach allen Lebenserfahrungen, die wissenschaftlich bestätigt werden, im Familienverband am ehesten geboten wird. Norbert Walter fragt zu Recht, ob nicht die betriebliche Personalpolitik "in einer Sackgasse" stecke, wenn sie sich nicht auf solche Fakten besinnt. Seines Erachtens muss "eine Neubesinnung der Personalpolitik in den Unternehmen" erfolgen. "Es sollte Chefsache werden, die Belange der Familien der Mitarbeiter zu einem wichtigen Bestandteil der Einsatz- und Karriereplanung zu machen. *Kinder* müssen nicht nur möglich sein, sie *sollten wieder in den Mittelpunkt rücken – auch im Denken von Unternehmen* ... Was wir brauchen, ... (ist eine) neue Verantwortung für die Familie ... als wichtiger Teil einer nachhaltigen Unternehmensstrategie" (Norbert Walter, Rheinischer Merkur 41/2000, S. 15 f.).

Wir sagten es schon im Geleitwort: "Das Anliegen der Bewahrung der Umwelt findet vielfach und in aller Welt eine Lobby. Die Sorge um eine nachhaltige, zukunftsfähige Sicherung des individuellen und gesellschaftlichen Bestandes an Humanvermögen, einer Vielzahl von zur Lebensgestaltung und zur aktiven Partizipation an allen gesellschaftlichen Institutionen sowie zur gerechten Teilhabe an ihren Förderungsangeboten befähigten kreativen Individuen, war bis zur unmittelbaren Gegenwart eher allein bei den Familienwissenschaftlern angesiedelt, ohne große Resonanz in der Wirtschaft, Öffentlichkeit und, das ist besonders bedenklich, auch im Bildungssystem zu finden." Deshalb ist es überfällig, nachdrücklich zu betonen, dass die Forderung nach einer Entwicklung "im Einklang mit der Natur" nicht abgekoppelt werden kann von der *zumindest ebenbürtigen, aus der Sache heraus gleichwohl dominanten Formel*, dass diese Entwicklung heutigen und künftigen Generationen in gerechter Weise zu entsprechen hat. Nicht ohne Grund applaudieren viele Sachverständige dem Votum F. X. Kaufmanns von der *"strukturellen Rücksichtslosigkeit der gesellschaftlichen Verhältnisse gegenüber Familien in der Bundesrepublik Deutschland (Kaufmann 1995)*. Dass sich dieses ändern muss, fordern, wie gezeigt wurde, inzwischen gleichfalls die mit Verfassungsrang ausgestatteten familienpolitisch relevanten Urteile des Bundesverfassungsgerichts. Ihr Ziel ist es, einen Anstoß zu geben, *Ungerechtigkeiten gegenüber Familien* in dieser unserer Gesellschaft abzubauen. Dass diesem Ziel in einem Konzept Sozialer Marktwirtschaft viel Raum eingeräumt wird, sollte gleichfalls inzwischen deutlich geworden sein.

8. Die Rentenversicherung – Eine institutionalisierte Aufkündigung der Solidarität zwischen Personen, die Kinder aufziehen, und solchen, die dieses in zunehmendem Maße nicht wollen

Um den Strukturfehler im gegenwärtigen System der Sicherung der Altersrenten erkennen zu können, ist vor allem zu klären, wie sich die vermeintliche Generationen-Solidarität in diesem System darstellt. Hier gilt es, grobe Missverständnisse auszuräumen. Vor diesem Hintergrund ist vornehmlich das Gewicht der Tatsache zu prüfen, dass hier die erwerbstätige Generation "im Kern" allein über ihre Beiträge an die Rentenversicherung einen Anspruch auf den Empfang von Altersrenten erwirbt. Diese Beitragszahlungen finanzieren nach dem Umlageverfahren über die sofortige Wiederauszahlung an die Gruppe der Rentenempfänger lediglich die das Wohlstandsniveau der Nicht-Mehr-Erwerbstätigen sichernden Altersrenten. *Zur Sicherung des Unterhalts der nachwachsenden Generation tragen diese Beiträge nichts bei.* Wie bereits oben (in 3.) notiert wurde, wird damit der nachhaltige Bestand dieser Institution Rentenversicherung nicht zu sichern sein: *"Wird ein solches allgemeines, regelmäßig erst in höherem Alter auftretendes Lebensrisiko durch ein Umlageverfahren finanziert, so hat die Erziehungsleistung konstitutive Bedeutung für die Funktionsfähigkeit dieses Systems" ... "Für ein solches System (ist) nicht nur der Versicherungsbeitrag, sondern auch die Kindererziehungsleistung konstitutiv.* Wird dieser generative Beitrag nicht mehr in der Regel von allen Versicherten erbracht, führt dies zu einer spezifischen Belastung kindererziehender Versicherter" (Bundesverfassungsgericht). Das ist der gravierende *Verstoß gegen die Gültigkeit des Äquivalenzprinzips*, das für Versicherungsverträge den Ausgleich von Leistung und Gegenleistung verlangt. Konkret gefordert ist die ungeteilte Erfüllung der Geschäftsgrundlage für den Rentenempfang. *Erst bei gleichzeitiger Übernahme von Familientätigkeit, eben mit dem Vollzug beider gesellschaftlich notwendigen Leistungen, "nur mit beiden zusammen", so folgerte z. B. von Nell-Breuning bereits vor einigen Jahrzehnten, "erkauft sich die im Erwerbs- und im Elternalter stehende Generation die Sicherung ihres eigenen Alters".*

Hinsichtlich der Betrachtung der Möglichkeit, Finanzierungsleistungen für Kinder zu erbringen, kann also allein von dem Einkommen ausgegangen werden, das von der erwerbstätigen Generation erzielt wird. Das ist aber stets die Generation, der gesellschaftlich gesehen sowohl die Bewältigung der Aufgabe der Familienarbeit als auch der Erwerbsarbeit zufällt. Deshalb wird in diesem Zusammenhang oft von einer "Doppelbelastung" gesprochen. Doch dabei sollte zugleich erkannt werden, dass diese Doppelbelastung nichts anderes ist als die Beschreibung einer gesellschaftlichen Normalität. Es handelt sich um nicht mehr und nicht weniger als um *eine für alle Gesellschaften unverzichtbare (Doppel-)Leistung zur Sicherung der Überlebensfähigkeit, der Zukunft einer Gesellschaft durch die Bereitstellung der Mittel für die gleichzeitige Versorgung mehrerer Generationen.*

Das, was deshalb zu sagen ist, muss wohl deutlicher ausgesprochen werden als bisher: *Hinter dem, was heute als Generationenvertrag bezeichnet wird, verbirgt sich eine Lebenslüge.* Mit der Einführung einer Altersrente nach dem derzeitigen Umlageverfahren zwischen lediglich zwei Generationen in einem "System der dynamischen

Rente" ist das Problem, wie Wilfrid Schreiber, der wissenschaftliche Wegbereiter dieses grundlegend neuen Systems der Altersversorgung, bereits von Anbeginn sagte, "erst zur Hälfte gelöst". *Ungelöst bleibt die Aufgabe, eine Lebenssicherung für das Kind und den noch nicht erwerbsfähigen Jugendlichen zu schaffen* (1955, S. 31). Mit der These: Nur ein diese Aufgabe einschließendes System entspreche einer "vernünftigen Ordnungspolitik, die die Familie für ihre Leistungen für die Gesellschaft angemessen honorieren sollte", und der daraus folgenden *zweiten These*: den gegenwärtigen Zustand ändern zu wollen, sei "ein legitimes gesellschaftspolitisches Ziel", mahnte zwischenzeitlich (1981) – gleichfalls bis heute erfolglos – der Bund katholischer Unternehmer akuten Handlungsbedarf an (in: Nell-Breuning, Fetsch, 1981).

Dabei ist es vor allem diese Aufgabe der Lebenssicherung der nachwachsenden Generation, die gesellschaftlichen Handlungsbedarf begründet. Man bedenke doch: Grundsätzlich ist es jedem Einzelnen möglich, Einkommensteile aus seinem Arbeitseinkommen für den Lebensabend zurückzulegen. *Völlig unmöglich ist es aber, Teile der eigenen Einkommen aus der Erwerbsperiode in die eigene Kindheitsphase zurückzuverlagern. Möglich ist dies nur "auf dem Wege der Solidarhilfe zwischen den Generationen, d. h. innerhalb der Gesellschaft", meinte sicherlich zu Recht bereits Wilfrid Schreiber.*

Exakt der Bewältigung dieser grundlegenden gesellschaftlichen Aufgabe versagte sich der Gesetzgeber und muss nun zur Kenntnis nehmen, dass das Stückwerk, das er schuf, nicht nur verfassungswidrig, sondern zudem letztlich ohne eine konsensfähige und verhaltenswirksame Geschäftsgrundlage ist. Die Ansicht, dass Eltern Kinderkosten übernehmen müssen, um andere, Kinderlose, nach dem Umlageverfahren im Alter versorgt zu wissen, dürfte sich schwerlich glaubwürdig vermitteln lassen; sie ist deshalb nicht konsensfähig.

Dabei dürfte schon klar geworden sein, worin das politische Problem besteht: Jahrzehntelang hat die offizielle Politik, ohne Ansehen der jeweiligen Partei, für Vertrauen in diese Konstruktion der Alterssicherung geworben. Das schien den politisch Verantwortlichen wegen der berechtigten Zweifel an dieser Konstruktion notwendig zu sein. Schließlich hatte zumindest ein Teil der deutschen Bevölkerung nicht vergessen, dass vielen Menschen aus der Eltern- und Großeltern-Generation ihre Alterssicherung durch Staatsbankrott abhanden kam. Rechtlich besteht heute zwar ein durch das Bundesverfassungsgericht festgeschriebener Vertrauensschutz bezüglich der Altersversorgung, der grundgesetzlich über die Eigentumsgarantie abgedeckt ist. Aber: Die Menschen in unserem Land haben zunehmend erkannt, dass hier für den Konsum bestimmte Zukunftseinkommen versprochen werden, ohne die Kosten der erforderlichen "Investition" für das zu deren Erwirtschaftung unabdingbare Produktivvermögen in Rechnung zu stellen. Hier geht es nicht nur um das materielle Produktivvermögen, sondern vornehmlich um das humane, das letztlich über die Qualität der produktiven Leistungen entscheidet. *Wer nicht über die Voraussetzungen der Nachhaltigkeit wirtschaftlicher Leistungen nachdenken will, fühlt sich ebenfalls nicht veranlasst zu klären, wer solche Investitionen letztlich finanzieren soll.*

Der Verzicht auf eine gesellschaftlich umfassende Debatte über die Relevanz einer solchen Rechnung verstößt gegen eine weltweit verbreitete Lebenserfahrung. Rechtlich begründete Versprechungen, dass alle Generationen im Alter versorgt werden könnten, ohne Kinder zu haben, entbehren jeglicher materiellen Grundlage. Mahnungen, dass das bestehende Rentensystem ohne eine solide demographische Basis nicht funktionieren könne, wurden bis zur Gegenwart propagandistisch mit der Formel abgetan: "Unsere Renten sind sicher". Diese Formel trug dazu bei, die tatsächliche Unwägbarkeit von Zukunftsentwicklungen ebenso zu missachten wie die Langzeitwirkungen bereits existierender und damit für die Zukunft klar erkennbarer sozialer Strukturverwerfungen.

Über viele Jahre hinweg fühlten sich Vertreter der deutschen Bevölkerungswissenschaft, wie z. B. Karl Schwarz, der langjährige Leiter des Instituts für Bevölkerungsforschung, formulierte, in eine Ecke gedrängt, die sie zu einem lautstark artikulierten Protest zwang. Ihnen wurde vorgeworfen, verschwiegen zu haben, dass unserer Gesellschaft ein Bevölkerungsschrumpfungsprozess drohe. Nachweislich hat jedoch spätestens seit Beginn der siebziger Jahre die Bevölkerungswissenschaft über Trends sinkender Bevölkerungsraten berichtet. Die Partie aus dem Bericht der Sachverständigenkommission mit dem Titel "Familie und Bevölkerung" im Dritten Familienbericht der Bundesregierung aus dem Jahr 1979, maßgeblich von Hermann Schubnell verfasst, kann heute geradezu als ein Lehrstück gelesen werden über die Unfähigkeit von Politik, die zeitlichen, räumlichen und sozialkulturellen Dimensionen des generativen Verhaltens zu erfassen. Damals wurde ebenso über die zu erwartenden "Rentenberge" berichtet (125) wie über die "Erhaltung der Bevölkerungszahl" als potenzielle "politische Leitlinie"(133) oder auch über "Maßnahmen mit dem Ziel der Erhöhung der Geburtenzahl". Zur Verwirklichung weiterer Kinderwünsche seien die wirtschaftlichen und sozialkulturellen Voraussetzungen zu schaffen. "Zu diesem Zweck" müssten Eltern "langfristig die Gewissheit haben, nicht jahrelang materielle Benachteiligungen hinnehmen zu müssen". Es ist kein Geheimnis, dass der Dritte Familienbericht in der Schar der damaligen Politiker wenig Freunde fand. *Zu Recht mahnen deshalb Bevölkerungswissenschaftler das Eingeständnis eines Politikversagens an.* Ihnen widerfährt wiederum erst Gerechtigkeit durch das Urteil des Bundesverfassungsgerichts vom 3. April 2001, das dem Gesetzgeber vorwirft, "seine Regelungen nicht anhand inzwischen möglicher Erkenntnisse und Erfahrungen überprüft" zu haben, womit er "auf den Versuch einer sachgerechten Lösung verzichtet(e)".

Exakt diese Erinnerungsmahnung an die politisch Verantwortlichen deckt ein offenbar dauerhaftes Ärgernis auf. Erneut wird erkennbar, dass sich im tagespolitischen Alltag Institutionen allein wegen ihrer Existenz und durch den Zuspruch einer mächtigen Gruppe von Begünstigten zu legitimieren scheinen. Auf den in unserer Präsentation von Analysen und Schlussfolgerung als bedeutsam thematisierten Gesamtzusammenhang einschließlich einer unter Umständen fehlerhaften Einführung wird nicht mehr geachtet. Selbst dann, wenn sich der Eindruck ergeben könnte, die Diskussion wiederhole sich nur, muss dazu lediglich an das erinnert werden, was bei Achinger bereits 1958 zu lesen war. Zur Tatsachenanalyse gehöre es zu vermerken, wie wenig die Schöpfer der sozialen Schutzgesetze an das Familienleben gedacht hätten. "Die ganze ursprüngliche *Konzeption der sozialen Sicherung erscheint durch eine ausgesprochene Familienfremdheit gekennzeichnet* ... erst nachträglich, ja, als unliebsame Störung der versicherungsmathematischen Rechnung, tritt die Familie in die soziale Sicherung ein" (Achinger 1958, S. 41). Das ist auch so geblieben. Die "unliebsame Störung der versicherungsmathematischen Rechnung" durch die Einbeziehung familialer Faktoren trägt in der Sprache der Sozialversicherungsträger gegenwärtig den Namen: "Versicherungsfremde Leistungen". Sie sollen die *Störfaktoren* sein, die die aktuellen finanziellen Defizite der Sozialversicherer verursachen oder zumindest verstärken. Das Unverständnis wird damit geradezu regierungsamtlich. Eine Veränderung der Denkmuster solcher Argumentationen, der durch Ignoranz, Vorteilsbesessenheit oder das Streben nach Besitzstandswahrung bewirkten *Denkblockaden*, ist dringend angesagt.

9. Die Prinzipien der Generationen- und Geschlechtersolidarität im Zusammenleben von Familien in Gesellschaft und Verfassungsstaat

Wenn schon die Familie als Störfaktor im System der sozialen Sicherung erscheint, dann müssen es besonders die Frauen sein, die als Störfaktoren gelten, sind sie es doch, für die das Schicksal des "Rentenelends" ausgemacht werden kann. 1993 veröffentlichte Jürgen Borchert sein Buch "Renten vor dem Absturz". Dort liest man unter anderem über "die deutsche Armut", sie sei als Armut von Müttern "weiblich, alt und kinderreich". Mit der Rentenreform des Jahres 1957 habe der Gesetzgeber dem gemeinschaftlichen Denken einen Individualisierungsschub gegeben, der die

Mütter um ihre mit der Erziehung ihrer Kinder "originär und genuin erworbenen Unterhaltsansprüche geprellt" und sie "mit bösen Folgen" enteignet hat. "Schlagartig wurde die massenhafte Armut aller Frauen zum kardinalen Problem der Sozialpolitik", so unterstreicht dieser Autor den zentralen Aspekt dieses institutionellen Arrangements am 10. Januar 2002 (in: Die Zeit 3/2002, S. 8) und meint dazu, dass sich bis heute daran "substantiell" nichts geändert hat. Das "Problem" war eben kein Problem, dessen sich die praktizierte Sozialpolitik als besonders dringlich annahm, sondern ein Problem, das – wie es früher bereits formuliert wurde – den erwerbstätigen Vater mit seinem Erwerbseinkommen und seiner sicheren Altersversorgung zum "König", d. h. zum wirtschaftlichen Herrscher in der Familie, avancieren ließ. Welche Belastung daraus erwuchs für Frauen, die als Mütter vollzeitig und voll verantwortlich Dienstleistungen "rund um die Uhr" erbrachten und dann noch hören mussten, das sei ja eine von ihnen individuell wahrgenommene Privatangelegenheit, hat trotz aller Mahnungen der von uns zitierten Experten kaum jemand ernsthaft bedacht. Wenn inzwischen nun Frauen und Wissenschaftler, die in sozialen Dimensionen zu denken vermögen, auf die Borniertheit solcher Einlassungen aufmerksam machen, werden sie zu einem weiteren Störfaktor der Alltagspolitik. Dabei weisen sie doch lediglich darauf hin, dass mit der *institutionalisierten Aufkündigung der Solidarität zwischen den Generationen durch die Rentenreform von 1957 zugleich auch gesamtgesellschaftlich wirksam die Solidarität zwischen den Geschlechtern aufgekündigt* wurde, eben jene Solidarität, auf deren Selbstverständlichkeit Mütter und Väter bauen müssen, sollen sie den Anforderungen gewachsen sein, die ihnen die "Gesellschaft" trotz vieler anderer Rücksichtslosigkeiten für ihre Erziehungsleistung abverlangt.

Es ist ein besonderes Verdienst von Rosemarie von Schweitzer, über diese Problematik nicht hinweggesehen zu haben. In ihrem Beitrag "Geschlechtersolidarität und Modernität in der Familienforschung" (von Schweitzer 1997, S. 29-57) versucht sie nachzuweisen, dass die Geschlechter- und Generationensolidarität zu den primär in den Familien erfahrbaren und einzuübenden *grundlegenden Tugenden* der Verantwortungsübernahme und Toleranz gegenüber den Bedürfnissen Anderer und vor allem von Schwächeren gehören und damit auch zu den grundlegenden *Ressourcen der westlichen Demokratien*. Sie zählen zu den Fundamenten, die dazu beitragen, unserem Verfassungsstaat eine Zukunft zu garantieren. Sie werden allerdings in dem Maße an gesellschaftlicher Akzeptanz verlieren, in dem die Leistungen, die solchem "tugendhaften" Handeln in den Familien entspringen, gesellschaftlich unbeachtet bleiben oder auch in beschämender Weise diskriminiert werden (40). In ihrer äußerst bemerkenswerten Studie gelingt ihr eine dezidierte Zuordnung der Bedeutung von Solidarität für das gesellschaftliche Zusammenleben im Kontext der familienwissenschaftlichen Forschung.

Gegen Ende des ausgehenden zweiten Jahrtausends glaubte sie registrieren zu können, dass die Diskussionen über die "Krise der Familie" an Aktualität zu verlieren schienen, dafür aber die liberale Gesellschaft und der säkularisierte Verfassungsstaat von der Krisendebatte "heimgesucht" wurde. Ihr fiel es schwer zu begreifen, dass die "Zukunft der Familie" und mit ihr die Frage nach den normativen Wertvorstellungen für familiale Solidaritäten nicht annähernd so viel gesellschaftliches Interesse weckte wie andere (zu meist Partial-)Interessen von Wirtschaft und Politik (z. B. die Kommunitarismusdebatte mit ihrer politischen Parteinahme jeweils für linke oder rechte gesellschaftliche Konstrukte). Sie mahnte eine Besinnung darüber an, ob es in einer Zeit, in der allerorten Reformbedarf konstatiert wurde, nicht angebracht sei, *"die geltenden dominanten Handlungsmaximen der modernen Industriekultur mit ihren wissenschaftlichen Produktionsgrundlagen, Organisationsstrukturen und politischen Steuerungsmechanismen auf den Prüfstand"* (49) zu stellen. Gewiss seien sie für eine moderne Industriegesellschaft von nicht zu schmälernder Bedeutsamkeit gewesen, aber die *Sicherung von Wohlfahrt und Alltagskultur* werde kaum durch eine Fortschreibung der Vergangenheit und Gegenwart gelingen. *"Im Gegenteil, eine solche Entwicklung durch bloßes Fortschreiben spezialisierter Denkweisen wird immer lebensbedrohlicher"* (ebd.).

Die Autorin konstatiert eine an Gewicht und Argumentationskraft zunehmende Verweigerung, der "sich omnipotent gebärdenden Utopie des westlichen Modernisierungsmusters" Realitätscharakter zuzugestehen. Fragwürdig sei ihre Basishypothese eines Individuums, das sich selbst lustvoll genießt und als mündiger Bürger ohnehin rational handelt. Sie folgert: "Wenn in einer total individualisierten Kommunikationsgesellschaft 'anything goes', dann gibt es weder Gutes noch Böses, sondern nur noch das bindungslose subjektive Eigeninteresse, das die Logik der Teilsysteme beherrscht. Der Konflikt der Egoismen ist der Alltag, Sieger bleibt der stärkste Egoist. Es gehört nicht sehr viel Phantasie dazu sich vorzustellen, welches Geschlecht von Natur die besten Chancen hat, auf die Durchsetzung seiner Interessen in diesem postmodernen Gesellschaftsentwurf zu vertrauen. Das Ende der Familie ist bereits proklamiert. Frauen müssen wie Männer zu denken und handeln lernen, um in einem solchen inhumanen Gesellschaftsmodell wenigstens kurzfristige Überlebenschancen zu haben."

"Weder Obrigkeiten noch Ideologien" seien aber bei der Suche nach einem Menschenbild hilfreich, das "ein für unsere Kultur und die Vielfalt unserer kulturellen Lebensweisekonzepte erwünschtes, sozial akzeptiertes und *real* auch *lebbares Menschenbild"* darstellt, – "diese Lektion dürften wir aus dem 20. Jahrhundert gelernt haben". Deutlich müsse es sich von dem unterscheiden, "das uns der aufgeklärte, männlich dominierte Wissenschaftsglaube an Menschenbild-Konstrukten beschert hat". "Nicht das Individuum, mit reichlich Ressourcen versehen und ohne verbindliche Verantwortung, ... sich nach seiner Lust und Laune irgendwelche Bedürfnisse erfüllend und zum Innovator irgendeiner Beliebigkeit werdend," könne *neue Maßstäbe* setzen. Benötigt würden "Menschen, welche sich der Verantwortung, der Haftung und des Eintretens für die Menschlichkeit menschlichen Lebens auf dieser Welt für zuständig halten, also zu allererst ihre Individualität durch Identifikation und Solidarität mit dem Anderen zu begreifen versuchen".

Solidarität als ethischer Wert wird hier mit Nicolai Hartmann als "das Eintreten, Haften oder Verantwortlichsein des Einzelnen für die Gesamtheit" definiert. In Übereinstimmung mit Franz-Xaver Kaufmann (1984) wird der "Solidarität" zugestanden, den Charakter eines gesellschaftlichen Steuerungsinstrumentes zu haben als "Kooperationsform, die sowohl die Voraussetzung des Tauschens als auch von Herrschaftsbeziehungen ist, aber nicht durch diese selbst konstituiert werden kann". Schon Adam Smith wusste von der Bedeutung von Regeln, die aus dem zwischenmenschlichen Zusammenhang auf der Basis eines moralischen Urteils-Vermögens entstehen. Sie sind "darauf berechnet, einen großen Zweck zu befördern, die Ordnung der Welt und die Vollkommenheit und Glückseligkeit der Menschen". Es sind "Regeln, die dazu bestimmt sind, die freien Handlungen von Menschen zu leiten"(siehe dazu Krüsselberg 1984, S. 189). In diesem zwischenmenschlichen Zusammenhang wird Solidarität im Sinne des Verständnisses von Sympathie oder Empathie (als Einfühlungsvermögen in die Lebenssituation anderer Menschen) sowie als ethisches Urteilsvermögen, die soziale Akzeptanz und kulturelle Erwünschtheit von Verhaltensweisen bestimmen zu können, erlernt und eingeübt. Um wirksam zu blieben, muss zudem Solidarität immer wieder neu erlebt und eingeübt werden.

Konsequent verweist von Schweitzer auf die Familie als Ort der Einübung von Verhaltensmustern: Die erste und intensivst wirksame Institution zur Aneignung dieses das Solidaritätspotenzial einer Gruppe oder Gesellschaft bestimmenden Humanvermögens stellen die familialen Lebensformen dar, in die ein jeder Mensch hineingeboren wird. Familiales Alltagsleben hat wiederum ebenso Geschlechtersolidarität zur Voraussetzung: das Zusammenleben und Zusammenwirtschaften von Mann und Frau mit der Bereitschaft zur Elternschaft wie mit der Bereitschaft zum Zusammenleben und Zusammenwirtschaft von Kindern, Eltern und Großeltern in einer Solidarität zwischen den Generationen. Empathie für einander, aber auch das "Vermögen", die mit der Paarbildung und Elternschaft verbundenen Erwartungen und Handlungsweisen als rechtlich und sittlich angemessen zu bewerten, sind Grundkategorien zur Sicherung humanen Lebens.

Was allen die aktuelle Politik bestimmenden Personen und Gruppen entgangen zu sein scheint, wird hier unmissverständlich angesprochen, wörtlich verlautet: *Die Fragen nach den handlungsleitenden Maximen in einem sich erneuernden Modernisierungsschub werden nicht umhin können, der Geschlechter- und Generationensolidarität besondere Aufmerksamkeit zukommen zu lassen.* Sie sind konstitutiv für das alltagsweltliche Zusammenleben und Zusammenwirtschaften der Menschen in pluralen Familienhaushaltssystemen weit über die Lebenszeiten von Individuen hinaus. Sie sind zugleich als "Prägestöcke" der gesellschaftlichen Alltagskultur wirksam, im negativen wie im positiven Sinn. Sie sind in die persönliche Verantwortung eines jeden gelegt und somit eine Privatsache mit allergrößter gesellschaftlicher Relevanz für Wohlfahrt und Kultur in der Zukunft (32). Deshalb gehöre die ungeteilte Solidarität der Bürger und Bürgerinnen, für ihren Staat und seine Verfassung einzutreten, für ihn zu haften und sich für ihn verantwortlich zu fühlen, zu den *Ressourcen moderner Demokratien.* Daran werde zunehmend ein *Mangel* spürbar. Ohne diese Art von in Familien vorzulebenden und den nachwachsenden Generationen unmittelbar erfahrbaren Geschlechter- und Generationensolidaritäten im Alltag sei ein gedeihliches gesellschaftliches Zusammenleben in Freiheit kaum denkbar. Ohne sie werde die die Freiheit sichernde Ordnung der Verfassung zunehmend eher als Hemmschuh für die Verwirklichung von Partialinteressen angesehen, werde notwendige Verfassungstreue aufgegeben (29, 49 ff.).

In der genannten Studie moniert Rosemarie von Schweitzer einen sehr konkreten Tatbestand, dass sich das familienwissenschaftliche und familienpolitische Interesse vornehmlich auf das mögliche Konfliktpotenzial zwischen den Generationen richte und selten oder gar nicht auf das zwischen den Geschlechtern im familialen Zusammenleben. Die diesbezügliche Literatur der Frauenforschung werde nicht zur Kenntnis genommen. Das allerdings beginne sich zu ändern, da Frauen von Männern lernen, ihre Interessen durchzusetzen und die über Generationen eingeübte Geschlechter- und Generationensolidaritäten als nachrangig und hinderlich für die individuelle Selbstentfaltung anzusehen. Die familialen Leistungen, "dieses vergesellschaftete vor allem von Frauen gesichert bereitgestellte Gut", fange an knapp zu werden. Nach den Marktgesetzen werde ein knappes Gut teuerer, das signalisiert die Erhöhung seines Wertes. Möglicherweise sei dies der einzige Weg, Männern wie Frauen die *Denkbarrieren in den Köpfen* bezüglich der Bedeutsamkeit der Familienarbeit wegzuräumen. Mit Dominanz und Macht ließen sich Geschlechter- und Generationensolidarität in einer modernen Gesellschaft mit "aufgeklärten" Frauen nicht mehr durchsetzen.

Allerdings sei das Ende der Familie proklamiert, so hörten wir schon, wenn gefordert werde, Frauen müssten wie Männer zu denken und handeln lernen, um in einem Gesellschaftsmodell, das weder der Generationensolidarität noch der Geschlechtersolidarität genügt, zumindest kurzfristig Überlebenschancen zu erhalten. In dieser Perspektive kämen "die handfesten, täglich zu leistenden, familialen Aufgaben der Versorgung, Pflege und Erziehung ... gar nicht in den Blick, obgleich deren Organisation und Gestaltung mehr *Fach- und Daseinskompetenzen benötigen als so manche spezialisierte Erwerbstätigkeit*". Bekannt und x-fach empirisch nachgewiesen sei, dass die Familientätigkeiten und damit die familialen Leistungen primär Leistungen von Frauen sind, "denn auch die kinderlosen Frauen, gleich welchen Familienstandes, sind in der Mehrzahl ganz besonders intensiv in familiale Netzwerke und Dienste eingebunden". Die Konfliktlinie zwischen den Geschlechtern verlaufe destruktiv auf der Linie der Einschätzung: "Männer leben in Familien, Frauen haben Familien zu haben oder zumindestens für familiale Dienste verfügbar zu sein. Sie sind in ihren familialen Diensten, in den bezahlten und unbezahlten Lebens- und Tätigkeitsbereichen zur Versorgung, Pflege und Erziehungen von Menschen, aber auch von Tieren und Pflanzen unersetzbar, doch ihre Tätigkeitsbereiche, so sie den Stempel ´weiblich´ erhalten, werden überall in der Welt *unterbewertet* und *unterbezahlt*". Die gesellschaftliche Dominanz männlicher Definitionsmacht und weiblicher Schwäche durch Fürsorgebereitschaft mache es möglich (36).

Gewiss: Familienarbeit ist Frauenarbeit. Das an meinem Lehrstuhl für Wirtschaftspolitik und in meinem Institut für Sozial- und Familienpolitik in vielen Jahrzehnten gesammelte Material über die Leistungen der Familienhaushalte und deren gesellschaftliche Bedeutung belegt nachhaltig die Berechtigung der These, dass Frauen zu Hause und weltweit die Hauptverantwortung für die Familienarbeit tragen. Ein zentraler Teil der dort geleisteten wissenschaftlichen Forschungstätigkeit im Bereich der Familienpolitik diente der Aufdeckung des hohen volkswirtschaftlichen Wertes dieser Familienarbeit – und zwar deshalb, weil diese Familienarbeit in der Berichterstattung über die volkswirtschaftliche Wertschöpfung bis in die Gegenwart hinein politisch geduldet oder gar verschuldet ein Schattendasein führte. Das mag schon den Verdacht der von Männern beherrschten Welt der Normen fördern. Starke Anhaltspunkte für die in der Realität gegebene, weithin aber noch bestrittene *volkswirtschaftliche Gleichwertigkeit von Familienarbeit und Erwerbsarbeit* lieferte bereits 1986 eine für die "alte" Bundesrepublik repräsentative Familienzeitbudgetstudie (Krüsselberg, Auge, Hilzenbecher 1986). Deren Ziel war die Erfassung des "Mengengerüsts" der in Familienarbeit eingebrachten Zeiten an konkreten Dienstleistungen als Grundlage für deren Bewertung in monetären Größenordnungen. Damals war die Frage der legitimen Bewertung von Familienarbeit noch weitgehend undiskutiert. Heute scheint die These von der wissenschaftlich begründbaren Gleichwertigkeit von Familientätigkeit und Erwerbstätigkeit kaum noch widerlegbar zu sein.

Zehn Jahre später (1996) hatte sich das Statistische Bundesamt der Bundesrepublik Deutschland ebenfalls mit diesem Thema beschäftigt. Es hielt sich spürbar zurück hinsichtlich der These der Gleichwertigkeit. Aber seine Ergebnisse bezüglich des "Mengengerüsts der gesellschaftlich geleisteten Arbeit" unterstützen unmissverständlich unsere früheren Resultate. Für 1992 wurde errechnet, dass im "alten" Bundesgebiet der Umfang der "unbezahlten" Arbeit mit 77 Mrd. Stunden um 60 % über dem der Erwerbsarbeit (48 Mrd. Stunden) lag. Frauen leisteten dabei pro Tag mit etwa fünf Stunden fast doppelt soviel unbezahlte Arbeit wie die Männer (mit 2 3/4 Stunden). Von den "unbezahlten" Arbeiten nahmen die hauswirtschaftlichen Tätigkeiten mit 76 % die weitaus meiste Zeit in Anspruch. Die Differenzierung nach dem Geschlecht zeigte, dass Frauen vor allem für hauswirtschaftliche Tätigkeiten und für die Pflege und Betreuung von Kindern und Erwachsenen deutlich mehr Zeit aufwendeten als Männer (Blanke u. a. 1996). Das gilt im übrigen auch dann, wenn Frauen erwerbstätig sind (Krüsselberg u. a. 1968, S. 198). Es gilt daher festzuhalten: Die Zeiten der *Familienarbeit* werden vornehmlich von Frauen ausgefüllt. Ihr konkretes Volumen wissenschaftlich zu belegen und zu bestimmen ist eine unverzichtbare Aufgabe auf dem Weg zu der gesellschaftlich zwingend gebotenen Aufwertung dieser für jede Lebensgemeinschaft unentbehrlichen Leistungen. Zur Anerkennung des gesellschaftlichen Wertes dieser Leistungen zu finden und zu einem gerechten Ausgleich der damit verbundenen Belastungen zwischen den Geschlechtern wäre ein bedeutsames Zeichen von Solidarität. Wie beschwerlich es ist, diesen Weg zu gehen, zeigt die Realität.

Wir resümieren mit Rosemarie von Schweitzer: Die Geschlechtersolidarität bedarf der *unabdingbaren Gewissheit und Sicherheit* bezüglich der *uneingeschränkten Gleichrangigkeit und Gleichwertigkeit* weiblicher und männlicher Lebenserfahrungen. Das gilt für das Binnenverhältnis von Müttern und Vätern in den Familien, aber gleichfalls für die moderne Gegenwartsgesellschaft. Die Generationen- und Geschlechtersolidarität gewinnt in dem Maße an Bedeutung, in dem die *Individualisierungsbestrebungen im Sinne ungebundener Lebensführung* zum gesellschaftlichen Leitbild der Moderne zu werden scheinen. Der Begriff der Geschlechtersolidarität steht hingegen für eine grundsätzliche Bereitschaft zu einer gemeinsamen Problemlösung bei unterschiedlichen Aufgabenstellungen um einer Gesamtverantwortung willen. Partnerschaft im Sinne einer Geschlechtersolidarität lässt Frauen Frauen und Männer Männer sein, aber Frauen wie Männer müssen dazu einer gemeinsamen übergeordneten Sinnsetzung und Herausforderung folgen. Partnerschaft mit unterschiedlicher Rollenverteilung kann nur gelingen, wenn auch die Anerkennungen, die daraus erwachsen, bedarfsorientiert sind und gerecht und solidarisch verteilt werden. Die "Gewinne" partnerschaftlichen Zusammenlebens und Zusammenwirtschaftens müssen zu Gewinnen für beide Geschlechter werden können. "Männer haben mit den Frauen die gesellschaftlichen 'Einkommen', Frauen mit den Männern die 'familialen Gratifikationen' zu teilen. Das kann allerdings nur über den Abbau alter Denkstrukturen und die Gewinnung einer neuen Familienorientierung gelingen"(44). Die Autorin ist von der Überzeugung erfüllt, dass eine Kultur, die diesem Denkmuster folgt, die "Ganzheitlichkeit des menschlichen Lebens leichter erkennbar, erfahrbar, gestaltbar und damit lebbar" macht. Mit einer Kultur dieser Prägung, die "für beide Geschlechter, alle Schichten und Milieus, sowie für die Herrschenden in Wirtschaft, Wissenschaft und Politik handlungs- und interessenleitend wird", werde die Fähigkeit von Gesellschaften zunehmen, die Herausforderungen der Zukunft zu bestehen. Ohne den vollen Einsatz auch des Humanvermögens der Frauen und deren Erfahrungs- und Kreativitätspotenzials in Fürsorge, Pflege und kultureller Gestaltungskraft könne der notwendige Reflexionsschub oder Erneuerungstrend im Modernisierungsprozess nicht gelingen. Zu festgefahren seien "die Denkmuster in den Köpfen", und zu sehr fehle es "an Mitleidensfähigkeiten mit den Schwächeren, an Empathie und sittlichem Urteilsvermögen, wie Gegenwart und Geschichte zeigen" (49). Doch weder in der Gegenwart noch in der Geschichte werden sich die Thesen der "individuellen Nutzenmaximierung" und des postmodernen "anything goes" oder "alles ist machbar" als Postulate für "Fortschrittlichkeit" beweisen können (54 f.).

Aus unserer Sicht lässt sich die Formulierung dieses Plädoyers für "die uneingeschränkte Gleichrangigkeit und Gleichwertigkeit weiblicher und männlicher Lebenserfahrungen" in einer postmodernen Welt nicht nachdrücklicher fassen. Auch der Unbedingtheit dieser Aussage ist voll zuzustimmen. Es geht um die Wiedergewinnung der beiden Geschlechtern und allen Generationen gleichermaßen zugeordneten Verantwortung für das Überleben und die Alltagskultur der Menschheit. *Kurzum: es geht um gesellschaftliche Rationalität.* Erinnert wird damit an unsere Frage nach den ethischen Grundlagen einer wirklich sozialen Marktwirtschaft im Geleitwort. Sie knüpfte an die Sorge an, dass inzwischen zu vielen Menschen das Wissen darum verloren gegangen zu sein scheint, wie sehr jegliche wirtschaftliche und gesellschaftliche Ordnung in ihrem Erfolg getragen wird durch die grundlegenden Wertmuster, die sich in den Familien zum Wohle der Gesamtheit ausbilden. Erinnert sei zugleich an die dort erwähnte Idee vom *"Idealtypus" des Unternehmers* mit seiner Verpflichtung zur Wahrung des ihm anvertrauten Besitzes, an seine Verantwortung dafür, diesen Besitz zu Gottes Ruhm ungeschmälert zu erhalten und durch rastlose Arbeit zu vermehren (Weber 1965, S. 57 ff., 178 ff.). Wo gibt es hier eine Unterscheidung zwischen "männlich" und "weiblich"? Nur rhetorisch wurde dort gefragt, ob nicht im Sinne einer *Treuhänderschaft zur Bewahrung der Schöpfung* familiale Leistungen im Kern exakt jenes Element von Unternehmertum enthalten. Es ist eine wichtige Aufgabe der Wissenschaft, darauf aufmerksam zu machen, dass Kreativität und Verantwortlichkeit *die investiven Leistungen der Familie* ebenso charakterisieren, wie es die Moral des Marktes von der Unternehmertätigkeit fordert.

Die Aufforderung, eine "neue" Familienorientierung auf *allen* politischen Ebenen und in *allen* gesellschaftlichen Institutionen zu suchen, richtet sich somit an alle Entscheidungsträger dieser unserer Gesellschaft. Sicher dürfte sein, dass die Familien selbst sich täglich wünschen, einer neuen Familienorientierung im Alltag zu begegnen. Wenn Familie leichter lebbar werden soll, heißt dies, dass Familie zu leben zumindest nicht als Last erfahren werden darf. Es dürfte sicher sein, dass vielen jungen und älteren Familien die Blockade ihres Denkens und ihres Lebens durch die Institutionalisierung von Politikfehlern der Vergangenheit schmerzlich bewusst ist und sie zu ihrem eigenen Schutz an deren Auflösung arbeiten. Gewiss ist, dass sie, auch als alleinerziehende Mütter oder Väter, dazu aus eigener Kraft in ihrem konkreten Alltag Einstellungen und Strategien entwickeln müssen, die es ihnen gestatten, trotz allem ihren Wunsch oder besser: ihr Durchhaltevermögen, Familie zu leben, zu praktizieren. Enttäuscht über eine Umgebung, die Familie zu leben so schwer macht, müssen sie sich gleichwohl Mut machen und Wege finden, ihr Engagement, Kinder und damit Familie zu haben, als Bestätigung für die "richtige" Wahl ihrer Lebensform zu empfinden. Viele Familien wollen mitwirken und teilhaben an einer neuen Familienorientierung und der Auflösung der genannten Blockaden. Für sie aber muss die Öffentlichkeit insgesamt ein deutlich offeneres Ohr finden, für ihre Anliegen und Argumente, für die Argumente derer, denen die Sorge um das Schicksal der nachwachsenden Generation im Alltag des gerade begonnenen neuen Jahrtausends anvertraut ist.

10. Die Verwirklichung der Verfassungsgerechtigkeit für das Leben in Familien: das Gebot der Stunde

Dass sich die Tagespolitik trotz großer Lippenbekenntnisse weiterhin sträubt, das beängstigende Ausmaß bestehender Ungereimtheiten in der Familienpolitik anzuerkennen und Schritt um Schritt auszuräumen, ist eine ärgerliche Tatsache. Es scheint sich offensichtlich erneut zu bestätigen, dass in der Tagespolitik Einsichten in langfristige gesellschaftliche Zusammenhänge immer nur von Denkern vermittelt werden, die bereit sind, "gegen den Strom" zu arbeiten. Diese aber grenzt man in den öffentlichen Debatten gern aus, weil ihre Mahnungen für die etablierten Positionen unbequem sind. Es scheint sogar partei- und interessenpolitisch opportun zu werden, kompetenten, überparteilich argumentierenden Sozialwissenschaftlern und Richtern *"Familienfundamentalismus"* vorzuwerfen. Kritisiert werden sie dafür, dass sie die Wahrung des sozialökonomischen Status von Eltern im konkreten Vergleich mit der wirtschaftlichen Lage von Kinderlosen der gleichen sozialen Schicht für "absolut gerecht" halten. Sich für solche, wie es in der Finanzwissenschaft heißt, "horizontale Gerechtigkeit" einzusetzen, sei eine staatliche Aufgabe, meint unbestritten diese bedeutende Disziplin der Wirtschaftswissenschaft. Als "Fundamentalisten" werden damit diejenigen diskriminiert, die die freiheitlichen Prinzipien der Aufklärung nicht nur auf Individualrechte angewendet wissen wollen, sondern zugleich auch auf die Institutionen einer Gesellschaft. Bezweifelt wird, dass die in der Verfassung verankerte Verpflichtung, Ehe und Familie zu schützen und zu fördern, den Staat bindet, sowohl seinen Familien Handlungsfreiheiten einzuräumen, ihnen Freiheitsrechte zu gewähren, als auch Eingriffe zu unterlassen, die deren Handlungspotenziale zum Schaden des Wohls ihrer Mitglieder mindern. Beides sichert erst die *Freiheit von Einzelnen, ihr Vermögen, sich in eigener Verantwortung für Familie zu entscheiden.*

Wenn dann spontan auch die *Fundamentalismus-Vorwürfe* im Hinblick auf das BVG-Urteil zur Pflegeversicherung vorgetragen wurden, wenn sich in den seit Jahrzehnten immer wieder neu anstehenden Verfahren vor dem Bundesverfassungsgericht Bundesregierungen mit unterschiedlichen Koalitionsparteien weigerten, die Berechtigung von "generativen" Beiträgen zur Sozialen Sicherung als Leistungskomponente anzuerkennen, muss festgestellt werden, dass die in der wissenschaftlichen Diskussion gewonnenen Einsichten dort immer noch nicht verstanden worden sind und schon gar nicht zu Leitsätzen für eine zeitgemäße Politik ausreiften. Dabei geht es doch um nichts anderes als um eine *Analyse von gesellschaftlich grundlegenden Tatsachen.*

Befragen wir also erneut das Bundesverfassungsgericht dazu! Besonders große Bedeutung ist hier dem sogenannten "Trümmerfrauen-" oder *"Familienurteil" vom 7. Juli 1992* zu attestieren, mit dem das Bundesverfassungsgericht seinerzeit gravierende Benachteiligungen der Familien im Rentenrecht bemängelte. Den für das Rentenrecht konstatierten Konstruktionsfehler nannten die Kläger damals und nennt die familienwissenschaftliche Diskussion seitdem *"Transferausbeutung"*. Transferausbeutung ist das Ergebnis dessen, dass im Alterssicherungssystem der Bundesrepublik hohe Prozentsätze (geschätzt werden 40 %) der Leistungen der Alterssicherung von Personen von Kindern anderer Personen aufgebracht werden. Diese Diskrepanz ist in ihrer Größenordnung enorm. Vor dem Bundesverfassungsgericht wurden die folgenden Zahlen genannt: In ansteigender Größenordnung sei jährlich eine Vermögensübertragung von (inzwischen erwerbstätigen und deshalb abgabepflichtigen) Kindern an andere Personen, oder besser gesagt: von Familienmitgliedern an andere Personen, erfolgt von zunächst über 150 Milliarden DM im Jahr 1990 auf bislang mehr als 200 Milliarden DM. Das sind Zahlen, die vor dem Verfassungsgericht verhandelt und von ihm nicht beanstandet wurden (siehe dazu Borchert 1993, S. 151 ff.).

Man kann dieses Procedere "Plünderung familiären Vermögens" durch Gesetzgebung nennen. Wären diese Beträge auf den Konten der Familien geblieben, wären diesen beträchtliche Ersparnisse zum Zweck der selbstverantwortlichen Zukunftsvorsorge möglich gewesen, wie es der Gesetzgeber in Zukunft von den Familien erzwingt. Oder: der hohe Verschuldungsgrad der deutschen Familien, über den derzeit laufend berichtet wird, dass er immer noch steige, wäre deutlich geringer oder gar ausgeblieben. Es ist wichtig zu betonen, dass mit einer ansteigenden Abgabenlast sich die Einkommenslücke, in die Eltern mit der Geburt ihrer Kinder geraten können, noch verstärkt. Bereits in den fünfziger Jahren wurde dieses Problem thematisiert. Es spiegelt sich sehr deutlich in den Ergebnissen einer Studie von Helga Schmucker aus jener Zeit wider. Dort wird über Einnahmen- und Ausgabenüberschüsse in den verschiedenen Phasen des Lebenszyklus einer Familie, die bereits in ein System der Sozialen Sicherung eingebettet ist, in typisierender Form berichtet. Dabei zeigte sich, dass die Phase des Zusammenlebens mit Kindern deutlich stärker mit einem Verschuldungsrisiko belastet ist als die Altersphase, in der ein (Renten-)Einkommen meist wieder allein einem Paar zu Gute kommt. Helga Schmucker sprach in diesem Kontext von *"Bedrängniszonen"*, in die Familien wegen ihrer Bereitschaft zum Kind geraten. Diese heute oft auch als potentielle Armutszone bezeichnete Bedrängniszone junger Familien aufzuheben ist und bleibt eine zentrale Aufgabe moderner Familienpolitik. Gleichwohl verfolgte die Gesetzgebung eine Politik der Schließung der, wie die Schmucker-Analyse (jetzt: Schmucker 1980) deutlich genug zu erkennen gab, versorgungspolitisch gesehen eher nachrangigen Lücke in der Altersversorgung. Empirisch gesehen ist das Problem heute ebenso gravierend wie in den fünfziger und sechziger Jahren.

Neuere Ergebnisse bestätigen weiterhin nachdrücklich die aus ihrer Entscheidung für Kinder resultierende massive Verschlechterung der relativen Wohlstandsposition von Eltern im Vergleich zu Kinderlosen. Schon bei einem absoluten Vergleich der (analog zu den Regelsätzen der Sozialhilfe) nach dem Bedarf gewichteten durchschnittlichen monatlichen Pro-Kopf-Einkommen zeigt eine Studie der von Max Wingen gegründeten Familienwissenschaftlichen Forschungsstelle des Statistischen Landesamtes Baden-Württemberg aus dem Jahr 1996 die gravierende *Einkommensschwächung durch Familie*: "Das Pro-Kopf-Einkommen von kinderlosen Paaren beträgt im Durchschnitt monatlich 1.954 DM, das von Ehepaaren mit Kindern liegt mit 1.536 DM um 21 % darunter. Eltern und ihre Kinder haben somit pro Kopf monatlich rund 400 DM weniger zur Verfügung als kinderlose Ehegatten." Die Einkommensdiskrepanz wird noch *dramatischer*, wenn zwischen Phasenabschnitten des Familienlebens wie z. B. der Gründungs-, Aufbau- und Stabilisierungsphase unterschieden wird: "Die Einkommensungleichheit ist (nämlich) in bestimmten Familienphasen erheblich größer. So verfügen kinderlose Ehepaare in der Gründungsphase mit 2.437 DM über ein rund 1.000 DM höheres Pro-Kopf-Einkommen als Eltern und ihre Kinder (1.426 DM). Entgegen weit verbreiteter Ansicht ist also das Einkommensgefälle nicht bei jungen Ehepaaren mit Kindern am größten, sondern es nimmt im Laufe der Familienentwicklung weiter zu. Mit 1.400 DM ist der Einkommensunterschied am stärksten, wenn die Familie ihre *endgültige Kinderzahl* erreicht hat und vor allem Schulkinder im Alter von 6 bis unter 15 Jahren in der Familie leben. In dieser Phase verfügen Eltern und ihre Kinder über ein Pro-Kopf-Einkommen (1.328 DM), das nur halb so hoch ist wie das von kinderlosen Ehegatten (2.756 DM). Erst in späteren Familienphasen verringern sich die Einkommensunterschiede" (Hervorh. nicht im Originaltext). Diese Studie bestätigt die Erkenntnis, dass Ehepaare mit Kindern sehr viel häufiger als kinderlose Paare in wirtschaftliche Bedrängniszonen geraten, sehr eindrucksvoll. In der "Stabilisierungsphase" beläuft sich der Anteil von hoch belasteten Familien an der Gesamtheit auf 15,3 % (siehe dazu zunächst Becker u. a. 1996, S. 153-157, mit ähnlichen Ergebnissen Stutzer 2000, S. 235 ff.; siehe auch Wingen 2001, S. 31. 34 f.).

Es reicht jedoch nicht aus, auf Zonen wirtschaftlicher Bedrängnis oder wirtschaftlicher Diskriminierung zu verweisen. Rücksichtslosigkeit gegenüber Familien ist ein gesamtgesellschaftliches Phänomen. Das ist den Bundesverfassungsrichtern nicht verborgen geblieben, obwohl ihre Entscheidungen sich jeweils nur auf relevante Klagen beziehen. So hat dann auch angesichts der sich mehrenden Beanstandungen des geltenden Rechts durch "Anwälte der Familien" das Bundesverfassungsgericht grundsätzlich festgestellt, dass die *Benachteiligungen von Familien* nicht allein im Rentenbereich stattfinden, sondern *wesentlich auch in anderen Bereichen des Rechts und der Gesellschaft*. Gemeint sind also nicht allein die gleichfalls bekannten verfassungswidrigen Belastungen von Familien im Steuerrecht. Nur so ist zu verstehen jene gewiss nicht nur an den Gesetzgeber gerichtete, ihn jedoch verpflichtende Aussage im Trümmerfrauenurteil vom 7.7.1992: *Von nun an, mit dem Jahr 1992 beginnend, sei der Gesetzgeber bei jedem Reformschritt veranlasst sicherzustellen, dass die Benachteiligung der Familien tatsächlich verringert wird.* Es lohnt sich, genau auf die Formulierung zu schauen; sie lautet: *bei jedem Reformschritt!*

Ich fürchte, bislang hat kaum jemand die Reichweite dieses Satzes zur Kenntnis genommen. Schließlich bekundet damit das Bundesverfassungsgericht, dass die Familien in der Bundesrepublik Deutschland durchgängig in der Vergangenheit statt Unterstützung Benachteiligungen erfahren haben. Aus diesem Grund wird vor dem Hintergrund der Verfassungsgebote des Grundgesetzes den politisch Verantwortlichen verbindlich auferlegt, diese Benachteiligungen der Familien in Zukunft durch gesellschaftliches und gesetzgeberisches Handeln Schritt für Schritt abzubauen. An sich hätte man nach dieser Entscheidung von der Politik, vom Bundestag oder von der amtierenden Bundesregierung erwarten können, dass sie diese Mahnung ernst nimmt und dazu ein Zeichen setzt. Ein Anfang hätte vielleicht mit der Einrichtung einer Expertengruppe gemacht werden können, im Bundeskanzleramt oder wo auch immer, mit dem Auftrag, alle Gesetzgebungsvorgänge hinfort daraufhin zu überprüfen, ob dieser das ganze gesellschaftliche Leben umspannenden Forderung des Bundesverfassungsgerichts Genüge geleistet wird. Jeder weiß, dass nichts dergleichen geschehen ist, und es gab und es gibt Experten, die meinen, hier werde ein grundlegender Konflikt sichtbar zwischen der Auffassung des Bundesverfassungsgerichts und der Familien und der in Deutschland amtierenden Adminstration(en) im weitesten Sinne.

Familien – so scheint es – haben keine Lobby, obwohl unser Grundgesetz unmissverständlich den Schutz der Familie vorschreibt, weil das gesellschaftliche Allgemeininteresse solches zwingend gebiete. Unter diesen Umständen verwundert es dann auch nicht, wenn bei ihrer Berichterstattung über eine weitere familienpolitisch relevante Entscheidung des Bundesverfassungsgerichts im Frühjahr des Jahres 2001 (am 3. April), wie wir es oben unter dem Titel: "Familienpolitische Revolution im Jahre 2001"? – Fünfzig Jahre alte Erkenntnisse mit widerstrebender Ungläubigkeit berichten mussten, dass die Presse sich als nahezu ahnungslos präsentierte bezüglich dessen, was in diesem Bereich der Beanstandung der familienrelevanten Gesetzgebung durch das Bundesverfassungsgericht schon alles vorher passiert ist. Da las man etwa: "In seinem Urteil zur Pflegeversicherung hat das Bundesverfassungsgericht in Karlsruhe einen grundlegenden Wandel in der Familienpolitik gefordert". Das hatte es schon einige Male vorher getan und gravierend bereits 1992 mit seinem Verlangen, Schritt für Schritt die Benachteiligungen von Familien in allen Bereichen der Gesellschaft abzubauen. So gibt es hochrangige Journalisten, die meinen, das Pflegeurteil sei "ein Muster ohne Wert", es böte allenfalls Anlass für eine Reparaturnovelle. Für eine Neugestaltung der Familienpolitik sei es eben ein Muster ohne Wert. Dieser Ansicht stimmt ein oft gefragter Sachverständiger offensichtlich zu. Er wiegelt ganz klipp und klar ab: "Dieses Urteil ist ein Urteil, das uns nicht stören soll."

Uns stört es, dass es nicht stören soll. Vielleicht aber besteht doch eine Chance, mit Expertenwissen Aufklärung zu betreiben und mit Hinweisen auf Bemühungen um die Begründung einer erneuerten "Familienorientierung" in dieser unserer Gesellschaft das Bewusstsein zu wecken für die Bedeutung eines Disputs, dessen Dringlichkeit vielen Menschen in unserer Gesellschaft immer spürbarer wird.

Literatur

Achinger, Hans: Sozialpolitik als Gesellschaftspolitik. Frankfurt/M. (1958), 1971.

Alber, Jens: Vom Armenhaus zum Wohlfahrtsstaat. Frankfurt/M. 1987.

Albers, Willi: Perspektiven der Sozialpolitik. Wirtschaftsdienst Bd. 63. 1983, 280- 286.

Becker, U. B./Eggen, A./Suffner: Einkommenslagen und wirtschaftliche schwierige Situationen von Ehepaaren mit Kindern und ohne Kinder. Baden-Württemberg in Wort und Zahl 4/96, 153-157.

Blanke Helga/Manfred Ehling/Norbert Schwarz: Zeit im Blickfeld. Ergebnisse einer repräsentativen Zeitbudgeterhebung. Stuttgart, Berlin, Köln 1996.

Borchert, Jürgen: Renten vor dem Absturz. Frankfurt a. M. 1993.

Erhard, Ludwig: Wohlstand für alle. Gütersloh 1963.

Erhard, Ludwig: Gedanken aus fünf Jahrzehnten. Reden und Schriften, Karl Hohmann (Hrsg.). Düsseldorf, Wien, New York 1988.

Fischer, Wolfram: Armut in der Geschichte. Göttingen 1982.

Kaufmann, Franz-Xaver: Solidarität als Steuerungsform – Erklärungsansätze bei Adam Smith. In: Kaufmann F.-X./Krüsselberg H.-G.: Markt, Staat und Solidarität bei Adam Smith. Frankfurt/New York 1984.

Kaufmann, Franz-Xaver: Zukunft der Familie im vereinten Deutschland. München 1995.

Krüsselberg, Hans-Günter: Wohlfahrt und Institutionen. Betrachtungen zur Systemkonzeption bei Adam Smith. In: Kaufmann F.-X./Krüsselberg H.-G.: Markt, Staat und Solidarität bei Adam Smith. Frankfurt/New York 1984.

Krüsselberg, Hans-Günter/Michael Auge/Manfred Hilzenbecher: Verhaltensypothesen und Familienzeitbudgets – Die Ansatzpunkte der "Neuen Haushaltsökonomik" für Familienpolitik. Stuttgart, Berlin, Köln, Mainz 1986.

Külp, Bernhard/Wilfrid Schreiber (Hrsg.): Soziale Sicherheit. Köln 1971.

Liefmann-Keil, Elisabeth: Ökonomische Theorie der Sozialpolitik. Berlin 1961.

Mackenroth, Gerhard: Die Reform der Sozialpolitik durch einen deutschen Sozialplan. In: Gerhard Albrecht (Hrsg.): Verein für Socialpolitik, Verhandlungen auf der Sondertagung in Berlin. Berlin 1952.

Nell-Breuning, Oswald von: Soziale Sicherheit? Freiburg i. Br. 1979

Nell-Breuning, Oswald von/Cornelius. G. /Fetsch (Hrsg.): Drei Generationen in Solidarität. Köln 1981.

Scherf, Harald: Enttäuschte Hoffnungen – vergebene Chancen. Die Wirtschaftspolitik der Sozial-Liberalen Koalition 1969-1982. Göttingen 1986.

Schmucker, Helga: Studien zur empirischen Haushalts- und Verbrauchsforschung. Berlin 1980.

Sozialenquete-Kommission: Soziale Sicherung in der Bundesrepublik Deutschland. Stuttgart 1966.

Schreiber, Wilfrid: Existenzsicherheit in der industriellen Gesellschaft. Köln 1955.

Schreiber, Wilfrid: Sozialpolitik in einer freien Welt. Osnabrück 1961.

Schreiber, Wilfrid: Kindergeld im sozio-ökonomischen Prozess. Köln 1964.

Schreiber, Wilfrid: Sozialpolitik. In: Karl Hax/Theodor Wessels (Hrsg.): Handbuch der Wirtschaftswissenschaften, Band II. 2. Aufl., Köln/Opladen 1966.

Schreiber, Wilfrid: Versuch einer ökonomischen Analyse des Systems der sozialen Sicherungen. In: Herder-Dorneich,Philipp/Jürgen Zerche/Werner-Wilhelm Engelhardt (Hrsg.): Sozialpolitiklehre als Prozess. Baden-Baden 1992.

Schweitzer, Rosemarie von: Geschlechtersolidarität und Modernität in der Familienforschung. In: Karl Gabriel u. a. (Hrsg.): Modernität und Solidarität. Freiburg i. Br. 1997.

Stutzer, Erich: Ökonomische Lage der Familie. In: Norbert F. Schneider/Heike Mathias-Bleck (Hrsg.): Elternschaft heute. Opladen 2002, 235-249.

Weisser, Gerhard: Beiträge zur Gesellschaftspolitik. Göttingen 1978.

Wingen, Max: Familienpolitische Denkanstöße, Grafschaft 2001.

Weltbank: Averting the Old Age Crisis. Policies to Protect the Old and Promote Growth. New York 1994.

Prof. Dr. Hans-Günter Krüsselberg

Philipps-Universität Marburg,
FB Wirtschaftswissenschaften, Wirtschafts-, Sozial- und Familienpolitik

Ökonomische Analyse der werteschaffenden Leistungen von Familie im Kontext von Wirtschaft und Gesellschaft – mit Schlussfolgerung und Überleitung

I. Aufklärungsbedarf: Familienarbeit im Schatten öffentlicher Aufmerksamkeit

1. Eine Vorbemerkung zur "Familienrhetorik"

Familiales Handeln in ökonomischer Sicht unter Leistungsaspekten zu erörtern ist wohl deshalb keine Selbstverständlichkeit, weil sich bis in die Gegenwart hinein hartnäckig die Vorstellung hält, es sei nahezu unmöglich, diese Leistungen hinreichend objektiv zu erfassen. Kein anderer Lebensbereich sei so individuell gestaltet wie der der Familie. Nur in subjektiver Perspektive könne gedanklich erfasst werden, was in Familien geschieht. Zwar sei Familie ein gesellschaftliches Phänomen. Ihr Hauptmerkmal stelle in der entwickelten Industriegesellschaft allerdings ihre Privatheit dar. Der ganze Lebensbereich Familie müsse auch deshalb politikfrei bleiben, weil die Aufwendungen, die in den Familien für die Erhaltung der Arbeitskraft ihrer Mitglieder vorgenommen werden, sich dahingehend auszahlen, dass sie zu höheren Markteinkommen führen. Wäre dies nicht der Fall, würden sie nicht getätigt.

Auf dieser Linie bewegen sich ähnlich strukturierte Einwendungen: Mit der Übertragung des Leistungsbegriffs auf familiale Tätigkeiten sei ursächlich die Suggestion verknüpft, dass diese gesellschaftlich positiv zu bewertende Aktivitäten seien. Aussagen wie die von einer grundlegenden gesellschaftlichen Bedeutung der Institution "Familie" für die Überlebensfähigkeit von Gesellschaften geraten nach dieser Einschätzung rasch unter den Vorwurf des Ideologieverdachts. Autoren, die seit vielen Jahren an der vordersten Front familienpolitischer Forschung stehen, wird hinsichtlich ihrer Bemühungen, familiale Leistungen systematisch zu erfassen, um ihren gesellschaftlichen Stellenwert ausloten zu können, von solchen Kritikern gerade heraus "Familienfundamentalismus" attestiert.

Der Vorwurf, Familienwissenschaft sei im Prinzip sozialkonservativ, erstreckt sich bis in die Debatte über eine problemorientierte Theoriebildung. Das gilt zum Beispiel für die zu den "konstitutiven Prinzipien des Sozialen als solchen" zählende Feststellung, Familien leisteten die "Internalisierung" von Gruppennormen und -erwartungen, die "sich insbesondere auf die Erhaltung des sozialen Systems beziehen" (Durkheim): "Systemerhaltung" wird hier unter dem Aspekt einer unreflektierten Fortschreibung traditioneller Verhaltensmuster gedeutet, – als Legitimation für die prinzipielle Abwehr von Prozessen jeglicher Art sozialen Wandels. Dass das kulturelle Erbe zwar in Sozialisationsprozessen an die nachwachsende Generation weitergegeben wird, sich infolge permanenter Individualisierungsprozesse und gesellschaftlicher Lernprozesse dennoch laufend verändert, wird in solchen Stellungnahmen ebenso ausgeblendet wie die Tatsache, dass das Handeln in Familien stets in einem gesamtgesellschaftlichen Zusammenhang steht und in der Vielfalt seiner Erscheinungsformen die Differenziertheit in der Gesellschaft spiegelt.

Nicht zuletzt dieser Differenzierung im Gruppencharakter, der Vielfalt von Familie ist ihre hohe gesellschaftliche Anpassungsfähigkeit zuzurechnen. Die Familie ist eine Institution, die in ihren Handlungen und Strukturen in mannigfacher Weise mit dem gesellschaftlichen Produktions- und Reproduktionsprozess verknüpft ist (Krüsselberg 1992, S. 31 ff., 38). Der Familienhaushalt ist eine Institution, in deren Rahmen sich der Aufbau der Mikrowelt des Individuums vollzieht; er schlägt zugleich die "wichtigste Brücke zur Makrowelt" (Berger/Berger 1976, S. 63 f.), der Welt der Wirtschaft, der Gesellschaft, der nationalen und internationalen Staatlichkeit. Insofern ist ganz generell der spezifische Familienhaushalt die Instanz, in der Entscheidungen, die von anderen gesellschaftlichen Handlungseinheiten getroffen werden, in vielen Spielarten ihre individuelle Interpretation erfahren und akzeptiert oder verworfen werden, woraus letztlich die für gesellschaftliches Handeln grundlegenden Reaktionsmuster resultieren.

Es war ein wichtiges Anliegen des V. Familienberichts darzulegen, dass diese Reaktionsmuster durch die jeweilige Lebenslage von Familien bestimmt werden: "Der Pluralität familialer Lebensformen entspricht eine zunehmende Pluralität der sozialökonomischen Lebenslagen mit sich verändernden Anforderungen an die Gestaltung des alltäglichen Zusammenlebens" (siehe dort S. 104 ff.). Inwieweit diese durch eine aktive Familienpolitik beeinflusst werden können und sollen, ist eine Grundfrage, die immer wieder neu zu stellen und zu beantworten ist. Sie wird zum Kernthema dieser Betrachtungen.

2. Ansatzpunkte für Familienpolitik: Leistungen und Bedarf

Gegenstand von "Familienpolitik" ist das als gesellschaftlich bedeutsam angesehene und deshalb der Aufmerksamkeit der politisch Verantwortlichen anvertraute Teilsystem "Familie". Unbeachtlich der Vielzahl familialer Lebensformen scheint es inzwischen in der Gesellschaft der Bundesrepublik Deutschland doch einen Basiskonsens bezüglich der Annahme zu geben, dass zumindest eine zentrale gesellschaftliche Aufgabe nur durch eine einzige Institution hinreichend wirksam wahrgenommen werden kann. Gemeint ist die Leistung von Familien hinsichtlich der Sicherung der Überlebensfähigkeit von Gesellschaften. In Familien erfolgt die Wahrnehmung der Verantwortung für die Lebenslage der nachwachsenden Generationen und deren Integration in ein soziales Umfeld, das die Übertragung des geistigen und kulturellen Erbes auf die Nachwelt ermöglicht. Nicht zuletzt wegen der gesellschaftsstabilisierenden Bedeutung dieser Aufgabe wird das öffentliche Interesse für Familien und deren Lebenslage in der Bundesrepublik Deutschland verfassungsmäßig mobilisiert: *"Die Familie als gesellschaftliche Institution wird dem Schutz und der Fürsorge der Gemeinschaft deshalb besonders anempfohlen, weil sie ein Handlungs- und Kommunikationssystem darstellt, dessen institutionelle Unersetzbarkeit sich im bisherigen historischen Kontext als eindeutig herausgestellt hat."*

Lange Zeit hat der Gesetzgeber für die Begründung von familienpolitischen Maßnahmen nahezu ausschließlich auf die Notwendigkeit eines Familienlastenausgleichs verwiesen. Hochqualifizierte Sozialwissenschaftler und sozialpolitische Praktiker wie z. B. Achinger, Mackenroth, von Nell-Breuning, Oeter, Helga Schmucker und

Wilfrid Schreiber mahnten seit den fünfziger Jahren des letzten Jahrhunderts gesellschaftspolitischen Handlungsbedarf an. Sie meinten, das sich aus einer definitiv neuartigen Lebenssituation ergebende Problem potenzieller wirtschaftlicher Bedrängnis durch Elternschaft begründe einen alle anderen sozialpolitischen Aufgaben an Bedeutung weit überragenden politischen Handlungsbedarf. *Die "neue" sozialpolitische Großaufgabe des 20. Jahrhunderts bestehe vornehmlich darin, die Lasten für das Aufbringen der jungen Generation "gerecht" zu verteilen.* In den letzten Jahren wurde allerdings die politische Terminologie um den Begriff des Familienleistungsausgleichs erweitert. Das geschah ziemlich spontan, was den Wissenschaftlichen Beirat für Familienfragen beim Bundesministerium für Familie, Senioren, Frauen und Jugend in seinem derzeit letzten Gutachten: "Gerechtigkeit für Familien" (2001, S. 4 ff.) veranlasste, dieser neuen Begrifflichkeit einige Aufmerksamkeit zuzuwenden. Nach seiner Meinung sollten Veränderungen im Sprachsystem, vor allem dann, wenn der Politikbereich sie sich zu eigen macht, an der Forderung gemessen werden, zu einer in sich geschlosseneren familienpolitischen Argumentationslinie als zuvor beizutragen.

Zu begrüßen ist diese sprachliche Erweiterung, wenn damit bewusst eine Anpassung an die Sprache der Wissenschaft vollzogen werden soll, die in diesem Kontext stets zwischen den Referenzgrößen "Bedarf" und "Leistung" unterschieden hat. Beide Tatbestände werden als Anlässe für staatliche Interventionen angesehen. Einmal geht es um einen Schutztatbestand, um den Schutz des Rechts eines jeden Familienmitglieds auf Sicherung seines jeweiligen sozialkulturellen Mindestbedarfs. Zum anderen geht es um einen Forderungstatbestand, um die Mahnung an Staat und Gesellschaft, unentgeltlich erbrachte "Leistungen der Familie für die Gesellschaft" durch finanzielle (äquivalente) Gegenleistungen auszugleichen und damit in ihrer gesellschaftlichen Bedeutung ausdrücklich anzuerkennen.

Rückblickend ist dazu anzumerken, dass bereits im Jahr 1971 der Wissenschaftliche Beirat für Familienfragen beim damaligen Bundesministerium für Jugend, Familie und Gesundheit in seinem Gutachten "Zur Reform des Familienlastenausgleichs" neben der Forderung nach Sicherung des sozialkulturellen Mindestbedarfs sowie des Rechts auf Erziehung und Ausbildung (Ziel A) sowie der Anpassung der Familienhaushaltseinkommen an den durch Kinder bedingten unterschiedlichen Bedarf der Familien (Ziel B) explizit einen Leistungsausgleich verlangt hatte. Dieser Leistungsausgleich sollte dort erfolgen, wo Eltern "im Vergleich zu Erwachsenen ohne Kinder" spezifische gesellschaftspolitische Funktionen übernehmen. Da sie damit "die Allgemeinheit von Kosten entlasten, die diese sonst übernehmen müsste," bedürften solche Leistungen der Familie für die Gesellschaft einer speziellen finanziellen Anerkennung durch den Staat und die Gesellschaft“ (siehe hierzu ausführlich Krüsselberg 1997, S. 253 ff.).

Vielfach musste schon in der politischen Praxis über die monetäre Konkretisierung der verschiedenen Kategorien von Bedarf entschieden werden. Zudem wurde nicht zuletzt durch aktuelle Beschlüsse des Bundesverfassungsgerichts die Weiterentwicklung der Debatte über die Elemente des sozialkulturellen Mindestbedarfs von Kindern vorangetrieben. Die Debatte über die Konkretisierung des Leistungsbegriffs und speziell die über dessen monetäre Konkretisierung ist in vollem Gang. Sie beschäftigt Wissenschaft und Politik in einem zunehmenden Umfang. Ein wesentlicher Anstoß dazu kam von jenen Teilen der Sozialwissenschaft, die sich mit Fragen der Hauswirtschaftslehre und der Familienökonomik befassten, und von Frauen und Müttern, die selbst tagtäglich Hauswirtschaft betrieben. Sie forderten die dezidierte Anerkennung der Aktivitäten im Familienhaushalt als “Arbeit” ein, “die in einem gesellschaftlich bedeutsamen Handlungsfeld geleistet wird”. Über diesen Einstieg entwickelte sich die Debatte bis hin zu empirisch angelegten Untersuchungen, die sich um die Ermittlung des gesellschaftlichen Wertes der Familienarbeit, um deren volkswirtschaftliches Gewicht bemühen (siehe oben Abschnitt II.).

3. Arbeit im familialen Alltag

3.1. Familienarbeit: Produktion von Humanvermögen

Viele Jahrhunderte lang bis hin zur Neuzeit war “Arbeit” ein Begriff, der alle Tätigkeiten zur Daseinsvorsorge im Lebenszusammenhang von Frauen und Männern in *gleicher* Weise bezeichnete. Zwar gab es immer Zuschreibungen von bestimmten Arbeiten zu bestimmten Personen, die an deren Geschlecht und sozialen Rangplatz gebunden waren. Ihren gesellschaftlichen Wert erlangte “Arbeit” grundlegend als Mittel, das Überleben einer Gruppe in ihrer physischen, technischen und sozialen Umwelt durch den gebündelten Einsatz von Aktivitäten, Interaktionen und Gefühlen ihrer Mitglieder zu sichern. Im historischen Rückblick zeigt sich die bedeutende Rolle der Institution des “Hauses” im Hinblick auf die Wahrnehmung der Aufgabe, für alle Schichten der Bevölkerung die Überlebensfähigkeit des Familienverbandes und der ihm angegliederten Personen zu sichern. Deshalb war diese Institution sozial stets äußerst sorgfältig geregelt.

Spätestens mit der französischen Revolution und der französischen Verfassung von 1793 und ganz nachdrücklich mit der beginnenden Industriegesellschaft setzte eine

Entwicklung ein, die immer deutlicher die außerhäusliche, "berufs"-mäßig ausgeübte, zeitlich geregelte und mit Geld entlohnte (Erwerbs-)Arbeit als Leitidee von Arbeit verstand. Die "Wirtschaft" trennte sich von der Institution des "Hauses" und organisierte sich in produktionsorientierten selbständigen Organisationseinheiten: in Fabriken, Betrieben und Unternehmen mannigfaltiger Prägung. Vielfach galt diese Variante der Arbeit als rationalisierteste Form gesellschaftlich relevanter Tätigkeit. Für diese Variante von Arbeit erschien es als leicht, deren "gesellschaftlichen" Wert über die Marktpreise der Produkte und daraus abgeleitet die Löhne für die an der Produktion beteiligten Arbeitskräfte zu erfassen.

Die Ermittlung des gesellschaftlichen Werts der Arbeit in der Selbstversorgung – in den Familienhaushalten des Agrarsektors und in den privaten Haushalten – galt als ungleich schwieriger. Allerdings erarbeitete seit den 1960er-Jahren das Kuratorium für Technik in der Landwirtschaft umfangreiche und differenzierte Kataloge für *Arbeitsbedarfszahlen* sowohl für den hauswirtschaftlichen als auch für den agrarwirtschaftlichen Arbeits- und Funktionsbereich. Diese sollten im Unterschied zu den Arbeits-Aufwandszahlen *objektiv notwendige Zeitbedarfe für genau beschriebene Arbeitsaufgaben von dazu qualifizierten Arbeitskräften* angeben. Mit dem Hinweis, dass Familien nicht nur monetären Belastungen ausgesetzt sind, sondern stets auch arbeitszeitmäßigen Belastungen, wird die Erfassung dieser Belastungsvariante zu einer dringend gebotenen Aufgabe. Wie sich das Verhältnis von familialem Arbeitsvermögen und familialem Arbeitsbedarf im Familienzyklus entwickelt, wurde bereits sehr grundlegend analysiert (von Schweitzer, Hagemeier 1995, S. 259 ff.). Das Wissen um diesen Tatbestand und dessen Wertigkeit reichte bislang nicht aus, ihm die gebührende hohe volkswirtschaftliche Bedeutung einzuräumen.

Die Tatsache, dass die Leistungen in den Privathaushalten nahezu selbstverständlich ohne besondere Einkommensanreize angeboten wurden, ließ offensichtlich den *Eindruck* aufkommen, *sie erfolgten kostenlos, sie bedürften keinerlei Ausbildung und beruflicher Qualifizierung*. So ergab sich eine groteske Entwicklung: Alle Aufwendungen, die für die nachwachsende Generation und die Erhaltung der Schaffenskraft der produzierenden Generation erbracht wurden, verloren das Prädikat, Arbeit zu sein. Alle Leistungen zur Förderung der produktiven Kräfte einer Gesellschaft entarteten unter diesem Aspekt mangelnder unmittelbarer Messbarkeit zur "Wertlosigkeit". Im Gegensatz dazu stieg Erwerbstätigkeit in den Rang eines allumfassenden Arbeitsbegriffs auf. Der industrialisierten Gesellschaft reichte offenbar bei dem Übergang zu dieser neuen Werthierarchie sowohl die Fähigkeit aus, solche Leistungen in ihrem Rang über den Maßstab der am Markt sichtbar werdenden Tauschwerte numerisch zu erfassen, als auch der Augenschein des deutlich höheren sozialen Status dieser

Variante gesellschaftlich relevanter Arbeit. Familientätigkeit zählte eben nicht zu den Aktivitäten, die zu Geldeinkommen führen; Familientätigkeit verlieh keine gesellschaftlich herausgehobene Statusposition. Familientätigkeit als Arbeit war lange Zeit kein Thema, dem in der Öffentlichkeit und auf Politikebene sonderliche Bedeutung zugemessen wurde. Auch in den entstehenden Systemen der sozialen Sicherung erhielt, wie bereits gezeigt wurde, Erwerbsarbeit einen höheren Stellenwert für das Ausmaß der Alterssicherung des Einzelnen als dessen konkrete Daseinsvorsorge für Kinder und andere Familienmitglieder.

Aber nicht nur die Welt der Wirtschaft liefert weitaus begehrbarere Statussymbole und Auszeichnungen (nicht allein monetär bemessen) als die der Familie. Nahezu alle außerhäuslichen und außerfamilialen Aktivitäten rangieren auf einer höheren Stufe der gesellschaftlichen Rangskala als die Familie, obwohl sich noch nahezu alle ein Leben in und mit Familie wünschen und dieses zu realisieren bemüht sind, *wenngleich mit deutlich abnehmendem Trend.* Sie erfahren nämlich, dass die Anforderungen, die die moderne Gesellschaft an das Wissen, an die Verlässlichkeit, an die Effizienz und Kreativität des Handelns ihrer Menschen stellt, in erster Linie zu Ansprüchen an die Qualität der Bildung des Humanvermögens in den Familien werden. Sie erleben es täglich, dass die Familie als Institution ungemein hohen Ansprüchen unterworfen wird; manche meinen: gar überfordert wird, zugleich aber "ausgebeutet" wird durch die Ansprüche jener, die sich ihr verweigern und sich deren Leistungen kostenfrei dem eigenen Nutzen dienlich machen.

In den Brennpunkt moderner familienwissenschaftlicher und familienpolitischer Diskussion rückt damit jener Aspekt, der nachdrücklich auf das volkswirtschaftliche Resultat dieser Leistungen, den Aufbau und die Erhaltung von Humanvermögen in den Familien, verweist. Gefragt wird dabei nach der Reichweite des Begriffs "Humanvermögen". Will man ihn verstehen, bedarf es der Auslotung seiner Elemente in ihrer ganzen Breite. Zu betonen ist hier von Anbeginn seine prozessuale Dimension, sein Blick auf das Entstehen von menschlichen Fertigkeiten im Zeitablauf. Die Bildung, der Aufbau von Humanvermögen beginnt mit der Vermittlung von Befähigungen zur Bewältigung des Alltagslebens. Es geht um den Erwerb von Handlungsorientierungen und Werthaltungen in der Welt zwischenmenschlicher Beziehungen. Gefordert ist der Aufbau sozialer Daseinskompetenz oder von "Vitalvermögen" (wenn mit diesem Begriff ausgedrückt werden soll, dass die existenziellen Grundlagen zu leben gemeint sind). Ohne den Aufbau der Fähigkeit junger Menschen, miteinander zu sprechen, zu kommunizieren, Wahrnehmungen aufzunehmen, sie dabei in eine soziale Umwelt einzuordnen, sich als eigene Person zu empfinden und zu entdecken – dürfte unmöglich die Vermittlung von Befähigungen zur Lösung qualifizierter gesellschaftlicher Aufgaben in einer arbeitsteiligen Wirtschaftsgesellschaft und zur bewussten Einflussnahme auf die Umwelt und zu deren Gestaltung nach eigenen Entwürfen gelingen. Der Erwerb sozialer Daseinskompetenz ist eine unverzichtbare Voraussetzung für den späteren Aufbau von Fachkompetenzen (Arbeitsvermögen im weiten Sinne) und die Entfaltung einer eigenen Persönlichkeit. Begründet werden Potenziale für kreatives Handeln in komplexen Umwelten: Alltagswissen und Gesundheit, Bildung, Wissen und Lernbereitschaft zum Erwerb von Qualifikationen für den Umgang mit Schule und Arbeitswelt, mit Demokratie und Politik.

In der Sprache der Wirtschaft bedeutet "Vermögen" den gesamten Bestand an "Aktiva", die eine Handlungseinheit "besitzt" und über die sie als Besitzer verfügen kann. Mit der Anwendung dieses Begriffs auf den Menschen soll zunächst in einer individualisierenden, personalen Wendung *mikro*perspektivisch das *Handlungspotenzial des Einzelnen* umschrieben werden. Dieser Wortgebrauch wird in seiner familienwissenschaftlichen Bedeutung vor allem dann verständlich, wenn damit die Vorstellung verbunden wird, dass es die familialen Leistungen sind, deren Ergebnisse sich in den Menschen der nachwachsenden Generation "verkörpern" als deren Handlungspotenzial, eben als "Humanvermögen". In der wissenschaftlichen Praxis wird der Begriff des Humanvermögens allerdings in zwei Versionen verwendet. Neben die *Mikro-Version* tritt die *Makro-Version* als Ausdruck für die Gesamtheit von Kenntnissen, Fertigkeiten, Begabungen, Motivationsstrukturen, eben der Handlungspotenziale einer Bevölkerung (wie auch immer sie regional, national oder ethnisch zugeordnet sein mag). Auch hier trifft man auf die oben genannte Neigung in der ökonomischen Praxis, die Begrifflichkeit so zu wählen, dass sie sich allein auf die erwerbstätige Bevölkerung bezieht und deren "Verwertbarkeit im Produktionsprozess", der Erzeugung von handelbaren Gütern und Dienstleistungen. Dass damit ein Verzicht verbunden ist, auf die Notwendigkeit des Erwerbs solcher sozialen und fachlichen Qualifikationen aufmerksam zu machen, die den Einzelnen zur Erwerbstätigkeit befähigen, schafft ein gesellschaftliches Problem. Es könnte kein Zufall sein, dass inzwischen auch die angelsächsische Terminologie auf die sprachliche Unterscheidung zwischen Kapital und Vermögen einschwenkt. Das Gesamtvermögen heißt wieder (wie früher) "wealth". Dessen Elemente sind "assets": "human assets" und "real assets" (*Economic Commission for Europe* 1992, etwa S. 205). Anlass zu dieser sprachlichen Revision gaben offensichtlich sowohl die Privatisierungsstrategien der Gegenwart als auch der seit 1990 verstärkt einsetzende weltweite Transformationsprozess, der eine offene Auseinandersetzung mit ordnungs- und somit familienpolitischen Fragen erzwingt. Ein nicht unwichtiger Teil dieser Debatte bezieht sich auf die Behandlung "sozialer Fragen" und der Bedeutung der Qualität von Humanvermögen zu deren Lösung. Zu ihnen zählt maßgeblich die Herausforderung, den Stellenwert von Familienarbeit in modernen Gesellschaften neu zu bestimmen.

In diesem Zusammenhang fällt nicht zuletzt der Fähigkeit, der Chance, Familie haben und leben zu können, eine bedeutsame Rolle zu. Schließlich verknüpfen sich in der Familie die Lebenswelten und Lebenspotenziale aller Gesellschaftsmitglieder, wo auch immer sie beruflich gebunden sein mögen. Entdeckt zu werden scheint, wenngleich nur zögernd, die Verantwortung der Gesellschaft für den Schutz des Familienhaushalts als Ort der Bildung und Erhaltung von Humanvermögen.

3.2. Der "Sinngehalt" von Familienarbeit

Grundsätzlich ist jeder Mensch ein potenzieller Träger von Arbeit. Nicht jede Arbeit ist Erwerbsarbeit. Speziell wegen der Bedeutung von Familienarbeit für jegliche Variante von Gesellschaft müssen sich Wissenschaft und Gesellschaft immer wieder neu über deren gesellschaftliches Gewicht verständigen.

Eine bedeutende, lange Zeit missachtete Aufgabe von Wissenschaft besteht darin, über jene Zeitstrukturen des familialen Alltags zu berichten, die in unserer Gesellschaft als Familienarbeitszeit, Erwerbszeit und sogenannte freie Zeit von den Menschen unterschiedlich erfahren, erlebt und bewertet werden. Daraus resultieren Konfliktpotenziale. Gefordert ist deshalb eine wissenschaftlich geleitete Analyse gesellschaftlich relevanter Arbeit. Nur damit lässt sich eine fundierte empirische Basis gewinnen für Schlussfolgerungen bezüglich dessen, ob und inwieweit Familienarbeit als Last oder Befriedigung spendende Leistung empfunden wird mit möglichen Konsequenzen für Ausweich- oder Vermeidungsstrategien, Umbewertungen von Arbeitskategorien oder auch für die viel diskutierte "Umverteilung der Arbeit".

Arbeit vollzieht sich umfassend im familialen Lebenszusammenhang von Frauen und Männern, und damit von potenziellen Müttern und Vätern, verlautet es konsequent im Fünften Familienbericht (1994). Der hier als relevant verstandene Arbeitsbegriff ist der einer "zweckgerichteten Aktivität". Arbeit ist als bewusstes Handeln zum Zweck der Befriedigung von Bedürfnissen Teil der Daseinserfüllung des Menschen. In den Wirtschaftswissenschaften zielte der Arbeitsbegriff stets auf die Erfassung aller Anstrengungen der Menschen, die Bedingungen, unter denen ihr Leben abläuft, zu gestalten und zu verbessern. Dies beginnt mit der Haus- und Familienarbeit, erstreckt sich über Erwerbstätigkeit und einkommensträchtige sogenannte "Schatten"- oder Schwarzarbeit bis hin in den Bereich der unentgeltlichen Aktivität in der Öffentlichkeit, der sogenannten "ehrenamtlichen" Wahrnehmung von Aufgaben.

An die Gesamtheit der gesellschaftlichen Relevanz von Arbeit zu erinnern scheint eine Selbstverständlichkeit zu sein. Gleichwohl hat sich in Politik und Wissenschaft ein Bild verfestigt, nach dem sich in den entwickelten Industriegesellschaften Teilsysteme voneinander abgekoppelt und zu eigenständigen Lebensfeldern geformt hätten. Man dachte, in der Wirtschaft, der Politik, der Kultur und im Recht hätten sich eigene arbeitsteilige Systeme entfalten müssen, um die Effizienz und Funktionsfähigkeit der Gesellschaft, aber auch deren Lebensqualität zu erhöhen. Die Familie habe dazu viele ihrer alten Funktionen abgeben müssen. Familie sei zu einer Privatangelegenheit geworden. Gegen diese gesellschaftliche Abwertung der Institution der Familie wendet sich das Argument, keine andere gesellschaftliche Instanz als die Familie könne die wichtigste aller menschlichen Aufgaben wahrnehmen – "den Aufbau der sozialkulturellen Person des Menschen", die Sorge und Verantwortung von Menschen für die nachwachsende Generation und damit für die sich in den Menschen einer Gesellschaft verkörpernde Fundierung der Zukunft dieser ihrer Gesellschaft.

Bereits in einem Gutachten des Wissenschaftlichen Beirats für Familienfragen beim Bundesminister für Jugend, Familie und Gesundheit aus dem Jahre 1984 mit dem Titel: "Familie und Arbeitswelt" (S. 31 f.) wird ausdrücklich über die "werteschaffenden Leistungen" in den privaten Familienhaushalten gesprochen. Unter jenen Aktivitäten, die den privaten Lebensbereich der Menschen erfüllen und "dessen Lebensqualität und Sinngehalt ausmachen", käme den Versorgungs-, Pflege- und Erziehungsleistungen ein besonderer gesellschaftlicher Rang zu. Diese Leistungen würden vornehmlich von Frauen für andere Personen erbracht. Solche Leistungen, so heißt es dort wörtlich, müssten von der Gesellschaft übernommen werden, falls sie nicht wie bisher nahezu stillschweigend von der Familie zuverlässig und unentlohnt bereitgestellt würden. "Sie würden dann nicht nur erhebliche finanzielle Mittel erfordern, sondern auch nur sehr begrenzt jene Qualität von Versorgung, Pflege und Erziehung erreichen können, welche die Leistungen, die durch die Familientätigkeit erbracht werden, in der Regel haben". Es ist dringend geboten, dass sich diese Einsicht im Politikfeld als Leitmotiv gesellschaftspolitischen Gestaltens fest verankert.

4. Verteilungsgerechtigkeit: Anerkennung für die gesellschaftlichen Leistungen von Familien?

Die familiensoziologische Forschung scheint sich zunehmend einiger zu werden bezüglich der Unverzichtbarkeit und Variabilität von Familie zur Bewahrung gesellschaftlichen Lebens: "Die Sozialisation des Menschen kann (von Ausnahmen abgesehen) einzig in der Familie erfolgen" (König 1974). Eine Wissenschaftsgeneration später verlautet: "Wir haben ... die Sicherung des Nachwuchses in quantitativer und qualitativer Hinsicht sowie die Stabilisierung der Solidarität zwischen den Generationen als die gesellschaftlichen Funktionen von Familie bestimmt, ... es handelt sich hier um unverzichtbare Leistungen der Familien für den Fortbestand einer Gesellschaft. Die besondere Fähigkeit der Familien zur Erfüllung dieser Leistungen resultiert aus der Verknüpfung von Fortpflanzung, Zuwendung, Versorgung, Pflege und Erziehung, welche ihrerseits durch Zusammenhalt und Anpassungsfähigkeit der Eltern ermöglicht wird und in der Regel eine lebenslange Solidarisierung von Eltern und Kindern bewirkt ... Aus soziologischer Sicht legt die Universalität von Verwandtschaftsordnungen die Vermutung nahe, dass dieser Normenkomplex ein gesellschaftliches Strukturproblem löst" (Kaufmann 1995).

Dieses Faktum, die Tatsache, dass der Familienhaushalt ein gesellschaftlicher Leistungsträger eigener Art ist, hat bis heute in der Wirtschafts- und Gesellschaftstheorie sowie in der Wirtschafts- und Gesellschaftspolitik eher nur randständig Beachtung gefunden. Diese Auffassung zu begründen ist ein zentraler Anlass für die Anfertigung dieses Textes. Zur Debatte steht allerdings nichts Geringeres als eine Antwort auf die Frage, für welche Lebenslage sich die Menschen entscheiden, die Familie leben wollen, d. h. sich der Verantwortung stellen, Kinder in diese unsere Gegenwartsgesellschaft zu bringen (siehe dazu den Abschnitt 3: Arbeit im familialen Alltag).

Die Beantwortung dieser für das Verständnis von gesellschaftlichen Prozessen und Strukturen grundlegenden Frage blieb bislang kontrovers. Einerseits wird die Ansicht propagiert, Einkommen, gesellschaftlicher Status und das Ausmaß an Sozialer Sicherung seien personenbezogen durch die individuelle Position zu bestimmen, die in der Welt der organisierten Arbeit, der Erwerbsarbeitswelt, erlangt werden konnte. Zwar wird zugestanden, dass im Einzelfall eine bedarfsbedingte Umverteilung durch Besteuerung und Transfereinkommen möglich sein soll. Doch gleichzeitig heißt es, staatliche Interventionen dieser Art seien sorgfältig zu begründen. Andererseits wird betont, längst sei die Zeit vorbei, in der es möglich war, verteilungspolitische Fragen so zu betrachten, als ob sie allein von Marktprozessen, d. h. von den Leistungen der Menschen auf dem Erwerbsarbeitsmarkt, bedingt sein sollten. Die verteilungspolitische Diskussion sei viel zu lange ohne die notwendigen familienpolitischen Bezüge geführt worden.

Das ist wohl richtig. Schließlich sollte gefragt werden können nach dem Lohn für die Lebensleistung von Menschen. Das war auch die Grundidee des Systems der "dynamischen Rente". Menschen sollten auch nach der "aktiven" Phase ihres Lebens ihren "sozialökonomischen Status" bewahren können. Das aber setzte voraus ein funktionsfähiges Systems der Altersversorgung. Sucht man nach Möglichkeiten herauszufinden, was der Vergleich zwischen den Entgelten für die Leistung von Erwerbstätigen und Familientätigen an Ergebnissen liefert, empfiehlt sich wiederum der Weg zum Bundesverfassungsgericht. In dem Verfahren, das zu dem sogenannten *"Trümmerfrauen-" oder "Familienurteil" vom 7. Juli 1992* führte, sollte das Bundesverfassungsgericht prüfen, ob dieses System nicht vorrangig Leistungen belohne, die in der Erwerbsarbeit erbracht wurden, und jene Leistungen als nahezu unbeachtlich erscheinen ließe, die in den Familien und dort vornehmlich von Müttern erbracht werden. Streitig war der Fall der monatlichen Rente einer Mutter in Höhe von rd. DM 370,- deren Kinder pro Monat Rentenversicherungsbeiträge in Höhe von DM 8.500,- zahlten. Monatlich flossen damit ca. DM 8.130,- auf die Rentenkonten anderer Leute. Begünstigt wurden insbesondere diejenigen, deren Rentenansprüche nicht durch die Tatsache gemindert wurden, dass sie wegen der Kindererziehung auf Erwerbstätigkeit verzichteten. Nachgewiesen werden konnte, dass die Beschwerdeführerin anstelle von DM 370,- eine Rente zumindest in Höhe von DM 2.200,- hätte erwarten können, wäre der von ihr getätigte Aufwand für die Erziehung ihrer Kinder in Barbeträgen zur Rentenversicherung geflossen und hätte sie nur ein Kind aufgezogen (was ihre Rente gegenwärtig um rund DM 30,- erhöhe). *Dieser Fall zeigte, dass im "Vorsorgesystem" der Rentenversicherung die aus Markteinkommen abgezweigten Beiträge, die zur Versorgung der Alten-Generation in Höhe von ca. DM 2.170,- führen, 73 mal mehr zählten als die Vorleistungen der Kindererziehung, die mit DM 30,- zu Buche schlugen.* Jürgen Borchert (1993, S. 151) sieht mit ihm einen aussagekräftigen Beleg gegeben für den Tatbestand der "Mütterausbeutung". Für ihre immense Lebensarbeit empfängt diese Mutter "ein Alterseinkommen weit unter dem Sozialhilfeniveau", insgesamt "3 Prozent Lohn für (ihre) Lebensleistung". Wie sehr muss allein diese Art von "Wertschätzung" potenziellen Eltern, vornehmlich den Müttern, als "Stigmatisierung" erscheinen.

Die Kläger in diesem Verfahren unterstellten, dass ca. 40 % der Leistungen im Bereich der Alterssicherung von Kindern anderer Leute erbracht werden. Das hätte zum damaligen Zeitpunkt, also 1992, einem jährlichen Betrag an Vermögensübertragung von Familien mit Kindern auf die Kinderlosen in Höhe von zumindest 120 Milliarden DM entsprochen. Ohne sich auf diese Zahlenangaben einzulassen, aber auch ohne sie grundsätzlich zu bestreiten, konstatierte das Bundesverfassungsgericht eine im Ergebnis erhebliche Benachteiligung der Erzieher von Kindern gegenüber Kinderlosen und eine Verpflichtung des Gesetzgebers, diese Benachteiligung grundsätzlich abzubauen. In seiner Begründung urteilte das Bundesverfassungsgericht am 7.7.1992, die Kindererziehung sei für das System der Altersversorgung eine bestandssichernde Leistung. Ohne die nachrückende Generation ließe sich die als Generationenvertrag ausgestaltete Rentenversicherung nicht aufrechterhalten.

Das Gericht bestätigte somit die von zahlreichen Familienwissenschaftlern und auch vom Wissenschaftlichen Beirat für Familienfragen seit langem vertretene Position, hier werde das Äquivalenzprinzip grob verletzt. Ohne Leistungen für die nachrückende Generation zu erbringen, habe die gegenwärtig erwerbstätige Generation selbst dann, wenn sie laufende Beiträge zur Rentenversicherung zahle, keine Leistungen aus der Rentenversicherung zu erwarten. Sie erfülle lediglich die Pflicht zur Rückzahlung der Unterhaltsleistungen an die Eltern, die auf die konsumtive Nutzung dieser Einkommensteile verzichteten. Es fehle allerdings an jenen Aktivitäten, die die Funktionsfähigkeit des Systems der Sozialen Sicherung erst gewährleisteten: die Investition in das Humanvermögen der nachwachsenden Generation. Wenn vermögensbildende Leistungen der Familie gesellschaftlich nicht angemessen honoriert würden, werde den Familien und hier vornehmlich den Müttern eine leistungsgerechte Versorgung verwehrt.

Auch die staatlichen Haushalte beteiligten sich an dieser Umverteilung von Vermögen aus den Kassen der Familien in andere Kanäle. Allein im Jahr 1989 haben die vollständigen Ein- und Zweikinderfamilien (mit Kindern unter 18 Jahren) nach Ermittlungen der Fünften Familienberichtskommission rd. 11 Milliarden DM mehr an Steuern gezahlt als das Bundesverfassungsgericht für vertretbar hält. Zufällig liegt im Jahre 1991 die Zahl von Kindern unter 18 Jahren bei 11,711 Mio. Das heißt, mit diesem Transfervolumen hätte der Staat für jedes Kind jährlich ein zusätzliches Kindergeld in Höhe von DM 1.000,- zahlen können.

Erinnert sei in diesem Zusammenhang nur daran, dass in den sechziger Jahren mit einem deutlichen Hinweis auf eine zu praktizierende Gerechtigkeit für Familien eine 50%ige Beteiligung der Öffentlichkeit an den Kosten für jene Leistungen der Familien für das Aufbringen der nachwachsenden Generation im Gespräch war. Alle Forschungsergebnisse sprechen dafür, dass die Politik noch weit von der Einlösung dieses Versprechens entfernt ist. Schon für das Jahr 1974 war durch den Wissenschaftlichen Beirat für Familienfragen ermittelt worden, dass 74 % des Gesamtaufwandes der Leistungen für die nachwachsende Generation im Jahr 1974 die Familienhaushalte trugen, 24 % die öffentlichen Hände und 2 % die Wohlfahrtsverbände. Eine Modellanalyse von Lampert (1993) bestätigte, dass sich diese Relation bis dahin nicht verändert hatte. Danach erreichte der Anteil der öffentlichen Leistungen an den durchschnittlichen Versorgungs- und Betreuungsaufwendungen für Kinder bei Ehepaaren mit bis zu 2 Kindern – selbst unter Einbeziehung der Leistungen der Krankenversicherung für die Familien – maximal 25 %. Dabei ist zusätzlich zu berücksichtigen, dass die Familien selbst am Aufkommen der Einkommen-, Lohn- und Umsatzsteuern beteiligt sind. Bei einem Selbstfinanzierungsanteil der Familien in Höhe von 32 % für das alte Bundesgebiet 1990 belief sich nach dieser Rechnung der Anteil der staatlichen Nettotransfers auf nicht mehr als etwa 10 %.

Es verwundert also nicht, dass die "Mindestkinderkosten" (Maßstab sind hier die Grundbedarfssätze bei ständiger Aufnahme von Kindern in Pflegefamilien des Landes Baden-Württemberg in Höhe von 7.500 DM jährlich) bislang nie durch Leistungen des monetären ("allgemeinen") Familienlastenausgleichs [FLA] (Kindergeld und kinderbedingte Steuerentlastungen) ausgeglichen wurden. Bestürzend ist, dass die Entlastungsanteile nahezu willkürlich streuten, im Jahr 1986 z. B. zwischen Werten von 16 % (Ehepaare mit 1-2 Kindern, private Wirtschaft) und 74 % (alleinstehende Frauen mit 1-2 Kindern, öffentlicher Dienst). In der hier zitierten Studie von Willeke und Onken (1990) wird der tatsächlich vollzogene FLA über die Kategorie "Veränderung des verfügbaren Einkommens" erfasst. In dem von den beiden Wissenschaftlern untersuchten Zeitraum von 1972 bis 1986 lag der ungünstigste Entlastungswert bei 6 % eines die Mindestkinderkosten deckenden FLA (erste Hälfte der 70er Jahre), der günstigste 1986 bei den eben genannten 74 %. Die Konsequenz ist eindeutig: Wenn gesellschaftliches Vermögen bildende Leistungen der Familien nicht angemessen honoriert werden, wird ihnen eine leistungsgerechte Anerkennung gesellschaftlich verwehrt.

Wie auch immer geurteilt werden mag über die Aufbringung der Leistungen für die nachwachsende Generation, ein Tatbestand bleibt unverrückbar bestehen: Die Kindererziehung besitzt für das System der Altersversorgung in der Bundesrepublik Deutschland eine bestandssichernde Funktion. Bekanntlich hatte das Bundesverfassungsgericht dem Rechtsanspruch auf den Bezug von Altersrenten "Eigentums"-Charakter zuerkannt. Mit der Institution Sozialversicherung wird folglich "Soziales Sicherungsvermögen" gebildet, an dessen Volumen die Anspruchsberechtigten gesetzlichen Regeln folgend individuell partizipieren. Inwieweit diese Regeln revisionsbedürftig sind, ist nach wie vor Gegenstand heftiger Diskussionen, über die bereits in unserer Grundsatzdebatte über "Familienpolitik" in Deutschland berichtet wurde. Gleichwohl dürfen sie nicht den Blick auf einen noch entscheidenderen Grundtatbestand verstellen: Die Übernahme der Verantwortung für einen wesentlichen Teil der Leistungen für die nachwachsende Generation hat eine bestandssichernde Funktion nicht allein für die Rentenversicherung dieses Typs, sondern für die gesamte Gesellschaft und damit für alle ihre "Teilsysteme" – für Wirtschaft und Kultur, für

Staat und Gesellschaft, für alle der hier aktuell verwirklichten institutionellen Arrangements.

Daraus folgt für die Fragestellung nach Ansatzpunkten für eine zeitgerechte Reformpolitik eine Basisthese: Die Lebens- und Handlungspotenziale von Individuen in allen ihren gesellschaftlichen Varianten haben ihren Sockel in einem Feld, in dem Familienarbeit geleistet wird. Diese Einsicht muss in die Gedanken darüber als Leitidee einfließen, an welchen Kriterien sich "neue Gesellschaftsverträge über Arbeit" orientieren sollten. Diese Debatte kann nur dann sachlich geführt werden, wenn die Tatbestände, die für die Lebenslage der Menschen in entwickelten Wirtschaftsgesellschaften, die den Status der Industriegesellschaft verlassen, sorgsam erhoben werden. Da es um Probleme des Abbaus und Umbaus von Institutionen geht, die gegen Gerechtigkeitsgebote verstoßen, sollte sich jede Analyse stets dessen bewusst sein, dass über gesellschaftliche Bewertungen gestritten wird.

Zur Abschätzung des gesellschaftlich notwendigen Umfangs von Familienpolitik wird somit eine weitgehend komplette Erfassung aller Leistungen von Familien erforderlich. Dabei ist zu beachten, dass es sicherlich richtig ist zu sagen, ein Teil der familialen Leistungen ziele auf die Verbesserung der Einkommenspositionen von Familien und damit auf die private Aneignung der Ergebnisse dieser Leistungen. Umso wichtiger wird es deshalb zu bestimmen, in welchem Umfang es zu einer gesellschaftlichen Aneignung der Ergebnisse dieser Leistungen in Lebensbereichen außerhalb der Familien kommt. Inwieweit sind familiale Leistungen dieser Art Voraussetzungen etwa zur Steigerung der wirtschaftlichen und der gesellschaftlichen Produktivität oder der wirtschaftlichen und der gesellschaftlichen Wohlfahrt? Inwieweit können dann, wenn dies der Fall sein sollte, Familien an der Verteilung der Wohlstandsgewinne partizipieren? In der aktuellen Diskussion in den Wissenschaften wird diese Frage erst allmählich als eine zeitgerechte Version des alten Themas der "sozialen Frage" entdeckt.

II. Die gesellschaftlichen Leistungen der Familie in empirischer Sicht

1. Ein Rückblick und eine Bestandsaufnahme

Die Frage nach der inhaltlichen Ausfüllung des bereits 1971 vom Wissenschaftlichen Beirat präzise verwendeten Begriffs der gesellschaftlich bedeutsamen Leistungen von Familien steht nach wie vor randständig und streitig im politischen Raum, obwohl sie in der wissenschaftlichen Ebene dezidiert aufgegriffen wurde. In unserer Sicht rückt sie in eine zentrale Position. Der Leistungsbegriff, der hier zu verwenden ist, sollte sich an der Terminologie der Fünften Familienberichtskommission orientieren. Dort werden als "Aufgaben" die kulturell und rechtlich vorhandenen Vorstellungen über das, was Familie sein und tun soll, bezeichnet; angesprochen ist damit der komplette Aktivitäts- und Interaktionsbereich der Institution Familie.- Als familiale Leistungen gelten die tatsächlichen Handlungen und Wirkungen, die im Rahmen der familialen Beziehungsnetze, d. h. gruppenbezogen und gruppenausgerichtet, stattfinden, "insoweit diese öffentliches Interesse beanspruchen können".

Als "elementarste Leistung von Familien" wird der Tatbestand bezeichnet, dass sie "den Kontakt und die Bindungen zwischen den Familienmitgliedern" herstellen und "im Zeitablauf aufrechterhalten". Auf diese Weise entsteht für alle Mitglieder von Familien ein Orientierungsrahmen, in dem Familie gelebt wird und erlebt werden kann: "Solidarität der Familienmitglieder ist gleichzeitig Aufgabe und Vorbedingung aller Leistungen von Familie". Schon diese "Vorbedingung" ist von "höchstem gesellschaftlichem Interesse". Die Begründung für diese Aussage lautet, dass die Leistungen, die im familialen Beziehungsfeld entstehen, für die Funktionsfähigkeit aller anderen Gesellschaftsebenen "unverzichtbar" sind. Das gilt für die Nachwuchssicherung, für die Stabilisierung des Zusammenhangs zwischen den Generationen ebenso wie für die nachhaltige psychische Stabilisierung und die physische Regeneration auch der erwachsenen Personen. Diese Leistungen der Familien, auf deren gesellschaftliche Bereitstellung alle menschlichen Lebensgemeinschaften angewiesen sind, werden in der Perspektive der Sachverständigenkommission für den Fünften Familienbericht in ihrer öffentlichen Bedeutung zusammenfassend als "Beitrag der Familie zur Bildung und Erhaltung von Humanvermögen" umschrieben (Fünfter Familienbericht, S. 25 f.).

Die gesellschaftspolitische Bedeutung familialer Leistungen läßt sich , was grundlegend ist, am ehesten danach bestimmen, dass Leistungen zu Gunsten Dritter oder anderer Gesellschaftsbereiche als die Familie oder gar für ein gesellschaftliches Gesamtsystem erbracht werden, wobei die Familien diese Leistungen "weitgehend exklusiv" bereitstellen, Leistungen, "deren aggregierte Effekte" für diese Dritten "unentbehrlich" sind. Selbst wenn die Akte der Bereitstellung solcher Leistungen in der Gegenwartsgesellschaft für eine sehr lange Zeit den Charakter von Selbstverständigkeiten zu haben schienen, bleibt ihr Angebot davon abhängig, dass die gesellschaftlichen Rahmenbedingungen den Anbietern als zumutbar vorkommen (Kaufmann 1995, S. 35 f., 63 ff.).

2. Über die Verwendung des Leistungsbegriffs in der ökonomischen Theorie

Es zeigt sich: Nur die Familienhaushalte in ihrer Gesamtheit können als Adressaten von Familienpolitik betrachtet werden. Das meint auch das Bundesverfassungsgericht, das ausdrücklich betont, die Familie sei zwar "vor allem Erziehungsgemeinschaft ..., aber auch Wirtschaftsgemeinschaft": Eltern schulden den Kindern die Deckung ihres wirtschaftlichen Bedarfs ebenso wie Betreuungs- und Erziehungsleistungen (10. November 1998, 2 BvR 1057/ 91, B I. 1 a). Das sind Leistungen, die "auch im Interesse der Gemeinschaft" liegen, was "deren Anerkennung verlangt" (ebd. B I. 4). Familienhaushalte sind Wohlfahrt (Wohlbefinden) und Wohlstand (Handlungspotenziale) produzierende Systeme. Sie tragen zur gesellschaftlichen Wertschöpfung in erheblichem Umfang bei. Ohne Zweifel haben große Teile der (Wirtschafts-)Wissenschaft und der politischen Entscheidungsträger die Tragweite dieser Aussage noch nicht hinreichend erfasst.

Noch im Jahre 1961 schrieb Elisabeth Liefmann-Keil in ihrer später recht einflussreichen "Ökonomischen Theorie der Sozialpolitik", der "Bezugsstandard Leistung" betreffe "direkt nur ... Einkommensempfänger, die im Arbeitsleben stehen oder gestanden haben" (18). Leistung ist nach dieser Auffassung allein auf dem Weg über Preisbildungsprozesse auf den Märkten, insbesondere über eine mittels der Preisbildung auf dem Arbeitsmarkt vollzogenen Bewertung zurechenbar. Dieser Begrifflichkeit liegt eine enge, vielleicht am ehesten als betriebswirtschaftlich zu bezeichnende Perspektive zugrunde. Danach ist "Leistung" das Ergebnis eines betrieblichen Produktionsprozesses, dessen Volumen in seiner güter- oder realwirtschaftlichen Form als mengenmäßiger Ausstoß oder als Wertgröße, in der Regel, wie gerade angedeutet, als mit (Markt-)Preisen bewertetes Produktionsergebnis ausgewiesen wird.

Dass dieser Denkansatz nicht allgemeingültig und in volkswirtschaftlicher Sicht anfechtbar ist, wird deshalb leicht übersehen, weil viele Ökonomen und Nichtökonomen irrigerweise unterstellen, für jede produzierte Menge böte sich jederzeit eine Chance zum Verkauf am Markt. Werden solche Absatzerwartungen jedoch nicht erfüllt, was in der Praxis nicht selten der Fall ist, geht diese Produktionsmenge nur in die Verfügungsgewalt der produzierenden Einheit ein. Buchungsmäßig zeigt sich dies in der Unternehmensbilanz als Erhöhung des Bestands an Aktiva, d. h. an disponiblen Ressourcen. Dies kann allerdings durchaus auch das Resultat einer planmäßigen Entscheidung sein. Dann spricht die ökonomische Theorie von einer Investition in die Lagerbestände. Deren Bewertung kann jedoch in diesem Fall mangels aktueller Preisinformationen für diese konkrete Menge nur mit Hilfe von Erfahrungswerten für Preise dieser Produktvariante erfolgen: Für diese Menge rechnet man mit "fiktiven" Preisen. Eine Bewertungsalternative besteht darin, einen Rückgriff auf die Aufwendungen (Kosten) vorzunehmen, die mit dem Einsatz (Input) materieller und immaterieller, nicht zuletzt humaner Produktionsfaktoren zur Erzeugung dieser Menge anfallen. Damit wird zwar wiederum auf Preise zurückgegriffen, diesmal auf jene, die zum Erwerb der Einsatzfaktoren auf den jeweiligen Teilmärkten zu entrichten waren. Doch auch hier wird keine Bewertung durch die Preisbildung auf den Produktmärkten vollzogen.

Der zentrale Unterschied zwischen diesen Bewertungsverfahren besteht darin, dass nur für die Preisbildung auf den Absatzmärkten jene Annahme anwendbar ist, die den gesellschaftlichen Charme der Erfassung sozial positiv bewerteter Leistungen über den Wertansatz "Marktpreise" begründet. Das ist die Annahme, dass durch eine Bewertung seitens der an der Nutzung von angebotenen Gütern und Dienstleistungen interessierten Dritten, den potentiellen Erwerbern also, ein Maßstab gefunden werden kann, der es am ehesten erlaubt, von einer " Objektivierung" der Erfolgsmessung zu reden: Da diese Dritten als Nachfrager immer Mitglieder einer Gesellschaft sind, kann unterstellt werden, dass ihr Interesse sich in der Gesamtheit aller Nachfrageakte mit dem Interesse der Gesellschaft deckt. Vorausgesetzt wird dabei, dass sie in ihren Bewertungsentscheidungen nicht behindert werden und die Preisbildung auf Wettbewerbsmärkten erfolgt. Dann aber *kann dem Ergebnis ihrer Bewertungsakte, den am Markt erzielten Preisen, die Eigenschaft zugeschrieben werden, Ausdruck einer "gesellschaftlich objektiven" Bewertung zu sein.* Richtig ist, dass solche (Wettbewerbs-)Preise Ergebnis eines nicht-autoritären, individuellen Entscheidungsprozesses sind, d. h. die Präferenzen interessierter Dritter "manifestieren". Auf diesem Weg lässt sich durchaus ein Maß dafür finden, in welchem Umfang eine *"Wertschöpfung"* stattfindet. Gemeint ist der zusätzliche Wert, den eine produzierende Einheit dem Wert bereits vorhandener in diesem Produktionsprozess genutzter Güter und Dienstleistungen (den sogenannten "Vorleistungen") durch ihre eigenen Aktivitäten hinzufügt.

Nur diesen Wertzuwachs am Erlös kann eine produzierende Einheit als selbst erzeugtes Einkommen betrachten und darüber frei verfügen, z. B. ausschütten, will sie sich nicht der "Gefahr" aussetzen, vorhandene Vermögensbestände aufzulösen, womit sie ihr zukünftiges Handlungspotenzial einschränkt. Zu Recht wird deshalb *Einkommen* über die Bestimmung des Realvermögenszuwachses definiert – als Betrag, den eine produzierende Einheit ausgeben kann, ohne den Realwert ihres Vermögens zu verringern. *Es ist somit konsequent, dass nur an diese eine Auszahlung von*

Einkommen ohne gleichzeitigen Vermögensverzehr ermöglichende Wertschöpfung gedacht wird, wenn ein operationales Maß zur Erfassung der wirtschaftlichen Leistung einer Handlungseinheit gefunden werden soll.

Festzuhalten ist allerdings, was wiederum kaum reflektiert wird, dass dieses "Leistungs"-Maß in einem strengen Sinn nur für die Preisbildung am Markt gehandelter Dienstleistungen gelten kann. Dienstleistungen vergehen im Augenblick ihrer Darbietung; sie sind nicht dauerhaft; sie können nicht gelagert und deshalb nicht auf Vorrat produziert werden. Sie werden deshalb am Markt nur auf dem Weg: Leistung gegen Zahlung angeboten. Der dabei unter Umständen "spontan" erzielte Preis ist dann sicherlich das gesellschaftlich angemessenste quantitative Maß für die Wertschöpfung dieser Variante von Produktion.

Ein gravierender Teil familialer Leistungen besteht aus solchen Dienstleistungen. Für sie gilt allerdings, dass sie nicht für den Markt bereitgestellt werden, ohne Entgelt dargeboten werden und nur dann einer gesellschaftlichen Bewertung unterworfen werden können, wenn dazu äquivalente Bewertungsansätze zu finden sind. Das gesellschaftliche Interesse an solchen Dienstleistungen müsste also eigens nachgewiesen werden bei Verwendung nicht unmittelbar über Marktprozesse entdeckter Wertmaßstäbe. Ein erster Schritt auf dem Weg zur Entwicklung solcher Bewertungsmaßstäbe kann offensichtlich zunächst nur eine möglichst umfassende Auflistung der Aktivitäten sein, die allein oder (im Vergleich zu Handlungsmöglichkeiten anderer Gruppen oder Institutionen in der Gesellschaft) am effizientesten und gesellschaftlich verträglichsten von der Institution Familie wahrgenommen werden können.

Nicht nur in der ökonomischen Perspektive erlangt in diesem Kontext eine These grundsätzliche Bedeutung. Sie lautet: Die Fähigkeit und Bereitschaft zur Investition ist Garant für die Zukunftssicherung einer Gesellschaft. Im Fünften Familienbericht wird diese Botschaft ergänzt, was in diesem Band durchgängig ebenfalls erfolgt, durch die Feststellung: Basis für effizientes Wirtschaften und ein demokratisches Gemeinschaftsleben ist der Sozialisationsprozess in den Familien, in denen Menschen *grundlegend* ihre Handlungspotenziale erwerben, der Aufbau von Humanvermögen beginnt. Wichtig ist hier nicht zuletzt im Hinblick auf die Handhabung des Bewertungsproblems die dezidierte *Betonung des investiven Charakters familialer Dienstleistungen*: Für die Auswahl der Messverfahren ist es deshalb grundlegend, das Volumen der Aktivitäten nachzuweisen, die anlässlich des Aufbaus und der Bewahrung von Humanvermögen, der Schaffung und nachhaltigen Aufrechterhaltung eines in Menschen verkörperten, auf die Zukunft ausgerichteten Handlungspotenzials einer Gesellschaft bereitgestellt werden und bereitgestellt werden müssen. Und das ist ein Tatbestand von "öffentlichem Interesse".

Weder in einzelwirtschaftlicher noch in volkswirtschaftlicher Sicht wurde je daran gedacht, die Annahme aufzugeben, dass die Bereitstellung von Investitionsgütern eine unabdingbare Voraussetzung für die Erhaltung und Erhöhung des Wohlstandspotenzials einer Gesellschaft ist. Es ist bei ernsthaftem Nachdenken sicherlich kein Grund auszumachen, der die (ökonomische) Wissenschaft daran hindert, die Bildung von Humanvermögen anderen Bewertungsansätzen zu unterwerfen, als sie bereits bei anderen, volkswirtschaftlich oft nicht unbedingt gewichtigeren Investitionen als jenen in das Humanvermögen praktiziert werden. Im Gegensatz zu manchen Verlautbarungen in der politischen Praxis und der Publizistik, aber auch des Faches selbst, hat die ökonomische Wissenschaft nicht erst seit kurzem, wenngleich stets außerhalb des dominierenden neoklassischen Paradigmas, die Tatsache anerkannt, dass der Familienhaushalt in einem volkswirtschaftlich herausragenden Ausmaß eine Produktionseinheit ist. Das wussten bereits die Klassiker dieses Faches (zur neueren Literatur siehe etwa Becker 1965; Krüsselberg 1984; Krüsselberg, Auge, Hilzenbecher 1986; von Schweitzer 1991). Es gibt kein volkswirtschaftlich zwingendes Argument für den Verzicht auf die Anwendung des Bewertungsalgorithmus der ökonomischen Theorie auf die Leistungen, die in den Familienhaushalten erbracht werden. Was oben zum Thema der Bewertungsalternativen im Bereich der Investition in Lagerbestände und materielle Investitionsgüter gesagt wurde, lässt sich voll auf die Bewertung von Humanvermögen übertragen: Im Fall einer erst in der Zukunft zu erwartenden Nutzung bleibt zur Bewertung nur der Weg über eine ausführlich begründete "fiktive" Wertung. Deren Berechtigung, deren "Erfolg", lässt sich immer erst später entdecken. Grundsätzlich gilt stets in allen diesen Fällen: *Vermögensbildung ist ein realwirtschaftlicher Prozess,* der insofern auf die Zukunft ausgerichtet ist, als die mit ihm geschaffenen Aktiva erst später nach Plan oder Chance dem Markt oder einer anderen gesellschaftlichen Nutzung zugeführt werden. Der Aufbau von Vermögen ist gleichwohl stets die zentrale Voraussetzung für jegliche weitere Produktion, für die Bereitstellung von in der Zukunft potenziell nutzbaren Beständen, und deren *Bewahrung* ist daher *unabdingbar eine Notwendigkeit für die Erzielung von Einkommen in der Zukunft.* All das gilt uneingeschränkt für eine Betrachtung über die familiale und die gesellschaftliche Bedeutung von Humanvermögen.

Wichtig ist zudem zu beachten, dass die Nutzung von Vermögen ebenso unabdingbar in einem wirtschaftlichen und gesellschaftlichen Kontext erfolgt. Vor allem dann, wenn über Fragen der "gerechten" Einkommensverteilung gesprochen wird, sind deshalb kategoriale Unterscheidungen hilfreich. Ist von "funktionaler" Verteilung die Rede, geht es um die Zurechnung von Einkommen auf die eingesetzten Produktionsfaktoren (Arbeit, Boden und Kapital) im Sinne ihrer Entlohnung nach Maßgabe ihrer jeweils unterstellten Produktivität. "Personelle" Einkommensverteilung ist das Ergebnis einer Bündelung von Einkommen in der Zurechnung zu Personen, die aus der Verfügung über die in deren Besitz befindlichen Produktionsfaktoren und deren Nutzung im Produktionsprozess resultieren. In der ökonomischen Literatur dominiert zwar die Neigung, den Tatbestand zu berücksichtigen, dass das Gesamteinkommen der Wirtschaftseinheit, in der man lebt, für den wirtschaftlichen Wohlstand des Einzelnen von Belang ist. Gleichwohl registriert man Haushalts- oder Familieneinkommen üblicherweise in der Rubrik "personell". Wenn das Nutzungspotenzial von Wirtschaftssubjekten durch ihnen vom Staat bereitgestellte Güter und Dienstleistungen erweitert wird, werden diese nach herrschender Praxis ebenfalls dem "personellen" Einkommen hinzugezählt . Diese Begriffswahl könnte der Vermutung einer freien Verfügbarkeit solcher Ressourcen Vorschub leisten. Das ist jedoch immer dann problematisch, wenn mit der Bereitstellung solcher Dienstleistungen durch den Staat Zweckbindungen (Schulbesuch, Ausstattung mit lebensnotwendigen Gütern und Dienstleistungen) verknüpft sind. Wichtig ist dieser Aspekt für eine Leistungsdebatte immer dann, wenn mit solchen Angeboten intendiert wird, das familiale "Investitionspotenzial" zu stärken.

Aus diesem Grund empfiehlt es sich, in der Diskussion über "gerechte" Verteilungspositionen konkret mit dem Begriff einer "familialen" Verteilung zu arbeiten. Nur so kann der Familie als wirtschaftlicher und gesellschaftlicher Handlungseinheit auch in der Verteilungspolitik eine angemessene Rolle zugedacht werden. Diese ergibt sich grundsätzlich aus dem Tatbestand, dass im Familienhaushalt nicht nur Konsum, sondern in einem erheblichen (im einzelnen in den nun folgenden Abschnitten zu diskutierenden) Umfang Produktion stattfindet. Wenn dabei der Familienhaushalt zum Empfänger realer Leistungen wird etwa angesichts eines kostenlosen Schulbesuchs für die in ihm lebenden Kinder, muss in der Debatte sowohl mit einem Gesamteinkommensbegriff als auch einem Gesamtvermögensbegriff gearbeitet werden. Wenn es um die Darstellung der potenziellen Lebenslage einer Familie geht, wird die detaillierte Auflistung des "Gesamtvermögens", d. h. aller realen Zugriffsmöglichkeiten auf Aktiva zur eigenen Nutzung oder mit dem Ziel eines Einkommenszuwachses deutlich aussagefähiger als etwa die Benennung einer monetären Größe für ein "Gesamteinkommen". Das gilt insbesondere für solche Fälle, in denen Hilfen dem Familienhaushalt deshalb zufließen, weil deren Verknüpfung mit eigenen Leistungen wesentliche Voraussetzungen für den Eintritt eines gesellschaftlich erwünschten Ergebnisses, etwa den Schulerfolg, schaffen soll.

Für die Betrachtung der Bedeutung der Bereitstellung von Ressourcen und Aktivitäten zur Bildung von Humanvermögen im gesellschaftlichen Kontext ist die Berücksichtigung des Faktors der historischen Zeit im Hinblick auf die Analyse des "Familienlebenszyklus" ebenso unentbehrlich wie die der "Zeitallokation". Diesem Postulat begegnete die Wissenschaft mit der Entwicklung des Instrumentariums der "Familienzeitbudget"-Forschung.

3. Der Einsatz familialer Zeit – Zeitbudgetforschung

Es sind zwei Ebenen voneinander zu unterscheiden, wenn nach den Bestimmungsgründen für das Interesse an Studien über Zeitstrukturen der Familienarbeit gefragt wird. Zunächst gab es das Anliegen der Hauswirtschaftsforschung, die im "mainstream" ökonomischer Argumentation vernachlässigte Handlungseinheit "Familienhaushalt" in ihrer volkswirtschaftlichen Bedeutung zu würdigen. Die aktuelle Wissenschaftsposition lässt sich sehr gut mit der Formulierung umschreiben, mit der die Berichterstattung über die Ergebnisse einer Untersuchung des Statistischen Bundesamtes im Hinblick auf die Zeitverwendung der Bevölkerung in der Bundesrepublik Deutschland eingeleitet wird: "In unserer komplexen arbeitsteiligen Gesellschaft ist ´Zeit´ zu einer kostbaren Ressource geworden. Sie prägt unsere Lebensplanung, unser Alltagshandeln und ... unseren Umgang miteinander sowohl in der Arbeitswelt als auch in der Familie". Deshalb sei es überfällig, sich mit diesem Phänomen der Zeit und dem der Zeitverwendung wissenschaftlich zu beschäftigen. Zeit sei "als Konstrukt und als Objekt des sozialen Handelns von Menschen zu verstehen, das sich in einzelnen Aktivitäten ausdrückt" (Blanke u. a. 1996, S. 1 f.).

Der Begriff "werteschaffende Leistungen" der privaten Haushalte wurde von Helga Schmucker 1961 geprägt (Schmucker 1980). Er wird verständlich durch die Rückbesinnung auf ihre Bemühungen, die im Konzept der Volkswirtschaftlichen Gesamtrechnung (VGR) nicht berücksichtigte Wertschöpfung in den Privathaushalten im Rahmen einer revidierten VGR zur Geltung bringen zu können. Ihre Vorstellungen entsprechen bereits früher geäußerten Ideen, die produktiven Eigenleistungen im Haushalt, die zur Transformation von Marktgütern zu "Bündeln von Eigenschaften", die zur unmittelbaren Bedürfnisbefriedigung dienen (so auch Becker 1965), zu messen, zu bewerten und in die VGR einzufügen.

Diese Eigenleistungen der Privathaushalte, auch Haushaltsproduktion genannt, wären auf der Einkommensentstehungsseite als "unterstellte Einkommen aus Eigenleistung" zu verbuchen. Sie würden der Summe der "Wertschöpfung im Haushalt"

(Schmucker 1980, S. 176) entsprechen. In der Einkommensverwendungsrechnung sind diese "nicht marktmäßigen Transaktionen privater Haushalte" ebenfalls zu berücksichtigen. Werden auf diese Weise die Privathaushalte entsprechend den Unternehmen und dem Staat als produzierende und konsumierende Institutionen der Volkswirtschaft – gegebenenfalls über ein Satellitensystem – in das Rechnungswerk eingeführt, sind auch die Tabellen und Konten der Kapitalbildung der Privathaushalte der VGR zu revidieren. Die Humanvermögensbildung, durch welche das Arbeitsangebot der Privathaushalte für eine Volkswirtschaft bereitgestellt und gesichert wird, bedarf nach diesen Vorstellungen neben der Sachvermögensbildung dabei einer angemessenen Berücksichtigung (Krüsselberg 1986, Lampert 1993, Auge 1984, siehe hierzu und zum folgenden insbesondere von Schweitzer et al. 1990 sowie von Schweitzer, Hagemeier 1995).

Jedes Satellitensystem zur Volkswirtschaftlichen Gesamtrechnung folgt im Aufbau einem statistischen, international vergleichbaren Beobachtungssystem, das einerseits aus "physischen Daten" (Mengen) und andererseits aus deren Bewertung in Geld oder Marktpreisen besteht. Für das Satellitensystem "Haushaltsproduktion" werden die "physischen Daten" in Zeitaufwendungen für die privaten Versorgungs-, Pflege-, Betreuungs- und Erziehungsleistungen gemessen, denen dann bestimmte Lohnsätze bzw. ein allgemeiner Lohnsatz zugeordnet werden kann.

Diese "physischen Daten" werden im Idealfall durch repräsentative Familienzeitbudgetstudien erhoben. Diese können aber auch durch standardisierte Bedarfszahlen, z. B. für physiologische Regeneration, und mittels haushaltsbezogener Arbeitsbedarfszahlen deutlich vereinfacht erstellt werden, um im Mengengerüst für die Zeitverwendungen eine bessere Differenzierung für jene Aktivitäten zu erhalten, die familien- und frauenpolitisch von Interesse sind. Veränderungen der gesellschaftlichen Rahmenbedingungen können für Frauen und Männer in unterschiedlichen Lebenslagen, Lebensfomen, Lebensphasen und Lebensweisekonzepten zu sehr unterschiedlichen zeitlichen und finanziellen Belastungen oder auch Erleichterungen führen. Möglich wird mittels Zeitbudgeterhebungen zudem eine bessere Wahrnehmung der sich aus Veränderungen der Gesellschaft ergebenden "strukturellen Rücksichtslosigkeiten" für das Zeit- und Finanzsystem der Familienhaushalte.

Familienzeitbudgetstudien wollen die innerhalb eines bestimmten Zeitraums ausgeübten Aktivitäten eines Familienhaushalts erfassen. Sie möchten in Erfahrung bringen, was Menschen im Tagesverlauf und während der Wochen und Monate eines Jahres tun, mit wem sie tätig werden und für wen, an welchen Orten und in welcher Funktion. Gesucht wird die Struktur der Zeitmuster von in Familienhaushalten ansässigen und dort arbeitenden Personen. Der hier relevante Arbeitsbegriff ist deckungsgleich mit dem Begriff "zweckgerichtete Aktivität". Arbeit ist als ein bewusstes Handeln zur Befriedigung von Bedürfnissen Teil der Daseinserfüllung des Menschen. Dieser Arbeitsbegriff erfasst alle Anstrengungen der Menschen, die Bedingungen, unter denen ihr Leben abläuft, zu verbessern: "Schatten"-Arbeit ebenso wie ehrenamtliche Tätigkeit, Erwerbsarbeit wie Haus- und Familienarbeit (Krüsselberg 1981, S. 145 ff., 154 ff.).

Die für die Zeitbudgetforschung verbindliche These lautet: Es gibt unterschiedliche Basisstrukturen zur Kontierung der erfassten Zeitaufwendungen, die dann auch zu unterschiedlichen Größenordnungen der Haushaltsproduktionszeiten in einem Satellitensystem der VGR führen können.

Abbildung 1: Zeitbudgetstrukturen zur Bewertung von Haushaltsproduktion für ein Satellitensystem zur VGR

		24 Std./Tag		
Gliederung nach New Home Economics	I	Entlohnte Erwerbszeit	Haushaltsproduktion	
Traditionelle Zeitbudget-struktur	II	Entlohnte Erwerbszeit	Übrige gebundene Zeit	Freizeit und Bildung
Projektentwurf des Statistischen Bundesamtes	III	Entlohnte Erwerbszeit	Haushaltsproduktion nach Drittpersonenkriterium	Freizeit, Bildung und Regeneration
Zeitbudgetstruktur nach von Schweitzer, Gießen	IV	Entlohnte und nichtentlohnte Erwerbszeit	Familiale Zeit	Persönliche Zeit

Quelle: Schweitzer, R. v./Ehling, M./Schäfer, D. (Hrsg.) (1990): Zeitbudgeterhebungen, Ziele, Methoden und neue Konzepte. Stuttgart, S. 11

Nach der Argumentationsweise von Gary Becker und den New Home Economics hat der Mensch nur zwei Möglichkeiten seinen 24-Stunden-Tag zu verbringen: er kann entweder Güter gegen Lohn produzieren oder diese produktiv und zeitaufwendig in Konsum und Bedürfnisbefriedigung transformieren (vgl. Abb. 1 Zeile I). Für die Bestimmung der Wertschöpfung der privaten Haushalte ist diese arbeitsmarktorientierte Argumentation nicht überzeugend. Wenn, wie es G. Becker et al. logisch konsequent darstellen, jede Art der Zeitdisposition Bedürfnisbefriedigung ermöglicht, sei es mittelbar über den Lohn oder unmittelbar durch Zeit und Güterkombinationen, dann kann es keine dritte Zeitdimension geben. Eine Aktivität im Sinne des Drittpersonenkriteriums und die dazu aufgebrachte Zeitmenge kann für die Gesellschaft durch die Schaffung von Fitness, Vitalität, Kompetenz und Kreativität ein existenziell bedeutsamer Zeitinput in die Humanvermögensbildung sein. Sie ist somit ein nicht zu vernachlässigendes Element der Haushaltsproduktionszeit.

Richtig ist allerdings, dass eine Zeitmenge jede Person für sich selbst aufbringen muss, d. h. dass diese Zeitmenge in einem Standard- oder Mindestumfang nicht für arbeitsmarktwirtschaftliche Angebote oder auch Familientätigkeiten verfügbar ist. Denkbar wäre eine physiologisch begründete Mindestzeitmenge von 10 Stunden, die aus dem *Mengengerüst* für die Haushaltsproduktionsmessung herauszurechnen wäre, da diese jeder Mensch aufzubringen hat. Es kann jedoch nicht auf die Messung und Bewertung von darüber hinaus gehenden "aktiven persönlichen Zeitaufwendungen" für Regeneration, Rehabilitation, Fitness und Bildung verzichtet werden, wenn die Humanvermögensbildung insgesamt gemessen und bewertet werden soll.

Aus der Abb. 1 Zeilen II-IV ist zu ersehen, dass Zeitbudgetmuster im Hinblick auf ihre gesellschaftspolitische Aussagefähigkeit dreiteilig angelegt werden müssen. In Zeile II, dem traditionellen Kontierungsmuster, gibt es keine Haushaltsproduktionszeit, sondern nur eine Restgröße, die zwischen gut abgrenzbarer Erwerbszeit einerseits und Freizeit und Bildung andererseits eine "übrig" bleibende, aber dennoch "gebundene" Zeit vorsieht. Ein gesellschaftliches Interesse ist an dieser übrigen gebundenen Zeit noch nicht signalisiert.

Das "Drittpersonenkriterium" in Abb. 1, Zeile III ist nicht mehr als eine "Krücke", sollen Zeitaufwendungen, welche nicht über den Markt eingekauft werden können, aus der auf die Marktnachfrage bzw. das Arbeitsangebot orientierten haushaltsökonomischen Gesamtrechnung ausgegliedert werden. Es wird dabei in Kauf genommen werden, dass gesellschaftlich außerordentlich bedeutsame Leistungen von Personen, Familien und Haushalten zur Erhaltung und Verbesserung des Humanvermögens und des gesellschaftlichen Arbeitspotenzials als "nicht-ökonomisch" oder "unproduktiv" bezeichnet und monetär nicht bewertet werden und andere vergleichsweise belanglose Leistungen das Gütezeichen produktiv erhalten. Für die Darstellung der Wertschöpfung des privaten Haushalts ist deshalb das "Drittpersonenkriterium" nicht ohne weiters akzeptabel.

So zeigt Zeile III das bereits diskutierte Schema, das der Satellitenrechnung zu Grunde liegt und die Haushaltsproduktionszeiten mit der "Krücke" des Drittpersonenkriteriums abgrenzt, um zu einer entsprechenden Bewertung nach Marktpreisen zu kommen. Zeile IV dagegen zeigt eine dreiteilige Gliederung, deren Anliegen weniger in der Geldbewertung der Haushaltsproduktionszeiten liegt als vielmehr in der Darstellung des "Mengengerüsts" der Zeitverteilungen einer Bevölkerung, unterschieden nach Geschlecht und den drei zu unterscheidenden Bedeutsamkeiten der Zeitarten "Öffentliche-Zeit", "Familien-Zeit" sowie "Persönliche-Zeit" und ihrer Veränderungen im gesellschaftlichen Wandel.

Für die Zeitbudgetuntersuchung 1992/93 des Statistischen Bundesamtes wurde die in Abb. 2 dargestellte Basisstruktur von Zeitbudgetmustern vorgeschlagen und für die Messung der Zeitinputs für die Haushaltsproduktion sowie der Belastungen von Familien wie in Abb. 2 kontiert. Es wurde dabei sichergestellt, dass die Satellitenrechnung der VGR auch nach dem Kontierungsprinzip des Drittpersonenkriteriums gesichert bleibt. Für den Fünften Familienbericht (S. 140 ff.) lagen 1994 nur die ersten Auswertungen vor. Die mögliche und nötige, über die Kontierungen für die Satelittenrechnung hinausgehende frauen- und familienpolitische Auswertung derZeitbudgetuntersuchung 1991/992 blieb weitgehend bis in die Gegenwart ein Desiderat. Das ist schon ein Zeichen dafür, dass an familienwissenschaftlichen Potenzialen und entsprechenden Fachkompetenzen ein Mangel herrscht und es Nachholbedarf gibt (vgl Stat. Bundesamt: Familie und Haushalt. Forum der Bundesstatistik Bd. 38., Wiesbaden 2001). Doch Zeitbudgetmuster veralten nicht. Sie werden im Gegenteil im Vergleich von Zeitreihen besonders dort interessant, wo es um die Wahrnehmung und das Verständnis von Problemen im Zeitmanagement des vom "neuen Kapitalismus" erwarteten "flexiblen Menschen"geht (Sennett). Probleme im Zeitmanagement als Folge gesellschaftlichen Wandels im Allgemeinen können für Bevölkerungsgruppen, Männer und Frauen, Familien- und Haushaltstypen sehr unterschiedlich gelagert sein und somit auch entsprechende differenzierte politische Handlungsbedarfe aufdecken. Das sind Probleme, auf deren Zukunftsbedeutung vor allem Rosemarie von Schweitzer aufmerksam gemacht hat, der auch dieser Textabschnitt wichtige Anregungen verdankt.

Aus Abb. 2 (siehe hierzu im folgenden von Schweitzer 1990, S. 459 f.) wird deutlich, dass die Familien-Zeit unterschiedlichen gesellschaftspolitischen Deutungszusammenhängen zugeordnet werden kann. So verfügt der Mensch über eine "Sozialzeit" (I), in welcher er für sich und das Gemeinwesen nützlich ist oder sein könnte, in welcher er über seine Erwerbs- und Ausbildungszeiten und/oder Familientätigkeiten mit anderen und für andere aktiv ist. Die "persönliche Zeit" (II) ist dann eine Restgröße mit den benötigten Zeiten zum Entspannen und Ausruhen, Lernen und zur physiologischen Regeneration, aber auch der eigenen Freizeitinteressen.

Abb.2: Basisstruktur von Zeitbudgetmustern

Basisstruktur von Zeitbudgetmustern

Öffentliche Zeit (ÖT) — Öffentliche Zeit / Sozialzeit

Qualifikation	bezahlte Erwerbstätigkeit			unbezahlte Verpflichtungen für Erwerbstätigkeit und Ehrenamt				Wege für Erwerbstätigkeit und Ehrenamt*
für Erwerbsbereich	Hauptbeschäftigung	Überstunden	Nebentätigkeit	Mithilfe	Überstunden	Ehrenamt	Kontakte, Gespräche*	Wege

Familiale Zeit (FT — Privatzeit / Sozialzeit

Qualifikation	haushaltsbezogene Versorgung		personenbezogene Versorgung		Netzwerkleistungen	Wege, Kontakte für Haushalt, Familie, familiales Netzwerk*	
für Haushalt und Familie	regelmäßige Grundversorgung	außergewöhnliche Zusatzversorgung	Grundversorgung	situationsabhängige Zusatzversorgung	haushalts- u. personenbezogene Netzwerkleistung	Kontakte, Gespräche	Wege

Persönliche Zeit (PT) — Privatzeit / Persönliche Zeit

Qualifikation	aktive Regeneration		physiologische Regeneration		Wege, Kontakte aus persönlichen Gründen*	
allgemeine Bildung	Sport, Hobbys	Medien, kulturelle Veranstaltungen	Körperpflege, Essen	Schlafen, Ruhen	Kontakte, Gespräche, Geselligkeit im Freundeskreis	Wege

* Nicht zuteilbare Zeiten für Kontakte, Gespräche und Wege werden auf einem Sonderkonto gesammelt.

Abb. 2 (Schweitzer, R. von, Zeitstrukturen von Bevölkerungen. In: Zeitschrift für Bevölkerungswissenschaft, Jg 16, 3/4 - 1990, S. 447-465)

Die Anteile von "Sozialzeiten" und "Persönlichen Zeiten" unterscheiden den Grad der sozialen Integration einer Person oder auch von Haushalts- und Familienmitgliedern, man könnte hier vom Grad der unmittelbaren "sozialen Nützlichkeit" eines Menschen sprechen.

Es kann aber zudem die "Öffentliche-Zeit" (III), also die Gesamtheit aller Aktivitäten, die an eine Erwerbstätigkeit geknüpft sind, der "Privatzeit" (IV) gegenübergestellt werden. *Nur für die "Öffentliche-Zeit" gibt es eine öffentliche Anerkennung (Lohn, Ansehen, Einfluss, Macht). Für die "Privatzeit" ist auch das Bewertungs- und Belohnungssystem eine Privatsache. Eine Anerkennung als "gesellschaftlich bedeutsam" muss gesellschaftspolitisch ausgehandelt werden. In der "Privatzeit" erfolgen die wesentlichen Inputs in die Humanvermögensbildung einer Gesellschaft. Die Aktivitäten vollziehen sich in dem Privatbereich der Familie und in persönlicher Verantwortung, doch sie sind von größter gesellschaftlicher Relevanz für die Humanvermögensbildung.* Diese "werteschaffenden Leistungen" des privaten Sektors "Privathaushalte" dienen der Heranbildung, der Erhaltung und Regeneration sowie der Förderung und Pflege des Humanvermögens, *sie sind gegenwärtig* (zur Stabilisierung des Alltagsleben), *vor allem* (wegen ihrer Bedeutung für die nachwachsende Generation) *aber "nachhaltig" wirksam.*

Es sei zusätzlich vermerkt, dass in den Interviews im Rahmen der Zeitbudgetuntersuchung 1991/92 die Frage gestellt wurde, für welche der drei Zeitdimensionen man sich mehr Zeit wünschte. Das nicht gerade überraschende Ergebnis war, dass Männer mehrheitlich mehr "Familienzeit" haben möchten. Das ist ein Zeichen dafür, dass sie im Rahmen ihrer zeitlichen Selbstgestaltungsmöglichkeiten sich zunächst Zeit für den Erwerbsberuf und für ihre persönliche Bedürfnisse nehmen. An "Familienzeit" wird Mangel an Zeit empfunden, sie ist für männliches Zeitmanagement eine Restgröße. Genau umgekehrt ist die Situation der Frauen, welche Familie und Beruf den Vorrang einräumen und für die die Restgröße die persönliche Zeit ist, an der Mangel empfunden wird.

4. Das Mengengerüst der Familienarbeit

Mit der bereits erwähnten Studie von Krüsselberg, Auge und Hilzenbecher liegt seit 1986 eine Zeitbudgetuntersuchung vor mit einer differenzierten Darstellung der Zeiten, die für Familientätigkeiten in unterschiedlichen Phasen und Lebenslagen aufgewendet worden waren. So sehen es von Schweitzer und Hagemeier (1995, S. 255). Das im Institut für Sozial- und Familienpolitik der Philipps-Universität Marburg gesammelte Material über die Leistungen der Familienhaushalte und deren gesellschaftlichen Bedeutung belegt unübersehbar, dass Frauen die Hauptverantwortung und die Hauptbelastung für die Familienarbeit tragen. Ein zentraler Teil der dortigen Forschungstätigkeit zielte auf einen wissenschaftlichen Nachweis für die bereits früher angesprochene These von der volkswirtschaftlichen Gleichwertigkeit von Familienarbeit und Erwerbsarbeit.

4.1. Familientätigkeit: Belastungsüberhänge für Mütter

In dieser Studie wurde für 1982 die zeitliche Gesamtbelastung von Männern und Frauen erfasst, die sich aus der Erwerbsarbeit inklusive Wegzeiten sowie der Hausarbeitszeit inklusive der Betreuungsaktivitäten zusammensetzt. Dabei wird eine Differenzierung der Haushalte nach der Kinderzahl und dem Umfang der Erwerbstätigkeit der Frau vorgenommen. Deutlich sichtbar ist die Belastungszunahme bei den Frauen mit steigender Kinderzahl und wachsender Erwerbsbeteiligung. Dabei ist der Einfluss der Erwerbszeit auf die Belastungssteigerung offensichtlich größer als die der Kinderzahl. Bei den Männern sind ebenfalls Ausweitungen der Belastungen mit zunehmender Kinderzahl und Erwerbsbeteiligung der Frauen auszumachen; diese sind jedoch nicht so prägnant wie bei den Frauen.

Die Belastungskumulation bei Entscheidungen für Kinder und Erwerbstätigkeit ist also schwerpunktmäßig eine Belastungskumulation bei erwerbstätigen Frauen, die zugleich Mütter sind. Die kinderlose Ehefrau, die nicht oder nur marginal in die Erwerbsarbeit eingegliedert ist, arbeitet an Werktagen 7 Stunden und 28 Minuten, die voll-erwerbstätige Ehefrau mit 3 Kindern und mehr kommt auf Belastungen in der Höhe von 12 Stunden und 10 Minuten täglich. Damit ist der Grundkonflikt zwischen Familientätigkeit und Erwerbstätigkeit im Zeitbereich thematisiert. Ihm gebührt die besondere Aufmerksamkeit bezüglich der Bestimmung der "Kosten", Familie zu haben, d. h. sich Kinder zu wünschen.

Die meisten Frauen arbeiteten damals zwischen 42 und 84 Stunden in der Woche. Das sind zwischen 6 und 12 Stunden pro Tag. Eine durchaus noch sichtbare Minderheit ist wöchentlich mit über 84 Stunden arbeitsmäßig belastet. Offensichtlich lassen sich Frauen, die mindestens 70 Stunden in der Woche in Haushalt und Beruf arbeiten, als stark belastet definieren. In Haushalten von sogenannten vollständigen Familien arbeiten 26 % der Frauen mindestens 70 Stunden in der Woche in Haushalt und Beruf. Bei den Alleinerziehenden sind es sogar 49 %.

Anscheinend ändert sich das Rollenverhalten von Frauen und Männern nur langsam. Zu fragen ist: Wenn die Entscheidung für Familie Zeitkonfliktpotentiale dieser Art begründet, welche Gestaltungsmöglichkeiten bieten sich bezüglich der Konfliktreduktion an? Einiges mag sich in den Verhaltensmustern ändern, wenn allgemein sichtbar wird, wer übermäßig belastet ist und wie gravierend sich innerfamilial diese Überlast der Frauen auswirkt. Generell kann gezeigt werden, dass mit zunehmender Belastung der Frauen durch Erwerbstätigkeit die Bereitschaft der Männer, im Familienhaushalt mit anzufassen, wächst. Anderes lässt sich nur über die Veränderung der Rahmenbedingungen umstrukturieren. Das Thema, Schaffung von Voraussetzungen für eine höhere Vereinbarkeit von Familientätigkeit und Erwerbstätigkeit, muss die Gesellschaft und die Politik heute und jetzt verbindlich diskutieren und bewältigen.

4.2. Die Menge an "unbezahlter Arbeit"

Im Fünften Familienbericht (1994, S. 142 ff.) wird über damals noch vorläufige Ergebnisse der Zeitbudgetstudie des Statistischen Bundesamtes 1991/92 berichtet. Detailliertes Zeitverwendungsmaterial aus dieser Studie stellt die Publikation "Zeit im Blickfeld" (Blanke u. a. 1996) vor. Alle Aussagen unterstützen unmissverständlich die in 4.1. genannten früheren Resultate. Ausdrücklich betonte das Statistische Bundesamt, dass sich Untersuchungen zur geschlechtsspezifischen Arbeitsteilung "sicher angemessener auf der Ebene von Zeitangaben als auf der Wertebene durchführen" lassen. Schließlich sei "Zeit ... die einzige gemeinsame Einheit von Markt- und Haushaltsproduktion" (ebd., S. 37). Für den Vergleich zwischen diesen Varianten von Arbeit sei die makroökonomische Sicht, der Vergleich von Jahresvolumina, am ehesten aussagefähig. Für 1992 wurde errechnet, dass im "alten" Bundesgebiet der Umfang der, wie das Bundesamt durchgängig argumentiert, "unbezahlten" Arbeit (im Familienhaushalt) mit 76,5 Mrd. Stunden um 61 % über dem der Erwerbsarbeit (47,5 Mrd. Stunden) lag. Frauen leisten dabei mit etwa fünf Stunden fast doppelt soviel unbezahlte Arbeit wie die Männer (mit 2 3/4 Stunden täglich). Von den unbezahlten Arbeiten nehmen die hauswirtschaftlichen Tätigkeiten mit 76 % die weitaus meiste Zeit in Anspruch. Die Differenzierung nach dem Geschlecht zeigt, dass Frauen vor allem für hauswirtschaftliche Tätigkeiten und für die Pflege und Betreuung von Kindern und Erwachsenen deutlich mehr Zeit aufwenden als Män- ner (Blanke u. a. 1996). Das gilt auch dann, wenn Frauen erwerbstätig sind (Krüsselberg u. a. 1968, S. 198). Für die gesamte Bundesrepublik Deutschland lautete die Relation "unbezahlt" zu "bezahlt": 95,5 Mrd. Stunden zu 60 Mrd. Stunden (ebd., S. 41).

Durchgängig gilt: Familienarbeitszeit besteht vornehmlich aus von den Frauen geleisteter Familienarbeit. Von Familienarbeit zu sprechen und ihr Volumen wissenschaftlich zu belegen, ist eine unverzichtbare Aufgabe auf dem Wege zu der gesellschaftlich zwingenden Aufwertung dieser für jede Lebensgemeinschaft unentbehrlichen Leistung. Wie beschwerlich dieser Weg ist, zeigt die Frist, die bislang ohne entschiedende gesellschaftliche und politische Reaktionen verstrichen ist. Die Protokollnotizen über die parlamentarische Behandlung des Fünften Familienberichts sind ein ernüchternder Beleg für diese These.

5. Die gesellschaftliche Bewertung der Familienarbeit

Die Beachtung der familialen Leistungen im Zusammenhang mit der Volkswirtschaftlichen Gesamtrechnung und damit ihre gesellschaftspolitische Anerkennung als Wertschöpfung und Wohlfahrtsproduktion verlangt die Bewertung des familialen Zeitinputs in die Haushaltsproduktion mit einem Lohnsatz. Zwei grundsätzlich zu unterscheidende Bewertungsverfahren sind zu beachten.

Zur Diskussion steht erstens die Ermittlung eines Spezialistenlohnsatzes und zweitens die Festlegung eines Generalistenlohnsatzes:

- *Ein Spezialistenlohnsatz*, der ermittelt wird über die gewichteten, in den vergleichbaren Branchen effektiv gezahlten Lohnsätze für das entsprechende Dienstleistungsangebot, z. B. für "Kinderbetreuung" in der Krippe oder "Beköstigung" über Außerhaus-Verpflegung in der Kantine. Er bietet die Möglichkeit, mittels des Mengengerüsts "Zeit" zu beobachten, in welchen Kombinationen von "Eigenleistung" und "Fremdleistung" die gesellschaftliche Daseinsvorsorge organisiert wird.
- *Ein Generalistenlohnsatz*: Hier wird für die ermittelten Haushaltsproduktionszeiten ein einheitlicher Bruttolohnsatz bestimmt, z. B. die "monatlichen Bruttolöhne und -gehälter im gewichteten Durchschnitt" (Gutachten des Wissenschaftlichen Beirats für Familienfragen 1979, S. 55). Der Generalistenlohnsatz hat weit weniger Regelungsbedarf. Er ist somit auch weit weniger manipulierbar. Hier ist allerdings generell zu entscheiden, welche Zeitaggregate überhaupt mit dem Lohnsatz bewertet werden sollen, denn für ihn trifft das "Drittpersonenkriterium" als notwendiges Auswahlkriterium für die Zeitaggregate nicht zu. Er eignet sich somit besser für die Berechnung der "werteschaffenden Leistungen" der Privathaushalte.

Für die Festlegung der Zeitmengen, welche mit einem generellen Lohnsatz versehen werden sollen, können je nach Fragestellung unterschiedlich aggregierte Zeitmengen gewählt werden. Wesentlich ist nur, dass die jeweils gewählten Zeitaggregate – z. B. die notwendigen Betreuungszeiten für ein Familienmitglied nach einem Krankenhausaufenthalt oder die persönlich investierte Zeit für die Rehabilitation nach einem Unfall – nachprüfbar definiert sind. Für gesellschafts- bzw. familien- und frauenpolitische Fragestellungen, in denen es um ungleiche Belastungen und ökonomische Benachteiligungen geht, ist der Generalistenlohnsatz sinnvoller verwendbar. Er ist einfacher nachprüfbar und für alle Beteiligten einsichtig. Die Zeitaggregate, welche mit einem Generalistenlohnsatz bewertet werden, können je nach Problemstellung unterschiedlich gebildet werden.

In der Studie von Krüsselberg, Auge und Hilzenbecher wurden die Zeiten, die für Familientätigkeiten in unterschiedlichen Phasen und Lebenslagen aufgewendet worden waren, nach der Art der Tätigkeiten mit einem Index der Leistungsanforderungen gewichtet und nach Lohnsätzen zwischen BAT VIII und VI bewertet. Auf dieser Grundlage ermittelten die Autoren eine gesamtwirtschaftliche Wertschöpfung der Familienhausarbeit in Höhe von 1.089.071.572.800 DM für das Jahr 1982. Bezogen auf das Bruttosozialprodukt desselben Jahres würde dieser Betrag eine Aufstockung um 68 Prozent bedeuten. Das heißt, vernachlässigt werden jährlich in der Volkswirtschaftlichen Gesamtrechnung werteschaffende Leistungen, die mehr als 2/3 der berechneten Wertschöpfung der VGR ausmachen (Krüsselberg et al., S. 243 ff.). Es ist davon auszugehen, dass dieser Prozentsatz deutlich zu gering ausfällt. Wählt man eine andere Bezugsgröße als das Bruttosozialprodukt , wird die Bewertungsvariante sehr viel interessanter. Für 1982 ergab sich eine Nettowertschöpfung (Summe der erzielten Erwerbs- und Vermögenseinkommen) in Höhe von 1.224 Mrd. DM. Zieht man davon die Wertschöpfung der öffentlichen Haushalte und jener der Organisationen ohne Erwerbszweck (also der Kirchen, Parteien, Gewerkschaften u. ä.) ab, verbleibt lediglich ein Volumen von 1.018 Mrd. DM an Wertschöpfung in marktorientierter Produktion. *Es liegt damit unter dem Wertvolumen der Familienhaushaltsleistungen.* Schon vor diesem Hintergrund kann berechtigerweise von einer volkswirtschaftlichen Gleichwertigkeit von Familientätigkeit und Erwerbstätigkeit geredet werden.

Die Studie des Statistischen Bundesamtes geht die Bewertungsfrage in Alternativrechnungen an. Im Stil der üblichen Arbeitsteilung zwischen Wissenschaft und Politik überlässt sie einer politischen Instanz (in welcher Gestalt auch immer sie sich darstellen mag) die Interpretation ihrer alternativen Bewertungen. Das Ergebnis lautet: "Würde man die Eigenleistungen privater Haushalte vollständig in die gesamtwirtschaftliche Leistung einbeziehen, so ergäbe sich 1992 im früheren Bundesgebiet eine Gesamtleistung (Bruttoinlandsprodukt und Bruttowertschöpfung der Haushaltsproduktion) von 3 727 Mrd. DM bei Bewertung der unbezahlten Arbeit mit Nettolohnsätzen (ohne Bezahlung für Ausfallzeiten) von Hauswirtschafterinnen oder von 4 832 Mrd. DM bei einer Bewertung mit Lohnkosten von Spezialisten. Die gesamte Wirtschaftsleistung wäre um 33 bis 73 % höher als das Bruttoinlandsprodukt (2 794 Mrd. DM), das 1992 von privaten Haushalten erbrachte Leistungen in Höhe von 118 Mrd. DM erfasste" (Blanke u. a. 1996, S. 61). Wie in der Marburger Studie werden auch hier die Leistungen der Familienhaushalte in Beziehung gesetzt zu den Leistungen anderer Wirtschaftssektoren. Unmissverständlich wird das Gewicht dieser Leistungen als "beeindruckend" bezeichnet. In diesen Partien finden sich deutliche Belege für die Vertretbarkeit der These von der volkswirtschaftlichen Gleichwertigkeit von Familientätigkeit und Erwerbstätigkeit (ebd. S. 63 ff.).

Heinz Lampert berechnete in seiner Studie "Der Beitrag von Familien mit Kindern zur Humanvermögensbildung" (Lampert 1992, S. 130 ff.) den "monetären Aufwand" für zwei Kinder (Betreuungsaufwand und der Wert der kinderbezogenen Haushaltstätigkeit) je nach Lohnsatz für die Haushaltstätigkeit mit einem Schätzwert zwischen 790.000 und 890.000 DM. Von dieser Basis her gerechnet würde sich der Beitrag der Familien zur Bildung von Humanvermögen für ein Erwerbstätigenpotenzial im Umfang von 40 Millionen Menschen auf ca. 16 Billionen DM belaufen. Lampert schätzt ganz konkret auf der Basis seines Modells den Beitrag der Familien zur Bildung des Humanvermögens von 1990 (volkswirtschaftliches Arbeitsvermögen ab 19 Jahren) auf 15.286 Billionen DM. Demgegenüber belief sich der Wert des reproduzierbaren Sachvermögens im Jahr 1990 zu Wiederbeschaffungspreisen der Wirtschaft auf 6,9 Billionen DM (Fünfter Familienbericht 1994, S. 145). Der Anteil der staatlichen Leistungen und der Krankenversicherungen an diesem Aufwand für zwei Kinder liegt zwischen 21 und 24 %. An diesem Anteil ist die Familie allerdings mit einem Selbstfinanzierungsbetrag von 32 % beteiligt. Weiterhin ist zu beachten, dass Lampert die monetären Aufwendungen nur bis zum 18. Lebensjahr der Kinder berechnete und somit Ausbildungszeiten sowie jugendliche Arbeitslosigkeit vor Eintritt in das Erwerbsleben, die auch zu Lasten der Familien gehen, nicht berücksichtigte. Deshalb ist auch hier zu vermuten, dass die angegebenen Werte eher zu niedrig als zu hoch ausfallen (siehe ebenfalls Fünfter Familienbericht 1994, S. 64).

Dieses Material hat Lampert 1996 aktualisiert und in einer differenzierteren Fassung vorgelegt. Ausdrücklich betont er, dass ihm daran liegt, eine "Überschätzung" des Wertes des Zeitaufwandes zu vermeiden. Dennoch gelangt er zu der Aussage, dass sich der Bruttowert der Versorgungs- und Betreuungsleistungen als Beitrag der Familien zur Humanvermögensbildung der erwerbsfähigen Bevölkerung des Jahres

1991 auf 12,72 Billionen DM beläuft (Lampert 1996, S. 32-41 , siehe zudem die folgende Übersicht, ebd., S. 41).

Übersicht :

Die Altersstruktur des Arbeitskräftepotentials 1991 und der Bruttowert der Leistungen der Familien für die Versorgung und Erziehung dieses Potentials

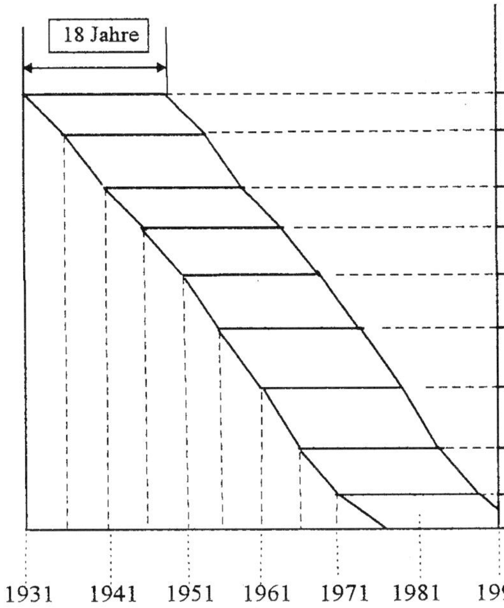

Erwerbsfähige Bevölkerung in Millionen	Altersgruppe
3,917	56 - 60
4,959	51 - 55
3,839	46 - 50
4,325	41 - 45
4,562	36 - 40
5,735	31 - 35
5,832	26 - 30
5,046	21 - 25
3,352	16 - 20
Σ 41,569	

Bruttowert der Versorgungs- und Betreuungsleistungen:
41,569 Millionen x 306 000 DM = 12,72 Billionen

Legende:  = Zeitraum der Erbringung der Versorgungs- und Erziehungsleistung für die unterschiedlichen Geburtsjahrgänge

Diese Zahlen sind deshalb beachtenswert, weil sie die Bewertungsmaßstäbe für familiale Aktivitäten, die durch eine hohe Arbeitsintensität geprägt sind, revolutionieren. Aus ihnen kann zwingend die zentrale Grundvoraussetzung für eine zeitgemäße Familienpolitik abgeleitet werden: Erforderlich ist die umfassende gesellschaftliche Neubewertung familialer Leistungen, deren massive Aufwertung.

III. "Gesamte Faktorproduktivität": Die Wissenschaft auf der Suche nach den Determinanten von Wachstum und Entwicklung

1. Gesamte Faktorproduktivität: Problem und Begriff

Ganz grundsätzlich spricht der Nobelpreisträger Richard Stone in seiner "Nobel-Lesung vom 8. Dezember 1984" von drei Pfeilern, auf denen eine Gesellschaftsanalyse ruhen sollte. Notwendig seien Untersuchungen über "ökonomische, sozio-demographische und umweltbedingte Phänomene". Er meint, sich um Fakten, Hypothesen oder Theorien und um Modellbildung zu bemühen sei Aufgabe des Wissenschaftlers. Die Debatte über Ziele und Verfahrensweisen betreffe in erster Linie den Politiker. Sich um Restriktionen und Planentwürfe zu kümmern sei vornehmlich "Sache des Bürokraten". Es sei für keinen der Bereiche einfach, die anderen zu verstehen. Gleichwohl bestehe ein dringender Bedarf, die Kommunikationsprobleme untereinander zu verringern (Stone 1989, S. 853 ff.). Für jegliche Variante von Politikberatung – so wäre zu folgern – kommt es entscheidend darauf an, auf jene übergreifende Kommunikation hinzuwirken. Das bedeutet vor allem für den im Bereich der Familienpolitik tätig werdenden Wissenschaftler, sich nicht nur in den Feldern der Theorie, Zielsuche und Maßnahmenplanung hinreichend auszukennen, sondern darüberhinaus in der interdisziplinären Forschung. Gruppenleistungen sind hier von Nöten. Von der Überzeugung, solches tatsächlich anbahnen und bewirken zu können, gehen wir bei der Vorlage dieses Bandes aus.

Über Fakten reden zu wollen bedeutet immer auch, einen Bedarf an Erfolgskontrolle für politische Maßnahmen anzukündigen. Mit Fakten zu belegen war die in der Öffentlichkeit und Politik sowie in Teilen der Wissenschaft zu beobachtende Verkennung der gesellschaftlichen Dimension der Familienleistungen. Im Kontext unserer Fragestellung ist deshalb mit einem Blick nach vorn weiterhin zu klären, inwieweit in wissenschaftlicher Argumentation eine Erweiterung von Kenntnissen über jene gesellschaftlichen Zusammenhänge möglich wird, die sich nicht direkt in quantifizierender Form darstellen lassen. Stone hält es für "nahezu unmöglich", den "Wert" von Dienstleistungen der Regierung für Verwaltung, Verteidigung, Erziehung und Gesundheit für den "Nutznießer" zu schätzen. Gleichwohl sei es üblich geworden, den "Ertrag dieser Leistungen" zu Erstellungskosten zu bewerten. Er merkte gleich an, dass ähnliche Schwierigkeiten im Hinblick auf die Wertstellung für Leistungen im Familienhaushalt anstehen. Diese seien "im allgemeinen ... nicht gut abgegrenzt; sie verschmelzen "unmerklich mit anderen Aktivitäten des Lebens". Auch hier biete es sich an, "die Kosten besser (etwa über den Zeitaufwand) zu erfassen, obwohl diese Dienste weder dem Benutzer noch der Gemeinschaft im weitesten Sinne ein unabhängiges Maß für ihren Wert liefern" (Stone 1989, S. 862 f.). Wir zeigen, dass dieses Verfahren in der familienwissenschaftlichen Praxis bereits praktiziert wird. Dabei wird zugestanden, dass die Wertstellungen für Einsatzfaktoren nur ein Hilfsmittel sei und damit allenfalls eine Näherungslösung bringt im Hinblick auf die Beantwortung der Frage nach der gesellschaftlichen Produktivität.

In den Wirtschaftswissenschaften sind sehr detaillierte Studien durchgeführt worden mit dem Ziel, die jeweiligen Beiträge zum Wirtschaftswachstum zu ermitteln, welche von den mutmaßlichen (Produktions-)Faktoren geleistet werden. Im wesentlichen geht es um die empirische Erfassung einer "Multifaktor-Produktivität". Nach amerikanischen Quellen ergibt sich, dass in den USA für den Zeitraum von 1948 bis 1990 etwas mehr als die Hälfte der Produktionssteigerungen (57 %) auf das Konto eines intensivierten Arbeits- und Kapitaleinsatz zurückzuführen sei. Der "Residualwert", ein Wert, der nicht durch Mengeneinsatzvarianten im obigen Bereich erfasst werden kann, wird auf 43 % der Gesamtzuwächse beziffert. Dieser Teil, "gesamte Faktorproduktivität" genannt, wird den Komponenten Ausbildung, Innovationen, Skaleneffekte, wissenschaftlicher Fortschritt und "andere Faktoren" zugerechnet. Deren Unterteilung ergibt nach Samuelson und Nordhaus (1998, S. 627) 12 % für das Element Ausbildung und 31 % in der Rubrik Wissensfortschritte und sonstige Ursachen. Die hier aufgelisteten Zahlen basieren auf Ergebnissen einer bahnbrechenden Untersuchung von Denison und laufender Fortschreibungen durch die amtliche Statistik. Vergleichbare Studien für die Bundesrepublik Deutschland verwenden ebenfalls den Begriff der "Fortschrittskomponente".

Die Kritik an solchen Studien betont, dass sie keine Hypothesen enthalten über die Wirkungsmechanismen, die wirtschaftliches Wachstum oder wirtschaftliche Entwicklung vorantreiben.

2. Die Suche nach den Determinanten von Wachstum und Entwicklung

In seinem 1990 erschienenen umfassenden Überblick über die Entwicklung der Wachstumstheorie von der Klassik des 18. Jahrhunderts bis zur Gegenwart erinnert W. W. Rostow an die Grundthese der Autoren, aus deren Werken die Spezialdisziplin der Wirtschaftswissenschaften erwuchs. Hier sei immer ein Element "soziokulturelles Milieu" in der Diskussion gewesen. Die Beachtung dieser Einsicht erinnerten den empirisch arbeitenden Ökonomen an die Tatsache, dass *"nichtökonomische Variablen unentrinnbar relevant sind für die Analyse wirtschaftlichen Wachstums"*. Diese Mahnung – so meint er – habe die Wirtschaftswissenschaft nicht immer beachtet. Gleichwohl seien auch hier Erkenntnisse gesammelt worden, die weiterhin Forschungsstrategien befruchten sollten. Ausdrücklich erwähnt er die Arbeiten von Arthur Lewis. Dieser verweist auf die Unterschiedlichkeit von "Attitüden". Ohne Rückgriff auf dieses Erklärungselement werde es unmöglich, sozialen Wandel zu verstehen (Rostow 1990, S. 396 ff.). Zu diesem Teil der Literatur zählen auch handlungsorientierte Untersuchungen, auf die Rostow selbst nicht eingeht.

In der erweiterten Wachstumstheorie, in einer eher entwicklungstheoretisch angelegten Variante, wurde durch David McClelland ein sozialpsychologischer Ansatz vorgelegt. Dort betont dieser Autor unter Berufung auf Denkanstöße, die letztlich auf Max Weber zurückführen, dass im internationalen Vergleich vor allem dem "Leistungsmotiv" besondere Bedeutung zukomme. Er hebt hervor, dass Leistungsmotivation nicht ohne Rückgriff auf die unterschiedlichen Stile der Kindererziehung wissenschaftlich zu erfassen sei. Damit führt er explizit Leistungen ins Feld, die im Bereich der Kindererziehung von Familien erbracht werden. "Both for theoretical and empirical reasons research on 'intrinsic' determinants of (n) Achievement has concentrated on the family" (McClelland 1976/61, S. 340 ff.). In der ergänzenden Bemerkung zur Wiederauflage seiner oben genannten Studie führt McClelland fünfzehn Jahren später aus, im Rückblick könne er sagen, dass die Hauptthese seines Werkes kaum ernsthaft in Frage gestellt worden sei. Gleichwohl schwächt er das Argument ab, allein in der Kindheit könne Leistungsmotivation vermittelt werden. Zwar sei es vermutlich in der Periode der mittleren Kindheit, im Alter von vier bis acht, am leichtesten, dauerhaft Leistungsmotivation zu entwickeln (selbst das wisse man ebenfalls nicht "sicher"). Als kulturell relevante Einflussgröße bleibe die Vermittlung von leistungsbezogenen Einstellungen durch die Eltern in jedem Fall ein für die wirtschaftliche Entwicklung beachtlicher Faktor (McClelland 1976, C ff.). Wie McClelland betont Everett Hagen, wie sehr die Methoden der Kindererziehung Weltbilder vermitteln. Nicht zuletzt geht es um den Aufbau von Erwartungen bezüglich der Ergebnisse zielgerichteten Handelns. Im Erziehungsprozess erwirbt ein Kind ein Selbstbild der eigenen Fähigkeit. Werden Ereignisse als zufällig, schicksalhaft und fremdbestimmt wahrgenommen, wird Eigeninitiative damit entmutigt und innovatives Verhalten bestraft (Hagen 1962; siehe auch Röpke 1982, S. 74 ff.).

Das ist ein Thema, das die Autoren des Fünften Familienberichts beschäftigt hat. Offensichtlich machte sich auch die damalige Bundesregierung unter Kanzler Kohl deren These zu eigen. Sie teilt "die Auffassung des Berichts, dass nur mit den Sozialisationserfolgen der Familien einerseits und des Bildungs- und Ausbildungssystems andererseits effizientes Wirtschaften möglich wird". Zwar werde heute schon weitgehend anerkannt, dass die Produktivität einer Wirtschaft in hohem Maße von der Qualifikation der Arbeitskräfte abhänge. Diese Qualifikation allein über die Aufwendungen für die Bildung zu erfassen, sei, wie auch die Kommission meine, "zu verkürzt". Arbeitsmotivation, Verantwortungsbereitschaft, Zuverlässigkeit seien "soziale" Qualifikationen, die in der Familie vermittelt würden, Leistungen, deren Bedeutung in der Gesellschaft angemessen an zu erkennen seien (Fünfter Familienbericht 1994, V).

Die Fortentwicklung der wachstumstheoretischen Debatte führte gegen Ende der 1980er und zu Beginn der 1990er-Jahre zu Ansätzen, die insbesondere die Wirkung des Einsatzes von Humanvermögen auf die langfristigen Wachstumsraten der Länder zum Ausgangspunkt der Analyse machten. In diesen Theoriestücken wird die Produktivitätssteigerung endogen erklärt durch die Betonung von menschlichen Verhaltensmustern, die zur Ansammlung von produktiven Faktoren und Wissen führen. Dabei wird wiederum in Einzelfällen als wichtigste Quelle des Produktivitätsfortschritts das Element der Forschung und Entwicklung bezeichnet. Zugestanden wird dabei, dass Forschung und Entwicklung Komponenten des Humanvermögens sind. Im einzelnen soll gelten, dass besser qualifizierte Personen das vorhandene Produktivvermögen wirksamer nutzen, womit auch die Bereitschaft zur Innovation höher sei und fortgeschrittenere und effizientere Produktionsweisen möglich werden. Als einschlägiger Beleg für diese humanvermögenstheoretische Wende wäre die Berichterstattung über "modifizierte Wahrnehmungen von Grundlagen des Wachstums" durch Michael Bruno, den Chefökonomen im Sektor Entwicklungsökonomik der Weltbank, zu benennen. Er meint, in den letzten zwanzig Jahren habe sich gezeigt, eine Entwicklungspolitik sei möglich, die sowohl Armut verringert als auch Wachstum fördert. Das Mittel sei "basic education" als Voraussetzung für die Erhöhung der Qualität von Arbeit. Arbeit gilt als wichtigstes Aktivum ("asset") nicht zuletzt der Armen. "Basic education" sei notwendig für ein rasches Wirtschaftswachstum. Dieses sei Voraussetzung für eine anhaltende Reduktion von Armut. Wachstum sei nicht hinreichend für diese Reduktion. Erforderlich sei als "wesentliche Ergänzung" die Investition in Humanvermögen. Ausdrücklich hervorgehoben wird die besondere Aufmerksamkeit, die die Politik zu legen habe auf die Verbesserung der Gesundheit und der Bildung von Müttern. Mit dieser Sicht vollziehe sich eine "gravierende Umbewertung" im Vergleich zur Entwicklungsliteratur vor zwanzig Jahren (Bruno, Pleskovic 1994, S. 1 f., Bruno 1994, S. 9 ff, 16 f.). Zu vermerken ist, dass die Experten der Weltbank in der Rezeption der humanvermögenstheoretischen Diskussion einen erheblichen "time lag" erkennen lassen (siehe etwa Krüsselberg 1977, jetzt in Krüsselberg 1997, S. 139 ff.).

Trotz deutlicher Hinweise auf die Bedeutung der Institution Familie im Entwicklungsprozess und auf die Notwendigkeit der Einbeziehung der Interdependenz zwischen Entscheidungen im Bereich der Familienhaushalte und der Richtung evolutionärer Prozesse fehlt in der Berichterstattung der Weltbank und des Internationalen Währungsfonds gleichwohl weitgehend der Bezug auf familienökonomische Erkenntnisse. Das ist auch ein Merkmal, das den Entwicklungsbericht 1990: Über die Armut, charakterisiert, dessen Botschaften Bruno zusammenfasste. Als Schlüsselstrategie, Armut zu mindern und Wachstum zu fördern, gilt – so liest man – der Aufbau von Vermögenspositionen der Armen mit einem besonderen Gewicht im Hinblick auf Investitionen in deren Humanvermögen (Weltbank 1990, S. 61 ff.). Wie genau diese These allerdings auch für die Gestaltung der Lebenslage von Familien zutrifft, sollte einleitend unter dem Titel "Politik für Familien" und später in I.1. mit Verweisung auf die Zielkonzepte Sozialer Marktwirtschaft demonstriert werden.

3. Das Konzept der "menschlichen Entwicklung": Eine neue "Wohlfahrtsidee"?

In den Berichten über die menschliche Entwicklung, deren Vorlage zum Entwicklungsprogramm der Vereinten Nationen gehört, wird nachdrücklich hervorgehoben, dass die traditionellen Wachstumstheorien dezidiert auf jene menschlichen Fähigkeiten abstellen, die unmittelbar der Produktion dienen. Sie untersuchten zudem nur "eine begrenzte Reihe leicht zu quantifizierender Faktoren". Ausdrücklich wird hier als ein Element, dessen Bedeutung nicht leicht quantitativ zu messen sei, obwohl ihm "entscheidende Bedeutung" zuerkannt werden müsse, die Familie genannt. Sie vermittle Verhaltensmuster, wie "Selbstdisziplin, Stolz auf die eigene Arbeit, Flexibilität und Aufgeschlossenheit sowie Bereitschaft zur Zusammenarbeit". Unter dem Stichwort der "sozialen Reproduktion" verweist die Berichterstattung über die menschliche Entwicklung auf die Leistungen der Familie bei der Hervorbringung einer neuen Generation. Verwunderung wird geäußert bezüglich der Aussagebeschränkungen der neuen Wachstumstheorien: sie tun so, *"als wenn Arbeitskräfte wie durch ein Wunder genau zugeschnitten für den jeweiligen Job erscheinen würden"*. Notiert wird die gesellschaftliche Notwendigkeit, die "im Haushalt und für die Gesellschaft geleisteten Tätigkeiten" zu bilanzieren. Wörtlich verlautet, die soziale Bedeutung der Haushalts- und Gemeinschaftsarbeit ginge weit über "ihre ökonomische Wirkung hinaus". Diese Tätigkeit "reproduziere" die Gesellschaft. Solche Aktivitäten bereicherten das Familien- und Gemeinschaftsleben, bewahrten kulturelle Traditionen und stärkten die menschliche Entwicklung. Das sei "soziale Reproduktion im weitesten Sinne". Geschaffen werde "ein eigenständiger menschlicher Wert, der nicht auf Geld oder Zeiteinheiten zu reduzieren ist". Es wird kritisch geäußert, solche Aktivitäten könnten die neuen Wachstumstheorien "nur als Beiträge zur Produktion erfassen, als eine Art von 'Sozialkapital' oder als eine erweiterte Form von 'Humankapital'. Das Konzept der menschlichen Entwicklung dagegen räumt ihnen einen zentralen Platz ein, es sieht in ihnen gesellschaftliche Aktivitäten von entscheidender Bedeutung".

Mit dem Konzept der menschlichen Entwickung wollen die Autoren ihre Botschaft veranschaulichen, dass menschliche Entwicklung thematisiert werden muss über "die volle Entfaltung aller menschlichen Fähigkeiten". Menschliche Entwicklung müsse als Prozess dargestellt werden, der die Wahlmöglichkeiten der Menschen erweitert. Zudem werde die Steigerung des Einkommens "mit der Stärkung der menschlichen Fähigkeiten und Werte verwechselt". Das Konzept der menschlichen Entwicklung ginge weit über die Aspekte von Einkommen und Wachstum hinaus. Der Erwerb von Einkommen sei gewiss "eines der wichtigsten Mittel, um Wahlmöglichkeiten und Wohlergehen zu verbessern". Daneben sei weniger materiellen Aspekten ein hoher Wert beizumessen. Zu ihnen zählten "Freizügigkeit, das Recht auf freie Rede und Freiheit von Unterdrückung, Gewalt und Ausbeutung". Den Menschen sei das Gefühl wichtig, dass ihr Leben einen Sinn hat und dass sie über eine gewisse Macht verfügen. Als Teil von Familien und Gemeinwesen sei ihnen "der soziale Zusammenhalt und das Recht auf Wahrung ihrer eigenen Traditionen und kulturellen Werte wichtig". (Siehe zu den Ausführungen in den beiden letzten Abschnitten: Deutsche Gesellschaft 1996, S. 57 ff.)

Eine Schlussfolgerung und Überleitung

Es scheint sich generell in Wissenschaft und Praxis ein Bewusstsein für die Dringlichkeit der Behandlung der Fragen abzuzeichnen, mit denen sich die Autorinnen und Autoren dieses Bandes beschäftigen. Dass es dabei um Fragen geht, die nicht allein in einem nationalen Kontext zu sehen sind, wird daran erkennbar, dass sich in den letzten Jahren auch die Forschergruppen in den internationalen Großorganisationen im Umfeld der Vereinten Nationen auf einen neuen Weg begeben. Die Einsicht wächst, dass die Sozialstrukturen als zumindest gleichwertig den wirtschaftlichen und politischen Strukturen zuzuordnen sind, soll national und weltweit eine Nachhaltigkeit von Entwicklung, die "dem Leben dient", möglich werden.

Gleichwohl scheint diese Debatte (siehe dazu etwa OECD 2001) mit einer eigentümlichen "Schlagseite" versehen zu sein. Dabei kann nicht einmal gesagt werden, dass Familien nicht erwähnt werden, wenn es um die Bildung von Humanvermögen geht. Dass aber die Grundlegung im Aufbau von Humanvermögen in den Familien erfolgt und dass deshalb deren Verhaltenspotenziale und ihr Potenzial, in Humanvermögen zu investieren, kulturbestimmenden Rang besitzen, wird allenfalls am Rande angemerkt. Auch der "neue" Begriff des "Social Capital", der prompt und unreflektiert mit "Sozialkapital" übersetzt wurde, sucht keine Beziehung zur familienwissenschaftlichen Forschung. Gleiches geschah im Zusammenhang mit dem Begriff "Human Capital", wogegen sich die Beiträge zu diesem Band durchgängig wenden (siehe dazu insbesondere 3. 1. hier in I. 2.). Es zeigt sich eben, dass nur im Kontext interdisziplinärer Forschung Denkblockaden abgebaut werden können, worum wir uns hier bemühen.

Literatur

Auge, Michael: Humanvermögen. Sozialisation und Familienlastenausgleich. Karlsruhe 1984.

Becker, Gary S.: Family Economics and Macro Behavior. In: American Economic Review, March 1988.

Berger, Peter L/ Brigitte Berger: Wir und die Gesellschaft. Eine Einführung in die Soziologie – entwickelt an der Alltagserfahrung. Reinbek bei Hamburg 1976.

Blanke, Helga/Manfred Ehling/Norbert Schwarz: Zeit im Blickfeld. Ergebnisse einer repräsentativen Zeitbudgeterhebung. Stuttgart, Berlin, Köln 1996 [Schriftenreihe des Bundesministeriums für Familie, Senioren, Frauen und Jugend, Band 121].

Bruno, Michael,/Boris Pleskovic, (Hrsg.): Proceedings of the World Bank Annual Conference on Development Economics 1994. Washington D. C. 1995.

Bruno, Michael,/Boris Pleskovic: Introduction. In: Bruno, Michael/Pleskovic, Boris (Hrsg.) 1995.

Bruno, Michael: Keynote Address – Development Issues in a Changing World: New Lessons, Old Debates, Open Questions. In: Bruno,Michael/Pleskovic, Boris (Hrsg.) 1995.

Bundesministerium für Familie und Senioren (Hrsg.): Familien und Familienpolitik im geeinten Deutschland – Zukunft des Humanvermögens. Fünfter Familienbericht, Bonn 1994.

Bundesministerium für Familie, Senioren, Frauen und Jugend (Hrsg.): Die Familie im Spiegel der amtlichen Statistik. Erstellt von Heribert Engstler. Bonn 1998.

Deutsche Gesellschaft für die Vereinten Nationen e. V. (Hrsg.): Bericht über die menschliche Entwicklung. Bonn 1996.

Economic Commission for Europe: Economic Survey of Europe in 1991-1992. New York 1992.

Hagen, Everett E.: On the Theory of Social Change. Homewood. 1962.

Kaufmann, Franz-Xaver: Zukunft der Familie im vereinten Deutschland. München 1995.

König, René: Die Familie der Gegenwart. München 1974.

Krüsselberg, Hans-Günter: Das Arbeitspotential der Frau. In: Rosemarie von Schweitzer (Hrsg.): Leitbilder für Familie und Familienpolitik. Festgabe für Helga Schmucker zum 80. Geburtstag. Berlin 1981.

Krüsselberg, Hans-Günter: Wohlfahrt und Institutionen – Betrachtungen zur Systemkonzeption im Werk von Adam Smith. In: Franz-Xaver Kaufmann/Hans-Günter Krüsselberg (Hrsg.): Markt, Staat und Solidarität bei Adam Smith. Frankfurt, New York 1984, 185-216.

Krüsselberg, Hans-Günter,/Michael Auge/Manfred Hilzenbecher: Verhaltenshypothesen und Familienzeitbudgets – Die Ansatzpunkte der "Neuen Haushaltsökonomik" für Familienpolitik. Stuttgart, Berlin, Köln, Mainz 1986. [Schriftenreihe des Bundesministers für Jugend, Familie und Gesundheit, Band 182].

Krüsselberg, Hans-Günter: Zeit als Dimension theoretischer, empirischer und politischer Analyse in der Familienökonomik. In: Manfred Ehling/Rosemarie von Schweitzer u. a.: Zeitbudgeterhebung der amtlichen Statistik. Wiesbaden 1991, S. 182-187 [Statistisches Bundesamt, Ausgewählte Arbeitsunterlagen der Bundesstatistik, Heft 17].

Krüsselberg, Hans-Günter: Sinnstiftung durch Familienzeitbudgetstudien: Ist Familienarbeit »Produktion imSchatten«. In: Sylvia Gräbe (Hrsg.): Alltagszeit – Lebenszeit. Zeitstrukturen im privaten Haushalt. Frankfurt/Main, New York 1992, 31-52. [Reihe "Stiftung Der Private Haushalt", Band 15].

Krüsselberg, Hans-Günter: Ethik, Vermögen und Familie. Quellen des Wohlstands in einer menschenwürdigen Ordnung. Stuttgart 1997. [Schriften zu Ordnungsfragen der Wirtschaft, Band 56].

Lampert, Heinz: Der Beitrag von Familien mit Kindern zur Humanvermögensbildung. In: Bock, T. (Hrsg.): Sozialpolitik und Wissenschaft. Festschrift für Dieter Schäfer. Frankfurt/M. 1992.

Lampert, Heinz: Wer "produziert" das Humanvermögen einer Gesellschaft? In: Norbert Glatzel und Eugen Kleindienst (Hrsg.): Die personale Struktur des gesellschaftlichen Lebens, Festschrift für Anton Rauscher. Berlin 1993.

Lampert, Heinz: Priorität für die Familie. Berlin 1996.

Lewis, W. Arthur: Die Theorie des wirtschaftlichen Wachstums. Übers. von Herbert von Beckerath. Tübingen 1956.

Liefmann-Keil, Elisabeth: Ökonomische Theorie der Sozialpolitik. Berlin 1961.

McClelland/David C: The Achieving Society. With a New Introduction, New York (1961) 1976.

OECD: The Well-being of Nations. The Role of Human and Social Capital. Paris 2001.

Röpke, Jochen: Die unterentwickelte Freiheit – Wirtschaftliche Entwicklung und unternehmerisches Handeln in Indonesien. Göttingen 1982.

Rostow, Walt W: Theorists of Economic Growth from David Hume to the Present. New York 1990.

Samuelson, Paul A./William, D. Nordhaus: Volkswirtschaftslehre. Wien 1998.

Sennett, Richard: Der flexible Mensch. Berlin 1998.

Schmucker, Helga: Studien zur empirischen Haushalts- und Verbrauchsforschung. Berlin 1980.

Schweitzer, Rosemarie von/Manfred Ehling/Dieter Schäfer u. a.: Zeitbudgeterhebungen. Stuttgart 1990.

Schweitzer, Rosemarie von: Zeitstrukturen von Bevölkerungen. In: Zeitschrift für Bevölkerungswissenschaft. Jg 16, 3/4 1990, 447-465.

Schweitzer, Rosemarie von/Hagemeier, Hanna: Die "werteschaffenden Leistungen" und Belastungen durch Familientätigkeiten. In: Gerhard Kleinhenz (Hrsg.): Soziale Ausgestaltung der Marktwirtschaft. Festschrift zum 65. Geburtstag für Prof. Dr. Heinz Lampert. Berlin 1995.

Statistisches Bundesamt: Im Blickpunkt. Frauen in Deutschland. Stuttgart 1998.

Statistisches Bundesamt: Familie und Haushalt. Forum der Bundesstatistik Bd. 38. Wiesbaden 2001.

Stone, Richard: Die Konten der Gesellschaft. In: Horst Hanusch/Horst Claus Recktenwald (Hrsg.): Ökonomische Wissenschaft in der Zukunft – Ansichten führender Ökonomen. Düsseldorf 1992.

Weltbank (Hrsg.): Weltentwicklungsbericht – Die Armut. 1. Auflage, Washington D. C. 1990.

Weltbank (Hrsg.): Weltentwicklungsbericht – Entwicklung als Herausforderung. 1. Aufl., Washington D. C. 1991.

Franz-Ulrich Willeke/Ralph Onken: Allgemeiner Familienlastenausgleich in der Bundesrepublik Deutschland. Frankfurt/ New York 1990.

Wissenschaftlicher Beirat für Familienfragen: Leistungen für die nachwachsende Generation in der Bundesrepublik Deutschland. Stuttgart 1979 [Schriftenreihe des Bundesministers für Jugend, Familie und Gesundheit, Band 73].

Wissenschaftlicher Beirat für Familienfragen beim BMJFG: Familie und Arbeitswelt. Stuttgart, Berlin, Köln, Mainz 1984 [Schriftenreihe des Bundesministers für Jugend, Familie und Gesundheit, Band 143].

Wissenschaftlicher Beirat für Familienfragen beim BMFSFJ: Gerechtigkeit für Familien, Stuttgart 2001 [Schriftenreihe des Bundesministeriums für Familie, Senioren, Frauen und Jugend, Band 202].

World Bank (Hrsg.): World Development Report – Knowledge for Development. New York 1999.

Teil II

Prozesse des gesellschaftlichen Wandels – und der Wandel des familialen Alltags

Prof. Dr. Dr. h. c. Rosemarie Nave-Herz

Carl von Ossietzky Universität Oldenburg, Institut für Soziologie

Über die Gegenwart prägende Prozesse familialer Veränderungen: Thesen und Anti-Thesen

Vorbemerkung

Der vorliegende Beitrag bezieht sich allein auf die familialen Veränderungen seit der Zeit nach dem Zweiten Weltkrieg. Ferner geht es bei diesen Ausführungen um eine Beschreibung der abgelaufenen Veränderungsprozesse und – soweit möglich – um Erklärungen, nicht um Bewertungen dieses Wandels, wenn sich die Autorin selbstverständlich auch bewusst ist, dass dieser Anspruch nicht vollständig einlösbar ist.

Weil aber viele unzutreffende Vorstellungen über den in den letzten Jahren abgelaufenen Prozess familialer Veränderungen die öffentliche und sogar auch vielfach die wissenschaftliche Diskussion beherrschen, ist es notwendig, die wichtigsten Fakten zu Wort kommen zu lassen.

Selbstverständlich können in der gebotenen Kürze nur einige Aspekte des familialen Strukturwandels behandelt werden. So wird zunächst nach Veränderungen im Rollen-Repertoire der Familie heute gefragt und damit die These über die heutige Pluralität familialer Lebensformen überprüft. In Bezug auf die Familie heute kann man nämlich vor allem zwei düstere Prognosen in den verschiedensten Veröffentlichungen lesen. Erstens wird behauptet, dass man heute von der Familie nicht mehr sprechen könne, sondern nur noch von einer Pluralität von Familienformen und zweitens, dass sich immer mehr Personen von der Ehe und Familie abwendeten, d. h. dass diese zunehmend als Lebensform nicht mehr gewählt würde. Überspitzt und in marktwirtschaftliche Begriffe übertragen, werden Ehe und Familie als "Auslaufmodelle" bezeichnet. Diese beiden Thesen sollen im folgenden in ihrer Aussage relativiert werden.

Insgesamt gliedert sich der Text in fünf Abschnitte. Im ersten wird auf die These der heutigen Pluralität von Familienformen eingegangen, im zweiten auf die Veränderungen der Mutter- und Vater-Rolle und im dritten wird die Frage nach der sinkenden Familiengründungsbereitschaft gestellt, oder, mit anderen Worten, nach den Gründen der gestiegenen Kinderlosigkeit in der Bundesrepublik Deutschland. In diesem Kontext ist es nicht uninteressant zu fragen, was ledige Erwachsene heute als Ursache für die Wahl dieser Lebensform anführen. Über die Ergebnisse einer eigenen Studie wird viertens kurz berichtet. Im fünften Abschnitt wird schließlich auf eine völlig neuartige Erscheinung in der Welt der Familien aufmerksam gemacht: auf den zahlenmäßig beachtlichen Anstieg von Vier- oder gar Fünf-Generationen-Familien. Vor dem hier skizzierten empirischen Hintergrund muss sehr genau bedacht werden, ob nicht die zu beobachtende Vielfalt auch als historische Chance für ein gelingendes Zusammenleben der Generationen begriffen werden kann (siehe dazu ebenfalls den Beitrag von Rosemarie von Schweitzer im gleichen Band).

1. Pluralität familialer Lebensformen

Allgemein ist bekannt, dass wir seit ca. 25 Jahren eine zunehmende Ausdifferenzierung von Haushalts- und Lebensformen beobachten können. Man spricht in diesem Zusammenhang aber nicht nur von einer Pluralisierung von Lebensformen, sondern auch von einer gestiegenen Pluralisierung von Familienformen. Dieser Ausdifferenzierungsprozess sei das Ergebnis von Individualisierungsprozessen, die aufgrund unserer ökonomischen Lage, durch unser sozialstaatliches Sicherungssystem, durch den größeren Wohnungsbestand u. a. m. möglich und durch einen allgemeinen Wertewandel unterstützt wurden. Ist es auch richtig, von einer stark gestiegenen Pluralisierung von Lebensformen, ja Lebensstilen in unserer Gesellschaft zu sprechen, so ist die Vorstellung aber unzutreffend, hieraus ebenso auf eine stark angestiegene Pluralisierung von Familienformen zu schließen. Diese Behauptung soll im folgenden begründet werden.

Die "gängige Pluralitätsthese" unterstellt eine quantitative Zunahme der verschiedensten Familienformen in den letzten Jahren auf Kosten der Eltern-Familie mit formaler Eheschließung, also der "normalen" Zwei-Eltern-Familie mit standesamtlicher Trauung.

De facto haben in der Bundesrepublik Deutschland während der letzten Jahre die Ein-Eltern-Familien, und zwar sowohl die Mutter-Familien, das heißt, die alleinerziehenden Mütter, als auch die Vater-Familien, also die mit alleinerziehenden Vätern, zugenommen und machen 13 Prozent aller Familien aus. Auch die Zahl der nichtehelichen Lebensgemeinschaften mit Kindern ist gestiegen. Von allen nichtehelichen Lebensgemeinschaften haben aber nur 12 Prozent Kinder und nur ca. 5 Prozent gemeinsame. Das heißt konkret, dass die wenigen Kinder, die in einer solchen Lebensform überhaupt aufwachsen, überwiegend aus einer früheren Ehe stammen, und häufig das Scheidungsverfahren die Bildung einer neuen Eltern-Familie noch verhindert. In der DDR und heute auch in den neuen Bundesländern war bzw. ist diese Familienform sehr viel stärker verbreiteter, auch die der alleinerziehenden Mutter-Familien.

In Stief-Elternschaft wachsen bei uns nur 5 Prozent aller Kinder auf. Der Anteil von Adoptions- und Stief-Familien ist bei uns, vor allem im Vergleich zu den USA, nicht hoch.

Trotz einer gewissen zahlenmäßigen Zunahme anderer Familienformen beträgt der Anteil der Zwei-Eltern-Familien mit formaler Eheschließung an allen Familien 85 Prozent. Damit ist diese Familienform quantitativ weit dominant geblieben, entgegen allen gegenteiligen Behauptungen! Noch deutlicher wird ihre quantitative Bedeutung in unserer Gesellschaft, wenn wir danach fragen, in welcher Familienform bei uns zur Zeit die Kinder aufwachsen. Denn auch von den Kindern aus gesehen, zeigen die Zahlen des DJI-Familiensurveys, dass mit ihren leiblichen Kindern bis zum 14. Lebensjahr über 90 Prozent aller Eltern in der (alten) Bundesrepublik Deutschland und 82 Prozent in den neuen Bundesländern zusammenleben, und sogar auch über 85 Prozent bis zu ihrem 18. Lebensjahr.

Wie ist der Befund zu erklären, da doch heute bereits jede dritte Ehe wieder geschieden wird? Die Ehescheidungsquote der kinderlosen Ehen ist am höchsten und die der kinderreichen am geringsten; ferner werden relativ viele Ehen in der nachelterlichen Phase, also wenn die Kinder über 18 Jahre alt sind, geschieden.

Stärkere quantitative Verschiebungen als zwischen den einzelnen Familienformen hat es im Verhältnis der Eltern zu anderen Lebensformen gegeben. Familien sind, wenn man alle Haushalte in der Bundesrepublik Deutschland, also die Familien-Haushalte, die Ein-Personen-Haushalte usw., betrachtet, nicht mehr anteilmäßig die dominante Lebensform in unserer Gesellschaft. Das uns in Werbespots suggerierte Bild, dass die Gesellschaft sich hauptsächlich aus Haushalten von Vater und/oder Mutter mit Kindern zusammensetzen würde, stimmt mit der sozialen Realität also überhaupt nicht überein.

Durch die Zunahme der Ein-Personen-Haushalte, der kinderlosen Ehen, der nichtehelichen Lebensgemeinschaften ohne Kinder u. a. m. sind von allen Haushalten in Deutschland nur noch ca. ein Drittel "Familienhaushalte" im Sinne der Eltern- oder Mutter- bzw. Kind-Einheit.

Wie ist die Familie in diese Minoritätenstellung innerhalb der verschiedenen Lebensformen "gerutscht"? Ihr quantitativ abnehmender Anteil an allen Haushalten ergibt sich nicht, wie viele behaupten, weil immer mehr junge Menschen nicht mehr heiraten würden. Zwar nehmen die Eheschließungen etwas ab (im letzten Jahr um 2,4 Prozent), aber dennoch sind in unserer Gesellschaft bis zu ihrem 40. Lebensjahr mehr als 90 Prozent verheiratet. Man heiratet heute aber später als frühere Generationen, ein Resultat der längeren Schul-, Berufs- und Universitätsausbildung, der gestiegenen Akzeptanz nichtehelicher Lebensgemeinschaften u. a. m. Die Minoritätenstellung der Familie zu anderen Lebensformen ergibt sich durch folgende Veränderungsprozesse:

- durch die gestiegene Lebenserwartung, also dadurch, dass immer mehr alte Menschen in ihrem eigenen Haus bis ins hohe Lebensalter leben und leben können. Derzeit ist jeder 5. Bundesbürger älter als 60 Jahre,
- durch die zunehmende Kinderlosigkeit in unserer Gesellschaft. Wenn ich auch betonte, dass fast alle Bundesbürger wenigstens einmal in ihrem Leben heiraten, so bedeutet dieser Sachverhalt nicht, dass ebenso viele eine Familie gründen,

- durch die Zunahme von eigenständigen Haushalten in der Postadoleszenz in Form von Ein-Personen-Haushalten, Wohngemeinschaften und nichtehelichen Lebensgemeinschaften aufgrund unserer besseren ökonomischen und wohnungsmäßigen Bedingungen und durch normative Veränderungen (bis 1977 galt z. B. noch der Kuppeleiparagraph),
- durch die gesunkene Kinderzahl in der Familie.

Alle aufgezeigten Veränderungen haben bewirkt, dass die "Familienphase", also das Zusammenleben von Eltern mit ihren unmündigen Kindern, im Lebenslauf des Einzelnen zeitlich geschrumpft ist. Diese Familienphase nimmt durch die geringere Geburten- und Kinderzahl in der Familie und durch die gestiegene Lebenswahrscheinlichkeit im Lebenslauf des Individuums nur noch ein Viertel eines gesamten Lebens ein. Vor 100 Jahren dagegen umfasste sie noch das halbe Leben. Die längste Phase bildet heute die nachelterliche Phase; sie umfasst zwei Viertel des gesamten Lebens. In-Familie-Leben ist stärker als je zuvor zu einer transitorischen Lebensphase geworden.

Aus Frauensicht ist hinzuzufügen: Eine normative Festschreibung der Frauen auf ihre Mutter-Rolle würde demnach bedeuten, dass sie ein Viertel ihres Lebens in der Erwartung auf das "eigentliche Leben" (= Familienphase) und ca. zwei Viertel ihres gesamten Lebens im Bewusstsein verbringen müssten, dass das "eigentliche Leben" vorbei wäre.

Wechseln wir die Perspektive, und zwar von der statistischen zur normativen Ebene, fragen wir nach der Bedeutung der Familie für den Einzelnen heute und lassen die Ergebnisse demoskopischer Umfragen sprechen, die sich auf die Einstellung zu Ehe und Familie, auf die persönliche Bedeutung der Ehe bzw. Familie seitens der Befragten und auf die Zufriedenheit mit ihrer eigenen Ehe beziehen. Diese Ergebnisse zeigen, dass Ehe und Familie im Vergleich zu anderen Lebensbereichen bei allen Bevölkerungsgruppen den höchsten Spitzenwert in der Rangliste einnehmen (gleichgültig um welchen Berufs- und Bildungsstand es sich handelt, etwas abgeschwächter bei den unter 30-Jährigen). An erster Stelle nennen die Befragten die Familie; die Familie ist für sie der wichtigste Lebensbereich! Erst danach rangieren in der Präferenzliste Beruf, Freizeit, Gesundheit usw. Das galt und gilt auch für die Bürger in den neuen Bundesländern. Vergleichserhebungen zeigen außerdem, dass diese positive Einstellung zu Ehe und Familie sogar in den letzten 20 bis 30 Jahren noch gestiegen ist.

Weiterhin ist aus vielen empirischen Erhebungen ein hoher Zufriedenheitsgrad mit der Ehe und dem Familienleben zu entnehmen. Noch positiver als die Frauen bewerten die Männer ihre Ehe; übrigens ist das ein international zu findender Sachverhalt, wie Lupri, ein bekannter kanadischer Soziologe, festgestellt hat: Überall in der Welt sind die Männer mit ihrer Ehe zufriedener als die Frauen.

Auch diejenigen, die in anderen Lebensformen leben, die Singles, die Alleinerziehenden, die Kinderlosen, würden, von wenigen Ausnahmen abgesehen, das Leben mit einem Ehepartner und Kindern bevorzugen. Viele Untersuchungen zeigen, dass diese alternativen Lebensformen nicht für alle Zeiten, sondern nur vorübergehend geplant und vielfach nicht freiwillig gewählt wurden.

Wie ist diese zunächst widersprüchlich erscheinende Datenlage zu erklären, nämlich die skizzierte hohe und noch gestiegene Wertschätzung, die der Lebensbereich Familie in der Wertpräferenz bei Frauen und Männern inne hat und der statistische Trend zu immer höheren Scheidungsquoten und der Zunahme von immer mehr nichtehelichen Partnergemeinschaften? Zunächst soll der scheinbare Widerspruch zwischen der zeitgeschichtlich gestiegenen Wertschätzung von Ehe und Familie und der im gleichen Zeitraum gestiegenen Ehescheidungsquote behandelt werden.

Bereits 1969 hat René König, einer der bekanntesten Familiensoziologen nach dem Zweiten Weltkrieg, eine These aufgestellt, die wir selbst inzwischen empirisch überprüft und bestätigt haben. Diese These besagt, dass die Instabilität der Ehe, also der Anstieg der Ehescheidungen, gerade wegen der hohen subjektiven Bedeutung der Ehe für den Einzelnen zugenommen hat. Der Anstieg der Ehescheidungen ist also nicht die Folge eines Bedeutungsverlustes der Ehe. Nicht die Zuschreibung der "Sinn"-Losigkeit von Ehen hat das Ehescheidungsrisiko erhöht und lässt Ehepartner heute ihren Eheentschluss eher revidieren, sondern der Anstieg der Ehescheidungen ist Folge gerade ihrer hohen psychischen Bedeutung und Wichtigkeit für den Einzelnen. Deshalb können die Partner unharmonische eheliche Beziehungen heute weniger als früher ertragen, und sie lösen ihre Ehe schneller auf als früher.

Hinzu kommt, dass familienexogene Belastungen Verstärkereffekte bei bereits vorhandenen ehelichen Spannungen besitzen können. So wirken zum Beispiel physische und psychische Arbeitsbelastung, Arbeitslosigkeit, hohe Arbeitszeiten, finanzielle Schwierigkeiten, Alkoholmissbrauch und/oder andere Suchtprobleme eines Partners u. a. m. als Stressoren im Eheauflösungsprozess. Das heißt, bei bereits vorhandenen ehelichen Konflikten verstärken die genannten Faktoren das Ehescheidungsrisiko, sind selbst aber nicht allein verursachend für eine Ehescheidung.

Weiterhin sei erwähnt, dass trotz Ehescheidung die Ehe, die Ehe als Institution, von den Geschiedenen nicht generell in Frage gestellt bzw. abgelehnt wird. In Frage gestellt wird nur die eigene Ehe. Man löst die Ehe auf, gerade weil man die Hoffnung auf Erfüllung einer idealisierten Vorstellung und hoher emotionalen Erwartungen an die Ehe nicht aufgibt.

Betrachten wir nun den Anstieg der nichtehelichen Lebensgemeinschaften. Ist ihr Anstieg nicht als ein Indikator für eine Abkehr von Ehe und Familie zu bewerten? Stellen die nichtehelichen Lebensgemeinschaften nicht ein funktionales Äquivalent zur Ehe dar? Auch hier lautet die Antwort schlicht: Nein. Denn viele empirische Untersuchungen belegen, dass die nichtehelichen Lebensgemeinschaften nicht die Ehe und Familie obsolet werden lassen. Sie, die nichtehelichen Lebensgemeinschaften, stellen nämlich keine Konkurrenzform zur Ehe und Familie dar. Diese Paare sind überwiegend keine Gegner von Ehe und Familie. Aus einer repräsentativen Erhebung geht hervor, dass 33 Prozent ihren Partner später heiraten wollen, 38 Prozent sind sich darüber noch unklar, 28 Prozent wollen zwar auch heiraten, aber nicht den Partner, mit dem sie zusammenleben. Nur 2 Prozent sind echte Ehegegner; dabei handelt es sich aber überwiegend um Ältere und Geschiedene. Die nichtehelichen Partnerschaften sind bei uns überwiegend eine neue Lebensform während der Postadoleszenz und eine Folge des weiter fortgeschrittenen Prozesses der funktionalen Differenzierung unserer Gesellschaft, vor allem auch ökonomischer und normativer Veränderungen (z. B. Abschaffung des Kuppeleiparagraphen) und Folge der Verlängerung des Bildungssystems.

Den ersten Teil dieses Beitrages zusammenfassend ergibt sich also als Antwort auf die eingangs wiedergegebene These über die Pluralität familialer Lebensformen, dass weiterhin die Eltern-Familie unter den verschiedensten Familienformen die dominante geblieben ist; unter allen Lebensformen ist ihr Anteil gesunken. Nur ein Drittel aller Haushalte sind Familienhaushalte. Weiterhin bringt man der Eltern-Familie hohe Wertschätzung entgegen, doch In-Familie-zu-Leben ist stärker als je zuvor zu einer transitorischen Lebensphase geworden.

2. Veränderungen der Mutter- und der Vater-Rolle

In der Forschung (und in der Öffentlichkeit) hat die Frage nach der Pluralität familialer Lebensformen diejenige nach dem Wandel der innerfamilialen Beziehungen fast in den Hintergrund gedrängt, obwohl diese Veränderungen viel gravierender waren.

Viele empirische Erhebungen belegen, dass sich die heutigen Väter während der Säuglings- und Kleinkinderphase stärker an der Betreuung beteiligen als die Väter vor 30 Jahren. Sie zeigen gegenüber ihren Kindern im Säuglingsalter ein expressives Verhalten, was ihre Väter und Großväter weit von sich gewiesen und als unmännlich bezeichnet hätten. Hauptverantwortlich bleibt jedoch die Mutter, auch für die Organisationsprobleme, die bei ihrer möglichen Erwerbstätigkeit entstehen. Die Beteiligung der Väter an den hauswirtschaftlichen Arbeiten ist weiterhin gering.

Es muss jedoch betont werden, dass die Verknüpfung der Vater- mit einer Berufs-Rolle in unserer Gesellschaft einen hohen Grad an Verbindlichkeit besitzt. Wie stark die Väter selbst diesen ökonomischen Erwartungsdruck spüren und mit welchen negativen Sanktionen bei Nichterfüllung dieser Rollenerwartungen Männer zu rechnen haben, belegen die Ergebnisse der sogenannten "Hausmänner-Studie". Zur Illustration sei ein Interview-Ausschnitt aus dieser qualitativen Erhebung wiedergegeben:
"Wenn Du sagst, Nur-Hausmann, ich hab' das'n paar mal erlebt, dann kriegst Du so ein, so'n abschätziges Lächeln, aha. Naja! Also einer ..., der tut halt nix, der lässt 'n lieben Gott ,n'guten Mann sein und lebt auf Kosten seiner Frau. Und das merkste dann auch, wenn Du nachhakst ... Du stößt bei einem Großteil von Leuten außerhalb des Bekanntenkreises auf Unverständnis."

Was die Mutter-Rolle anbetrifft, so hat sich vor allem die Erwerbstätigkeit von Müttern stark erhöht. Einschließlich der Mütter in den neuen Bundesländern sind heutzutage über die Hälfte von ihnen mit Kindern unter sechs Jahren erwerbstätig. Hinzu kommen noch jene, die die Statistik nicht erfasst. Erwerbstätigkeit wird von den Müttern selbst nicht nur aus ökonomischen Gründen gewählt, sondern immer stärker von ihnen gewünscht und als Recht interpretiert. Aufgrund zahlreicher Untersuchungen wurde die heutige "Doppelorientierung" als integrativer Bestandteil des Lebensentwurfs von Frauen, vor allem auch von Müttern, beschrieben. Diese Doppelorientierung führt aber gleichzeitig zu einer besonderen Problematik im Lebenszusammenhang von Frauen: Denn weder Arbeitsbereich, noch Familien nehmen Rücksicht auf den jeweils anderen Bereich. Der Beruf erfordert den Einsatz der ganzen Person; der Familienbereich soll die notwendige Erholung von der und für die Berufsarbeit bieten. Diese Möglichkeit gilt für Frauen nur begrenzt, denn die innerfamiliale geschlechtsspezifische Arbeitsteilung besteht überwiegend noch weiterhin, so dass die Frau für den häuslichen Bereich mehr oder weniger allein verantwortlich ist. Für sie gilt, wie Becker-Schmidt betont: Beides zu vereinigen ist zuviel, aber nur auf einen Bereich verwiesen zu sein, ist zu wenig.

Die These über die heutige "Doppelorientierung" der Frauen hat auch zu der Forderung nach einer familienfreundlicheren Arbeitswelt geführt, um die Partizipation von Müttern und Vätern sowohl am Familien- als auch am Arbeitsleben zu ermöglichen. Durch ihre Doppelorientierung haben sich die Frauen den Vorwurf des Egoismus gegenüber ihren Kindern eingehandelt. Es wird argumentiert, dass sie ihre Belange vor den Grundsatz des Kindeswohls stellten. Vor allem nach der Wiedervereinigung wurde dieser Vorwurf im Rahmen der Diskussion um den Erhalt der Kinderkrippen in der DDR erneut laut.

Jedoch liegen zahlreiche empirische Untersuchungen in Ergänzung theoretischer Abhandlungen vor, die zeigen, dass eine derartige eindimensionale Betrachtungsweise den höchst komplexen Sozialisationsprozess nicht erfassen kann und dass Erwerbstätigkeit der Mütter per se nichts über Risiken – ebenso nichts über Chancen – für den Entwicklungsprozess ihres Kindes ausagt. Beeinflussende Faktoren sind: der Grund der Erwerbstätigkeit der Mutter, ihre Einstellung zur Berufsarbeit, die Arbeitsbedingungen und -zeiten, die Einstellung des Ehemannes zur Erwerbstätigkeit seiner Frau, die Qualität der Ersatzbetreuung, die Einstellung der Betreuer oder Betreuerinnen zu ihrer Tätigkeit, vor allem auch die Gestaltung der Eingewöhnungszeit in eine fremde Umgebung, die Zahl der Betreuungspersonen usw. Viele Bedingungen bestimmen also die kindliche Entwicklung, die sich gegenseitig kompensieren oder auch verstärken können, und nicht ein einzelner Faktor. Gleiches gilt im Hinblick auf die Mütter als "Nur-Hausfrauen", oder besser "Ganztags-Haus- frauen". Auch hier sind folgende Wirkungsfaktoren zu nennen: die mütterliche Zufriedenheit, die Einstellung der Mütter zur Hausfrauenrolle, die Einstellung des Mannes zur Nichterwerbstätigkeit seiner Frau, evtl. ökonomische Belastungen u. a. m.

Gleiches gilt im übrigen für die Ein-Eltern-Familien. Es ist nicht gerechtfertigt, wie viele empirische Erhebungen zeigen, den alleinerziehenden Familien ein Sozialisationsdefizit zu unterstellen. Ein- und Zwei-Eltern-Familien zeigen, dass für beide Familien eine große Variationsbreite gilt. Bei beiden Familientypen sind es die gleichen Faktoren, die für die Sozialisation der Kinder ausschlaggebend sind, nämlich vor allem die häusliche Atmosphäre und die Finanz- und Wohnungssituation, aber auch der Lebensstil, die kulturellen Erwartungen u. a. m.

3. Verursachende Bedingungen zunehmender Kinderlosigkeit

Zunächst eine Vorbemerkung: Es ist heute allgemein anerkannt, dass die Produktivität einer Volkswirtschaft in hohem Umfang von der Qualität des Arbeitsvermögens der Produzierenden abhängig ist. Dass aber dieses Arbeitsvermögen nicht nur über die formalen Bildungsysteme, sondern durch und in der Familie erworben wird, wird im allgemeinen zu wenig betont. So sind Arbeitsmotivation, Vertrauensbereitschaft oder Zuverlässigkeit z. B. abhängig von der familialen Sozialisation. Ebenso sind der Gesundheitszustand und die aktuelle Leistungsfähigkeit bzw. das Ausmaß von krankheitsbedingten Fehlzeiten in erheblichem Maße von der Lebensführung abhängig, die ihrerseits eng mit den familiären Verhältnissen verflochten ist. Was aus der Sicht der Beteiligten als Privatsache erscheint, ist also von höchstem gesellschaftlichen Interesse. Denn die Leistungen, welche im Raum familialer Beziehungen erbracht werden, sind unverzichtbar für die übrigen Gesellschaftsbereiche, das gilt bereits auch für die quantitative Nachwuchssicherung.

Wenn die Wirtschaft also so stark auf die Familie und ihre qualitative sowie quantitative Nachwuchssicherung angewiesen ist, dann wird sie in Zukunft auch immer stärker die in Deutschland steigende Kinderlosigkeit zu spüren bekommen. Kinderlose sind zwar kurzfristig gesehen als Arbeitskräfte für die Wirtschaft bequemer, weil mobiler und belastbarer, was die Arbeitszeit anbetrifft, aber langfristig und volkswirtschaftlich gesehen leisten sie, wie es im Fünften Familienbericht heißt, keinen Beitrag zur Bildung des "Humanvermögens".

Zunächst soll wieder Bezug auf die Statistik genommen werden. In den alten Bundesländern – in den neuen verfügen wir noch nicht über diesbezügliche Zahlen – bleiben durchschnittlich 22 Prozent der Frauen eines Geburtsjahrgangs Zeit ihres Lebens kinderlos. Vor 30 Jahren waren es nur 14, vor ca. 100 Jahren 8 Prozent. Damit gilt der viel zitierte Satz Adenauers, nämlich "Kinder hat man immer", heute nicht mehr.

Der Anstieg der Kinderlosigkeit fällt zeitlich zusammen mit der fast explosionsartigen "Entwicklung der Reproduktionsmedizin", d. h. der Anstieg von 8 auf 20 Prozent kinderloser Frauen eines Geburtsjahrgangs wäre ohne die medizinische Hilfe noch höher; es sei denn, die Quote der freiwillig Kinderlosen hätte zugenommen, was häufig behauptet wird. In der Literatur wird nämlich immer wieder die Vermutung geäußert, weil die quantitative Zunahme von kinderlosen Ehen parallel zum allgemeinen Modernisierungsprozess verlaufe, sei sie vermutlich Folge und Ausdruck dieses Modernisierungsprozesses. Das heißt konkret: Immer mehr Ehepaare würden sich bewusst für die Kinderlosigkeit entscheiden, wollen keine Kinder und würden sich der gesellschaftlichen Nachwuchssicherung bewusst entziehen, sähen in Kindern nur eine Einschränkung, vor allem eine materielle Belastung. Die bewusst kinderlose Ehe wäre also zu einer neuen alternativen Lebensform geworden. Diese Behauptungen gelten aber für die meisten Kinderlosen in der Bundesrepublik nicht, wie aufgrund der Ergebnisse von zwei diesbezüglichen Forschungsprojekten festgestellt werden konnte; auf sie soll im Folgenden zusammenfassend eingegangen werden. Sie begründen die eben aufgestellte These, dass in der Bundesrepublik Deutschland nicht die Quote der geplanten, freiwilligen, lebenslangen Kinderlosigkeit gestiegen ist, sondern durch die "strukturelle gesellschaftliche Rücksichtslosigkeit" (um den Begriff von Kaufmann zu verwenden) die unfreiwillige Kinderlosigkeit zunimmt.

Es handelt sich um ein Forschungsprojekt über die Lebenssituation kinderloser Ehepaare und die Gründe für ihre Kinderlosigkeit sowie um ein Forschungsprojekt über die Belastungen der kinderlosen Patientinnen durch hochtechnisierte reproduktionsmedizinische Behandlungsformen und über ihre Entscheidungsgründe für die Anwendung dieser Verfahren. Beide Projekte beziehen sich nur auf die alte Bundesrepublik; Kinderlosigkeit war in der DDR selten. Jede Frau hatte zumindest ein Kind und das – wie betont – in früherem Alter. Aber da sich Angleichungen der neuen an die alten Bundesländer zeigen, wird auch hier und damit insgesamt die Kinderlosigkeit steigen.

In beiden Projekten stellten wir fest, dass die weit überwiegende Zahl der interviewten Kinderlosen mit der Eheschließung sehr wohl einen Wunsch nach Kindern verbanden, deren Einlösung sie zunächst aber verschoben hatten, vornehmlich wegen ihres hohen Berufsengagements. Man wollte zunächst noch eine Zweitausbildung beenden, die neue Position festigen, einen Aufstieg abwarten, sich einarbeiten, die Arbeitslosigkeit überwinden, eine Stelle gefunden haben usw.; dann wollte man sich für Kinder entscheiden. Die Daten zeigen weiterhin, dass denjenigen, die diese befristete Kinderlosigkeit gewählt hatten, entweder eine zuverlässige, langfristige Perspektive in Bezug auf die von ihnen gewünschten Betreuungsmöglichkeiten für Kinder fehlte oder dass sie die Idee leitete, ein Familienleben mit Kindern sollte eine bestimmte Qualität haben. So glaubte ein Teil der Frauen, nur dann eine gute Mutter zu sein, wenn sie nicht mehr erwerbstätig wären.

Beide Wertorientierungen, traditionelle Familienorientierung und hohes Berufsengagement, sind antagonistisch und müssen zu Entscheidungskonflikten führen. Das aber kann zur Folge haben, dass eine befristete Kinderlosigkeit als Konfliktlösungsstrategie häufig sogar unbewusst gewählt wird, um nicht zwischen divergenten Wertorientierungen entscheiden zu müssen, eventuell in der Hoffnung, zu einem späteren Zeitpunkt diesen Widerspruch lösen zu können. Was also zugenommen hat, ist nicht die von Anfang an geplante lebenslange Kinderlosigkeit, sondern die befristete, die dann aber in eine unfreiwillige lebenslange Kinderlosigkeit münden kann.

Der Entscheidungskonflikt zwischen divergenten Wertorientierungen (= Berufsorientierung versus traditioneller Familienorientierung) ist letztlich Ausdruck dafür, dass bei jenen "befristet" kinderlosen Ehepaaren auf der individuellen Handlungsebene makroperspektivische Veränderungen "sichtbar" werden, nämlich der unterschiedliche Wandel von gesellschaftlichen Teilsystemen. Das Schul-, Ausbildungs- und Berufssystem hat sich für Frauen zeitgeschichtlich verändert und damit ihr Berufsengagement. Das Familiensystem, einschließlich der familialen Rollendefinitionen, hat für Frauen keine Veränderungen in gleich starkem Maße erfahren, und an zuverlässigen Infrastruktureinrichtungen für Kleinstkinder fehlt es weiterhin.

Die zeitgeschichtlich unterschiedliche Entwicklung dieser beiden gesellschaftlichen Teilbereiche von Bildung und Familie führt nunmehr, betontermaßen, zu Entscheidungskonflikten auf der individuellen Handlungsebene. Die Frauen geraten mit der Familiengründung in eine Zwickmühle. Denn gleichgültig, wie sie sich entscheiden – nur für Familie oder für Familie und Beruf – für sie ist es von Nachteil. Im Falle einer Entscheidung für die Familie geht die Frau das Risiko der finanziellen Abhängigkeit vom Mann ein (bei der hohen Scheidungsquote ein großes Risiko), wählt sie beides, Familie und Beruf, wartet die bekannte Doppelbelastung auf sie, und sie hat wegen fehlender Infrastruktur Organisationstalent im Hinblick auf Betreuungsarrangements zu beweisen. Immer mehr Frauen scheuen – bewusst oder unbewusst – diese Entscheidung und schieben die Einlösung ihres Kinderwunsches hinaus, bis sie schließlich den Zeitpunkt "verpassen".

Diese gewählte befristete Kinderlosigkeit kann, wie in beiden Projekten festgestellt werden konnte, durch physiologische Veränderungen, z. B. durch Krankheit (durch die eigene oder die des Partners) oder durch das Alter zu einer ungewollten Kinderlosigkeit führen, wie es bei 62 Prozent der befragten Patientinnen der Reproduktionsmedizin der Fall war, die sich daraufhin in eine reproduktionsmedizinische Behandlung begeben haben. Denn das Konzeptionsoptimum liegt bei Frauen nach den klassischen Untersuchungen von Münster und Löhr vor dem 25. Lebensjahr und nimmt mit zunehmendem Alter rapide ab, so dass die Konzeptionshäufigkeit bei der 30-jährigen Frau nur noch bei 11 Prozent und bei der 40-Jährigen bei 3 Prozent liegt. Auch die Zeugungsfähigkeit des Mannes ist vom Lebensalter abhängig.

Eine der Folgerungen, die aus den Ergebnissen des zweiten Projektes gezogen werden muss, lautet: Die Reproduktionsmedizin wird zwar eingesetzt, um den medizinisch bedingt kinderlosen Frauen bei der Erfüllung ihres Kinderwunsches zu helfen. Sie hat aber auch einen paradoxen Effekt. Bei einem Teil der kinderlosen Frauen hat die Reproduktionsmedizin durch die Entwicklung der Antikonzeptiva zunächst die

Möglichkeit der zuverlässigen Verhinderung einer Schwangerschaft geboten, aber um den Preis, dass nunmehr wieder nur mit ihrer Hilfe die inzwischen eingetretene Zeugungs- und Konzeptionsunfähigkeit aufgehoben werden muss.

Die steigende Quote von kinderlosen Frauen und Männern ist also weit überwiegend nicht auf einen mangelnden Kinderwunsch zurückzuführen. statt dessen hindern die beruflichen und finanziellen Rahmenbedingungen und fehlende Infrastruktureinrichtungen, die dem Prinzip der Verlässlichkeit entsprechen, sie zunächst, sich ihren Kinderwunsch zu erfüllen, zumal bei einigen hinzukommt, dass sie dann wegen ihres Bildes von Familie und Mutterschaft ihre Erwerbstätigkeit aufgeben müssten, obwohl sie hoch berufsmotiviert sind.

Würden wir den Blick über Deutschland heben, könnten wir sehen, dass andere Staaten, wie z. B. Schweden oder Frankreich, diese Quote von Kinderlosigkeit nicht kennen. Aber hier besitzt die erwerbstätige Mutter auch von Kleinkindern kein negatives Image, und ein besseres Unterstützungssystem besteht sowohl für Kleinst- als auch für Schulkinder. Denn die nicht einmal zeitlich garantierten Halbtagsschulen, wie wir sie in Deutschland praktizieren, haben in Europa und allen übrigen Industriestaaten Seltenheitswert.

4. Ledige Erwachsene

Ledige Erwachsene, auch im höheren Alter, hat es in unserem Kulturkreis immer gegeben. Aber diese ledigen Frauen und Männer bleiben zumeist, wie wir gerade berichteten, nicht aus eigenem Entschluss ehelos. Ihre wirtschaftlich schlechte Lage und/oder rechtliche Bestimmungen hinderten sie, eine Ehe einzugehen und einen eigenen Haushalt zu gründen.

Exakt hierin liegt der Unterschied zur heutigen Zeit: obwohl wir in einer Gesellschaft mit relativem Wohlstand leben, obwohl die ökonomischen Bedingungen des Einzelnen es zulassen würden, eine Ehe zu gründen, obwohl die jungen Frauen und Männer überwiegend bereits über einen eigenen Haushalt verfügen, also die heutige Grundvoraussetzung für eine Ehe erfüllen, nehmen die Eheschließungszahlen ab bzw. wird das Heiraten in ein späteres Alter verschoben.

Ein weiterer Unterschied zur vorindustriellen Zeit ist dadurch gegeben, dass für unverheiratete Personen ein Alleinleben früher, im Gegensatz zu heute, kaum möglich war. Borscheid (1994, S. 23 ff.) hat nachgewiesen, dass es in früheren Jahrhunderten aufgrund starker Existenzunsicherheit infolge der bäuerlichen und handwerklichen Produktionsweise und wegen des Angewiesenseins auf Schutz und Unterstützung durch die Hausgemeinschaft gar nicht möglich war, eine selbständige Existenz in einem eigenen Haushalt als Alleinlebender zu führen. Unverheiratete Kinder verblieben meist im Elternhaus, nach dem Tode der Eltern wechselten sie in den Haushalt von Verwandten über, zumeist des Bruders, nämlich des Hof- und Geschäftserbens. Unverheiratete Frauen fanden auch Aufnahme in einem Kloster oder einem Stift. Unverheiratete, mittellose Personen gehörten zum bäuerlichen und handwerklichen Hausverband, dem sie "dienten" oder dem sie gedient hatten, als es ihre physischen Kräfte noch zuließen. Ledige vermögende Männer konnten sich eventuell einen Haushalt mit dauernd anwesenden Angestellten leisten. Aber keine dieser Personengruppen lebte in ihrer Wohnung allein.

Dass Personen in dem quantitativen Umfang wie heute allein wohnen und wirtschaften können, ist eine historisch völlig neuartige Erscheinung und eine Folge vor allem unserer Wohlstandssteigerung, des sozialstaatlichen Absicherungssystems und der technischen Entwicklung. – Zudem können heutzutage ledige Männer und vor allem auch Frauen zwischen verschiedenen Haushaltsformen wählen: Allein im eigenen Haushalt wohnen, mit einem Partner (mit oder ohne Kinder) die Haushaltsgemeinschaft teilen, in einer Wohngemeinschaft leben oder selbst als junger Erwachsener im Elternhaus verbleiben. Diese Entwicklung ist ebenso ein Resultat des allgemeinen Modernisierungsprozesses mit seiner größeren Zahl von Optionen, eines Wandels von sozialen und rechtlichen Normen, der gestiegenen wirtschaftlichen Eigenständigkeit vieler junger Erwachsener und einer günstigeren Wohnungslage gerade auch für Ledige, die noch vor 25 Jahren gegenüber Verheirateten bei der Wohnungsvergabe benachteiligt wurden. Die ledigen Frauen und Männer können zudem heutzutage während ihres Lebens zwischen den aufgezählten unterschiedlichenWohn- und Haushaltsformen sogar mehrfach wechseln.

Soweit der historische Unterschied darin besteht, dass überwiegend zur Lebensform der heutigen unverheirateten Erwachsenen ein eigener oder mit einem Partner gemeinsamer Haushalt zählt, hat sich der Übergang vom unverheirateten Status zum ehelichen "entschärft". Noch vor ca. 25 Jahren ermöglichte erst die Eheschließung – vor allem vielen Frauen – die Loslösung von der Herkunftsfamilie und die wirtschaftliche Eigenständigkeit und Selbstverantwortung sowie die Gründung eines eigenen Haushalts. Für viele Ledige waren es nicht unwichtige Gründe, deshalb auf eine Eheschließung zu drängen (vgl. Nave-Herz 1984, 1997). Auch das geringe Ansehen und die Vorurteile, die Nicht-Verheirateten, den – wie es noch vor 30 Jahren hieß – "Sitzen-Gebliebenen", vielfach entgegengebracht wurden, waren zusätzliche

Unterstützungsmechanismen im Entscheidungsprozess für eine Eheschließung. Als Lebensziel galt: man wollte verheiratet sein. Die Ehe war ein Privileg !

Ist es gerade die heutige Daseinsform, nämlich das Verfügen über einen eigenen eingerichteten Hausstand und das Fehlen von Diskriminierungen, die die Eheschließungsneigung verändert hat? Welchen "Gewinn" – austauschtheoretisch formuliert – bringt es heutzutage noch, den Status des Ledig-Seins aufzugeben? Dieser Frage sind wir in einer Spezialstudie nachgegangen, die unter dem Titel: "Heirat ausgeschlossen?" die Entscheidungslage von ledigen Erwachsenen in sozialhistorischer und subjektiver Perspektive reflektiert (Nave-Herz, Sander 1998).

Die Analyse der verursachenden Bedingungen, die zu einem Ledigen-Sein im Erwachsenenalter führten, zeigte, dass nicht die nunmehr fehlenden Anreize, mit der Ehe und der Einrichtung eines eigenen Hausstandes die Ablösung von der Herkunftsfamilie und die damit gewonnene Eigenständigkeit zu markieren oder gar der bewusste Entschluss, eine alternative Lebensform zu wählen, als Gründe des Ledig-Bleibens gelten können. Unfreiwillig wurde diese Lebensform zumeist übernommen, häufig bedingt durch objektive Barrieren wie Krankheiten oder andere Belastungen. Da die Eheschließung heute im Hinblick auf Kinder geplant wird, sind es vor allem die hohen Ansprüche, die gegenwärtig mit der Eltern-Rolle verknüpft werden, insbesondere der Normenkomplex der "verantworteten Elternschaft" (Kaufmann 1990), sowie die fehlende "Nutzeneindeutigkeit" von Kindern, die den Heiratsentschluss erschwert haben.

5. Die multilokale Mehr-Generationen-Familie

Das heute oft zu hörende sozialpolitische Argument, dass die Familie wieder stärkere Unterstützung zur Pflege ihrer alten Familienmitglieder erhalten sollte, weil das von Alters her ihre Aufgabe gewesen sei, geht wie manche andere These über Familie gleichfalls von falschen Vorstellungen über die historischen Familienformen aus. Der akute Anstieg an Vier- und Fünf-Generationen-Familien ist, historisch gesehen, eine völlig neuartige Erscheinung.

Zunächst ist zu betonen, dass es die Drei-Generationen-Familie in der vorindustriellen Zeit viel seltener gegeben hat, als häufig angenommen wird. Schon wegen der damals niedrigen Lebenserwartung erlebten die Enkel ihre Großeltern, selbst einen Großelternteil, selten, und wenn, dann eher den Großvater als die Großmutter. Denn männliche Säuglinge hatten zwar eine höhere Sterblichkeitsrate als weibliche, aber bei Frauen war das Sterberisiko im mittleren Erwachsenenalter in der vorindustriellen Zeit sehr viel höher als das der Männer, eine Folge ihrer hohen Todesrate bei Schwangerschaft, Geburt und im Wochenbett. Erst durch die Ergebnisse der medizinischen Forschung, durch den höheren Lebensstandard usw. nahm seit dem Industriezeitalter der Anteil der Drei-Generationen-Familien stetig zu.

In der vorindustriellen Zeit lebten nur dort mehrere Generationen zusammen, wo ein Bauernhof groß genug war, dass er Wohnraum und Unterhalt (zumeist in Form von Naturalien) für drei Generationen bot; wo es also die materiellen Bedingungen zuließen, dass ein sog. "Ausgedinge" eingerichtet werden konnte. Die Verklärung der historischen bäuerlichen Drei-Generationen-Familie als sozialpolitisches Modell der familialen Altenfürsorge hat dazu geführt, dass viele Schattenseiten dieser Ausgedinge-Einrichtung nicht gesehen wurden und werden, nämlich die Vater-Sohn-Konflikte vor der Übergabe, die Rechtsstreitigkeiten um den Abschluss des Vertrages und seine Einhaltung, die psychologisch schwierige Situation des Altbauern in der Hausgemeinschaft nach Verlust der Hausherrenstellung. Gleiches galt für die Altbäuerin. Die vielfach sehr kleinlichen Regelungen der Altenteilverträge lassen keineswegs auf ein harmonisches Zusammenleben der Generationen schließen. Alte Bauernsprichwörter spiegeln drastisch das Empfinden der Betroffenen wider, z. B. "Auf der Kinderbank ist für die Alten ein harter Sitz".

Die vorindustrielle Großfamilie, gemessen an der Zahl der zusammenlebenden Generationen, war in der Realität eine Seltenheit, und wo sie existierte, stieß man auf die wohlhabenden Familien. Doch auch unter den wenigen wohlhabenden Familien gab es nur selten die Drei-Generationen-Familie.

Dagegen ist heute die Chance weit verbreitet, dass sich die verschiedenen Familiengenerationen, wenngleich nicht zusammenwohnend, dennoch gegenseitig "erfahren". Selbst angesichts einer überwiegend anzutreffenden Multilokalität finden derzeit, das zeigen zahlreiche empirische Untersuchungen, regelmäßige Kontakte und Transferleistungen zwischen den Generationen statt.

6. Abschließende Bemerkungen

Mit diesem Überblick sollte das Besondere wenigstens einiger Fassetten der gegenwärtigen Familienformen verdeutlicht und zudem zu zeigen versucht werden, dass gängige Thesen über familiale Lebensformen auf einer Betrachtungsweise beruhen, die der Gegenwart eine zu große Bedeutung einräumt. Immer existierten in der Geschichte verschiedene Familienformen nebeneinander; eher kann man von einer stärkeren "Uniformierung" von Lebens- und Familienformen in den 60er-Jahren dieses Jahrhunderts, dem "golden age of marriages" sprechen. Seitdem nimmt, aber nur in geringem quantitativen Maße, die Vielfältigkeit, vor allem aber eine größere Tolerierung anderer Familienformen, zu. Oft übersehen wird in der Debatte die multilokale Mehr-Generationen-Familie, doch gerade deren Zahl hat in einem historisch bisher nicht gekannten Umfang zugenommen.

Nicht zuletzt die Beobachtung, dass sich "jenseits aller Rhetorik" familiale Lebensformen "trotz aller gesellschaftlicher Wandlungsprozesse als ungewöhnlich anpassungsfähig und in gewisser Weise als 'wetterfest' erwiesen haben", macht "das Leben von Familien und in Familien zu einem faszinierenden Forschungsfeld" (Schneewind 2000, S. 11 f.). Ein Beispiel für die daraus resultierende Aufgabe der Sozialwissenschaften, auf das hier eigens aufmerksam gemacht werden soll, weil es die mit diesem Band verbundene Intention teilt, "Brückenschläge zwischen Forschung und Praxis" zu wagen, und weil es dessen Thematik hervorragend ergänzt, bietet der Tagungsband: "Familienpsychologie im Aufwind"(Hrsg., Klaus A. Schneewind), dem einige der hier vorgetragenen Gedanken entnommen wurden. Ohne interdisziplinäre Zusammenarbeit wird es jedenfalls kaum gelingen, die Gesamtheit der Öffentlichkeit für familienpolitische Fragestellungen zu sensibilisieren.

Literatur

Borscheid, Peter: Von Jungfern, Sylvia, Hagestolzen und Singles – die historische Entwicklung des Alleinlebens. In: Gräbe, S. (Hrsg.): Lebensform Einpersonenhaushalt. Herausforderung an Wirtschaft, Gesellschaft und Politik. Frankfurt/New York 1994, 23-54.

Kaufmann, Franz-Xaver: Zukunft der Familie. Stabilität, Stabilitätsrisiken und Wandel der familialen Lebensformen sowie ihre gesellschaftlichen und politischen Bedingungen. München 1990.

Nave-Herz, R.: Analyse familialen Wandels unter systemtheoretischer Perspektive. In: Nave-Herz. R., et al: Familiäre Veränderungen seit 1950. Universität Oldenburg 1984.

Nave-Herz, R.: Kontinuität und Wandel in der Bedeutung der Struktur und Stabilität von Ehe und Familie in der Bundesrepublik Deutschland. In: R. NaveHerz (Hrsg.): Wandel und Kontinuität der Familie in der Bundesrepublik Deutschland. Stuttgart 1988, 91-94.

Nave-Herz, Rosemarie: Zeitgeschichtlicher Bedeutungswandel von Ehe und Familie in der Bundesrepublik Deutschland. In: R. Nave-Herz/M. Markefka (Hrsg.): Handbuch der Familien- und Jugendforschung, Band I. Familienforschung. Neuwied 1989, 211-222.

Nave-Herz, Rosemarie: Familie heute – Wandel der Familienstrukturen und die Folgen für die Erziehung. Darmstadt 1994.

Nave-Herz, Rosemarie: Die Hochzeit – ihre heutige Sinnzuschreibung seitens der Eheschließenden. Eine empirisch-soziologische Studie. Würzburg 1997.

Nave-Herz, R.: Wandel der Familie: eine familiensoziologische Perspektive In: K. A. Schneewind (Hrsg.). Familienpsychologie im Aufwind. Göttingen/Bern/Toronto 2000, 19-31.

Nave-Herz, Rosemarie/Sander, Dirk: Heirat ausgeschlossen? Ledige Erwachsene in sozialhistorischer und subjektiver Perspektive. Frankfurt/New York 1998.

Schneewind K. A.: Vorwort. In: K. A. Schneewind (Hrsg.): Familienpsychologie im Aufwind. Göttingen/Bern/Toronto 2000, 11-15.

Schneewind, K. A. (Hrsg.): Familienpsychologie im Aufwind. Göttingen/Bern/Toronto 2000.

Prof. Dr. Dr. h. c. Rosemarie von Schweitzer

Justus-Liebig-Universität Gießen,
Institut für Wirtschaftslehre der Haushalts- und Verbraucherforschung

Wandel der Familienstrukturen und des familialen Alltagslebens

Vorbemerkung: Die Familienhaushalte sind Leistungsträger des Humanpotenzials der Gesellschaft

Die Handlungsfelder und Leistungen der Familienhauswirtschaften lassen sich nach Funktionen, ihren gesellschaftlichen Aufgaben und Wirkungen, beschreiben,

- dem Haben und Aufziehen von Kindern, der generativen Funktion,
- der gesunden Lebensführung, Wellness, Krankenpflege, Rehabilitation und Selbsthilfe im Alltag der Familie, der regenerativen Funktion,
- der Erziehung der Kinder und der Aus- und Weiterbildung der Familienmitglieder für Familie und Beruf, die Sozialisations-und Plazierungsfunktion, sowie
- die haushaltsökonomische Funktion, welche die Voraussetzung der genannten Funktionen und unmittelbar mit ihnen verknüpft ist. Es geht um die Bereitstellung der Ressourcen, von Sach- und Daseinskompetenzen, Lebenszeit, Einkommen und Konsumvermögen zur Sicherung der Humanvermögensbildung, Wohlfahrt und Alltagskultur der Familie und Gesellschaft.

Wenn auch "durchwebt von Vermutungen" (Xenophon), so scheint doch sicher zu sein, dass der Mensch von seiner Natur her ein "zu früh geborener Nestflüchter" und von seiner Kultur her ein "zoon politikon" ist. Er bedarf einer elterlichen Fürsorge sowie materieller Güter zum Überleben, zur Entfaltung seiner Persönlichkeit, zum Erwerb der Kompetenzen zur Teilhabe am gesellschaftlichen Leben und das über Jahre, wenn nicht Jahrzehnte hinweg, also ein Leben lang. Das Haben und Aufziehen von Kindern konstituiert "Familie" als soziale Lebensform, die sich stets einbettet in einen "Haushalt" als dem konstitutiv dazugehörigen Wirtschaftssystem zur Daseinssicherung und Wohlfahrtsbildung für Eltern, Kinder und sonstigen Familien- und Haushaltsmitglieder.

Diese Leistungen des "Oikos", des Familienhaushalts in der alteuropäischen Form des Zusammenlebens und Zusammenwirtschaftens, standen bis in die moderne Zeit außer aller Frage. Der griechische Philosoph Xenophon (430-354 v. Chr.) verfasste die erste uns überlieferte Schrift über die Wirtschaftsführung des Oikos. Die "Oikonomika" war der Politik und mit dieser der Ethik zugeordnet. In dieser Sicht war die Wirtschaft ein dienendes Organ des Staates, dessen politische und gesellschaftliche Bedeutung aus seiner Unentbehrlichkeit erwuchs.

Allerdings hielt sich in der Philosophie der Polis der Mann als Haushaltsvorstand, Dichter, Gelehrter und/oder Staatsmann für den einzigen, zumindest den wichtigsten Verantwortungsträger, während "Mindere" aus den mittleren und unteren Klassen, Frauen, Männer und Kinder, Sklaven und Bedienstete, die Alltagsarbeiten verrichteten. Für diese und über diese schrieb Xenophon sein „Oikonomikos" als Kunstlehre des Wirtschaftens, eine Kunstlehre unter vorwiegend hauswirtschaftlichem Gesichtspunkt. Interessant ist, dass Edgar Salin, ein Experte für diesen Bereich der "Politischen Ökonomie", anmerkt, mit diesem Werk "verherrliche" Xenophon die Rolle seiner "eigenen trefflichen Gattin" in der Hauswirtschaft. Zu bemerken ist dazu, dass die in der Antike herrschende Auffassung einer "organischen Berufsteilung" nicht wie in der modernen "technisch-mechanischen" auf das Erreichen eines Mehr an Waren zielte, sondern eher auf eine Erhöhung der "Güte der Leistung".

Erst in der Moderne, der Aufklärung, Industrialisierung und Verstädterung, kam es zu einer Vorstellung über eine gesellschaftliche Arbeitsteilung, die die Welten der "Produktion" und der "Reproduktion" voneinander trennte. Das Lebens- und Aufgabenfeld der "Fürsorge und Versorgungswirtschaften", mit ihm das der Humanvermögensbildung, wurde den Hauswirtschaften, also den Frauen und "Minderen" zugeordnet. Die "eigentlichen" Produktionswirtschaften galten als ein dem Mann zugeordneter Wirkungsbereich. Eine kleine aus Adel und Bildungsbürgertum bestehende, männlich geprägte Oberschicht beanspruchte für sich die Alleinverantwortung für Wirtschaft, Wissenschaft, Politik und Kultur, fast möchte man sagen bis in die Gegenwart.

Aufklärerische Denker in Wissenschaft und Gesellschaft, die Frauen- und Arbeiterbewegungen im späten 19. und 20. Jahrhundert sowie die mühsame Demokratisierung des politischen Lebens nach den verheerenden beiden Weltkriegen haben sich herausfordernd gegen diesen Alleinvertretungsanspruch einer sich "elitär" verstehenden Machtelite männlicher Prägung gewendet. Zu oft wurde in der öffentlichen Debatte die Vielfalt des kulturellen Erbes alteuropäischer Prägung vergessen, abgeurteilt oder auch verleugnet. Althergebrachtes ist allerdings zu hinterfragen und alternativen Sichtweisen zugänglich zu machen und das nunmehr von allen Beteiligten gleichberechtigt. Unverzüglich sind Folgerungen ins Werk zu setzen aus einer Erweiterung und Revision der vererbten und verengten Sichtweisen mit ihren Auswirkungen für alle Lebensaufgaben und Lebensbereiche, den vermeintlich "typisch weiblichen" der familialen und sozialen Aufgaben wie den vermeintlich "typisch männlichen" von Militär und Produktion, Wissenschaft und Politik. Es ist zu erkennen und anzuerkennen, dass allen den genannten Lebensbereichen ohne die Vorleistungen der Familienhauswirtschaften "kein Personal" zur Verfügung stünde. Ohne die Existenz von Familienhaushalten wären sie auch weitgehend überflüssig.

Für diejenigen, die sich an diese Aufgabe wagen, klingt das wissenschaftliche Selbstverständnis des bereits genannten Philosophen Xenophon äußerst beherzigungswert:
"Nicht von Beginn an enthüllen die Götter uns Sterblichen alles,
aber im Laufe der Zeit finden wir suchend das Bessere.
Sichere Wahrheit erkannte kein Mensch und wird keiner erkennen
über die Götter und alle die Dinge, von denen ich spreche.
Sollte einer auch einst die vollkommene Wahrheit verkünden,
wüßte er selbst es doch nicht: Es ist alles durchwebt von Vermutungen."

Der fundamentale Tatbestand solcher gesellschaftlich unabdingbarer Reflexionen ist darin zu sehen, dass die Leistungserstellung der Hauswirtschaften, ob privat oder gesellschaftlich organisiert, im Kontext der aktuellen gesellschaftlichen Rahmenbedingungen im Vergleich mit leichter erreichbaren und finanziell letztlich erfolgreicheren alternativen Lebensentwürfen kaum noch "konkurrenzfähig" ist. Es wird zunehmend "ökonomisch irrational", sich für diese lebensnotwendigen Aufgabenbereiche der Gesellschaft zu engagieren. So verlieren die Familien und mit ihnen die Gesellschaft nach und nach ihr Personal, Kinder, Mütter und Väter, und beide ihre Wohlfahrt und Zukunft. Nicht alles ist käuflich zu erwerben.

Familie muss wieder leichter lebbar gemacht werden, doch was ist zu tun? Zur Diskussion steht zunächst nicht die Realität der Familien, sondern das Leitbild für ihre Einbindung in eine moderne Gesellschaft eines säkularisierten, liberal-demokratischen Staats, in der die Lebenserwartungen der Menschen sich in 100 Jahren fast verdoppelt haben, Alter aber auch mehr Pflege und Fürsorge bedarf und eine zunehmende Zahl junger Frauen und Männer ihre Kinderwünsche nicht realisieren.

1. Die "bürgerliche Familie" – ein Leitbild, das seinen Abschied nimmt?

1.1. Über die Problematik realitätsferner Grundbegrifflichkeiten

Es gehört zu den bemerkenswerten Tatsachen unserer Zeit, dass es ungewöhnlich ist, eine Studie über die "Familie in Wirtschaft und Gesellschaft" zu verfassen, sind doch die Konstruktionen unserer gesellschaftspolitischen Denkmuster entweder auf das Verhältnis von "Individuum und Gesellschaft" oder "Wirtschaft und Gesellschaft" bezogen, die "Familie" wird für Gesellschaftsentwürfe nicht gebraucht, sie scheint naturgegeben da zu sein, sie ist Privatsache. In den Wirtschaftswissenschaften wird das "Individuum" zur Arbeitskraft und zum Konsumenten oder auch zur Wirtschaftseinheit "Privathaushalt". Privathaushalte sind nach der Theorie unproduktiv, sie verbrauchen und vernichten die von der Produktionswirtschaft und den öffentlichen Händen angebotenen Güter und Dienste. Unbedacht in dieser Denkfigur bleibt, wie an anderer Stelle eingehend dargestellt wird (siehe Krüsselberg, H.-G., Teil I in diesem Band), die Wohlfahrtsproduktion, Humanvermögensbildung und Alltagskultur. Was zusammenfassend oft auch als "Reproduktionsfunktion" bezeichnet wird, stellt selbstverständlich ebenfalls eine auf Arbeit beruhende wirtschaftliche Leistung dar. Es geht hier um die Leistung der Begründung und Erhaltung menschlicher Handlungskraft in allen ihren Spielarten, eine Leistung, die nahezu ausschließlich, in jedem Fall aber grundlegend erbracht wird in und von den Privathaushalten, insbesondere den Familienhaushalten.

Konstitutiv für den Familienbegriff ist die biologisch-soziale und auch rechtlich bestimmte Kernfamilienstruktur, nämlich das Mutter-Vater-Kind-Verhältnis, eine Geschlechter- und zugleich Generationenbeziehung, die als "Ehe und Familie" nach Artikel 6 des Grundgesetzes unter dem besonderen Schutz des Staates steht, da sie, trotz oder wegen ihrer deklarierten "Privatheit", für die Gesellschaft "positive externe Effekte" erzielt, also wichtige Aufgaben und Wirkungen erfüllt. "Positiv extern" bedeutet hier, dass diese Effekte einmal gesellschaftsdienlich sind, also aus dieser Sicht positiv zu bewerten sind, zum anderen aber nur extern, d. h. außerhalb der Familien, ihre positiven Wirkungen entfalten, ohne dass die Familien selbst dafür eine Entlohnung erhalten. Diese positiven Effekte für die Gesellschaft sind das oft kaum zur Kenntnis genommene und gesellschaftlich unzulänglich honorierte Resultat familialer Leistungen, ohne die es jedoch niemals eine gesellschaftliche Zukunft gäbe.

Die Ursache dieser heute etwas lebensfremd anmutenden Denkfigur, in der Privathaushalte "unproduktive Wertvernichter" statt Wohlfahrtsproduzenten sind, liegt im Wandel der Wirtschaft und den mit diesem Wandel einhergehenden Veränderungen des familialen Alltagslebens der Menschen in der Moderne. Über Rationalisierung und technische Entwicklung, Arbeitsteilung, Industriekultur und Verstädterung wurde die familienwirtschaftlich organisierte Agrarkultur mit der sogenannten "Haushaltsfamilie" seit dem 18. Jahrhundert in ihrer Bedeutung zurückgedrängt. Es bildete sich die Idee der "bürgerlichen Gesellschaft" heraus. Mit ihr entstanden die Konstrukte "Privathaushalt" und "Gatten- oder Kernfamilie", die bis in unsere Zeit nicht selten als ein und dieselbe soziale Institution angesehen werden. Typisch für die "privaten Familienhaushalte" der "bürgerlichen Gesellschaft" und Industriekultur ist der 4-Personen-Arbeitnehmer-Haushalt mit dem männlichen Haushaltsvorstand und der "Nur-Hausfrau", welcher die Versorgung des Ehemanns und der Kinder sowie die Sozialarbeit in Verwandtschaft, Nachbarschaft und Gemeinde obliegt.

Im Vergleich zu den umfangreichen Obliegenheiten der bäuerlichen Familienwirtschaften erscheinen den Verwendern dieser Begriffe, diese "bürgerlichen" kleinen Kernfamilienhaushalte im städtischen Milieu, nur noch "Verbrauchswirtschaften" zu sein mit einem Arbeitsanfall, den man als eine Bagatellsache und Angelegenheit der Ehefrauen meinte ansehen zu können. Der standesgemäße Unterhalt der Hausfrau war vom Ehemann lebenslang sicherzustellen.

Im "Grundriß der allgemeinen Volkswirtschaftslehre" von Gustav Schmoller ist zu lesen, dass die modernen familienwirtschaftlichen Gebilde keine komplizierte und arbeitsteilige Erzeugung mehr in sich bergen und deshalb auch nicht mehr der herrschaftlichen Disziplinierung, welche für die patriachalische Familie typisch war, bedürfen.[1]

"So sind die Härte und Gewalt, die Ausbeutung und der Arbeitszwang, die früher in der Familie kaum zu vermeiden waren, hinausgewiesen in die Unternehmungen, auf den Markt des Lebens und der Konkurrenz. Und in der Familie ist nun Raum für Frieden und Behagen, für ein Wirtschaften mit Liebe und ungeteilten Interessen geschaffen, wie es früher in gleichem Maße nicht vorhanden sein konnte." Weiter heißt es bei Schmoller: "Das Wesentliche ist, dass die Familie aus einem Herrschaftsverhältnis mehr und mehr eine sittliche Genossenschaft, dass sie aus einem Produktions- und Geschäftsinstitut mehr und mehr zu einem Institut der sittlichen Lebensgemeinschaft wurde, dass sie durch die Beschränkung ihrer wirtschaftlichen die edleren, idealen Zwecke mehr verfolgen, ein inhaltsreicheres Gefäß für die Erzeugung sympathischer Gefühle werden konnte."

Typisch für diese Idylle fernab der Realitäten des Alltagslebens der großen Mehrheit der Menschen, insbesondere weiblichen Geschlechts, in der Landwirtschaft, der neuen Industriearbeiterschaft, im Handel und Kleingewerbe und dem Elend der Handwerkerfamilien sowie des hauswirtschaftlichen Dienstpersonals, heißt es dann weiter: "*Die Arbeit der Frauen im Hause umschließt einen kleineren, aber einen vollendeten, harmonischen Kreis; die Gattin, die dem Manne das Mahl bereitet, ihm abends die Stirne glättet, die Kinder vorführt, wird dienend zur glückspendenden Herrscherin ihres Hauses.*"[2]

Damit genug der Zitate über die Familienwirtschaften aus dem Grundriss der allgemeinen Volkswirtschaftslehre, nach welchem Generationen von Ökonomen in der ersten Hälfte des 20. Jahrhunderts an den deutschen Universitäten ausgebildet wurden, allerdings auch in Konkurrenz zur mikroökonomischen Haushaltstheorie, der marktorientierten Rationaltheorie der Nachfrage. Es besteht kein Zweifel an der zeitbezogenen Bedeutung dieses Werkes in seiner Gesamtheit. Gleichwohl soll gebührend deutlich darauf hingewiesen werden, zu welchen eingeschränkten Perspektiven es führt, wenn es in solch umfassenden Darstellungen an sozialgeschichtlicher, familien- und frauenorientierter Forschung mangelt.

Beschrieben und analysiert wurden diese wirtschaftlichen und gesellschaftlichen Veränderungen ebenfalls von den großen Sozialwissenschaftlern des 18./19. und 20. Jahrhunderts, insbesondere aber durch Max Weber (1864-1920). – Bedeutsam für die Ausgrenzung der Familienwirtschaften im Strukturmuster des "Privathaushaltes", als "Spezialist für Intimität", wie René König die Kernfamilie nennt, ein Merkmal, das Niklas Luhmann ebenfalls für die Konstruktion seiner Theorie präferiert, war das Hauptwerk von Ferdinand Tönnies (1855-1936) "Gemeinschaft und Gesellschaft", das bereits 1887 erschienen war.

Tönnies beschreibt darin die "Gemeinschaft" als Wirtschaftsform der alteuropäischen Ökonomie im Bilde des Riehlschen "ganzen Hauses" der Naturalwirtschaft und des "Hauskommunismus" und die "Gesellschaft" als durch Handel, Markt- und Geldwirtschaft geprägte moderne Zivilisation; nämlich als die "bürgerliche Gesellschaft" der Moderne. Für Tönnies sind die Grundformen der "Gemeinschaften" die Familie und Verwandtschaft, Nachbarschaft und Freundschaft, es sind die weiblichen Lebens- und Aufgabenbereiche, während alle durch die Gesellschaft konstituierten Sozialbeziehungen zum Erwerbsleben gehören und durch *Tausch und Kontrakt geprägt*, als männliche Aufgaben angesehen werden. Die Gesellschaft ist für Tönnies im Unterschied zur Gemeinschaft und damit der "familialen Lebensformen" der Inbegriff aller rationalen Rechts- und Sozialverhältnisse, weshalb man in sie wie in die Fremde geht.[3] Die Gemeinschaft wird als eine *natürliche* Einheit beschrieben, sie ist im *realen organischen Leben* verwurzelt. Das gemeinschaftliche Leben ist primär durch die Vorherrschaft von gefühlsmäßigen Beziehungen zwischen den Menschen gekennzeichnet im Gegensatz zu dem berechnenden Verstand in der Gesellschaft und den mit diesem verbundenen zweckrationalen Erwägungen.

Wir haben als geistiges Erbe dieses von Männern konzipierten Denkmusters ein Leitbild des Zusammenlebens von Frauen und Männern, das nicht vernünftig ist. Weder Frauen noch Männer können mit strikt getrennten Handlungsweisen in getrennten Lebensbereichen ihre in dieser Sinnsetzung konstruierten geschlechtsspezifischen Aufgaben erfüllen.

Männer und Frauen sind gleichrangig und gleichwertig, auch wenn sie unterschiedlichen Geschlechts sind und unterschiedliche Handlungsweisen und Lebensformen bevorzugen. Wer Abschied nehmen möchte vom „Konstrukt der bürgerlichen Familie", muss sich in erster Linie verabschieden von ihrem abwegigen Menschenbild.

In Max Webers "Wirtschaft und Gesellschaft" wird die grundbegriffliche Gegenüberstellung von sozialen Formen der Vergemeinschaftung und Vergesellschaftung zu einer Ordnungsvorstellung, die auf sinnhaft deutbares Handeln hinweist.

Unter dem *Gemeinschaftshandeln* versteht Weber "ein menschliches Handeln, das subjektiv sinnhaft auf das Verhalten anderer Menschen bezogen ist bzw., das an den *Erwartungen* eines bestimmten Verhaltens anderer Menschen sinnhaft orientiert ist", wobei letzterer Fall Weber zufolge nur den "rationalen Grenzfall" des Gemeinschaftshandelns darstellt.

Als ein *Gesellschaftshandeln bzw. ein vergesellschaftetes Handeln* versteht Weber dagegen ein Handeln, das sinnhaft an Erwartungen orientiert ist, die aufgrund des Bestehens von *Ordnungen* gehegt werden, deren Satzung rein *zweckrational* im Hinblick auf das als Folge erwartete Handeln der Vergesellschafteten zustande gekommen ist, wobei Weber einschränkend hinzufügt, dass auch die sinnhafte Orientierung an solchen gesatzten Ordnungen subjektiv zweckrational erfolgen muss.

Jenes Handeln, durch das eine solche Vereinbarung bzw. eine auf ihr beruhende Ordnung zustandekommt, bezeichnet Weber dagegen als ein *Vergesellschaftungshandeln,* um dieses von dem an einer bereits bestehenden Ordnung orientierten Gesellschaftshandeln terminiologisch abzugrenzen.

"Gemeinschaftshandeln" ist also der allgemeine, "Gesellschaftshandeln" der spezielle Begriff, der auf eine Spezifikation des Gemeinschaftshandelns abzielt, insofern es an dem Bestehen einer gesatzten Ordnung orientiert ist. Das "Vergesellschaftungshandeln" kennzeichnet dagegen jenes Handeln, durch das überhaupt erst eine gesatzte Ordnung zustande kommt, die Weber zufolge sowohl auf dem Weg des "Paktes" als auch der "Oktroyierung", d. h. entweder durch Vereinbarung oder aber durch Zwang in Kraft gesetzt werden kann".[4]

Aufgabe des Hausherren ist es, dem Privathaushalt vorzustehen, also die "gesatzte Ordnung" des Hauses zu repräsentieren, es nach außen zu vertreten, während die Hausfrau, dem Hausherren dienend, die "Herrin" im Hause ist und nach den Erwartungen der Familie im Rahmen der Hausordnung die Versorgung und den kulturellen Lebensraum zu gewährleisten hat. So sie über Hauspersonal verfügen kann, muss dieses angeleitet und ebenfalls versorgt werden, wenn nicht, ist die Hauswirtschaft Arbeit, vielfältiger und anspruchsvoller als so manche Erwerbsarbeit, doch vorgesehen ist im bürgerlichen Leitbild nur "Beziehungsarbeit" mit Gefühl.

Die bürgerliche Frauenbewegung erkannte, dass die "Kultur des Hauses" einer Bildung der Hausfrauen bedarf, und sie fand auch gesellschaftspolitische Unterstützung und männliche Förderung. Das Frauenbildungswesen entstand und entfaltete sich auch zu einem blühenden weiblich geprägten Berufsfeld, allerdings immer nachrangig dem allgemeinen männlichen Bildungswesen zugeordnet. Doch in den späten 60er-Jahren des 20. Jahrhunderts geriet es in das Visier der Fortschrittsgläubigkeit und wurde zum "Sündenbock" der mangelnden Emanzipation der Hausfrauen. Frauen wurden nicht nur als Arbeitskräfte in Wirtschaft und öffentlichem Leben gebraucht, sie rebellierten auch wegen der ihnen gesetzlich immer noch nicht gewährten, wenn auch grundgesetzlich zugesprochenen Gleichstellung in Familie und Beruf. Frauen sollten Männerberufe erlernen und Karrieren anstreben und Männer sich als Väter und Hausmänner bewähren. "Die Hauswirtschaft" sollte endlich "überwunden" werden. Der häusliche Alltag war ja mutmaßlich mit Hilfe des Marktangebotes locker zu managen. Für die Kinder, die Kranken und Pflegebedürftigen als Privatsache der Frauen würden diese schon irgendwelche Lösungen finden. Das Drei-Phasen-Modell der Erwerbsbeteiligung der Frauen wurde im Westen angepriesen und im Osten Deutschland war man bemüht, die "zweite Schicht" der Frauen in der Familie durch kollektive Betreuungs- und Versorgungseinrichtungen in den Betrieben abzubauen.

1.2. Alltagsversorgung als Gesellschaftshandeln

Die Vorstellung, familiales Alltagshandeln könne mit Gemeinschaftshandeln bewerkstelligt werden und betriebliches Alltagshandeln bedürfe des Gemeinschaftshandelns nicht, kennt weder das eine noch das andere.

Im Familienalltag fällt eine Vielfalt von zweckrationalen Arbeitsaufgaben an, die der Festlegung neuer Orientierungsmuster bedürfen. Und in den Unternehmungen sind Probleme der modernen Personalführung, Kundenorientierung, Marketingstrategien ohne Kompetenzen des "Gemeinschaftshandelns", zu denen Verhandlungsgeschick, Personalführungs- und Teamfähigkeiten, Flexibilität und Kreativität, Solidarität und Durchsetzungs- und Überzeugungsfähigkeiten gehören, ebenfalls nicht zu lösen. In Unternehmen und Familiensystemen, in welchen der partnerschaftliche Umgang zwischen den Geschlechtern und Generationen gelebtes Alltagsleben ist, lassen sich die Weberschen Handlungstypen vortrefflich üben und einstudieren. Familienhaushalte sind "Unternehmen" und zwar lebenslang nachhaltig und bedarfsorientiert, um der Humanvermögensbildung, Wohlfahrt und Alltagskultur willen. Moderne Unternehmen sind soziale Systeme und so auch der "Gemeinschaftsbildung" oder "corporate identity" ihrer Belegschaft bedürftig. Arbeitskräfte, die sich nur als optimal funktionieren müssende "Rädchen im Getriebe" eines hierarchisch geführten Betriebes erleben, dürften kaum jene Leistungen erbringen, welche einem Unternehmen rasche aber auch nachhaltige Erfolge auf den Märkten sichern. Humanvermögen ist ein immer wichtiger werdender Produktionsfaktor im Wettbewerb.

Doch noch sind die modernen Gesellschaften weit davon entfernt einzusehen, dass die Familienarbeit wegen ihrer Bedeutung für die Schaffung von Wohlfahrt, Alltagskultur und Humanvermögensbildung als Gesellschaftshandeln anzusehen ist und dass ihr aus diesem Grund die gleiche Aufmerksamkeit und der gleiche Respekt, insbesondere im Bildungswesen, zu erweisen ist wie der Erwerbsarbeit und ihrer technisch-funktionalen Produktionsleistung. Zu festgefahren sind in den Vorstellungen die idealistisch-romantischen Bilder des biedermeierlichen Familienalltags, in dem es nichts zu arbeiten, zu organisieren und zu gestalten gibt. Zu schwer scheint es auch für die Unternehmen zu sein, wirklich einzusehen, welche Bedeutung für sie Personalführung, Kundenorientierung sowie sozial-kulturelle unternehmerische Gestaltungskraft für den nachhaltigen Erfolg haben könnten.[5]

Frauen hatten wie die Männer der unteren Schichten zur Zeit Schmollers, Tönnies und Webers noch keinen Zugang zu den deutschen Universitäten, geschweige denn, dass sie sich an der Entfaltung der Wissenschaften beteiligen konnten. Männer des Bildungsbürgertums beschrieben nach ihren "einäugigen" Alltagserfahrungen und Wahrnehmungen oder Wunschträumen die soziale Welt und lehrten dieses ihre Schüler. Lehrstühle für Frauenforschung und Sozialgeschichte wurden erst nach dem zweiten Weltkrieg eingerichtet und von Ökonomen, wenn überhaupt, dann nur in Ausnahmefällen beachtet.

Die Familienwissenschaft ist auf nahezu alle humanwissenschaftliche Fächerzonen verstreut und stets eher eine Randerscheinung für eine Spezialfrage der jeweiligen wissenschaftlichen Disziplin als eine definitive Forschungsproblematik.[6] *So werden alte Geschichten und "Märchen" über die Familie und Privathaushalte auch in den Wissenschaf-*

ten weiter erzählt, anstatt sie neben dem Staat und den Produktionswirtschaften als die einzigen und letztinstanzlichen Wohlfahrtsproduzenten der privaten und zugleich gesellschaftlichen Humanvermögensbildung[7] *zu begreifen.*

Am Ende des 20. Jahrhunderts sind Informationen über das Alltagsleben der Menschen in Familie und Erwerbsleben allerdings über alle Medien zu haben, doch das "Gefühl des Nötighabens", das eigene familiale Alltagsverständnis kritisch zu hinterfragen, muss erst geweckt werden, um vorhandene Wissensangebote auch wahrnehmen zu können und zu handlungsleitenden Daseinskompetenzen werden zu lassen, so dass den Leistungen der Familienarbeit eine angemessene Beachtung in Wirtschaft und Gesellschaft zuerkannt werden kann.

Die Historikerin Sigrid Damm veröffentlichte 1989 ihr inzwischen in der 13. Auflage. erschienenes Werk "Christiane und Goethe – eine Recherche". Das Buch wird also schon von vielen Menschen gelesen. Das könnte möglicherweise dazu beitragen, dass Männer und Frauen, aber insbesondere die Männer, erkennen könnten, zu welcher Art Ignoranten Menschen werden, wenn sie *das familiale Alltagsleben* nur über unreflektierte Theorien, aus der "Tiefe ihres Gemütes" und/oder ihrer partiellen Lebenserfahrung heraus meinen beurteilen zu können und nicht auch *als Schwerstarbeit und bedeutsame Lebensleistung für Wirtschaft und Gesellschaft* ansehen.

In der Einführung zu "Christiane und Goethe" heißt es: "Christiane Vulpius. Christiane von Goethe. Über ein Vierteljahrhundert lebte sie mit Goethe, achtzehn Jahre in freier Liebe, zehn Jahre als seine Ehefrau. Dreiundzwanzig Jahre war sie alt, er achtunddreißig, als sie sich im Juli 1788 erstmals trafen und fast von einem auf den anderen Tag ein Liebespaar wurden. Goethe von der *Begierde* getrieben, die *Pyramide seines Daseyns ... so hoch als möglich in die Lufft zu sprizzen,* schuf in seiner Lebenszeit mit Christiane ein großes Werk.

Wer war diese Frau? Ein schönes Stück Fleisch, *un bel pezzo di carne, gründlich ungebildet,* wie Thomas Mann sagt, eine *nullite' d'esprit,* eine geistige Null, wie Romain Rolland sie nennt, die *Frau* mit *dem halb unanständigen Namen,* die *bekannte Sexualpartnerin des alternden Olympiers,* wie es in Robert Musil "Mann ohne Eigenschaften" heißt?

Die Mitwelt spricht von ihr als Mätresse und *Hure*, von Goethes *Kreatürchen, seiner Füchsin, seinem Mensch, seiner dicken Hälfte;* für Wieland ist sie Goethes *Magd*, und ihre offizielle Bezeichnung achtzehn Jahre lang in Weimar ist: *die von Goethische Haushälterin*. Charlotte von Stein nennt sie ein rundes Nichts, Bettina von Arnim *eine*

Blutwurst, die *toll* geworden sei. Herzog Carl August schreibt: *Die Vulpius habe alles verdorben.* Christiane als Fußnote in Goethes Leben. Als Peinlichkeit, Verirrung seinerseits. Christiane hat Goethes Haushalte und Wirtschaften geführt, ihm fünf Kinder geboren. Sie selbst starb 1816, 16 Jahre vor ihm und 15 Jahre jünger als er, erschöpft von ihrem Leben für ihn, seine Alltagsversorgung, Wohlfahrt und Alltagskultur und nicht zuletzt für Goethes Kinder, wenn auch nur August überlebte.

Es ist ein beachtlicher Erfolg, dass nicht nur der große deutsche Dichter, sondern auch seine Alltagsversorgung in Gestalt von Christianes Lebenswerk zum Weltkulturerbe in Weimar zu gehören scheint.

Die Familien mit den konstitutiv zu ihnen gehörenden "Privathaushalten" als dem lebensnotwendigen System der Daseinsvorsorge und Humanvermögensbildung zum Überleben, zur Persönlichkeitsentfaltung und der Schaffung der Kultur des Zusammenlebens der Menschen ein Leben lang, sie sind lebensnotwendigerweise die "ursprünglichen" Grundeinheiten der Gesellschaften, um die herum sich dann die "abgeleiteten" arbeitsteiligen Wirtschaftgebilde und öffentlichen Haushalte gruppieren. Wenn eine Gesellschaft ihre Humanvermögensbildung vernachlässigt, erschwert und abwertet, verbaut sie sich ihre Zukunft und Wohlfahrt. Der Ruf nach Einwanderung, es fehlen ausreichend qualifizierte junge Menschen, bedeutet "Einkauf" von Humanpotenzial und so eine Verlagerung der Humanvermögensbildung in andere Regionen. Sobald die Zuwanderer im Lande sind und nicht wieder abwandern, gründen auch sie wieder lebensnotwendigerweise Familien und Haushalte zur Daseinsvorsorge und Humanvermögensbildung. Die gesellschaftlichen Aufgaben der Zukunftsgestaltung sind nicht aufhebbar. Gerade die Wirtschaft ist zuerst davon betroffen, wenn Familien das Arbeitspotenzial, das die Wirtschaft benötigt, nicht bereitstellen.

2. Über die Veränderung der Lebensrealitäten der Generationen in Deutschland: Bevölkerungsstruktur als "demographisches Schicksal" von Generationen

2.1. Lebensschicksale im Spiegel der Bevölkerungsstruktur: Die "harten Fakten"

Die Familien-, Kinder-, Jugend- und Altenberichte der Bundesregierungen, die in größeren Abständen, aber in regelmäßigen Folgen von Sachverständigenkommissionen erarbeitet werden, geben Politikern und Bürgern umfassende Auskünfte über die Veränderungen der Lebensrealitäten der Generationen in Deutschland, zunehmend auch im Vergleich zu den EU-Ländern und unter der besonderen Berücksichtigung der nach Deutschland zugewanderten "Familien ausländischer Herkunft".

Grundlage der "harten Fakten" in diesen Berichten sind die amtlichen statistischen Volkszählungen, insbesondere der jährlich stattfindende Mikrozensus und die Familien- und Haushaltsstatistiken, die sekundäre Auswertungen des Mikrozensus sind. Der Mikrozensus, die kleine Volkszählung, ist "zweifellos die zuverlässigste und – angesichts der zur Zeit rund 37.500 in die Befragung einbezogenen und zur Auskunft verpflichteten Haushalte – auch die repräsentativste Bevölkerungsumfrage, die zudem tiefe regionale und soziale Differenzierungen ermöglicht".[8]

Abb. 1 : Aufbau der Bevölkerung Deutschlands am 31.12.1998

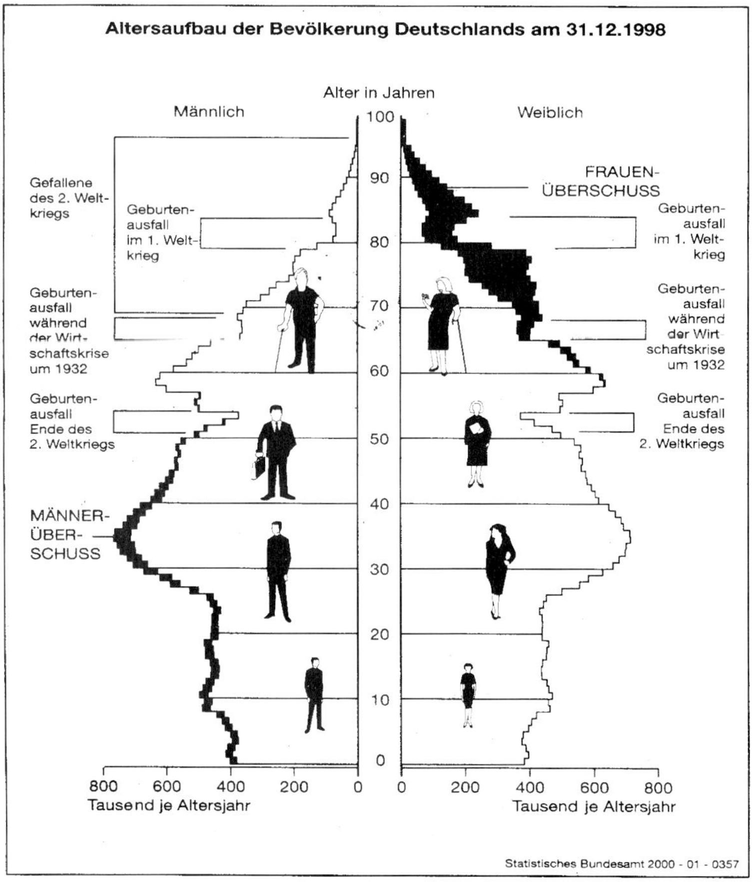

Quelle: Zahlen Kompass 2000, Statistisches Bundesamt

Die sich bereits am Ende des 19. Jahrhunderts anbahnenden Veränderungen im Aufbau der Bevölkerungen in den westlichen Industrienationen zeigen sich sehr deutlich an der Bevölkerungsentwicklung Deutschlands im 20. Jahrhundert. Betont werden soll hier, dass bei einer sorgsamen Betrachtung dieses Aufbaus der Bevölkerung Deutschlands im 20. Jahrhundert jeder für sich und seinen Altersjahrgang sein "demographisches Schicksal" ablesen kann.

Die Lebenserwartung der Menschen ist kontinuierlich angestiegen, zunächst durch den Abbau der Säuglingssterblichkeit, dann durch die erfolgreiche Bekämpfung der Infektionskrankheiten und in der zweiten Hälfte des 20. Jahrhunderts durch den enormen allgemeinen medizinischen Fortschritt und die alle Schichten betreffende Wohlstandsentfaltung. Für den Bevölkerungsaufbau bedeutet dieses, mehr Menschen werden älter und sehr alt, aber auch immer mehr Menschen überleben Unfälle und Krankheiten, werden und bleiben jedoch Behinderte und Leidende.

Nicht so einfach erklärbar, wie die sich verlängernde Lebenserwartung mit ihren Folgen für die private und soziale Altersvorsorge, ist der Rückgang des Anteils der Kinder und Jugendlichen unter 20 Jahren an der Gesamtbevölkerung und dessen private und gesellschaftliche Konsequenzen für die Zukunft des privaten Zusammenlebens sowie für Wirtschaft und Gesellschaft. Rein rechnerisch folgt aus dem Anstieg des prozentualen Anteils einer Altersgruppe die anteilige Abnahme der anderen Altersgruppen. Die Zahl der Geburten, die im Bezug zur Anzahl der Sterbefälle langfristig den Altersaufbau einer Gesellschaft bestimmt, verändert sich entweder *strukturell* – d. h. die Anzahl der im gebärfähigen Alter stehenden Frauen-Altersjahrgänge nimmt zu oder ab mit der Konsequenz, dass dann auch die nächste Generation in ihrer Stärke entsprechend beeinflusst wird, oder aber *aktuell* dadurch, dass sich die im gebärfähigen Alter stehenden Frauen für mehr oder weniger Kinder entscheiden. Schließlich ist auch die Höhe des Erstgeburtsalters der Frauen entscheidend dafür, wieviel Generationen zur gleicher Zeit leben. Je höher das Erstgeburtsalter der Frauen ist, desto geringer ist die Zahl und der Anteil der "Kinder und Jugendlichen unter 20 Jahren" einer Bevölkerung.

Aus Abb. 1, dem Aufbau der Bevölkerung Deutschlands, ist gut zu erkennen, wie sich auch gesellschaftliche Katastrophen unmittelbar auf die Geburtenraten auswirkten und sich dann mit den Einkerbungen in den Bevölkerungsaufbau über 90 bis 100 Jahre das "demographische Schicksal" von Geburtsjahrgängen bestimmen lässt.

Unserer Gesellschaft ist seit über 50 Jahren Frieden und wachsender Wohlstand beschieden gewesen. Welche Folgen zeigen sich in der Bevölkerungsentwicklung im

Blick auf ihren Altersaufbau? Und welche *Einsichten für das Verständnis der Strukturen von Familien und das Alltagslebens* sind daraus zu gewinnen?

Nach der Normalisierung des generativen Verhaltens (Eheschließungen und Geburten) nach dem zweiten Weltkrieg in den Jahren bis etwa zur Heimkehr der letzten Gefangenen aus der UdSSR und ihrer Wiedereingliederung folgten von 1955 bis Anfang der 70er Jahre die Zeiten, die als "deutsches Wirtschaftswunder" bezeichnet wurden und Deutschland einen Babyboom bescherten. *In diesen Jahren war das Leitbild der "klassischen bürgerlichen Familie" nicht nur für alle sozialen Schichten ein akzeptiertes Ideal, es konnte auch real erstrebt und gelebt werden.*

Der Strukturwandel in der Landwirtschaft entlastete die Familienangehörigen von der harten Arbeit und gab sie frei für Arbeiter- und Angestelltentätigkeiten. Kleinfamilienhaushalte städtischer Prägung entstanden auch auf dem Lande. Die kleinen Gewerbetreibenden wechselten in Angestelltenverhältnisse, und so mancher Acker wurde zu Bauland. Das Familiengründungsverhalten blieb orientiert an der "Versorgungsehe", dem Leitbild des männlichen Haushaltsvorstandes und Ernährers und der Frau als Mutter der Kinder und nur bei Bedarf als Mit- oder Nebenverdienerin. Mit der Großelterngeneration als häusliches Hilfspersonal vernetzt, wurden die umfangreichen Hauswirtschaften zunächst wie bisher weiter betrieben und erst in den späten 60er- und 70er-Jahren technisch modernisiert. Noch hatten die Hausfrauen in Haus, Garten, Vorrats-und Kleintierhaltung reichlich zu tun. Es verlangte sie nicht so sehr nach Erwerbsarbeit nach ihren in Kinder- und Jugendalter erlebten Kriegsdienstverpflichtungen, Arbeitsdienst, Belastungen bei der Vertreibung und im Bombenkrieg.

Mit dem Fortgang des "Wirtschaftswunders" wuchs der Bedarf der Wirtschaft an Arbeitskräften. Die Chancen der Frauen mit älteren Kindern und/oder hilfreichen Tanten und Großeltern im Haus, auch erwerbstätig zu werden, nahmen zu. Um den familialen Wohlstandsaufbau zu beschleunigen, war ein zweites Einkommen allgemein erwünscht.

Die Veränderung des generativen Verhaltens in den Jahren von 1955-1965 war mehr oder minder eine *Wiederherstellung der Vorkriegsnormalität* gewesen. Die durchschnittliche Kinderzahl je Ehe betrug in den Jahren 1920 bis 1940 2,2 und 1956 2,1. Unmittelbar nach dem Krieg 1947 war sie auf 1,9 gesunken und nicht, wie in so manchen Texten behauptet wird, durch die NS-Propaganda und das Mutterkreuz etwa angestiegen.

Diese durch Kleinhaltung der Familie gekennzeichnete Reproduktionsweise zeigt sich bei allen Bevölkerungen, bei denen sich die Umwandlung von einer Agrargesellschaft in eine Industriegesellschaft vollzogen hat, allerdings mit Phasenunterschieden. Das gilt auch für die Familien ausländischer Herkunft, die aus einem Agrarmilieu nach Deutschland kommen und hier ihre Kinderzahl dem generativen Verhalten der ansässigen Familien relativ bald anpassen.

2.2. Gesellschaftliches Planungsversagen: Eine Folge „demographischer Blindheit"

Die Politiker beriefen sich stets darauf, dass die Kinderwünsche nach den freien Vorstellungen mündiger Bürgerinnen und Bürger realisiert würden und die Geburten zur Reproduktion der Gesellschaft ausreichend seien. Nach Konrad Adenauers Ansicht war es deshalb auch nicht erforderlich, das "Haben und Aufziehen von Kindern" im als "Generationenvertrag" konzipierten sozialen Alterssicherungssystem der Bundesrepublik zu berücksichtigen. Die Voraussetzungen dafür treffen beide schon seit 25 Jahren für Westdeutschland nicht mehr zu. Es bedarf seitdem der Verfassungsgerichtsurteile, um die Familien vor nicht verfassungsgemäßer Sozialgesetzgebung zu schützen. Das ist nur ein Beispiel für Probleme der jungen Generation in Deutschland, die sich mehrheitlich Familie und Kinder wünschen und zunehmend in größerer Zahl, sich dieses zu realisieren, nicht mehr zutrauen.[9]

Im Dritten Familienbericht 1978, der sehr kompetent auf die Fragen von "Familie und Bevölkerung" und die demographisch bedingten Veränderungen der Familienstrukturen eingeht, heißt es: "*Die Entwicklung der Bevölkerung ist ein Langzeitprozeß. Jeder Geburtsjahrgang, der aufgrund individueller Entscheidungen über die Zahl der Kinder und den Zeitpunkt ihrer Geburt entsteht, hat ein demographisches Schicksal. Er wirkt, allein schon durch seine Stärke, auf die Größe der Reproduktion der nächsten Generation und in abgeschwächtem Maße auch noch der folgenden Generationen ein. Die Stärke eines bestimmten Geburtsjahrganges, auch Kohorte genannt, kann den Lebensweg eines Menschen, der ihr angehört, entscheidend beeinflussen. Ein aktuelles Beispiel ist der Bedarf an Ausbildungs- und Studienplätzen für die starken Geburtsjahrgänge vor 1967, der nur unter größeren Schwierigkeiten befriedigt werden kann. In den achtziger Jahren dagegen rücken schwache Geburtsjahrgänge in das Erwerbsleben nach, so dass diese mehr Alternativen und bessere Chancen besitzen. Die relativ rasche Aufeinanderfolge von Geburtsjahrgängen unterschiedlicher Stärke führt dazu, dass einige Altersjahrgänge "über-" und andere "unterbesetzt" sind. So ist es zum Beispiel verwirrend, dass bis in die jüngste Vergangenheit ein Lehrermangel herrschte, aber in einigen Jahren eine Lehrerschwemme*

droht. Ähnlich wechseln in relativ kurzen Abständen Zeiten, in denen ein Mangel an Plätzen in Kinderkrippen und Kindergärten besteht, mit Perioden, in denen die Kapazitäten solcher Einrichtungen nicht mehr voll genutzt werden.
Die rasche Aufeinanderfolge starker und schwacher Jahrgänge macht differenzierte Planungen notwendig, zumal ein starker Geburtsjahrgang rund zwei Jahrzehnte später wieder einen starken Geburtsjahrgang auslösen wird, selbst wenn die Zahl der Kinder je Ehe sinkt."[10]

Anscheinend sind alle Bemühungen der Demographen umsonst gewesen, die unermütlich und ununterbrochen darauf hingewiesen haben, dass nach den geburtenstarken Jahrgängen ab etwa 1970 geburtenschwache kommen, die wiederum aus strukturellen Gründen zunächst noch geburtenstärkere, aber dann für eine längere Phase weitaus geburtenschwächere Jahrgänge hervorbringen werden. Seit dem Regierungswechsel 1998 wird nun *um 30 Jahre verspätet* in Politik und Wirtschaft mit geheucheltem oder tatsächlichem Erstaunen festgestellt, dass es in Deutschland an jungen und gut qualifizierten Arbeitskräften fehlt. Auch die klagende Wirtschaft scheint im Blick auf die langfristigen demographischen Entwicklungen unter "demographischer Blindheit" zu leiden. Jetzt sollen "Köpfe aus Indien" der notleidenden Wirtschaft weiterhelfen. Gleichzeitig werden die Bildungsausgaben für die geburtenschschwachen Generationen bestenfalls "konstant" gehalten, so dass die Bildungsausgaben je Kind gleich niedrig bleiben wie zur Zeit der geburtenstarken Jahrgänge, als man Lehrern und Professoren "Überlasten" abverlangte wohlwissend, dass dieses nur mit einer relativen Verschlechterung des Bildungsangebotes einhergehen konnte.

Im Grunde ist es nicht zu fassen, dass alle Regierungen und mit ihnen die politischen Parteien nach dem zweiten Weltkrieg den Auftrag des Grundgesetzes zum Schutz und zur Förderung der Familie massiv missachtet haben. Mit diesem Versäumnis geht einher eine Missachtung der Geschlechter- und Generationensolidarität. Die Folgen werden in vielfacher Hinsicht "teuer". Das Humanvermögen einer Gesellschaft ist nämlich nicht nur ein Wirtschaftspotenzial, sondern auch ein soziales und kulturelles Vermögen.

Mit den Daten der Tabelle 1 der Bevölkerungsvorausberechnung bis 2050 lassen sich die abschätzbaren Folgen der generativen Entscheidungen aus der ersten Hälfte des 20. Jahrhunderts für die nächsten 100 Jahren schon einigermaßen sicher im Trend ablesen.

In den Jahren um 2050 haben die relativ schwachen Geburtsjahrgänge um das Geburtsjahr 2000 ihre Reproduktion abgeschlossen, und die starken Kohorten der Geburtsjahrgänge von 1965 bis 1974 werden 85 Jahre und älter sein. Dann werden auch zunehmend die geburtenschwachen Kohorten der letzten 25 Jahre des 20. Jahrhunderts ihr generatives Verhalten abschließen. Selbst, wenn sie sich zu mehr Kindern entschließen sollten, wäre der Rückgang der jungen Jahrgänge aus strukturellen Gründen nur langfristig aufzuhalten. Die Zuwanderung verzögert den Prozess, kann ihn aber nicht ändern.

Gesellschaftliches Umdenken ist gefragt und zwar dringlich, denn diese Entwicklungsgeschichte ist seit Generationen bekannt. Negative demographische Schicksale sind weitgehend vermeidbar, denn die Jahrgangsstärken werden Jahr für Jahr amtlich bekanntgegeben. Auf die Unkenntnis bezüglich bekannter Fakten dürfte sich niemand mehr in der "Wissensgesellschaft" berufen dürfen.

Tabelle 1: Altersaufbau der Bevölkerung Deutschlands

Altersklasse	1900		1950		1998		2050*
	Mio	%	Mio	%	Mio	%	%
Kinder und Jugendliche unter 20 Jahren	24,9	44	21,0	30	17,6	21	16
Im Alter der Erwerbstätigkeit 20-60	27,0	48	38,1	55	46,1	56	47
60 Jahre und älter	4,4	8	10,1	15	18,4	22	(36)-37
Bevölkerung insgesamt	56,4	100	69,3	100	82,0	100	100 (65-70 Mio.)

*) Unterstellte Zuwanderung von jährlich 100.000 bis 200.000

Quelle: Stellungnahme der Bundesregierung. Dritter Altenbericht, Berlin, 19.01.2001, S. 4 f.

3. Auswirkungen des Strukturwandels auf den Prozess der Familienbildung und -entwicklung

3.1. Über den Bedarf an familienwissenschaftlicher Forschung

Der Mikrozensus hat in Ergänzung zu den Volkszählungen als primären Auftrag die "Zählung des Volkes". Zur Abbildung des "Aufbaus der Bevölkerung in Deutschland" sind lange Reihen und Kontinuität der Fragestellung erforderlich. Die gesetzlich vorgegebenen Zuordnungen der Personen zu Familien- und Haushaltstypen sind nun seit Jahrzehnten mit einem nahezu unveränderten Satz im Wesentlichen auf die Zusammensetzung des Haushalts, das Verwandtschaftsverhältnis der übrigen Haushaltsmitglieder zur sogenannten Bezugsperson des Haushalts sowie auf einige Basisinformationen über die Haushaltsmitglieder ausgerichtet. Die gesetzlich vorgeschriebene Definition "Privathaushalt" als die zusammenlebende und zusammenwirtschaftende Wohngruppe ist die Erhebungseinheit. Dieses bedingt das strikte Festhalten der amtlichen Haushalts- und Familienstatistik an dem Koresidenzprinzip. Die Folge ist, dass sowohl übergreifende Familienstrukturen und das Zusammenleben und Zusammenwirtschaften, also die Haushaltsstrukturen einer Familie mit mehreren Wohnsitzen oder auch getrennt lebend, amtlich so nicht abgebildet werden können.

Der 1957 eingeführte Mikrozensus verfügte bis zu den rigiden Einschränkungen der Bevölkerungs- und in ihrer Folge auch der Haushalts- und Familienstatistiken in den 70er-Jahren noch über 1/4jährliche Zusatzerhebungen, um schnelle Antworten auf neue Fragen bei Veränderungen in den familialen Lebensformen und Lebenslagen geben zu können. Rund 30 Jahre später, im Jahr 2000, hat das Statistische Bundesamt sich erst wieder ermutigt gefühlt, trotz weiterer Sparkonzepte, neue Überlegungen zur Haushalts- und Familienstatistik vorzustellen, die von den Sachverständigen außerordentlich begrüßt wurden.[11] Doch das Statistische Bundesamt benötigt eine gesetzliche Zustimmung. Dazu sind unterstützende Anregungen von Wirtschaft und Gesellschaft stets hilfreich und vonnöten.

Die Familienforschung hat insbesondere auch durch die Berichterstattungen über die Familie, die Kinder und Jugendlichen, Frauen und Älteren sowie durch die Gutachten des Wissenschaftlichen Beirats für Familienfragen ein erweitertes gesellschaftliches Interesse gewonnen. Die Familie in den unterschiedlichen Lebensphasen, Eltern- und Generationenbezügen darzustellen sowie im Zusammenhang mit dem veränderten Wohnverhalten und den übergreifenden haushälterischen Vernetzungen der Familienmitglieder, hat vielfältige und neue Perspektiven eröffnet, mittels derer der Wandel der Familienstrukturen im 20. Jahrhundert zunehmend besser dargestellt werden kann. Plakativen und provokativen Argumentationen ist somit auch eher zu begegnen.

Familiales Alltagsleben begleitet jeden ein Leben lang. So gilt es im Laufe eines Lebens auch eine Vielfalt von sehr unterschiedlichen Erfahrungen zu machen, die im hohen Maße gesellschaftlich beeinflusst, aber privat kompetent zu meistern sind[12]. Der Wandel der Le-

bensweise ist eine Folge der Umsetzung von Erfahrungen im konkreten Alltagsleben der Menschen.

3.2. Von Veränderungen im Muster der Partnerwahl während der Familiengründungsphase

Die Familiengründungen verliefen bis in die 70er-Jahre weitgehend in allen sozialen Schichten noch nach den traditionellen Regeln der bürgerlichen Familienkultur. Männer und Frauen, aber insbesondere die Frauen, lebten bis zur Heirat in ihren Herkunftsfamilien. Mädchen und Frauen waren bemüht, vor der Eheschließung ihre Aussteuer zusammenzutragen, dafür erwerbstätig zu sein und/oder durch hauswirtschaftliche Dienste und Ausbildung für Ehe und Familie in "typisch weiblichen" Berufsfeldern sich auf ihr Frauenschicksal vorzubereiten. Auf dem Heiratsmarkt für die Versorgungsehen brachte diese weibliche Rollenakzeptanz jedenfalls noch über Jahre Vorteile.

Die jungen Burschen und ehewilligen Männer mussten, so sie um die Hand der Auserwählten bei den potenziellen Schwiegereltern anhalten wollten, nachweisen können, dass sie in der Lage sind, eine Familie standesgemäß zu ernähren. Es folgte nach der Einwilligung der Brauteltern eine mehr oder minder lange Verlobungszeit, um die Familien- und Haushaltsgründung materiell vorzubereiten, so dass nach der Eheschließung die eigene Wohnung bezogen, der eigene Haushalt geführt und möglichst bald ein Kind erwartet werden konnte. Sexuelle Beziehungen vor der Ehe waren für Frauen nur unter sehr erschwerten Bedingungen möglich, auf keinen Fall jedoch gesellschaftlich akzeptiert, höchstens geduldet. Voreheliche Geburten waren in manchen agrarischen Gebieten durchaus üblich, dennoch gesellschaftlich geächtet. Ledige Mütter und in der Folge uneheliche Kinder hatten wie auch Homosexuelle ein unendlich schweres Leben und das bis weit in die zweite Hälfte des 20. Jahrhunderts hinein.

Die Heiratsmärkte waren regional begrenzt. Man heiratete "standesgemäß", was zur damaligen Zeit auch bedeutete, dass die jungen Männer aufgrund der Bildungsbenachteiligung der jungen Frauen in der Regel eine bessere formale Bildung und Berufsausbildung hatten als die jungen Frauen. Von den Geburtsjahrgängen 1937-1947, der heutigen jüngeren Großelterngeneration im Alter von 53 bis 63 Jahren, sind 57,5 % der Frauen, aber nur 26,7 % der Männer ohne beruflichen Bildungsabschluss. 37,8 % der Frauen und 55,9 % der Männer haben eine Lern- oder Anlernausbildung. Einen Fachschul- oder gar Hochschulabschluss erreichten 17,4 % der

Männer, aber nur 3,7 % der Frauen dieser Altersguppe (4. FB 1986, S. 68). Dagegen sitzen im Schuljahr 1999/2000 bereits deutlich mehr Mädchen als Jungen in den Gymnasien, aber weniger Mädchen als Jungen in Grund- und Hauptschulen.[13]

Das Muster der Begründung von "Ehe und Familie" im Sinne der bürgerlichen Kultur des 19. Jahrhunderts fand im Zuge der Bildungsexpansion und der Sexualrevolte der 60er- und 70er-Jahre ein rasches Ende. Geblieben sind die Vorstellungen der "bürgerlichen Lebenskultur" im Bewusstsein derer, die sie noch leben. Das sind zumindestens die Älteren, aber auch noch ihre Kinder, und mit ihnen bestimmen sie die Politik, Wirtschaft und Wissenschaft.

Die Phasen im Familiengründungsprozess der jungen Generation am Ende des 20. Jahrhunderts verlaufen jedoch mehrheitlich völlig anders. Sexuelle Erfahrungen und intime Paarbeziehungen sind für jede Altersphase und für beide Geschlechter enttabuisiert. Liebe, Treue, gegenseitiges Verstehen und Rücksichtnahme aufeinander wird erhofft und erwartet. Enttäuschungen führen zu Trennungen und werden je nachdem mehr oder minder fair miteinander abgewickelt. Kompetenzen in Krisenmanagement sind schon früh gefragt. Promiskuität ist nicht gewünscht, wird aber geduldet.

Dieser Phase der Partner- oder Partnerinnensuche folgt die Entscheidung für das haushalterische Zusammenwohnen mit und ohne Umwege über Wohngemeinschaften. Jede dieser bereits gemeinsamen Lebensphasen in der Partnerschaft hängt im hohen Maße davon ab, mit welchen Ressourcen und nach welchen Regeln die gemeinsamen Alltagsaufgaben aufgeteilt und inwiefern das Lebensweisekonzept beider auf berufliche und familiale Wünsche ausgerichtet werden kann. Verzichte und Risiken, Unterstützungen und Förderungen werden gegenseitig erwartet, aber einseitig nur in Grenzen geduldet.

So unterscheidet sich diese Phase des Zusammenlebens vor der eigentlichen Familiengründung grundsätzlich von Zeiten der Verlobung in der traditionellen bürgerlichen Familie. Während damals die Verlobungzeit primär der Vorbereitung der Haushalts- und Familiengründung gewidmet war, dem familienorientierten intimen Kennenlernen der Ehepartner und deren Herkunftsfamilien diente und zeitlich durch den Heiratstermin begrenzt war, ist die Phase des Zusammenziehens und der Begründung einer Wohn- und Lebensgemeinschaft in der Regel heute zeitlich nicht terminiert und auch im Hinblick auf gemeinsame Lebenskonzepte offen. Die Heirat folgt, wenn die Familiengründung nicht nur geplant, sondern fest ins Auge gefasst ist, ein Kind gewünscht oder erwartet wird, aber selbst das bleibt offen. Neuere Untersuchungen zeigen, dass nicht-eheliche Partnerschaften nicht selten scheitern, sobald ein Kind erwartet wird.

3.3. Elternschaft als „kritische Lebensphase“? – Das Thema: Verlängerung der Ausbildungsphase und generatives Verhalten

Parallel zu diesen in relativ jungen Jahren beginnenden intimen Paarbildungen verläuft heute die drastische Verlängerung der Erstausbildungen. Die jungen Leute müssen alles tun, um eine Elternschaft zu verhindern, wenn sie ihre Ausbildung abschließen wollen. So ist es nicht verwunderlich, dass die Zahl der Abtreibungen bei den Minderjährigen am stärksten ansteigt. An den 134.609 Schwangerschaftsabbrüchen in Deutschland *im Jahr 2000* sind Schwangere unter 25 Jahren mit 32,7 % beteiligt, darunter sind 4,7 % Schwangere im Alter unter 18 Jahre. Der Anteil der 25 bis unter 30 Jahre alten Frauen beträgt nochmals 21,7 %. Über die Hälfte der Schwangerschaftsabbrüche fällt in die Schul- und Berufsausbildungszeit und in die Zeit des Berufseinstiegs junger Frauen. Je 1000 Geburten erfolgen 170 statistisch registrierte Abbrüche von in Deutschland wohnenden Frauen einschließlich der im Ausland vorgenommenen Abbrüche. Der Anstieg im Vergleich zum Vorjahr beträgt 3 %.[14]

Die sich zunehmend verlängernde Dauer der Schul- und Berufsausbildungen eines wachsenden Teils der jungen Generation und die gesellschaftlich “nicht vorgesehene” Vereinbarkeit von beruflicher Erstausbildung und Familiengründung führt zur Verschiebung von Elternschaft auf spätere Jahre oder auch zum Verzicht auf diese.

Wird der Ausbildungsabschluss hinausgeschoben und/oder wird darauf verzichtet, auch noch den Berufseinstieg zu versuchen, dann heißt dieses für die jungen Mütter, sich in einer zunehmend risikoreicheren Lebensgestaltung zu recht finden zu müssen, auf die niemand in einer “Erstausbildung” vorbereitet wird.

Nicht nur die “Versorgungsehe” durch Heirat und Kinder hat ihre lebenslängliche Sicherungsfunktion verloren, auch die Berufsqualifikationen sowie ein Berufsabschluss ohne praktische berufliche Bewährung sind längst keine Garantie mehr für eine gesicherte Teilhabe an der gesellschaftlichen Wohlfahrtsentwicklung.

Auch können in den Jahren des aus wirtschaftlicher Vernunft gebotenen, notwendigen Aufschubs von Elternschaft und des ungebundenen gemeinsamen Lebens im

Zusammenhang mit unterschiedlichen persönlichen, beruflichen und gesellschaftlichen Ereignissen und Erfahrungen sich die Kinderwünsche aus guten Gründen als nicht mehr aktuell erweisen. Kinderlosigkeit, Trennung und/oder eine neue Partnerschaft und neue Überlegungen für oder gegen Elternschaft können die Folge sein. Tritt die Elternschaft ein und wird sie gemeinsam akzeptiert und erwünscht, bedeutet dieses für die Frau, aber auch für den Mann, einen Markierungspunkt, der als "Bruch in der Biographie", als "kritisches Lebensereignis" oder auch nur schlicht als Beginn einer neuen Lebensphase bezeichnet wird. Allerdings sind die Folgen für Frauen gravierender als für Männer (vgl. 4. Öst. FB 1999, S. 217-224).

Längsschnittuntersuchungen zeigen, dass es vielfache Gründe gibt für eine relative Deprivation, insbesondere junger Mütter. Dazu zählen die Verringerung des Familieneinkommens, die Re-Traditionalisierung der Geschlechtsrollen, die Familienorientierung in der Freizeit und damit verbunden eine Umstrukturierung des sozialen Netzes. So ordnen sich z. B. die Beziehungen zu Kinderlosen zugunsten solcher zu Eltern mit Kindern gleichen Alters um. Ursache ist nicht zuletzt der Betreuungsbedarf eines Kleinkindes rund um die Uhr.

Für das Gelingen oder auch Misslingen der notwendigen Anpassungsleistungen in der Phase der Familiengründung sind die Daseinskompetenzen des Paares entscheidend. Die Qualität ihrer Beziehungen, die subjektive gegenseitige Wahrnehmung, verbunden mit Rücksichtnahmen, Gesprächsbereitschaft und Fähigkeiten im Krisenmanagement sind *wichtige Ressourcen des Humanvermögens.* Wesentlich ist auch das den jungen Eltern verfügbare Unterstützungsnetz. Letzteres hängt im hohen Maße von der beruflichen, ökonomischen und sozial-kulturellen gesellschaftlichen Einbindung junger Eltern ab. Für einen Teil von Frauen und Männern bedeutet der Übergang zur Mutterschaft bzw. Vaterschaft sogar das Ende oder eine grundlegende Veränderung der Partnerschaft, einer an sich für stabil gehaltenen Lebensform, mit allen daraus folgenden Belastungen für die Alleinerziehenden.

Die gesellschaftlichen Konsequenzen heißen: *Familie zu leben ist schwerer geworden.* Das Anliegen des Fünften Familienberichts (1994) war es, dieses deutlich zu machen und neue Wege zu suchen, nicht nur die Vereinbarkeit von Familien- und Erwerbsarbeit zu erleichtern, sondern darüber hinausgehend auch die Vereinbarkeit von Familiengründung und Berufsausbildung zu ermöglichen. Letzteres fällt in die Zuständigkeit des Bundes und der Länder und liegt nur begrenzt in der Verantwortung der Wirtschaft. Aber es könnte durchaus für die Wirtschaft vorteilhaft sein, wenn die Phase der Familienbildung schon in der Berufsbildungsphase beginnen und ihre Vereinbarkeit dazu führen könnte, dass Berufsbildungen nicht abgebrochen oder gewünschte Kinder nicht geboren werden. *Zudem wünschen sich gewiss auch die Eltern bestens ausgebildeter Söhne und Töchter Enkelkinder.*

Generatives Verhalten wird, wie inzwischen von vielen Untersuchungen belegt ist, von den unterschiedlichsten individuellen und gesellschaftlichen Faktoren beeinflusst und nicht zuletzt durch die eigenen Erfahrungen mit Geschwistern oder ohne Geschwister bestimmt. Es zeigen sich gruppenspezifische Unterschiede zwischen Regionen, Stadt und Land, Konfessionen, sozialen Schichten und Milieus. In den 50er-Jahren waren die Geburtenrückgänge in den ländlichen Regionen größer als in den verstädterten; in den letzten 10 Jahren waren sie gravierend in den neuen Bundesländern. Frauen mit akademischer Bildung verzichten eher auf Kinder als solche mit Hauptschulabschluss. So zieht die Sozialforschung den Schluss, dass bei weiter steigender Kinderlosigkeit sich die Lebensformen zweiteilen werden in solche, die Kinder aufziehen und solche, die dieses nicht beabsichtigen. Es wird damit gerechnet, dass bis zu 1/3 der Frauen im gebärfähigen Alter kinderlos bleiben werden. Aber: Es ist *nicht nur ein gradueller Unterschied, ob sich ein Paar Kinder wünscht, deren Zahl jedoch auf eines oder zwei reduziert,* so verlief die Entwicklung ab dem Ende des Babybooms, oder *ob mit einem steigenden Anteil bei Frauen und Männern Kinder nicht mehr zu ihrem Lebensentwurf gehören sollen,* was anscheinend zur Zeit der Trend sein könnte. Wer heute eine Familie gründet, entscheidet sich zumeist für zwei Kinder.

4. Vom Wandel der Dramaturgie im Zusammenleben der Generationen: Über die Bedeutung von Generationenschicksalen für die Kommunikationsfähigkeit zwischen den Generationen

4.1. Altersabstände und die Großelternrolle: Über die Großeltern-Enkel-Interaktion

Ein formales Kriterium der Struktur des Generationenverhältnisses ist der Altersabstand zwischen Großmutter-, Tochter- und erster Enkelgeneration. Beträgt er jeweils 20 Jahre, könnten ein Neugeborenes und seine 100jährige Ur-Ur-Großmutter sich gerade noch gegenseitig zur Kenntnis nehmen. Bei einem Altersabstand von 30 Jahren sind die Ur-Großeltern des Neugeborenen bereits 90 Jahre. Je größer die Abstände der Generationen sind, desto weniger Generationen leben zur gleichen Zeit, und desto geringer ist der Anteil der Familien mit Kindern an der Gesamtbevölkerung.

Die heutigen gut ausgebildeten Töchter mit Berufsambitionen entscheiden sich später für ein Kind. So werden Eltern wenn überhaupt auch erst später Großeltern, und es gibt anteilig weniger "Familien mit Kindern" in der Gesellschaft. Aus diesem Grund hat zum Beispiel China, das sein Bevölkerungswachstum abbremsen möchte, nicht nur die Ein-Kind-Familie angeordnet, sondern zudem versucht, das Alter der Mutterschaft bei der Geburt des Kindes auf 28 Jahre heraufzusetzen.

In unserer Gesellschaft würde eine jüngere Müttergeneration auch ohne mehr Geburten für einen höheren Anteil von "Familien mit Kinder" im Aufbau der Bevölkerung in Deutschland sorgen.

Die zunehmend vergleichsweise in einem höheren Alter stehenden Großeltern sind bei einem zunehmenden Erstgeburtsalter selbst nicht mehr im erwerbstätigen Alter; sie könnten Zeit für ihre Enkelkinder haben. Sie sind aber zugleich die Generation, die für ihre Eltern und älteren Verwandtengeneration in erster Linie bei der Betreuung und Pflege die Verantwortung trägt. Die "Kinder" der wachsenden Zahl der 85- bis 100-Jährigen sind 60 und mehr Jahre alt. Eine "Sandwich-Generation", die noch eigene Kinder im Haushalt hat, erwerbstätig ist und gleichzeitig die Großeltern zu pflegen hat, gibt es selbstverständlich ebenfalls, aber nicht so häufig, wie vielfach angenommen.[15]

Über die Generationenbeziehungen berichten der Vierte Familienbericht (1986) und die Altenberichte, der dritte erschien 2001. Auch sonst ist die Altersforschung ein geförderter Bereich der Sozialwissenschaften. Im Vergleich zu den Generationenbeziehungen zwischen Eltern- und Kindergenerationen, die an anderer Stelle dieses Buches eingehend erläutert werden, sei hier primär die Aufmerksamkeit auf Untersuchungen über die Großelternrolle und die Großeltern-Enkel-Interaktionen gerichtet.

Wichtig ist es, bei der Darstellung des strukturellen Wandels dieser Beziehungen deutlich zu machen, von welchen Altersgruppen gesprochen werden soll, denn die Zeitereignisse und Generationenschicksale bestimmen auch die Großelternrollen und ihre Interaktionen mit den Enkeln.

Wenn wir als Beispiel die Altersgruppe 1925 bis 1935 zur Großelterngeneration erklären und die demographischen und zeitgeschichtlichen Lebensläufe des Geburtsjahrgangs 1930 zu ihrer Charakterisierung heranziehen, dann haben diese Großeltern ihrerseits Eltern gehabt, die um die Jahrhundertwende geboren sind, den ersten Weltkrieg, die Weimarer Republik und auch noch den zweiten Weltkrieg durchlebt haben und die Generation der verantwortlichen "Älteren" in den 12 Jahren der NS-Diktatur und des zweiten Weltkriegs waren.

Das Familienleben war damals geordnet im Sinne der "deutschen protestantischen Tugenden", hierarchisch-patriarchalisch, solange die Väter noch nicht im Kriege waren. Ab dem 10. Lebensjahr begann die Dienstpflicht in der Hitlerjugend. Diese brachte für die älteren Jahrgänge der Mädchen und Jungen sehr bald Möglichkeiten der Distanz zu einem traditionellen elterlichen Einfluss auf Bildung und Erziehung, die eine gewisse Emanzipation im Sinne der Jugendbewegung aus der Zeit vor dem ersten Weltkrieg ermöglichte, Fahrten, Lagerleben, Singen und Sport, aber eben auch politische Indoktrination, Wehrertüchtigung und Kriegseinsatz, dem Alter entsprechend. Da in der NS-Zeit "Jugend durch Jugend" geführt wurde, waren die "Führer und Führerinnen" stets nur wenige Jahre älter als die Gefolgschaft. So konnten schon 12- bis 14-Jährige sich in relativ verantwortlichen Führungspositionen einüben. Mädchen wurden, so weit es der Krieg zuließ, konsequent auf Mutter- und Hausfrauenrollen vorbereitet, Jungen auf Wehrertüchtigung und Berufsrollen. Die "Kindheit" der Großelterngeneration 1930 war kurz, voller Pflichten und im Jugendalter nicht selten voll eines Übermaßes von Verantwortung für das eigene Überleben, aber auch für das der jüngeren Geschwister und nicht selten sogar für das von Müttern und älteren Verwandten.

Die Großeltern in ihrer Elternrolle, als Jugendliche geprägt durch Krieg und Nachkriegsnöte, wuchsen als junge Erwachsene in die "Wirtschaftswunderzeit" hinein. Diese Phase der wirtschaftlichen Prosperität und des Wiederaufbaus mag von außen und im Rückblick wie ein Wunder erscheinen. Für diejenigen, die es schufen, war es harte Arbeit, sparsames bescheidenes Leben mit dem "bürgerlichen Leitbild der Familie", 48 Std.-Woche und Hausarbeit unter einfachsten Wohn- und Arbeitsbedingungen. Doch der Aufschwung war zu spüren, und die ausgewählte Großelterngeneration ergriff ihre Chancen. Sie waren als Generation der "gebrannten Kinder" Pragmatiker und an wirtschaftlichem und sozialem Fortschritt interessiert, doch relativ unpolitisch und "restaurativ" orientiert. Ehe und Familie mit Kindern gehörten selbstverständlich zum Lebenskonzept. Sie sind heute im Vergleich zu früheren Generationen wohlhabend mit einem sicherlich berechtigten Maß an späten Ansprüchen auf "Selbstverwirklichung" (vgl. 4. FB. 1987, S. 54 ff. und 5. FB. 1994, S. 104 ff.).

Die Kinder des Großelternjahrgangs 1930 sind in unserem Beispiel 1955 bis 1970 geboren. Sie bilden somit die Jahrgangsgruppe, welche durch das "demographische Schicksal" zur "Babyboom-Kohorte" gehört, die stets eigentlich "zu viele" sind. Im

Jahr 2000 gibt es dann die Kinder der "Babyboom-Kohorte", die Enkel unserer ausgewählten Großelternjahrgänge, die nur noch aus strukturellen Gründen relativ geburtenstärkere Jahrgänge sind. Es sind die "Kinder und Jugendlichen unter 20 Jahren", denen zur Zeit die Lehrer fehlen.

Was verbindet die siebzigjährigen Großmütter und Großväter des alten Jahrhunderts mit ihren Enkeln, der maßgeblichen Generation für die Gestaltung des neuen Jahrhunderts? Ziemlich sicher ist, dass die meisten Enkel ihre Großeltern noch persönlich kennenlernen können und auch noch deren Geschwister als Großonkel und Großtanten. Ziemlich sicher ist ferner, dass die Großeltern und die weitere Verwandtschaft derselben Altersgruppe nicht mit den Eltern und Enkeln zusammenwohnen, aber dass die regionalen Entfernungen nicht zu groß sind, so dass man einander öfters begegnen kann. Aber nicht sicher ist, ob die Großeltern und weitere Verwandtschaft mütterlicher- und väterlicherseits miteinander in Kontakt stehen. Möglicherweise haben die Enkel getrennt lebende oder bereits geschiedene Eltern. Die Enkel können so zusätzliche "soziale" Großeltern bekommen und/oder auch den Kontakt zu den leiblichen dieser oder jener Seite verloren haben, sie kaum noch kennen, wenig oder nichts von ihnen wissen.

So ungewöhnlich ist dieses für Generationenbeziehungen zwischen Großeltern und Enkeln auch wieder nicht, denn früher verstarben Eltern und Großeltern früher. Es wurde ebenfalls wieder geheiratet, nicht zuletzt aus wirtschaftlichen Gründen. Für die familialen Bindungen ist es allerdings nicht dasselbe, ob leibliche Elternteile in der Kindheit durch Tod oder durch Trennung im familialen Alltagsleben fehlen und andere Personen an ihre Stelle treten. Die aktive Gestaltung der familialen Netze ist bei einer Trennung jedenfalls schwieriger für alle Beteiligten.

Aufgrund von Untersuchungen, insbesondere in den USA, wurden (1964) fünf typische Erlebnis- und Interaktionsstile von Großeltern in Bezug zu ihren Enkeln beschrieben (4. FB. 1987, S. 88).

- "Die *formellen Großeltern*, die nur ab und zu in Erscheinung treten, sich in familiäre Angelegenheiten keinesfalls einmischen; durch finanzielle Unterstützungen und Geschenke kommen sie ihren formalen Pflichten nach, emotional fühlen sie sich jedoch weder positiv noch negativ durch die Existenz der Enkel angesprochen.
- *Großeltern als Ersatzeltern*, eine Form, die mehr und mehr zurückgeht, es sei denn, dass eine Scheidung der Tochter (oder diese als Alleinerziehende) die

Großeltern zu dieser Rollenübernahme veranlasst. Hier übernehmen vor allem die Großmütter die Haushaltsführung und Kindererziehung, auch dann, wenn die Mutter krank oder berufstätig ist. Dies ist die einzige Form der Großelternschaft, so stellen die Autoren fest, bei der Großeltern ihre Enkel prägen.

- *Großeltern als weise Ratgeber*, eine ebenfalls immer seltener werdende Form. Hier stellen vor allem Großväter ihre besonderen Fähigkeiten, ihr "Know-how" etwa im Rahmen einer Finanzberatung, eines Hausbaus, von beruflichen Problemen den Enkeln zur Verfügung, suchen aber ansonsten eine "distanzierte Autorität" zu wahren. Diese Rolle wird dann übernommen, wenn die Enkel bereits herangewachsen sind.
- *Großeltern als Freudensucher* sind jene, die Spiel und Spaß mit ihren meist jüngeren Enkeln teilen möchten, diese gelegentlich einladen (diese Form kommt bei getrennten Wohnorten häufiger vor als bei gleichen Wohnorten) und mit ihnen etwas unternehmen. Es sind Großeltern, die sich aber hüten, als Autoritätsfiguren aufzutreten und Disziplinierungsmaßnahmen einzusetzen.
- *Distanzierte Großeltern* sind jene, die auf völlige Distanz zu ihren Enkeln gehen, die sich die Anrede "Großmutter", "Oma", "Grandma" usw. verbieten. Diese Form kommt bei jüngeren Großeltern häufiger vor. Die jungen Großeltern wollen ihr eigenes Leben nicht durch die Enkelkinder beeinträchtigen lassen."

Neuere Forschungen zeigen, dass die meisten Interaktionsformen zwischen Großeltern und Enkeln mit Spaß und Freude zu tun haben, dass die Beziehungen zu den Enkeln erheblich vom Lebensalter der Enkel abhängen und dass die älteren Enkel keine Erwartungen an die Großeltern richten, aber zu 60 % Verantwortung für die Großeltern zu übernehmen bereit sind. Großeltern sind in Deutschland am Ende des 20. Jahrhunderts eine relativ vermögende Generation, unterstützen Kinder und Enkelkinder finanziell. Es werden wieder in allen Schichten Vermögen vererbt. Aber auch die Großeltern erlauben sich nach einer harten Kindheit und Jugend und dem mit beachtlichem persönlichen Einsatz geleisteten Wiederaufbau Deutschlands eine Phase des Reisens und Genießens im Alter. Sie haben mehr und für sie bedeutsamere Interaktionen mit Freunden und Bekannten ihres eigenen Lebensbereichs. Diese korrelieren auch stärker mit Lebenszufriedenheit. Großeltern, die ihre Enkel brauchen, um Einsamkeit und Isolation zu vermeiden, sind zumeist "Großmütter", die ihr ganzes Leben mit wenig Freunden, ohne Berufstätigkeit und relativ unzufrieden mit der eigenen Biographie verbrachten. Die besten Kontakte zu Enkeln haben die Großeltern zu den Kindern ihrer Töchter. Hier ist die gegenseitige Vertrautheit am stärksten ausgeprägt.

4.2. Chancen und Probleme einer „kofigurativen" Kulturvermittlung: Vom wechselseitigen Lernen in der Generationenfolge

Unabhängig von diesen gelebten und empirisch dokumentierten Interaktionsrollen lässt sich noch die Frage prüfen, was sich die Generationen der ausgewählten Jahrgänge: Großeltern um 1930, Eltern um 1955 und Enkel um 1990 geboren, zu sagen haben?

Die Generation der Großeltern, die um 1930 geboren ist, hat Kindheit und Jugend im Nationalsozialismus erlebt, ab dem 10. Lebensjahr waren sie dienstverpflichtet, und zum Kriegsende wurden auch noch 15-Jährige im Volkssturm, an der Flak und in den Bombennächten zu Lösch- und Aufräumungsarbeiten gebraucht. Die Älteren waren noch im Arbeitsdienst und Soldaten. Flucht und Vertreibung gehört zu ihren Biographien. Sie mussten nicht selten ihre im Krieg und in der Gefangenschaft stehenden, gefallenen oder noch über Jahre festgehaltenen Väter für Mütter und jüngere Geschwister ersetzen. Sie erlebten, dass Familienmitglieder und nahestehende Menschen dem Bombenkrieg in der Heimat und an den Fronten zum Opfer fielen, aber auch aus Häusern vertrieben, vergewaltigt, gefangen genommen und ermordet wurden, ganz zu schweigen von den Großeltern, die als Verfolgte des Naziregimes mit oder ohne Eltern den schwersten und verzweifelsten Überlebenskämpfen ausgesetzt gewesen sein konnten.

Diese Großeltern sprechen selten über ihre Kindheitserinnerungen des "Schreckens", sie werden auch von Niemanden danach gefragt. Sie waren zu jung, um als Zeitzeugen zu gelten, und als "Opfer" einer barbarischen Zeit sind sie nicht gefragt. Zu gewaltig ist die Schuldenlast des Naziregimes, der Älteren ihrer Zeit.

Der Umgang der Generationen wird von den Alternsforschern mit der Sentenz "innere Nähe bei äußerer Distanz" beschrieben. Dieses spiegelt wider, *was typisch zur Struktur des Alltagslebens in modernen Gesellschaft gehört;* die Menschen werden nach Altersgruppen in die gesellschaftlichen Institutionen ein- und aus der Familie ausgegliedert. *Mit der Auflösung familienwirtschaftlicher Strukturen, in welchen das Zusammenleben und Zusammenwirtschaften der Generationen ein konstitutives Merkmal war, geht in der Industrie-, Dienstleistungs-, und Arbeitnehmergesellschaft jede Generation mehr oder minder eigene Wege.* Aus den 70er-Jahren ist der Slogan "trau' keinem über dreißig" noch im Ohr derjenigen, die heute 50 und älter sind und nun selber zu den von ihnen erfundenen sogenannten "Gruftis" gehören. Dieses ermuntert Ältere nicht sonderlich, sich um die Jüngeren zu bemühen. Gleichzeitig haben aber alle

Vereine, Verbände und Parteien Nachwuchssorgen. Ältere wie Jüngere sind aus ihrem familialen Lebensalltag heraus nicht mehr an das selbstverständliche alltägliche Miteinander gewöhnt, aber *an innerer Nähe mangelt es nicht.* Für die Zukunftsgestaltung im privaten wie im gesellschaftlichen Leben ist jedoch das faire Miteinander der Generationen weit profitabler als die gegenseitige Distanzierung und Abschottung oder gar Kampfansage, wie man beispielhaft an den wirtschaftlich erfolgreichen, gemeinschaftlichen familialen Netzwerken der Familien ausländischer Herkunft sehen und studieren kann (dazu 6. FB. 2000).

Die Enkel sind, wie die neuerliche politische Diskussion über Neonationalsozialismus, "deutsche Leitkultur" und die 68er-Studentenrevolte zeigt, mit Wissen und Informationen über das Naziregime und über Verlauf und Grausamkeiten der Judenverfolgung und des zweiten Weltkrieges in den Schulen gut vertraut. Insbesondere nach 1989 haben die zeitgeschichtliche Forschung und ihre mediale Aufbereitung außerordentliche Fortschritte gemacht. Generationenkonflikte zwischen Großeltern und Enkeln sind durch den von Erziehungsaufgaben freien Umgang miteinander weitgehend selten, also kann oder könnte man offen und aufrichtig miteinander "neue und alte Geschichten" besprechen.

Die Wirkungen der Wissensvermittlung über Deutschlands Geschichte des 20. Jahrhunderts könnte bei den Enkeln, zunächst durch eine Lehrergeneration vermittelt, die selbst zu den Altersgruppen "mit der Gnade der späten Geburt" gehört und bewusst oder unbewusst durch die mitunter emotional und/oder ideologisch gefärbten zeitgeschichtlichen Darstellungen der Nachkriegszeit geprägt ist, durch Gespräche mit den Großeltern sicherlich noch ergänzt und vertieft werden.

Als Voraussetzung für den Erfolg solcher Gespräche müsste die Großelterngeneration es schaffen, sich einerseits für die zeitgeschichtlichen Interessen und Wissensbestände ihrer Enkel ernsthaft zu interessieren und die Gesprächsgestaltung an den Argumenten der Enkel auszurichten versuchen. Andererseits müsste auch sie sich selbst um Aufklärung der Zusammenhänge ihrer persönlichen Erfahrungen und Auffassungen bemühen. Die medialen Angebote machen das heute für alle Generationen sehr gut möglich.

Gelingen den Großeltern solche Gespräche mit den Enkeln, wobei es gleichgültig ist, auf welchem Gebiet oder bei welcher Begegnung sich das Gespräch entzündet, könnten dabei Enkel- wie Großelterngenerationen nur gewinnen.

Schließlich vermag eine Vorstellung wie die, mit der der bedeutende Sozialpsychologe und Politiker Willy Hellpach (1877-1955) in der unmittelbaren Nachkriegszeit in seine Vorlesung über das Generationenverhältnis einführte: *"Die Jungen glauben, dass die Alten dumm sind, doch die Alten wissen, dass die Jungen dumm sind!"* keinen besonders vertrauensvollen Umgang der Generationen miteinander zu begründen. Das stellte sich schließlich dann auch sehr bald mit der 68er-Jugendrevolte heraus. Erich Fromm (1900-1980) drückte zur gleichen Zeit seine Besorgnis hinsichtlich der fehlenden Voraussetzungen für ein vertrauensvolles intergeneratives Zusammenleben wie folgt aus. Er meinte: *„Wenn eine gesamte gesellschaftliche und wirtschaftliche Organisation darauf beruht, dass jeder auf seine eigenen Vorteile bedacht ist, wenn sie von dem Prinzip des Egoismus beherrscht wird, der nur durch die Moral der Fairness in Schranken gehalten wird"*, dann können Vertrauensbeziehungen und Zuneigung der Menschen zueinander nur noch von Wenigen gelebt werden. Dann aber können keine wirklich humanen Ordnungen, solche, die für ein friedliches Zusammenleben und Zusammenwirtschaften aller Generationen sorgen, zustande kommen. *"Die Liebe ist notwendigerweise in der heutigen westlichen Gesellschaft ein seltenes Phänomen – nicht nur, weil viele Tätigkeitsformen keine liebende Haltung erlauben, sondern weil in einer Gesellschaft, deren höchstes Ziel die Produktion und die Konsumtion ist, sich nur der Nicht-Konformist erfolgreich wehren kann." (E. Fromm 1976, S. 176 ff.).* Wie wird es gleichwohl möglich, dass die Gesellschaft zu einer Lebensform findet, in der die Alternative nicht "Geld statt Liebe" lautet?

In seinen Betrachtungen über die Themen: "Der Weg des Menschen" und "Ich und Du" betont Martin Buber die Bedeutung des Dialogs zwischen den Generationen für den Aufbau eines Vertrauensverhältnisses im Mit- und Füreinander der Generationen. Dieser Dialog gelinge, wie Martin Buber meint, zwischen Eltern und Kindern nicht so sehr gut, besser aber zwischen Großeltern und Enkeln und am besten zwischen Urgoßeltern und ihren Urenkeln. Der Dialog zwischen Kind und Älteren sei infolge des Zutrauens der Älteren zu dem Kind und damit zu dem Vertrauen auf Zukunft und dem Vertrauen des Kindes zu der Vertrauenswürdigkeit der Älteren, Erfahreneren *ursprünglich* ungestört. Doch in einer Konfliktsituation werde das Vertrauensverhältnis in Frage gestellt. Es wieder herzustellen, sei eine doppelte Aufgabe. Es könne nicht genügen, das Motiv des Konfliktes als ein von inneren oder äußeren Gegebenheiten isoliertes Faktum als Teilphänomen anzusehen und verarbeiten zu wollen. Ein Vertrauensverhältnis geht nach dem Buberschen "dialogischen Prinzip" über die vermittelbaren Wahrnehmungen der "Ich-Es-Beziehungen" hinaus zu dem unmittelbaren "Ich-Du-Bezugs". Der andere Mensch ist nicht Objekt, sondern der dem "Ich" *ebenbürtige* und ihm seine Identität, seinen Selbstwert gebende andere Mensch, ganzheitlich und nicht in Teilphänomene auflösbar. Deshalb sind Konfliktlösungen auch nur dann auflösbar, wenn der "Frieden" mit dem Anderen zuerst bei sich selber gesucht und gefunden werden kann. Erst dann entspricht der Ältere in seiner Möglichkeit zur Offenheit und Wahrhaftigkeit dem uneingeschränkten Vertrauen, das Kinder den Älteren entgegenzubringen vermögen. Ein älterer Mensch, der nicht zu sich selber findet, kann Schwächere verführen und unterdrücken, für sich ausnutzen. Vertrauen findet er bestenfalls auf Zeit und von seinesgleichen, bis es dann doch offenbar wird, wie gelogen und betrogen, ausgebeutet, verschwiegen und getötet wurde.

Es ist Aufgabe der Älteren, sich im Interesse und der Fragen der Jüngeren entsprechend selbstkritisch zu erinnern an ihre Lebenserfahrungen anderer Art und in anderer Zeit. Sie könnten auf diese Weise als Mittler zwischen gesellschaftlichen Entwicklungen und Veränderungen[16] agieren und zum Aufbau einer "kofigurativen" Kultur beitragen. Mit diesem Begriff, der auf die Chancen eines die Gegenwart gemeinsam Gestaltens abzielt, bezeichnet Margaret Mead, die große Kulturanthropologin, ein Verhältnis der Generationen in *"vertrauter Ebenbürtigkeit"*, in dem zwar die Älteren noch dominieren, aber mit den Jüngeren kooperieren und zwar *"in dem Sinn, dass sie bestimmen, in welchem Stil und innerhalb welcher Grenzen Kofiguration im Verhalten der Jungen Ausdruck findet. Es gibt Gesellschaften, in denen die elterliche Billigung oder Ablehnung über die Annahme oder Zurückweisung neuer Verhaltensweisen entscheidet; hier ist es also für die Jungen nicht wichtig, ob Ebenbürtige dem Wandel zustimmen, sondern dass es die Älteren tun. Doch wo man allgemein die Erwartungen teilt, dass die Angehörigen einer Generation ihr Verhalten an dem ihrer Zeitgenossen, speziell ihrer jugendlichen Altersgenossen, orientieren werden und dass sich ihr Verhalten von dem ihrer Eltern und Großeltern unterscheiden wird, erfüllt jedes Individuum, das mit Erfolg einen neuen Stil verkörpert, bis zu einem gewissen Grad Vorbildfunktion für andere Mitglieder der gleichen Generation. Kofiguration findet ihre Ansätze in einem Bruch im postfigurativen System"*. Das heißt Bruch mit einem Kulturerbe, nach welchem Kinder primär von ihren Vorfahren lernen sollten und konnten (Mead 1971, S. 61 f.).[17]

Kofiguration bietet die Chance, Brüche im Umgang mit einem Kulturerbe, das historisch belastet ist, kreativ zu verarbeiten, um für die Zukunft daraus lernen zu können. Im Zeitalter der Gläubigkeit an den beglückenden Fortschritt durch die von der mittleren Generation proklamierte "Wissensgesellschaft" ist die Erinnerung der Älteren für die Enkel vielleicht nicht ganz unwichtig. Es ist dabei Aufgabe der Älteren, die Chancen, aber auch die Probleme kofigurativer Kulturvermittlung zu erkennen. Enkel können wieder zu Trägern familialer, aber auch sozial-kultureller Wertorientierungen werden, welche möglicherweise ihre Elterngeneration verweigerte. Sie können damit die Aufgabe übernehmen, auch zwischen den erwachsenen Familiengenerationen als Verbindungsglied zu wirken.

Sie würden zu Stützen einer kofigurativen Kulturvermittlung, in welcher weder die Jungen nur von den Alten, noch die Alten nur von den Jungen zu lernen haben, weil Ältere wie Jüngere ihre Bereitschaft zeigen, sich mit risikobeladenen alten sowie neuen "fremden" Lebensproblemen im Dialog auseinanderzusetzen.

Eine kofigurative Kulturvermittlung bietet somit zwar eine Chance für die Förderung des gegenseitigen Verständnisses der Generationen, aber sie sichert nur dann "eine Kulturvermittlung zum Besseren", wenn sie sich dessen bewusst bleibt, dass es möglich ist, ganze Generationen zu verhetzen und zu irrwitzigen ethnischen Auseinandersetzungen zu verführen.

Der Dialog zwischen den Generationen kann nicht ohne Familie erfolgen, da wo die Menschen sich am unmittelbarsten begegnen und Vertrauen ganz unmittelbar gegeben ist, Vertrauen und Zuneigung auch zu allererst erwartet und befriedigt wird, in den familialen Formen des Alltagslebens. Deshalb sollte es eine Gesellschaft sich gut überlegen, welche Konsequenzen es hat, wenn gerade diese Lebensaufgabe der Vermittlung von Wertmustern an auf wirtschaftliche und politische Interessen ausgerichtete Instanzen delegiert werden und somit nach- und untergeordnet werden.

Margaret Mead beschrieb wegweisend auch noch die *Vision* eines "*präfigurativen* Kulturmusters" im Zusammenleben der Generationen. Zu unterstellen sei, dass sich die Generationen ihrer grundsätzlichen Konfliktsituation in der Auseinandersetzung um die *Zukunftsgestaltung* des sich immer schneller und risikoreicher zeigenden technologischen Fortschritts bewusst sind. Deshalb könnten die Kommunikationen zwischen den Generationen weniger um der Vergangenheit willen, sondern auf die Notwendigkeit von Gestaltungsaufgaben in der Gegenwart für die Zukunft bezogen gesucht und gefunden werden. Sie sagt: "Wenn wir eine präfigurative Kultur zustande bringen wollen, in der die Vergangenheit ein Instrument, nicht aber einen Zwang darstellt, müssen wir der Zukunft einen anderen Standort zuweisen ... Diese Jugend sagt: Die Zukunft ist jetzt! Das klingt nach unvernünftigem jugendlichen Feuereifer, und außerdem werden so manche Forderungen erhoben, die in konkreten Einzelheiten nicht durchführbar sind. Aber meines Erachtens weist uns die Jugend auch hier wieder einen Weg – den Weg zu einer Umgestaltung unseres Denkens. Wie das Ungeborene im Mutterleib geborgen ist, so muß die Zukunft ihren Platz in einer Gemeinschaft von Männern, Frauen und Kindern finden. Auch sie ist bereits vorhanden, muß genährt, gehegt und beschützt werden. Schon jetzt braucht sie Dinge, die wir gleich bereitstellen müssen – denn wenn sie erst geboren ist, ist es zu spät." (Mead, a. a. O., S. 131).

Wer meint, dass dieser Dialog des "präfigurativen Kulturmusters" ohne eine Verwurzelung in den Familien geführt werden könnte, dürfte sich irren, weil die grundlegende Weichenstellung für die Bildung des Humanvermögens einer Gesellschaft im familialen Sozialisationsprozess stattfindet. Die Generationen des 21. Jahrhunderts haben schon aus demographischen Gründen die Chance zu einem einverständigen Dialog und mit diesem auch auf eine einverständige Zukunftsgestaltung. Doch "die Zukunft ist jetzt!"; Familie zu leben muss leichter werden, und ihre Leistungen für die Gesellschaft müssen aus ihrem "privaten Schattendasein" voll ins gesellschaftliche Bewusstsein gerückt werden. Es eilt!

5. Familien und Haushalte: Alltag erleben – Alltag bewerten

5.1. Schwierigkeiten der Statistik, "Stabilität oder Verfall" von Familie abzubilden

Auch wenn sich das Alltagsleben der Familien der Gegenwart gründlichst von dem der Eltern- und Großelterngenerationen unterscheidet und die von den Statistikern herstellbaren Daten nur sehr begrenzt davon zu berichten vermögen, sind sie unerlässlich. Sie sind *harte Fakten im Unterschied zu den erlebten "Familienbindungen"*, die unverwechselbar einem jeden Menschen vertraut sind. Die Versuchung ist somit groß, die eigenen Erfahrungen zu verallgemeinern. Jeder Mensch wird in eine Familie hineingeboren, mit ihr hat er Eltern und Großeltern und möglicherweise Geschwister und weitere Blutsverwandte. Gründet er selber eine oder auch mehrere Zeugungsfamilien, sind es seine Kinder und Enkelkinder, welche mit deren Mutter/Vater und ihrer Herkunftsfamilie das Familiensystem auf der Basis der genetischen Verwandtschaft erweitern. Es steht außer Frage, dass diese "Familienbindungen" im Verlauf des Lebens unterschiedlich erlebt und erfahren werden können und nicht nur in angenehmer Erinnerung bleiben müssen. Von Tucholskys Gedanken von 1923 dazu sei einführend berichtet.

"Als Gott am sechsten Schöpfungstage alles ansah, was er gemacht hatte, war zwar alles gut, aber dafür war auch die Familie noch nicht da. Der verfrühte Optimismus rächte sich, und die Sehnsucht des Menschengeschlechts nach dem Paradies ist hauptsächlich als der glühende Wunsch aufzufassen, einmal, nur ein einziges Mal friedlich ohne Familie dahinleben zu dürfen. Was ist Familie?" (3. Bd. 1923, S. 307 ff.)

Es ist kaum verwunderlich, dass sich, als der Begriff "Familie" erfunden war und die Familienforschung sich dieser Frage: "Was ist Familie?" annahm, die unterschiedlichsten Vorstellungen über sie entwickelten und die wachsenden Bestände empirischer Daten ihrer unterschiedlichen Bewertung eher Tür und Tor öffneten, als endgültige Wahrheiten über "die Familie" zu vermitteln. Empirisch belegbare Befunde stellen in den Humanwissenschaften oft mehr Fragen, als sie definitive Antworten zu geben vermögen.

Es gibt nämlich weder im Alltagsverständnis noch in den Wissenschaften eine einheitliche Auffassung über das, was der Begriff "Familie" genau zu beschreiben hat. So kann "Familie" in einer sehr weiten Bedeutung die Gruppe von Menschen bezeichnen, die miteinander verwandt, verheiratet oder verschwägert sind, gleichgültig, ob sie zusammen oder getrennt leben und wirtschaften, ob die einzelnen Mitglieder noch leben oder bereits gestorben sind. "Familie" kann unabhängig von räumlicher und zeitlicher Zusammengehörigkeit als Folge von Generationen angesehen werden, die biologisch, sozial und/oder rechtlich miteinander verbunden sind. Zudem gibt es Kleingruppen ohne biologische und rechtliche Verknüpfungen, die als Lebenspartnerschaften rechtlich verbunden sind, zusammenleben und wirtschaften und als Haushaltsgemeinschaften ihre Leistungen als familiale verstehen können, ohne im Sinne eines amtlichen Familienbegriffes eine "Familie" zu sein.

Die Familienberichte der Bundesregierung bemühen sich, die Definition der von ihnen benutzten Familienbegriffe am jeweiligen Berichtsauftrag zu orientieren. Allerdings hat die Sachverständigenkommission des Sechsten Familienberichts mit dem Titel "Familien ausländischer Herkunft" ihren Bericht erstmalig ohne eine Definition von Familie erstellt. Kernelement dieser Berichterstattung ist nämlich nicht ein irgendwie definiertes Familiensystem, sondern das "Migrationsprojekt" das sich über Kernfamilienstrukturen, Generationen, Länder- und Kulturkreise erstrecken kann und mit einem Familienbegriff nicht mehr erfassbar ist, sobald "Familien" als "global-players" agieren und ihre Bedeutung für Wirtschaft und Gesellschaft unter nationalen Gesichtspunkten analysiert werden soll.

In der Tabelle 2 werden von Eurostat Haushaltstypen nach den in ihnen zusammenlebenden und zusammenwirtschaftenden Personen abgebildet, die sich nach Erwachsenen, männlichen und weiblichen, unterschiedlichen Alters und nach ihrer Zahl im Haushalt sowie *ohne* unterhaltsberechtigte und mit unterhaltsberechtigten Kindern unterscheiden. Diese Haushaltstypisierung erfolgt nach Lebensformen, ohne für die Lebensform ein, zwei oder mehrere Erwachsene mit unterhaltsberechtigten Kindern *definitiv die klassischen Familientypen der amtlichen Statistik zu benut-*

zen, für die der Familienstand (ledig, verheiratet, verheiratet und getrennt lebend, verwitwet und geschieden) konstitutiv ist. Nur die Alleinlebenden und Alleinstehenden (ledigen) sind amtlicherseits keinem der klassischen Familientypen zuzuordnen.

Tab. 2. Haushalt und Familie

Haushalte und Familien

Anteil von in Haushalten lebenen Personen nach Haushaltstyp, 1995	EU-15	A	B	DK	FIN	F	D	EL	IRL	I	L	NL	P	E	S	UK
Gesamt	100	100	100	100	-	100	100	100	100	100	100	100	100	100	-	100
1 Erwachsener ohne unterhaltsberechtigte Kinder	*11*	*11*	*11*	*17*	-	*12*	*15*	*7*	*7*	*8*	*10*	*14*	*4*	*5*	-	*11*
... Männlich	4	4	4	8	-	5	6	2	3	3	4	6	1	1	-	4
...... unter 30	1	1	0	2	-	1	1	0	0	0	0	2	0	0	-	1
...... zwischen 30 und 64	2	2	3	4	-	2	4	1	2	2	3	3	1	1	-	2
...... ab 65	1	1	1	2	-	1	1	1	1	1	1	1	1	1	-	2
... Weiblich	7	7	7	9	-	7	9	5	3	5	6	9	3	3	-	7
...... unter 30	1	1	0	2	-	1	1	0	0	0	1	2	0	0	-	0
...... zwischen 30 und 64	2	2	2	3	-	2	3	1	1	1	2	3	1	1	-	2
...... ab 65	4	4	4	5	-	4	5	4	2	3	3	4	2	2	-	5
2 Erwachsene ohne unterhaltsberechtigte Kinder	*23*	*20*	*24*	*29*	-	*24*	*29*	*20*	*15*	*17*	*21*	*29*	*18*	*15*	-	*26*
... Beide jünger als 65	13	13	12	19	-	14	18	8	7	8	13	19	8	6	-	16
... Wenigstens einer 65 oder älter	10	7	12	10	-	10	11	12	7	9	9	9	11	9	-	10
3 oder mehr Erwachsene ohne unterhaltsberechtigte Kinder	*14*	*14*	*10*	*8*	-	*9*	*12*	*18*	*13*	*21*	*14*	*9*	*18*	*21*	-	*13*
AlleinerzieherInnen mit unterhaltsberechtigten Kindern	*3*	*2*	*4*	*4*	-	*4*	*3*	*2*	*3*	*2*	*2*	*3*	*2*	*1*	-	*6*
2 Erwachsene mit unterhaltsberechtigten Kindern	*36*	*30*	*43*	*35*	-	*43*	*33*	*35*	*40*	*35*	*39*	*40*	*35*	*35*	-	*36*
... 1 Kind	11	10	14	12	-	13	12	10	7	13	13	9	14	10	-	9
... 2 Kinder	17	14	19	16	-	18	16	21	14	16	17	19	16	18	-	17
... 3 oder mehr Kinder	8	6	11	7	-	12	6	4	18	6	9	11	4	6	-	10
3 oder mehr Erwachsene mit unterhaltsberechtigten Kindern	*12*	*22*	*8*	*7*	-	*9*	*8*	*18*	*23*	*18*	*14*	*6*	*22*	*24*	-	*8*

Quelle: Eurostat-Haushaltspanel der Europäischen Gemeinschaft (Öst. Institut f. Familienforschung, S. 101 H. 13/14, 13. Juli 2000

Der Haushaltsbegriff, der in dieser Tabelle von der Koresidenz ausgeht, kann ebenfalls nicht wiedergeben, in welcher Weise sich modernes Alltagsleben auf der Haushaltsebene ausdifferenziert. Die begriffliche Bestimmung der "Haushalte" in der Haushaltswissenschaft, die nicht an die pragmatischen und gesetzlichen Vorgaben der Volkszählungen gebunden ist, geht auf die historische Schule der Nationalökonomie zurück. Auf der Definition von Max Weber aufbauend, bestimmte Erich Egner Haushalte *"als die Einheit der auf Sicherung der gemeinsamen Bedarfsdeckung einer Menschengruppe im Rahmen eines sozialen Gebildes gerichteten Verfügungen". Diese Begriffsdefinition bezieht sich auch auf die öffentlichen Haushalte und Haushalte von Anstalten und Organisationen, die bedarfswirtschaftlichen Zielsetzungen folgen.*[18]

Jede Begriffsbestimmung hat ihre Grenzen. Das alltägliche Versorgungshandeln der Menschen in ihren privaten Haushalten, das nicht notwendig an die Koresidenz gebunden ist, entspricht der Realität der Lebenslagen der Menschen in unserem Land eher und korrespondiert mit der Pluralität der familialen Lebensformen. Doch ein angemessener empirischer Nachweis erfordert einen erweiterten Aufbau der Erhebungen.

Personen in den Haushaltstypen der Tabelle 2 können nach dieser haushaltswissenschaftlichen und handlungsorientierten Definition von Haushalten als unterhaltsberechtigte Kinder, aber auch als Erwachsene durchaus noch zusätzlich eigene Wohnungen, andere Partnerbeziehungen und zudem in anderen Wohnungen unterhaltsberechtigte Kinder haben. Wir sprechen dann von "Zentral- und Satelliten-Haushalten". *Die Strukturen der Haushaltsvernetzungen sind eine Folge der Pluralität der Lebensformen. Sie bestimmen die realen haushälterischen Handlungsbedingungen und die Lebenslagen der Personen.* Solche am Lebensverlauf orientierten Daten sind nicht nur aus Gründen des Datenschutzes, sondern vor allem auch wegen der Komplexität der haushälterischen Alltagshandlungen in massenstatistischen Erhebungen nur schwer bereitzustellen. Für zukunftsorientierte Modellrechnungen sind sie jedoch unerlässlich. (Schweitzer v. R., Hagemeier, H. 1995)

Die Personen, die in Tab. 2 einem Haushaltstyp zugeordnet worden sind, müssten zusätzlich nach ihrer haushälterischen Zugehörigkeit bezogen auf ihren *Ressourcenbeitrag und Unterhaltsbedarf* im Zentral- bzw. Satellitenhaushalten befragt werden. Ein unterhaltsberechtigtes Kind kann zum Beispiel noch zu einem zentralen Versorgungshaushalt gehören, aber faktisch in einem eigenständigen Satellitenhaushalt mit anderen Personen oder alleine leben. Ein Zweit-Wohnsitz kann von mehreren elterlichen Zentralhaushalten finanziert werden. Gleiches gilt für Erwachsene mit einem gemeinsamen Wohnsitz und einem oder weiteren getrennten Wohnsitzen. *Entscheidend* für die haushaltswissenschaftliche Definition des Haushalts ist *die Einheit der Verfügungen zur Bedarfsdeckung und deren Bezug zu einer Person oder Personengruppe in einem sozialen Gebilde im Unterschied zum Koresidenzprinzip* der amtlichen Statistik.

Die Tabelle 2 zeigt einen europäischen Vergleich der Anteile von definierten *Personen* der Länder, die zum Zeitpunkt der Erhebungen *in einer Wohnung zusammenleben.* Die Zusammensetzung der zusammenwohnenden Personengruppe wird als Haushaltstyp charakterisiert.

Als "Familien-Haushaltstypen", die uns hier besonders interessieren, sollen Haushalte gelten mit *einem* oder *mehreren Erwachsenen und unterhaltsberechtigten Kindern.* Zu den unterhaltsbrechtigten Kindern zählen alle Kinder bis zum Alter von 15 Jahren zuzüglich aller Personen bis zum Alter von 25 Jahren, die nicht erwerbstätig sind (zumeist, weil sie sich in einer Ausbildung befinden) und mit mindestens einem Elternteil zusammenleben.

Schaut man sich die Zahlenkolonnen an, lassen sich recht einheitliche Trends in Europas Familien feststellen.

- Im Haushaltstyp *"mit Kernfamilienstruktur"* leben in allen 15 Ländern der EU anteilig die *meisten* Personen - im Durchschnitt 36 %; den niedrigsten Anteil hat Deutschland mit 33 % und den höchsten haben Frankreich und Belgien mit 43 %.
- Der Haushaltstyp: *Alleinerziehende mit unterhaltsberechtigten Kindern* hat in der EU einen Personenanteil im Durchschnitt der Länder von 3 %. Den höchsten Anteil hat England mit 6 % und den niedrigsten Spanien mit 1 %. Deutschland ist EU-Durchschnitt
- Der Haushaltstyp: *Drei oder mehr Erwachsene mit unterhaltsberechtigten Kindern* erreicht in der EU einen Personenanteil von 12 %. Den höchsten Anteil mit bis 24 % erreichen Österreich, Irland, Portugal und Spanien, den niedrigsten die Niederlande mit 6% und Dänemark mit 7 %. Deutschland folgt mit 8 %.
- Während die 1-Personen-Haushalte in Deutschland rund 35 % der Privathaushalte ausmachen, ist interessant, dass im europäischen Durchschnitt der Personenanteil der Haushaltstypen der Singles – *Ein Erwachsener ohne unterhaltsberechtigte Kinder* – nur 11 % beträgt, in Dänemark allerdings 17 % und in Deutschland 15 %. Unter den sogenannten Singles ist der Frauenanteil in Deutschland der höchste mit 9 % und der bei den Männern mit 6% nur im Vergleich zu Dänemark um 2 Punkte niedriger. Bei den Frauen in Deutschland sind die meisten Erwachsene 65 Jahre und älter (5 %) und kaum als Singles angemessen beschrieben. Sie sind eher als Alleinlebende oder Witwen zu bezeichnen. Bei den Männern dagegen gibt es im Alter zwischen 30 und 64 Jahren den höchsten Anteil von Alleinlebenden ohne unterhaltsberechtigte Kinder (4 %), allerdings gehören auch 3 % Frauen dieser mittleren Altergruppe den typischen Singles an. Die Anteile der unter 30-jährigen Frauen und Männern und der Männer ab 65 Jahren in dem als Single kurz charakterisierte Haushaltstyp spielen faktisch keine Rolle (EU-Durchschnitt und Deutschland 1 %).

Obwohl es einen relativ hohen Anteil an 1-Personen-Haushalten gibt, leben doch die meisten Menschen in Haushalten mit unterhaltsberechtigten Kindern, natürlich nur in begrenzten Phasen des Lebens. Die Lebensphasen mit Kindern im Haushalt werden kürzer, je weniger Kinder in einer Familie geboren werden. Sie sind länger, je länger sich die Ausbildungsphasen ausdehnen. Sie können sich wiederholen in zweiten oder auch noch dritten Zeugungsfamilien und/oder in der Rolle als "sozialer Elternteil". Daten aus Querschnitts- und Längsschnittuntersuchungen geben unterschiedliche Auskünfte, auch wenn sie vergleichbare Fragen stellen.

Die in der wissenschaftlichen Literatur beschriebenen familialen und partnerschaftlichen Lebensformen werden strukturell der Tab. 2 entsprechend dargestellt. Die Zunahme der Ein-Personen-Haushalte und die Abnahme der Mehr-Personen- und "Familienhaushalte" ist kein "Zeichen des Zerfalls von Familie". Es sind Folgen des Alterns, der Verlängerung der Ausbildungszeiten und der allgemeinen Wohlstandsentwicklung. Wohlhabende Familien haben sich schon immer mehr Wohnraum geleistet und über mehrere Wohnsitze verfügt, eine Krise der Familie ist damit nicht verbunden. Eine Krise könnte am ehesten dadurch signalisiert werden, dass eine wachsende Zahl von Männern und Frauen im Lebensverlauf zwar Partnerschaften suchen, aber vor einer Familienbildung zurückschrecken. Bei der Zunahme der Wohnsitze einer "Familie" spielen neben der Wohlstandsentwicklung auch Ansprüche der Wirtschaft nach räumlicher Mobilität und zeitlicher Flexibilität im Erwerbsleben der Mitarbeiterinnen und Mitarbeitern eine Rolle. So werden in der Literatur *vier Grundformen von Partnerschaften* mit getrennten Haushalten/Wohnungen beschrieben: (4. Öst. FB 1999, S. 212 ff.)

- "*Partnerschaften ohne gemeinsamen Haushalt.* In den ersten Phasen der Entwicklung von Beziehungen leben die Partner üblicherweise in getrennten Haushalten. Diese Lebensweise kann sich aufgrund äußerer Umstände, beruflicher Erfordernisse oder pragmatischer Gesichtspunkte über kürzere oder auch längere Phasen hinziehen.
- *Shuttle-Beziehung.* Die Partner leben in einem gemeinsamen Haushalt und gründen einen weiteren, der nicht als gemeinsamer Haushalt definiert wird. Diese Lösung wird nicht aufgrund eines Beziehungsideals gewählt, sondern richtet sich nach strukturellen oder berufsspezifischen Erfordernissen.
- *Dual-career-shuttles oder Commuter-Ehen.* Die getrennten Haushalte sind hier eine Folge der Berufswünsche, die für beide Partner hohe Priorität haben.

- *Living-apart-together-Beziehungen.* Die getrennte Haushaltsführung ist Teil eines gemeinsamen Beziehungsideals."

"Im Lebensverlauf zeigen sich folgende Ausprägungen: Die junge Generation in dieser Lebensform ist ledig, kinderlos und befindet sich zum Großteil noch in der Ausbildung. Die mittlere Generation, die 'getrennt zusammen' lebt, ist meist berufstätig, geschieden und hat mehrheitlich Kinder. In der älteren Generation sind die Partner zumeist verwitwet, im Ruhestand und leben in der 'empty-nest' Phase alleine im Haushalt."[19]

Hoffmann-Nowotny (1991) betrachtet Partnerschaften mit getrennten Haushalten als "Garanten für gleichberechtigte und symmetrische Beziehungen jenseits traditioneller Rollenstereotypen, da beide Partner sowohl berufliche Aufgaben als auch Tätigkeiten im Haushalt übernehmen – allerdings nicht im Sinne einer Arbeitsteilung, sondern jeweils von beiden in unterschiedlichen Haushalten." (4. Östr. FB. 1999, S. 213)

Alltagskonflikte lassen sich so vermeiden. Allerdings ist die Unabhängigkeit beider Partner ein mögliches Problem der abhängigen Unterhaltsberechtigten und -bedürftigen. Doch auch das muss nicht sein.

Die soziologische Interpretation und Bewertung der Familien- und Partnerschaftsbeziehungen in den Lebensformen und Phasen der alltäglichen privaten Lebens- und Haushaltsgestaltung erfolgt in zwei unterschiedlichen Argumentationslinien, die von der Familiensoziologin Nave-Herz in einem Beitrag[20] über den "Zerfall der Familie" zusammengestellt worden sind. Die einen sehen die Anpassungsstrategien der Generationen an sich ändernde gesellschaftliche Rahmenbedingungen als Krisen oder *Zerfall*serscheinungen, in dem sie ein an Akzeptanz verlierendes familiales Leitbild als für "Familie" konstitutiv" ansehen. Die anderen betonen allgemeinere Strukturelemente für familiales Leben wie unterschiedliche Formen von Geschlechter- und Generationensolidaritäten in "Paarbildung und Elternschaft" und betonen die *Stabilität* dieser Sozialgebilde in Querschnittsbetrachtungen (vgl. Tab. 2). Dritte sprechen von "familialen Netzwerken" und deren Dauerhaftigkeit, denn Elternschaft ist weder für Eltern noch für Kinder, jedenfalls vorläufig, nicht auflösbar, und das selbst dann nicht, wenn man aneinander sozial nicht mehr gebunden ist.

Die Auseinandersetzung vornehmlich anhand der genuin soziologischen Literatur zeigt, dass die Entstehung der These von der "Krise der Familie" stets mit gesellschaftlichen und wirtschaftlichen Veränderungen zu tun hatte und eine längere Geschichte hat. Die Diskussion nahm im 19. Jahrhundert mit dem Bevölkerungswachstum, der Armut und Not, der Industriealisierung und Verstädterung ihren Anfang. Beklagt wurde die Verelendung der Massen und der sittliche Verfall der Familie. Gesetze und autoritäres Durchgreifen wurden vom "Vater Staat" verlangt. Sie kamen mit der allgemeinen Schulpflicht und Verboten im Rahmen des Arbeitsschutzes für Frauen, Kinder und Jugendliche.

5.2. Zur Bestandsaufnahme kritischer Entwicklungen: Von der mangelnden „Familienorientierung" in der Gesellschaft

Wie auch heute wurde gesellschaftlichen Verwerfungen stets der moralische Verfall von Familien untergeschoben, denn die Familien sind für die sittliche Erziehung zuständig. Das Ideal der soziologischen Autoren war bei Moser, Riehl und Le Play die Romantik der bäuerlichen Hauswirtschaften, das Riehlsche Bild vom "ganzen Haus", eingebettet in die Sozialstruktur des Dorfes. Gefährdet war dieses Leitbild durch die konsumorientierten Heimarbeiterhaushalte in der Übergangsphase zur Industriegesellschaft, die von der Naturalwirtschaft und ihren Nöten zur Geldwirtschaft und deren wirtschaftlichen Problemen wechselten, aber auch zu Wohlstand gelangen konnten.

Man beklagte im 19. und beginnenden 20. Jahrhundert, es fehle in den Familien die "väterliche Autorität", bis Max Horkheimers berühmte Studie über "Autorität und Familie" 1936 gerade die väterliche Autorität in den deutschen Familien für die verheerenden Konsequenzen der nationalsozialistischen Barbarei verantwortlich machte. In der Folge wurde mit Hilfe marxistischer und psychoanalytischer Argumente die "autoritäre Erziehung" in den Familien geächtet. Sie sollte und wurde, soweit über eine Generation beeinflussbar, in "antiautoritäre" Erziehungspostulate umfunktioniert. Im Jahr 2000 mutet es für die Zukunft in der postulierten Leistungs- und Wissensgesellschaft *etwas lebensfremd* an, Schule vor allem mittels Spaßgesichtspunkten zukunftsorientiert organisieren zu wollen.[21]

Nach dem zweiten Weltkrieg, als das deutsche Wirtschaftswunder und die Soziale Marktwirtschaft die allgemeine Wohlstandsentwicklung ermöglichte, ließ sich das Leitbild der bürgerlichen Kern- und Gattenfamilie im Bild des 4-Personen-Angestellten-Haushalts mit Haushaltsvorstand und Familienhausfrau, "typisch weiblich" vorgebildet und mit Aussteuer versehen, für eine Generation realisieren. Damals beklagten Soziologen den "Funktionsverlust" der Familien und deren gesellschaftliche "Desintegration" als eine Krise des bürgerlichen Familienideals.[22] Der Versorgungsehe und dem Nur-Hausfrauen-Daseins wurde ein "Spezialistentum für Intimität" zugesprochen. Auch diese Funktion verlor sie im Zuge der freien sexuellen Partnerschaften unabhängig von Ehe und Familienbildung. *Ein Familienbild ohne gesellschaftliche Funktionen, welche Sinnsetzung verbleibt einem solchen sozialen Gebilde?* Soll es ein Konsumgut der Luxusklasse oder ein zum Untergang bestimmtes Relikt aus vergangenen Zeiten sein?

Die Feministinnen und marxistisch geprägten Frauengruppierungen sahen im Untergang der bürgerlichen Familie mit Recht die Chance zur Befreiung der Frauen aus ihren patriarchalisch bestimmten weiblichen Rollenmustern. Die gesellschaftliche Reaktion war, auch von Männern mit Begeisterung unterstützt, der Abbau des weiblichen Bildungswesens und die Integration der weiblichen Jugend in die männlich dominierte erwerbswirtschaftliche Berufsbildung. Frauen sollten Männerberufe erlernen, die familienorientierte hauswirtschaftliche Bildung war dafür ein Hemmfaktor, sie wurde erwerbswirtschaftlich umorganisiert oder abgeschafft. Männer sollten Hausmänner und neue Väter werden, aber dieses alles ohne entsprechende allgemeine familiale Grundbildung, und so zeigen sie sich auch nur relativ begrenzt in Familienarbeiten einsetzbar.

Die Wirtschaft brauchte Männer und Frauen als Arbeitskräfte, und die Familien brauchten zwei Einkommen, um den wachsenden und ständig durch Werbung forcierten Konsumansprüchen entsprechen zu können. Sie benötigen aber auch Väter und Mütter für die Versorgung und Erziehung der Kinder. Und so ist die *Familie* wieder in das Krisengerede gekommen, *sie verliert ihr Personal, nämlich Kinder, Väter und Mütter.*

Während bis in die 70er-Jahre nur etwa 10 % eines Frauenjahrgangs der Altersgruppe der Großelterengeneration-1930 kinderlos blieben, und das mehrheitlich aus biologischen Gründen, sind es bei deren Töchtergeneration schon über 20 % Kinderlose, und die Schätzungen bei der Enkelgeneration, der um 1990 geborenen Frauenjahrgänge, deuten einen Trend nach noch mehr Kinderlosen an. Ist die Familie nun doch ernsthaft im Zerfall?

In der Blütezeit der bürgerlichen Familie in den 50er-Jahren galten die Familien ohne Väter, oder seltener ohne Mütter, als "unvollständig." Es waren damals vor allem Kriegerwitwen und/oder Geschiedene, die sich, durch die kriegsbedingten Entfremdungen verursacht, trennten.[23] Der Verzicht auf Ehe und die Entscheidung, Kinder alleine aufzuziehen, war für Frauen auch familienrechtlich ein wirtschaftlich überaus schweres Schicksal. Diesbezügliche Entscheidungen waren absolute Notlösungen.

Die modernen Alleinerziehenden von heute sind eine andere Generation und leben in einer anderen Zeit. Nicht nur die Kinder, auch die Frauen verlangen Autonomie, und sie wünschen sich Zuwendung und verlässliche Bindungen. In 7 von 10 Ehen haben heute Männer und Frauen das gleiche Bildungsniveau. Für Sexualität ist die Ehe nicht mehr die Voraussetzung, Konzeptiva, insbesondere in der Verantwortung der Frauen, geben ihnen die Möglichkeit, nach eigenen Vorstellungen Kinderwünsche zu realisieren und/oder zu verhindern. Nicht wenige potenzielle Väter überlassen dann auch die Verantwortung für die Kinder den Frauen. Paarbeziehungen scheitern nicht selten daran, dass ein Kind erwartet wird oder geboren wurde. Alleinerziehende haben zumeist diese Aufgabe des alleine Aufziehens von Kindern nicht aufgrund eines Traums von Autonomie gewählt, sondern aus Zwangslagen, weil es an Solidarität zwischen den Geschlechtern mangelt. Die "neuen Väter", es gibt sie, aber es hat sie auch schon früher gegeben.

Eine wirklich neue Orientierung in der Gesellschaft im Hinblick auf eine Gleichwertigkeit und Gleichrangigkeit von Reproduktionsaufgaben und Familienarbeit einerseits und Produktionsaufgaben und Erwerbsarbeit andererseits ist weiter entfernt denn je. Sie erstreckt sich nicht nur auf die Entscheidung in den privaten Paarbeziehungen für Elternschaft oder gegen sie, sondern in der Gesellschaft. Sichtbare und spürbare Förderung und Anerkennung des gesellschaftlichen Bedarfs an Elternschaft und Familienarbeit fehlen noch weitgehend. Familie ist weder ein privater Luxus noch ein Sozialfall, sie ist der Garant für die Zukunft des Humanvermögens einer Gesellschaft.

5.3. Von der die Teilordnungen übergreifenden Verantwortlichkeit der Gesellschaft für Familie

Nach der gelungenen Emanzipation der Frauen und dem von Frauen und Kindern realisierten Nachholbedarf an Bildung im Vergleich zu den "allmächtigten" Vätern in Wirtschaft und Gesellschaft wird nun bei der Enkelgeneration die Erziehungsunfähigkeit der Familien beklagt. Lehrer sind "überfordert, verspottet, ausgebrannt", haben einen "Höllenjob", "die Vorstellung vieler Eltern von Erziehung haben sich in den vergangenen Jahren gewandelt, zu Hause findet sie immer seltener oder gar nicht mehr statt" – so eine Direktorin einer Grundschule (Focus vom 9.4.2001). Schuld haben wieder die Familien, nun sind es aber die emanzipierten erwerbstätigen Mütter, die ihre Kinder vernachlässigen. Doch sie wurden für die Erwerbstätigkeit in langen Ausbildungswegen qualifiziert, sie werden dringend von der Wirtschaft gebraucht. Sie haben Freude und Erfolge im Beruf. Auf Familie und Kinder wollen sie nicht verzichten, aber es hat sie niemand darauf vorbereitet, von Haushaltsführung und Haushaltsorganisation ganz zu schweigen. Auch die neuen Väter sind noch eine Rarität. Sie sind dabei, wenn ihre Wunschkinder geboren werden. Zwar können sie, wenn sie wollen oder müssen, windeln, kochen und putzen. Aber sobald ein Kind da ist fehlt ganz oder teilweise ein zweites Einkommen, das Einkommens-Verbrauchs-Verhältnis gerät ins Rutschen und zudem die Zufriedenheit in der Partnerschaft. Es muss mehr verdient werden, um das Lebensniveau zu halten. Die Zeit wird knapp; die Nerven sind angespannt; die Erwartungen und Hoffnungen für das Gedeihen und die Erfolge des oder der Kinder, aber auch die elterlichen Karrierewünsche sind groß. *Haushälterische Ressourcen und Daseinskompetenzen zur Alltags- und Krisenbewältigung fehlen.*

Hilfen werden neuerdings wieder vom Staat erwartet, doch Einsichten fehlen natürlich auch dort. Die Staatsmänner und wenigen Staatsfrauen fühlen sich nicht zuständig, denn Familie ist Privatsache oder gar ein Relikt aus vergangenen Zeiten, um die sich die Gesellschaft nicht zu kümmern braucht und dieses auch nicht darf. Mündige Bürgerinnen und Bürger brauchen keine staatliche Nachhilfe für ihr Privatleben. "Familienpolitik" könnte als "Bevölkerungspolitik" ausgelegt und beides mit Rassenhygiene und Euthanasie der unseligen NS-Zeit verwechselt werden.

Familienpolitik ist Gesellschaftspolitik, sie wird aber mehr oder minder nur als "Umverteilungs- oder Sozialpolitik" angesehen, welche die Wirtschaft belastet, statt dass verstanden wird, dass das Humanpotenzial der Erwerbstätigen von gelingendem Alltagsleben in familialen Lebensformen abhängig und für jede Gesellschaft das bedeutendste Vermögen für die Gestaltung der Zukunft ist.

Die im Familiengründungsalter stehenden Erwachsenengenerationen sind konkurrierenden Lebensentwürfen ausgesetzt mit der Konsequenz, dass Familien- und Kinderwünsche mit steigender Tendenz zwar bejaht, aber dann nicht realisiert werden, weil damit erhebliche Benachteiligungen verbunden sind und attraktivere Alternativen gesellschaftlich angeboten werden. Schon im Dritten Familienbericht (1978) wurde die Bundesregierung darauf aufmerksam gemacht.

Der Bericht wurde damals nicht veröffentlicht. Die zuständige Ministerin trat zurück. Doch auch die nachfolgenden Regierungen Kohl hatten nur eine kurze Glanzphase familienpolitischer Aktivitäten, dann war es endgültig vorbei mit den familienorienten politischen Programmen. Die Familienministerinnen wurden mehr oder minder von allen verantwortungsträchtigen Zuständigkeiten "entlastet". Sie durften vor allem "familienpolitische Werbung" für die Regierung betreiben. Familienpolitik macht nur das Verfassungsgericht, doch dieses hat ausschließlich die Verantwortung für die Korrektur von Maßnahmen des Gesetzgebers, die nicht verfassungsgemäß sind.

Eine Neuorientierung in der Familienpolitik kann so nicht entstehen. Die Frage stellt sich, ob eine solche überhaupt benötigt wird, ob es nicht viel mehr einer gesellschaftlichen neuen Familienorientierung bedürfte, die weit über das hinausgehen könnte, was heute ein Ministerium zu leisten vermag.

Die Probleme der Familien liegen auf der Hand. Sie wurden besonders offenkundig, als die Familien in den neuen Bundesländern nach der Wiedervereinigung sich nach einer kurzen Übergangsphase den realen familialen Lebensbedingungen in den alten Bundesländern anpassen sollten und mussten. Die finanziellen Benachteiligungen von Familien mit Kindern in der Steuer- und Sozialpolitik, die auf Veranlassung des Verfassungsgerichts zu berichtigen sind, stehen außer Frage, sie entsprangen nicht familienpolitischen Intentionen, sondern fiskalischen Sparmaßnahmen. Mit *Familienpolitik* sind politische Aktivitäten angesprochen, welche die Rahmenbedingungen für Familien so zu ordnen versuchen, dass "Familie zu leben" nicht erschwert wird, nicht zu Benachteiligungen und Risiken führt, welche Kinderlose nicht zu befürchten brauchen und diesen im Gegenteil noch Vorteile bei ihrer Altersvorsorge verschaffen. Rahmenbedingungen für familiales Alltagsleben, die in den neuen Bundesländern nach der Wiedervereinigung nach einer kurzen Übergangsphase zu übernehmen waren und das Familienleben sichtlich erschwerten, waren (vgl. 5. FB. 1994, insbes. S. 89 ff.):

- Der Abbau der Betreuungseinrichtungen für Kinder von 0 bis 12 Jahre.

- Erhebliche Kostenbeiträge für die Unterbringung der Kinder in Betreuungseinrichtungen.

- Begrenzte und mit den Erwerbsberufen kaum abstimmbare Öffnungszeiten der Betreuungseinrichtungen.

- Probleme der Erziehungsarbeit und der Rolle als Familienhausfrau bei Arbeitslosigkeit oder fehlenden Betreuungseinrichtungen.

- Benachteiligung von schwangeren Frauen und Müttern während der Erstausbildung und in der Erwerbswelt. Die Frauen in den neuen Bundesländern konnten in der DDR auch mit Kindern sehr gute berufliche Qualifikationen erlangen. Sie sind an einer Vollzeit-Erwerbsarbeit und an einer Vereinbarkeit von Familie und Beruf weit stärker orientiert als die Mütter in den alten Bundesländern, trotzdem ist ihre Arbeitslosenquote in den neuen Ländern deutlich höher als die der Männer.

- Schließlich auch die Erschwernisse bei Trennung/Scheidung. In der DDR waren Scheidungen relativ konfliktfrei, denn Unterhaltsleistungen für die Ehepartner/in gab es nicht, weil die Vollzeitbeschäftigung beider Elternteile die Regel war. Die Alimente für die Kinder waren gesichert dadurch, dass sie, falls nicht gezahlt wurde, von den Arbeitsstellen des betreffenden Elternteils überwiesen wurden.

Auch wenn sich in den neuen Bundesländern, soweit möglich, der Widerstand gegen den Abbau vor allem der Betreuungsleistungen für Kinder formierte, und die Kinderbetreuung dort noch weit besser ist als in den alten Ländern, zeigt der drastische Geburtenrückgang in den ostdeutschen Familien nach der Wende, dass Familien auf die Verschlechterung ihrer haushaltsökonomischen Situation im Vergleich zu Lebensweisekonzepten ohne Kinder zu reagieren wissen. Sie verzichten auf die Realisierung von Kinderwünschen und/oder verschieben sie und nehmen lieber das Risiko in Kauf, dass es auch vorbei sein kann mit den Chancen, noch ein Kind zu bekommen.[24]

Für junge Leute steht nicht die Lebensform "Familie mit Kindern" in Frage, sondern ihre "Kosten-Nutzen-Rechnungen" stimmen nicht und/oder ihre Risiko- und Anpassungsbereitschaft an gesellschaftliche Rahmenbedingungen der "strukturellen Rücksichtslosigkeiten" gegenüber Eltern und Kindern hat ihre Grenzen.

Mit den berechtigten finanziellen Transaktionen an Familien allein sind insbesondere die Probleme von Frauen und Müttern nicht zu lösen. Die verantwortlichen wenigen Politikerinnen und die die Mehrheiten bestimmenden Politiker argumentieren im hohen Maße aus ihrem bereits früher geprägten Erfahrungsschatz aus der Familie und dem Beruf, so sie einen haben. Gelebt wird heute allerdings mit den weitaus veränderten Erfahrungen von heute. Es kann deshalb niemandem, der weiter denkt als an Macht und Geld für heute und morgen, gleichgültig sein, wie "Familie zu leben" durch gesellschaftliche Entwicklungen beeinflusst und erschwert oder auch diffamiert oder begünstigt wird. Familien bilden das "Volk", das man nicht austauschen kann. Gesellschaftspolitik legitimiert sich nicht zuletzt durch ihre Fähigkeit, der Gesellschaft das Volk zu erhalten.

6. Der moderne Staat und seine Angewiesenheit auf familiale Sach- und Daseinskompetenzen für eine zukunftsorientierte Wohlfahrtsentwicklung

Paarbeziehungen und Elternschaft sind konstitutiv für das alltagsweltliche Zusammenleben der Menschen und die Alltagskultur von Gesellschaften. Sie begründen die Pluralität der familialen Lebensformen, Lebenslagen und Lebensstile im Rahmen der vorgegebenen Ressourcen, Handlungsspielräume und Wertvorstellungen der Menschen. Die demokratisch legitimierten Freiheiten mündiger Bürgerinnen und Bürger, ihr Leben in eigener Verantwortung gestalten zu können und zu sollen, setzt die Daseinskompetenzen voraus, dieses selbst zu bestimmende Leben auch meistern zu können.

Das Menschengeschlecht ist im Unterschied zum Tier nicht mit einem Instinktmechanismus ausgestattet, der ihm das Überleben nach einer kurzen artspezifischen "mütterlichen" Anlernphase sichert. Gesichert ist dem Menschenkind auch nicht, dass seine leiblichen Eltern über das notwendige Sach- und Orientierungswissen verfügen, es am Leben zu erhalten und ihm entsprechend der Lebensnotwendigkeiten nicht zuletzt die Daseinskompetenzen zu vermitteln, selbst Kinder versorgen, pflegen und heranziehen zu können zur eigenen Unterstützung und Alterssicherung.

Obwohl die Erziehung der Kinder zuvörderst das Recht der Eltern und der Auftrag an sie ist, werden sie längst von den die Familien ergänzenden und im Notfall auch ersetzenden gesellschaftlichen Institutionen unterstützt. *Doch es scheint nicht gleichgültig zu sein, in welcher Weise diese Arbeitsteilung gestaltet wird und wie eine Gesellschaft, die sich zwar für gut ausgebildete Arbeitskräfte interessiert, mit der "Familie" und ihren Leistungen für die Humanvermögensbildung umgeht.*

Zum Erstaunen so mancher Autoren, welche das "Ende der Familie" längst als besiegelt ansahen, lebten auch 1996 noch 84 % der Kinder unter 18 Jahren bei Ehepaaren und nur 14 % bei unverheiratet oder verheiratet-getrenntlebenden, geschiedenen und verwitweten Müttern und Vätern. Selbst ledige Kinder bis unter 26 Jahre sind noch zu 13 % im elterlichen Ehepaar-Haushalten wohnhaft, was allerdings nicht heißt, dass sie nicht auch über Zweitwohnsitze verfügen. *Sind also die Sorgen um die Zukunft der Familien in Deutschland völlig unbegründet, und wenn dem so wäre, warum sind sie überhaupt entstanden?*

Ein Staatswesen ist ohne familiale Alltagsstruktur nur in utopischen und inhumanen Konstruktionen eines Platon, Huxleys oder moderner Klon-Fantasten denkbar.

Selbst die Weltbank, die wahrlich nicht für einen besonderen Familiensinn bekannt ist, weist neuerdings dringlich daraufhin, dass wirtschaftliche Prosperität im hohen Maße von der gesellschaftlichen Wertschätzung und Förderung von Frauen, Familie und Bildung abhängt (Siehe Krüsselberg, H.-G., Ökonomische Analyse der wertschaffenden Leistungen in diesem Band).

Familiale Systeme überleben Zusammenbrüche von Staaten, während Staaten ohne die grundlegende Ressourcen ihrer "Familienhaushaltssysteme" nicht denkbar sind. Sie sichern auch die Zukunft des modernen Verfassungsstaates durch Menschen und begründen zugleich die Solidarität der Bürgerinnen und Bürger, für ihren Staat und seine Verfassung einzutreten, für ihn zu haften und sich für ihn verantwortlich zu fühlen. An beiden Ressourcen scheint in Deutschland zunehmend ein Mangel verspürt zu werden. Die Familienbildung und die Lebensart notwendiger Verfassungstreue müssen vorgelebt, erlernt und eingeübt werden, so wir nicht von einem von Natur aus "gemeinsinnigen" Menschenbild ausgehen wollen, unabhängig davon, ob dieses biologistisch oder mystizistisch begründet wird. Es sind also Familie und Schule gefragt, auch Verfassungstreue zu vermitteln.

Der säkularisierte liberal-demokratische Staat kann, soweit von seinen Bürgerinnen und Bürgern anerkannt, nach seinem in der Verfassung festgelegten "Selbstverständnis" seinem Staatsvolk die individuellen Freiheitsrechte garantieren. Doch diese Freiheit konstituiert "alles mögliche" und gleichzeitig "nichts". Die Ausgestaltung des gesellschaftlichen Lebens obliegt dem staatlich geregelten Procedere der politischen Willensbildung, für welche praktische solidarische Handlungs- und Entscheidungsmotivationen aller, zumindest der Mehrheit der Bürger und Bürgerinnen vonnöten ist.[25]

Diese Voraussetzungen, Mehrheiten für vernünftige, zukunftsorientierte gesellschaftlich akzeptierte und kulturell erwünschte Entscheidungen, im politischen Procedere erreichen zu können, hängen nicht nur von den medialen Berichterstattungen und Wahlkämpfen ab, so sehr diese natürlich auch Einfluss nehmen, sondern vom Alltag der Menschen in Familie, Erwerbsleben und Wohnumfeldern und ihren dort erworbenen Daseinskompetenzen, für welche "der gesunde Menschenverstand" unerlässlich, aber nicht ausreichend ist. *Neben der Familie ist Bildung gefragt.* Ein liberal-demokratischer Staat ist in besonderer Weise auf umfassend gebildete und im Sinne der Verantwortung für die Zukunft urteilsfähige Bürgerinnen und Bürger angewiesen, denn nicht "weise Führer", sondern Mehrheiten entscheiden über Fortschritt, Wohlfahrt und Kultur.[26]

Die gewonnenen Freiheiten in der Lebensgestaltung des Alltagslebens, in der Pluralität der Lebensformen, die durch den allgemeinen Wohlstand, die Optionsvielfalt oder auch erweiterten individuellen Handlungsspielräume und die zunehmende Auflösung von Normen für lebenslang gehaltene Paarbeziehungen, Arbeitsverhältnisse, soziale Sicherungssysteme erreicht wurden, haben ihren Preis. Sie erzeugen neue Zwangslagen, gefährliche Gurus gewinnen Zulauf. Intellektuelle und materielle Ressourcen werden gebraucht und zu deren rechtmäßiger und sachgerechter Nutzung Daseinskompetenzen für die Gestaltungen des Alltagslebens, die niemandem angeboren sind. Es leiden nicht nur die Familien an mangelnden Sach- und Daseinskompetenzen für die sich rasch verändernden Herausforderungen der modernen Entwicklungen. Gleiches gilt für die arbeitsteilig organisierten übrigen Systeme der Gesellschaft, was sinnlose gesellschaftliche Kosten zur Folge hat.

"Strukturelle Rücksichtslosigkeiten" gegenüber Familienmitgliedern als Konsumenten, Patienten, Auszubildende und Studenten, Steuerzahler, Arbeitnehmer belasten die Menschen, die sich als "freie und mündige" Bürgerinnen und Bürger in nicht mehr durchschaubaren Institutionen, auf Märkten und in Rechtssystemen als "vernünftig" erweisen und den besten Anbieter der Leistungen auffinden und belohnen sollen.

Freiheiten ohne nachhaltige Lebensorientierung oder mit nur mangelhafter Lebensorientierung zu begegnen kann im Alltagsleben nicht nur mit einer Flut von Informations- und Kommunikationsangeboten geleistet werden. Erforderlich ist vor allem die Vermittlung von Sach- und Daseinskompetenzen, die Wissen und Bildung aufbauen. Die "neue Unüberschaubarkeit" bringt auch die Unternehmen in prekäre Situationen. Rinderwahnsinn und Maul- und Klauenseuche waren vorhersehbar, Energiebedarf und Atommüll auch. Ebenso sind die grundgesetzlichen Vorgaben für die Gleichstellung der Frau und den Schutz der Familie nun schon seit 50 Jahren bekannt. Aber die Unverzichtbarkeit eines gerechten Leistungsausgleichs für die Familie und einer ermutigenden Rücksichtnahme auf das Alltagsleben der Menschen, die Kinder heranziehen, Behinderte und Kranke pflegen, will offensichtlich eine Mehrheit in der Gruppe der für die Zukunft unserer Gesellschaft Verantwortlichen noch immer nicht zur Kenntnis nehmen. Überall fehlt es an Daseinsorientierungen, die über Augenblicksinteressen, Macht- und Geldgier hinausreichen und allgemeine Risiken und Schäden vermeiden könnten. Bemühungen um den Aufbau zeitgemäßer Daseinskompetenzen werden nicht belohnt, es werden nur fehlende schwer bestraft, und diese "Strafen" treffen die Familien besonders hart. Die Realisierung der *Anerkennung der Gleichwertigkeit und Gleichrangigkeit der Geschlechter und ihrer "typischen" Lebens- und Arbeitsbereiche,* der Reproduktion des Humanvermögens einerseits und der Produktion von Gütern und Diensten andererseits, steht noch aus. Gebraucht werden nicht nur eine florierende Wirtschaft, sondern ebenso dringlich – als ihre Voraussetzung – florierende Familien- und Bildungssysteme.

7. Handlungsbedarf: Die Familienorientierung in Wirtschaft und Gesellschaft gehört auf den Prüfstand – Familie ist leichter lebbar zu machen.

Eltern oder gar die Großelterngeneration von 1930 mögen Zweifel haben, ob in den modernen Wohlstandsgesellschaften, in denen gut verdient und alles gekauft werden kann, was bei der Alltagsversorgung Arbeitszeit und -aufwand spart, das Leben für die Familien "leichter" gemacht werden muss. Die Transferleistungen zugunsten der Familien mit unterhaltsberechtigten Kindern sind in den letzten Jahren auf rund 50 Milliarden EURO jährlich angestiegen. Soll es dennoch schwerer geworden sein, sich für ein Leben mit Kindern zu entscheiden? Haben die herangewachsenen "Wohlstandskinder" wirklich gute Gründe dafür zu argumentieren, dass Familie zu leben für sie schwerer ist, als es möglicherweise für ihre Eltern war?

Sicher ist, dass aus strukturellen Gründen der Anteil der Altersgruppe "Kinder und Jugendliche unter 20 Jahren" im Aufbau der Bevölkerung in Deutschland im neuen Jahrhundert weiter kontinuierlich abnehmen wird. Zudem hat sich in den Bevölkerungsprognosen "bezüglich der Familienbildungsbereitschaft der dafür in Betracht kommenden Altersjahrgänge noch keine Trendwende zugunsten des Lebensweisekonzepts mit Kind/Kindern" angekündigt. Dennoch sind Vorstellungen des "Zerfalls von Familie" jenseits der Realität des Geschehens. Die Bereitschaft, Familien zu gründen, ist ungebrochen, doch die gesellschaftlichen Rahmenbedingungen schaffen Barrieren, die immer mehr Paare zur Aufgabe des Kinderwunsches veranlassen. Fest steht jedoch, wie Tucholsky am Ende seiner Abhandlung über die Familienbande resignierend einsehen musste, dass "die Familienbande" nicht aus der Welt zu schaffen sind, anscheinend auch dann nicht, wenn wir uns selber abschaffen wollten.

"Und wenn die ganze Welt zugrunde geht, so steht zu befürchten, dass dir im Jenseits ein holder Engel entgegenkommt, leise seinen Palmwedel schwingt und spricht: 'Sagen Sie mal – sind wir nicht miteinander verwandt?' Und eilends, erschreckt und im innersten Herzen gebrochen, enteilst du. Zur Hölle. Das hilft dir aber gar nichts. Denn da sitzen alle, alle die anderen." (a. a. O.)

Familiale Lebensformen sind existenziell für das Leben und Überleben der Menschen. Familien sind zur Anpassung an Rahmenbedingungen gezwungen. Veränderungsprozesse sind Zeichen der notwendigen sozialökonomischen und kulturellen Anpassungsleistungen an sich permanent verändernde technische, wirtschaftliche und gesellschaftliche Rahmenbedingungen zur Sicherung der Überlebensstrategien, der Wohlstandsentwicklung und Alltagskulturen.

Zur Diskussion steht nicht die Realität der Familie, sondern das Leitbild für ihre Einbindung in eine moderne Gesellschaft eines säkularisierten liberal-demokratischen Staats, in der die Lebenserwartung der Menschen sich in 100 Jahren fast verdoppelt hat, eine zunehmende Zahl junger Frauen und Männer ihre Kinderwünsche nicht realisieren, Kommunikationsmöglichkeiten rund um den Erdball in Sekundenschnelle verlaufen und Teilnahme an diesem Fortschritt in hohem Maße Daseinskompetenzen und Lebensorientierungen, Zeit und Geld beanspruchen. Nicht zuletzt wird der biotechnologische Fortschritt über die "Familienbande" zu den genetischen Vorfahren und Verwandten Einfluss auf die Entscheidungen für oder gegen die Geburt eines Kindes nehmen und damit in besonderer Weise schicksalhaft werden, und das auch für diejenigen Paare, die sich allen Risiken und Belastungen zum Trotz Kinder wünschen.

Ist ein Paar trotz aller Ungewissheiten bezüglich der möglichen erblichen Belastungen für das Kind bereit, die Elternschaft anzustreben, wird von den Eltern, insbesondere aber von den Müttern, erwartet, dass sie während der Schwangerschaft sich den medizinischen Verhaltensregeln unterwerfen und "gesund leben", alle Untersuchungen absolvieren und besondere ärztliche Ratschläge befolgen. Sie sind, da völlig kompetenzlos, faktisch entmündigte Kunden medizinischer Professionen. Ist das Kind geboren, gesund und munter, wird für die weithin erfahrungslosen Eltern jeder Tag des Kindes ein neues Abenteuer. Die heute vielfach älteren jungen Eltern sind bis zur totalen Erschöpfung bereit, ihr Kind vor allen Unbillen des Lebens zu schützen, mit dem Nebeneffekt, dass Kinder schnell lernen, sich der elterlichen Fürsorge zu bedienen.

Mit dem zunehmenden Alter der Kinder werden permanent neue Herausforderungen an die familialen Wahrnehmungsvermögen, Gestaltungskompetenzen, Leistungsbereitschaft und Leistungsfähigkeiten herangetragen. Die für die Haushaltsführung verfügbaren Ressourcen werden zunehmend stärker, und für die Eltern möglicherweise belastender, beansprucht.

So zeigt eine Längsschnittstudie aus Wien: "Familienentwicklung im Lebensverlauf" aus den 90er-Jahren, in der Eltern, die ihr erstes, zweites oder drittes Kind erwarteten, drei Monate vor, drei Monate und ein weiteres mal drei Jahre nach der Geburt eine umfangreiche Fragebogenbatterie vorgelegt bekamen, dass sich in der subjektiven Rollendefinition der Väter und Mütter typische Veränderungen beobachten ließen.

Zum ersten Zeitpunkt wurden drei Vätertypen gefunden. Die "neuen" Väter mit 12,7 %, die "Familienorientierten", die traditionellen Rollenauffassungen zuneigen mit 31,7% und die "Eigenständigen", die an der Familie eher wenig interessiert sind mit 55,6 %. Drei Jahre später verringerte sich der Anteil der "neuen" Väter auf 8,7 % und der Anteil der "Familienorientierten" auf 25,4 %, während der Anteil der "Eigenständigen", an der Familie wenig interessierten, auf 65,9 % anstieg. Im Kommentar heißt es dazu: "Über die Hälfte der Väter lösten somit ihre Anpassungsprobleme an die veränderte familiäre Situation durch Rückzug."

Bei den Müttern ergaben sich zum ersten Erhebungszeitpunkt fünf Gruppen. Die "kinderliebenden" Mütter mit 3,8 %, die "Überforderten", die aber Kinder weniger als Belastung erleben, mit 9,8 % und die "Überforderten, die Kinder als starke Belastung erleben" mit 21,3 % sowie die "Emanzipierten", die Kinder nicht als Belastung erleben, mit 13,4 % und die "Emanzipierten", die Kinder als Belastung empfinden, mit 31,7 %. Die auffälligste Veränderung bei den Müttern ist nach drei Jahren, dass sich der Anteil der "Emanzipierten", die Kinder als Belastung erleben, verdoppelte.[27]

Die Gründe für diese eher ernüchternden Veränderungen der subjektiven Rollendefinition von Vätern und Müttern im Verlauf der Familienentwicklung liegen einerseits in Anpassungsproblemen der Eltern an ihre Elternrollen, für die sie im besten Fall noch auf ein gelungenes Erfahrungspotenzial aus ihren Herkunftsfamilien zurückgreifen können. Die Elternerfahrungen der gleichaltrigen Eltern aus der „peergroup" dagegen dürften eher den ihren gleichen und von mangelnden Orientierungen und Daseinskompetenzen gezeichnet sein. Zu diesen hinzu kommen steigende Ansprüche an die Gesundheit und Leistungsfähigkeit der Kinder durch die Eltern selbst, aber auch durch die Erwartungen des gesellschaftlichen Umfelds. *"Erfolgreiche" Elternschaft ist in der Regel mit wachsendem emotionalen, zeitlichen, finanziellen und sozialkulturellen Ressourcenbedarf verbunden.*

Die sogenannte "neue Hauswirtschaft" ist vor allem ein Ressourcenmanagement und gleicht nur im geringen Maße den üblichen Vorstellungen von "Kochen, Waschen und Putzen", auf welche die Leistungen der einstigen Nur-Hausfrauen gerne reduziert werden. Ohne Alltagsarbeit ist Alltagsversorgung auch nicht zu haben, und der zunehmende Mangel an praktischen hauswirtschaftlichen Kompetenzen schlägt zusätzlich belastend zu Buche. Das familieninterne Arbeitszeit-, Arbeitsverteilungs- und Organisationsmanagement kann außerdem noch besonders problembeladen sein, wenn die Autonomieansprüche der einzelnen Familienmitglieder begleitet werden von einem relativ geringen Interesse an der Gestaltung eines gemeinsamen Familienalltags.

Belastend kommen Vorstellungen hinzu, dass diejenigen, die auf Erwerbsarbeit zugunsten von Familientätigkeiten verzichten oder auch verzichten müssen, sich in "Urlaub" oder "Freizeit" befinden, sie sozusagen jederzeit für familiale Leistungen zur Verfügung zu stehen haben. Familientätige müssen sich ständig vor sich selber, aber auch in der Gesellschaft rechtfertigen entweder dafür, dass sie in der Familie "aufgehen" oder aber dafür, dass sie sich als "Rabenmütter" auch eigenen Interessen zuwenden. Im Unterschied dazu hat der erwerbstätige Mensch nach seinem Arbeitstag Anspruch auf Erholung und Versorgung, schließlich bringt er oder sie das nötige Einkommen nach Hause.

Mit dem Eintritt der Kinder in den Kindergarten und in das Schul- und Ausbildungssystem sind die internen Leistungen der Familie durch den Stress der Kinder in den externen Bereichen zusätzlich herausgefordert. Kinder haben Terminkalender, sie bedürfen der Eltern als Zuhörer, Tröster, Ermunterer, Erinnerer, Mahnende sowie als familiale Transportunternehmer und Zeitjongleure. Die Elternleistungen werden auch von den Institutionen der Kinder nachgefragt. Wer in der Familie kümmert sich um den Nikolaustag im Kindergarten, das Pfadfinderlager, den Transport zu Fußballspielen oder auch um Hausaufgaben, Elternsprechtage, Erziehungsberatung, Arztbesuche, Nachhilfestunden und Problemlösungen für die Kinder in den Ferien, wenn der Urlaub der Eltern längst verbraucht ist?

Die geringe Familienorientierung der modernen Leistungsgesellschaft mit ihren Effizienzkriterien beim Güter- und Dienstleistungsangebot für die privaten Haushalte mit der Konsequenz, Leistungen, die sich angeblich "nicht rechnen", wenn möglich den Familien zu überlassen, beanspruchen die *Ressourcen der Familientätigen; das sind die "Kosten der Familientätigkeit".* Wer in Behördengängen und Wartezimmern sitzt oder zornig in Schlangen vor Schaltern und Kassen steht, kann lesen: "wir sparen für Sie Kosten", aber auch *des Kunden Zeit* hat ihren Wert. Weitere "strukturelle Rücksichtslosigkeiten" gegenüber den Alltagsaufgaben der Menschen, insbesondere aber der Familien, bestehen darin, dass der Wettbewerb auf den Märkten eine Flut an Angeboten und Werbung zur Folge hat, die Güter- und Markttranparenz für den privaten Haushalt allerdings nur mit einem in keinem Verhältnis zum Nutzen stehenden Informationsaufwand zu erreichen ist. Wiederum heißen die Konsequenzen, dass erst durch Versuch und Irrtum und viele unnötige Ausgaben eine angemessene

Versorgung der Familie stattfinden kann. Da ein Markt nur funktioniert, wenn nicht nur die Anbieter untereinander Konkurrenten sind, sondern auch der Kunde den für ihn günstigsten Anbieter finden und durch seinen Einkauf belohnen können muss, sind Märkte ohne Markt- und Gütertransparenz für die privaten Haushalte und die gesellschaftliche Wohlfahrtsentwicklung alles andere als förderlich. Der sinnlose Konsum lässt die Müllberge steigen und zugleich die Gefahren. Der "Rinderwahnsinn" und die Keulung von Millionen von Tieren könnten ein Signal für die noch schlafende Macht der Konsumenten sein. Könnte "Wirtschaft" sich nicht auch in ihrer "Familienfreundlichkeit" als effizient und erfolgreich erweisen? Die Familien sind diejenigen, die zu allererst von einer solchen Wirtschaft profitieren könnten.

Zu der zunehmenden Zahl der Armen in Wohlstandsgesellschaften gehören, unabhängig von den Berechnungen, vor allem junge Familien. Ihre prekären Lebenslagen sind gezeichnet durch Arbeitslosigkeit, Scheidung, Schulden, Sucht und Hilflosigkeit beim Auskommen mit einem oder auch keinem Erwerbseinkommen. Das hohe Lebensniveau unserer Wohlstandsgesellschaft bringt es mit sich, dass zwei Menschen zwei Einkommen benötigen und bei Verlust eines Einkommens und dem Hinzukommen von einem Kind oder mehreren Kindern das Geld knapp wird und die Verschuldung schnell ihren Anfang nehmen kann, denn Überziehungskredite sind leicht zu bekommen, Haushaltsführungskompetenzen fehlen.

Was ist zu tun? Es ist vonnöten, dass die Gesellschaft, aber auch die Wirtschaft, sich über ihr Menschen- und Familienbild, die Lebensformen und Lebensbedürfnisse Klarheit verschafft. Gesellschaftliche Anstrengungen im Dienst einer Wohlfahrtsproduktion, die der Humanvermögensbildung in Familie und Bildungssystem gilt, ist gefragt. Auch die Maximen der Wirtschaft und die Qualität des Güter- und Dienstleistungsangebots einschließlich der Transparenz ihrer Produktionswege stehen auf dem Prüfstand. Eine Wirtschaft, die primär auf "Bereicherung" ausgerichtet ist, hat schon Aristoteles als "verwerflich" beschrieben, er nennt sie "Chrematistik" im Unterschied zur "Oikonomia". Beide sind schwer voneinander zu unterscheiden, aber die Oikonomia ist Teil der Haushaltungskunst. Sie beachtet die Grenzen eines Handelns, das, wie wir heute sagen würden, auf "Nachhaltigkeit" ausgerichtet ist. Der Gedanke, dass ein "Hausvater" maßvoll und sozial verantwortlich mit dem ihm anvertrauten Vermögen umzugehen hat, könnte den Staatsmännern und -frauen als Haushältern und Treuhändern den darin enthaltenen einzigartigen, vernünftigen sittlichen Anspruch für Wirtschaft, Gesellschaft und Politik aufzeigen, *die für keine Gesellschaft aufkündbare Verpflichtung, die Zukunft der Familie und mit ihr die Zukunft des ihrer Kompetenz anvertrauten Humanvermögens zu sichern.*[28]

Anmerkungen

1 Schmoller, G.: Grundriß der allgemeinen Volkswirtschaftslehre. Bd. I. Die Familienwirtschaft. Leipzig 1900, 232 ff.

2 a. a. O. 248 ff., zit. nach Egner, E.: Der Haushalt. Göttingen 1952, 86 f.

3 Lichtblau, K.: Vergemeinschaftung und Vergesellschaftung bei Max Weber. In: Ztschr. f. Soziologie, Jg. 29 H. 6, 2000, 423 ff.

4 Lichtblau a. a. O., 429

5 Drucker P: Management Challenges for the 21st Century. Harpes Business 1990. (Dtsch. Übers. 2000).

6 Schubnell, H: Förderungsmöglichkeiten der Familienforschung. Gutachten im Auftrag des Bundesministeriums für Jugend, Familie, Frauen und Gesundheit. Gießen/Freiburg 1987; Schweitzer, von R.: Chancen und Probleme der Verknüpfung der Haushalts- und Familienforschung. In: Festschrift für Hermann Schubnell. Schriftenreihe des BIB, Bd. 11, Boppard/Rh. 1983; Wingen, M.: Zur wissenschaftlichen und politischen Bedeutung von Haushalt und Familie. In: Ztschr. f. Familienforschung. 13. Jg., H. 1/2001.

7 Becker, G.: Der ökonomische Ansatz zur Erklärung menschlichen Verhaltens. Tübingen 1982; Krüsselberg, H.-G., Die Fabel von der Unproduktivität der Arbeit im Familienhaushalt. In: Uta Meier (Hrsg.): Vom Oikos zum modernen Dienstleistungshaushalt. Der Strukturwandel privater Haushaltsführung. Frankfurt/New York 1997, 85-100.

8 Engstler, H.: Der Wandel der Lebens- und Familienformen im Spiegel der amtlichen Statistik. In: Maywald et al. (Hrsg.): Familien haben Zukunft. Hamburg 2000, 227.

9 Schreiber, W.: Kindergeld im sozialökonomischen Prozeß? 1964; Wiss. Beirat für Familienfragen: Gerechtigkeit für Familien. Zur Begründung und Weiterentwicklung des Familienlasten- und Familienleistungsausgleichs. Berlin 2001.

10 Schubnell, H. 3. FB 1987, 108.

11 Bodthold, S: Weiterentwicklung des Systems der Haushaltsstichproben in der amtlichen Statistik. In: Statistisches Bundesamt: Familie und Haushalt in Deutschland. Forum der Bundesstatistik Bd. 38. Wiesbaden 2001.

12 Neben den deutschen Familienberichten gibt der 4. Österreichische Familienbericht: Familie zwischen Anspruch und Alltag. Wien 1999, einen sehr kompetenten aktuellen Einblick in den Stand der familienwissenschaftlichen Forschung.

13 Bossfeld, H-P./Timm, A.: Der Einfluss des Bildungssystems auf den Heiratsmarkt. In KZfSS, Jg. 49, H. 3 1997, 440 ff.

14 Veröffentlichung des Stat. Bundesamtes in der FAZ v. 6. 4. 2001.

15 Borchers, A./Miera, St.: Zwischen Enkelbetreuung und Altenpflege. Ffm., New York 1993.

16 Wilk, M.: Großeltern-Enkel-Beziehungen. In: Öst. Familienbericht a. a. O. 253 ff.

17 Mead, M.: Der Konflikt der Generationen – Jugend ohne Vorbild. Olten 1971.

18 Egner, E.: Der Haushalt, a. a. O. 1952, 21 ff.; Schweitzer, R. v.: Haushalte, private. Handwörterbuch der Wirtschaftswissenschaften/HdWW. 1977, 27 ff.

19 Schlemmer, E.: Living apart together. Eine partnerschaftliche Lebensform für Singles? In: Bertram, H. (Hrsg.): Das Individuum und seine Familie im Erwachsenenalter. Opladen 1995, 377 ff.

20 Nave-Herz, R.: Die These über den "Zerfall der Familie". In: KfZZ, Sonderheft 38.

21 Vgl. Giesecke, H.: Pädagogische Illusionen. Lehren aus 30 Jahren Bildungspolitik. Stuttgart 1998.

22 König, R.: Materialien zur Soziologie der Familie. Bern 1964.

23 In den frühen 60er-Jahren entstanden erste empirische Arbeiten von Elisabeth Pfeil und Junker über die Lage der Mütter in der Bundesrepublik Deutschland. Im Jahr 1969 fanden diese mit einer außerordentlich differenzierten Studie auf der Basis umfangreichen statistischen Materials aus den Zusatzerhebungen des Mikrozensus mit dem vom BMFJ herausgegebenen Band "Mütter und Kinder in der Bundesrepublik Deutschland" ein Ende. Das war wohl auch die politische Reaktion auf die neue Perspektive mit Blick auf die Familie durch die marxistisch und psychoanalytisch geprägte Studenten- und Frauenbewegung.

24 Meier, U.: Familiale Lebenswelten im Ost-West-Vergleich. In: Frühe Kindheit. Zeitschrift der Deutschen Liga für das Kind. 3. Jg., 4/2000.

25 Böckenförde, E.-W.: Erfolge und Grenzen der Aufklärung. Acht Thesen. Universitas 50/8, 720 ff.

26 Schweitzer, R. v.: Geschlechtersolidarität und Modernität. In: Gabriel, K. et al. (Hrsg.): Festschrift für F.-K. Kaufmann, Modernität und Solidarität.

27 Rollett, B.: Diskussion zu Kurt Kreppner "Entwicklung von Eltern-Kind- Beziehungen". In: Schneewind, K. A. (Hrsg.): Familienpsychologie im Aufwind. Göttingen, Bern, Toronto, Seattle 2000, 198.

28 Aristoteles: Politik. Phil. Bibl. Bd. 7, 1958, 20 f.

Ergänzende, ausgewählte Bibliographie

Bertram, H. (Hrsg.): Das Individuum und seine Familie. Opladen 1995.

Buber, M.: Ich und Du. Stuttgart 1983.

Derselbe.: Der Weg des Menschen. Heidelberg 1972.

Bundesinstitut f. Bevölkerungsforschung (Hrsg.): Familienbildung und Kinderwunsch in Deutschland. Materialien z. Bevölkerungswissenschaft, H. 82 f. Wiesbaden 1998.

Deutsches Jugendinstitut, (Hrsg.): Wie geht's der Familie? München 1988.

Dritter Bericht zur Lage der älteren Menschen. BMFSFJ (Hrsg.). Berlin 2001.

Egner, E.: Entwicklungsphasen der Hauswirtschaft. Göttingen 1964.

Familienbericht, Dritter: Die Lage der Familien in der Bundesrepublik Deutschland. BMJFG Kabinetsvorlage. Bonn 1978.

Familienbericht Vierter: Die Situation der älteren Menschen in der Familie. BMJFFG (Hrsg.). Bonn 1986.

Familienbericht Fünfter: Familien und Familienpolitik im geeinten Deutschland. Zukunft des Humanvermögens. BMFuS (Hrsg.). Bonn 1994.

Familienbericht Sechster: Familien ausländischer Herkunft – Leistungen, Belastungen, Herausforderungen. BM FSFJ (Hrsg.). Berlin 2000.

Familie im Spiegel der amtlichen Statistik. BMFSFJ (Hrsg.). Bonn 1999.

Fromm, E.: Die Kunst des Liebens – Weltperspektiven. Ulm 1976.

Gabriel, K./Herlth, A./Strohmeier, K.-P. (Hrsg): Modernität und Solidarität. 1997.

Gutachten des Wiss. Beirats f. Familienfragen, BMFS (Hrsg): Familie und Beratung. Stuttgart, Berlin, Köln 1993.

Gutachten des Wiss. Beirats f. Familienfragen, BMJFG (Hrsg.): Leistungen für die nachwachsende Generation in der Bundesrepublik Deutschland. Stuttgart, Berlin, Köln, Mainz 1979.

Gutachten des Wiss. Beirats f. Familienfragen, BMFSFJ (Hrsg.): Kinder und Kindheit in Deutschland – Eine Politik für Kinder im Kontext von Familienpolitik. Stuttgart, Berlin, Köln 1998.

Gutachten des Wiss. Beirats f. Familienfragen BMFSFJ (Hrsg.): Gerechtigkeit für Familie. Zur Begründung und Weiterentwicklung des Familienlasten- und Leistungsausgleichs. Stuttgart, Berlin, Köln 2001.

Hausen, K./Nowotny, H. (Hrsg.): Wie männlich ist die Wissenschaft? Ffm. 1986.

Harding, S.: Das Geschlecht des Wissens. Frauen denken die Wissenschaft neu. Ffm/New York 1991.

Heidegger, M.: Sein und Zeit. 6. unv. Aufl., Tübingen 1949.

Hradil, St. (Hrsg.): Zwischen Bewußtsein und Sein. Opladen 1992.

Hoffmann/Nowotny, H-J.: Lebensformen und Lebensstile unter den Bedingungen der (Post-)Moderne. In: FamilienDynamik. 4, 1991, 299 ff.

Kaufmann, F-K.: Zukunft der Familie – Gesellschaftliche und politische Bedingungen. München 1995.

Krappmann, L./Lepenies, A. (Hrsg.): Alt und Jung – Spannung und Solidarität zwischen den Generationen. Ffm/New York 1997.

Krüsselberg, H-G. (Hrsg.): Vermögen in ordnungstheoretischer und ordnungspolitischer Sicht. Köln 1980.

Krüsselberg, H-G.: Ethik, Vermögen und Familie. Schriften zu Ordnungsfragen der Wirtschaft, Bd. 56. Stuttgart 1997.

Krüsselberg, H-G.: Die Fabel von der Unproduktivität der Arbeit im Familienhaushalt. In: Uta Meier (Hrsg.): Vom Oikos zum modernen Dienstleistungshaushalt. Der Strukturwandel privater Haushaltsführung. Frankfurt/New York 1997, 85-100.

Lüscher, K./Schultheis, F. (Hrsg.): Generationenbeziehungen in "postmodernen" Gesellschaften. Konstanz 1993.

Maywald, J. U./Schön, B/Gottwald, B. (Hrsg.): Familien haben Zukunft. Hamburg 2000.

Mead, M.: Der Konflikt der Generationen – Jugend ohne Vorbild. Olten 1971.

Meier, U. (Hrsg.): Vom Oikos zum modernen Dienstleistungshaushalt. Ffm/New York 1997.

Nauck, B./Onnen-Isemann, C. (Hrsg.): Familie im Brennpunkt von Wissenschaft und Forschung. Neuwied, Kriftel, Berlin 1995.

Nave-Herz, R./Markefka, M. (Hrsg.): Handbuch Familienforschung Bd. 1. Neuwied, Kriftel, Berlin 1989.

Östereichischer Familienbericht, Vierter: Familie zwischen Anspruch und Alltag. Wien 1999.

Rapin, H. (Hrsg): Der private Haushalt zwischen Individualinteresse und sozialer Ordnung. Ffm/New York 1987.

Rapin, H. (Hrsg): Frauenforschung und Hausarbeit. Ffm./New York 1988.

Rupp, S. U./Schwarz, K. (Hrsg.): Festschrift f. Hermann Schubnell. Beiträge aus der bevölkerungswissenschaftlichen Forschung. Boppard 1983.

Schmid, W.: Philosophie der Lebenskunst. Ffm 1999.

Schneewind, K. A. (Hrsg.): Familienpsychologie im Aufwind. Göttingen, Bern, Toronto, Seattle 2000.

Schweitzer v. R. (Hrsg.): Festschrift f. Helga Schmucker. Leitbilder für Familie und Familienpolitik. Berlin 1981.

Schweitzer v. R.: Lehren vom Privathaushalt. Eine kleine Ideengeschichte. Ffm./New York1988.

Schweitzer v. R.: Einführung in die Wirtschaftslehre des Haushalts. Stuttgart 1991.

Ulrich, P.: Integrative Wirtschaftsethik – Grundlagen einer lebensdienlichen Ökonomie. 1. Aufl., Bern, Stuttgar, Wien 1997.

Teil III

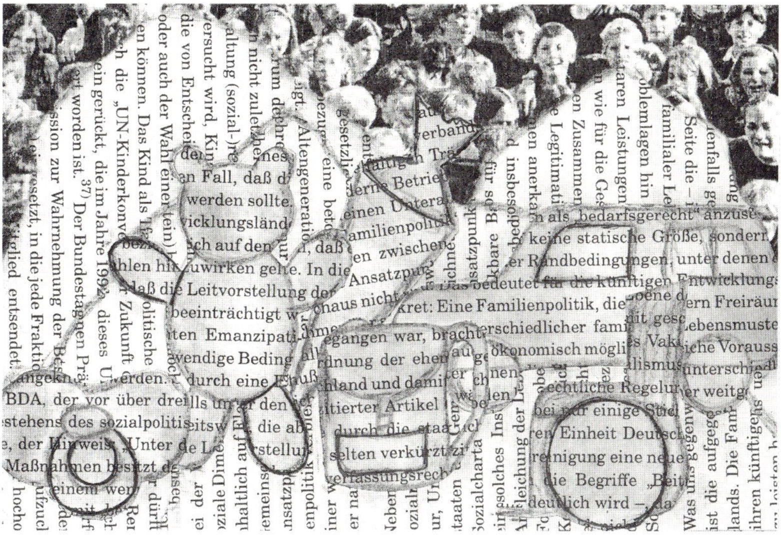

Junge Menschen auf dem Weg von der Kindheit in die Welt der Erwachsenen

Prof. Dr. Klaus A. Schneewind

Ludwig Maximilians-Universität München, Institut für Psychologie
Persönlichkeitspsychologie, Psychologische Diagnostik und Familienpsychologie

Teil III.1

Freiheit in Grenzen – Wege zu einer wachstumsorientierten Erziehung

Ouvertüre

Statt eines üblicherweise mit "Einleitung" überschriebenen Absatzes beginnt dieser Beitrag mit einer *Ouvertüre*. Nicht ganz ohne Grund, da ein wichtiger Teil von herausfordernden "Familientänzen" handelt. Genauer ist es eine "Suite der Fragen", die – abgesehen von dieser Ouvertüre und dem abschließenden Finale – aus acht Sätzen besteht. Die Tonart ist dabei stets die gleiche, da es um Fragen geht, die mit dem Thema "elterliche Erziehung" zu tun haben.

Der *erste Satz* stellt eine These in Frage, die aus dem Bereich der modernen Verhaltensgenetik kommt und den Eltern weitgehend abspricht, dass sie überhaupt einen Einfluss auf die Erziehung ihrer Kinder haben. Der *zweite Satz* versucht eine Antwort auf die Frage zu geben, was Elternsein eigentlich heißt. Dabei stellt sich heraus, dass die Eltern-Kind-Beziehung nicht nur von erzieherischen Aufgaben geprägt ist, sondern vor allem auch dadurch, dass Familien eine Interaktionsgemeinschaft sind. Der *dritte Satz* widmet sich der Frage, welche Rolle die Wissenschaft spielt, wenn es um das Thema Erziehung geht. Dies führt unvermeidlich zu den Zielen und Mitteln von Erziehung und damit letztlich zu einer erziehungsphilosophischen Position – einer Position allerdings, die als Handlungsangebot zu verstehen ist und daher den Eltern, aber auch den Kindern, ein gehöriges Stück an eigenständiger "Arbeit" abverlangt. Der *vierte Satz* greift das Thema des dritten Satzes auf und stellt die Frage nach den Erziehungswerten, die Eltern sich zueigen machen und zur Orientierung ihres erzieherischen Handelns heranziehen können – nicht ohne hierzu auch konkrete Vorschläge zu machen, die der These von der Ohnmacht der Eltern zuwider laufen. Der *fünfte Satz* handelt von der Kultivierung der kindlichen Persönlichkeit und begründet die Position einer wachstumsorientierten Erziehung im Sinne einer unterstützenden, ermutigenden und eigenständige Problemlösungen anregenden Erziehung. Der *sechste Satz* hat mit der wichtigen Frage zu tun, ob Elternliebe und Grenzensetzen widersprüchliche Grundlagen erzieherischen Handelns sind. Dabei zeigt sich anhand einer Analyse von drei beispielhaften Szenarien, dass Elternliebe und respektvolles Grenzensetzen durchaus miteinander im Einklang stehen können, ja sogar wesentliche Bestandteile einer wachstumsorientierten Erziehung sind. Im *siebten Satz* geht es – wie oben schon angedeutet – um herausfordernde "Familientänze", vor allem dann, wenn den elterlichen Bemühungen des Grenzensetzens die kindlichen Impulse des Grenzentestens gegenüberstehen. Eine Reihe von Fallbeispielen verdeutlicht, wie Eltern sich in solchen Situationen verhalten können, ohne von ihrem Leitziel einer wachstumsorientierten Erziehung abzuweichen. Schließlich beschäftigt sich der *achte Satz* unter dem Stichwort "Empowerment" mit der Frage, was Eltern tun können, um ihre Kompetenzen zu stärken, die ihren Kindern eine wachstumsorientierte Entwicklung im Sinne des Mottos "Freiheit in Grenzen" ermöglicht.

Im abschließenden *Finale* werden die Themen dieser "Suite der Fragen" noch einmal anklingen und nicht nur in ihrer Bedeutung für den einzelnen und die Familie, sondern auch für die gesellschaftliche Entwicklung als Ganzes beleuchtet. Beginnen wir nun also mit dem ersten Satz unserer Suite.

1. Ohnmacht der Eltern – stimmt das?

1995 veröffentlichte die amerikanische Psychologin Judith Rich Harris in der angesehenen Zeitschrift "Psychological Review" einen Artikel, der wie folgt beginnt: "Haben Eltern irgendeine Langzeitwirkung auf die Persönlichkeitsentwicklung ihres Kindes? Dieser Artikel prüft alle Argumente und kommt zu dem Schluss, dass die Antwort lautet: Nein." 1998 hatte Harris diesen Artikel zu einem Buch erweitert, das unter dem Titel "The nurture assumption: Why children turn out the way they do" erschien und in den USA zu einem Bestseller wurde. Im März 2000 wurde eine deutsche Übersetzung dieses Buches unter dem Titel "Ist Erziehung sinnlos?" veröffentlicht, wobei im Untertitel sogleich die Antwort auf diese Frage gegeben wird: "Die Ohnmacht der Eltern" – und zwar ohne Fragezeichen. Auf 610 Seiten entwickelt die Autorin ihre These, dass die beobachtbaren Persönlichkeitsunterschiede von Kindern im Wesentlichen auf zwei Einflussgrößen zurückzuführen sind, nämlich deren genetische Ausstattung und ihren Erfahrungen in der Gleichaltrigengruppe. Eltern spielen dabei keine Rolle, wenn man einmal davon absieht, dass sie im Falle einer leiblichen Elternschaft den Genotyp des Kindes bestimmen.

Nun ist die These von der genetischen Determiniertheit menschlicher Verhaltensunterschiede nicht neu. So hat zuvor schon z. B. die amerikanische Verhaltensgenetikerin Sandra Scarr (1992, S. 10) behauptet, dass "elterliche *Unterschiede* hinsichtlich ihres Erziehungsstils, ihrer sozialen Schichtzugehörigkeit und ihres Einkommens geringe Effekte auf messbare *Unterschiede* in der Intelligenz, den Interessen und der Persönlichkeit bei ihren Kindern haben" (Hervorhebungen im Original). Dabei hatte sie allerdings auch hinzugefügt, dass dies nur zuträfe, wenn die kindliche Entwicklung in speziestypisch "durchschnittlich erwartbaren Umwelten" stattfinde, ohne freilich zu präzisieren, was dies genau bedeutet. Auch eine Reihe weiterer Verhaltensgenetiker hat sich der These von der weitgehenden genetischen Determiniertheit menschlicher Verhaltensunterschiede angeschlossen (z. B. Rowe, 1994 [deutsch 1997]; Cohen 1999), wenngleich andere Experten auf diesem Gebiet durchaus eine differenziertere Haltung zu dieser Thematik einnehmen (vgl. z. B. Amelang 2000, Bronfenbrenner & Ceci 1994, Plomin et al. 1999).

Dass genetische Einflüsse in den Ansatz zur Erklärung von kognitiven und sozial-emotionalen Unterschieden mit einbezogen werden müssen, wird heutzutage auch von hartgesottenen Milieutheoretikern nicht mehr geleugnet. Selbst wenn man unterstellt, dass die Unterschiedlichkeit menschlichen Verhaltens zu etwa 50 % auf genetische Einflüsse zurückzuführen ist – eine Annahme, die in etwa den Schätzungen der modernen Verhaltensgenetik entspricht –, so ergibt sich immer noch eine erhebliche Variationsbreite für umweltbedingte Einflüsse. Für die Intelligenz z. B. umfasst diese Variationsbreite eine Spanne von mehr als 40 IQ-Punkten (vgl. Asendorpf 1994). Ähnliches gilt auch für sozio-emotionale Merkmale wie Ängstlichkeit, Geselligkeit oder Aggressivität.

Man gewinnt somit den Eindruck, dass die von Harris vorgetragene These von der Ohnmacht der Eltern vor allem der Entlastung der Eltern dient, insbesondere von solchen, die im Umgang mit ihren Kindern Schwierigkeiten haben. Diese Vermutung erfährt eine gewisse Bestätigung, wenn man im Internet-Buchladen www.amazon.de die mehr als 50 Rezensionen zu der amerikanischen Ausgabe des Buches liest.

Allerdings würde man es sich zu leicht machen, wenn man mit dem Verweis auf genetische Argumente die angeblich ohnmächtigen Eltern aus ihrer Erziehungsverantwortung entlassen würde. Ohnmachtsgefühle haben nicht unbedingt etwas mit einem Mangel an faktisch bestehenden Einflussmöglichkeiten zu tun. Sie können auch darauf beruhen, dass durchaus bestehende Einflussmöglichkeiten nicht in angemessener Weise genutzt werden. Sind die Vertreter des genetisch untermauerten Ohnmachtsstandpunkts wirklich der Auffassung, dass Eltern z. B. auf die Förderung der Leistungsbereitschaft ihrer Kinder genausowenig Einfluss haben wie auf das Eindämmen unkontrollierter Aggressivität? Die meisten Eltern wissen sehr wohl, wenn auch bisweilen nur vage, dass sie auf die Entwicklung ihrer Kinder Einfluss nehmen können – und zwar durchaus unter Berücksichtigung der Besonderheiten und auch "Eigenwilligkeiten" ihrer Kinder. Freilich fehlt es Eltern nicht selten an einem konkreten Wissen, welche Optionen bestehen, um die Persönlichkeitsentwicklung ihrer Kinder voranzubringen, und mehr noch an den entsprechenden Fähigkeiten, dieses Wissen in konkreten Situationen in erzieherisches Handeln umzusetzen.

Es lohnt sich also, jenseits aller genetischen Unterschiedlichkeit dem nachzuspüren, was Eltern, die in der Regel für ihre Kinder ja nur "das Beste" wollen, tatsächlich tun. Vor allem aber, was sie tun können, um bei ihren Kindern "das Beste" zur Entfaltung zu bringen. Bevor wir uns dieser Frage zuwenden, wollen wir uns zunächst noch Klarheit über einige grundlegende Funktionen elterlicher Erziehung verschaffen.

2. Eltern sein – was heißt das?

Trotz eines von vielen Seiten diagnostizierten Funktionsverlusts der Familie, manche sprechen von einer Funktionsverlagerung, besteht nach wie vor Einigkeit darüber, dass die Erziehung und Sozialisation zu den wichtigsten Aufgaben der Eltern gehört. Der Sozialwissenschaftler Bernhard Schäfers (1990) spricht in diesem Zusammenhang sogar von der "Zentralfunktion" der Familie. Von dem Soziologen Kurt Lüscher (1989) stammt die hilfreiche Unterscheidung zwischen familiären Aufgaben und Leistungen. Als zentrale Aufgabe von Familie betrachtet er in diesem Zusammenhang die Gestaltung einer "Lebensform für verlässliche Beziehungen zwischen den Generationen und Geschlechtern", die vermittelt durch Tätigkeiten wie "Haushalten, Wohnen, Pflegen, Erziehen, interne und externe Beziehungen" zu zwei miteinander verknüpften Leistungen führen soll, nämlich der Herausbildung von "individueller und kollektiver Identität" (S. 101 ff.).

Unterstellt man, dass der Mensch als biopsychosoziale Einheit vor allem in seiner frühen Entwicklungsphase auf schützende und pflegende Beziehungen angewiesen ist, wird die Bedeutung dessen, was gewöhnlich unter dem Begriff "Sozialisation" beschrieben wird, in besonderer Weise sichtbar. In ihrem "Neuen Handbuch der Sozialisationsforschung" haben Klaus Hurrelmann und Dieter Ulich (1991, S. 6 ff.) Sozialisation in prägnanter Kürze als "Mitglied-*Werden* in einer Gesellschaft" (Hervorhebung im Original) definiert. Gemeint ist damit ein Vorgang, der seitens des Individuums in aktiver Auseinandersetzung mit sich und seiner Umwelt durch eine Fülle von Lern- und Erfahrungsprozessen gekennzeichnet ist. In aller Regel beginnt dieser Prozess des Mitglied-Werdens in der Familie – dies in einer Weise, dass zunächst vornehmlich außenbestimmte Sozialisationseinflüsse zunehmend verinnerlicht werden und die Basis für eine sich stetig erweiternde *Selbstsozialisation* abgeben.

Während familiäre Sozialisationsprozesse für die einzelnen Mitglieder eines Familiensystems vielfältige, auch unbeabsichtigte Lernerfahrungen im Umgang mit ihrer sozio-materiellen Umwelt umfassen, bezieht sich der Begriff der "Erziehung" im Kontext der Familie auf absichtsvolle und zielgerichtete Handlungen. Sie werden in der Regel von Seiten der Eltern (bisweilen aber auch von anderen Familienmitgliedern wie Geschwistern oder Großeltern) geäußert, um beim Kind die Aneignung wünschenswerter und die Verhinderung unerwünschter Erfahrungs- bzw. Verhaltensmuster zu bewirken (vgl. Brezinka 1989). Mit zunehmendem Erfahrungserwerb und wachsender Handlungsfähigkeit gehen – ähnlich wie beim Sozialisationsprozess – die von außen an das Kind herangetragenen Bemühungen, seine Persönlichkeitsentwicklung zu beeinflussen, in einen Prozess der *Selbsterziehung* über. Mit anderen Worten: Die Selbststeuerung des Kindes im Sinne selbstinitiierter Zielsetzungen und entsprechender Handlungsbemühungen in unterschiedlichen Lebensbereichen nimmt im Laufe seiner Entwicklung mehr und mehr zu. Der zunächst von außen, später zunehmend von innen gesteuerte Prozess der Selbsterziehung führt letztlich, je nachdem wie erfolgreich dieser Prozess verlaufen ist, zu einer mehr oder minder starken Ausprägung von Selbstverantwortlichkeit (vgl. Schneewind 1979).

Auf dem Hintergrund dieser knappen Kennzeichnung familiärer Sozialisations- und Erziehungsprozesse, sollen, nun in Anlehnung an Parke und Buriel (1997), drei zentrale Funktionen von Eltern im Umgang mit ihren Kindern etwas näher beleuchtet werden. In Abbildung 1 findet sich eine Veranschaulichung dieser drei Elternfunktionen im Hinblick auf kindliche Sozialisationseffekte.

Abbildung 1

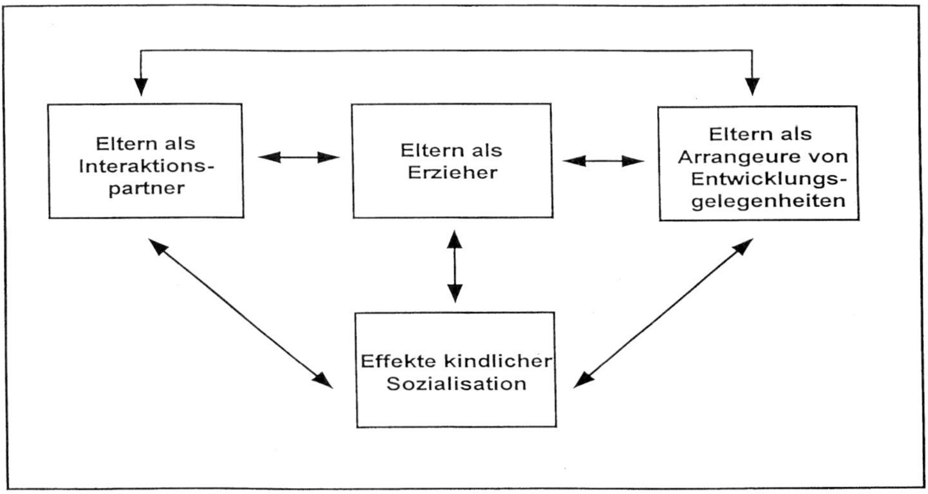

Die in Abbildung 1 dargestellten drei Elternfunktionen stehen sowohl untereinander als auch hinsichtlich der Effekte, die sie bei ihren Kindern erzeugen, in einem Wechselbeziehungsverhältnis. Diese Wechselbeziehungen können grundsätzlich als zirkuläre Kausalitäten im Sinne der Systemtheorie interpretiert werden (vgl. Schneewind 1999a).

2.1 Eltern als Interaktionspartner

In erster Linie sind die Eltern für ihre Kinder Interaktionspartner. Durch die Art, wie Eltern auf ihre Kinder eingehen und mit ihnen umgehen, nehmen sie schon früh Einfluss auf die Qualität kindlicher Bindungserfahrungen, in denen reziproke Beziehungsmuster zwischen Elternperson und Kind erkennbar werden. In Abbildung 1 wird dieses reziproke Beziehungssystem durch einen Doppelpfeil symbolisiert.

In der gegenwärtig hoch im Kurs stehenden Bindungsforschung, die auf den englischen Kinderpsychiater John Bowlby (1969, 1973, 1980) zurückgeht, hat sich für die Etablierung einer sicheren Bindung des Kindes an seine primären Bezugspersonen – in den meisten Fällen sind dies die Eltern – eine Reihe von Charakteristika des elterlichen Interaktionsverhaltens ergeben. Hierzu gehören u. a. folgende sechs Kriterien: (a) *Sensitivität*, d. h. das prompte und angemessene Reagieren auf kindliche Signale, (b) *positive Haltung*, d. h. die Äußerung von positiven Gefühlen und Zuneigung gegenüber dem Kind, (c) *Synchronisation*, d. h. die sanfte Abstimmung reziproker Interaktionen mit dem Kind, (d) *Wechselseitigkeit*, d.h. die Gestaltung von Interaktionen, in denen sich Elternperson und Kind auf denselben Gegenstand beziehen, (e) *Unterstützung*, d. h. eine aufmerksame Zuwendung und emotionale Hilfestellung bei kindlichen Aktivitäten, (f) *Stimulation*, d. h. eine häufige Interaktionsaufnahme mit dem Kind (vgl. De Wolff & van Ijzendoorn 1997). Es sind dies Kennzeichen des elterlichen Interaktionsverhaltens, die in der frühen Entwicklung des Kindes zu engen affektiven Bindungen zwischen Elternperson und Kind führen und mit hoher Wahrscheinlichkeit dazu , dass die Kinder als "sicher gebunden" klassifiziert werden.

Dieses "affektive Band" soll dem menschlichen Säugling zum einen Schutz vor lebensbedrohlichen Beeinträchtigungen und sonstigen Widrigkeiten bieten, auf die er wegen seines noch nicht ausgebildeten Repertoires an Bewältigungsmöglichkeiten nicht angemessen reagieren kann. Zum anderen soll die affektive Bindung an eine oder mehrere Pflegepersonen eine möglichst sichere Basis für die Erkundung und schrittweise Eroberung der Welt darstellen. Es werden damit theoretisch zwei miteinander verschränkte Motivations- und Verhaltenssysteme unterstellt, die einerseits einem Bedürfnis nach Bindung oder Bezogenheit und andererseits ein Bedürfnis nach Autonomie im Sinne einer eigenständigen Weltaneignung entspringen.

Die Qualität der Bindungserfahrungen bestimmt entscheidend die Ausgestaltung des *internen Arbeitsmodells* beim heranwachsenden Kind. Interne Arbeitsmodelle sind gewissermaßen personintern repräsentierte Abbilder spezifischer Bindungserfahrungen. Sie schlagen sich nieder in affektiv getönten Vorstellungen über sich selbst und wichtige Bezugspersonen, die sich aufgrund der Interaktion mit diesen Personen ergeben. Je nachdem welche Bindungserfahrungen gemacht werden, entwickeln sich unterschiedliche mentale Repräsentationen vom Selbst und von der Bezugsperson. Es wird angenommen, dass diese mentalen Repräsentationen oder internen Arbeitsmodelle in einer lebenslangen Perspektive die Selbst- und Beziehungsentwicklung einer Person mehr oder minder entscheidend mit beeinflussen (vgl. Grossmann & Grossmann 1991).

In der bisherigen Forschung haben sich vor allem vier verschiedene Bindungsstile herausgeschält. Es wird dabei zwischen einem sicheren, vermeidenden, ängstlich-ambivalenten und desorganisierten Bindungsstil unterschieden. Für diese vier Bindungsstile hat sich zum einen gezeigt, dass die zentralen Bezugspersonen – in der Regel sind es zunächst vor allem die Mütter – ein jeweils charakteristisches Pflege- und Erziehungsverhalten zeigen. So zeichnen sich die Mütter *sicher gebundener Kinder* vornehmlich durch ein hohes Maß der oben bereits genannten Merkmale wie Sensitivität, positive Haltung etc. aus. Mütter von Kindern mit einem *vermeidenden Bindungsverhalten* tendieren hingegen dazu, sich eher abweisend, starr, kontaktunfreudig, unfreundlich und feindselig zu verhalten. Während sich Mütter von Kindern mit einem *ängstlich-ambivalenten Bindungsstil* als wenig einfühlsam erweisen und zugleich aufdringlich und inkonsistent in ihrem Verhalten sind. Für den *desorganisierten Bindungsstil* werden auf der Elternseite unverarbeitete Traumatisierungen (z. B. aufgrund von Verlust- oder Misshandlungserfahrungen) vermutet, was sich u. a. in starken Affektschwankungen im Verhältnis zum Kind niederschlägt (vgl. zusammenfassend hierzu Gloger-Tippelt 2000).

Darüber hinaus konnte in einer Reihe von Längsschnittstudien nachgewiesen werden, dass die Qualität des Bindungsstils bis zu einem gewissen Grade auch die Art der Sozialbeziehungen in anderen Kontexten (z. B. im Kindergarten und in der Schule) und die Entwicklung individueller Differenzen hinsichtlich einer Reihe von Persönlichkeitsmerkmalen (z. B. Selbstvertrauen, soziale Kompetenz, emotionales Wohlbefinden) voherzusagen vermag (vgl. Shulman, Elicker & Sroufe 1994).

All diese Befunde haben dazu geführt, das Konzept des “attachment parenting” (zu deutsch etwa: bindungsförderndes Elternverhalten) zu propagieren (vgl. Sears & Sears 1995). Vor allem in den ersten eineinhalb Jahren soll durch *bindungsförderndes Elternverhalten* eine positive emotionale Beziehungsgrundlage für die weitere kindliche Entwicklung gelegt werden. Zu berücksichtigen ist dabei freilich, dass einerseits auf die Qualität des elterlichen Interaktionsverhaltens eine Fülle moderierender Einflüsse einwirkt, zu denen neben kindlichen Temperamentsmerkmalen auch Kontextfaktoren wie Armut, eine belastete Elternpersönlichkeit und dysfunktionale Paarbeziehungen gehören (vgl. NICHD Early Child Care Research Network 1997). Darüber hinaus sind frühe Eltern-Kind-Beziehungen, die auf eine sichere Bindung hinweisen, auch wenn sie eine gute Basis für eine positiv verlaufende Selbstsozialisation und -entwicklung darstellen, kein Garant für eine lebenslang anhaltende sichere Bindungsorientierung und auch nicht für eine positiv verlaufende Persönlichkeitsentwicklung der Kinder. Im weiteren Verlauf der kindlichen Entwicklung bedarf es einer Reihe zusätzlicher elterlicher Kompetenzen, auf die wir weiter unten noch ausführlicher zu sprechen kommen.

2.2 Eltern als Erzieher

Während Eltern als Interaktionspartner im Umgang mit ihren Kindern häufig keine ausdrücklichen erzieherischen Absichten mit ihrem Verhalten verbinden, ist dies anders, wenn sie explizit eine Erzieherrolle einnehmen. Sie setzen dann bestimmte instrumentelle Handlungen ein, von denen sie mehr oder minder überzeugt sind, dass sie im Hinblick auf ihre erzieherischen Absichten zielführend sind. Die elterlichen Ziele können sich, um nur einige Aspekte zu nennen, auf das Äußern oder Unterlassen konkreter kindlicher *Verhaltensweisen* beziehen (z. B. wenn es um einigermaßen erträgliche Tischmanieren oder um körperliche Aggressionen geht); sie können die Ausbildung erwünschter bzw. die Unterdrückung unerwünschter *Fähigkeiten und Eigenschaften* zum Gegenstand haben (z. B. die Kultivierung von Intelligenz und Kreativität oder das Nicht-Zulassen von Überheblichkeit und sozialer Gleichgültigkeit); und sie können die Verinnerlichung bestimmter *Normen und Werthaltungen* beinhalten (z. B. die Orientierung an demokratischen Regeln des Miteinander- Umgehens oder die Befolgung grundlegender Prinzipien moralischen Urteilens und Handelns). Dabei benutzen Eltern eine Vielfalt von "Methoden", um die Ziele, die ihnen im Hinblick auf das Verhalten und die Entwicklung ihrer Kinder wichtig sind, zu erreichen. Diese reichen von Maßnahmen, die bei ihren Kindern bestimmte Handlungen und Entwicklungseffekte *initiieren* sollen (z. B. Anregen, Zeigen, Überzeugen, Überreden, Vormachen) über Aktivitäten, die diese initiierten Prozesse *begleiten* sollen (z. B. Unterstützen, Mitmachen, Erklären, In-Gang- Halten, Coachen) bis zu Verhaltensweisen, die erwünschte Effekte kindlicher Aneignungsbemühungen *festigen* sollen (z. B. durch Loben, Wertschätzen, Kommentieren, Belohnen, Sich-Freuen). Bisweilen kommt es allerdings auch zu *weniger effektiven Formen* elterlicher Erziehungsbemühungen, zumal wenn es dabei in den Augen der Eltern um unerwünschtes oder inakzeptables Verhalten ihrer Kinder geht. Verbale Abwertungen (z. B. Beschimpfungen, Demütigungen, Lächerlichmachen, Liebesentzug) und auch körperliche Bestrafung (z. B. Ohrfeigen, Schläge, Prügel) sind Beispiele hierfür. Auch hierauf kommen wir weiter unten noch einmal ausführlicher zurück.

In den bisher genannten Beispielen geht es vornehmlich darum, dass es elterliche und nicht etwa kindliche Ziele sind, die die Eltern bei ihren Kindern zu erreichen versuchen. Die Eltern tun dies in der Regel in der Hoffnung, dass die Kinder diese Ziele letztlich verinnerlichen und zu ihren eigenen machen. Dadurch würde – aus Sicht der Eltern – letztlich der Übergang von der anstrengenden Fremderziehung zur entlastenden Selbsterziehung erreicht. Daneben gibt es allerdings noch erzieherische Situationen, in denen die Kinder von sich aus mehr oder minder rudimentäre Formen der Selbsterziehung zu erkennen geben, so z. B. wenn sie mehr über etwas ihnen Unvertrautes oder Unverständliches wissen wollen oder wenn sie bei bestimmten Aktivitäten Hilfestellung benötigen. An dieser Stelle können Eltern als Erzieher tätig werden, indem sie ihre Kinder z. B. durch Auskunftgeben, Erklären, Interpretieren, Deuten, Vertiefen, Helfen, Gemeinsam-Machen in ihrer Entwicklung unterstützen.

Es liegt nahe, dass Eltern dies umso bereitwilliger tun, je mehr sie die kindlichen Aktivitäten als zielführend für ihre eigenen Erziehungsabsichten halten und je mehr sie davon überzeugt sind, dass sie durch ihre erzieherischen Maßnahmen die beabsichtigten Entwicklungseffekte bei ihren Kindern auch tatsächlich beeinflussen können. Unabhängig von diesen Bedingungen scheint es für die Eltern leichter zu sein, den Prozess der kindlichen Selbstentwicklung zu unterstützen, wenn die Kinder von sich aus Impulse zeigen, die geeignet sind, diesen Prozess voranzutreiben.

2.3 Eltern als Arrangeure von Entwicklungsgelegenheiten

Diese dritte Funktion elterlicher Erziehung steht zwar häufig im Dienste des zuvor genannten Aspekts, wonach Eltern unmittelbar als Erzieher fungieren, ist jedoch weniger dadurch belastet, was der Erziehungswissenschaftler Horst Domke (1997) als die "Zudringlichkeit" direkter Erziehung bezeichnet hat. Stattdessen können die Eltern, indem sie Erfahrungs- und Entwicklungsgelegenheiten schaffen, die ihre Kinder eigenständig nutzen, zum einen viel zur Entschärfung des Zudringlichkeitsproblems beitragen und zum anderen auf dem Wege indirekter Erziehung dennoch die intendierten Entwicklungseffekte fördern. Das Arrangement von *Entwicklungsopportunitäten*, wie es im Fachjargon heißt, erfordert jedoch in nicht geringem Maße pädagogische Kompetenz und Behutsamkeit.

Erstens geht es dabei darum, solche Entwicklungsopportunitäten zu schaffen, die dem jeweiligen Entwicklungsstand des Kindes angemessen und zugleich für die Entwicklungsfortschritte des Kindes förderlich sind. Hierzu sind grundlegende entwicklungspsychologische Kenntnisse ebenso erforderlich wie eine angemessene Umsetzung dieser Kenntnisse. Als Beispiel sei hierfür das häusliche Niveau an sozio-materieller Anregung zur Förderung von Intelligenz und Leistungsmotivation genannt (vgl. Bradley et al. 1989, Trudewind 1975).

Zweitens geht es nicht nur um die Auswahl von mutmaßlich positiven Entwicklungsumwelten, mit denen die Eltern ihre Kinder in Berührung bringen wollen, sondern auch um das Ausklammern von potentiell schädlichen Entwicklungsumwelten. Dies betrifft zum einen z. B. das Arrangement von Gelegenheiten, die es Kindern erleichtern, Freundschaften zu knüpfen und weiterzuentwickeln, etwa indem sich die Eltern aktiv um die Sozialkontakte mit Gleichaltrigen kümmern. Andererseits geht es aber auch darum, dass Eltern ihre Kinder vor abträglichen Beziehungen mit Gleichaltrigen abschirmen, um z. B. Kontakte mit delinquenten oder drogengefährdeten Kindern und Jugendlichen zu verhindern. Dies hat viel mit der Bedeutung zu tun, die Eltern der Überwachung kindlicher Aktivitäten und der Einhaltung von Vereinbarungen im Umgang mit ihren Freunden beimessen. An dieser Stelle wird deutlich, dass das Arrangement kindlicher Entwicklungsgelegenheiten den Eltern ein hohes Maß an Bewusstsein für die Qualität und Selektion des Umweltangebots abverlangt.

Drittens können Eltern als Arrangeure kindlicher Entwicklungsgelegenheiten auch einen Beitrag dazu leisten, dass sie, wie Domke (1997, S. 82) es formuliert hat, “negative Bedingungen des Aufwachsens entschärfen.” (S. 82). An erster Stelle ist hier an die Qualität der Beziehung der Eltern untereinander zu denken, da ja aus Sicht der Kinder Eltern einen wichtigen Teil ihrer sozialen Umwelt ausmachen. Die empirische Evidenz dafür, dass Eltern mit konflikthaften Partnerbeziehungen in beträchtlichem Maße die Entwicklung ihrer Kinder im Rahmen der “Kleinökologie der Familie” belasten, ist inzwischen unbestritten (vgl. Cummings & Davies 1994).

Während die Eltern für belastete Partnerbeziehungen und die daraus entstehenden Entwicklungsrisiken ihrer Kinder in gewisser Weise als “verantwortlich” angesehen werden können, gilt dies für andere, nicht selten auch familienextern verursachte Belastungsfaktoren, wie Armut, Arbeitslosigkeit und Krankheit in der Regel in weit geringerem Maße. So ist z. B. Armut eine Einflussgröße, die u. a. zu einer erhöhten elterlichen Depressionsneigung führen kann, die sich dann unmittelbar, daneben aber auch auf indirektem Wege über gehäufte Partnerkonflikte, auf ein wenig unterstützendes und engagiertes Erziehungsverhalten auswirkt. Dies erhöht wiederum bei den Kindern im Sinne eines sich verstärkenden Teufelskreises der Eltern-Kind-Interaktionen die Wahrscheinlichkeit für die Entstehung und Verfestigung kindlicher Verhaltensstörungen. Diese können externalisierender Art sein (z. B. Aggressivität, Unlenkbarkeit, Delinquenz) oder internalisierende Effekte umfassen (z. B. Ängstlichkeit, Depressivität, soziale Teilnahmslosigkeit). Auf jeden Fall wird an dieser Stelle auch ein sozial- und familienpolitischer Handlungsbedarf erkennbar, um einen Beitrag zur Entschärfung negativer Bedingungen des Aufwachsens zu leisten.

3. Die Rolle der Wissenschaft – kann sie eine Hilfe sein?

Elterliche Erziehungsprozesse werden vornehmlich in kommunikativer Interaktion mit ihren Kindern realisiert. Dabei finden auf der Seite der Eltern wie auf der Seite der Kinder Interpretations- und Deutungsprozesse statt, die dem jeweiligen motivationalen, emotionalen und kognitiven Entwicklungsstand von Elternperson und Kind entsprechen. Beispiele hierfür sind etwa elterliche Erwartungen an ihre Kinder oder auch Ursachenzuschreibungen bezüglich des Verhaltens ihrer Kinder, die ihren erzieherischen Aktivitäten Richtung und Form verleihen. Dabei kollidiert die "Eigenwilligkeit" der Eltern nicht selten mit der ihrer Kinder, die ihre eigenen Motive und Deutungen des elterlichen Erziehungsverhaltens haben. In solchen Fällen wird der Boden für konflikthafte Kommunikationsverläufe bereitet, indem es letztlich um eine Machtfrage geht, d. h. um die Frage, wer sich mit seinen Zielsetzungen und in den Kommunikationsprozess einfließenden Deutungen durchsetzen kann. Die Elternperson? Das Kind? Oder vielleicht beide?

Die zuletzt aufgeworfenen Fragen haben nicht nur etwas damit zu tun, wer sich im Erziehungsprozess durchsetzt, sondern vor allem auch, um welche Ziele und Inhalte es dabei geht. Eine nicht unwesentliche Rolle spielt dabei, *wie* diese Ziele und Inhalte vermittelt werden. Da viele Eltern sich in einer komplexen wertpluralistischen und schwer durchschaubaren Gesellschaft hinsichtlich ihrer Erziehungsaufgaben unsicher und orientierungslos fühlen, wenden sie sich nicht selten an "Erziehungsexperten", von denen sie sich Rat und Unterstützung erhoffen.

Dabei ist freilich zu bedenken, dass auch Erziehungsexperten mit einem wissenschaftlichen Hintergrund, der etwa auf Erkenntnissen der Entwicklungs-, Familien- und Erziehungspsychologie, der Pädagogik und Erziehungssoziologie oder auch der philosophischen Anthropologie und praktischen Philosophie beruht, ihre eigenen Deutungen haben, was die Ziele und Inhalte von Erziehungsprozessen anbelang. Diese beruhen letztlich explizit oder implizit auf grundlegenden Überzeugungen hinsichtlich des *Seinsollens menschlichen Lebens und Zusammenlebens.* Nicht selten haben solche grundlegenden Überzeugungen bezüglich der gesollten Existenz des Menschen ihre Wurzeln in normativen Vorgaben der kirchlichen, weltlichen oder wirtschaftlichen Herrschaft. Dies gilt für die Prämoderne mit ihrem Gebot der Unterordnung des Einzelnen unter die vorgegebenen religiösen und politischen Verhältnisse. Gleichermaßen trifft dies aber auch für die Moderne und Postmoderne mit ihrer mutmaßlichen Orientierung an einem aufgeklärten und sein Leben frei gestaltenden Menschen zu. Bei der zuletzt genannten Sichtweise handelt es sich, zumindest innherhalb unseres Kulturkreises, in weiten Teilen um ein von wirtschaftlichen Interessen durchdrungenes Menschenbild, das vor allem im Konsum unbegrenzte Selbstverwirklichung verspricht und ansonsten im beruflichen Kontext ein hohes Maß an sozialer Anpassungsbereitschaft, Flexibilität und Mobilität einfordert, wie z. B. der amerikanische Soziologe Richard Sennett (1998) anschaulich beschrieben hat.

Auf diesem Hintergrund hat der Philosoph Wilhelm Schmid (1998) in seinem Buch "Philosophie der Lebenskunst", den Vorschlag für eine "andere Moderne" unterbreitet, die sich an einer "aufgeklärten Aufklärung" orientiert. Kernstück dieses Ansatzes ist das bereits bei Aristoteles in seiner "Nikomachischen Ethik" aufgeworfene und bei Epiktet als zentrales Definitionskriterium des Menschseins beschriebene Konzept der Wahl. Die prinzipielle Möglichkeit, wählen zu können (aber auch wählen zu müssen), eröffnet es dem Einzelnen, sein Leben wie ein Kunstwerk selbst zu gestalten und somit über sich und seine Mit- und Umwelt zumindest partiell "Selbstmächtigkeit" zu erlangen. Dies impliziert auch und vor allem eine *Individualethik,* d. h. eine "Ethik der Wahl, die eine individuelle Haltung und eigenverantwortliche Lebensführung begründet", eine *Klugheitsethik,* "die ausgehend vom Eigeninteresse des Einzelnen dafür sorgt, die Interessen anderer und der Allgemeinheit zu berücksichtigen, da dies wiederum für die Interessen des Individuums selbst Bedeutung hat" und schließlich eine *Ethik des guten Lebens,* die "das Leben in der Sicht des jeweiligen Individuums lebenswert macht." (Schmid 1998, S. 67). Angesichts eines derartigen Konzepts von individueller Ethik versteht Schmid *Lebenskunst* als "kunstvollen Vollzug der Existenz auf der Basis der Reflexion jener Bedingungen und Möglichkeiten, die für den Vollzug Bedeutung haben; anstatt das Selbst und sein Lebenkönnen vorauszusetzen, zielt die reflektierte Lebenskunst auf die Heranbildung des Selbst und das Erlernen der Lebensgestaltung." (S. 67).

Die Arbeit am eigenen Leben im Sinne eines im Rahmen der Möglichkeiten selbstgestalteten Kunstwerks impliziert nach Schmid zum einen eine selbstverantwortete *Teleologie,* d. h. "die Bestimmung und Begründung von Zielen, die einst die vornehmste Aufgabe metaphysischer Instanzen war, ... wird zu einer Aufgabe des Subjekts selbst." (S. 217). Zum anderen umfasst die Arbeit am eigenen Leben eine Fülle von "Übungen und Techniken der Lebenskunst", von denen eine spezifische Technik darin besteht, dass "das Selbst sich auf sich selbst und das eigene Leben [richtet], um daraus ein schönes, bejahenswertes Werk zu machen" (S. 325).

Diese hier nur ansatzweise dargestellten Überlegungen, die im Übrigen umstandslos mit den weiter oben eingeführten Konzepten der Selbstsozialisation bzw. Selbsterziehung in Einklang gebracht werden können, sind in mehrfacher Hinsicht auch für den wissenschaftlichen Umgang mit Erziehungsprozessen von eminenter Bedeutung.

Erstens wird den Eltern im Sinne einer selbstverantworteten Teleologie grundsätzlich die Wahl ihrer Erziehungsziele und -methoden belassen, was freilich auch heißt, dass diese Wahl Arbeit bedeutet, nämlich Arbeit an der Vervollkommnung des eigenen erzieherischen Wissens und kompetenten – Schmid würde wohl sagen "kunstvollen" – erzieherischen Handelns. Eine derart erziehungsorientierte "Arbeit" hätte freilich den Vorteil, für den eigenen Standpunkt und die eigene Orientierung – auch gegenüber den Kindern – eine sichere Begründung zu liefern.

Zweitens wird den Eltern nicht nur für sich selbst, sondern auch für ihre Kinder ein globales Leitziel, nämlich das eines bejahenswerten Lebens, angeboten. Hierfür können die Eltern bei ihren Kindern insofern eine Basis schaffen, als sie ihnen im Sinne der im letzten Abschnitt dargestellten erzieherischen Funktionen als Interaktionspartner, Erzieher und Arrangeure von Entwicklungsgelegenheiten auf kluge Weise eine zunehmende Selbstsozialisation und -erziehung ermöglichen. Dies ist eine Haltung, die letztlich von einem, den gesamten Erziehungsprozess fundierenden Respekt vor der "Eigenmächtigkeit" der Kinder durchdrungen ist, freilich ohne dass dieser Respekt mit einem Verlust der eigenen Eigenmächtigkeit einhergehen muss.

Drittens macht das Konzept der Selbstsozialisation bzw. -erziehung deutlich, dass Kinder und Jugendliche nicht nur Objekte, sondern auch Subjekte erzieherischen Handelns sind und sich insofern mehr und mehr mit der Arbeit an ihrem eigenen Leben und Selbst auseinanderzusetzen haben.

Auf diesem Hintergrund lässt sich auch die Funktion einer wissenschaftlich fundierten Beschäftigung mit Erziehungsprozessen präzisieren. Nimmt man den Gedanken einer Individualethik ernst, kann es die Aufgabe einer Ethik der Erziehung nicht sein, gewissermaßen "top down" elterliche Erziehungsziele zu dekretieren. Dies ist beispielsweise noch in dem Zweiten Familienbericht der Bundesregierung der Fall gewesen (vgl. Bundesminister für Jugend, Familie und Gesundheit 1975), wo es um die Verkündung allgemein verbindlicher Sozialisationsziele wie Selbstsicherheit, Gewissensbildung, intellektuelle Fähigkeiten, Leistungsmotivation, Empathie, Solidarität und produktive Konfliktbewältigung ging – und zwar unabhängig davon, dass man diese Ziele für sich selbst durchaus als vernünftig akzeptieren mag. Legt man ein individualethisches Verständnis von Erziehung zugrunde, kann erziehungspsychologisches Grundlagen- und Handlungswissen sehr wohl bereitgestellt werden, wenn es den Eltern mit der ausdrücklichen Intention angeboten wird, es als Orientierungshilfe und Handlungsunterstützung für ihre eigene erzieherische Praxis zu nutzen.

Es geht dabei nicht nur um das "Was", d. h. die inhaltliche Konkretisierung von Erziehungszielen, sondern insbesondere auch um das "Wie", d. h. die Bereitstellung eines "Werkzeugkastens", mit dessen Hilfe Eltern ihre eigene Position im Umgang mit ihren Kindern klären und diese Position angemessen umsetzen können.

Nach dem bisher Gesagten kann der von "Erziehungsexperten" in einem langfristigen Prozess kumulativer Erkenntnisgewinnung erarbeitete und für die Anwendungspraxis angebotene wissenschaftliche Erfahrungsfundus als eine Einladung an die Erziehenden verstanden werden, gewissermaßen "bottom up" für sich mehr Klarheit im Hinblick auf ihre eigene "Erziehungsphilosophie" und das sich daraus ableitende praktische Erziehungshandeln zu gewinnen. Dass dabei stets auch die Kinder als "eigenwillige" Kommunikationspartner im Erziehungsprozess mitzuberücksichtigen sind, muss nach dem bisher Gesagten wohl kaum noch einmal vertieft werden.

Bleibt die Frage, ob die Wissenschaft von der elterlichen Erziehung, wenn sie – wie im Voranstehenden skizziert – gewissermaßen einer "Privatisierung" der Wahl und Verantwortlichkeit für elterliche Erziehungsziele das Wort redet, ihre normative Autorität verliert und allenfalls zu einem Reservoire an Erziehungstechnologien verkümmert, aus dem sich die Erziehenden je nach Bedarf bedienen können. Hierzu eine kurze Überlegung:

Angesichts der grundsätzlichen Hintergehbarkeit der Perspektivität, auf deren Grundlage, wie weiter oben bereits dargestellt, Eltern und ihre Kinder die zwischen ihnen ablaufenden erzieherischen und sonstigen Kommunikationsprozesse interpretieren, erfolgen auch wissenschaftliche Interpretationsprozesse, je nachdem welcher Theorie sie entspringen, aus einer bestimmten Perspektive (vgl. Lüscher 1995).

Diese theoretischen Perpektiven sind stets auch mit spezifischen Menschenbildannahmen "imprägniert" (vgl. Schneewind 1999b). Dies schließt zugleich, wenn auch nicht immer so explizit wie in der Psychoanalyse Freudscher Prägung mit ihren Kriterien der Arbeits- und Liebesfähigkeit oder in der humanistischen Psychologie im Sinne von Carl Rogers mit ihrem Konzept der vollfunktionierenden Persönlichkeit, Vorstellungen über die Richtung und die Bedingungen der menschlichen Persönlichkeitsentwicklung mit ein.

Mithin erscheint es angezeigt, die normativen Grundlagen, auf denen wissenschaftliche Expertise in Erziehungsfragen beruht, nicht etwa in den Hintergrund treten zu lassen, sondern im Gegenteil diese so transparent wie möglich zu machen. Dies nicht zuletzt, um nach der normativen "Entpaternalisierung" der Wissenschaft, für die hier plädiert wurde, den orientierungs- und ratsuchenden Erziehenden gewissermaßen ein "Komplettangebot" an Orientierungshilfen zur Wahl stellen zu können – ein Angebot, das nicht nur gebrauchsfertige Erziehungstechniken umfasst, sondern diese auch mit entsprechenden anthropologisch fundierten Erziehungshaltungen und -zielen verbindet. An diesem Grundgedanken orientieren sich die nachfolgenden Überlegungen, wobei wir uns zunächst der Frage der Erziehungswerte zuwenden.

4. Erziehungswerte ja - aber welche?

Die meisten Eltern lieben ihre Kinder und wollen "nur das Beste" für sie. Wenn man sie genauer danach befragt, was sie denn eigentlich meinen, wenn sie "nur das Beste" für ihre Kinder wollen, dann können sie schon ein wenig präziser werden. Viele Eltern wollen z. B.:

- dass ihre Kinder gesund sind und ihnen keine schweren Krankheiten oder Unfälle zustoßen;
- dass ihre Kinder glücklich, fröhlich und unbeschwert sind;
- dass sie etwas lernen und im Leben erfolgreich sind;
- dass sie verantwortungsvoll handeln und für sich gute Entscheidungen treffen;
- dass sie selbstständig sind und Probleme allein lösen können;
- dass sie mit anderen gut auskommen, Freunde haben und in positiven Beziehungen leben;

- dass sie einen "guten Charakter" haben, was soviel heisst, dass sie sich z. B. um andere kümmern und nicht nur auf ihre eigenen, sondern auch auf die Gefühle und Bedürfnisse anderer achten.

Um all dies zu erreichen, geht es nicht ohne Erziehung. Viele Eltern glauben, dass, wenn von Erziehung die Rede ist, vor allem zwei Dinge wichtig sind, die bereits der Reformpädagoge und Vater der deutschen Kindergartenbewegung Friedrich Fröbel in der ersten Hälfte des 19. Jahrhunderts ausgesprochen hat. Von Fröbel stammt der Satz "Erziehung ist Beispiel und Liebe – und sonst nichts".

Seine Kinder zu lieben und ihnen mit gutem Beispiel voranzugehen, ist ganz ohne Zweifel eine unerlässliche Basis für eine funktionierende Eltern- Kind-Beziehung und für einen gelingenden Erziehungsprozess. Leider sind jedoch Liebe und positives Vorbild für die allermeisten Kinder nicht genug. Das hat damit zu tun, dass Kinder bisweilen Dinge tun, mit denen die Eltern nicht einverstanden sind, z. B.

- wenn sie sich nicht an Vereinbarungen und Regeln halten (z. B. nicht pünktlich zum Essen erscheinen) oder vereinbarte Pflichten (z. B. das eigene Zimmer aufräumen oder Schularbeiten machen) nicht erfüllen;
- wenn sie sich abfällig und respektlos verhalten (z. B. auch den Eltern gegenüber);
- wenn sie Aufforderungen missachten, trotzig und herausfordernd reagieren;
- wenn sie sich anderen gegenüber aggressiv verhalten, z. B. durch Schlagen, Stoßen, Beißen, Haareziehen;
- wenn sie ausfällig werden, z. B. einen Trotzanfall hinlegen, brüllen und schreien oder mit Schimpfwörtern um sich werfen.

In den meisten dieser Fälle ist es nicht etwa so, dass die Kinder ein Problem haben, sondern die Eltern haben ein Problem mit ihren Kindern – ein Aspekt, auf den u. a. Thomas Gordon (1982), der Autor des Weltbestsellers "Familienkonferenz", hingewiesen hat. Mit viel Liebe allein sind diese Probleme nicht zu lösen. Vielmehr sind an dieser Stelle die Eltern als Erzieher wirklich gefordert – und zwar als Erzieher mit ganz bestimmten Fertigkeiten, wenn sie die vorher genannten Ziele, nach denen sie ihre Kinder zu glücklichen, selbstständigen und gemeinschaftsfähigen Menschen erziehen möchten, nicht aus den Augen verlieren wollen.

Leider gibt es Anzeichen dafür, dass mehr und mehr Eltern die Probleme, die sie mit ihren Kindern haben, nicht immer angemessen lösen können. In den Erziehungsberatungsstellen häufen sich die Hilferufe von Eltern, die nicht mehr wissen, was sie tun sollen, um mit ihren unlenkbaren und aufmüpfigen Kindern fertig zu werden. Mit den gleichen Problemen kämpfen auch Kindergärtnerinnen und Erzieher. Und in den Schulen berichten erfahrene Lehrer und Lehrerinnen, dass bereits in der Grundschule Disziplinlosigkeit, Unfolgsamkeit, verbale und körperliche Aggressivität in den letzten Jahren zugenommen haben.

Die Ursachen hierfür sind sicherlich vielfältig. Dennoch sei die These gewagt, dass die Art und Weise der elterlichen Erziehung hierbei eine wesentliche Rolle spielt. Und zwar deshalb, weil jenseits aller durchaus ernst zu nehmenden gesellschaftlichen Einflüsse, die sich z. B. in ökonomischen Härten oder mächtigen Konsum- und Medieneinflüssen niederschlagen, die Familie immer noch das zentrale "Trainingsfeld" für die kindliche Persönlichkeitsentwicklung ist.

Auf diesem Hintergrund mag es zunächst einmal hilfreich sein, dass die Eltern für sich klären, welche Erziehungsziele für sie wirklich wichtig sind. Dabei können sie auf eine reichhaltige Ratgeberliteratur zurückgreifen. Hierzu einige Beispiele: Der australische Familientherapeut Steve Biddulph (1999) entschlüsselt auf amüsante Weise "das Geheimnis glücklicher Kinder", so der Titel seines Buches, wobei das Geheimnis vor allem in kompetenter Elternschaft zu suchen ist. Lorelies Singerhoff (1999) erläutert in ihrem Buch "Starke Kinder", was Eltern tun können, um die emotionale und soziale Intelligenz ihrer Kinder zu fördern. Auch Lawrence Shapiro (1997) zeigt in seinem Buch "EQ für Kinder" in Anlehnung an Daniel Golman's (1996) Bestseller "Emotionale Intelligenz" und die Übertragung von dessen Grundgedanken auf den Erziehungsbereich, wie Eltern die emotionale Intelligenz ihrer Kinder fördern können. Klaus Hurrelmann und Gabriele Unverzagt (1998) setzen in ihrem Buch mit dem Titel "Kinder stark machen für das Leben" auf das magische Dreieck "Herzenswärme, Freiräume und klare Regeln". Auch Paul Lewis (1998) verspricht in seinem Buch "Alles, was Ihr Kind braucht", dass er das "1x1 für starke und selbstbewusste Kinder" zu vermitteln vermag, wobei er unter den Stichworten "Fähigkeiten", "Einstellungen" und "Werte" immerhin 40 inhaltliche Punkte vom "Taschengeld und finanzieller Verantwortung" bis zur "Religiosität" abhandelt.

Ausschließlich auf die Wertfrage konzentriert sich Wayne Dosick (1998) mit seinem Buch "Kinder brauchen Werte" und bietet von "Respekt" bis "die Fähigkeit, an etwas zu glauben" insgesamt "zehn Lebensregeln, die Kindern Halt und Orientierung geben". Robert Coles (1998) führt im Zusammenhang mit der Wertefrage den Begriff der moralischen Intelligenz ein. Sein Buch "Moralische Intelligenz oder Kinder brauchen Werte" ist ein Plädoyer für eine moralische Erziehung, die sich an den grundlegenden Überzeugungen des Neopsychoanalytikers Erik Erikson (siehe z. B. “Kindheit und Gesellschaft” 1973) orientiert.

Coles berichtet in seinem Buch von einem Gespräch mit Erik Erikson, das mit dem oben bereits angesprochenen Thema zu tun hat, dass Eltern für ihre Kinder “nur das Beste” wollen. In diesem Gespräch erzählte Erikson, dass Anna Freud, Tochter von Sigmund Freud und Begründerin der Kinderpsychoanalyse, ihm auf seine Fragen nach der richtigen Erziehung erwidert habe, sie könne ihm die genauen Antworten, die er offenkundig hören wolle, nicht liefern. Wohl aber könne sie ihm das Handwerkszeug geben, damit er mit diesen Fragen selbst fertig werde. Coles (1998, S. 206 ff.) berichtet hierauf über den weiteren Fortgang seines Gesprächs mit Erik Erikson:

“Ich lachte und sagte: ‘Viele von uns müssen nicht nur mit ein paar Fragen fertig werden, sondern mit ihren eigenen Kindern.’ – ‘Ja, ja’, meinte er, ‘und das sind die Momente, in denen wir uns zwingen müssen, freundlich zu sein. Wir müssen mit uns selbst fertig werden, damit wir das Beste für sie tun können.’
Ich wollte und konnte das Wort ‘das Beste’ nicht einfach stehen lassen. Vielleicht könnte ich mit Hilfe dieses Wortes den weisen alten Mann dazu bewegen, mir noch einen Rat mitzugeben. ‘Woher wissen wir, was das Beste für sie ist? Was ist das Beste?’ fragte ich ihn. – ‘Ich habe es Ihnen schon gesagt,’ antwortete er. ‘Freundlich sein, das müssen wir; durch unser Verhalten zeigen, dass wir uns für andere interessieren und das Beste für sie wollen.’
Wir erkannten beide, dass wir nicht über einen Katalog von Regeln sprachen, sondern über eine Haltung, an der man Tag für Tag arbeitet, um sie für sich selbst zu finden und mit anderen zu teilen.”

So wichtig und unerlässlich eine derartige, vom Respekt für die Kinder und dem Bemühen um die eigene Erfahrungsoffenheit geprägte Haltung auch ist, es bleibt das von Coles aufgeworfene Problem, wonach viele Eltern nicht nur mit einigen Fragen zur Erziehung, sondern mit ihren eigenen Kindern fertig werden müssen. Gibt es, um noch einmal auf Wilhelm Schmid’s “Philosophie der Lebenskunst” zurückzukommen, keine etwas konkreteren Leitlinien, um Kindern zu einem “bejahenswerten Leben” zu verhelfen? Einige der erwähnten Bücher bieten solche Leitlinien an. Vergegenwärtigen wir uns an einem bisher noch nicht genannten Vorschlag, welche Ziele Eltern für ihre Kinder ins Auge fassen können, um bei diesen die Voraussetzungen für ein bejahenswertes und von wohlverstandener “Eigenmächtigkeit” getragenes Leben zu schaffen.

Tabelle 1:

Erfolgsfertigkeiten	Elterliche Unterstützungs-maßnahmen	Entwicklungsziele
Persönliche Fertigkeiten		
Positives Selbstwertgefühl	Dem Kind helfen, solide, positive Selbst-Überzeugungen und eine Haltung des „Ich kann's schaffen" vermitteln, so dass es sich erfolgs-zuversichtlich fühlt	Selbstvertrauen
Kultivierung von Stärken	Sensibilisierung der Achtsamkeit des Kindes für seine speziellen Talente und Stärken, so dass es auf seine Individualität stolz sein kann und sein persönliches Potential erweitern kann	Selbstbewusstsein
Emotionale Fertigkeiten		
Kommunizieren	Das Kind unterstützen, aufmerk-sam zuzuhören, für sich selbst zu sprechen und das, was es sagen will mitzuteilen, um das eigene Wissen zu vergrößern und Miss-verständnisse zu reduzieren	Verstehen
Problemlösen	Dem Kind beibringen, wie es in Ruhe die besten Lösungen findet und verantwortliche Entscheidun-gen treffen kann	Selbstverantwortlichkeit
Soziale Fertigkeit		
Mit anderen auskommen	Unterstützung des Kindes bei der Entwicklung seiner Fähigkeiten, Freundschaften zu schließen und mit schwierigen Beziehungen zu-rechtzukommen	Kooperation
Motivationale Fähigkeiten		
Ziele setzen	Dem Kind helfen, wie es lernen kann, die Ziele zu bestimmen, die es erreichen möchte und die Schritte für eine erfolgreiche Zielerreichung festzulegen	Selbstmotivation
Nicht aufgeben	Dem Kind zeigen, wie es etwas, das es begonnen hat, zu Ende bringen kann, auch wenn sich Schwierigkeiten auftun	Beharrlichkeit
Moralische Fertigkeit		
Sich kümmern	Stärkung des kindlichen Mitge-fühls und seiner Sensibilität für die Gefühle und Bedürfnisse anderer	Empathie

Die amerikanische Erziehungswissenschaftlerin Michele Borba (1999) hat ein Buch mit dem Titel "Parents do make a difference" geschrieben, das sich ausdrücklich und offensiv gegen die eingangs erwähnte "Ohnmacht der Eltern" wendet. Der Untertitel "How to raise kids with solid character, strong minds, and caring hearts" verdeutlicht, worum es dabei geht. Sie behandelt ausführlich acht, wie sie sagt, "Fertigkeiten des Erfolgs". Unter Erfolg wird ausdrücklich nicht eine vordergründig marktorientierte Persönlichkeitsorientierung verstanden, wie sie etwa von Erich Fromm (1989) beschrieben wurde, sondern ein Muster von persönlichen Ressourcen, das es dem Kind erlaubt, mit sich selbst und den Herausforderungen seiner Mit- und Umwelt selbstverantwortlich umzugehen. Dabei ordnet sie die acht Erfolgsfertigkeiten, die zugehörigen elterlichen Unterstützungsmaßnahmen und die entsprechenden Entwicklungsziele fünf übergeordneten Kategorien zu, nämlich den Fertigkeiten des persönlichen, emotionalen, sozialen, motivationalen und moralischen Erfolgs. Tabelle 1 gibt einen Überblick über Borba's (1999, S. 5) Fertigkeiten des Erfolgs.

Für jedes dieser acht Erfolgskriterien zeigt Borba ausführlich, welche Mittel Eltern zur Verfügung stehen, um die angestrebten Entwicklungsziele so zu erreichen, dass sie von den Kindern erfolgreich in ihr Persönlichkeitssystem integriert und zu ihrem eigenen gemacht werden können. Wir können die vielen Einzelheiten dieses Vorgehens an dieser Stelle nicht weiter vertiefen, werden aber weiter unten auf einige konkrete Methoden zu sprechen kommen, auf die Eltern vor allem auch in schwierigen Erziehungssituationen zurückgreifen können. Bevor wir dies tun, wollen wir noch von einer anderen Perspektive aus beleuchten, welche Bedeutung kindliche Erziehungs- und Sozialisationserfahrungen für ihre Persönlichkeitsentwicklung im Sinne einer Kultivierung ihrer Persönlichkeit haben.

5. Kultivierung der kindlichen Persönlichkeit – was bedeutet das?

Diese Perspektive geht von der empirisch inzwischen gut dokumentierten These aus, dass *alltagspsychologische Überzeugungen* bezüglich der Natur des Menschen einen großen Einfluss auf die Art und Weise haben, wie Personen sich zu sich selbst, zu anderen und zu ihrer Welt im Allgemeinen in Beziehung setzen.

Empirische Belege hierzu betreffen vor allem (a) das Selbsterleben und die Selbstbeurteilung in herausfordernden, insbesondere auch leistungsthematischen Situationen, (b) die Persönlichkeitsbeurteilung anderer, (c) die Einschätzung der Passung von Beziehungspartnern oder (d) die generelle Einschätzung des Geschehens in der Welt. Die amerikanische Psychologin Carol Dweck (1999) hat in einem lesenswerten Essay alltagspsychologische Überzeugungsmuster unter dem Begriff "Selbsttheorien" zusammengefasst. Dabei unterscheidet sie zwischen zwei grundlegenden und auch grundlegend unterschiedlichen selbsttheoretischen Konzepten, die sie als "entity theory" (zu Deutsch etwa: Wesenstheorie) und "incremental theory" (zu Deutsch etwa: Wachstumstheorie) bezeichnet.

Personen mit einem *wesenstheoretischen Überzeugungssystem* haben ein Credo verinnerlicht, das prototypisch in etwa wie folgt umschrieben werden kann: "Ich, andere Menschen, zwischenmenschliche Beziehungen und die Verhältnisse der Welt sind so wie sie sind und im Grunde kann man wenig daran ändern." Ihre *Ziele* sind dementsprechend *ergebnisbezogen*, d. h. sie bemühen sich um eine Bestätigung gegebener Verhältnisse, z. B. indem sie versuchen, positive Urteile über die eigene Intelligenz oder Kompetenz zu maximieren und negative Urteile zu minimieren, da sie davon ausgehen, dass Intelligenz und Kompetenz fixierte und im Wesentlichen unveränderbare Personmerkmale sind. Auf diesem Hintergrund setzen sie sich mit herausfordernden Situationen nach dem Motto "desire to look smart" auseinander. Im Falle von Misserfolgen reagieren sie vornehmlich mit *Hilflosigkeit*, die sich u. a. äußert in (a) *Selbstabwertung* ("Ich bin ein Versager") oder gewissermaßen kompensatorisch hierzu auch in *übersteigerter Defensivität* ("Die ‚miesen Umstände' oder die ‚blöden anderen' sind Schuld, dass die Sache daneben gegangen ist"), (b) *negativen selbstbezogenen Emotionen* ("Ich schäme mich, dass ich das nicht geschafft habe"), (c) *geringer Durchhaltefähigkeit* ("Ich schaff's einfach nicht, weil ich´s einfach nicht kann. Am besten lasse ich gleich die Finger davon") und (d) *reduzierter zukunftsbezogener Motivation und Selbsthandicapping* ("Ich sollte besser nur Dinge tun, die ich wirklich kann, und bei denen ich nicht irgendwie in's schlechte Licht geraten kann.").

Hingegen lässt sich das Credo von Personen mit einem *wachstumstheoretischen Überzeugungssystem* in etwa wie folgt umschreiben: "Ich, andere Menschen, zwischenmenschliche Beziehungen und die Verhältnisse der Welt können sich ändern, und wenn man etwas dafür tut, dann treten die Veränderungen auch ein." Entsprechend sind die *Ziele veränderungsbezogen*, d. h. sie fokussieren die Veränderung gegebener Verhältnisse, z. B. indem sie sich bemühen, Neues dazuzulernen oder neue Herausforderungen zu meistern, wobei sie nach dem Motto "desire to get smarter" vorgehen. In *Misserfolgssituationen* ist ihr Erleben und Verhalten nach dem *Prinzip der Bewältigungsorientierung* organisiert, was sich u. a. zeigt in (a) einer starken Tendenz zur *Selbstverbesserung* ("Was muss ich tun, damit ich's das nächste Mal besser mache?"), (b) *positiven selbstbezogenen Emotionen* ("Aus Fehlern habe ich meistens etwas gelernt, worauf ich später stolz sein konnte"), (c) *erhöhter Durchhaltefähigkeit* ("Ich muss die Sache anders angehen, dann krieg ich's schon hin") und (d) *verstärkter zukunftsbezogener Motivation und Selbstermutigung* ("Das nächste Mal strenge ich mich an und probier's auf andere Weise, dann wird's auch klappen.")

Erkennbar haben diese beiden prototypischen Selbsttheorien, die sich im übrigen empirisch hinreichend präzise erfassen lassen (vgl. Dweck 1999, Dykman 1998) einen starken Einfluss auf die *Kultivierung der eigenen Persönlichkeit.* Dabei ist unmittelbar einsichtig, dass eine wachstumsorientierte Selbsttheorie eine bedeutende Ressource für eine aktive, optimistische Zukunftsgestaltung und letztlich auch für *Innovativität* darstellt. Wenn auch noch nicht im einzelnen geklärt ist, auf Grund welcher Bedingungen sich die beiden unterschiedlichen Selbsttheorien herausbilden und stabilisieren, sprechen doch erste Befunde dafür, dass spezifische Sozialisationserfahrungen vor allem im familiären, aber auch im schulischen Kontext eine wichtige Rolle spielen (vgl. Dweck 1999). Eine unterstützende, ermutigende und eigenständige Problemlösung anregende Erziehung spielt dabei eine fundamentale Rolle.

Auch wenn es sicherlich Mischformen von wesens- und wachstumsorientierten Selbsttheorien gibt, dürfte es, allgemein gesprochen, außer Zweifel stehen, dass die Qualität sozialer Kontexte, in die eine Person im "Hier und Jetzt" eingebunden ist, einen starken Einfluss darauf hat, ob die Aktualisierung und Entwicklung einer wachstumsorientierten Selbsttheorie gefördert oder behindert wird. Mit anderen Worten: Wenn es im Sinne einer Optimierung von Eigenständigkeit und Innovativität als ein erstrebenswertes Ziel betrachtet wird, eine wachstumsorientierte Selbsttheorie zu stärken, dann sollten hierfür auch die materiellen und vor allem sozialen Verwirklichungsbedingungen geschaffen werden. Konkret heißt dies, dass zunächst im familiären, dann im schulischen und später im beruflichen Kontext eine Kultur der individuellen Wachstumsorientierung nicht nur propagiert, sondern auch gepflegt wird. Dies müsste sich in einem nicht nur ausschließlich ergebnisbezogenen, sondern vor allem auf strategische Kompetenzvermittlung abzielenden Eltern-, Lehrer- und Vorgesetztenverhalten äußern. Es geht somit um eine Optimierung der Entwicklungspassung von individuellen Wachstumspotentialen einerseits und deren *sozialen bzw. strukturellen Ermöglichungsbedingungen* andererseits. Da die Eltern, was die nachwachsende Generation anbelangt, in dieser Entwicklungskette am Anfang stehen, kommt der Frage, ob sie eine eher wesenstheoretische oder – wie in dem Ansatz von Borba dargestellt – eine eher wachstumstheoretische Position im Umgang mit ihren Kindern einnehmen, eine zentrale Bedeutung zu. In dem nun folgenden Abschnitt wollen wir diesen Gedanken anhand konkreter Fallbeispiele etwas genauer unter die Lupe nehmen.

6. Elternliebe und Grenzensetzen – ein Ding der Unmöglichkeit?

Weiter oben hatten wir bereits festgestellt, dass Elternliebe eine unverzichtbare Voraussetzung für das Gedeihen von Kindern ist. Liebe äußert sich vor allem in der Sorge um das Wohlergehen des anderen und – wie es der humanistische Psychologe Carl Rogers (1976) ausgedrückt hat – in dessen "unbedingter Wertschätzung" als Person, was freilich nicht als unbedingte Akzeptanz aller ihrer Verhaltensweisen missverstanden werden darf. Die Beziehungen von Eltern zu ihren Kindern sind daher ein Prototyp für "altruistische", vornehmlich gemeinschaftsorientierte Beziehungen im Gegensatz zu austauschorientierten Beziehungen, die, wie etwa im Geschäftsleben, in erster Linie eine Maximierung der Eigeninteressen der Geschäftspartner zum Ziel haben (vgl. Clark & Mills 1993). In diesem Sinne war bereits die Rede davon, dass Eltern in der Regel für ihre Kinder immer "nur das Beste" wollen.

Wir hatten freilich auch gesehen, dass zum einen Eltern dieses vage Leitziel durchaus in konkretere Erziehungsziele fassen können, und dass zum anderen ihr erzieherisches Handeln nicht immer mit ihren Absichten in Einklang steht. Ein wesentlicher Grund hierfür ist die "Eigenwilligkeit" der Kinder und die Tatsache, dass es neben unproblematischen Zeiten des Zusammenlebens meist tagtäglich Situationen gibt, in denen – zumindest aus der Sicht der Eltern – ihre Kinder ein inakzeptables Verhalten zeigen. Einige dieser inakzeptablen Verhaltenweisen – von der Nichteinhaltung von Regeln bis zum Ausfälligwerden – hatten wir bereits Revue passieren lassen. In all diesen Fällen haben – wie gesagt – die Eltern und nicht so sehr ihre Kinder ein Problem. Und im allgemeinen fühlen sich die Eltern in solchen Situationen aufgerufen, das Problem zu lösen. Wie sie das tun, kann freilich sehr unterschiedlich sein und ist in gewisser Weise gerade in schwierigen Situationen der Lackmustest dafür, ob eine wachstumsorientierte Erziehung nicht nur auf den Lippen getragen, sondern auch im konkreten Erziehungsalltag praktiziert wird.

Eine der unangemessenen Praktiken zur Beendigung von Problemen, die Eltern mit ihren Kindern haben, besteht in der Anwendung von Gewalt, insbesondere körperlicher Gewalt. Angesichts vorliegender Forschungsbefunde, wonach in Deutschland vier von fünf Kindern und Jugendlichen von ihren Eltern geohrfeigt werden, etwa 1,3 Millionen Kinder körperlich misshandelt werden und 420.000 von ihnen sogar häufig (vgl. Wetzels 1997), ist die pädagogisch und juristisch motivierte Kampagne der Bundesregierung für "gewaltfreies Erziehen in Familien" eine bedeutsame gesellschaftspolitische Initiative.

Allerdings kann eine ausschließliche Fokussierung auf die Doktrin einer gewaltfreien Erziehung in zweierlei Hinsicht bedenklich sein. Zum einen besteht die Gefahr, dass das Spektrum anderer problematischer elterlicher Erziehungspraktiken, die vordergründig nichts mit dem Thema Gewalt zu tun haben, aus dem Blick gerät. Zum anderen ist zu befürchten, dass die positiven Ziele elterlicher Erziehungsbemühungen, die wir oben beispielhaft kennengelernt haben, und vor allem die konkreten Möglichkeiten zu ihrer Umsetzung, nicht genügend Beachtung finden. Im Folgenden sollen daher diese beiden Punkte ausdrücklich miteinander verbunden werden.

Beginnen wir also mit einer Situation, die so oder so ähnlich vielen Familien bekannt sein dürfte (vgl. hierzu insbesondere MacKenzie 1998).

Zwei Geschwister, der 10-jährige Thomas und der 8-jährige Mark, spielen zusammen im Wohnzimmer. Plötzlich hört die Mutter, die sich im Zimmer nebenan aufhält, Schreien und Brüllen. Sie entschließt sich, nachzusehen und sieht, wie die beiden sich schubsen und sich anschreien. Es geht um ein Spielzeugauto, das beide gleichzeitig für sich haben wollen.

Die Mutter: "Hey, ihr Beiden. Ich mag dieses Schreien und Streiten nicht. Man kann euch ja bis zur nächsten Straßenecke hören." Sie verlässt den Raum, aber der Streit geht weiter.
Die Mutter (kehrt nach einer Weile zurück und sagt ärgerlich): "Habt ihr eigentlich nicht gehört, was ich gesagt habe? Könnt ihr bitte endlich aufhören mit der ewigen Streiterei? Okay?" Sie verlässt wieder den Raum, aber der Streit geht weiter.
Mutter (betritt den Raum ein drittes Mal, einigermaßen verärgert): "Sagt mal, wie oft muss ich es euch eigentlich noch sagen? Glaubt ihr, es macht mir Spaß, mich andauernd zu wiederholen? Könnt ihr nicht zur Abwechslung mal vernünftig miteinander spielen? Ich kann es einfach nicht ausstehen, wenn hier andauernd geschrieen und gestritten wird. Also, bitte, versucht miteinander auszukommen."
Der Streit geht weiter.
Mark: "Ich hatte das Auto zuerst und er hat's mir weggenommen."
Thomas: " Nein, hab ich nicht. Er hat's hingestellt und nicht mehr damit gespielt. Und dann habe ich angefangen, damit zu spielen."
Mutter: "Warum wechselt ihr euch nicht einfach ab?"
Mark: "Okay, ich krieg's zuerst."
Thomas: "Nein, ich krieg's als Erster."
Mutter (einigermaßen wütend) schreit: "Jetzt reichts mir" und nimmt das Spielzeugauto weg. "So, jetzt kann es keiner von euch haben."
Mark: "Das ist nicht fair!"

Thomas: "Stimmt, wir haben damit gespielt."
Mutter: "Versprecht ihr, dass ihr nicht mehr darum zanken wollt?"
Thomas: " Ich versprech's."
Mark: "Ich auch."
Mutter: "Okay, ihr könnt's zurückhaben. Aber keine weitere Streiterei mehr. Ich mein's wirklich ernst." (gibt das Auto an Thomas zurück).
Mark: (protestiert und zerrt an dem Auto) "Er hatte es schon. Jetzt bin ich an der Reihe."
Thomas: "Stimmt überhaupt nicht."
Mutter: (in ärgerlichem Ton) "Ihr seid wirklich unmöglich. Mir reichts jetzt. Ihr werdet es nie lernen. Ich hab keine Lust mehr, mich mit euch rumzustreiten. Macht doch was ihr wollt" (verlässt wütend das Zimmer).

Diese Szene ist typisch für ein Elternverhalten, das wir *als passiv, nachgiebig oder auch permissiv* bezeichnen können. Nehmen wir an, dass diese Episode für diese Mutter nicht einmalig ist, sondern dass sie typisch dafür ist, wie sie Konflikte mit ihren Kindern löst. Was ist die Konsequenz? Die Mutter ist frustriert und ärgerlich. Vermutlich ist sie auf Dauer auch resigniert und hilflos, weil sie nicht durchsetzen kann, was sie eigentlich möchte.

Und was haben die Kinder gelernt? Sehr viel, aber viele Dinge, die ihre Mutter ihnen eigentlich nicht vermitteln wollte. Sie haben gelernt, dass man Anforderungen nicht befolgen muss. Sie haben gelernt, dass man Versprechungen nicht halten muss. Sie haben gelernt, dass man Konflikte am besten mit Streitereien, wechselseitigen Beschuldigungen etc. löst. Sie haben gelernt, dass ihre Mutter sie abwertet und ihnen nichts zutraut. Und sie haben gelernt, dass ihre Mutter ihnen keine Hilfe ist, wenn sie sie brauchen, um ein Problem zu lösen.

Auch wenn es in diesem Fall keine Ohrfeigen gesetzt hat, körperliche Gewalt also nicht im Spiel war, sind die Effekte dieses "Familientanzes" einigermaßen deprimierend, und zwar für beide Seiten. Was die Kinder anbelangt, stellen sich auch noch weitere Fragen. Welche Meinung entwickeln sie von Erwachsenen? Wie gehen sie mit anderen Autoritätspersonen, z. B. Lehrern, um? Wie handeln sie Konflikte mit ihren Schulkameraden und Freunden aus?

Mögliche Antworten hierzu liegen nahe. Statt dies näher zu vertiefen, wollen wir uns, anknüpfend an die gleiche Ausgangssituation der beiden streitenden Brüder Thomas und Mark, einer anderen Variante elterlichen Verhaltens zuwenden.

Die beiden Brüder streiten also um das Spielzeugauto.
Die Mutter betritt das Zimmer.
Mutter (in lauter und schriller Stimme): "Was ist denn hier los? Könnt ihr nicht mal in Ruhe spielen. Ihr benehmt euch ja schlimmer als die Affen im Zoo?"
Mark: "Ich hatte es zuerst und er hat's mir weggenommen."
Thomas: "Nein, ich hatte es zuerst. Sag´, dass er es mir zurückgeben soll."
Mutter (sichtlich verärgert): "Ihr könnt es nicht beide zuerst gehabt haben. Einer von euch lügt. Also: Wer hat zuerst damit gespielt?"
Mark: "Ich!"
Thomas: "Nein ich. Er lügt."
Mutter: "Ich glaube euch kein Wort, keinem von euch. Außerdem hab' ich jetzt genug von dem ganzen Gezanke und der Lügerei. So. Niemand spielt damit, weil ich das Auto wegstecke. Wenn ich noch irgend einen Ton von euch höre, bleibt ihr für den Rest des Abends in eurem Zimmer. Habt ihr verstanden?"
Mark: "Das Monster schlägt wieder zu."
(Thomas lacht über diesen Kommentar.)
Mutter (aufgebracht): "Von wegen Monster (gibt beiden eine Ohrfeige). Für den Rest des Tages verlässt keiner sein Zimmer. Basta."
Mark: "Scheiß Mamma."
Thomas: "Genau."
Mutter (nunmehr brüllend): "Schaut, dass ihr auf eure Zimmer kommt."
Sie gibt den beiden noch einen Schlag auf den Hintern, während sie sich auf den Weg in ihre Zimmer machen.

Diese Szene ist typisch für ein Elternverhalten, das wir als *aggressiv, strafend oder autoritär* bezeichnen können. Nehmen wir auch in diesem Fall an, dass es typisch dafür ist, wie die Mutter auch in anderen Situationen Konflikte mit ihren Kindern löst. Was ist die Konsequenz? Zunächst einmal stellen wir fest, dass sie sehr ärgerlich und aufgebracht ist. Sie hat zwar ihr Ziel letztlich erreicht. Die beiden Jungen streiten nicht mehr. Aber ist das nicht ein Pyrrhus-Sieg? Ihr eigentliches Ziel, nämlich den Streit friedlich zu beenden, hat sie nicht erreicht. Stattdesssen hat sich die Beziehung zu ihren beiden Söhnen verschlechtert, die Mutter und ihre beiden Kinder sind ärgerlich aufeinander und sie zeigen es auch entsprechend.

Und die Kinder, was haben sie gelernt? Auch hier wieder eine ganze Menge, wenn auch im Hinblick auf eine wachstumsorientierte Erziehung nicht die richtigen Dinge. Sie haben gelernt, dass Konflikte mit verbalem Niedermachen und körperlicher Gewalt geregelt werden. Sie haben gelernt, dass Konflikte mit verletzten Gefühlen und emotionsgeladenen Machtkämpfen einhergehen. Und womöglich werden sie diese

Erfahrungen vom Trainingscamp "Familie" auch auf andere Bereiche, wie die Schule oder die Gleichaltrigengruppe übertragen, ganz zu schweigen von dem autoritären und von mangelndem Respekt getragenen Erwachsenenbild, das sich ihnen vermittelt.

In diesem Fall ging es nun wirklich um körperliche Bestrafung, aber auch, wie wir gesehen haben, um eine Menge Feindseligkeit auf beiden Seiten, was zusammengenommen zu einem vergifteten Beziehungsklima beiträgt, in dem konstruktive Lernprozesse wohl kaum gedeihen können.

Im Übrigen gibt es auch noch eine *Mischform* aus den beiden Varianten elterlichen Erziehungsverhaltens, die wir bisher kennengelernt haben. Sie besteht darin, dass in manchen Fällen nach dem Modell des nachgiebigen Erziehungsverhaltens die Eltern letztlich resignieren und ihren Kindern das letzte Wort überlassen. In manchen Fällen aber, wenn sich viel Ärger, Frust und Ohnmacht darüber angesammelt hat, dass die Kinder einfach nicht tun, was man ihnen sagt oder was von ihnen erwartet wird, schlägt der nachsichtige Erziehungsstil plötzlich in strafendes Erziehungsverhalten um. Was folgt, sind herabsetzende, möglicherweise unkontrollierte Beschimpfungen und körperliche Bestrafungen. Nicht selten sind solche Eltern im Nachhinein über ihre Entgleisungen entsetzt und entwickeln gegenüber ihren Kindern Schuldgefühle, was wiederum dazu führt, dass sie in der Folgezeit besonders nachsichtig mit ihnen umgehen. Bis das Fass erneut zum Überlaufen kommt und dieser besondere "Familientanz" von Neuem beginnt.

Die Kinder lernen aus dieser *Mischung von nachgiebigem und strafendem Elternverhalten* die grundlegenden Botschaften beider Erziehungsstile gleich im Doppelpack, nämlich einmal, dass man lange Zeit machen kann, was man will, und zum anderen, dass - wenn es hart auf hart kommt - Konflikte mit Niedermachen und Gewalt gelöst werden. Was sie auf jeden Fall nicht lernen, ist, wie sie Konflikte auf eine verantwortliche Weise selbst und konstruktiv lösen können.

Gibt es zu den Varianten elterlicher Erziehung, die wir bisher kennengelernt haben, eine Alternative? Gibt es einen Weg, der gewaltfrei ist und zugleich eine positive Entwicklung der Kinder voranbringt? Die gute Nachricht ist: Ja, den gibt es. Und was ist die schlechte Nachricht? Die Antwort ist: es gibt *keine* – vorausgesetzt, man lässt sich auf die Sache ein und lässt sich auch von Widerständen nicht entmutigen.

Kehren wir noch einmal zurück zu Thomas und Mark und betrachten eine andere Variante, wie die Mutter mit diesem Streitfall umgeht.

Die Mutter betritt die Szene und sagt mit fester Stimme: "Ihr Beiden, hört jetzt sofort auf rumzuschreien und euch zu streiten. Ich bin sicher, wir finden einen anderen Weg, wie ihr mit dem Auto spielen könnt. Ich sehe, ihr seid ziemlich aufgebracht. Braucht ihr ein bißchen Zeit zum Abkühlen, bevor wir reden?"
Mark: "Ich nicht."
Thomas: "Ich auch nicht."
Mutter: "Okay. Habt ihr eine Idee, wie ihr mit der Sache anders umgehen könnt, ohne dass ihr euch anschreit und zankt?"
Mark: "Ich weiß nicht, aber ich hatte es zuerst und er hat's mir weggenommen."
Thomas: "Nein, er hat's hingelegt und ich habe angefangen, damit zu spielen."
Mutter: "Okay. Entweder ihr einigt euch jetzt darauf, dass jeder abwechselnd zehn Minuten mit dem Auto spielen darf oder ich sperre es für heute weg."
Mark: "Ich würde mit ihm teilen."
Thomas: "Ich auch, aber ich krieg's zuerst."
Mutter: "Gute Entscheidung, ihr Zwei. Und jetzt werfen wir eine Münze und schauen, wer es zuerst kriegt. Ich hole die Eieruhr und setze die Zeit."

Das Erziehungsverhalten, das die Mutter in diesem Fall an den Tag legt, ist klar, bestimmt und orientiert sich an festen Regeln. Bisweilen wird diese Variante auch als *demokratisches Erziehungsverhalten* bezeichnet. Was hat die Mutter anders gemacht als in den beiden Fällen zuvor? Und warum ist die Sache anders gelaufen?

Halten wir zunächst einmal drei wichtige Dinge fest. *Erstens*, der Mutter ist es gelungen, den Streit zu beenden, ohne dass sie körperliche Gewalt eingesetzt hat. *Zweitens* hat sie ihren Kindern beigebracht, wie man einen Konflikt konstruktiv lösen kann. Und *drittens* hat sie dies getan, indem sie ihren Kindern ermutigende Botschaften gesendet hat ("Wir werden das Problem lösen") und indem sie ihnen, wenn auch begrenzte, Wahlmöglichkeiten eingeräumt hat. Auffällig ist auch: Es gibt keine ärgerlichen Reaktionen. Die Beziehung bleibt intakt und die Episode ist vergleichsweise schnell abgeschlossen.

Und was haben die Kinder gelernt? Sie haben gelernt, dass sie sich auf die Unterstützung ihrer Mutter verlassen können, wenn sie ein Problem haben, das sie allein nicht lösen können. Sie haben erfahren, dass sie von ihrer Mutter respektvoll behandelt werden. Sie haben gelernt, dass sie das bekommen, was sie wollen, wenn auch unter bestimmten Bedingungen und Regeln. Sie haben gelernt, dass sie Wahlmöglichkeiten haben. Und sie haben einen Weg gezeigt bekommen, wie man Konflikte dieser oder ähnlicher Art konstruktiv lösen kann.

7. Herausfordernde "Familientänze" überleben – aber wie?

Wie hat es die Mutter in der zuletzt beschriebenen Variante eines Geschwisterkonflikts geschafft, die Situation zu meistern? Das Zauberwort ist *Grenzensetzen.* Genauer: Grenzensetzen im Rahmen einer respektvollen und wachstumsorientieren Perspektive. Dabei hat sie einige der wichtigen Methoden, auf die man dabei zurückgreifen kann, auf exzellente Weise praktiziert. Das in Abbildung 2 dargestellte Diagramm gibt einen kurzen Überblick über verschiedene Methoden, die Eltern nutzen können, um in herausfordernden Erziehungssituationen auf dem Wege eines wachstumsorientierten Grenzensetzens die Eigenständigkeit und Problemlösefähigkeit ihrer Kinder zu fördern. Es folgt dann – wiederum anhand einiger Fallbeispiele – eine kurze Erläuterung dieser Methoden.

Abbildung 2:

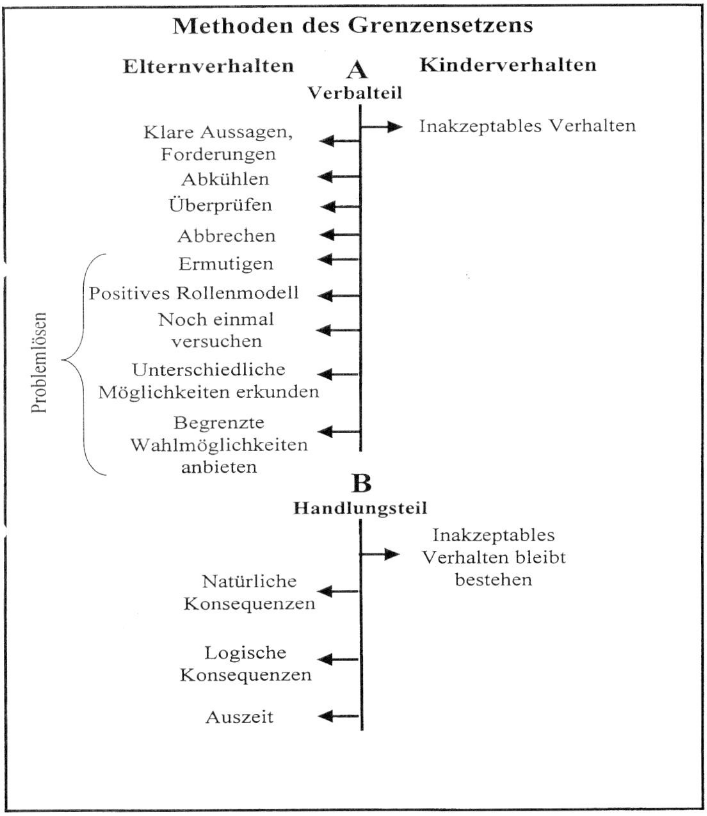

Der wichtigste Punkt dabei ist, dass das wachstumsorientierte Grenzensetzen in einen *Verbalteil* und einen *Handlungsteil* zerfällt, wobei beide Teile jedoch aufeinander bezogen sind.

7.1 Klare Aussagen und Forderungen

Beginnen wir mit dem Verbalteil und hier mit dem ersten Punkt, nämlich "Klare Aussagen und Forderungen". Um ein störendes oder unakzeptabeles Verhalten des Kindes abzustellen, ist es unerlässlich, dass die Elternperson ihre Forderung klar, unmissverständlich, mit fester Stimme, aber mit möglichst wenigen Worten vorbringt. Die Mutter in unserem letzten Beispiel hat dies getan, indem sie die beiden Brüder aufgefordert hat, sofort mit der Streiterei aufzuhören.

Klarheit bedeutet auch, dass die Kinder wissen, worum es eigentlich geht. Dies ist nicht immer so eindeutig, wie in dem genannten Fall. Vor allem, wenn es darum geht, neue Regeln einzuführen, ist dies ein besonders wichtiger Punkt. Wenn z. B. dem dreieinhalbjährigen Andy erlaubt wird, mit seinem Dreirad vor dem Haus zu fahren, ist die Aussage: "Du kannst jetzt draußen vor dem Haus mit deinem Dreirad fahren" wenig hilfreich. Andy braucht klare Hinweise von der Art "Du kannst jetzt draußen auf dem Hof und auf dem Gehsteig vor dem Haus fahren. Auf keinen Fall auf der Strasse, okay?". Wenn der Vater oder die Mutter genau wissen will, ob der Kleine die Botschaft verstanden hat, hilft die Technik des *Überprüfens* weiter; d. h. Andy wird aufgefordert, zu sagen, was er gehört hat. Er weiß dann genau, was von ihm erwartet wird, und wo er mit seinem Dreirad fahren kann und wo nicht.

Klare Botschaften helfen auch, wenn eine bereits bestehende Regel in Gefahr ist, verletzt zu werden. Wenn z. B. die Eltern mit ihrer achtjährigen Sandra vereinbart haben, dass sie ihre Freundinnen nur zu sich nach Hause einladen kann, wenn ihr Zimmer aufgeräumt ist, sollte klar sein, was damit gemeint ist. Wenn die Mutter etwa sagt "Ich hasse die Unordnung in deinem Zimmer" bleibt im Nebulösen, was sie damit eigentlich meint. Wenn sie hingegen sagt "ich möchte, dass bis um drei, wenn deine Freundinnen kommen, deine Spielsachen im Plastikcontainer, deine Bücher im Regal und deine Kleider im Kleiderschrank sind und dass du dein Bett mit der Tagesdecke abgedeckt hast", dann weiss Sandra genau, was zu tun ist.

7.2 Abkühlen

Gehen wir zu dem nächsten Punkt, nämlich dem "Abkühlen". Wir erinnern uns, dass die Mutter von Mark und Thomas, den beiden Streithähnen um ein Spielzeugauto, eine Abkühlphase angeboten hat. Gemeint ist damit, eine kurze Zeit, um die erhitzten Gemüter zu beruhigen. Der Hintergrund dieses weisen Vorschlags bestand darin, dass man bei allen intensiven Emotionen keine vernünftige Problemlösung in Angriff nehmen kann. Im Kern läuft das Abkühlen auf eine "Auszeit" hinaus, die bereits zum Handlungsteil führt. Die "Auszeit", oder englisch time-out, ist eine sehr hilfreiche Methode, um aus einer Sache den Wind herauszunehmen und wieder zu einem kühlen Kopf zu gelangen.

Das gilt übrigens nicht nur für die Kinder, sondern auch für die Eltern. Eltern vergeben sich nichts, wenn sie in einer kritischen Situation mit ihren Kindern sagen: "Das regt mich dermaßen auf, ich brauch´ jetzt ein paar Minuten, um mich wieder zu sammeln" und sich dann auf ihr Zimmer zurückziehen. Es ist jedenfalls allemal besser, als in einem Zustand von Ärger und Wut die Kontrolle zu verlieren, was dann leicht zu Schreien, Beschimpfungen und auch Schlägen führen kann. Die Abkühlphase ist nicht nur ein Beitrag zur Emotionskontrolle, sondern auch eine wunderbare Möglichkeit, sich eine gute Strategie für die Lösung des Konflikts zurechtzulegen.

Im Übrigen sollten auch die Kinder, wenn sie zu erregt sind, das Gleiche tun. Dies gilt auch für den Fall, dass die Elternperson zwar einen kühlen Kopf hat, die Kinder aber nicht. So hätte z. B. die Mutter von Mark und Thomas, wenn die beiden erkennbar zu frustiert gewesen wären, sagen können: "Wir brauchen ein bisschen Zeit zum Abkühlen. Jeder geht jetzt für fünf Minuten auf sein Zimmer. Danach reden wir dann miteinander".

Die Mutter hätte dann die Abkühlphase mit einer Auszeit verbunden. Auf ein paar andere Aspekte der Auszeit, die eigentlich bereits dem Handlungsteil zugehört, kommen wir später noch einmal zurück. Fürs Erste können wir festhalten, dass die Methode des Abkühlens sehr hilfreich ist, wenn es darum geht, einen zermürbenden "Familientanz" gar nicht erst zur Entfaltung kommen zu lassen.

7.3 Abbrechen

Ein anderes, für diese Zwecke ebenfalls sehr taugliches Hilfsmittel ist die Methode des Abbrechens. Sie eignet sich besonders dann, wenn Kinder versuchen, bestehende Regeln auszuhebeln. Es ist dies das bei Kindern beliebte Spiel des *Grenzentestens,* gewissermaßen das Gegenstück zum elterlichen Grenzensetzen. Kinder wollen nämlich wissen, ob das, was ihre Eltern von ihnen *mit Worten* fordern oder was sie gemeinsam mit ihren Eltern als *eine Regel mit Worten* vereinbart haben, auch wirklich Bestand hat, d. h. es geht ganz konkret darum, ob es die Eltern auch wirklich ernst meinen. Kinder sind bisweilen Meister darin, ihre Eltern an den Punkt zu bringen, an dem sie entnervt aufgeben.

Nehmen wir den Fall von Gabi. Gabi ist elf und sie weiss, dass in ihrer Familie die Regel gilt "Erst die Arbeit, dann das Spiel". An Schultagen heisst das für Gabi: zuerst Hausaufgaben machen und dann spielen, Freundinnen besuchen, ins Kino gehen etc. An diesem Tag kommt Gabi früher als gewöhnlich zu ihrer Mutter und sagt, dass sie ihre Hausaufgaben schon zur Hälfte fertig habe. Jetzt wolle sie zu ihrer Freundin Angela gehen, mit der sie sich verabredet habe. Den zweiten Teil der Hausaufgaben würde sie erledigen, wenn sie wieder zurück sei.

Dies ist der kritische Punkt, an dem das Grenzentestspiel beginnt. Und Eltern tun gut daran, auf diesen Punkt gut vorbereitet zu sein, denn das Arsenal an Techniken, über das Kinder versuchen, ihre Eltern "rumzukriegen", ist in vielen Fällen beachtlich. Wenn Gabis Mutter nicht aufpasst, ist sie im Nu in eine ellenlange Diskussion verwickelt. Nehmen wir an, Gabis Mutter sagt "Nein, nicht bevor du deine Hausaufgaben fertiggemacht hast". Gabi wird vermutlich nicht so schnell aufgeben und ihr Repertoire an Regelaufweichstrategien durchspielen, z. B.

- (mit einschmeichelnder Stimme) "Ach Mama, nur das eine Mal. Ich versprech, dass ich sofort, wenn ich wieder hier bin, die Hausaufgaben fertig mache."
- Oder (mit verständnisheischendem Ton) "Angela braucht mich unbedingt, weil ich ihr das neue Computerspiel zeigen soll."
- Oder (mit leicht erpresserischem Ton) "Ich hab dir vorhin auch in der Küche geholfen."
- Oder (mit leicht beschuldigendem Ton) "Die anderen Mädchen aus meiner Klasse dürfen auch die Hausaufgaben nach dem Spielen machen, nur ich nicht."
- Oder (mit herausforderndem Ton) "Ich finde solche Regeln beschissen und erklären kannst du sie mir sowieso nicht."

Spätestens an dieser Stelle ist die Mutter in höchster Gefahr, nach dem geworfenen Köder zu schnappen und sich auf eine lange Rechtfertigung einzulassen, warum es gut ist, zuerst seine Pflichten zu erledigen, um sich dann den angenehmen Dingen des Lebens zuzuwenden. Vermutlich entspinnt sich darauf eine lebhafte Diskussion über wichtige Erwachsenenweisheiten, die auch nicht ganz ohne Emotionen abläuft und viel Energie kostet. Ein kräftezehrender "Familientanz" nimmt seinen Lauf.

Die Frage ist, kann die Mutter diesem Tanz entgehen? Sie kann, wenn sie sich, um im Bild zu bleiben – schon ganz am Anfang vom Tanzboden macht – und dabei auf die Methode des Abbrechens zurückgreift, z. B. indem sie kurz und bündig sagt: "Du kennst die Regeln". Wenn Gabi weiter insistiert: "Wir haben das bereits besprochen. Es gibt nichts mehr zu diskutieren." Und wenn sie noch ein Weiteres tun will, kann die Mutter hinzufügen: "Überleg´ dir, wie du der Angela Bescheid geben kannst, dass du erst kommst, wenn du mit deinen Hausaufgaben fertig bist." Keine langatmigen Erklärungen und Rechtfertigungen seitens der Mutter und – was besonders wichtig ist - die Verantwortung, dieses Problem zu lösen, ist nicht mehr auf den Schultern der Mutter sondern bei ihrer Tochter Gabi.

7.4 Problemlösen

Die nächsten fünf Punkte in dem Diagramm von Abbildung 2 haben – angefangen vom Ermutigen bis zum Anbieten begrenzter Wahlmöglichkeiten – alle etwas mit dem Thema Problemlösen, Eigenständigkeit und Verantwortlichkeit zu tun. Diese Punkte sollen nun anhand einiger Beispiele kurz erläutert werden.

Die Sprache der *Ermutigung* ist in vielen Fällen der Türöffner für Kooperation. Die bestimmt und zugleich demokratisch auftretende Mutter von Mark und Thomas hat dies eindrucksvoll bewiesen, indem sie – sofort nachdem sie eine klare Forderung ausgesprochen hat ("Hört sofort auf zu streiten") – ihre Überzeugung zum Ausdruck gebracht hat, dass sie gemeinsam das Problem lösen werden ("Ich bin sicher, dass wir einen anderen Weg finden, wie ihr mit dem Auto spielen könnt."). Beschimpfungen, Demütigungen, Lächerlichmachen, Schuldzuweisungen etc. lassen Kinder zugehen wie eine Auster und erzeugen bei ihnen Wut, Rachegefühle, Trotz, Widerstand, also jene Dinge, die Kooperation eher verhindern als ermöglichen. Außerdem wird mit ermutigenden Hinweisen der Boden für weitere positive Lernerfahrungen bereitet.

Übrigens gilt dies nicht nur für Kinder, sondern auch für uns Erwachsene. Vermutlich würde sich niemand von uns, wenn uns bei der Arbeit ein Fehler unterlaufen ist, gern von seinem Chef oder seiner Chefin sagen lassen, was man für ein Ausbund an Inkompetenz und ausgemachter Trottel ist und dass man uns im Grunde nichts zutrauen kann. Selbst wenn wir in Zukunft peinlich genau darauf achten, möglichst keine Fehler zu machen, unsere Arbeitsmotivation wird ein solches Vorgesetztenverhalten kaum beflügeln. Das Gleiche gilt auch für den wichtigen Bereich der Paarbeziehungen, was wir allerdings hier nicht weiter vertiefen können.

Der nächste Punkt, *positives Rollenmodell,* ist ein Spezialfall der Ermutigung, wobei die Eltern deutlich einen aktiven Part übernehmen. Und zwar vor allem dann, wenn Kinder Fehler machen und Unterstützung brauchen. Wie z. B. im Fall des knapp dreieinhalbjährigen Oliver, der am Frühstückstisch versucht, aus einer großen Glaskaraffe Orangensaft in sein Glas zu schütten. Dabei geht einiges daneben, weil die Karaffe das Glas verdeckt. Oliver stellt die Kanne entmutigt ab. Statt in ein ärgerliches "Pass doch auf!" oder gar "Du bist wirklich ein Unglücksrabe!" auszubrechen – alles Botschaften, die für Olivers Selbstwertgefühl und die Verbesserung seiner motorischen Geschicklichkeit nicht gerade hilfreich sind – kann der Vater auch anders reagieren. Beispielsweise indem er sagt "War schon ganz gut. Ein bißchen ist daneben gegangen, weil du den Saft von vorn und nicht von der Seite eingegossen hast. Schau mal, ich zeig, dir wie's geht. Wenn du das Glas hierher stellst und den Saft von der Seite eingießt, kannst du viel besser sehen. Willst du es mal mit meinem Glas probieren?" Oliver macht's und schafft's, wofür er natürlich auch noch ein dickes Lob bekommt. *Ermutigung, Vormachen und nochmal Ermutigung zum Selbermachen sind in diesem, wie in vielen anderen Fällen, die wichtigen Marksteine für Eigenständigkeit und Selbstvertrauen.*

Noch einmal versuchen – der nächste Punkt in unserem Diagramm – ist in dem gerade genannten Beispiel schon angeklungen. Die Methode bietet sich aber auch an, wenn Verhaltensstandards verletzt werden, die den Kindern eigentlich schon vertraut sind. Wie im Fall der siebenjährigen Tanja, die von der Schule nach Hause kommt, ihren Mantel im Vorraum liegen lässt, ihre Schultasche auf die Couch schleudert und ihren Beutel mit Turnkleidung und Schuhen im Wohnzimmer auf dem Teppich deponiert. Das alles mit den Worten "So, da bin ich, Mami. Was gibt's denn heute zu essen?"

Statt dass die Mutter mit ärgerlichen Bemerkungen das im Nu entstandene Chaos kommentiert oder – andere Variante – freudig das Essen serviert und anschließend für ihre schulgestresste Tochter aufräumt, gibt es auch eine Alternative, die sich etwa folgendermaßen anhört:
"Schön, dass du wieder da bist. Bevor es was zu Essen gibt: Du weißt, wo dein Mantel, deine Schultasche und dein Turnbeutel hingehören. Geh bitte und hänge deinen Mantel auf, bring deine Tasche auf dein Zimmer und den Turnbeutel in den Abstellraum. Es gibt übrigens Pizza."

Tanja bekommt eine zweite Chance, sich an die Regeln zu halten, die von der Mutter klar und bestimmt, aber auch respektvoll eingefordert werden.

Unterschiedliche Möglichkeiten erkunden ist eine Technik, mit der die Eltern versuchen können, Problemlösungsfähigkeiten ihrer Kinder zu stärken. Wir erinnern uns, dass es auch in der demokratischen Variante der Mutter von Thomas und Mark nicht gelungen ist, den beiden Sprösslingen eigenständige Lösungsvorschläge zu entlocken. Auf ihre Frage "Habt ihr eine Idee, wie ihr mit der Sache anders umgehen könnt, ohne dass ihr euch anschreit und zankt?" kam ein achselzuckendes "Weiß ich nicht". Was übrigens der Mutter grünes Licht gab, selbst einen Vorschlag zu machen.

In anderen Fällen kann es wichtig sein, einige Zeit darauf zu verwenden, gemeinsam mit dem Kind mehrere Handlungsalternativen zu erkunden, z. B. wenn ein Kind in der Schule "gepiesackt" wird, was heutzutage mit dem neuhochdeutschen Wort "bullying" bezeichnet wird, oder wenn ein Kind von Fremden angesprochen und zum Mitgehen aufgefordert wird.

Eine außerordentlich hilfreiche Methode, die Kindern klare Grenzen aufzeigt und ihnen zugleich ihre Wahlfreiheit belässt, ist die *Methode der begrenzten Wahlmöglichkeiten*. Die Minimalvariante besteht darin, dass dem Kind zwei Alternativen angeboten werden, zwischen denen es wählen kann. Im Falle von Mark und Thomas hat die Mutter mit dem demokratischen Interaktionsstil ihren beiden Kindern die Wahl gegeben, sich beim Spielen mit dem Spielzeugauto abzuwechseln oder es für heute wegzusperren. Wir erinnern uns, dass die beiden Jungen sich für die erste Alternative entschieden haben. Wichtig ist dabei, dass sie die Entscheidung selbst getroffen haben und nicht ihre Mutter, was nur möglich ist wenn sie eine – wenn auch eingegrenzte – Wahlmöglichkeit haben.

Bisweilen fällt es insbesondere jüngeren Kindern schwer, aus einer größeren Anzahl von Möglichkeiten zu wählen. Wenn z. B. die knapp fünfjährige Petra unschlüssig vor ihrem Kleiderschrank steht, nachdem ihre Mutter gefragt hat "Was möchtest du heute in den Kindergarten anziehen?" kann es hilfreich sein, die Wahlmöglichkeiten zu reduzieren, etwa indem die Mutter fragt "Möchtest du heute das blaue oder das gelbe T-Shirt anziehen?"

Manchmal schützt die Methode der begrenzten Wahlmöglichkeiten die Elternperson auch vor allzu großen Zumutungen. Beispielsweise wenn in einer Familie mit mehreren Kindern das eine sagt "Ich möchte gerne eine Gemüsesuppe zum Abendessen". Das zweite "Und ich eine Pizza" und das dritte "Und für mich Bockwürstchen mit Kartoffelsalat", kann sich die Mutter entweder unter Stress setzen, um die Speisevorlieben der lieben Kleinen zu befriedigen. Oder sie kann ob der Zumutungen verärgert verkünden "Gegessen wird, was auf den Tisch kommt und damit hat sich's." Oder sie kann auch sagen "Tut mir leid, ich bin kein Schnellrestaurant. Heute

Abend gibt's belegte Brötchen und ihr könnt wählen zwischen Brötchen mit gekochtem Schinken und mit Salami."

Wir haben damit einige der wichtigsten verbalen Methoden kennengelernt, auf die Eltern zurückgreifen können, um ihren Kindern einerseits Grenzen zu setzen, andererseits aber auch wachstumsförderliche Erfahrungen zu ermöglichen. Leider sind jedoch, wie wir schon gesehen haben, elterliche Aufforderungen, Vereinbarungen und Regeln, die ja in Worte gefasst sind, nicht immer ein Garant dafür, dass sich die Kinder entsprechend verhalten. Wenn dies der Fall ist, ist es außerordentlich wichtig, den Worten Taten folgen zu lassen. Und zwar solche, die den Kindern auf bisweilen schmerzliche, aber dennoch respektvolle Weise zu erkennen geben, dass inakzeptables Verhalten auf klare und unumstößliche Grenzen trifft, die konsequent durchgehalten werden.

Je nach Situation sind hier vor allem drei Methoden hilfreich, nämlich natürliche Konsequenzen, logische Konsequenzen und die zuvor schon einmal erwähnte Auszeit.

7.5 Natürliche Konsequenzen

Natürliche Konsequenzen sind, wie die Bezeichnung schon sagt, eine natürliche Folge des Fehlverhaltens von Kindern, wodurch ihnen sozusagen ohne Zutun der Eltern eine Lektion erteilt wird, aus der die Kinder eine wichtige Lernerfahrung gewinnen können. Vorausgesetzt allerdings, die Eltern sabotieren diese natürliche Lektion nicht – eine Bemerkung, die vor allem bei nachgiebigen Eltern nicht überflüssig ist.

Nehmen wir den Fall der fünfjährigen Patricia. Nach einem sonntäglichen Familienausflug gibt's bei schönem Wetter noch einen Stop bei der Eisdiele. Alle schlecken zufrieden an ihrem Eis. Patricia lässt jedoch von Zeit zu Zeit ihre Waffel mit den beiden Eiskugeln hin und her drehend über ihrem Kopf kreisen. Ihr Vater wirft ihr einen bedenklichen und mahnenden Blick zu. Dann passiert, was passieren muss. Die Eiskugeln fallen zu Boden und Patricia möchte mit Tränen in den Augen ein neues Eis haben. Der Vater bleibt jedoch standhaft und sagt "Mehr als eine Portion gibt's heute nicht." Für Patricia eine schmerzhafte, aber heilsame Lernerfahrung. Das nächste Mal wird sie sicher achtsamer mit dem Eis umgehen.

Natürliche Konsequenzen empfehlen sich vor allem bei Unachtsamkeiten, wie in dem genannten Fall, bei Nachlässigkeiten, die mit dem Verlust von Spielzeug oder Kleidungsstücken einhergehen oder auch bei Vergesslichkeiten oder notorischen

Trödeleien. Bei letzterem z. B., wenn das Kind aufgrund seiner Trödelei den Schulbus nicht erreicht und deswegen zu spät in die Schule kommt. Wichtig ist, dass die Eltern die Wirkung natürlicher Konsequenzen, auch wenn das manchmal schwer fällt, nicht aufheben, indem sie z. B. vorschnell einen Verlust ausgleichen oder, wie im Falle der Trödelei, alles dransetzen, damit das Kind doch noch rechtzeitig in die Schule kommt. Wenn sie dies tun, torpedieren sie dann wirklich bei ihren Kindern die Entwicklung von Achtsamkeit und Verantwortlichkeit.

7.6 Logische Konsequenzen

Eine zweite und wesentlich häufiger einsetzbare Methode, mit der die Eltern ihren Worten mit Taten Nachdruck verleihen können, ist die *Methode der logischen Konsequenzen.* Wir haben sie an zwei Stellen bereits kennengelernt. Einmal in dem uns immer wieder begleitenden Fall von Mark und Thomas, den beiden um das Spielzeugauto streitenden Brüdern, als ihre Mutter ihnen im Rahmen einer begrenzten Wahlmöglichkeit zur Entscheidung stellte, ob die beiden Brüder sich beim Spielen mit dem Auto abwechseln wollen oder ob sie das Auto für heute wegsperren soll. In unserem Beispielsfall haben sich Mark und Thomas dazu entschlossen zu kooperieren. Wenn sie es nicht getan hätten oder wenn es innerhalb der vereinbarten zehn-minütigen Wechselzeiten zu neuen Streitereien gekommen wäre, hätte die Mutter im Sinne des Bestehens auf klare Grenzen das Auto wegsperren müssen, etwa mit den Worten "Für heute hat's mit unserer Vereinbarung nicht geklappt. Schauen wir mal, ob's morgen besser geht."

Der zweite Fall, bei dem wir das Prinzip der logischen Konsequenz bereits kennengelernt haben, ist der Fall der elfjährigen Gabi, die gegen die Regel ihre Hausaufgaben nur zur Hälfte gemacht hatte und nun ihre Freundin besuchen wollte. Wir erinnern uns, dass die Mutter darauf bestanden hat, dass Gabi ihre Hausaufgaben komplett fertig macht, bevor sie zu ihrer Freundin geht. Die Tatsache, dass Gabi diese Bedingungen nicht erfüllt hat, brachte die logische, d. h. aus der vereinbarten Regel abgeleitete Konsequenz mit sich, dass Gabi ihre Freundin nicht besuchen konnte. Wir hatten gerade an diesem Fall gesehen, dass es für die Elternperson sehr schwer sein kann, gegen die Anfechtungen des Grenzentestens standhaft zu bleiben.

7.7 Auszeit

Bleibt als letztes noch die Methode der Auszeit, die wir ebenfalls in einem besonderen Fall, nämlich im Zusammenhang mit dem Abkühlen bei hitzigen Auseinandersetzungen, bereits kennengelernt haben. Allgemein gesprochen sind Auszeiten nichts anderes eine besondere Variante der logischen Konsequenz. Eine Auszeit kann mit bestimmten Formen inakzeptablen Verhaltens verbunden werden, vor allem bei körperlichen Aggressionen von Kindern, also Schlagen, Stoßen, Beißen etc., oder bei gehäuftem Grenzentesten sowie bei repektlosem oder trotzigem und oppositionellem Verhalten.

Ein Beispiel: Die elfjährige Miriam hat sich, bevor sie zum Sport geht, in der Küche selbst ein Marmeladenbrot gemacht. Danach sieht es auf dem Küchentisch ziemlich chaotisch aus: Brotkrümel, teilweise verschmierte Marmelade und Butter auf dem Tisch, das offene Marmeladenglas und die Butterdose auf der Spüle statt im Kühlschrank und der angeschnittene Brotlaib hat unerklärlicherweise seinen Platz auf dem Herd statt im Brotkasten gefunden.

Der Vater sieht das Durcheinander und fordert Miriam auf, die Küche in Ordnung zu bringen bevor sie das Haus verlässt. Miriam antwortet trotzig: "Vergiss es. Ich räume nicht auf." Eine Antwort, die bei vielen Eltern die Gemüter in Wallung bringen dürfte – mit den bekannten Konsequenzen: Beschimpfungen, Drohungen und vielleicht auch Ohrfeigen. Nicht so Miriams Vater, der hier elegant die Methode der eingeschränkten Wahl mit der Auszeit verbindet, indem er sagt: "Du kannst tun, was ich dir gesagt habe oder du kannst einige Zeit auf dein Zimmer gehen bis du dazu bereit bist. Du hast die Wahl. Was willst du tun?" Miriam schießt trotzig zurück: "Ich hab's dir schon gesagt. Ich mach's nicht." Der Vater: "Okay. Geh auf dein Zimmer. Ich sehe dich in zehn Minuten wieder." Miriam verschwindet in ihr Zimmer. Er setzt die Eieruhr. Nach zehn Minuten überprüft er, ob Miriam jetzt bereit ist.
Miriam (nach wie vor voller Opposition): "Ich mach's nicht."
Vater (wohl wissend, dass er sich in einem Machtkampf befindet und jetzt einen kühlen Kopf braucht, bleibt ruhig und sagt): "Wie du willst" und geht in die Küche um die Eieruhr erneut zu setzen.
Bevor er dazu kommt, ändert Miriam jedoch ihre Meinung und sagt: "Okay, ich mach's." Sie hat eingesehen, dass es wenig bringt, weiteren Widerstand zu leisten. Und sie hat die Erfahrung gemacht, dass Regeln nicht bloße Lippenbekenntnisses sind, sondern dass sie auch mit Taten eingefordert werden.

Im übrigen ist weder die Auszeit – wenn sie pädagogisch sinnvoll eingesetzt wird – eine "Strafaktion" noch sind Regeln starre Wälle, an denen der Widerstand der Kinder gnadenlos zerschellt. Mit zunehmender Reife können Kinder schrittweise größere Verantwortung übernehmen, was u. a. bedeutet, dass sie einen größeren Handlungsspielraum benötigen, um ihre Eigenverantwortung auch praktizieren zu können. Insofern sind Regeln nicht unumstößlich, sondern wachsen mit den Kindern und können mit ihnen auf eine altersangemessene Weise neu ausgehandelt werden, z. B. wenn es darum geht, wann ein Kind oder Jugendlicher spätestens zu Hause sein soll. Allerdings ist der Zeitpunkt, wenn gerade gegen eine Regel verstoßen wurde und die Eltern nun unter Handlungsdruck gesetzt werden, für ein derartiges Neuaushandeln schlecht geeignet, wie folgendes Beispiel zeigt.

Wir erinnern uns an den Fall der elfjährigen Gabi, die entgegen der Regel "Zuerst die Hausaufgaben, dann das Vergnügen", ihre Hausaufgaben nur zur Hälfte gemacht hatte und nun – mit dem Versprechen, den zweiten Teil ihrer Hausaufgaben später zu machen – diese Regel einseitig außer Kraft setzen wollte, um ihre Freundin Angela besuchen zu können. Im Sinne klarer Grenzen ist die Mutter in diesem Fall fest geblieben, eben weil die Regel in einer aktuellen Drucksituation einseitig aufgehoben werden sollte. Ohne diese Entscheidung für die augenblickliche Situation zu ändern, hätte die Mutter auch sagen können: "Ich sehe, dass es Dir sehr wichtig ist, dich mit der Angela zu treffen. Für heute bleiben wir bei unserer alten Regel. Wir können später aber in Ruhe darüber reden, ob es einen anderen Weg gibt, deine Verabredungen zu treffen, ohne dass Deine Hausaufgaben darunter leiden." Die Mutter hätte auf diese Weise den Boden für ein Neuaushandeln der Regel bereitet. Ihre Botschaft wäre gewesen: Regeln können nicht einseitig verändert werden; wir brauchen Ruhe und Zeit, um dieses Thema zu besprechen; mir ist wichtig, dass Du Deine Hausaufgaben ordentlich machst; ich bin bereit, mit dir gemeinsam nach einer neuen Lösung zu suchen. Und für Gabi hätte diese Episode eine wichtige Erfahrung in Sachen wachstumorientiertes Grenzensetzen bedeutet: es wäre ihr klar geworden, dass Vereinbarungen nicht einfach einseitig gekippt werden können; sie hätte das Verständnis ihrer Mutter für ihre Wünsche gespürt; und sie wäre ermutigt worden, sich beim Neuaushandeln mit ihren eigenen Vorstellungen zu beteiligen und Verantwortung für die neue Regelung zu übernehmen.

Nach all dem, was in diesem Abschnitt gesagt wurde, dürfte deutlich geworden sein: Für Eltern ist es keine leichte Aufgabe, wenn sie ihre Erziehung weder an dem Motto "Freiheit ohne Grenzen" im Gefolge eines permissiven Elternverhaltens noch an dem Leitbild von "Grenzen ohne Freiheit" entsprechend dem autoritären Erziehungsmodell ausrichten, sondern sich am Konzept "Freiheit in Grenzen" im Sinne eines demokratischen Erziehungsverständnisses orientieren. Dies um so mehr, wenn es darum geht, im alltäglichen Erziehungsgeschäft auch in schwierigen Situationen gegenüber ihren Kindern eine respektvolle, wachstumsorientierte und dennoch klare Grenzen setzende Erziehungsphilosophie durchzuhalten. Nachdem es – wie häufig beklagt wird – für dieses durchaus anspruchsvolle und zugleich verantwortungsvolle elterliche Erziehungsgeschäft im Gegensatz zu anderen Lebensbereichen keinerlei verbindliche Ausbildung gibt, wollen wir abschließend noch der Frage nachgehen, auf welche Hilfen Eltern zurückgreifen können, wenn sie sich für eine Stärkung ihrer Erziehungskompetenz interessieren.

8. Empowerment für Eltern – auf welchen Wegen?

Leider gibt es im Deutschen keine gute Übersetzung für das, was im Englischen mit dem Begriff "empowerment" bezeichnet wird, nämlich die Vermittlung von Kraft und Stärke, um sich in einem herausfordernden und schwierigen Lebensbereich wirkungsvoll behaupten zu können. Genau dieses Erziehungs- und Beziehungsempowerment ist jedoch für viele Eltern wichtig, die ihre Kinder quasi "naturwüchsig" großziehen, auch wenn sich diese Naturwüchsigkeit keineswegs immer abträglich auf die Entwicklung ihrer Kinder auswirken muss (vgl. Schneewind 1995a, 1995b). In der Tat ist – wie wir bereits festgestellt haben – die Nachfrage nach fach- und sachkundigem Rat in Erziehungsfragen groß. Im Folgenden sollen hierzu im Sinne der weiter oben ausführlicher dargestellten Grundüberzeugung zu einer Angebotsorientierung, die den Eltern hinsichtlich ihrer eigenen Erziehungsphilosophie entsprechende Wahl- und Entscheidungsmöglichkeiten belässt, einige Hinweise gegeben werden. Allerdings sei ausdrücklich angemerkt, dass diese Hinweise nicht ohne Bezug zu dem hier vertretenen demokratischen Erziehungsverständnis und seiner Umsetzung in praktisches Erziehungshandeln erfolgen.

Als erstes kann – ergänzend zu den bereits in dem Abschnitt über Erziehungswerte gegebenen Hinweisen – auf einschlägige *Ratgeberliteratur* verwiesen werden. Zum Thema "Grenzensetzen" gibt es einige empfehlenswerte Bücher, zu denen Eva Zeltner's (1995) "Mut zur Erziehung", Jan-Uwe Rogge's (1995) "Eltern setzen Grenzen", Holger Wyrwa´s (1998) "Die Schlaraffenlandkinder" und Annette Kast-Zahn's (1997) "Jedes Kind kann Regeln lernen" gehören. Aus dem reichhaltigen angloamerikanischen Angebot seien "Zip your lips. A parent's guide to brief and effective communication" von Dale und Rene Gordon Jacobs (1999), "Kid cooperation" von Elisabeth Pantley (1996) und vor allem "Setting limits. How to raise responsible, independent children by providing clear boundaries" von Robert MacKenzie (1998) genannt.

Neben Erziehungsratgebern gibt es auch ein vielfältiges Angebot an *Kursen zur Elternberatung und zum Erziehungstraining* in Form von Workshops, das u. a. Erziehungs- und Familienberatungsstellen, Volkshochschulen und kommerzielle Institutionen in ihrem Programm haben. Zu letzterem gehört etwa das von der Gordon Training International Inc. angebotene Familientraining, das sich an Thomas Gordon's (1970) "Parent Effectiveness Training" (deutsch unter dem Titel "Familienkonferenz", 1972, und "Die neue Familienkonferenz", 1993 erschienen) orientiert. Ausgebildete Trainerinnen und Trainer vermitteln dabei manualgestützt grundlegende Erziehungsfertigkeiten im Umgang mit Kindern wie das "aktives Zuhören", das Kommunizieren mit "Ich-Botschaften" und vor allem die Nutzung der sog. "niederlage-losen Methode" als einen Ansatz zur repressionsfreien Konfliktregulierung.

Leider nicht in Deutschland, wohl aber in den USA gibt es – zumindest für den Staat Minnesota – unter der Bezeichnung "Positive Parenting" ein von der University of Minnesota entwickeltes und betreutes Kursprogramm, in dem flächendeckend speziell ausgebildete Familientrainer und -trainerinnen anhand von Alltagsproblemen sehr konkrete Erziehungskompetenzen (z. B. aufnehmendes Zuhören, direkte Kommunikation, klare Grenzen) in einem Mix von Informationseinheiten, Rollenspielen, Hausaufgaben, Gruppen-Diskussionen etc. ein "empowerment" für elterliche Erziehungskompetenzen vermitteln (vgl. Pitzer 2000).

Obwohl mit dem zuletzt genannten Programm zwar eine große Zahl potentieller Adressaten erreicht wird und auch die Evaluation des Programms ermutigende Befunde erbringt, stellt für viele Eltern – insbesondere die Väter – die Teilnahme an einschlägigen Workshops mit Eltern- und Familientrainings eine große Hürde dar. In Deutschland ist dies nicht zuletzt deswegen der Fall, weil viele mit der "öffentlichen" Teilnahme an einem Erziehungsworkshop – ganz im Sinne des weiter oben dargestellten wesenstheoretischen Überzeugungssystems nach Carol Dweck (1999) – ein Eingeständnis ihrer Erziehungsunfähigkeit verbinden und nicht, wie dies beim "empowerment"-Gedanken der Fall ist, die Chance einer Erweiterung ihrer Erziehungskompetenzen anstreben.

Es liegt daher nahe, niedrigschwellige und zugleich interessante Angebote zur Stärkung von Erziehungsfertigkeiten unter *Nutzung animierender visueller Medien* (TV, Video, interaktive CDs, Internet) zu machen. Beispielhaft hierfür ist das australische "Triple P" (Positive Parenting Program), das im Fernsehen zur besten Sendezeit anhand kurzer, nach dem Prinzip des "Infotainment" interessant aufbereiteter Szenarien etwa von der Art der Fallbeispiele des vorangegangen Abschnitts zeigt, wie alltägliche Erziehungssituationen effektiv gemeistert werden können (vgl. Sanders 1998). Die Resonanz auf diese in der Regel nur 5- bis 7-minütigen Sendungen ist außerordentlich positiv und ermutigt viele, sich anderen, auch stärker personalisierten Formen des "Erziehungsempowerments" zuzuwenden. Eine deutsche Fassung des

"Triple P"-Konzepts wird derzeit unter der Leitung von Kurt Hahlweg an der Universität Braunschweig entwickelt und erprobt (vgl. Hahlweg et al. 2000).

Eine weitere Variante der niedrigschwelligen Vermittlung von Erziehungskompetenzen besteht im *Einsatz interaktiver CDs*. Dabei wird eine Reihe typischer Erziehungsprobleme (z. B. Unordentlichkeit, Trödeln, oppositionelles Verhalten) in kurzen Videosequenzen vorgestellt. Der Betrachter kann dann zwischen verschiedenen Handlungsalternativen wählen, die ebenfalls als Bildfolgen aufgezeichnet sind, und bekommt dann jeweils eine spezifische Rückmeldung über die mutmaßliche Effektivität der gewählten Alternativen. Unter den angebotenen Handlungsalternativen befindet sich auch eine "beste" Lösung, deren weitere Konsequenzen aufgezeigt und kommmentiert werden. Erste Erfahrungen zu diesem Ansatz sind in den USA von Don Gordon und seinem Team an der Ohio State University unter der Bezeichnung "Parenting Wisely" gemacht worden und zeigen ermutigende Befunde. Erwähnenswert ist, dass wegen des spielerisch-technischen Hintergrunds vor allem die Väter mit diesem Ansatz besonders gut erreicht werden können (vgl. Lagges & Gordon 1999).

In Deutschland sind Bemühungen, auf der Basis von interaktiven CDs ein entsprechendes Angebot an "Erziehungsempowerment" zu entwickeln, bisher an der Kostenfrage gescheitert. Dennoch wäre die Entwicklung und Verbreitung handlungsorientierten Erziehungswissens auf dem Wege der neuen Medien ein außerordentlich hilfreiches Instrument zur Stärkung elterlicher Erziehungskompetenzen und damit auch zur positiven Einflussnahme auf die Entwicklung der nachwachsenden Generation. Denn immerhin ist die nachwachsende Generation ja die wichtigste "Ressource" für die Zukunft unserer Gesellschaft. Es ist dies ein Aspekt, der auch in dem nun folgenden Finale noch einmal aufgegriffen werden soll.

Finale

Zweifelsohne stellen Eltern-Kind-Beziehungen etwas intrinsisch besonders Wertvolles dar, d. h. einen Wert, der für sich steht und keiner weiteren Begründung bedarf – und zwar gleichermaßen für die Eltern wie für die Kinder. Viele Eltern haben jenen besonderen Glanz in den Augen, wenn sie von ihren Kindern sprechen oder wenn sie mit ihnen zusammen sind und sich an ihrer Spontaneität, Unkompliziertheit und Kreativität erfreuen. Gleichermaßen genießen Kinder, zumal in jüngeren Jahren, gewöhnlich die Präsenz ihrer Eltern, z. B. wenn sie mit ihnen spielen oder etwas gemeinsam unternehmen können. Oder auch wenn sie ihre Eltern etwas fragen bzw.

auf ihre Hilfe und Unterstützung zurückgreifen können. Es ist dies jener Aspekt der Interaktionsgemeinschaft "Familie", der dazu beiträgt, dass Kinder gleichsam "en passant" lernen und sich entwickeln.

Auch wenn es vor allem in den ersten Lebensmonaten um eine bindungsförderliche Eltern-Kind-Beziehung geht, die sich vornehmlich an den kindlichen Bedürfnissen orientiert und somit den Kindern neben der Befriedigung zentraler physischer Bedürfnisse ein Fundament von Urvertrauen im Sinne emotionalen und sozialen Aufgehobenseins vermittelt, geht es mit zunehmendem Alter der Kinder nicht ohne Erziehung ab. Zwar suggerieren – wie wir im *ersten Satz* unserer "Suite der Fragen" vernommen haben – einige radikale Vertreterinnen und Vertreter der modernen Verhaltens- bzw. Verhaltensentwicklungsgenetik, dass Eltern im Hinblick auf ihre erzieherischen Einflüsse im Grunde ohnmächtig seien, da menschliche Persönlichkeits- und Verhaltensunterschiede im Wesentlichen genetisch determiniert sind. In Wahrheit sind jedoch solche Bekundungen auch und gerade unter Berücksichtigung einer differenzierten verhaltensgenetischen Perspektive nicht haltbar, sondern dienen allenfalls Eltern, die in ihrer Rolle als Erzieher Schwierigkeiten haben und sich ohnmächtig fühlen, zur Entlastung ihrer Ohnmachtsgefühle, womöglich aber auch zur Zurücknahme ihrer erzieherischen Verantwortung.

Der *zweite Satz* unserer Suite hat etwas genauer dem nachgespürt, was Elternsein eigentlich bedeutet. Dabei sind drei Themen angeklungen, nämlich zum einen der oben bereits angesprochene Aspekt, wonach Familien Interaktionsgemeinschaften sind, innerhalb derer Kinder im Kontakt mit ihren Eltern auch ohne deren ausdrückliche erzieherische Intention quasi "naturwüchsig" Lernerfahrungen machen und sich entwickeln. Daneben greifen Eltern aber auch in die Entwicklung ihrer Kinder ein, indem sie durch explizit erzieherisches Handeln direkt darauf Einfluss zu nehmen versuchen, dass ihre Kinder bestimmte Dinge tun bzw. unterlassen. Zusätzlich können sie sich dabei auch indirekter Wege bedienen, indem sie für ihre Kinder entsprechende Situationsbedingungen oder Entwicklungsgelegenheiten schaffen, sei es, dass dadurch positive Entwicklungseffekte wie kindliche Interessen und Fähigkeiten gefördert werden oder dass durch das Ausklammern potentiell schädlicher Entwicklungsumwelten negative Entwicklungseffekte vermieden werden, wie dies Eltern z. B. durch eine behutsame Einflussnahme auf die Auswahl der Freunde ihrer Kinder tun können.

All dies hat etwas mit elterlichen Erziehungszielen bzw. -werten zu tun. Deswegen thematisierte der *dritte Satz* zunächst die Frage, ob die Wissenschaft hierbei eine hilfreiche Rolle spielen kann. Obwohl diese Frage im Prinzip bejaht werden kann, bedurfte es hierzu des Rückgriffs auf einige grundsätzliche philosophische Überlegungen. Im Vordergrund stand dabei die Auffassung, dass wissenschaftliche Aussagen zu Erziehungsfragen stets nur als Angebot zu verstehen sind, aus dem Eltern sowohl hinsichtlich ihrer Erziehungswerte als auch mit Blick auf ihr konkretes Erziehungshandeln wählen können. Freilich mutet eine derartige Auffassung den Eltern die "Arbeit" zu, sich mit den Zielsetzungen, Bedingungen und Konsequenzen ihres erzieherischen Handelns auseinanderzusetzen, um danach ihre eigene Erziehungsphilosophie zu gestalten.

Auf diesem Hintergrund wandte sich der *vierte Satz* unserer "Suite der Fragen" dem Thema zu, ob es im wissenschaftlichen Angebot zu Erziehungsfragen konkrete Hinweise auf einen Kanon von Erziehungswerten gibt, die in unserem Kulturbereich einen Beitrag zu einem "bejahenswerten Leben" leisten können. Wir haben hierzu u. a. eine Reihe von Erfolgsfertigkeiten auf der persönlichen, emotionalen, sozialen, motivationalen und moralischen Ebene kennengelernt, denen spezifische Entwicklungsziele wie Selbstvertrauen, Selbstverantwortlichkeit, Kooperation, Selbstmotivation oder Empathie zugrunde liegen, die ihrerseits durch entsprechende elterliche Unterstützungsmaßnahmen gefördert werden können. Trotz der zugestandenen "Eigenwilligkeit" der Kinder eröffnen sich für die Eltern somit Einflussmöglichkeiten, die nicht nur empirisch belegt sind, sondern auch die Rede von der "Ohnmacht der Eltern" als eine unzulässige Verallgemeinerung entlarven.

So besehen können Eltern – und dies war das Thema des *fünften Satzes* – durchaus einen wichtigen Beitrag zur Kultivierung der Persönlichkeit ihrer Kinder leisten. Dabei wird die Frage der Kultivierung der Persönlichkeit im Hinblick auf zwei grundsätzlich unterschiedliche alltagspsychologische Überzeugungssysteme angestimmt. Neben einem statischen, weitgehend auf der Annahme fixierter Verhältnisse beruhenden und deswegen auch als wesenstheoretisch bezeichneten Ansatz, lässt sich auch ein dynamisches, wachstumsorientiertes Überzeugungssystem unterscheiden, das mit einem aktiven, selbstverantwortlichen, zukunftsoptimistischen und nicht zuletzt auch innovationsförderlichen Selbstkonzept einhergeht. Durch die Art ihres Erziehungsverhaltens bestimmen Eltern – aber nicht nur diese, sondern z. B. auch Lehrer und Vorgesetzte –, ob sich bei der nachwachsenden Generation eher ein wesens- oder wachstumsorientiertes Selbstkonzept ausbildet. Insofern bedarf es in all diesen Entwicklungskontexten der entsprechenden sozialen bzw. strukturellen Ermöglichungsbedingungen, wenn ein wachstumsorientiertes Überzeugungssystem gefördert werden soll. Insbesondere betrifft dies auch eine wachstumsorientierte elterliche Erziehung, die gewissermaßen die Basis für die weitere Entwicklung der Kinder legt.

Obwohl die Liebe der Eltern für ihre Kinder, die sich vor allem in einem rückhaltlosen Interesse und Einsatz für deren physisches und psychisches Wohlergehen äußert, eine unverzichtbare Basis für eine wachstumsförderliche Entwicklung ihrer Kinder ist, bedarf es darüber hinaus im Sinne einer Kultivierung der kindlichen Persönlichkeit noch eines zusätzlichen Moments. Es war dies das Thema des *sechsten Satzes*, der sich der Dialektik von Elternliebe und Grenzensetzen widmete, ohne dabei den Respekt vor der kindlichen Eigenentwicklung zu verlieren. Anlass für diese Dialektik sind häufig konflikthafte Situationen. Deswegen haben wir ausgehend von dem selben Szenario eines Geschwisterkonflikts erfahren, was es für Eltern, Kinder und die Beziehung zwischen ihnen bedeutet, wenn Eltern sich an einem nachgiebigen, autoritären oder demokratischen Erziehungskonzept orientieren.

Der *siebte Satz* unserer "Suite der Fragen", der die eigentliche Idee für eine musikalische Metapher abgab, vertiefte diesen Aspekt und zeigte anhand einer Reihe von Fallbeispielen, dass es neben der Dialektik von Elternliebe und Grenzensetzen eine zweite Dialektik gibt, nämlich die von elterlichem Grenzen*setzen* und kindlichem Grenzen*testen*. Je nachdem, wie dieser zuletzt genannte Widerspruch aufgelöst wird, kommt es zu unterschiedlichen "Familientänzen", die bisweilen für die Eltern zermürbend und für die Kinder im Endeffekt wenig hilfreich im Sinne einer wachstumsförderlichen Erziehung sein können. Die dargestellten Fallbeispiele sollten verdeutlichen, auf welche Methoden Eltern vor allem in Konfliktsituationen zurückgreifen können, um herausfordernde "Familientänze" unbeschadet zu bestehen, und zwar ohne dabei das Ziel einer wachstumsförderlichen Entwicklung ihrer Kinder aus den Augen zu verlieren. Freilich werden die angesprochenen Methoden – von klaren Aussagen und Forderungen über Problemlösen bis zur Auszeit – bei den Kindern und Jugendlichen in vielen Fällen nicht gerade helle Begeisterung auslösen. Wenn sie jedoch eingebettet sind in eine grundsätzlich liebe- und respektvolle Haltung gegenüber den Kindern, dann begünstigt eine konsequente Anwendung dieser Methoden auf Seiten der Kinder die Entwicklung ihrer Kompetenz, Selbstverantwortlichkeit und Gemeinschaftsfähigkeit. In diesem wohlverstandenen Sinne qualifiziert sich elterliche Erziehung letztlich als ein wesentlicher Beitrag zur Entwicklung ihrer Kinder nach dem Motto "Freiheit in Grenzen".

Ein Erziehungskonzept, das diesem Motto folgt, ist für viele, wenn nicht die meisten Eltern, beileibe nicht leicht umzusetzen – und zwar häufig auch dann nicht, wenn der Wille hierzu durchaus besteht. Aus diesem Grund griff der letzte und *achte Satz* unserer "Suite der Fragen" in Sachen elterliche Erziehung dieses Thema auf und gab einige Hinweise, was Eltern tun können, um ihre Erziehungskompetenz angesichts der Herausforderungen einer wachstumsorientierten Erziehung zu vervollkommnen. Neben eher traditionellen Formen der Elternbildung wurde dabei besonders die Möglichkeit hervorgehoben, über das Vehikel moderner Informationstechnologien wie Internet und interaktive CD-ROMs relativ kostengünstige, zugleich aber auch niedrigschwellige, interessant gestaltete und die Privatheit der Eltern sichernde Angebotsformen zur Vermittlung elterlicher Erziehungskompetenzen flächendeckend umzusetzen. Es ist dies eine Vision und Aufgabe für die Zukunft, der eine hohe Priorität eingeräumt werden sollte.

Eine Begründung für den zuletzt genannten Gedanken ist vor allem darin zu sehen, dass eine wachstumsförderliche Erziehung für die nachwachsende Generation nicht nur "Privatsache" ist, indem sie einen Beitrag zu einem "bejahenswerten Leben" leistet, sondern dass sie in einer gesellschaftlichen Perspektive auch die Voraussetzungen dafür schafft, dass sich ein Klima von wohlverstandenem Fortschritt im Sinne einer "menschlichen" Veränderungs- und Innovationsfreudigkeit entfalten kann – ein Klima, das zum einen den Herausforderungen einer mehr und mehr globalisierten Welt genügen kann, zugleich aber auch möglichst vielen Menschen zugute kommt. Diesem Aspekt ist in der familienpolitischen Dikussion der letzten Jahre vor allem mit dem Begriff des "Humanvermögens" Rechnung getragen worden (vgl. hierzu zusammenfassend die Arbeiten von Hans-Günter Krüsselberg 1997, und die Ausführungen in dem vom Bundesministerium für Familie und Senioren herausgegebenen Fünften Familienbericht 1994). Zu dem familienpolitischen Aufgabenspektrum gehört demnach nicht nur die Sicherstellung angemessener finanzieller Rahmenbedingungen für Familien, sondern auch die Ermöglichung entsprechender Angebote zur Stärkung der elterlichen Erziehungskompetenz, wodurch letztlich ein wesentlicher Beitrag zur Entwicklung des gesellschaftlichen Humanvermögens für die Zukunft geleistet wird. Es ist an der Zeit, dass diese Zusammenhänge in verstärktem Maße Eingang in familienpolitisches Denken und Handeln finden.

Literatur

Amelang, M.: Anlage- (und Umwelt-)Faktoren bei Intelligenz- und Persönlichkeitsmerkmalen. In: M. Amelang (Hrsg.): Enzyklopädie der Psychologie. Differnetielle Psychologie und Persönlichkeitsforschung. Band 4. Determinanten individueller Unterschiede. Göttingen 2000, 49-128. Hogrefe.

Asendorpf, J.: Entwicklungsgenetik der Persönlichkeit. In: K. A. Schneewind (Hrsg.): Enzyklopädie der Psychologie. Pädagogische Psychologie. Band 1. Göttingen 1994, 107-134. Hogrefe.

Biddulph, S.: Das Geheimnis glücklicher Kinder. München 1999. Beust.

Borba, M.: Parents do make a difference. San Francisco, CA 1999. Jossey-Bass.

Bradley, R. H./Caldwell, B. M./Rock, S. L./Ramey, C. T./Barnard, K. E./Gray, C./Hammond, M. A./Mitchell, S./Gottfried, A. W./Siegel L./Johnson, D. L.: Home environment and cognitive development in the first 3 years of live: A collaborative study involving six sites and three ethnic groups in North America. Developmental Psychology 25. 1989, 217-235.

Brezinka, W.: Aufklärung über Erziehungstheorien. München 1989. Reinhardt.

Bronfenbrenner, U./Ceci, S. J.: Nature-nurture reconceptualized: A bioecological model. Psychological Review, 101. 1994, 568-686.

Bundesministerium für Familie und Senioren (Hrsg.): Familien und Familienpolitik im geeinten Deutschland. Zukunft des Humanvermögens. FünfterFamilienbericht Bonn 1994. Universitätsdruckerei.

Bundesminister für Jugend, Familie und Gesundheit (Hrsg.): Zweiter Familienbericht. Hagenbach 1975. Offsetdruck Heitzer.

Clark, M. S./Mills, J.: The difference bettween communal and exchange relationships: What it is and is not. Personality and Social Psychology Bulletin, 19. 1993, 684-691.

Cohen, D. B.: Stranger in the nest. New York1999. Wiley.

Coles, R.: Moralische Intelligenz oder Kinder brauchen Werte. Berlin 1998. Rowohlt.

Cummings, E. M./Davies, P. T. : Children and marital conflict: The impact of family dispute and resolution. New York1994. Guilford Press.

De Wolff, M. S./van Ijzendoorn, M. H.: Sensitivity and attachment: A meta-analysis on parental antecedents of infant attachment. Child Development, 68. 1997, 571-591.

Domke, H.: Gar nicht erzogen – und doch ausgezeichnet erzogen. Überlegungen zur Gestaltung familialer Bedingungen des Aufwachsens. In: H. Macha/L. Mauermann (Hrsg.): Brennpunkte der Familienerziehung. Weinheim 1997, 74-97. Deutscher Studienverlag.

Dosick, W.: Kinder brauchen Werte. München 1998. Knaur.

Dweck, C.: Self-theories. Philadelphia, PA 1999. Psychlogy Press.

Dykman, B.M.: Integrating cognitive and motivational factors in depression: Initial tests of a goal-orientation approach. Journal of Personality and Social Psychology, 74. 1998, 139-158.

Erikson, E.: Kindheit und Gesellschaft. Stuttgart 1973. Klett.

Fromm, E.: Psychoanalyse und Ethik. Bausteine zu einer humanistischen Charakterologie. Gesamtausgabe. Band II. München 1989, 1-157. Deutscher Taschenbuch Verlag.

Gloger-Tippelt, G.: Familienbeziehungen und Bindungstheorie. In: K. A. Schneewind (Hrsg.): Familienpsychologie im Aufwind. Göttingen 2000, 49-63. Hogrefe.

Goleman, D.: Emotionale Intelligenz. München 1996. Hanser.

Gordon, T.: P. E. T. Parent Effectiveness Training. New York 1970. Peter H. Wyden [deutsch: Familienkonferenz. 1972. Hamburg. Hoffmann & Campe].

Gordon, T.: Die neue Familienkonferenz. München 1993. Heyne.

Grossmann, K. E./Grossmann, K.: Attachment quality as an organizer of emotional and behavioral responses in longitudinal perspective. In: Parkes, C. M./Stevenson-Hinde, J. /Marris, P. (Hrsg.): Attachment across the life cycle. London 1991, 93-114. Tavistock.

Hahlweg, K./Schröder, B./Lübke, A.: Prävention von Paar- und Familienproblemen: Eine nationale Aufgabe. In: K. A. Schneewind (Hrsg.): Familienpsychologie im Aufwind. Göttingen 2000, 249-274. Hogrefe.

Harris, J. R.: Where ist the child's environment? A group socialization theory of development. Psychological Review, 102. 1995, 458-489.

Harris, J. R.: Ist Erziehung sinnlos? Reinbek 2000. Rowohlt. [Englisch: The nurture assumption: Why children turn out the way they do. NewYork 1998. The Free Press].

Hurrelmann, K./Ulich, D.: Gegenstands- und Methodenfragen der Sozialisationsforschung. In: K. Hurrelmann/Ulich, D. (Hrsg.): Neues Handbuch der Sozialisationsforschung. Weinheim 1991, 3-20. Beltz.

Hurrelmann, K./Unverzagt, G.: Kinder stark machen für das Leben. Freiburg 1998. Herder.

Jacobs, D. M. & Jacobs, R.G. (1999). Zip your lips. Boston: Element Books.

Kast-Zahn, A.: Jedes Kind kann Regeln lernen. Ratingen-Lintorf 1997. Oberstebrink Verlag.

Krüsselberg, H.-G.: Vermögen, Ethik und Familie – Quellen des Wohlstands in einer menschenwürdigen Ordnung. Schriften zu Ordnungsfragen der Wirtschaft, Bd. 56. Stuttgart 1997.

Lagges, A./Gordon, D.: Interactive videodisk parenting training for teen mothers. Child and Family Behavior Therapy, 21. 1999, 19-37.

Lewis, P.: Alles, was Ihr Kind braucht. Moers 1998. Bredow Verlag.

Lüscher, K. (1989). Von der ökologischen Sozialisationsforschung zur Analyse familialer Aufgaben und Leistungen. In: Nave-Herz, R./Markefka, M. (Hrsg.): Handbuch der Familien- und Jugendforschung. Bd. 1: Familienforschung. Neuwied 1989, 95-112. Luchterhand.

Lüscher, K.: Homo interpretans: On the relevance of perspectives, knowledge, and beliefs in the ecology of human development. In: P. Moen, G. H./Elder, J./Lüscher, K. (Eds.): Examining lives in context. Washington, DC 1995, 563-597. American Psychological Association.

MacKenzie, R. J.: Setting limits. Rocklin, CA 1998. Prima Publishing.

NICHD Early Child Care Research Network: The effects of infant child care on mother-infant attachment security: Results of the NICHD study of early child care. Child Development, 68. 1997, 860-879.

Pantley, E.: Kid cooperation. Oakland, CA1996. New Harbinger Publications.

Parke, R. D./Buriel, R.: Socialization in the family: Ethnic and ecological perspectives. In: W. Damon (Ser. Ed.)/N. Eisenberg (Vol. Ed.): Handbook of child psychology. Social, emotional, and personality development , 5th ed., Vol. 3. New York 1997, 463-552. Wiley.

Pitzer, R.: Positive Parenting. Project overview. Vortrag anlässlich der Tagung "Gewaltfreies Erziehen in Familien – Schritte der Veränderung.". Berlin, 21./22.3.2000.

Plomin, R./DeFries, J. C./McClearn, G. E./Rutter, M.: Gene, Umwelt und Verhalten. Bern 1999. Huber.

Rogge, J.-U.: Eltern setzen Grenzen. Reinbek 1995. Rowohlt.

Rogers, C. R.: Entwicklung der Persönlichkeit. Stuttgart 1976. Klett-Cotta.

Rowe, D. C.: The limits of family influence. New York 1994. Guilford Press. [Deutsch: Genetik und Sozialisation. Weinheim 1997. Psychologische Verlags Union].

Sanders, M. R.: Verhaltenstherapeutische Familientherapie: Eine "Public-Health" Perspektive. In: K. Hahlweg/D. H. Baucom/R. Bastine /H. J. Markman (Hrsg.): Prävention von Trennung und Scheidung. Internationale Ansätze zur Prädiktion und Prävention von Beziehungsstörungen. Stuttgart 1998, 273-288. Kohlhammer.

Scarr, S.: Developmental theories for the 1990s: Development and individual differences. Child Development, 63. 1992,1-19.

Schäfers, B.: Gesellschaftlicher Wandel in Deutschland. Stuttgart 1990. Enke.

Schmid, W.: Philosophie der Lebenskunst. Frankfurt a. M. 1998. Suhrkamp.

Schneewind, K. A.: Erziehungs- und Sozialisationsprozesse in der Perspektive der sozialen Lerntheorie. In: J. Brandtstädter/G. Reinert /K. A. Schneewind (Hrsg.): Pädagogische Psychologie: Probleme und Perspektiven. Stuttgart 1979, 153-180. Klett-Cotta.

Schneewind, K. A.: Kinder und Jugendliche im Kontext der Familie: Strategien für eine entwicklungsförderliche Erziehung. In: W. Edelstein (Hrsg.): Entwicklungskrisen kompetent meistern. Heidelberg 1995a, 43-51. Asanger.

Schneewind, K. A.: Beziehungsempowerment: Handreichungen zur Stärkung von Beziehungsfertigkeiten in unterschiedlichen Lebensbereichen. In: W. Edelstein (Hrsg.): Entwicklungskrisen kompetent meistern. Heidelberg 1995b, 110-112. Asanger.

Schneewind, K. A.: Familienpsychologie. Stuttgart 1999a, 2. Aufl. Kohlhammer.

Schneewind, K. A.: Das Menschenbild in der Persönlichkeitspsychologie. In: R. Oerter (Hrsg.): Menschenbilder in der modernen Gesellschaft. Stuttgart 1999b, 22-39. Enke.

Sears, W./Sears, M.: The discipline book. Boston, MA 1995. Little, Brown & Company.

Sennett, R.: Der flexible Mensch. Berlin 1998. Berlin Verlag.

Shapiro, L. E.: EQ für Kinder. München 1997. Deutscher Taschenbuch Verlag.

Singerhoff, L.: Starke Kinder. Reinbek 1999. Rowohlt.

Trudenwind, C.: Häusliche Umwelt und Motiventwicklung. Göttingen 1975. Hogrebe.

Wetzels, P.: Gewalterfahrungen in der Kindheit. Baden-Baden 1997. Nomos.

Wyrwa, H.: Die Schlaraffenlandkinder. Weinheim 1998. Beltz.

Prof. Dr. Peter Büchner

Philipps-Universität Marburg, Institut für Erziehungswissenschaft

Teil III.2

Biographische Strategien des Erwachsenwerdens

Überlegungen zu den Voraussetzungen einer gelingenden kindlichen Selbständigkeitsentwicklung beim Übergang in die Jugendphase

1. Kindliche Selbständigkeit: ein Merkmal gelebter Generationenbeziehungen

Der kindliche Selbständigkeitsgedanke und die Vorstellung von der kindlichen Autonomie als Erziehungsnorm findet sich besonders im geisteswissenschaftlich geprägten pädagogischen Diskurs. Im Jahre 1900, also zur Zeit des Kaiserreichs vor rund hundert Jahren, proklamierte z. B. die schwedische Pädagogin Ellen Key das "Jahrhundert des Kindes". Mit ihrem Aufruf an alle Eltern und Pädagogen, "die hoffen, im neuen Jahrhundert den neuen Menschen zu bilden" (Key 1992 [1900], S. 161), wollte sie dazu beitragen, das bestehende Machtgefälle zwischen Kindern und Erwachsenen zu verringern. Im Kern ging es ihr um die Idee der Stärkung der freien und eigenständigen Entfaltungsrechte des Kindes in einer weitgehend erwachsenenzentrierten Gesellschaft.

Inzwischen, also hundert Jahre später, sind Eltern wie professionelle Pädagoginnen und Pädagogen davon überzeugt, dass die damals selbstverständliche Erziehung zum gehorsamen Untertanen und die gängelnde Verpflichtung des Kindes auf die scheinbar unverrückbaren Normen einer autoritären Erwachsenengesellschaft der Vergangenheit angehören. Die Erziehung zur Selbständigkeit des Kindes – verstanden als möglichst weitgehende eltern-unabhängige Gestaltung des Lebenslaufs in einem möglichst frühen Lebensalter – wird heute allgemein als historische Errungenschaft angesehen und für alle Kinder weitgehend ohne Einschränkung eingefordert. "Von der Elternzentriertheit des Kindes zur Kindorientierung der Eltern" lautet dabei das Schlagwort.

Das in diesem Sinne selbständige Kind ist in der zweiten Hälfte dieses Jahrhunderts nicht nur zur allgemeinen Leitnorm für die kindliche Erziehung geworden. Gleichzeitig scheint auch die Anerkennung der Vorstellung von der Kindlichkeit des Kindes, um die Rousseau in seinem "Emile" ([1762] 1978) noch mit Nachdruck werben musste, fest im gesellschaftlichen Bewusstsein verankert zu sein: Dass Kinder einen gewissen (pädagogischen) Schonraum zu ihrer allseitigen Entwicklung brauchen, ist weitgehend unbestritten. So werden Kinder von der Arbeit, die zu den selbstverständlichen Aufgaben von Erwachsenen gehört, und anderen Erwachsenenpflichten freigestellt, um sich in der Schule die Bildung anzueignen, die als Voraussetzung und Grundlage für ein erfolgreiches Erwachsenendasein gilt. Im Schonraum Schule werden Kinder für das (spätere) Arbeitsleben als Erwachsene vorbereitet. Gleichzeitig werden sie aber damit auch, wie der Sozialhistoriker Philippe Ariès (1975) zeigt, aus dem Arbeitsleben der Erwachsenen ausgesperrt, was man als Paradoxie der kindlichen Selbständigkeitsförderung bezeichnen kann: Kindliche Selbständigkeit wird gefördert, indem diese zumindest in gesellschaftlichen Teilbereichen verhindert bzw. aufgeschoben wird.

Das heißt, dass die Erwachsenengesellschaft versucht, Kinder von einer ganzen Reihe von gesellschaftlichen Abläufen fernzuhalten, die allein den Erwachsenen vorbehalten bleiben (sollen). Und es werden Kinderschutzmaßnahmen ergriffen, um selbständige, d. h. von Erwachsenen unkontrollierte Lebenserfahrungen für Kinder zu verhindern. Dabei stellt sich zu Recht die Frage, ob diese Kinderschutzmaßnahmen immer zum Besten des Kindes ergriffen werden. Oder gibt es nicht Beispiele genug dafür, dass Kinder unter dem Vorwand des Kinderschutzes aus dem Erwachsenenleben ausgegrenzt werden, einfach weil sie als zu selbständig agierende Kinder stören? Definieren nicht Erwachsene manchmal recht willkürlich, was kindgerecht ist und was nicht, so dass etwa die elterliche Behüte-Mentalität vielfach dazu beträgt, dass

Kindern Erfahrungen vorenthalten werden, die diese früher oder später doch machen müssen?

Die Ambivalenzen, die mit einer frühen und umfassenden kindlichen Selbständigkeit verbunden sind, werden auch von Autoren wie z. B. Postman (1983) oder Elkind (1991) aus kulturkritischer Sicht angesprochen, wenn diese vor den Folgen dieser Entwicklung warnen. Zwinge doch ein unreflektiertes Aufgeben des kindlichen Schonraumgedankens die Kinder zum frühen und viel zu schnellen Erwachsenwerden. Postman (1983) beklagt in diesem Zusammenhang sogar das bevorstehende Ende der Kindheit als Lebensphase, in der die nachwachsende Generation schrittweise (in wohl dosierten und von Erwachsenen nachhaltig kontrollierten Einheiten) in die Geheimnisse der Erwachsenenwelt eingeführt werden müssten. Kinder würden zu unfreiwilligen Opfern problematischer Entwicklungen in einer Fernseh- und Informationsgesellschaft, wenn ihnen von den Erwachsenen zu früh Selbständigkeitsspielräume zugestanden würden, die sie ohne gezielte pädagogische Unterstützung nicht angemessen nutzen könnten.

Vor diesem Hintergrund stellt sich die schwierige Frage, wer wann und unter welchen Umständen bestimmt, was (in welchem Lebensalter und in welcher Lebenssituation) kindgerecht ist oder nicht. Dies umso mehr, wenn kindliche Selbständigkeit nicht als allgemeine anthropologische Konstante verstanden wird, die zu einem bestimmten Zeitpunkt der kindlichen Entwicklung eintritt (und eintreten darf), sondern als Ausdruck historischer und kultureller Standards, die das Zusammenleben der Generationen in bestimmten historischen Entwicklungsphasen der Gesellschaft bestimmen. Insofern ist besonders die Realisierung des vermeintlich selbstverständlichen Erziehungsziels "Selbständigkeit" an bestimmte historisch gegebene, aber auch situativ beeinflusste sozio-kulturelle Voraussetzungen gebunden, die es im einzelnen zu klären gilt (vgl. dazu auch Büchner 2001a).

Insgesamt können wir heute ein weitgehend modernisiertes Eltern-Kind-Verhältnis beobachten, das eng verbunden ist mit einer Informalisierung des zwischenmenschlichen Umgangs. Das heißt: Lockerung bestimmter Zwänge, Permissivität des Benehmens, Begründungs- und Rechtfertigungszwang für Auflagen und Verhaltenserwartungen an das Kind (vgl. dazu du Bois-Reymond u. a. 1994, Kap. 4). Dass in diesem Kontext z. B. die Schule, die auf diese neuen individualisierten und tendenziell selbstbestimmten Verhaltensweisen nicht eingestellt ist, das daraus sich ergebende Verhalten von Kindern nicht einfach als unbotmäßig, aufsässig und störend bezeichnen und negativ sanktionieren darf, liegt auf der Hand.

Während diese im wesentlichen erziehungswissenschaftliche Diskussion über die kindliche Selbständigkeitsentwicklung als *Erziehungsziel* keineswegs neu ist, gibt es bislang nur wenige Versuche, die sich verändernden Selbständigkeitsspielräume im kindlichen Biographieverlauf als tatsächlichen Wandel der gelebten Generationenbeziehungen empirisch zu erforschen. Statt über geeignete Erziehungs*normen* nachzudenken und den Wandel von Erziehungs*vorstellungen* zu dokumentieren, geht es bei der sozialwissenschaftlichen Kindheitsforschung darum, die Verbreitung und die Qualität der in der Realität der gelebten Generationenbeziehungen anzutreffenden alltäglichen kindlichen Selbständigkeits*formen* zu untersuchen (vgl. Büchner/Fuhs 1996, Büchner/Fuhs/Krüger 1997). Im Mittelpunkt dieses Forschungsansatzes steht die Frage nach dem faktischen Grad der Entdifferenzierung des Macht- und Statusgefälles zwischen Kindern und Erwachsenen, wie er als Folge der schon länger postulierten größeren Selbständigkeitsspielräume für Kinder erkennbar sein müsste.

In solchen Forschungszusammenhängen werden z. B. die bereits genannten gesellschaftlichen Informalisierungstendenzen in den Generationenbeziehungen (Wouters 1999, Büchner 1983, 1985) diagnostiziert. Zudem werden Tendenzen einer verstärkten Verhäuslichung des Kinderlebens (Zinnecker 1990) und einer zunehmenden Verhandlungskultur zwischen Eltern und Kindern festgestellt (Büchner/Fuhs/Krüger 1997). Wenn von einer wachsenden Protoprofessionalisierung des familialen Erziehungsgeschehens die Rede ist (du Bois-Reymond 1998), rückt in der Forschung immer wieder der (sich verändernde) relative Stellenwert von traditionellen und neuen kindlichen Lebens- und Erfahrungswelten als Sozialisationsinstanzen in den Blick. Betont wird, dass Familie und Nachbarschaft, Schule, außerschulische Einrichtungen, Medien und Gleichaltrigengruppe als Orte bzw. soziale und kulturelle Kontexte für die kindliche Selbständigkeitsentwicklung in ein völlig neuartiges Wechselverhältnis zueinander treten und den kindlichen Biographieverlauf entsprechend beeinflussen. Der folgende Beitrag wird sich mit derartigen Zusammenhängen näher beschäftigen und dabei das kindliche Erwachsenwerden als wichtige Komponente von gelebten Generationenbeziehungen betrachten.

2. Das Modell vom Kind als "kleinen Erwachsenen" und das Problem der Selbständigkeitsfalle

Der Anspruch, heutige Kinder vor diesem Hintergrund als "Seiende", also als in der Gegenwart "realitätsverarbeitende Subjekte" (Hurrelmann 1986) im Rahmen von

Generationenverhältnissen zu betrachten und sie nicht nur als "Werdende", also als zu erziehende zukünftige Erwachsene wahrzunehmen, ist eng verbunden mit einem Paradigmenwechsel in der Kindheitsforschung, der begleitet ist von einer entsprechend veränderten Wahrnehmung von Kindern und Kindheit (Wilk/Wintersberger 1996, Zeiher/Büchner/Zinnecker 1996, Zinnecker 1996a, Honig 1999). Erst vor diesem Hintergrund wird verständlich, warum sich die aktuelle sozialwissenschaftliche Kindheitsforschung besonders für die kindliche Selbständigkeitsentwicklung als realen Prozess interessiert, den sie über die Analyse von konkreten kindlichen Biographieverläufen empirisch zu rekonstruieren versucht.

Ausgangspunkt ist dabei die Vermutung, dass sich bereits der kindliche Lebenslauf als Folgewirkung der reflexiven Modernisierung der Gesellschaft (Beck 1986, 1993) "biographisiert". Gemeint ist damit eine Handlungs- und Lebensorientierung des heranwachsenden Kindes, die weniger an allgemeinen, sozial vorgegebenen Statuspassagen, Altersnormen, institutionellen Ablaufmustern oder Karrieren, sondern eher auf den Erfahrungen der eigenen Biographie gründet und sich am Entwurf einer eigenen Lebenslinie orientiert (Fuchs-Heinritz 1994, S. 108). Dieser Frage wird in Anknüpfung an biographie- und lebenslauftheoretische Diskussionen nachgegangen (Fuchs-Heinritz/Krüger 1991, Huinink/Grundmann 1993), wobei es besonders um die Entschlüsselung der individuellen Gestaltungs- und Verarbeitungsprozesse im Rahmen des kindlichen Erwachsenwerdens geht. Das Hauptanliegen solcher Ansätze im Feld der Kindheitsforschung ist es, individuelle kindliche Lebensgeschichten und konkrete biographische Weichenstellungen – auch in Abhängigkeit von gegebenen sozio-kulturellen Kontexten – in ihrer Verlaufslogik besser zu verstehen und die mit bestimmten biographischen Abläufen verbundenen Sinn- und Bedeutungszusammenhänge zu entschlüsseln.

Der Gedanke der Biographisierung des Lebenslaufs wird in der Kindheitsforschung eng mit der Frage nach den Möglichkeiten und Grenzen der kindlichen Selbständigkeitsentwicklung in Verbindung gebracht. Kindliche Lebensläufe werden als selbstreferentielle Prozesse der frühen kindlichen Verselbständigung und der eigenverantwortlichen Gestaltung biographischer Weichenstellungen verstanden (Krüger u. a. 1994, S. 221 ff.). Dabei wird die historisch zunehmende biographische Optionsvielfalt und die große Palette von biographischen Wahlmöglichkeiten einerseits zumeist als Chance begriffen. Andererseits wird sie aber besonders dann als Risiko für den kindlichen Biographieverlauf gesehen, wenn im Einzelfall nicht genügend soziale Unterstützungs- und/oder persönliche Bewältigungspotentiale für den eigenständigen Prozess des kindlichen Erwachsenwerdens mobilisiert werden können. Mit der Betrachtung solcher Chancen und Risiken im kindlichen Lebensverlauf, die konstitutiv zu den Bedingungen einer kindlichen Biographie gehören, wird sich der folgende Beitrag vorrangig beschäftigen. Dabei wird vor allem die Phase des Übergangs vom Kindes- ins Jugendalter in den Mittelpunkt gerückt.

Wenn kindliche Biographieverläufe zum Gegenstand empirischer Forschung gemacht werden, sind sie in der Regel eng an der Familienkindheit festgemacht und auf die Herkunftsfamilie und das Familienleben eines Kindes bezogen. Gilt doch die Familie als der "klassische" Ort, an dem kindliche Biographieverläufe ihren Ausgang nehmen und wo sie ihren zentralen Bezugspunkt haben. Hier erfährt die kindliche Selbständigkeitsentwicklung im Rahmen des Erwachsenwerdens ihre entscheidenden Impulse, hier finden entscheidende kindliche (Selbst-)Bildungsprozesse statt, die Biographieverlauf und Selbständigkeitsentwicklung maßgeblich beeinflussen. Gleichzeitig kommt es aber darauf an, im Zusammenhang mit den gesellschaftlichen Modernisierungstendenzen der letzten Jahrzehnte eine Reihe von wichtigen Akzentverlagerungen beim Prozess des kindlichen Erwachsenwerdens zu berücksichtigen, die sich besonders auf den Wandel des Familienlebens und die damit verbundenen kindlichen Existenzbedingungen im Spannungsfeld zwischen Familie und anderen außerfamilialen Lebenswelten beziehen (vgl. dazu auch Büchner 2001a).

So befasst sich die neuere Kindheitsforschung in diesem Zusammenhang besonders mit der Frage der kindlichen Selbständigkeitsentwicklung als Prozess der schrittweisen Elternunabhängigkeit. Dabei wird von Kindern ausgegangen, die nicht nur als Kinder (im Sinne von Menschen in Entwicklung oder Noch-Nicht-Erwachsenen), sondern auch als kleine Erwachsene gesehen werden (vgl. dazu ausführlich Zeiher/Büchner/Zinnecker 1996, Honig 1999). Kinder gelten in diesem Sinne als Subjekte eigenen Rechts, die man ernst nehmen und denen man Teilhaberechte und Partizipationschancen einräumen muss. Diese Sichtweise wird auch in Verbindung mit der Forderung nach einer gezielten Kinderpolitik für und mit Kindern begründet (Lüscher/Lange 1992), die uneingelöste Kinderrechte verwirklichen helfen soll (Qvortrup 1993). Erwachsene müssten, so die Forderung von Qvortrup, ehrlicher mit Kindern umgehen und nicht in ihrem Eigeninteresse von Kinderschutz und Schonräumen von Kindern reden, wo es oft nur darum gehe, sich selbst vor Kindern und deren Partizipationsansprüchen zu schützen. Vielmehr gehe es darum, Kindern ebenso wie Erwachsenen angemessene Partizipationschancen an gesellschaftlichen Ressourcen einzuräumen und dafür zu sorgen, dass gerade Kindern entsprechende soziale Unterstützungs- und individuelle Bewältigungspotentiale an die Hand gegeben werden, damit die Zielsetzung der kindlichen Selbständigkeit für Kinder auch realisierbar und individuell einlösbar wird.

Allgemein gesehen gilt die biographisch frühe kindliche Selbständigkeit dann, wenn die notwendigen Voraussetzungen gegeben sind, als erstrebenswert, und es werden z. B. von vielen Eltern große Anstrengungen unternommen, um sie in möglichst großem Umfang – und nicht nur für einen privilegierten Teil der heutigen Kinder – praktisch zu verwirklichen. Dabei dürfen allerdings nicht nur allein die Erwachsenen einseitig bestimmen und gnädig gewähren lassen, was geht und was nicht geht, was als störend gilt und was nicht, sondern die Kinder selbst sind, so wird postuliert, zu beteiligen, wenn es um die Realisierung von kindlicher Selbständigkeit sowie das Aushandeln von Selbständigkeitsspielräumen für Kinder geht. Aber es geht noch um mehr: Bei der Realisierung des Erziehungsziels Selbständigkeit finden sich im konkreten kindlichen Biographieverlauf nicht nur altersbedingte, sondern auch soziale und kulturelle Grenzen für eine möglichst optimale kindliche Selbständigkeitsentwicklung im konkreten Lebensalltag. Diese gilt es offenzulegen und zusammen mit ihren jeweiligen Bedingungskonstellationen empirisch zu untersuchen. Um solche Grenzen – insbesondere um soziale und kulturelle Grenzen – wird es im folgenden in besonderem Maße gehen.

So ist es zwar einerseits wichtig, Kinder als kleine Erwachsene wahrzunehmen und auch so zu behandeln. Gleichzeitig gilt es aber auch zu beachten, dass Kinder trotzdem Menschen in Entwicklung bleiben und dass Kindheit unbestreitbar auch eine "Entwicklungstatsache" (Bernfeld 1979) ist. Damit wird zwar das pädagogische Verhältnis begründet, das die Interaktion vor allem zwischen Eltern (Lehrern) und Kind kennzeichnet (Kindheit als Erziehungstatsache), aber es kommt hier vor allem darauf an, dieses pädagogische Verhältnis in seiner Ambivalenz im Kontext von gelingenden Generationenbeziehungen zu beachten. So ist zwar die Erwachsenenwelt und der Erwachsenenstatus einerseits das (auf die Zukunft bezogene) Ziel, auf das hin alle Erziehungsbemühungen ausgerichtet bleiben. Aber es gilt, die in der Gegenwart erbrachten kindlichen Eigenleistungen und die dabei gegebenen sozio-kulturellen Voraussetzungen bei diesem Geschehen unter gesellschaftlichen Modernisierungsbedingungen stärker in den Blick zu rücken. Erst dann kann der immer wieder hervortretende Widerspruch zwischen dem hohen Ansehen und dem hohen Prestigewert von Kindern im Denken der (erwachsenen) Menschen einerseits und der faktischen Vernachlässigung von Kinderbelangen und Kinderinteressen andererseits ins Bewusstsein rücken (vgl. Büchner 1996b, S. 13 ff.; Qvortrup 1995, S. 9). Es kommt somit darauf an zu vermeiden, dass Kinder aufgrund einer weitgehend einseitigen gesellschaftlichen Wahrnehmungsperspektive zu "Außenseitern der Gesellschaft" (Kaufmann 1990) werden, deren Eigenständigkeit als Altersgruppe vernachlässigt und deren sozialer Status im gegenwärtigen Zusammenleben der Generationen als nachgeordnet verstanden wird.

Angeregt durch derartige Überlegungen wurde in den letzten Jahren umfassendes empirisches Datenmaterial zusammengetragen, das verdeutlicht, wie wichtig es ist zu beachten, dass einzelne Kinder jeweils unter sehr unterschiedlichen Bedingungen aufwachsen, aus denen sich oft recht unterschiedliche Grenzen im Kinderleben ergeben. Deshalb kommt es darauf an, nicht pauschal von *den* Kindern und *der* Kindheit zu sprechen. Kinder werden als Jungen oder Mädchen, als Arzt- oder Lehrerkinder oder als Kinder türkischer Migrantenfamilien oder einer alleinerziehenden arbeitslosen Mutter groß. Insofern ist Selbständigkeit im Kinderleben nicht gleich Selbständigkeit und mehr noch: die Chancen, als Kind frühzeitig wirklich selbständig zu werden, sind in Abhängigkeit von vielfältigen sozialen und kulturellen Einflussfaktoren sehr unterschiedlich verteilt. Eine frühe kindliche Verselbständigung kann deshalb unter bestimmten Voraussetzungen auch zur Selbständigkeitsfalle werden. Dazu sollen im folgenden weitere Ausführungen gemacht werden, wenn anhand von Fallbeispielen näher auf die Chancen und Risiken des frühen Erwachsenwerdens eingegangen wird.

3. Das Anschluss- oder Ausschlussproblem: Individuelle kulturelle Teilhabe- und soziale Anschlussfähigkeit als wichtige Orientierungsgröße für den Prozess des (gelingenden) kindlichen Erwachsenwerdens

In der Erwachsenen- und Altenbildung wird von individueller kultureller Teilhabe- und sozialer Anschlussfähigkeit im Alter als wichtiger Orientierungsnorm für ein erfülltes Leben im Alter gesprochen. Nach dem Ausscheiden aus dem Berufsleben sind viele alte Menschen mit sozialen Anschlussproblemen und zunehmend auch mit kulturellen Teilhabeproblemen konfrontiert, die die Erwachsenenbildung zum Anlass für die Forderung nimmt, "anschlussfähige Gelegenheitsstrukturen für Ältere zu schaffen". Nachdem für ältere Menschen fremdbestimmte Verwertungszwänge (Berufsleben) und zweckbestimmte Vorgaben für Bildungsanstrengungen (Berufsqualifikation) weitgehend entfallen, bekommt Bildung einen selbstdefinierten biographisch motivierten Sinn, so dass z. B. Sylvia Kade (1997) von *biographischer Bildung* spricht, die nötig sei, um alten Menschen die soziale Anerkennung und Integration im Mehrgenerationen-Zusammenhang zu sichern. Sie begreift es als Aufgabe für die Erwachsenenbildung, Angebote zu machen, die Unterstützung bei der "reflexiven Reorganisation der Bildungsbiographie im Dienste des Älterwerdens" anbieten, um eine lebensgeschichtliche Kontinuitätssicherung und auch Neuorientierung zu ermöglichen.

Aus der Sicht der Kindheitsforschung ist es überraschend, feststellen zu müssen, dass ein solches Konzept der biographischen Bildung für Heranwachsende fehlt, obwohl es doch gerade für den Prozess des Erwachsenwerdens naheliegend wäre, diesen Prozess durch biographische Bildungsangebote pädagogisch zu unterstützen. Es ist zu vermuten, dass entsprechende Bildungsüberlegungen für Kinder und Jugendliche u. a. deshalb nicht angestellt werden, weil die kindlichen Bildungsanstrengungen traditionellerweise zweckbestimmt und verwertungsorientiert gesehen werden. Das Lernen für das Leben ist in erster Linie schulisches, zumindest aber schulbezogenes Lernen und orientiert sich am späteren Berufsleben als "richtiger" Erwachsener. Aber auch das außerschulische Lernen von Kindern wird meines Wissens nicht explizit unter dem Anspruch diskutiert, dort biographische Bildung anzubieten, obwohl es durchaus Sinn machen würde, Kinder – ähnlich wie ältere Menschen – bei der reflexiven Organisation der eigenen Bildungsbiographie im Dienste des Erwachsenwerdens zu unterstützen, um kulturelle Teilhabechancen und soziale Anschlussmöglichkeiten zu eröffnen. Es soll nicht ausgeschlossen werden, dass es in der außerschulischen Jugendbildung vereinzelt auch Angebote gibt, die Elemente von biographischer Bildung enthalten (z. B. neuere Ansätze der Mädchenbildung). Aber grundsätzlich gehören biographische Bildungsangebote für Kinder und junge Jugendliche nicht gerade zum Kernbereich im Feld der Kinder- und Jugendarbeit.

Hier geht es nun im Folgenden vor allem um das Problem der kulturellen Teilhabe- und sozialen Anschlussfähigkeit von Kindern und die Frage nach den vorhandenen Unterstützungspotentialen bei der (selbständigen) kindlichen Biographiegestaltung. Dabei wird Bezug genommen auf kindliche Biographieverläufe, die in Anbetracht bestimmter biographischer Weichenstellungen objektiv als Risikobiographien gelten. Kinder mit Risikobiographien laufen Gefahr, kulturelle Teilhabe- und soziale Anschlusschancen nicht nutzen zu können oder sie müssen ggf. mit sozialen und kulturellen Benachteiligungen zurecht kommen, in deren Folge sich oft Scham- und Unterlegenheitsgefühle einstellen und Prestigeeinbußen zu verkraften sind. Bevor Kinder in eine solche Lage kommen, haben sie zumeist Anschlüsse verpasst, die andere Gleichaltrige erreicht haben.

Wer z. B. beim Übergang in weiterführende Schulen "nur" den Hauptschulzugang geschafft hat, muss Laufbahnnachteile in Kauf nehmen. Wer im Freizeitbereich und in Lebensstilfragen vielseitig sein und mitreden will, muss schon als Kind vieles ausprobieren und dann rechtzeitig Wahlentscheidungen treffen, wenn er oder sie nicht riskieren will, in einer Sackgasse zu landen. Vor allem aber ist es zur Vermeidung von Risikobiographien wichtig, sich unter Wettbewerbsgesichtspunkten möglichst viele alternative biographische Optionen offen zu halten, also vorsorglich für entsprechend vielfältige biographische Anschlussalternativen zu sorgen, um Einbrüche in einem Bereich gegebenenfalls in einem anderen kompensieren zu können. Gelingt dies nicht, verliert man Zeit, oder man muss *oft weite* biographische Umwege in Kauf nehmen, wenn man den direkten Anschluss verpasst hat. Nicht nur die Schullaufbahn eines Kindes, sondern der gesamte kindliche Biographieverlauf lässt sich in diesem Sinne als laufbahnartiger Prozess verstehen, bei dem die biographische Gestaltungsarbeit nach bestimmten, wenn auch individuell unterschiedlich interpretierten Regeln erfolgt.

In unserem Marburger Forschungsprojekt, auf dessen Ergebnisse ich mich im Folgenden stützen werde, haben wir konkrete Biographieverläufe von Kindern und jungen Jugendlichen in der Phase des Übergangs vom Kindes- ins Jugendalter untersucht und dabei vor allem gelingende und misslingende Prozesse des *frühen* kindlichen Erwachsenwerdens unter dem Aspekt der kulturellen Teilhabe- und sozialen Anschlussfähigkeit analysiert. Genauer sind damit Prozesse der biographisch frühen kindlichen Verselbständigung gemeint, also die Verlängerung der Jugendphase nach *vorn*, d. h. das frühe Ende der "nichtwissenden" Kindheit und das Erreichen von Stationen im Lebensverlauf, bei der kindliche Unselbständigkeit und Nicht-Verantwortlichkeit durch adoleszente Eigenverantwortung ersetzt wird. Helmut Fend (1990), der ebenfalls wichtige Schritte der kindlichen Verselbständigung untersucht hat, die zum Abschied von der Kindheit beitragen, spricht vom Prozess des "Außer-Haus-Gehens" und vom Übergang von der Elternlenkung zur Selbstlenkung. Je früher Kinder gewisse Selbständigkeitsspielräume erlangen, desto mehr wächst auch die Gefahr, dass zumindest ein Teil dieser Kinder mit den von ihnen selbständig zu lösenden Aufgaben der eigenen Lebensgestaltung überfordert ist und sich auf biographische Risikopfade begibt. Aus Kindersicht kann dies u. a. in der geäußerten Sorge zum Ausdruck kommen, dass diese den ihnen gestellten Anforderungen nicht gewachsen sein könnten. Die kindlichen Freiheiten drohen dann u. U. zu riskanten Freiheiten zu werden, und sie werden von den Kindern selbst auch als eher bedrohlich erlebt. Dabei spielt dann oft weniger ein *Zuviel* an objektiven Belastungen die entscheidende Rolle, sondern ein *Zuwenig* an Fähigkeiten und unterstützenden Ressourcen, um mit Belastungen möglichst souverän umzugehen.

Bei der Untersuchung von sog. Übergangsbiographien vom Kindes- ins Jugendalter sprechen wir in unserem Forschungsprojekt – aus der jeweiligen Sicht der befragten Kinder *und* der ihrer Eltern – von biographischen Strategien des Erwachsenwerdens, die in teilweise konflikthaften Dialogen zwischen Eltern und Kind ausgehandelt und realisiert werden. Im Folgenden geht es in diesem Zusammenhang vor allem um biographische Optionen und biographische Wahlentscheidungen von Kindern und jungen Jugendlichen im *außerschulischen* Bereich, wobei die darin enthaltenen biographischen Entwicklungschancen oder aber die damit verbundenen biographischen Risiken herausgearbeitet werden sollen.

Erfolgskriterium für gelingende oder misslingende biographische Entwicklungen ist die kulturelle Teilhabe- und soziale Anschlussfähigkeit, die bestimmte biographische Optionen und Weichenstellungen ermöglichen bzw. verschließen. Dabei geht es weniger um die entwicklungspsychologische Frage der individuellen Bewältigung von Entwicklungsaufgaben im Jugendalter, sondern ähnlich wie in der Erwachsenen- und Altenbildung um die reflexive Organisation der eigenen Biographie und die Frage, wie Kinder und junge Jugendliche, wenn sie mit anschlussfähigen Gelegenheitsstrukturen konfrontiert werden, damit umgehen und welche Unterstützung sie in Abhängigkeit von bestimmten Gegebenheiten bei ihrer Biographiegestaltung und zur Herstellung von entsprechender kultureller Teilhabe- und sozialer Anschlussfähigkeit brauchen.

4. Das Marburg-Halle-Leiden-Projekt als empirische Datengrundlage für die Untersuchung von Chancen und Risiken der kindlichen Selbständigkeitsentwicklung

Die empirische Basis für die weiteren Ausführungen ist ein Forschungsprojekt, das u. a. die Chancen und Risiken der kindlichen Selbständigkeitsentwicklung untersucht hat. Dabei wurde auch auf vorhandene oder nötige soziale und kulturelle Unterstützungs- und individuelle Bewältigungspotentiale geachtet, die für eine gelingende kindliche Selbständigkeitsentwicklung vorhanden sein müssen. Das sog. Marburg-Halle-Leiden-Projekt, das inzwischen mit der dritten Buchveröffentlichung weitgehend abgeschlossen ist (du Bois-Reymond u. a. 1994, Büchner/Fuhs/Krüger 1996, Büchner u. a. 1998), bestand aus einer für die Bundesländer Hessen und Sachsen-Anhalt repräsentativen standardisierten Fragebogenerhebung in je drei Regionen in Hessen und Sachsen-Anhalt, die im Jahre 1993 stattfand; außerdem konnten Teile des gleichen Fragebogens in den Niederlanden (1996) eingesetzt werden. Insgesamt wurden über 3000 10- bis 15-jährige Schülerinnen und Schüler über ihre familiale Beziehungskultur, ihre Selbständigkeit als Kinder, ihre Freizeitaktivitäten und Freizeitinteressen und ihre Gleichaltrigen-Beziehungen schriftlich befragt.

Das zweite Standbein des Projekts war eine qualitative Längsschnittstudie, in der wir Kinder mit anfangs 12 Jahren und deren Eltern im Abstand von 2 Jahren insgesamt dreimal mit gespiegelten Interviews mündlich befragt haben. Diese Längsschnittstudie fand zwischen 1991 und 1997 ebenfalls in Hessen, Sachsen-Anhalt und in den Niederlanden statt. Das Sample umfasste zu Beginn insgesamt 106 Kinder.

Bei den folgenden Ausführungen wird vor allem auf die Ergebnisse aus den Fallstudien in Hessen Bezug genommen, bei denen es um die Analyse des biographischen Projekts des Erwachsenwerdens beim Übergang von der Kindheit in die Jugendphase ging. Dabei sollten die Chancen, aber auch die Risiken herausgearbeitet werden, die mit bestimmten Biographieverläufen und dabei beobachtbaren biographischen Verselbständigungsschritten und -formen verbunden sind. Nicht die unterschiedlichen Bewältigungsformen von alterspezifischen Entwicklungsaufgaben, wie sie von der Entwicklungspsychologie untersucht werden (Fend 1990, 1991), waren Gegenstand unseres Forschungsinteresses, sondern es ging um kindliche Biographieverläufe und das Wie bzw. die Realisierungsformen der Erziehung zur frühen kindlichen Selbständigkeit. Wie sehen die kindlichen Verselbständigungsschritte und Verselbständigungsformen aus, vor allem in Fällen mit einem frühen Abschied von der Kindheit, welche sozialen und kulturellen Bewältigungsmuster lassen sich finden, welche biographischen Lernzusammenhänge lassen sich herausarbeiten? Und: Unter welchen Umständen kommt es vor, dass kindliche Biographien eine Wendung nehmen, die dazu führt, dass Kinder sozial und kulturell nur schwer oder keinen Anschluss mehr finden, obwohl sie selbst (aus ihrer Sicht) scheinbar alles richtig machen?

5. Frühe kindliche Verselbständigung: eine Frage der gelingenden Mobilisierung von Ressourcen

Wenn empiriegeleitet die scheinbaren "Selbstverständlichkeiten" einer gelingenden frühen kindlichen Verselbständigung dargestellt werden, dann sollte niemals darauf verzichtet werden, vor allem die Ambivalenzen dieses Kindheitsmusters besonders herauszuarbeiten. Das ist wichtig, weil der kindheitstheoretische Diskurs über die kindliche Selbständigkeitsentwicklung dieses Ziel nicht selten unhinterfragt als positive Norm voraussetzt, ohne gleichzeitig die damit verbundenen biographischen Risiken für Kinder angemessen zu berücksichtigen (vgl. dazu auch Preuss-Lausitz u. a. 1990). Erst mit der Analyse der Risikopotentiale, die mit einer frühen kindlichen Verselbständigung verbunden sind, lassen sich angemessene kindheits- und familienpolitische Forderungen begründen und geeignete pädagogische Unterstützungsmaßnahmen konzipieren.

Die "Selbstverständlichkeiten" bei der kindlichen Selbständigkeitsentwicklung spiegeln sich bei unseren Befragungen nicht nur in entsprechenden Werte- und Präferenzhierarchien von Kindern wider, sondern sie kommen ebenso in den von Erwachsenen eingebrachten Bewertungsstandards, Normalitätsmaßstäben und Mentalitäten zum Ausdruck. Erst die genauere empiriegestützte Betrachtung des biographischen Prozesses des Erwachsenwerdens von Kindern beim Übergang in die Jugendphase erbringt detailliertere Einsichten in die schwierigen biographischen Balanceakte, die mit dieser Lebensphase und den damit einhergehenden Verselbständigungsschritten verbunden sind.

Charakteristisch für den (frühen) Übergang von der Kindheit in die Jugendphase scheint zunächst zu sein, dass dieser insgesamt faktisch – und auch in der Selbstwahrnehmung der Betroffenen – durch erstaunlich viele Selbständigkeitsspielräume und biographisch frühe alternative Wahlmöglichkeiten gekennzeichnet ist, die ihrerseits mit vielfältigen biographischen Entwicklungschancen, aber eben auch mit biographischen Risiken verbunden sind. Es wird vor allem in der eher normativ orientierten Pädagogik des Kindesalters immer wieder übersehen, dass die erfolgreiche praktische Umsetzung der allgemeinen Leitnorm der Erziehung zur Selbständigkeit bestimmte Rahmenbedingungen voraussetzt, die keineswegs in allen Fällen des kindlichen Erwachsenwerdens gegeben sind. Allgemein kann man sagen: Je größer die ermöglichten biographisch frühen Selbständigkeitsspielräume sind und je größer die gegebene biographische Optionsvielfalt ist, desto wichtiger wird ein hohes soziales Unterstützungs- und individuelles Bewältigungspotential beim biographischen Projekt des Erwachsenwerdens unter solchen Gegebenheiten.

Die in den folgenden Kapiteln herangezogenen Fallbeispiele sollen die jeweilige Qualität unterschiedlicher Familienkulturen und unterschiedlicher lokaler Freizeitkulturen beschreiben sowie deren biographische Bedeutung beim kindlichen Verselbständigungsprozess reflektieren und verstehen helfen. Dabei kommt es darauf an, konkrete Möglichkeitsräume und Gelegenheitsstrukturen für den biographischen Prozess des kindlichen Erwachsenwerdens daraufhin zu überprüfen, ob und inwieweit sie sich im konkreten Fall als günstig oder ungünstig für die anstehenden kindlichen Verselbständigungsschritte erweisen.

Die zu untersuchenden Gelegenheitsstrukturen haben zum einen etwas mit materiellen Ressourcen und Infrastrukturbedingungen im Kinderleben zu tun, die vielfach vom sozialen Status der Herkunftsfamilie abhängen. Gelegenheitsstrukturen enthalten aber auch eine personenbezogene und interaktionsbezogene Komponente: Kinder haben bestimmte Vorlieben und Geschmacksmuster, sie entwickeln und realisieren diese über ihre gelebte alltagskulturelle Praxis mit ihren jeweiligen Interaktionspartnern und all dies geschieht unter bestimmten lokalen und familialen Rahmenbedingungen. Und schließlich sind Gelegenheitsstrukturen und ihre Nutzung in spezifische Familiengeschichten und individuelle Biographieverläufe eingebettet, die es zu beachten gilt.

Von ihrer Verlaufsdynamik her gesehen sind kindliche Verselbständigungsprozesse daran zu messen, ob und inwieweit sie geeignet sind, künftige kulturelle Teilhabe- und soziale Anschlussmöglichkeiten zu eröffnen, offen zu halten bzw. auch in Zukunft sicherzustellen. Dabei ist es wichtig zu beachten, dass Kinder nicht nur als Opfer ihrer jeweiligen Lebensumstände begriffen werden dürfen. Kinder sind vielmehr selbst recht aktiv und sehr früh in ihrem Lebensverlauf beteiligt an der Gestaltung ihrer eigenen Biographie. Nicht allein das Vorhandensein von Ressourcen, sondern auch die Fähigkeit, vorhandene und zu schaffende Gelegenheiten zu nutzen, um Ressourcen zu erschließen und Ressourcen situationsbezogen zu mobilisieren, muss in diesem Zusammenhang berücksichtigt werden. Zinnecker (2000) spricht z. B. von kindlicher Selbstsozialisation, um anzudeuten, dass Kinder sich selbst auch Chancen verbauen und sich somit auch selbst von kultureller Teilhabe und sozialen Anschlussmöglichkeiten ausschließen können: Wenn Kindern etwa bei bestimmten Verselbständigungsschritten nicht die nötige Unterstützung und pädagogische Hilfe zuteil wird, können sie ggf. über ihr eigenes Tun dazu beitragen, ihre soziale und kulturelle Anschlussfähigkeit einzubüßen. Kinder erkennen dann oft zu spät, dass sie mit den anderen nicht mehr mithalten können. Die Zielnorm der kindlichen Selbständigkeit droht dann ohne entsprechende pädagogische Unterstützung, die auch entsprechende biographische Lernprozesse ermöglicht, zur Farce zu werden.

An vielen Fallbeispielen lässt sich nun zeigen, dass ein funktionierender familialer Verhandlungshaushalt, der sich am Ideal des partnerschaftlichen Umgangs zwischen Eltern und Kind orientiert (vgl. dazu Büchner 1983; du Bois-Reymond 1998), besonders günstige Voraussetzungen für ein *gelingendes* frühes Erwachsenwerden bietet. Das dort stattfindende ständige, mehr oder weniger erfolgreiche Verhandeln zwischen Eltern und Kind darüber, welche Verselbständigungsschritte unter den gegebenen individuellen und sozio-kulturellen Kontextbedingungen möglich und sinnvoll sind, schafft günstige Voraussetzungen für weitere biographische Schritte[1]. Um das Risiko des Scheiterns bestimmter frühzeitiger Verselbständigungsschritte zu minimieren, ist ein entsprechend hohes soziales Unterstützungs- und individuelles Bewältigungspotential nötig und in vielen Familien auch vorhanden, das die Voraussetzung dafür schaffen kann, dass ein "Abgleiten" auf die von Fend (1990, S. 211 ff.) beschriebenen biographischen Risikopfade vermieden werden kann[2].

Aus den Äußerungen der von uns befragten Kinder und Eltern wird deutlich, dass der Übergang von der Kindheit in die Jugendphase auf beiden Seiten mit dem (Selbst-)Anspruch verbunden ist, erwachsen zu werden und auch als erwachsen anerkannt zu werden. Seitdem es in den vergangenen Jahrzehnten zu einer "Entdramatisierung des Generationenverhältnisses" (Ziehe) gekommen ist, geht es beim Erwachsenwerden nicht mehr so sehr darum, die Kinderwelt zu verlassen, um als junger Jugendlicher endlich das tun zu können, was bis dahin nicht erlaubt, nicht zugänglich oder nur heimlich möglich war. Demonstrative Abgrenzungen von der Elterngeneration haben im Rahmen des Erwachsenwerdens[3] keine eigentliche Schlüsselbedeutung mehr, obwohl sie als Alltagsrituale von einzelnen Jugendlichen und manchen Jugendgruppen durchaus noch beobachtbar sind.

Durch die sich in diesem Entwicklungsrahmen vollziehende Veränderung der Machtbalancen zwischen den Generationen, und besonders zwischen Eltern und Kindern, hat sich auch die Art des Übergangs von der Kindheit in die Jugend verändert. Die Eltern sind nicht mehr die strengen Hüter oder liebevollen Behüter einer von der Erwachsenenwelt abgeschotteten Kindheit, aus deren Enge sich die Heranwachsenden in ihrer Jugendphase in harten Ablösungskämpfen befreien müssen. Die Eltern sind heute auch nicht mehr der Gegenpart im Rahmen "pubertärer" Auseinandersetzungen, die zumindest in der Vergangenheit oft nicht ohne lebenslange Verletzungen auf beiden Seiten ausgetragen wurden. Vielmehr verstehen sich heutige Eltern – vor allem in Verhandlungshaushalten – als Begleiter und Berater ihrer Kinder auf dem schwierigen und nicht immer risikolosen Weg in das Erwachsenendasein.

Das Eltern-Kind-Verhältnis ist in Familien mit Verhandlungshaushalten dadurch geprägt, dass Konflikte – manchmal in harten Auseinandersetzungen – zwischen Kindern und ihren Eltern ausgehandelt werden. Eine solche familiale Verhandlungskultur wird zumeist über viele Jahre hinweg schon im Vorschulalter entwickelt und übt, trotz vielfältiger Rückschläge, ein entsprechendes Konfliktlösungsverhalten ein[4]. Besonders problematisch und deshalb Gegenstand von Verhandlungen scheint in offenen Verhandlungshaushalten vor allem die Frage zu sein, ob und unter welchen Bedingungen Eltern Grenzen setzen sollen und dürfen. Hier sehen sich Eltern immer wieder in einem Dilemma: Einerseits gehört es zu den Grundprinzipien der familialen Verhandlungskultur, dass Grenzen von Eltern nicht einfach gesetzt, sondern mit den Kindern ausgehandelt und immer wieder neu vereinbart werden. Andererseits fällt es Eltern aber auch schwer, ja, es erscheint manchmal sogar unmöglich, ohne ein solches Setzen von Grenzen auszukommen. Hinzu kommt, dass Kinder aus Verhandlungshaushalten, im Gegensatz zu Kindern, die ständig mit elterlichen Grenzsetzungen konfrontiert sind, besonders empfindlich reagieren, wenn sie einen elterlichen Angriff auf die ihnen sonst zugestandene kindliche Autonomie wahrnehmen. Das pädagogische Dilemma einer solchen Konstellation ist darin zu sehen, dass Eltern unter Umständen dazu neigen, auch in besonders kritischen Situationen auf das Setzen von Grenzen zu verzichten. Dies geschieht vielleicht manchmal um den Preis, dass die Kinder nur schwer zu einer realistischen Selbsteinschätzung in anderen sozialen Handlungskontexten (zum Beispiel auch außerhalb der Familie) finden können.

Die grundsätzliche Stärkung der Position des Kindes im Rahmen der Machtbalance zwischen Eltern und Kind zeigt sich in vielen Fällen daran, dass diese sich manchmal auch in wichtigen Fragen durchsetzen können, indem ihre Anliegen von den Eltern auch dann respektiert werden, wenn sie selbst anderer Meinung sind. Es wäre an dieser Stelle freilich ein Missverständnis, wenn man dies gleichsetzen würde mit einem Elternverhalten, das durch Entscheidungsunfähigkeit gekennzeichnet ist. Vielmehr haben wir es hier mit einer schwierigen Gradwanderung der Eltern und des Kindes zu tun, bei der immer wieder neu entschieden werden muss, ob Grenzen gesetzt werden und/oder respektiert werden müssen oder ob das Setzen von Grenzen u. U. das Prinzip einer funktionierenden Verhandlungskultur gefährdet. Grundsätzlich ist aber der biographische Lernzuwachs in solchen Verhandlungskontexten relativ hoch einzuschätzen.

In jedem Falle ist ein hohes Maß an Selbstkontrolle (Kinder halten sich an die Abmachungen) und Kompromissbereitschaft die notwendige Voraussetzung für eine funktionierende familiale Verhandlungskultur. Eine hohe gegenseitige Achtung und Akzeptanz der jeweils anderen Position ist besonders dann zu erreichen, wenn es über viele Jahre gelungen ist, immer wieder neu ein gewisses Maß an grundsätzlicher Übereinstimmung im Denken, Fühlen, Handeln und bezüglich der normativen Orientierung auszuhandeln. Das setzt voraus, dass die kindlichen Interessen und Selbstentfaltungsräume respektiert werden und zugleich auch gegenseitiges Verstehen und vertrauensvolle Nähe zum Kind und ein gewisses Minimum an elterlicher Aufmerksamkeit für die Belange des Kindes vorhanden sein muss, ohne dessen Freiräume einzuschränken (vgl. dazu auch Büchner/Fuhs 1996, S. 200). Da dies jedoch im Alltag immer wieder nur schwer realisierbar ist, ergeben sich für beide Seiten Risiken: Für das Kind besteht die Gefahr darin, dass es unter Umständen ein übersteigertes Selbstbewusstsein und ein narzistisches Selbstwertgefühl entwickelt und dass es versucht, mehr oder weniger rücksichtslos seine Interessen durchzusetzen. Für die Eltern entstehen in derartigen Handlungssituationen gegebenenfalls nur schwer zu ertragende Ohnmachts- oder gar Schuldgefühle, wenn sie in (für sie eigentlich eindeutigen) Situationen nachgeben und Entscheidungen ermöglichen (müssen), die sie eigentlich nicht mittragen wollen oder können.

Im Vergleich zu anderen Familien, in denen der Alltag weniger verhandlungsorientiert und noch stärker elternzentriert ist, sind in Verhandlungshaushalten schon im frühen Kindesalter Auseinandersetzungen zwischen Eltern und Kind auf der Tagesordnung. Ein solches, durch eine Verhandlungs- und Streitkultur geprägtes Familienklima steht allerdings nur scheinbar im Widerspruch zu einer Familienharmonie, die besonders in stärker elternzentrierten Familien zu beobachten ist. Sie bewährt sich vielmehr gerade beim Übergang in die Jugendphase, die nicht nur die Kinder, sondern auch die Eltern bewältigen müssen. In der Phase des Übergangs wird zwar die Verhandlungskultur einer Familie auf harte Bewährungsproben gestellt, aber es gelingt in vielen Fällen, einen Bruch in den Eltern-Kind-Beziehungen zu vermeiden.

Diesem Strukturmodell folgen besonders Übergangsprozesse von der Kindheit in die Jugendphase in Familien mit einer entwickelten familialen Verhandlungskultur. Schon mit 12 bis 13 Jahren beginnen solche Kinder, die in der Familie geltenden Regeln nicht nur punktuell, sondern in ihrer Gesamtheit in Frage zu stellen. Es kommt zu einer schrittweisen Verschärfung der Konflikte, zu häufigeren Streits, die nicht selten "mit ziemlichem Gebrülle" ausgetragen werden. Kinder stellen in solchen Fällen die Autoritätsansprüche der Eltern in Frage und entscheiden oft auch eigenmächtig, welche Regeln sie zu akzeptieren bereit sind und welche nicht.

In solchen konfliktreichen Zeiten ist es besonders wichtig, den vertrauensvollen Kontakt zu den Kindern nicht abreißen zu lassen. Die kommunikative und emotionale Basis des Verhandlungshaushaltes, das heißt, die Möglichkeit, Probleme in der Familie gemeinsam besprechen zu können und nach einer gemeinsam getragenen Lösung zu suchen, sollte – das zeigt unser Fallmaterial – unter allen Umständen erhalten bleiben. In manchen Fällen bedeutete das auch, dass Eltern bereit waren, Kompromisse einzugehen, die sie vor sich selbst eigentlich gar nicht recht vertreten konnten. Die Gratwanderung der Eltern besteht darin festzulegen, ab wann man sich in bestimmten Situationen mangelndes Durchsetzungsvermögen vorhalten lassen muss, wenn die riskanten Freiheiten des Kindes möglicherweise bewirken, dass es zu nur schwer korrigierbaren biographischen Fehlentscheidungen kommt.

Diese Elastizität im Verhältnis der Generationen findet sich nicht oder nur selten in Familien, in denen die Eltern ihre Rolle autoritär definieren. So erzählt ein Vater, dass er seinen Sohn auch mit 16 Jahren noch zu "etwas" zwingen müsse ("solange er bei uns wohnt und noch von uns lebt"), da dieser eben noch nicht reif genug sei, die Konsequenzen seines Tuns zu überblicken. Die Widerstände der Kinder und die kindliche Ablehnung ihnen gegenüber müssten die Eltern ertragen. Die Kinder würden – so der Vater – ihren Eltern später einmal dankbar sein, wenn sie zur Vernunft gekommen wären.

Für Eltern aus Verhandlungshaushalten wäre ein solches Elternverhalten völlig inakzeptabel. Bei sich zuspitzenden Konflikten wird von diesen Eltern zuweilen auch überlegt, ob sie professionelle Hilfe in Anspruch nehmen: "Als das so schlimm war, damals, ... da haben wir uns sehr schlecht verstanden. Da habe ich wirklich gedacht, ich bin überfordert mit diesem Kind, das geht nicht mehr, die (Tochter) muss hier raus oder ich muss hier raus, oder wir müssen eine Therapie machen oder sonst irgendwas." Das Zitat zeigt, dass in diesem Falle die Probleme nicht einseitig dem Kind zugeschrieben werden. Die zitierte Mutter ist der Meinung, dass es kein Zeichen von Unfähigkeit oder Schwäche ist, wenn man Hilfe annimmt, weil es vielleicht leichter ist, eine Situation von außen zu beurteilen, als wenn man darin gefangen ist. Ziel einer Therapie in einer solchen scheinbar ausweglosen Konfliktsituation wäre dann gewesen, dass eine neutrale dritte Person die Gespräche und Verhandlungen zwischen Mutter und Tochter wieder hätte in Gang bringen sollen, um eine gemeinsame Konfliktlösung zu ermöglichen. Auch aus Kindersicht wird diese adoleszente Konflikt-Phase im Rückblick ähnlich problematisch eingeschätzt: "Ja, das weiß ich noch, dass ich mit 12, ab 12/13 war das, da ging es mir nicht so gut, weil ich mit meinen Eltern ganz, ganz, ganz viel Ärger hatte, also ziemlich viel, kann man sagen. Das ging dann über ein Jahr oder so, das war ziemlich krass. Und da bin ich auch in der Schule immer schlechter geworden, und da hatte ich keine Lust mehr auf zu Hause, und da lief alles ziemlich Scheiße, kann man sagen."

Auch das Kind leidet hier darunter, dass das Verhältnis zu den Eltern gestört ist. Obwohl (in diesem Fall) die Tochter viel Zeit mit Freunden verbringt, taucht auch sie aber nicht völlig ab in die Jugendszene, sondern sie versucht, zu den Eltern Kontakt zu halten. Beim Interview mit der 16-jährigen Tochter erfahren wir von ihr selbst, aber auch von ihrer Mutter, dass sich das Eltern-Kind-Verhältnis nach einer relativ kurzen Zeit mit heftigen Konflikten schnell wieder normalisiert hat. Nach ungefähr einem Jahr, so erfahren wir, war also "das Gröbste überstanden" und es entsteht auf der Basis neuer Regeln und Freiräume eine Re-Normalisierung des Eltern-Kind-Verhältnisses. Aus der Mutter ist im zitierten Fall die beratende ältere Freundin geworden, so scheint es, auch wenn die Mutter manchmal noch ihren Wissens- und Erfahrungsvorsprung geltend macht. Dies toleriert die Tochter, aber nur in engen

Grenzen: Sie droht auszuziehen, wenn sich die Mutter nicht an die vereinbarten Spielregeln hält und Selbständigkeitsspielräume in Frage stellen will.

In Familien mit einem offenen Verhandlungshaushalt zwischen Eltern und Kindern ist ein schnelleres Ende der Kindheit u. a. auch deshalb möglich, weil es in vielen Bereichen bereits Anschlussstellen zwischen Kinderkultur und Erwachsenenkultur gibt und weil Übergänge im Rahmen von entsprechender Überbrückungsarbeit relativ leicht herstellbar sind[5]. Um allerdings einen gelingenden Übergang in die Jugendphase zu ermöglichen, sind individuelle Bewältigungspotentiale und entsprechende Selbstsozialisationsprozesse gerade in Konfliktsituationen notwendig. Außerdem ist soziale Unterstützung nicht zuletzt auch durch die Eltern erforderlich, was ein völlig anderes elterliches Besorgtheitsniveau voraussetzt, als dies für die klassisch-traditionale Elternrolle vorgesehen war[6]: Eltern müssen für den Ernstfall ständig alarmbereit, aber distanziert-zurückhaltend, anwesend und ansprechbar, aber unaufdringlich abwesend zugleich sein, um die schrittweise Nivellierung von sozialen und kulturellen Unterschieden zwischen Kinder- und Erwachsenenwelt zu ermöglichen. Auch für die Eltern selbst bedeutet dies einen Balanceakt zwischen dosierter Distanzierung von manchmal durchaus legitim erscheinenden elterlichen Kontrollabsichten und einer gleichzeitigen Beibehaltung eines unauffälligen Engagements für ihre Kinder, verbunden mit einer emphatischen Begleitung und Unterstützung der kindlichen Biographiegestaltung.

Am oben zitierten Beispiel sollte verdeutlicht werden, dass das, was von der Entwicklungspsychologie mit "Pubertät" bezeichnet wird und was wir kindheitstheoretisch als Statuspassage von der Kindheit in die Jugendphase bezeichnet haben, in Familien mit einem Verhandlungshaushalt eine sozial und kulturell neu gestaltete Form angenommen hat. Die Pubertät ist überlagert von einem biographischen Projekt des Erwachsenwerdens, an dem das Kind, aber auch die Eltern beteiligt sind. Sowohl der tatsächliche Verlauf des Übergangs von der Kindheit in die Jugendphase hat sich historisch verändert als auch die *Gestalt der gesellschaftlich gängigen Bilder,* die diesen Prozess beschreiben und normativ überformen. Die Leitnorm der Erziehung des Kindes zur Selbständigkeit hat dabei zentralen Stellenwert. So finden wir Bewältigungsmodelle der "Pubertät", die man als biographisches Projekt und kindlichen Verselbständigungsprozess beim Übergang in die Jugendphase verstehen kann, bei dem neue soziale und kulturelle Bewältigungsmuster bzw. intergenerationale Beziehungsmuster für diesen Lebensabschnitt praktiziert werden, die in der bisherigen Forschung allenfalls am Rande eine Rolle spielten.

Als Ergebnis lässt sich festhalten, dass das biographische Projekt des Erwachsenwerdens offenbar unter veränderten gesellschaftlichen Rahmenbedingungen in einem sozialwissenschaftlich erweiterten Theoriezusammenhang analysiert werden muss, um den entwicklungspsychologischen Diskurs über diese Lebensphase in entsprechender Form für zusätzliche Einsichten zu öffnen. Es bedarf weiterer differenzierender Forschungsarbeit, um dem sozialen und kulturellen Wandel des Übergangs von der Kindheit in die Jugendphase unter gesellschaftlichen Individualisierungsbedingungen genauer auf die Spur zu kommen.

Obwohl wir – empirisch begründet – von einem frühen Abschied von der Kindheit und von einer biographischen Vorverlagerung der Jugendphase ausgehen und behaupten, dass sich der biographische Prozess des Erwachsenwerdens in den letzten Jahrzehnten besonders in Verhandlungshaushalten grundlegend verändert hat, heißt das nicht, dass damit die klassische Vorstellung von der Pubertät (vgl. dazu Fend 1990, 1991) und von den dabei zu bewältigenden Entwicklungsaufgaben obsolet geworden wäre. Aber "Frühentwickler" begeben sich, wie hoffentlich deutlich geworden ist, nicht mehr quasi automatisch (mit hoher Wahrscheinlichkeit) auf biographische Risikopfade, wie das bei Fend (1990, S. 211 ff.) unterstellt wird. Was sich verändert hat, ist die Art der gesellschaftlichen Wahrnehmung dieser Übergangsphase und ihre biographische Gestaltung und Bewältigung durch die Beteiligten. Eine biographisch frühe Verselbständigung und, damit verbunden, ein früher Abschied von der Kindheit sind unter bestimmten sozial und kulturell günstigen Voraussetzungen selbstverständlich und gelten als moderne und sogar wünschenswerte und erfolgversprechende Option beim Erwachsenwerden, um unter gesellschaftlichen Individualisierungsbedingungen als Heranwachsender kulturell teilhabe- und sozial anschlussfähig werden und entsprechende Lebenschancen wahrnehmen zu können.

In Anbetracht des zu beobachtenden sozialen und kulturellen Wandels der Statuspassage "Kindheit – Jugend" wird diese inzwischen zumindest in Verhandlungshaushalten als ein von Eltern und Kindern *gemeinsam* zu gestaltendes und zu bewältigendes biographisches Projekt verstanden. Neu an dieser Sichtweise ist, dass hierbei stärker als bisher betont wird, dass nicht nur Kinder eine Phase der Pubertät durchlaufen und Entwicklungsaufgaben bewältigen müssen, sondern dass auch Eltern mit so etwas wie einer zweiten "Pubertät" konfrontiert sind, die für sie ebenfalls mit Entwicklungsaufgaben verbunden ist. Sie müssen als Eltern komplementär zu ihrem Kind Entwicklungsaufgaben bewältigen, indem sie ihr Verhältnis zum Kind neu bestimmen und umgestalten und dabei gleichzeitig die veränderten gesellschaftlichen Rahmenbedingungen mit berücksichtigen. Insofern wird vor diesem Hintergrund die Notwendigkeit deutlich, dass wir solche Zusammenhänge künftig weit mehr als bisher als eine Frage der Neubestimmung des Generationenverhältnisses und der Umgestaltung von Generationenbeziehungen begreifen und analysieren müssen.

In Verhandlungshaushalten ist ein Bestreben zu erkennen, ein biologisch-medizinisches Erklärungsmodell für Beziehungskonflikte zwischen Eltern und Kind zu vermeiden oder ihm nur eine untergeordnete Bedeutung beizumessen. In Verhandlungsfamilien wird stattdessen versucht, den üblichen pädagogischen Schonraum für pubertierende Kinder gerade nicht noch lebenszeitlich nach hinten auszudehnen und Verselbständigungsprozesse zu verzögern, sondern die Kinder werden möglichst früh aus der Kindheit verabschiedet und als junge Erwachsene ernstgenommen, um so die familiale Verhandlungskultur ebenso wie die Beziehungen zu den jungen Jugendlichen qualitativ neu, d. h. "jugendgerecht" gestalten zu können. Insofern ist die Wahrscheinlichkeit in solchen Fällen groß, dass das Eltern-Kind-Verhältnis auch im weiteren Verlauf der Jugendphase – trotz zwischenzeitlicher Krisen – vertrauensvoll und für die weitere Biographiegestaltung bedeutsam bleibt: Die elterliche Beratungs- und Unterstützungsfunktion wird auch von den jungen Jugendlichen weiterhin akzeptiert und nachgefragt.

6. Kindliche Risikobiographien: kulturelle Teilhabe- und soziale Anschlussprobleme

Fehlen – aus welchen Gründen auch immer – entsprechende Möglichkeitsräume und Gelegenheitsstrukturen für kindliche Verselbständigungsschritte, dann droht die kindliche Biographie eine Wendung zu nehmen, die dazu führen kann, dass das Kind kulturell und sozial keinen Anschluss (mehr) findet. Dies umso mehr, je weniger Beratungs- und Unterstützungspotentiale mobilisiert werden können. Die Fallbeispiele mit einigen Ausschnitten aus kindlichen Biographieverläufen, die hier herangezogen werden, haben alle eines gemeinsam: Sie zeigen Risiken, die mit biographischen Weichenstellungen der Kinder zu tun haben, die vordergründig auf vermeintlich selbständige Entscheidungen der Kinder zurückgehen. Insofern lassen sich an diesen Beispielen einige Misslingensbedingungen früher kindlicher Verselbständigungsschritte aufzeigen.

Katja, ein Mädchen mit vier Geschwistern, wohnt in Frankfurt und besucht eine Hauptschule. Sie erzählt, dass ihr Freundeskreis aus ihrem engsten Wohnumfeld kommt. Sie verbringt ihre Freizeit mit der Gleichaltrigengruppe aus ihrem Haus und dem Nachbarhaus. Hier findet sie offenbar ohne Schwierigkeiten Anschluss. Außerdem unternimmt sie viel mit ihren Geschwistern. Mit anderen Gleichaltrigen "klappt das meistens nich, die ham zu wenig Zeit. Die eine ist immer gerade weggefahren, die andere hat Ballettunterricht – die wolln irgendwie nich". Obwohl Katja sich gerne auch mit anderen träfe, muss sie sich mit den Nachbarkindern zufriedengeben. Feste Termine, bei denen sie auch anderen Gleichaltrigen begegnen könnte, hat Katja nicht. Bei ihren Freundschaften kommt es ihr darauf an, dass Kinder ähnliche Interessen haben wie sie selbst und vor allem: "Die müssen Zeit haben." Damit grenzt sie sich von denen ab, "die nie Zeit haben" und deshalb für Freundschaften und gemeinsame Aktivitäten nicht in Betracht kommen.

Nach mehr oder weniger intensiven, aber vergeblichen Versuchen, mit "den anderen" etwas zusammen zu unternehmen, und missglückten Anläufen, bei einem Verein oder einer Gruppe mitzumachen, hat sie sich mit ihrem Schicksal abgefunden. "Irgendwie klappt das nicht." So träumte *Katja* vom Reiten, aber aus finanziellen Gründen war dieser Wunsch unerfüllbar. Als sie dies hinnehmen musste, entwickelte sie eine regelrechte Ablehnung gegen diesen Sport. Ihre Versuche, ihr Quartier zu verlassen, scheiterten. Inzwischen erfährt sie diese Erfahrungen als Ablehnung durch "die anderen", die in ihrer Freizeit etwas Attraktives machen und sich nicht für sie interessieren. *Katja* legitimiert diese Ablehnung gegenüber sich selbst, indem sie sagt: Dann eben nicht, die sind für mich nicht (mehr) attraktiv. Indirekt erkennt sie damit an, dass eine nachbarschaftsbezogene Straßen- und Familienkindheit gegenüber einer mobilen und verinselten Terminkindheit offenbar anders funktioniert und mit anderen Erfahrungswelten und vor allem mit anderen Zeitvorstellungen verbunden ist.

Umgekehrt sind für *Alexander*, *Uli* oder *Sabine* (die ein Gymnasium besuchen) nur Leute interessant, die viele Termine und unterschiedliche Interessen haben. Ihre Freunde müssen mobil und flexibel sein und attraktive Sachen machen. Unterschiedliche Schulkulturen (Gymnasium vs. Hauptschule) kombinieren sich offensichtlich im außerschulischen Bereich mit unterschiedlichen kinderkulturellen Praxisformen und Erfahrungen, die die Betroffenen zu entsprechenden Abgrenzungsschritten auch im Freizeitbereich veranlassen.

Kinderkulturell definierte Beliebtheitsnormen, die soziales Ansehen mit der Attraktivität von Freizeitaktivitäten verbinden, verstärken den Prozess der sozialen Segregation, wie er durch getrennte schulische Laufbahnen bereits in Gang gesetzt worden ist. Es bildet sich ein unterschiedlicher sozialer Habitus heraus, der sich in bestimmten Vorlieben und Gewohnheiten im Freizeitbereich manifestiert. Diese unterschiedlichen kinderkulturellen Praxen sind mit unterschiedlichen biographischen

Lernprozessen verbunden, die das biographiebezogene Wahlverhalten der Gegenwart auch für die Zukunft präjudizieren. So setzt eine verinselte und institutionalisierte Terminkindheit Planungs- und Organisationskompetenzen für die erfolgreiche Gestaltung der kindlichen Verabredungspraxis, verbunden mit einem entsprechenden Beziehungsmanagement, als selbstverständlich voraus. Wer das kann, findet Mädchen wie *Katja* langweilig, unentschlossen und für gemeinsame Aktivitäten ungeeignet und distanziert sich von Leuten, "die nichts vorhaben und immer nur mit denselben rumhängen".

Auch *Marilla* nimmt den Druck wahr, dass man viele attraktive Termine in der Freizeit haben muss, um 'in' zu sein, eine Norm, die sie nicht erfüllen kann. Sie ist sehr familienorientiert und hilft ihren Eltern oft im Blumengeschäft. Aber *Marilla* akzeptiert diese Norm nicht, indem sie ihr eigenes Verhalten gegenüber sich selbst legitimiert und behauptet: "Ich bin total frei", sagt sie, "ich möchte lieber das machen, was mir gerade so durch den Kopf geht, feste Termine finde ich gar nicht gut." Sie grenzt sich damit von "den anderen" ab, die auf der Bühne der kindlichen sozialen Auseinandersetzung um Ansehen und Prestige Hauptrollen spielen.

Eine andere Abgrenzungsebene mit ähnlichen Unterschieden finden wir bei der Art und Weise, mit Konflikten umzugehen. Dazu ein Beispiel: *Carol-Ann,* die mit fünf Geschwistern in einem sozialen Brennpunkt einer mittleren Universitätsstadt wohnt und ebenfalls keine festen Freizeittermine hat, ist stolz auf ihr persönliches Durchsetzungsvermögen. Bei einem Streit mit dem Bruder, so erzählt sie, fängt sie an zu schreien, "dann hat der Angst". Und manchmal "muss" sie auch handgreiflich werden: Ein Junge in der Schule, der ihre Freundin "immer anpackt", dem "hau ich eine runter, da hat er Pech!" In ihrer Familie sind Schläge von den Eltern zwar eher eine Ausnahme, aber im Streitfall nehmen die Eltern die Zügel fest in die Hand, dann "haben die immer das letzte Wort". Es gebe "Terror" in der Form von "Geschimpfe". Und: "Wenn ich frech bin, darf (muss) ich auf mein Zimmer gehen."

Demgegenüber ist bei der von *Alexander, Uli* oder *Sabine* praktizierten familialen Verhandlungskultur die Anwendung von physischer Gewalt tabu. Ein Konfliktmanagement, wie es bei *Carol-Ann* üblich ist, wird abgelehnt. Während Kinder in diesen Familien eher eine Exklusivstellung genießen und zielgerichtet in ihrer biographischen Entwicklung begleitet und unterstützt werden, kommt es *Carol-Ann's Mutter* nicht so sehr auf deren frühzeitige Fähigkeit zur eigenen Lebensplanung und Biographiegestaltung an, sondern Selbständigkeit heißt für die Mutter, wenn ihre Tochter "ihr zur Hand gehen kann und keine Probleme macht". Und was die Individualität ihrer Tochter angeht: "Wissen Sie, ich habe sechs Stück davon, und wenn man dann noch berufstätig ist ...".

Eine weitere Abgrenzungsebene ist die Schule. Für *Carol-Anns* Mutter ist klar: "Schule kann man eh vergessen, da geht se nich gern rein", und sie fährt fort: "Müde isse nur, wenn se in die Schule muss." Zwar soll *Carol-Ann* "viel lernen", aber sie ist überall nur im C-Kurs (der Gesamtschule). "Dumm ist sie nicht", sagt die Mutter, "aber faul." Und auch *Carol-Ann* selbst macht sich um ihre Zukunft wenig Sorgen: "Na, was soll da schon passieren (lacht), geh ich halt runter von der Schule, mach halt irgendwas anderes, was ich gerade so krieg". Schon als 12-Jährige hat *Carol-Ann* begriffen, dass sie mit schulischen Leistungen gegenüber guten Schülerinnen und Schülern weder Eindruck machen kann, noch irgendwelche Chancen beim Wettbewerb im weiteren Leben hat. Sie unterscheidet sich mit dieser Sichtweise grundlegend von Gymnasiasten wie *Alexander, Uli* oder *Sabine*, die alle drei wissen, dass schulische und außerschulische Leistungen von ihnen erwartet werden und dass sie mit ihren Leistungen zu Ansehen kommen können. Sie haben wahrscheinlich schon in der Grundschule gelernt, schulische und außerschulische Erfolge zur Eigenprofilierung zu nutzen.

Auch das Beispiel von *André*, einem Hauptschüler aus Frankfurt, zeigt, dass nicht nur das Lernen in der Schule, sondern auch das Lernen in der Freizeit unter gänzlich unterschiedlichen Bedingungen und mit gänzlich anderen Lerninhalten und -ergebnissen stattfindet. *André* ist ein vergleichsweise guter Schüler, und er geht manchmal auch zum Fußballtraining in einen Verein. Ansonsten treibt er viel Sport mit Freunden: z. B. Handball, Volleyball, Tischtennis, "aber ohne feste Termine". Das Fahrrad ist für ihn wichtig, denn damit fährt er zu Freunden, Verwandten oder ins Einkaufszentrum. Was ihn mit einem solchen Freizeitprofil von Kindern und jungen Jugendlichen wie *Alexander, Uli* oder *Sabine* unterscheidet, ist der fehlende sozialisationsrelevante Rückhalt einer stärker terminierten und institutionalisierten Freizeitorganisation. Trotz aktivem Freizeitprofil fehlt ihm die Einbindung in institutionalisierte Freizeitangebote und der sozialisationsrelevante "Schutzfaktor", wie er durch die Zugehörigkeit zu Sportvereinen oder Jugendverbänden gegeben ist (Klocke/Hurrelmann 1998).

In besonderer Weise betroffen von der unterschiedlichen und ungleichen Anschlussfähigkeit an die Erfordernisse einer individualisierten Kindheit sind Kinder ausländischer Herkunft. Fast durchweg können wir dort beobachten, dass die Familienkonstellation und der Stellenwert eines eher traditionalen Familienlebens völlig anders ist als in "modernen" individualisierten Familien. Sowohl bei *Jordan* als auch bei *Phantom* finden wir eine starke Einbindung der Kinder in das Netz von Familie, Geschwistern und Verwandten. Der hohe Zeitanteil besonders bei Mädchen, den diese Kinder im Kreise ihrer Familie verleben, verhindert notwendige Verselbständigungsschritte. Auch hier fehlen entsprechende Erfahrungen für eigenständige biographische Lernprozesse im Rahmen des Erwachsenwerdens, die auch Quelle von Selbstbewusstsein und sozialer und emotionaler Sicherheit sind. Hinzu kommt der Spagat dieser Kinder zwischen der Kultur der Herkunftsfamilie mit gänzlich anderen, oft religiös bestimmten Traditionen und einer westeuropäisch geprägten säkularisierten und individualisierten Kultur, die sie zu Wanderern zwischen zwei Welten macht. Dies führt zu Benachteiligungen bei der Aneignung von sozialen Techniken und kulturellen Praxisformen im Gleichaltrigenkontext, ohne die eine wettbewerbsbeständige und erfolgreiche kinderkulturelle Alltagspraxis nur schwer vorstellbar ist. Auch dies bedeutet eine Gefährdung der kulturellen und sozialen Anschlussfähigkeit, in diesem Fall vielleicht sogar in beiden Kulturen.

Auch im Fall von physischen, psychischen oder sozialen Einschränkungen oder Beeinträchtigungen (Krankheit, Behinderung, soziale Problemlagen) spielt das kindliche Wettbewerbsdenken eine Rolle, und die oben angedeuteten Beliebtheitsnormen sind keineswegs außer Kraft gesetzt. Das Beispiel von *Peter* zeigt, wie durch die Mobilisierung von allen verfügbaren Ressourcen und elterliche Unterstützung ein erfolgreicher Umgang mit einer körperlichen Behinderung möglich ist. *Peter* leidet seit seiner frühesten Kindheit an Schwerhörigkeit und einer Lähmung seines rechten Armes. Er wurde verspätet eingeschult und musste viele Probleme bewältigen. Die Mutter bescheinigt ihm: "Er hat das immer sehr stoisch, die ganzen Dinge, die damit verbunden waren, über sich ergehen lassen." Es gelang *Peter*, trotz manchmal unerträglicher Hänselei der Mitschüler, eine Schulklasse zu überspringen und in der neuen Klasse schnell mitzukommen. *Peters* aktiver und reflektierter Umgang mit seiner Behinderung (Krankengymnastik, Hörhilfen, psychologisches Selbstsicherheitstraining) trägt wesentlich dazu bei, dass er Schritt für Schritt Anschluss findet an die "Normalität" des Kinderlebens. Sein Ehrgeiz hilft ihm dabei. Durch seine Erkrankung wird biographisches Lernen quasi erzwungen.

Egon ist ein Gegenbeispiel zu *Peter*. Seine Lebensgeschichte ist eine Krankheitsbiographie: Sein geburtsbedingtes schweres Asthma zwingt ihn zu ständigen Abstrichen bei seinen Vorhaben, schulisch wie außerschulisch. Er erlebt seine Krankheit als Schicksal, das über ihn hereinbricht. Manchmal wehrt er sich dagegen und versucht sich zu beweisen. Seine Mutter schildert *Egons* Leben als eine Eskalation von krankheitsbedingten Problemen. Sie erzählt, dass er trotz seiner körperlichen Behinderung das Schwimmabzeichen gemacht hat. Aber *Egon* weiß, dass er nicht mit den anderen mithalten kann und hat sich damit abgefunden. Er weiß, dass die "dazwischenkommende" Krankheit ihm immer wieder seine Grenzen aufzeigt.

Auch *David*, der von sich sagt, dass "seine Gehirnzellen zu langsam arbeiten", weiß um seine Grenzen. Er besucht eine Schule für Lernschwache. Vermutlich hat er keine Chance, mitzuhalten und den Anschluss an die "Normalität" anderer Gleichaltriger zu finden. Zwar beschreibt sich David als "tapferer Junge", der sich zu wehren weiß, und seine Lebensgeschichte ist die Aneinanderreihung von kleinen Heldenepisoden; demgegenüber beschreibt ihn die Mutter jedoch als "sehr ängstlich". Er brauche viel Unterstützung, "sonst bleibt er ewig der Unterdrückte". Anders als bei *Peter* fehlt ihm die Unterstützung der Eltern. Vielmehr sagt *Davids* Mutter offen, dass sie "manchmal total mit ihren Nerven fertig" sei und die Kinder dann nur noch anbrülle. *David* ist aber in besonderer Weise auf seine Familie angewiesen, so dass er unter solchen Voraussetzungen kaum in der Lage ist, angemessene Verselbständigungsschritte zu machen.

7. Eine Zwischenbilanz: Ungleiche Gelegenheitsstrukturen für kindliche Verselbständigungsprozesse und die Tendenz der Kulturalisierung der sozialen Ungleichheit

Am Beispiel der dargestellten Ausschnitte aus riskanten kindlichen Biographieverläufen sollte verdeutlicht werden, dass es neben den vielen Ambivalenzen, die im Prozess einer frühen kindlichen Selbständigkeitsentwicklung enthalten sind, auch Konstellationen im Kinderleben gibt, die – ungleichheitsbedingt – zu risikobiographischen Entwicklungen führen (können). Insofern brauchen wir ein Modell zur Beschreibung von sozialer Ungleichheit im Kindesalter. Bezogen auf das Kriterium der kulturellen Teilhabe- und sozialen Anschlussfähigkeit müssen kindliche Biographieverläufe und insbesondere die erkennbaren Muster der Eltern-Kind-Beziehungen auch daraufhin untersucht werden, welche ungleichheitsrelevanten Merkmale sie enthalten. Aufgrund unserer für Hessen und Sachsen-Anhalt repräsentativen Forschungsergebnisse aus dem Kinder-Survey kann als gesichert gelten, dass die Kindbezogenheit der Eltern in der Form der Respektierung der kindlichen Interessen und der Gewährung von großen kindlichen Selbständigkeitsspielräumen durch die Eltern bei deutlich mehr als der Hälfte aller Heranwachsenden zur Selbstverständlichkeit geworden ist. Diese grundlegende Verschiebung der Machtbalancen lässt sich als Enthierarchisierung der Eltern-Kind-Beziehungen bezeichnen. Damit ist die partielle Aufhebung des für Kinder traditionell vorgesehenen Schonraums und die Relativierung der selbstverständlich unterstellten kindlichen Unselbständigkeit und

Nicht-Verantwortlichkeit gemeint. Allerdings ist kindliche Selbständigkeit in der Alltagspraxis nicht gleich kindlicher Selbständigkeit und es gibt nach wie vor viele Familien mit einem hohen Grad an Elternzentriertheit des Familienlebens.

Faktoren- und clusteranalytisch haben wir aus unseren Surveydaten eine große Vielfalt von kindlichen Selbständigkeitsformen herausgearbeitet. Besonders wichtig ist dabei die Unterscheidung zwischen *normgeleiteter* und *subjektbezogener* Kindorientierung der Eltern, die beide in familialen Verhandlungskulturen zu finden sind und unterschiedliche Selbständigkeitsformen ermöglichen. Die eine – normgeleitete Kindorientierung – ist festgemacht am allgemeinen Kindeswohl und am Kinderschutzgedanken und enthält neben unterstützenden auch deutlich kontrollierende Komponenten. Die andere – subjektbezogene Kindorientierung – respektiert in besonders deutlichem Maße die kindlichen Eigeninteressen und Eigenrechte und setzt auf die Fähigkeit zu selbstkontrolliertem und eigenverantwortlichem kindlichen Handeln im Rahmen von auszuhandelnden Grenzen. Beide Varianten der Kindorientierung sind – und darauf kommt es hier an – deutlich abhängig von der sozialen Herkunft und kommen in Familien in Abhängigkeit vom Bildungsniveau der Eltern mehr oder weniger häufig vor.

Im Cluster mit hoher subjektbezogener Kindorientierung der Eltern ist der Anteil der statusniedrigen Eltern vergleichsweise geringer (58,4 %). Demgegenüber finden wir in 71,5 % der statushohen Elternhäuser eine subjektbezogene Kindorientierung. Umgekehrt verhält es sich bei der normorientierten Kindorientierung: Sie findet sich in 61,4 % der statusniedrigen Familien, aber nur in 47,7 % der statushohen Elternhäuser. Da eine subjektbezogene Kindorientierung der Eltern von den Kindern ein besonders hohes Maß an biographischem Lernen verlangt, muss man davon ausgehen, dass Kinder aus statusniedrigen Familien schlechtere Gelegenheitsstrukturen für biographisches Lernen und – damit verbunden – für gelingende frühe Verselbständigungsprozesse vorfinden.

Ein zweiter Indikator weist in eine ähnliche Richtung: beim Freizeitverhalten haben wir ebenfalls deutliche Unterschiede beim Grad der untersuchten Bildungsorientierung und dem Grad der Medienzentrierung im Freizeitbereich gefunden. Der Faktor Bildungsorientierung wurde aus einer Palette von Freizeitaktivitäten gebildet und steht für häufiges Lesen, Basteln und Werken, Musizieren sowie Briefe oder Tagebuch schreiben. Medienzentrierung misst (neben der Ausstattung des Kinderzimmers mit Fernseh- oder Videogeräten) den Häufigkeitsgrad der Mediennutzung im Rahmen des Freizeitverhaltens. Auch hier finden wir deutliche herkunftsbedingte

Unterschiede und können entsprechend günstigere bzw. ungünstigere familiale Gelegenheitsstrukturen für biographische Lernprozesse vermuten.

Dass es zwischen sozialem Status und Bildungshintergrund der Herkunftsfamilie und den Chancen zum schulischen und auch außerschulischen Bildungserwerb einen Zusammenhang gibt, wissen wir bereits aus früheren, vor allem bildungssoziologischen Untersuchungen (Büchner 1985, Rolff 1997, Hansen/Pfeiffer 1998). Diese Forschungsergebnisse konnten wir bestätigen. Auf der anderen Seite wissen wir aus der sozialen Ungleichheitsforschung aber auch, dass der berühmt-berüchtigte zirkuläre Verlauf des Sozialisationsprozesses, von dem wir seit den 70er Jahren ausgehen (Rolff 1997 Hurrelmann 1986) nur sehr ungenaue und grobe und damit wenig differenzierte Zusammenhänge herstellen kann und vor allem keine Auskunft über das *Wie* der Reproduktion von sozialer Ungleichheit gibt.

Aufgrund unserer Forschungsergebnisse aus den Fallstudien gibt es aber genügend Anhaltspunkte für die Vermutung, dass wir beim kindlichen Erwachsenwerden einen Prozess der Kulturalisierung der sozialen Ungleichheit beobachten können, wie er in der soziologischen Lebensstilforschung für andere Zusammenhänge beschrieben wird. Nicht allein objektive, sozial-ökologisch bestimmbare allokative oder distributive Bedingungsfaktoren erklären das Zustandekommen von sozialen Ungleichheiten, sondern es sind auch personen- und interaktionsbezogene Mechanismen in der Form von unterschiedlich gelebten Lebensstilen und entsprechenden biographischen Mustern, die sich trotz sonst identischer Gegebenheiten zu Attributen von Individuen verfestigen. Insofern ist die Beachtung individueller Fähigkeiten zur Bewältigung der historisch zunehmenden kulturellen Heterogenität von Lebensstilen und kinderkulturellen Praxisformen ein zentrales Anliegen. In diesem Sinne werden Lebensstile zu einer kulturellen Ressource; sie haben Signal- und Katalysatorfunktion für biographische Optionen und Wahlentscheidungen innerhalb und außerhalb der Familie und stellen zudem ein wichtiges Bindeglied zwischen Mentalitätsebene und alltagskultureller Praxisebene dar (Berger 1994).

In der Kindheitsforschung müssen wir deshalb davon ausgehen, dass neben Faktoren wie Kinderarmut und materieller kindlicher Deprivation auch andere, lebensstilbedingte kinderkulturelle und familienkulturelle Einflüsse berücksichtigt werden müssen, die die Richtung der kindlichen Biographiegestaltung bestimmen und zugleich einen hohen Stellenwert für die Qualität von Gelegenheitsstrukturen für biographisches Lernen bei Kindern haben. Biographisch frühe kindliche Selbständigkeit ist *einerseits* zunehmend unverzichtbar als persönliche und soziale Schlüsselkompetenz von Heranwachsenden, *andererseits* hat ihr Erwerb aber nicht nur soziale, sondern auch kulturelle Grenzen, so dass es im Lebensalltag der Kinder darauf ankommt, entsprechende Unterstützungspotentiale zum Erwerb von solchen sozialen Schlüsselkompetenzen im Rahmen von biographischen Lernprozessen mobilisieren zu können. Ist dies nicht möglich, kann es zu sozialen Segregationserscheinungen und zu entsprechend riskanten biographischen Weichenstellungen kommen.

Insgesamt gilt es festzuhalten, dass es im Kinderalltag ständig biographisch wichtige Entscheidungssituationen gibt, die mit persönlich bedeutsamen Lernanlässen verbunden sind, in deren Rahmen biographisches Lernen in Form einer "mitlaufenden Selbstreferenz" des Entscheidens (Luhmann 1984, S. 604) stattfindet. Wenn die Annahme richtig ist, dass sich der kindliche Lebenslauf zunehmend biographisiert und schon Kinder die bisherigen Erfahrungen mit der eigenen Biographie ständig eng mit der biographischen Gestaltungsarbeit verknüpfen müssen, dann wird biographisches Lernen bereits im Kindesalter zu einer zentralen Aufgabe im Rahmen der allgemeinen kindlichen Selbständigkeitsentwicklung. Dafür gilt es, die für die heranwachsenden Kinder notwendigen Voraussetzungen zu schaffen.

8. Der "lange Arm" der Schule: Bildungserwartungen der Eltern bei Schullaufbahnentscheidungen und ungleiche elterliche Stützressourcen

Bei der Diskussion über Fragen der kindlichen Selbständigkeitsentwicklung und bei der Analyse von entsprechenden kindlichen Biographieverläufen wird das Wechselwirkungsverhältnis von Familienkindheit und Schulkindheit häufig übersehen. Zumeist wird entweder die Familienkindheit oder die Schulkindheit thematisiert, ohne gleichzeitig ihren vielfältigen Verschränkungen hinreichend Beachtung zu schenken. Das ist insofern erstaunlich, als der Schule als wesentlicher (und biographisch entscheidender) gesellschaftlicher Institution für den kindlichen Bildungs- und Berechtigungserwerb eine wichtige Nadelöhrfunktion zukommt: Die Schule vergibt Zugangsberechtigungen zu bestimmten allgemeinbildenden und beruflichen Laufbahnen, die ihrerseits kulturelle Teilhabe- und soziale Anschlusschancen eröffnen oder verschließen. Bereits die vielen Jahre, die Heranwachsende in allgemeinen und beruflichen Bildungsinstitutionen verbringen, sind biographisch prägend und dies keineswegs nur im unmittelbar berufsvorbereitendem Sinne. So macht es einen erheblichen Unterschied, ob jemand z. B. ein Gymnasium oder eine Hauptschule besucht und ob er oder sie sich den Habitus eines potentiellen Abiturienten oder eines potentiellen Hauptschulabsolventen aneignet. Die Rückwirkungen auf die jeweilige kinderkulturelle Praxis, also das, was Kinder am Nachmittag oder am Wochenende tun, ist biographisch höchst bedeutsam.

Die heutigen Heranwachsenden verbringen, historisch gesehen, nicht nur immer mehr Lebenszeit in der Schule. Gleichzeitig gewinnt die Schule heute auch als Lebensort, als Gleichaltrigentreff und als Ausgangsbasis für außerschulische soziale Kontakte ("Verabredungen") mehr und mehr an Bedeutung. Gemeinsam mit den in diesem Zusammenhang wichtigen außerschulischen Institutionen für Kinder und Jugendliche (Angebote der Kinder- und Jugendarbeit, Vereine, Musik- und Malschulen usw.) besitzt die Schule neben ihrer (formalen) Bildungsfunktion (im engeren Sinne) auch eine wichtige Sozialisationsfunktion, die deutlich über das schulische Unterrichtsgeschehen hinausreicht und sogar weit in den Freizeitbereich der Kinder und Jugendlichen hineinreicht (Büchner/Fuhs 1994, Büchner 2001b). Durch die Schule wird die gesamte biographische Entwicklung der Heranwachsenden ebenso wie die Gestaltung des außerschulischen Lebensalltags wesentlich beeinflusst, so dass wir insgesamt von einem entsprechend komplexen Interdependenzverhältnis von Schule und außerschulischen Handlungszusammenhängen ausgehen müssen, bei der der Schule eine wichtige Filterwirkung zukommt, die bislang noch kaum empirisch untersucht wurde (Büchner 1996, S. 117 ff.).

Schulische Bildungskarrieren wurden bisher zwar in Abhängigkeit von der Herkunftsfamilie analysiert (Rolff 1997), nicht aber in ihrem Wechselwirkungsverhältnis zu außerschulischen Freizeitaktivitäten und damit verbundenen Chancenstrukturen. Schule und außerschulischer Lebensalltag von Kindern und Jugendlichen sind in der empirischen Forschung zwei einander fremde Welten, die durch eine entsprechende wissenschaftliche Arbeitsteilung mehr oder weniger getrennt voneinander betrachtet werden (Preuss-Lausitz 1995). Nur wenige Arbeiten berücksichtigen Zusammenhänge zwischen schulischen und außerschulischen Lern- und Lebenswelten, indem sie sich mit den Folgen der Ausweitung des Schulbesuchs auf die Bildungsbiographien von Heranwachsenden, mit der Bedeutungszunahme von Phänomenen der Schulangst und des Leistungsversagens sowie mit dem Interdependenzverhältnis von schulischen und außerschulischen Bildungskarrieren beschäftigen (z. B. Fölling-Albers 1992, 2000).

Grundsätzlich ist davon auszugehen, dass der Zugang zu den verschiedenen (hierarchisch gestuften) Schullaufbahnen und zu den damit verbundenen Lebenschancen nicht voraussetzungslos geregelt ist; er beruht (neben dem fachlichen Leistungsnachweis) auf erheblichen kulturellen Vorleistungen der Herkunftsfamilie. Das Kind ist vor allem bei höheren Bildungsgängen auf nachhaltige begleitende Unterstützungsleistungen seitens seiner Eltern und eine möglichst weitgehende Komplementarität zwischen Familienerziehung und schulischer Bildung angewiesen. Außerdem ist der Prozess des schulischen Bildungserwerbs auch nicht folgenlos, denn er gibt über die in der Schule kodifizierten Wissens- und Wertehierarchien wirksame positive (und negative) Leit- und Orientierungsnormen für die kindliche Biographiegestaltung und den außerschulischen Bildungserwerb (in Familie und Freizeit) vor.

Ein interessantes Beispiel für derartige Zusammenhänge ist der Übergang von der Grundschule in weiterführende Schulen und die damit verbundene Schullaufbahnentscheidung. Hier wird der Zusammenhang von unterschiedlichen Familienkulturen und elterlichen Bildungsstrategien deutlich, die sich in entsprechenden Bildungserwartungen der Eltern niederschlagen und den Kindern gleichzeitig signalisieren, welche biographischen Optionen von den Eltern favorisiert werden. Insofern haben solche Bildungserwartungen zugleich auch orientierenden Charakter für die Prioritätensetzung beim schulischen und außerschulischen Lernen bis zum Zeitpunkt des Übergangs in eine weiterführende Schule. Nach dem erfolgten Übergang trennen sich dann nicht nur die unterschiedlichen schulischen Bildungswege der Kinder (Gymnasium, Realschule, Hauptschule), sondern es entwickeln sich auch – in Abhängigkeit von der besuchten Schulform – je eigene Freizeitkulturen, die ebenso wie die entsprechenden Schullaufbahnen in der Regel mit sozialen Möglichkeitsräumen und Gelegenheitsstrukturen verbunden sind und kulturelle Teilhabe- und soziale Anschlussmöglichkeiten eröffnen oder verschließen.

Dass die Schule für Eltern eine wichtige biographische Nadelöhrfunktion hat, zeigen die hohen Bildungserwartungen der Grundschuleltern im Hinblick auf den gewünschten Schulabschluss für ihr Kind[7]. Nur 2,6 % der befragten Eltern streben für ihr Kind noch den Hauptschulabschluss an, während sich mehr als die Hälfte der Eltern (52,3 %) wünscht, dass ihr Kind Abitur macht. Das bedeutet, dass die Hauptschule bei der Schullaufbahnplanung von Eltern keine Rolle mehr spielt, obwohl nach wie vor viele Kinder in dieser Schulform ihrer Schulpflicht nachkommen. Für weit über 90 % der von uns befragten Eltern ist damit der Realschulabschluss zur Mindestnorm geworden. Dies steht im Gegensatz zu den faktisch ausgesprochenen Laufbahnempfehlungen durch die abgebenden Grundschulen. Von Lehrerseite werden immerhin 19,1 % der Schüler für die Hauptschule, 45,5 % für die Realschule, aber nur 35,5 % für eine gymnasiale Schullaufbahn vorgeschlagen. Damit steht die Einschätzung des kindlichen Leistungsvermögens durch die Grundschullehrer in deutlichem Gegensatz zu den Vorstellungen der Eltern. Die Lehrer haben ganz offensichtlich bei ihren Laufbahnempfehlungen die Dreigliedrigkeit des Schulsystems deutlich vor Augen und richten auch ihre Maßstäbe daran aus. Bei den Eltern hat sich hingegen eine Zweigliedrigkeit des Schullaufbahndenkens durchgesetzt mit all den Folgen, die das für das Denken und Handeln der Eltern im Rahmen der Familienkindheit mit sich bringt.

Die offensichtlich geringe Attraktivität des Hauptschulabschlusses bei den Eltern ist verständlich, wenn man sich klar macht, welch geringen Tauschwert ein Hauptschulabschluss unter heutigen Arbeits- und Ausbildungsmarktbedingungen noch hat. Eltern, die für die schulische Zukunft ihrer Kinder große Verantwortung tragen, planen demnach bereits in der Grundschule über die Schulzeit ihrer Kinder hinaus und betrachten eine Hauptschullaufbahn als eine Fahrt auf ein totes Gleis. Für die Eltern ist jede weiterführende Schule zunächst einmal nur so gut, wie der von ihr (potentiell) vergegebene Abschluss und die damit verbundenen kulturellen Teilhabe- und sozialen Anschlussmöglichkeiten. Insofern geht es Eltern am Ende der Grundschulzeit ihrer Kinder offensichtlich um weiterführende (höhere) Bildungsgänge, die sie für ihre Kinder anstreben, um ihren Kindern einen guten Start ins Leben zu ermöglichen. Sie gehen zu Recht davon aus, dass mit dem Übergang von der Grundschule in eine weiterführende Schule entscheidende Weichen gestellt werden.

Im Vergleich zu den Bildungserwartungen der Eltern schätzen die Kinder selbst ihre Möglichkeiten weniger optimistisch ein. Bei der Frage nach dem gewünschten Schulabschluss geben "nur" 39,3 % der Kinder an, Abitur machen zu wollen. Bei den Eltern waren dies, wie schon erwähnt, 52,3 %. Allerdings – und das war für Kinder in diesem Alter nicht anders zu erwarten – wissen über 50 % der Kinder noch nicht, welchen Abschluss sie später machen wollen. Bei den Eltern waren das nur 19 %. Das hängt vermutlich damit zusammen, dass sich die Kinder zum einen – altersbedingt – noch weniger eine Prognose zutrauen, sich aber zum anderen – besser als ihre Eltern – im Leistungsspektrum ihrer Klasse verorten können.

Prüft man bei diesem Antwortverhalten genauer, welche Kinder noch nicht wissen, welchen Abschluss sie machen werden, dann fällt auf, dass vor allem diejenigen Kinder mit "ich weiß noch nicht" antworten, deren Eltern selbst beide kein Abitur haben (58,3 %). In Familien, in denen beide Eltern das Abitur erreicht haben, sind sich nur 44,4 % der Kinder unsicher, welchen Abschluss sie machen sollen. Umgekehrt möchten Kinder, deren Eltern beide Abitur haben, selbst deutlich häufiger diesen Schulabschluss erreichen (54,0 %), als Kinder, deren Eltern beide kein Abitur haben (24,6 %). Obwohl sich also Kinder insgesamt noch vergleichsweise selten konkrete

Gedanken über ihre spätere Zukunft (hier: den anzustrebenden Schulabschluss) machen, fällt auf, dass das Abitur als Bildungsziel dennoch für überraschend viele Grundschüler bereits eine feste Orientierungsgröße in ihrem Leben zu sein scheint. Darüber hinaus wird deutlich, dass der Haupt- und Realschulabschluss für Kinder aus Elternhäusern, in denen beide Elternteile Abitur haben, offensichtlich eher selten eine Option für die weitere Schullaufbahn darstellt.

Bei den Eltern wird der Zusammenhang zwischen dem selbst erreichten und dem für das eigene Kind angestrebten Schulabschluss noch deutlicher: In 84,4 % aller Fälle, in denen beide Eltern Abitur haben, möchten diese Eltern ebenfalls, dass ihr Kind Abitur macht. Demgegenüber streben nur 27,4 % der Eltern, die beide kein Abitur haben, diesen Abschluss für ihr Kind an. Für diese Eltern ist vor allem die Realschule eine wichtige Option (46,6 %), und nur für sie kommt die Hauptschule überhaupt in Betracht (4,8 %). Zudem ist es diese Gruppe von Eltern, die sich (genau wie ihre Kinder) besonders unsicher ist, wie die weitere Laufbahn ihrer Kinder aussehen könnte.

Ähnliche Tendenzen zeigen sich beim Antwortverhalten der Eltern auf die Frage, wie sicher sie sich sind, dass ihr Kind den angestrebten Abschluss auch schafft. Mehr als drei Viertel aller befragten Eltern sind sich sicher oder ziemlich sicher, dass ihr Kind den angestrebten Abschluss auch schaffen wird (81,8 %). Weniger deutlich äußern sich die Kinder: Etwa 65 % der Befragten ist sich sicher oder ziemlich sicher, dass sie den angestrebten Abschluss auch schaffen werden. Betrachtet man die damit verbundene Selbstsicherheit der Eltern und Schüler differenzierter in Abhängigkeit vom Bildungshintergrund der Eltern, dann wird deutlich, dass Eltern, die selbst Abitur haben, auch sicherer sind, dass ihre Kinder einen entsprechend hohen Abschluss erreichen. Die Selbstverständlichkeit, die in solchen Familien mit höheren Bildungslaufbahnen verbunden *ist*, erleichtert vermutlich auch die erfolgreiche Bewältigung von Bildungsentscheidungen.

In diesem Zusammenhang ist zu berücksichtigen, dass die Entscheidungsunsicherheit der Eltern insgesamt statusabhängig ist. Eltern sind umso entscheidungsunsicherer im Hinblick auf den anzustrebenden Abschluss für ihr Kind, je niedriger ihr sozialer Status ist. Das gilt auch für die planungsunsicheren Kinder, die sich besonders häufig in statusniedrigen Familien finden. Die scheinbar liberale Prozedur der Freigabe des Elternwillens beim Übergang in die weiterführende Schule benachteiligt somit zumindest indirekt Kinder aus bildungsfernen Elternhäusern, weil deren Eltern mit einer längerfristigen Planung der Bildungsbiographie ihrer Kinder oftmals überfordert sind.

Dabei muss man sich allerdings klar machen, dass dies keinesfalls als Widerspruch zu den geäußerten Schullaufbahnwünschen dieser Eltern interpretiert werden darf. Wir brauchen heute nicht mehr Maßnahmen zur Bildungswerbung (wie noch in den 60er-Jahren), sondern es ist empfehlenswert, mehr Bildungsberatung für entscheidungsunsichere Schüler- und Elterngruppen anzubieten. Ein solches Anliegen sollte unmissverständlich mit dem Argument begründet werden, dass es einen individuellen Rechtsanspruch auf Bildung unabhängig von der sozialen Herkunft gibt. Aber es sollte auch nicht übersehen werden, dass ein Bildungssystem, das alle Qualifikationspotentiale ausschöpft, zweifellos zur "Sicherung des Standorts Deutschland im internationalen Wettbewerb" beiträgt.

Aus unseren Daten lässt sich weiterhin ablesen, dass bereits in der Grundschule Vorstellungen über die später angestrebte berufliche Ausbildung vorhanden sind. Dies zeigen die Antworten der Kinder auf die Frage nach ihrer beruflichen Planungsperspektive nach dem Ende der Schulzeit. Zunächst fällt auf, dass schon etwa die Hälfte der Kinder (49,1 %) und knapp die Hälfte der Eltern (41,5 %) wissen, welche weitere Ausbildung nach der Schulzeit in Betracht kommt. Aus den entsprechenden Schülerantworten geht außerdem hervor, dass die überwiegende Mehrheit derjenigen, die hier konkrete Angaben machen, ein Studium anstrebt. Vor allem dieser Gruppe der Befragten – so kann man annehmen – ist es klar, dass ein Studium nur mit Abitur möglich ist. Eine solche Planungsperspektive zu haben, dürfte u. a. auch dazu beitragen, Unsicherheiten im Zusammenhang mit der Übergangsentscheidung zu minimieren. Auf der anderen Seite kann man davon ausgehen, dass diejenigen, die sich über ihre berufliche Zukunft noch keine Gedanken gemacht haben, einen erhöhten Beratungsbedarf haben. Bereits in der Grundschule ist es deshalb empfehlenswert, im Sachunterricht auf Fragen der Arbeitswelt und damit verbundenen Berufslaufbahnen einzugehen.

In diesem Sinne erweist sich eine von den Eltern demonstrierte und an die Kinder vermittelte Planungssicherheit und ein damit verbundener Bildungsoptimismus als wichtige elterliche Stützressource, die geeignet ist, auch Krisenmomente im Verlauf der Bildungsbiographie zu relativieren und letztendlich zu meistern. Eine solche langfristig angelegte Bildungsbiographieplanung lässt sich vom Planungsverhalten anderer Eltern unterscheiden, die sich im Hinblick auf die künftige Schullaufbahn ihrer Kinder noch nicht festlegen wollen oder können. Solche Eltern dürften vor allem darauf bedacht sein, von der Schule oder anderen Beratungsinstanzen Unterstützung bei der Entwicklung von längerfristigen bildungsbiographischen Planungsperspektiven für ihre Kinder zu erhalten. Dieses Anliegen sollte von der Schule bewusst aufgegriffen werden. Dies umso mehr, weil hier nicht nur der bekanntlich begrenzte Prognosewert von Schullaufbahnempfehlungen ins Spiel kommt. Für die Schüler ist es wichtig, dass die Schule dort, wo das Elternhaus nur teilweise Hilfen geben kann, das Einüben in ein entsprechendes bildungsbiographisches Planungsverhalten angemessen unterstützt.

9. Die Filterwirkung der Schule: Prioritätensetzung der Eltern für das kindliche Lernen

Die Wahl einer weiterführenden Schule ist nicht nur von den bisherigen Erfahrungen der Kinder und Eltern mit der bisher besuchten Grundschule und dem schulischen Leistungsstand des Kindes beeinflusst, sondern hängt auch von den allgemeinen Vorstellungen der Eltern ab, welchen Sinn und welche Funktion sie der Schule zumessen. In Abhängigkeit von der jeweiligen elterlichen Grundhaltung werden – so kann man vermuten – unterschiedliche Prioritäten für das schulische Lernen gesetzt, die letztendlich auch zur Auswahl einer konkreten weiterführenden Schule führen. Fragt man Eltern danach, welche Funktion Schule ihrer Meinung nach vorrangig erfüllen sollte, so zeigt sich, dass der Anforderungskatalog, den Eltern für die Schule allgemein formulieren, sehr vielfältig und anspruchsvoll ist. Eltern erwarten von der Schule nicht nur die Vermittlung von Wissen in Form von Fach- und Allgemeinwissen, sondern darüber hinaus, dass die Schule auch auf soziales Lernen ausgerichtet ist. Daneben sollte die Schule auch das Schulleben angemessen gestalten und für genügend kulturelle Angebote sorgen. Schließlich werden möglichst offene und damit schülerorientierte Lernformen ebenso selbstverständlich erwartet wie die Übernahme bestimmter Betreuungsaufgaben und die Zusammenarbeit der Schule mit den Eltern. Schule soll insgesamt gleichzeitig fördern und auslesen und vor allem die Schüler bei der Entwicklung ihrer Selbstständigkeit unterstützen.

Die Vielfalt der elterlichen Erwartungen an die Schule wird in der Forschung durch fünf unterschiedliche Dimensionen (Faktoren) abgebildet. Der Faktor 1 beschreibt eine elterliche Prioritätensetzung, die besonders die Wissensvermittlung durch die Schule betont. Der Schule wird hier vorrangig die Aufgabe zugeschrieben, Fakten- und Fachwissen zu vermitteln, auf den späteren Beruf vorzubereiten und in diesem Zusammenhang auch entsprechende Schwerpunkte zu setzen. Der Faktor 2 betont eine Akzentsetzung, die das schulische Lernen auf die Persönlichkeitsentwicklung des Schülers konzentriert. Hier wird Wert darauf gelegt, dass das schulische Lernen vorrangig auf das Lernen des Lernens ausgerichtet ist. Außerdem sollen Schüler lernen, ihr Leben zu planen und zu organisieren, Verantwortung zu übernehmen, ihre Meinung selbstbewusst zu vertreten und sich gegenüber anderen zu behaupten. Der Faktor 3 spiegelt eine elterliche Prioritätensetzung wider, die eine Leistungsbewertung vorrangig durch die Lehrerin akzeptiert. Die Eltern sind in diesem Zusammenhang der Meinung, dass die Lehrerin bei Schullaufbahnentscheidungen das letzte Wort haben sollte, da sie die Schüler in schulischen Lernsituationen besser beurteilen kann als die Eltern. Letztere sollten sich deshalb auf das Urteil des Lehrers verlassen, auch wenn Eltern bei konkreten Übergangsentscheidungen durchaus mitreden sollen. Schließlich wird über diesen Faktor eine Elternhaltung transportiert, die davon ausgeht, dass leistungsschwache Schüler bei einer völligen Freigabe des Elternwillens möglicherweise Schulformen besuchen, in denen sie überfordert sind. Der Faktor 4 betont die Förderung leistungsschwächerer Schüler. Hier legen die Eltern Wert darauf, dass die Schule – organisiert als Förderstufe – auch auf schwache Schüler Rücksicht nimmt, ohne dass dadurch eine Beeinträchtigung des Unterrichts oder eine Vernachlässigung begabter Schüler zu befürchten ist. Der Faktor 5 schließlich beschreibt eine schulische Prioritätensetzung, die besonders das überfachliche Lernen akzentuiert. Hier steht im Vordergrund, dass der Unterricht durch freie Arbeit und Wochenplanarbeit gestaltet wird und in der Schule Projektwochen stattfinden und Schulfeste gefeiert werden.

Betrachtet man die elterliche Schwerpunktsetzung für das schulische Lernen in ihrer Gesamtheit, dann zeigt sich, dass sich die Eltern bei allen fünf Faktoren weitgehend zustimmend äußern. Das heißt jedoch nicht, dass sie allen Faktoren eine gleich hohe Priorität zumessen, sondern deutlich unterscheiden. Erste Priorität hat die Persönlichkeitsentwicklung des Kindes und die Wissensvermittlung durch die Schule. Im mittleren Zustimmungsbereich finden wir überfachliches Lernen und die Förderung leistungsschwächerer Schüler, während die vorrangige Leistungsbewertung durch die Lehrer mit einigem Abstand die vergleichsweise geringste Zustimmung erhält. Außerdem fällt auf, dass sich die fünf Faktoren nicht gegenseitig ausschließen, sondern in einem (teilweise sogar engeren) Verhältnis zueinander stehen. Beispielsweise geht der Anspruch der Persönlichkeitsentwicklung durch die Schule auch einher mit der Erwartung, dass die Schule fächerübergreifendes Lernen ermöglicht und Wissen vermittelt.

Um festzustellen, ob bestimmte Eltern ganz bestimmte Prioritäten für das schulische Lernen setzen, haben wir Elterngruppen gebildet, die sich durch einen besonders hohen oder einen besonders niedrigen Grad der Zustimmung zu den Items eines jeweiligen Faktors auszeichnen. Für jeden Faktor ergaben sich dabei zwei deutlich voneinander unterscheidbare Elterngruppen, die sich wiederum aufgrund bestimmter Merkmale charakterisieren lassen. Als besonders aussagekräftig erwiesen sich dabei der soziale Status und der Bildungshintergrund der Eltern sowie die von den Eltern ausgewählte Schulform für ihr Kind.

In der Elterngruppe, die der Wissensvermittlung in der Schule eine vergleichsweise hohe Priorität einräumt, finden wir mehr Eltern mit niedrigem sozialen Status und ohne Abitur als in der Gruppe, die der Wissensvermittlung durch die Schule eine eher geringe Priorität einräumt. Außerdem wollen diese Eltern ihre Kinder weniger häufig in ein Gymnasium schicken. Ähnlich sieht es beim Faktor "Leistungsbeurteilung vorrangig durch die Lehrer" und beim Faktor "Förderung leistungsschwächerer Schüler" aus. Auch hier sind es eher die Eltern aus den niedrigeren sozialen Statusgruppen und die Eltern, die ihr Kind nicht auf ein Gymnasium schicken wollen, die sich in der Elterngruppe befinden, die den genannten Faktoren eine hohe Priorität beimessen. Demgegenüber finden sich bei den beiden anderen Faktoren ("Persönlichkeitsentwicklung" und "fächerübergreifendes Lernen") keine nennenswerten Zusammenhänge mit dem sozialen Status, dem Bildungshintergrund der Eltern und der für das Kind vorgesehenen Schulform. Offensichtlich sind es besonders diese beiden letztgenannten Prioritätensetzungen für das schulische Lernen, denen alle Eltern einen hohen Stellenwert einräumen. Auf der anderen Seite sind vermutlich eher die Kinder aus Familien mit niedrigerem sozialen Status darauf angewiesen, dass die Schule ihnen das für das spätere Berufsleben notwendige Wissen vermittelt und sie bei Bedarf hinreichend fördert. Die Eltern dieser Kinder haben deshalb zu Recht entsprechende Erwartungen an die Schule. Schließlich sind Eltern mit vergleichsweise niedrigem Bildungshintergrund auch eher bereit und darauf angewiesen, dass die Grundschullehrer letztlich entscheiden, für welche Schullaufbahn ihre Kinder geeignet sind.

Jenseits aller elterlichen Prioritäten für das schulische Lernen, in denen die Wünsche und Zukunftsperspektiven der Eltern zum Ausdruck gebracht werden, kommt es auf der Ebene des alltäglichen Handelns darauf an, den gewünschten Schulerfolg des Kindes durch entsprechende Unterstützungsleistungen seitens der Eltern zu fördern. Wir haben daher in unserem Fragebogen nach den elterlichen Formen der Sicherung des Schulerfolgs gefragt und dabei mehrere Möglichkeiten der elterlichen Unterstützung unterschieden:

- eine eher direkte Form der Unterstützung durch Hilfe bei den Hausaufgaben, zusätzliches häusliches Üben und elterliche Präsenz bei der Erledigung der Hausaufgaben;

- eine eher indirekte Form der Unterstützung, die sich dadurch äußert, dass die Eltern bei schulischen Lernfragen oder bei Problemen mit ihrem Rat zur Verfügung stehen und
- eine eher unspezifisch-unterstützende elterliche Erwartungshaltung, die dem Kind signalisiert, dass es sich besser keine schlechten schulischen Leistungen erlauben sollte.

Darüber hinaus können Eltern ihre Kinder beim schulischen Lernen unterstützen, indem sie auch ohne expliziten Bezug auf die Schule ein allgemeines familiales Lernklima schaffen, das auch außerschulischen Angeboten Lern- und Bildungsrelevanz zumisst. Die eher direkte elterliche Unterstützung kommt offensichtlich in allen Elternhäusern mehr oder weniger häufig vor. Sie schließt auch Elemente von Kontrolle ein und dürfte vor allem im Bedarfsfall wirksam werden. Die indirekte elterliche Unterstützung ist – so nehmen wir an – für die Kinder am wichtigsten. Sie gibt Sicherheit und die Gewissheit, dass die Eltern da sind, wenn sie gebraucht werden. Die Kinder wissen, dass ihre Eltern im Notfall einspringen und Rat und Hilfe bei Problemen geben können.

Eine genauere Betrachtung des Elternverhaltens zeigt, dass die untersuchten elterlichen Strategien zur Sicherung des Schulerfolgs in Abhängigkeit vom Bildungshintergrund der Eltern einen unterschiedlichen Stellenwert haben. Je niedriger der soziale Status der Eltern ist, umso entschiedener ist die Befürwortung solcher Strategien. Dieses Antwortverhalten der Eltern spiegelt zugleich eine bestimmte Art und Weise, wie Eltern mit ihrem Kind umgehen. Sobald es um wichtige Fragen wie den Schulerfolg geht, neigt ein Teil der Eltern zu einem stärker kontrollierenden Verhalten gegenüber ihrem Kind. Unsere Daten belegen, dass besonders Eltern mit niedrigerem sozialen Status ein höheres Maß an Kontrolle und Normenkonformität befürworten, was sich offensichtlich auch auf entsprechende Strategien der Sicherung des Schulerfolgs auswirkt. Das ist auch nicht verwunderlich, weil die Kinder aus höheren sozialen Statusgruppen eine derart kontrollierende Unterstützung ihres schulischen Lernens vermutlich weniger nötig haben und zudem in ihrer Freizeitgestaltung eher Schwerpunkte setzen, die von vornherein auf bildungsrelevante Aktivitäten wie z. B. Theater- oder Konzertbesuche ausgerichtet sind, als dies in den niedrigeren Statusgruppen der Fall ist. Aus früheren Untersuchungen wissen wir zudem, dass Eltern aus höheren sozialen Statusgruppen eine ausgesprochene Bildungsorientierung im Freizeitbereich fördern (Büchner 1996a, S. 167 ff.). Das schlägt sich z. B. in Aktivitäten wie Lesen, Erlernen eines Musikinstruments, Tagebuch schreiben, Malen/Basteln nieder.

Ein wichtiges Ergebnis dieser Untersuchung war die Entdeckung, dass die Schule offensichtlich für das außerschulische Kinderleben eine wichtige Filterfunktion hat und sich auf die Gestaltung der schulfreien Zeit auswirkt: Das Denken und Handeln der Kinder wird auch außerhalb der Schule von schulischen Gegebenheiten und Abläufen beeinflusst (Tages- und Wochenrhythmus, Dauer der Hausaufgaben, Belastungen durch schulisches Lernen etc.). Zusätzlich ist zu beachten, dass es sowohl bei Kindern als auch bei Eltern unterschiedliche Vorstellungen über den Bildungswert von verschiedenen "Freizeitstilen" gibt, die ihrerseits wieder mit entsprechenden Vorstellungen von schulischer Bildung verbunden sind. Deshalb müssen kindliche und elterliche Bildungsstrategien vor diesem Hintergrund gesehen werden. Wir müssen davon ausgehen, dass bei den mit schulischen Übergangsentscheidungen verbundenen Bildungsstrategien die unterschiedlichen Wertigkeiten von schulischem und außerschulischem Lernen zum Tragen kommen.

Vor diesem Hintergrund ist es wichtig sich klar zu machen, dass die Teilnahme der Kinder an derartigen institutionalisierten Nachmittagsaktivitäten nicht nur das Erlernen und Einüben einer Sportart oder eines Musikinstruments bedeutet, sondern auch ein (von erwachsenen Experten pädagogisch aufbereitetes) biographisches Lernfeld eröffnet, in dem die Kinder sich Kompetenzen aneignen, die von den Eltern als nützlich für das spätere Leben angesehen werden und deren Beherrschung gleichzeitig auch das Lernen in der Schule unterstützen und oft auch erleichtern kann. Im Vergleich zum schulischen Lernen ist der Lerneffekt dieses außerschulischen Lernens nicht gering einzuschätzen, weil die Kinder hierbei weniger einer Pflicht nachkommen, sondern sich freiwillig in eine Aktivität einwählen und damit deren Regeln (ggf. nur auf Zeit) akzeptieren. So ist z. B. die Teilnahme an organisierten Freizeitaktivitäten mit dem schrittweisen Erlernen eines kompetenten Termin- und Zeitmanagements oder eines Gruppenverhaltens (zwischen Konkurrenz und Gemeinschaft) verbunden.

Die Tatsache, dass Eltern dem biographischen Lernfeld Freizeit einen so hohen Stellenwert zumessen, mag vor diesem Hintergrund daran liegen, dass es bei den meisten Freizeitangeboten für Kinder darum geht, in der Gemeinschaft mit anderen individuelle Leistung in einem weitgehend selbstgewählten Betätigungsfeld zu erbringen und dabei einerseits die erreichte (und auch erreichbare) Position realistisch zu sehen, gleichzeitig aber auch danach zu streben, seine Position zu verbessern, selbst wenn dies mit einem Wechsel des Betätigungsfeldes (z. B. der Sportart) verbunden ist. Alle diese Erfahrungen im Freizeitbereich und vor allem die Akzeptanz der dabei geltenden Normen und Regeln führen zu Sozialisationseffekten, die die Schule vor allem im Bereich des sozialen Lernens unterstützt und sie in gewisser Weise sogar entlastet, weil die meisten Freizeitangebote für Kinder ein biographisches Lernfeld eröffnen, in dem eine gewollte und von allen akzeptierte Leistungssozialisation stattfindet. Die dabei erlernten Kompetenzen sind zwar weniger für die Grundschule, dafür aber umso mehr für die selektiv angelegte Sekundarschule von zentraler Bedeutung. Außerdem bereiten derartige Freizeitangebote für das Leben vor, da sie über ihre Sozialisationswirkung den Grundstein für das gewünschte Persönlichkeitsprofil von späteren flexiblen, motivierten, leistungsbereiten und kooperationsfähigen Arbeitnehmern legen.

Im Zusammenhang mit dem Übergang in die weiterführenden Schulen ist festzuhalten, dass eine große Mehrheit der Grundschüler derartige Kompetenzen zumindest potentiell mitbringt, weil sie entsprechende biographische Lernerfahrungen insbesondere in außerschulischen Aktivitätsbereichen gemacht haben. Gemessen an der Bedeutung dieser Lernerfahrungen ist zu betonen, dass diejenigen, die derartige Lernerfahrungen im Freizeitbereich nicht machen, wahrscheinlich extrem benachteiligt sind, wenn man bedenkt, dass die Familie derartige Erfahrungen – wenn überhaupt – nur sehr unzureichend vermitteln kann. Bei den von uns befragten Kindern geben rund 16 % an, keine festen Termine zu haben, und 10 % sagen, dass sie keinem Verein angehören. In der Gruppe der Kinder mit niedrigem Herkunftsstatus hat jedes vierte Kind keinen festen Termin. In der Gruppe mit hohem sozialen Herkunftsstatus ist das nur jedes zehnte Kind. Damit zeigt sich auch in dieser Hinsicht, dass die so beschriebenen Lernchancen im Rahmen von Freizeitangeboten sozial ungleich verteilt sind, wobei offen bleiben muss, wie einzelne Kinder diese Lernchancen (unterschiedlich) nutzen.

Ein weiterer Indikator für das Vorhandensein von Lernmöglichkeiten in der Freizeit ist die Häufigkeit der kindlichen Vereinsmitgliedschaft. Bei Grundschülern in der vierten Klasse scheint für die große Mehrheit als allgemeine Norm zu gelten, mindestens einem Verein anzugehören. Rund 90 % der von uns befragten Kinder sind Mitglied in mindestens einem Verein. Hier unterscheiden sich die Kinder aus unterschiedlichen Statusgruppen nur wenig. In den Fällen, in denen Kinder in zwei oder mehr Vereinen sind (29 % der Kinder), fallen die unterschiedlichen Verhaltensweisen in Abhängigkeit vom sozialen Status der Herkunftsfamilie mehr ins Gewicht. Etwa 37,2 % der Kinder aus Familien mit hohem sozialen Status und nur 18,9 % der Kinder mit niedrigem sozialen Status sind in zwei oder mehr Vereinen. Wer allerdings zwei und mehr Vereinen angehört, kann auch unterschiedliche Erfahrungen machen (im Hinblick auf verschiedene Aktivitäten und verschiedene soziale Netzwerke) und erweitert damit die Palette der Optionen, die spätere Schwerpunktsetzungen und denkbare Freizeitkarrieren ermöglichen. Ein solches Probehandeln zur

Erweiterung der Freizeitoptionen finden wir wiederum besonders häufig in den hohen sozialen Statusgruppen.

Dieses überdurchschnittlich häufige Engagement von Kindern aus statushohen Familien im Rahmen von institutionalisierten Freizeitangeboten steht allerdings in einem erklärungsbedürftigen Kontrast zu den von den Eltern vorgetragenen Freizeitnormen. Diese lassen sich im Kern auf die Devise zuspitzen: viel freies Spielen, wenig Aufsicht durch Erwachsene. Kinder wollen und sollen zwar institutionalisierte Freizeitangebote wahrnehmen, aber gleichzeitig wird ihnen in diesem Alter ein großer Freiraum für freies und selbstständiges Spielen gelassen. Trotz dieser elterlichen Normvorgabe, dass Grundschulkinder sich am besten beim freien Spielen verwirklichen können, sind die Voraussetzungen dafür immer weniger einfach vorhanden, sondern die Eltern müssten sie zur Verfügung stellen. Das tun sie jedoch in der Regel nur teilweise; vielmehr delegieren sie die Verantwortung dafür an dafür zuständige Experten. Und viele Kinder sind schon seit dem Vorschulalter daran gewöhnt, dass sie von anderen Erwachsenen betreut werden und dass ihre Freizeit in organisierten Bahnen abläuft. Insofern ist zu vermuten, dass das freie Spielen, von dem die Eltern vor allem aus der hohen sozialen Statusgruppe sprechen und das sie als zentrale Norm einfordern, so frei gar nicht ist. Es scheint zwar nicht institutionalisiert zu sein, aber dennoch in unterschiedlichen Graden organisiert und indirekt betreut. Deshalb gerät Kindheit als Vorstellung von einer eigenen Kinderwelt zunehmend in Konkurrenz zu einer Freizeitwelt der Kinder, in der Eltern und vor allem andere Erwachsene vorkommen und ihre Rolle spielen. Die Eltern bringen sich im konkreten Alltag insofern ein, als sie gerade nicht die Kinder ins freie Spielen entlassen, sondern indem sie sich für die Kinder engagieren und mit ihnen etwas (organisiert?) unternehmen. Damit erfüllen sie möglicherweise die Wünsche der Kinder, realisieren aber in der Alltagspraxis eine Form von organisierter, erwachsenenkontrollierter Freizeit für Kinder, die sie auf diese Weise u. U. sogar gezielt in ihrer Entwicklung fördern wollen. Hier könnte man sogar fragen, ob sich der Förderanspruch der Eltern überhaupt noch mit der Praxis und den darin enthaltenen Lernpotentialen verträgt. Somit wird das freie Spielen möglicherweise zunehmend ersetzt durch ein von Erwachsenen inszeniertes, organisiertes, speziell gefördertes und damit auch kontrolliertes Spielen.

Bei den nicht-organisierten Freizeitbeschäftigungen dominieren eindeutig sport- und bewegungsorientierte Aktivitäten. Fast die Hälfte der Kinder geben an, dass Erfolge im Sport wichtig für sie sind und dass sie Wert darauf legen, dass ihre Eltern ihnen bei sportlichen Wettkämpfen zusehen. Welche Bedeutung und vor allem welche Sozialisationswirkung und Bildungsrelevanz diese durchaus auch leistungs- oder wettbewerbsbezogenen Nachmittags- und Wochenenderfahrungen für die beteiligten Kinder jeweils haben, bedarf noch weiterer Auswertungs- und Untersuchungsschritte. Wir vermuten allerdings, dass ein hoher Aktivitätsgrad und ein breites Aktivitätsspektrum im Freizeitbereich durchaus positive Rückwirkungen auf das schulische Leistungsvermögen hat.

Dabei vermuten wir, dass zumindest ein Teil der Eltern auf den "richtigen Geschmack" ihrer Kinder vertrauen können, weil die Kinder die Bildungsvorstellungen der Eltern in diesem Alter bereits soweit verinnerlicht haben, dass sie die Bildungsstrategien der Eltern durch ihre eigenen Entscheidungen mittragen. Das ist u. a. auch darauf zurückzuführen, dass die Kinder besonders in der Freizeit in ein sozio-kulturelles Umfeld eingebunden sind, das diese Haltung noch bestärkt. Auffällig ist, dass der Grad der Organisationsbereitschaft in der Freizeit bei Kindern mit guten Schulleistungen besonders hoch ist. Dies bestätigt die Vermutung, dass schulische und außerschulische Leistungsbereitschaft in dieser Hinsicht eng miteinander verbunden sind.

10. Chancenungleichheiten bei der Bildungsteilhabe innerhalb und außerhalb der Schule sowie ungleich verteilte kindliche Belastungspotentiale

Das Wechselwirkungsverhältnis zwischen Familienkindheit und Schulkindheit und daraus sich ergebende (ungleiche) Chancen, bestimmte Unterstützungspotentiale im Rahmen der kindlichen Selbständigkeitsentwicklung zu mobilisieren, schlägt sich nicht allein im unterschiedlichen Denken und Handeln von Eltern mit unterschiedlichem Bildungshintergrund nieder. Es sind nicht zuletzt die unterschiedlichen (lebensstilabhängigen) Familienkulturen selbst, die bewirken, dass sich die kulturellen Teilhabe- und sozialen Anschlussmöglichkeiten von Kindern in eine bestimmte Richtung entwickeln. Die in unterschiedlichen Familienkulturen vertretenen unterschiedlichen Wissens- und Wertehierarchien bekommen dadurch eine ungleichheitsrelevante Bedeutung, dass sie – als Richtgrößen für den kindlichen Biographieverlauf – immer auf die hierarchisch strukturierten unterschiedlichen Schullaufbahnen und die damit verbundenen Berechtigungen bezogen sind.

Das aus der bildungssoziologischen Forschung bekannte und empirisch belegte Privileg der *gebildeten* sozialen Statusgruppen (vgl. z. B. Rolff 1997) ergibt sich in diesem Zusammenhang vor allem aus der Tatsache, dass deren Kinder die Schulbildung eher als Wissen "zweiten Grades" betrachten können, das auf einem Schatz von Erfahrungen "ersten Grades" aufbaut, die sich aus den "schulbildungsnahen" Lebensbedingungen und Sinnbezügen in entsprechenden außerschulischen Lebenszusammenhängen in Familie und Freizeit ergeben (vgl. dazu auch Bourdieu 1981 und Lenhardt 1984, S. 220). Bereits bei der Einschulung finden sich bei einem Teil der Kinder in der Form von kindlichen Grundkenntnissen, kulturellen und sozialen Techniken und Ausdrucksmöglichkeiten deutliche Affinitäten und "Wahlverwandtschaften" zum schulischen Bildungsanspruch, was sich schon relativ früh (im Bewusstsein der Beteiligten) als Bildungsnähe des entsprechenden Elternhauses (im Gegensatz zur Bildungsferne eines anderen) niederschlägt[8].

Für den biographischen Prozess des kindlichen Erwachsenwerdens und die damit verbundenen Möglichkeiten zur kindlichen Bildungsteilhabe ergeben sich aus derart ungleichwertigen gesellschaftlichen Gelegenheitsstrukturen zum Bildungserwerb erhebliche Konsequenzen. Zum einen müssen wir auch weiterhin die Tatsache berücksichtigen, dass die schulische Bildungsbeteiligung in Abhängigkeit von der sozialen Herkunft eines Kindes erfolgt und entsprechende Bildungschancen ungleich verteilt sind. Der Besuch des Gymnasiums und die Beendigung der Schulkarriere mit dem Abitur kennzeichnet nach wie vor den Standard für Kinder aus Familien mit hohem sozialen Status, während diese Option den Kindern aus Familien mit niedrigem sozialen Status noch weitgehend versperrt ist (Büchner 1996a; Hansen/Pfeiffer 1998)[9].

Neben der in Abhängigkeit von der sozialen Herkunft eines Kindes ungleichen *schulischen* Bildungsbeteiligung sind aber auch die Chancen für den *außerschulischen* Bildungserwerb ungleich verteilt. Die Teilnahme an bildungsorientierten außerschulischen Aktivitäten und die Chancen zur Aneignung von zentralen (bildungsrelevanten) sozialen Schlüsselqualifikationen und Daseinskompetenzen sind ebenfalls abhängig von der sozialen Herkunft des Kindes. Bei der Teilnahme an institutionalisierten Freizeitangeboten oder im Kontext der unterschiedlichen Gestaltung der kinderkulturellen Alltagspraxis zeigen sich ähnliche soziale Ungleichheitsmuster wie bei der schulischen Bildungsbeteiligung (Büchner 1996a). Da Kinder sich hierbei aber so wichtige allgemeine Qualifikationen wie kompetentes und selbständiges Zeitmanagement, Planungs- und Konfliktlösungskompetenzen, sozial verträgliches Durchsetzungsvermögen oder angemessener Umgang mit Informations- und Beratungsangeboten aneignen können, die zur allgemeinen erfolgreichen Lebensbewältigung beitragen, sind Chancenungleichheiten an dieser Stelle gesellschaftlich problematisch.

Wir können hier sogar von einem bedrohlichen kumulativen Effekt sprechen, der sich bei den derzeit erkennbaren – nach sozialer Herkunft differenzierten – Gelegenheitsstrukturen für den kindlichen Bildungserwerb und das biographische Lernen innerhalb und außerhalb der Schule einstellt. Biographisches Lernen im Kindesalter ist vor diesem Hintergrund (und nicht nur wegen der bestehenden Schulpflicht) immer direkt und indirekt auf Schule und die Hierarchien von entsprechenden Wissens- und Wertebeständen bezogen. Die in der Schule festgelegten Bildungsnormen und der darüber definierte "Bildungswert" schulisch vermittelter Wissensbestände, Verhaltensstandards und Umgangsnormen wirken auch über die Schule hinaus. Was als status- und karriereträchtig gilt, erweist sich letztlich über die Autorität des schulischen Curriculums und seiner "Kaufkraft".

Kinder sind also nicht zuletzt auch als Träger von Bildungsvermögen auf die kulturellen Vorleistungen der Familie und auf familiale und außerschulische Unterstützungspotentiale angewiesen. In Anbetracht der sehr unterschiedlichen Familien- und Freizeitkulturen haben Kinder jedoch sehr unterschiedliche Möglichkeiten, derartige Unterstützungsleistungen zu mobilisieren. Das lässt sich anhand von Forschungsergebnissen über objektiv gegebene und auch subjektiv in bestimmter Weise wahrgenommene Belastungen im kindlichen Alltagsleben kurz verdeutlichen (vgl. dazu Büchner/Krüger 1996).

Beispielsweise treten bestimmte schulbezogene Problemlagen in Abhängigkeit vom sozialen Status der Herkunftsfamilie unterschiedlich häufig auf und führen zu Belastungen im Kinderalltag (vgl. dazu Büchner 1996a). Dies ist z. B. die Nichtaufnahme in der gewählten Wunschschule, Klassenwiederholung, Versetzungsgefährdung, Schulwechsel und die Notwendigkeit von Nachhilfeunterricht. Immerhin ein Fünftel der in den alten Bundesländern befragten Schülerinnen und Schüler in der 5. bis 9. Jahrgangsstufe berichten von einem Schulwechsel; 21,2 Prozent geben an, Nachhilfestunden zu bekommen. Betrachtet man das Antwortverhalten aller Befragten in Abhängigkeit vom sozialen Status der Herkunftsfamilie, dann bestätigt sich unsere Vermutung, dass Kinder aus Familien mit niedrigem sozialen Status deutlich stärker von allen genannten schulischen Problemlagen (Klassenwiederholung, Nichtaufnahme in der Wunschschule, Schulwechsel, Versetzungsgefährdung, Nachhilfeunterricht) betroffen sind als Befragte aus der hohen sozialen Statusgruppe. Da mehr Kinder aus Familien mit niedrigem sozialen Status zudem (im Vergleich zu denjenigen aus Familien mit hohem sozialen Status) aufgrund ihrer subjektiven Wahrnehmung von sich sagen, dass sie in der Schule weniger zustande bringen als andere und dass die Lehrer so richtig eigentlich nie mit ihnen zufrieden sind, auch wenn sie sich noch so sehr anstrengen, wird deutlich, dass neben der faktischen größeren Betroffenheit durch schulbezogene Problemlagen auch die subjektive Wahrnehmung ihrer besonderen Betroffenheit und ihrer persönlichen Erfolgschancen ein Faktor ist, der in diesem Zusammenhang berücksichtigt werden muss. Die Vermutung, dass die subjektiv wahrgenommene Belastung mit dem sozialen Status positiv korreliert, wird zusätzlich durch die Angaben der Befragten aus der unteren sozialen Statusgruppe bestätigt, die deutlich häufiger angeben, beunruhigt zu sein, dass sie die Schule nicht schaffen.

Eine weitere Ebene der subjektiv wahrgenommenen Belastung sind die allgemeinen Sorgen, die sich Kinder und Jugendliche über Schule und über ihr Abschneiden beim schulischen Leistungswettbewerb machen. Die auch in unserer Studie deutlich werdenden hohen Bildungsaspirationen von Eltern und Heranwachsenden sind für den Westen Deutschlands schon seit längerem von Hurrelmann u. a. (1988) mit entsprechenden Folgeerscheinungen (stärkerer schulischer Belastungsdruck sowie spezifische psychosomatische Reaktionen auf entsprechend hohe schulische Leistungsanforderungen) in Verbindung gebracht werden.

Immerhin über ein Fünftel der befragten Kinder sagen, dass sie abends im Bett Angst vor dem Abschneiden am nächsten Schultag haben, und dass sie vor Prüfungen und Klassenarbeiten oft Magenschmerzen haben. Noch ausgeprägter ist bei den Befragten die Sorge, in der Zukunft die Schule nicht zu schaffen. Dass die schlechten Schülerinnen und Schüler bei diesen Aussagen deutlich mehr Sorgen artikulieren als gute Schülerinnen und Schüler, entspricht dem erwarteten Antwortverhalten. Dass aber Befragte aus der höheren sozialen Statusgruppe durchweg deutlich geringere "Sorgen-"Werte haben, als diejenigen aus der niedrigen sozialen Statusgruppe, deutet an, dass die soziale Herkunft der Befragten eine gewichtige Einflussvariable für das Auftreten von Schulangst und Angst vor schulischem Leistungsversagen ist.

Die Heranwachsenden aus der niedrigen sozialen Statusgruppe sind somit nicht nur beim Besuch höherer Bildungsgänge deutlich benachteiligt. Auch die Schulform, die sie de facto besuchen, erleben sie – wie die Schule insgesamt – als deutlich stärker belastend als Kinder und junge Jugendliche aus Familien mit hohem sozialen Status. Dass sich eine solche subjektiv wahrgenommene Belastung wahrscheinlich negativ auf das gesamte Schul-Erleben und auf die Einstellung zum schulischen und außerschulischen Lernen auswirkt, liegt auf der Hand.

11. Unterstützung der kindlichen Selbständigkeitsentwicklung durch gezielte Förderung des biographischen Lernens

Kulturelle Teilhabe- und soziale Anschlussfähigkeit setzen die Schaffung von Möglichkeitsräumen und Gelegenheitsstrukturen, aber auch entsprechende biographische Lernprozesse voraus, die – in Abhängigkeit von jeweils gegebenen sozio-kulturellen Rahmenbedingungen – nicht nur die kurzfristigen, sondern auch die längerfristigen Folgen von biographisch relevanten Entscheidungen in den Blick kommen lassen. Deshalb ist ein wichtiges Moment bei der kindlichen Selbständigkeitsentwicklung die Ausbildung (Modellierung) eines kindlichen Habitus, der schon frühzeitig über eine entsprechende Langsicht als wichtigem Element einer funktionierenden Gewohnheitsapparatur verfügt (Elias 1976 Bd. 2, S. 336). Dazu gehört, dass man Gefährdungsmomente im kindlichen Biographieverlauf erkennen lernt, die zum Nicht-Mithalten-Können im Rahmen der kindlichen Biographieplanung und Biographiegestaltung führen können und die – teilweise über eigene Wahlentscheidungen – im kindlichen Alltagsleben selbst herbeigeführt und deshalb auch selbst korrigiert werden können. Wie wir gesehen haben, finden wir in unterschiedlichen Familienkulturen unterschiedliche Voraussetzungen für die Mobilisierung der notwendigen Unterstützungspotentiale, so dass es differenzierter Maßnahmen bedarf, um z. B. ungleichheitsbedingte Benachteiligungen auszugleichen.

Es wurde schon mehrfach angesprochen, dass Kinder bei ihrer Biographieplanung und -gestaltung – je nach gegebenen sozio-kulturellen Voraussetzungen – spezifische Unterstützung brauchen, um unter gesellschaftlichen Wettbewerbsbedingungen ihren jeweiligen Biographieverlauf erfolgreich steuern zu können. Solche Unterstützung ist in vielfältiger Form denkbar. Mehr oder weniger unabhängig von bestimmten Lernorten ist z. B. von der "Schaffung von Räumen für Kinder" die Rede, in denen Gelegenheiten für biographisches Lernen ("Lernarrangements") enthalten sind. Bezogen auf bestimmte Lernorte wird von ganztägig geöffneten Schulen, von Zusammenarbeit von Schule und Jugendhilfe, von Familienbildung oder ganz allgemein von Kinder- und Jugendarbeit gesprochen. Alle solche Maßnahmen sind in der Regel geeignet, biographische Bildungsprozesse zu ermöglichen, um das individuelle Bewältigungspotential von Kinder im Rahmen ihres Biographieverlaufs zu erhöhen. Entsprechende Unterstützung beim biographischen Lernen ist insbesondere dann erforderlich, wenn das vorhandene soziale Unterstützungspotential bzw. das individuelle Bewältigungspotential nicht ausreicht und z. B. falsch verstandene Selbständigkeit unter Umständen zur Selbständigkeitsfalle wird, wenn biographische Optionen wahrgenommen und biographische Weichenstellungen erfolgen, die dazu führen, dass bestimmte Anschlüsse später nicht mehr erreichbar sind (fehlende Langsicht).

Unterstützung von Kindern bei ihrer Selbständigkeitsentwicklung heißt aber auch, explizit biographische Bildungsarrangements für Kinder zu machen, wobei die Ebene der subjektbezogenen Bildungsaneignung im Vordergrund stehen muss. Ein bildungstheoretischer Begründungszusammenhang für biographische Bildung ist bisher nur wenig entwickelt und wird hauptsächlich in der Erwachsenen- und Altenbildung diskutiert (Kade 1997; Schäffter 1993, Buschmeyer/Behrens-Cobert 1990). Anknüpfungspunkte finden sich aber auch in dem schon erwähnten Fünften Familienbericht (BMFuS 1994), wenn von der Notwendigkeit der Vermittlung von Daseinskompetenzen die Rede ist.

Vor allem in der Altenbildung wird der lernende Rückbezug von Menschen auf ihre biographischen Selbstdeutungsprozesse als biographische Bildung akzentuiert, "ohne dass hierbei (wie im Schulsystem) 'Lernerfolg' oder 'Lernwiderstand' thematisiert werden müßten" (Schäffter 1993, S. 449). Aber gerade in dieser Hinsicht stellt sich das Problem für Kinder in anderer Weise. Biographische Bildungsarrangements für Kinder beim Übergang in die Jugendphase *können* Schullaufbahn und schulische Bildungskarriere nicht losgelöst von der "restlichen" Bildungsbiographie und dem allgemeinen Anspruch auf Selbstbestimmung, Selbstverwirklichung und persönlicher und sozialer Authentizität in den Blick nehmen. Schulische und außerschulische, laufbahnbezogene und individuelle Aspekte der Lebensführung und Lebensplanung sind in dieser Lebensphase wesentlich enger miteinander verbunden und aufeinander bezogen, als dies nach dem Ausscheiden aus dem Berufsleben der Fall ist. Insofern muss die Filterwirkung der Institution Schule für außerschulisches Lernen und außerschulische Lernarrangements (Büchner/Fuhs 1994, S. 117 ff.) beim biographischen Lernen von Kindern immer berücksichtigt werden.

Auf der Grundlage unseres empirischen Datenmaterials scheint es besonders wichtig zu sein, geeignete biographische Bildungsanlässe und Bildungsarrangements für Kinder ("Gelegenheitsstrukturen") in Analogie zur Erwachsenen- und Altenbildung zu schaffen, denn es ist auch für Kinder und junge Jugendliche (ebenso wie für alte Menschen) erforderlich, sich biographisch relevante soziale und kulturelle Kompetenzen anzueignen, die zu sozialer Anschlussfähigkeit und zu kultureller Teilhabe verhelfen können. Mit Hilfe der dargestellten Fallbeispiele sollte verdeutlicht werden, dass die zum Beispiel im Freizeitbereich erfahrenen Widerstände und eigenen Unzulänglichkeiten von den Betroffenen oft als biographische Einbrüche mit allen

Folgerisiken erlebt werden (vgl. dazu auch Ziehe 1998), so dass biographische Bildungsarrangements als eine möglichst frühzeitige Unterstützungsform für biographische Sinnfindungsprozesse im Rahmen der eigenen Biographiegestaltung auch in dieser Hinsicht eine wichtige Präventivwirkung haben können. Neben der Reflexion der gegebenen und möglichen Bedingungen der individuellen Lebensführung und der Entwicklung eines entsprechenden Selbstverständnisses kommt es nicht zuletzt darauf an, individuelle Bewältigungsformen von Leistungsanforderungen und Leistungserwartungen einzuüben und dabei ein positives Verhältnis zu institutionellen und anderen Unterstützungsmöglichkeiten zu entwickeln.

Ein wichtiges Ergebnis aus unseren Fallstudien ist auch die im Kinderalltag deutlich werdende enge Verbindung zwischen schulischem und außerschulischem Erfolgsdenken. Auch im außerschulischen Bereich kommt immer wieder ein mehr oder weniger verstecktes soziales und kulturelles Distinktionsdenken (vgl. dazu Bourdieu 1982) zum Ausdruck, indem den biographischen Planungs- und Verlaufsmustern der Kinder aus gehobenen sozialen Milieus Vorbildfunktion zugemessen wird. Eine Querverbindung zum hohen gesellschaftlichen Wert gymnasialer Bildung ist dabei unübersehbar. In Entsprechung dazu scheint das Bewusstsein allgegenwärtig zu sein, dass z. B. Haupt- und Sonderschüler auch außerhalb der Schule weniger "leisten" als Gymnasiasten.

Die Leistungspalette im außerschulischen Aktivitätsbereich ist in diesem Sinne also ebenso wie im schulischen Bereich hierarchisch strukturiert: Wer also nicht viele attraktive Termine, viele unterschiedliche Gleichaltrigenkontakte, viele aktive Freizeitinteressen, mehrere Vereinsmitgliedschaften, eine hohe Bereitschaft zur Mobilität bei der Wahrnehmung von Freizeitangeboten, vielfältige sportliche Ambitionen, Selbstsicherheit und Selbständigkeit bei der Auswahl und der Organisation von Freizeitkontakten und -aktivitäten hat, wer nicht engagiert und aktiv sein Freizeitprogramm gestaltet und die damit verbundenen Belastungen ausbalancieren kann, wer also nicht hinreichend belastbar ist, hat auf der Bühne der modernen Kinder- und Jugendkultur weniger Ansehen. Dieses Denken geht soweit, dass wir, wie z. B. der Fall Katja zeigt (vgl. Kap. 6), auch Prozesse des Selbstausschlusses aus bestimmten Handlungszusammenhängen beobachten können, indem Kinder sich mit unattraktiven Restmöglichkeiten und biographischen Optionen zweiter Wahl abfinden (müssen), die weitere biographische Lernprozesse erschweren oder gänzlich ausschließen. In der Wahrnehmung von Katja führte das u. a. zu Scham- und Unterlegenheitsgefühlen, so dass sie nach Möglichkeiten suchen musste, um die von ihr erlebten Prestigeverluste zu verkraften. Hier wäre mit großer Wahrscheinlichkeit eine entsprechende soziale Unterstützung hilfreich gewesen.

Die kindliche Biographiegestaltung und insbesondere der kindliche Verselbständigungsprozess beim Übergang von der Kindheit ins Jugendalter sind ein doppelter Balanceakt. Altersbezogen sind schon frühzeitig wichtige biographische Wahlentscheidungen möglich und nötig, die allerdings ohne hinreichendes soziales Unterstützungspotential und persönliches Bewältigungspotential mit biographischen Risiken verbunden sind. Je mehr der biographisch frühe lebenswegbestimmende Entscheidungszwang zunimmt, desto wichtiger werden biographische Reflexions- und Planungskompetenzen und die Ausbildung von Fähigkeiten, um im Lebensalltag die erforderlichen materiellen und psycho-sozialen Ressourcen und Unterstützungsleistungen zu mobilisieren. Gelingt dies nicht, besteht die Gefahr, dass Kinder sozial und kulturell keinen Anschluss mehr finden.

Allerdings gilt es ein Missverständnis auszuschließen: Meine Ausführungen sollen nicht etwa nahe legen, dass nun die Stunde der Vereine oder anderer Anbieter von Freizeitaktivitäten für Kinder geschlagen hätte. Meine These besagt zwar, dass es immer wichtiger zu werden scheint, über geeignete Gelegenheiten für Kinder zum biographischen Lernen nachzudenken. Aber Kinder sind deshalb keineswegs allein auf die Wahrnehmung derartiger Angebote beschränkt, um sich biographische Bildung aneignen zu können. Das wäre eine arg verkürzte Interpretation unserer Forschungsergebnisse, die ich hier nicht nahe legen möchte. Biographisches Lernen von Kindern findet z. B. nach wie vor im familialen Rahmen oder auch in funktionierenden, nicht von Erwachsenen betreuten von den Kindern selbst organisierten Gleichaltrigenzusammenhängen statt, so dass es nicht um eine alles umfassende Pädagogisierung des Kinderalltags gehen kann. Aber es kommt trotzdem darauf an, die Potentiale unterschiedlicher Gelegenheitsstrukturen für biographisches Lernen in ihrer jeweiligen Wertigkeit für eine gelingende kindliche Selbständigkeitsentwicklung genauer auszuloten und über entsprechende Unterstützungsmöglichkeiten nachzudenken.

Unsere Forschungsergebnisse legen nahe, dass es wichtig ist, die *Ambivalenzen* der frühen kindlichen Selbständigkeit in unterschiedlichen Handlungskontexten in ihrer Differenziertheit genauer wahrzunehmen und in Verbindung mit der konkreten kindlichen Lern- und Lebenssituation in unterschiedlichen sozio-kulturellen Kontexten zu sehen. Pädagogische, insbesondere sozialpädagogische Arbeit ist hierbei wichtig, die jedoch ohne begleitende kinder- und jugendpolitische, familien- und bildungspolitische Begleitmaßnahmen zu kurz greifen würde und zum Scheitern verurteilt wäre.

Welche Kontroversen verhindern derzeit eine Entwicklung in die angedeutete Richtung? Dass sich aus einem hohen Grad an kindlicher Selbständigkeit und Eigenverantwortlichkeit ein privilegierender Besitz von sozialen und kulturellen Anschlusschancen ergibt, habe ich versucht herauszuarbeiten. Deshalb halte ich es für abwegig, eine frühe kindliche Selbständigkeit dadurch in Frage zu stellen, dass man Kindern naiv wieder mehr Grenzen setzen will. Eine solche Rehierarchisierung der Eltern-Kind-Beziehungen benachteiligt vor allem gerade jene Kinder, die sich nur auf drittklassige Möglichkeiten (Gelegenheitsstrukturen) für biographisches Lernen stützen können. Keineswegs nur pädagogisch, sondern vor allem kinder-, sozial- und familienpolitisch motiviert müssen wir nach Lösungen suchen, um den Prozess einer angeblich zu frühen kindlichen Verselbständigung entsprechend zu unterstützen, damit er gelingt. Die naive Befolgung des kinderschützlerisch motivierten Rufes nach einer erneuten Begrenzung der Kinder auf ihren traditionellen Schonraum ist – so eine Schlußssfolgerung aus unseren Forschungsergebnissen – eher schädlich für die betroffenen Kinder und dysfunktional für die Entwicklung von modernen Generationenbeziehungen. Nachdem heutige Kinder durch den Zwang der Verhältnisse notgedrungen zu kleinen Erwachsenen geworden sind, müssen wir sie nun auch wie kleine Erwachsene behandeln.

In diesem Sinne gilt es, Konzepte für biographische Bildung für Kinder und junge Jugendliche zu entwickeln, die auf die Schaffung von anschlussfähigen Gelegenheitsstrukturen für Kinder gerichtet sind. Strategisch geht es wie bei der Altenbildung auch im Kindes- und Jugendalter um die Unterstützung von Selbstfindung und biographischen Suchbewegungen, um biographische Selbsterweiterung, um bildungsbezogene Nachhol- oder Ergänzungsmotive, um Selbstbestätigung und biographische Stabilisierungsarbeit. Außerdem geht es um soziale Schlüsselqualifikationen wie kompetentes Raum-, Zeit- und Beziehungsmanagement, Organisationswissen, Planungs- und Konfliktlösungskompetenz oder angemessener Umgang mit sozialen Regeln oder mit Informations- und Beratungsangeboten.

Bei der Diskussion über Daseinskompetenzen (als Ziele für biographisches Lernen) wird davon ausgegangen, dass diese für eine aktive Teilnahme am gesellschaftlichen Leben und bei dessen Mitgestaltung unverzichtbar sind. Ähnlich wie beim biographischen Lernen geht es um Kompetenzen zur angemessenen Regelung aller sog. Privatangelegenheiten, die aber weit über die Privatsphäre hinausreichen. Dazu gehören

- Fähigkeiten zur Aktivierung der eigenen Kräfte und Anlagen,

- Einsichten und Fähigkeiten zum situationsangemessenen und kritischen Handeln in privaten und öffentlichen Angelegenheiten,
- Fähigkeiten zur Entwicklung und Realisierung von Konzepten der eigenen Lebensweise (insbesondere des Familienlebens) und von Lebensstilen,
- Fähigkeiten, die ein besseres Selbst- und Fremdverstehen im gesellschaftlichen Zusammenleben ermöglichen, bis hin zu
- Fähigkeiten zur Entwicklung der eigenen Persönlichkeit, auch als soziales Wesen, und zur Übernahme von persönlicher Verantwortung für die eigene Gesundheit, die Alltagsversorgung und Alltagskultur (was u. a. auch Haushaltsführungskompetenz einschließt).

In der Schule gehört das zwar pauschal "alles" zum sozialen Lernen, aber soziales Lernen ist fast immer dem schulischen Lernzweck untergeordnet und tritt deutlich hinter die Vermittlung von Fachwissen zurück. Deshalb sind Hilfen zur Selbstfindung und Biographiegestaltung im familienergänzenden außerschulischen Gemeinschafts- und Gesellschaftsrahmen wichtiger und auch leichter zu arrangieren. Diese Hilfen schließen, konservativ gesprochen, auch Elemente von Werteerziehung ein, aber besser lassen sie sich als außerschulische politische Bildung für Kinder und junge Jugendliche bezeichnen. Dafür müssen wir neue Konzepte entwickeln und dafür werben, dass diese in der Praxis erprobt und umgesetzt werden können.

12. Ein Ausblick: Kinder-, jugend- und schulpolitische Perspektiven

Der Wandel der kindlichen Lebensverhältnisse und die damit verbundenen Anforderungen und Belastungssituationen für Kinder im Rahmen ihrer Selbständigkeitsentwicklung unter gesellschaftlichen Modernisierungsbedingungen werden je nach Standpunkt des Beobachters unterschiedlich bewertet. Was die einen als Auflösung traditioneller sozialer Bindungen, als Verlust an (lokaler) Solidarität, als Destabilisierung zwischenmenschlicher Beziehungen, als Erosion des Erziehungsgedankens beklagen, sehen andere als Vergrößerung der Chancen zu kindlicher Selbständigkeit und individuell gestalteter Lebensführung, als Zuwachs an Verhaltensspielräumen und Möglichkeiten für Individualität und eigene biographische Optionen. Unabhängig vom Standpunkt des Betrachters besteht aber Einigkeit darüber, dass nach neuen Wegen gesucht werden muss, um die kindliche Selbständigkeitsentwicklung und den damit verbundenen Prozess der Biographiegestaltung nachhaltig im Sinne des Kindes zu unterstützen.

Zunächst gilt es, auf die umfangreichen Empfehlungen (über 200 an der Zahl) des Zehnten Kinder- und Jugendberichts hinzuweisen (BMFSFJ 1998), die von der Notwendigkeit der Schaffung einer neuen Kultur des Aufwachsens von Kindern und Jugendlichen ausgehen. Darunter wird ein wohlabgestimmtes Gefüge von persönlichen Beziehungen und unterstützenden Einrichtungen verstanden, in dem Wissen, Werte und Normen vermittelt, zugleich aber auch die Entwicklung eigenen Sinns und die Übernahme von Verantwortung für sich und andere auf Seiten der Kinder und Jugendlichen möglich ist (Krappmann 1999). Das setzt einen Balanceakt voraus, der die Anerkennung der Eigenrechte der Kinder, die soziale Unterstützung von Kindern und materielle Zuwendungen für Kinder und Familien in einen sinnvollen Zusammenhang bringt und eine soziale Lebenswelt der Kinder, für Kinder und mit Kindern schafft, die das Zusammenleben der Generationen mit geeigneten kulturellen Teilhabe- und sozialen Anschlusschancen für alle Beteiligten ermöglicht. Im Sinne des Kinder- und Jugendhilfegesetzes (KJHG) heißt das, "positive Lebensbedingungen für junge Menschen und ihre Familien sowie eine kinder- und familienfreundliche Umwelt zu erhalten oder zu schaffen" (§ 1).

Schlagworte in der Reformdiskussion sind in diesem Zusammenhang: stärkere Gemeinwesenorientierung und Öffnung der Schule gegenüber den außerschulischen Lebens- und Erfahrungsräumen der Schülerschaft, Kooperation von Jugendarbeit und Schule, ganztägige Betreuung in Stadtteil- und Nachbarschaftsschulen, Schulsozialarbeit. Mit einer stärkeren Verankerung von sozialpädagogischen Anliegen in der Schule soll die bisherige Exklusivität des Lernorts Schule als Institution für Wissensvermittlung und intellektuelles Training in Frage gestellt werden. Die Schule soll die Familie bei ihren Erziehungsaufgaben mehr als bisher unterstützen und ergänzen, indem sie Kindern soziale Möglichkeitsräume und Gelegenheitsstrukturen zum biographischen Lernen anbietet und entsprechende Unterstützungsleistungen bereitstellt. Allerdings darf das weder um den Preis einer weiteren Verschulung des Kinderlebens, noch einer heimlichen Aufgabe des Bildungsauftrages der Schule umgesetzt werden. Vielmehr soll der Schule wieder mehr realer Lebensweltbezug zurückgegeben werden, indem die sozialpädagogisch inspirierte Aufgabenerweiterung der Schule erzieherische Hilfen zur Lebensbewältigung vorsieht (Böhnisch 1992) und darüber hinaus elternergänzende Betreuungsangebote im Rahmen von Schülerhilfe und Schulsozialarbeit gemacht werden, um problematische Biographieverläufe in der Folge von instabilen Familienverhältnissen u. a. auch präventiv korrigieren zu können (vgl. dazu BMJFFG 1990, 1998). Gefordert werden didaktische Netzwerke, die von der gesamten Lebenswelt der Schüler als Lernumwelt ausgehen und eine entsprechende Kooperation aller Beteiligten voraussetzen.

All das vollzieht sich vor einem Hintergrund, in dem sich neuerdings wiederum die Stimmen zugunsten einer gezielten Förderung von Begabungsreserven und Begabungsprofilen mehren – nicht zuletzt auch unter dem Aspekt der qualifikations- und leistungsbedingten "Sicherung des Standorts Deutschland" durch den Produktionsfaktor Arbeit. Die Revision der Auffasssung, es könne zu hohe Quoten des Übergangs ins Gymnasium geben, zwingt die Schulen zu einem Umdenken bezüglich der pädagogisch und didaktisch angemessenen Gestaltung des Übergangsprozesses selbst. Die im Stil des Verhandelns zwischen den Generationen weitgehend anders als früher sozialisierten Schüler, ihr Anpassungsverhalten in der Schule und ihr Bewältigungsverhalten beim konkreten Übergang in die (oft autoritär Wissen transportierenden) Gymnasien geraten in den Mittelpunkt der Aufmerksamkeit, weil es für sie um kritische Übergänge geht. Das kann nicht unregistriert dahingestellt bleiben, wenn nicht nur auf die im OECD-Vergleich auffallend niedrige Akademikerquote Deutschlands, sondern zudem auf die Tatsache geschaut wird, dass Ende der 90er-Jahre nicht einmal mehr als die Hälfte der Abiturienten zu einem universitären Abschluss gelangte.

Ganz besonders kommt es in diesem Rahmen darauf an, die Strukturen der sozialen Ungleichheit im Kinderleben zu berücksichtigen. Es wäre verfehlt, von der kindlichen Selbständigkeitsentwicklung als weitgehend anthropologischer Größe auszugehen und die sozial und kulturell bedingten Ungleichheitsmuster bei den kulturellen Teilhabe- und sozialen Anschlussmöglichkeiten von Kindern zu vernachlässigen. Wenn diese soziale Ungleichheit dann auch noch auf ein Schulsystem stößt, in dem jede Schule (oder gar jeder Lehrer) mit einem eigenen Umgangsprofil den Schülern gegenübertritt, mag sich die Befähigung von Schülern (und Eltern), in eigener Verantwortung sinnvolle Bildungsentscheidungen zu treffen, deutlich verringern.

Aus den von uns zusammengetragenen Forschungsbefunden ergeben sich u. a. folgende Notwendigkeiten:

Erstens: Aus schulpädagogischem Blickwinkel steht der Übergang von der Grundschule in daran anschließende weiterführende Schullaufbahnen als Gegenstand kontroverser Diskussionen nach wie vor auf der Tagesordnung. Bis heute müssen wir davon ausgehen, dass die 1920 eingerichtete Grundschule "für alle" immer noch im Widerspruch zu einem mehrfach gegliederten und selektiven weiterführenden Schulwesen steht. Wird von der Grundschule "nur" eine gezielte Vorbereitung auf eine "höhere" Schullaufbahn verlangt, der sich alle anderen Bildungsziele unterordnen müssen, wird die Erfüllung (quasi vorweggenommener) gymnasialer Leistungsanforderungen zu einem dominierenden Kriterium für die Organisation von Lernprozessen in der Grundschule. Andererseits aber legt in der Sicht aller Beteiligten (Schüler, Lehrerinnen/Lehrer, Eltern) das grundschulpädagogische Selbstverständnis großen Wert auf eine kritische Distanz zu den späteren Anforderungen eines Sekundarschulwesens, in dem der "Ernst des Lebens" eine zentrale Orientierungsnorm für die Organisation des schulischen Lernens ist. Genau diese kritische Distanz zwischen Grundschulpädagogik und Sekundarschulpädagogik und die damit verbundene Schulpraxis erschweren aber den Übergang von der Grundschule in eine weiterführende Schule. Als Problem für die betreffenden Schüler erweist sich in diesem Zusammenhang, dass sich die konkreten Lernerfahrungen in der Grundschule deutlich von denjenigen in den weiterführenden Schulen unterscheiden. Beim Übergang von der Grundschule in eine weiterführende Schule drohen daher vielen Schülern, dem Augenschein nach nicht zuletzt auch solchen, die aus "Verhandlungsfamilien" stammen, beachtliche individuelle Risiken und ernste biographische Folgewirkungen, wenn nicht als zwingend notwendig erkannt wird, dass die Sekundarschulen von der Grundschulpädagogik lernen müssen, mehr Wert auf soziale Lernprozesse und eine engere Verbindung von schulischem und außerschulischem Lernen zu legen. Verhindert werden muss, dass in zahlreichen Fällen der Übergang für die Schüler mit einem Schock-Erlebnis verbunden ist, das eine potentielle Schullaufbahn abrupt beendet. Unlängst hat das Land Hessen allerdings schulpolitische Weichenstellungen vorgenommen, deren in diesem Sinne problembehaftete Auswirkungen bislang nicht vollends absehbar sind.

Zweitens: Die in unserer Studie erneut deutlich werdenden Trends des relativen Schulbesuchs unterstreichen die bundesweit sich abzeichnende Entwicklung, die sowohl in den alten als auch in den neuen Bundesländern in den zunehmenden Besuchsquoten der höheren Bildungsgänge zum Ausdruck kommt, während die Hauptschule auf dem Weg ist, eine "Restschule" für Minderheiten zu werden. Bildungspolitisch sinnvoll scheint uns vor diesem Hintergrund die Einrichtung von integrierten Sekundarschulen sowie auf Elternwunsch auch die Einrichtung von integrierten Gesamtschulen zu sein, die zugleich die Möglichkeiten bieten, der aufgezeigten hohen sozialen Selektivität des dreigliedrigen allgemeinbildenden Schulsystems strukturell entgegenzuwirken. Der Trend zu stärker integrierten Schulformen wird sich in den neuen Bundesländern auch zwangsläufig aus dem gegenwärtigen dramatischen Geburtenrückgang ergeben, vor allem dann, wenn man den bildungs- und kommunalpolitisch wünschenswerten Anspruch festhalten will, wohnortnahe Schulstandorte zu erhalten.

Drittens: Die Durchsetzung von integrativen Schulformen mit einer höheren Durchlässigkeit zwischen den verschiedenen Bildungsgängen scheint uns auch eine wünschenswerte bildungspolitische Maßnahme zu sein, um Phänomenen der Prüfungsangst und der Angst, den Schulabschluss nicht zu schaffen, entgegenwirken zu können. Die Bedenken im Hinblick auf den frühen Übergang von der Grundschule in die Sekundarstufe bestehen fort. Zu fordern ist in diesem Zusammenhang die Einführung von mehr sechsjährigen Grundschulen, wie sie in Berlin und Brandenburg oder in den meisten westeuropäischen Nachbarländern bereits existieren und wie sie von den Schulreformkommissionen in Bremen und Nordrhein-Westfalen ebenfalls vorgeschlagen werden, da dadurch frühzeitige Schullaufbahnentscheidungen nach hinten verschoben werden können. Das gegenwärtige System der (schulformbezogenen) Förder- und Orientierungsstufen – das zeigen unsere Ergebnisse – hat sich unter diesem Gesichtspunkt nicht bewährt, da dort entgegen der erklärten schulpädagogischen Absicht der Auslese- und Prüfungsdruck relativ groß ist, solange – wie in Hessen – äußere Differenzierungsformen dominieren.

Viertens: Das Profil dieser integrierten Schulformen (und von Schule generell) muss aus unserer Sicht gleichzeitig erfahrungs- und lebensweltbezogen sowie wissenschaftsorientiert ausgerichtet sein. Angesichts der Tatsache, dass gegenwärtig im Durchschnitt 30 Prozent, und in einer Vielzahl von Groß- und Mittelstädten bis zu 50 Prozent und mehr eines Altersjahrgangs, das Gymnasium besuchen, muss auch das Bildungsprofil des Gymnasiums durch erfahrungsorientierte und praktische Lernkomponenten angereichert werden. Fächerübergreifende, interdisziplinäre Bildungsangebote, exemplarisches Lernen in Vorhaben und Projekten, selbstorganisiertes Lernen in stabilen, die Team- und Kooperationsfähigkeit fördernden Lerngruppen, all das sind Prinzipien, die heute im Bildungswesen generell verwirklicht werden müssen, soll die Schule die Heranwachsenden angemessen auf die Herausforderungen des aktuellen und zukünftigen technologischen und gesellschaftlichen Wandels vorbereiten.

Fünftens: Angesichts der Tatsache, dass, wie von uns festgestellt, die Freizeitangebote von Kommunen, Vereinen und Verbänden im Alltagsleben der Kinder und Jugendlichen aus den unteren sozialen Statusgruppen immer noch eine eher randständige Bedeutung haben, sind vor allem für diese Zielgruppe mehr Freizeitangebote auch in der Schule (z. B. im Rahmen von ganztägig offenen Schulen) erforderlich. Kurzfristig könnten hier an ausgewählten Schulen Modellversuche eingerichtet werden, in denen kreative Freizeitangebote vor allem für jene Kinder organisiert werden, die sich den Besuch von teuren Sportangeboten oder von Ballett- oder Musikschulen nicht leisten können und auch über keine entsprechenden Nutzungskompetenzen verfügen. Die von uns skizzierte doppelte Reproduktion von sozialer Ungleichheit in schulischen wie auch in außerschulischen Lernzusammenhängen stellt jedoch nicht nur die Schule, sondern auch die Institutionen der Jugendarbeit und Jugendhilfe vor neue Herausforderungen (Flösser/Otto/Tillmann 1996). Dabei sollte statt Rivalität mehr Kooperation zwischen Schule und Jugendarbeit angestrebt werden, denn vielfach ist die Einrichtung von Ganztagsschulen nicht die einzige Reformalternative, zumal bei einer weiteren "Verschulung" des Freizeitbereichs der Gefahr begegnet werden muss, dass der lange Arm der Schule noch länger wird. Nicht nur die Schule sollte sich gegenüber der außerschulischen Lebenswelt und dem Freizeitbereich öffnen und zu einer gemeinwesenorientierten Stadtteilschule werden. Auch umgekehrt sollten die kommunalen Institutionen der Kinder- und Jugendarbeit attraktive Bildungs- und Freizeitangebote für jene Heranwachsenden anbieten, die bislang durch das Netz von Vereinsprogrammen oder von kommerziell organisierten Angeboten durchfallen. Hier sind kinderpolitische Initiativen auf kommunaler Ebene besonders am Platze.

Sechstens: Die Einrichtung von Ganztagsschulen sind ein in jüngster Zeit besonders häufig diskutierter Reformvorschlag, den sich zuletzt selbst die Bundesbildungsministerin zu eigen gemacht hat. Allerdings ist diese Forderung nicht mit einem "Aufbewahrungsanspruch" zu verwechseln. "Die schulische Inanspruchnahme der Lebenszeit von Kindern und Jugendlichen, wie sie durch die Ganztagsschule geschieht, ist nur zu rechtfertigen, wenn Schule mehr als bloß immer zukünftigen Lebenssinn darzustellen vermag. Solange die Schule keinen sozialen und individuellen Lebenssinn für das gegenwärtige Leben von Kindern und Jugendlichen besitzt, ist sie als Ganztagsschule nicht gerechtfertigt." (Hübner 1991, S. 3) In Verbindung mit der Forderung nach einer Öffnung der Schule (Holtappels 1994, 1995) geht es um eine Verbesserung der Bildungs- und Sozialisationsfunktion der Schule, "indem sie zum einen ihren Unterricht stärker an der Lebenssituation der Schüler orientiert und sich zum anderen zu Bestandteilen eines räumlich-sozialen Netzes entwickelt. (...) In der Weiterentwicklung dieses pädagogischen Ansatzes geht es dann darum, diese Leistung der Schule in ein Netz von sozialen Institutionen (z. B. andere Schulen, Jugendbegegnungszentren, Volkshochschulen) einzubinden und die verschiedenen Angebote aufeinander abzustimmen – miteinander zu vernetzen" (Burkard u. a. 1990, S. 204). Bei einem derartigen Ansatz haben dann auch Beratung und Betreuung von Schülern ("Schülerhilfe") und Freizeitarbeit ihren Platz in einer derart ganztägig geöffneten Schule.

Siebtens: Jenseits des wichtigen Zusammenhangs von schulischer und außerschulischer Bildung und Erziehung ist die aktuelle Debatte zur Kinderpolitik von erheblicher Bedeutung, die auf eine Stärkung der autonomen Subjektstellung der Kinder und ihre prinzipielle Gleichrangigkeit gegenüber Erwachsenen gerichtet ist. Hierbei geht es um die Umsetzung von Kinderrechten und die Schaffung von Beteiligungsmöglichkeiten für Kinder. Gerade weil Kinder nicht die gleichen Möglichkeiten wie Erwachsene haben, ihre soziale Lebenswelt zu konstituieren und zu gestalten, bedarf es besonderer Anstrengungen, um dennoch Kindern aus allen sozialen Statusgruppen, allen (Familien-)Kulturen und allen Schulformen eine angemessene Mitgestaltung ihres Lebens zu ermöglichen. Dafür gilt es, die entsprechenden Voraussetzungen zu schaffen: im Bereich der Familienpolitik und (präventiven) Familienhilfe, der Kinder- und Jugendhilfe und im Rahmen der Bereitstellung von (biographischen) Bildungsmöglichkeiten einschließlich der dafür erforderlichen Unterstützungspotentiale.

Zusammenfassend lässt sich vor diesem Hintergrund festhalten, dass es aufgrund der von uns aufgezeigten sozialen Ungleichheiten in schulischen und außerschulischen Lebens- und Lernzusammenhängen insgesamt notwendig ist, die "eingeschlafene" Chancengleichheitsdiskussion neu zu beleben und um die Komponente der Chancengleichheit beim Bildungserwerb auch in außerschulischen Lernzusammenhängen zu erweitern. Es muss dringend nach politischen und pädagogischen Maßnahmen und Lösungsvorschlägen gesucht werden, die geeignet sind, die bestehenden schulischen und außerschulischen Ungleichheiten beim Bildungserwerb und beim Erwerb von kulturellem und sozialem Handlungsvermögen abzubauen und insbesondere Möglichkeitsräume und Gelegenheitsstrukturen für biographische Lernprozesse im Kindes- und Jugendalter bereitzustellen.

Anmerkungen

1 Dabei ist zu beachten, dass unsere Daten belegen, dass es umso wahrscheinlicher ist, in einer Familie einen Verhandlungshaushalt vorzufinden, je höher der soziale Status der Eltern ist.

2 Man könnte unter den aktuellen gesellschaftlichen Rahmenbedingungen sogar die These vertreten, dass eine späte kindliche Verselbständigung erst recht ein biographischer Risikopfad ist, der sich für die betroffenen Heranwachsenden womöglich nachteilig auswirkt, weil sie erst später in der Lage sind, ein entsprechendes Selbständigkeitsniveau zu entfalten.

3 Vgl. dazu auch Ziehe (1998: 60), der die Hauptprobleme des heutigen Erwachsenwerdens an den Betroffenen selbst festmacht: "Der Kernkonflikt heutiger Jugendlicher erwächst ... daraus, was sie in ihrem Leben alles zustande bringen sollen" (ebd.: 48). Der Abschied von der Kindheit ist in diesem Sinne gleichbedeutend damit, dass sich die jungen Jugendlichen mit Aufforderungen und Anforderungen konfrontiert sehen, für die sie erst Umgangsweisen und Verarbeitungsmodi entwickeln müssen. Schon von jungen Jugendlichen wird erwartet, dass sie ein anspruchsvolles Selbst ausgebildet haben, wobei sie ständig Gefahr laufen, den

damit verbundenen Ansprüchen nicht gerecht werden zu können. Der Elterngeneration fällt dabei eine Unterstützungsaufgabe zu, die – in Kenntnis der Gefahr der Verletzlichkeit gegenüber Schamerlebnissen in diesem Kontext – für neue soziale und kulturelle Formen der Bewältigung dieser Übergangsphase offen sein muss.

4 Die folgenden Ausführungen stützen sich auf das Fallbeispiel von Leonie, das an anderer Stelle genauer beschrieben wird (Büchner/Fuhs 1998, 113 ff.).

5 Im zitierten Fall besteht die Überbrückungsarbeit z. B. darin, dass außer intensiven Gesprächen zwischen Mutter und Tochter, die immer stärker den Charakter eines Austausches zwischen Freundinnen annehmen, auch kulturelle Annäherungen der Mutter an die Tochter (und möglicherweise auch umgekehrt, wozu wir in den Interviews nichts erfahren) zu beobachten sind: So interessiert sich die Mutter für die Musik der Tochter, oder die Tochter berät die Mutter bei ihrer Kleiderauswahl.

6 Die Vorstellung vom behüteten Familienkind hat einem Modell Platz gemacht, das dem Kind große außerfamiliale Selbständigkeitsspielräume zugesteht, die das Kind eigenverantwortlich ausgestaltet.

7 Diese Daten stammen aus einem eigenen Forschungsprojekt "Übergänge in die Sekundarstufe", in dem mit Hilfe eines Fragebogens u. a. die Bildungserwartungen von 462 Schülern und Eltern am Ende der vierten Grundschulklasse erhoben wurden (Büchner/Koch 2001).

8 Aufgrund dieser engen Verzahnung von Schul- und Familiennormen können z. B. Akademikerfamilien, wie sie das in Interviews immer wieder tun, die höhere Schule zu Recht als "ihre Schule" bezeichnen, weil diese Schule eine Familientradition verstärkt bzw. fortsetzt.

9 In den 7. bis 9. Jahrgangsstufen (alte Bundesländer) besuchen rund 80 % der Kinder aus Familien mit hohem sozialen Status ein Gymnasium, bei den Kindern aus Familien mit niedrigem sozialen Status sind es nur rund 13 %, die ein Gymnasium besuchen. Eine Hauptschule besuchen rund 40 % aller Kinder aus der niedrigen sozialen Statusgruppe im Vergleich zu nur 20 % der Kinder aus der hohen sozialen Statusgruppe. Kinder nicht-deutscher Herkunft haben besonders geringe Chancen, einen höheren Bildungsabschluss zu erwerben.

Literatur

Ariès, P.: Geschichte der Kindheit. München 1975.

Beck, U.: Risikogesellschaft. Auf dem Weg in eine andere Moderne. Frankfurt/M. 1986.

Beck, U.: Die Erfindung des Politischen. Frankfurt/M. 1993.

Behnken, I./Jaumann, O. (Hrsg.): Kindheit und Schule. Kinderleben im Blick von Grundschulpädagogik und Kindheitsforschung. Weinheim/München 1995.

Behnken, I./Zinnecker, J.: Vom Kind zum Jugendlichen. Statuspassagen von Schülern und Schülerinnen in Ost und West. In: Büchner, P./Krüger, H.-H. (Hrsg.): Aufwachsen hüben und drüben. Deutsch- deutsche Kindheit und Jugend vor und nach der Vereinigung. Opladen 1991, 33-56.

Berg, C. (Hrsg.): Kinderwelten. Frankfurt/M. 1991.

Berger, P.: "Lebensstile" – strukturelle oder personenbezogene Kategorie? In: Dangschat, J./Blasius, J. (Hrsg.): Lebensstile in den Städten. Opladen 1994, 137-149.

Bernfeid, S.: Sisyphos oder die Grenzen der Erziehung. Frankfurt/M. 1979, 3. Aufl., (1925).

Böhnisch, L.: Sozialpädagogik des Kindes- und Jugendalters. Weineim/München 1992.

Bois-Reymond, M. Du: Der Verhandlungshaushalt im Modernisierungsprozess. In: Büchner, P./ Bois-Reymond, M. du/Ecarius, J./u. a.: Teenie-Welten. Aufwachsen in drei europäischen Regionen. Opladen 1998.

Bois-Reymond, M. du/Büchner, P./Krüger, H.-H./Ecarius, J./Fuhs, B. (Hrsg.): Kinderleben. Modernisierungen von Kindheit im interkulturellen Vergleich. Opladen 1994.

Bourdieu, P.: Die feinen Unterschiede. Kritik der gesellschaftlichen Urteilskraft. Frankfurt/M. 1982.

Bourdieu, P.: Klassenschicksal, individuelles Handeln und das Gesetz der Wahrscheinlichkeit. In: Ders. u. a. Titel und Stelle. Über die Reproduktion sozialer Macht. Frankfurt 1981, 169-226.

Bourdieu, P.: Ökonomisches Kapital, Kuturelles Kapital, Soziales Kapital. In: Soziale Welt, Sonderband 2/1983, 183-198.

Büchner, P.: Vom Befehlen und Gehorchen zum Verhandeln. Entwicklungstendenzen von Verhaltensstandards und Umgangsnormen seit 1945. In: Preuss-Lausitz, U./Büchner, P./Fischer-Kowalski, M. u. a.: Kriegskinder-Konsumkinder-Krisenkinder. Weinheim/Basel 1983, 196-212.

Büchner, P.: Einführung in die Soziologie der Erziehung und des Bildungswesens. Darmstadt 1985.

Büchner, P.: Individualisierte Kindheit "jenseits von Klasse und Schicht"? Überlegungen zum Stellenwert neuer Dimensionen sozialer Ungleichheit im Kindesalter. In: Geulen, D. (Hrsg.): Kindheit. Neue Realitäten und Aspekte. Weinheim 1994 (a), 2. Aufl., 163-180.

Büchner, P.: (Schul-)Kindsein heute zwischen Familie, Schule und außerschulischen Freizeiteinrichtungen. In: Ders. u. a.: Kindliche Lebenswelten, Bildung und innerfamiliale Beziehungen. München 1994 (b), 9-40.

Büchner, P.: Das Kind als Schülerin oder Schüler. Über die gesellschaftliche Wahrnehmung der Kindheit als Schulkind und damit verbundene Forschungsprobleme. In: Zeiher, H./Büchner, P./Zinnecker, J. (Hrsg.): Kinder als Außenseiter? Umbrüche in der gesellschaftlichen Wahrnehmung von Kindern und Kindheit. Weinheim/München 1996 (a), 157-187.

Büchner, P.: Kinder in Deutschland – Außenseiter der Gesellschaft? Einleitende Überlegungen zur empirischen Erforschung heutiger Kindheit. In: Büchner, P./Fuhs, B./Krüger, H.-H (Hrsg): Vom Teddybär zum ersten Kuss. Wege aus der Kindheit in Ost- und Westdeutschland. Opladen 1996 (b).

Büchner, P.: Kindheit und Familie. In: Krüger, H.-H./Grunert, C. (Hrsg.): Handbuch der Kindheits- und Jugendforschung. Opladen 2001(a), im Druck.

Büchner, P.: Kindersportkultur und biographische Bildung am Nachmittag. In: Behnken, I./Zinnecker, J. (Hrsg.): Handbuch Kinder – Kindheit – Lebensgeschichte. Velber 2001(b), im Druck.

Büchner, P./Fuhs, B.: Außerschulisches Kinderleben im deutsch-deutschen Vergleich. Überlegungen zur Modernisierung kindlicher Sozialisationsbedingungen. In: Aus Politik und Zeitgeschichte B 24/ 1993, 21-31.

Büchner, P./Fuhs, B.: Kinderkulturelle Praxis: Kindliche Handlungskontexte und Aktivitätsprofile im außerschulischen Lebensalltag. In: Bois-Reymond, M du./Büchner, P./Krüger, H.-H./Eccarius, J./Fuhs, B.: Kinderleben. Modernisierung von Kindheit im interkulturellen Vergleich. Opladen 1994, 63-136.

Büchner, P./Fuhs, B.: Der Lebensort Familie. Alltagsprobleme und Beziehungsmuster. In: Büchner, P./ Fuhs, B./ Krüger, H.-H (Hrsg): Vom Teddybär zum ersten Kuss. Wege aus der Kindheit in Ost- und Westdeutschland. Opladen 1996.

Büchner, P./Koch, K.: Von der Grundschule in die Sekundarstufe. Band 1: Der Übergang aus Kinder- und Elternsicht. Opladen 2001, im Druck.

Büchner, P./ Fuhs, B./ Krüger, H.-H (Hrsg): Vom Teddybär zum ersten Kuss. Wege aus der Kindheit in Ost- und Westdeutschland. Opladen 1996.

Büchner, P./Fuhs, B.: Das biographische Projekt des Erwachsenwerdens. Chancen und Risiken beim Übergang von der Kindheit in die Jugendphase. In: Büchner, P./Bois-Reymond, M. du/ Ecarius, J. u. a.: Teenie-Welten. Aufwachsen in drei europäischen Regionen. Opladen 1998.

Büchner, P./Fuhs, B.: Zur Sozialisationswirkung und biographischen Bedeutung der Kindersportkultur. In: Kleine, W./Schulz, N. (Hrsg.): Modernisierte Kindheit – sportliche Kindheit? Sankt Augustin 1999, 58–86.

Büchner, P./Bois-Reymond, M. du/Ecarius, J. u. a.: Teenie-Welten. Aufwachsen in drei europäischen Regionen. Opladen 1998.

Büchner, P./Fuhs, B./Krüger, H.-H.: Transformation der Eltern-Kind-Beziehungen? Facetten der Kindbezogenheit des elterlichen Erziehungsverhaltens in Ost- und Westdeutschland. In: Zeitschrift für Pädagogik Beiheft 37./1997, 35-52.

Büchner, P./Krüger, H.-H.: Soziale Ungleichheiten beim Bildungserwerb innerhalb und außerhalb der Schule. Ergebnisse einer empirischen Untersuchung in Hessen und Sachsen-Anhalt. In: Aus Politik und Zeitgeschichte B 11/1996, 21-30.

Bundesministerium für Familie, Senioren, Frauen und Jugend: Familien und Familienpolitik im geeinten Deutschland. Zukunft des Humanvermögens. Fünfter Familienbericht. Bonn 1994.

Bundesministerium für Familie, Senioren, Frauen und Jugend (Hrsg.): Zehnter Kinder- und Jugendbericht. Bonn 1998.

Bundesministerium für Familie, Senioren, Frauen und Jugend (Hrsg.): Kinder und ihre Kindheit in Deutschland. Stuttgart 1998. (Gutachten des Wissenschaftlichen Beirats für Familienfragen.)

Burkard, C. u. a.: Auf dem Weg zur Stadtteilschule. In: Rolff, H.-G. u. a. (Hrsg.): Jahrbuch der Schulentwicklung Bd. 6. Weinheim/München 1990, 185-216.

Buschmeyer, H./Behrens-Corbet, H. (Hrsg.): Biographisches Lernen. Soest 1990.

Chisholm, L./Büchner, P./Krüger, H.-H. U. a. (Hrsg.): Growing Up in Europe. Berlin/New York 1995.

Ecarius, J. (Hrsg.): Was will die jüngere mit der älteren Generation? Generationsbeziehungen und Generationenverhältnisse in der Erziehungswissenschaft. Opladen 1998.

Elias, N.: Über den Prozess der Zivilisation. Soziogenetische und psychogenetische Untersuchungen. Frankfurt/M. 1976.

Elkind, D.: Das gehetzte Kind. Werden unsere Kleinen zu schnell groß? Hamburg 1991.

Fend, H.: Der Umgang mit Schule in der Adoleszenz. Aufbau und Verlust von Motivation und Selbstachtung. Entwicklungspsychologie der Adoleszenz in der Moderne. Bd. 4, Bern 1997.

Fend, H.: Identitätsentwicklung in der Adoleszenz. Lebensentwürfe, Selbstfindung und Weltaneignung in beruflichen, familiären und politisch-weltanschaulichen Bereichen. Bern/Stuttgart/Toronto 1991.

Fend, H.: Vom Kind zum Jugendlichen. Der Übergang und seine Risiken. Entwicklungspsychologie der Adoleszenz in der Moderne. Bd. 1. Bern/ Stuttgart/Toronto 1990.

Flösser, G./Otto, H.-U./Tillmann, K.-J. (Hrsg.): Schule und Jugendhilfe. Opladen 1996.

Fölling-Albers, M.: Schulkinder heute. Weinheim/Basel 1992.

Fölling-Albers, M.: Entscholarisierung von Schule und Scholarisierung von Freizeit? In: ZSE 2/2000, 118-131.

Fuchs-Heinritz, W.: Biographisierung. In: Ders. u. a. (Hrsg.): Lexikon zur Soziologie. Opladen 1994, 108.

Fuchs-Heinritz, W./Krüger, H.-H.: Feste Fahrpläne durch die Jugendphase? Opladen 1991.

Hansen, R./Pfeiffer, H.: Bildungschancen und soziale Ungleichheit. In: Rolff, H.-G. U. a. (Hrsg.). Jahrbuch der Schulentwicklung, Bd. 10. Weinheim/München 1998, 51-86.

Holtappels, H. G. :Ganztagsschule und Schulöffnung. Weinheim/München 1994.

Holtappels, H. G. (Hrsg.): Ganztagserziehung in der Schule. Opladen 1995.

Honig, M.-S.: Entwurf einer Theorie der Kindheit. Frankfurt 1999.

Honig, M.-S./Leu, H.R./Nissen, U. (Hrsg.): Kinder und Kindheit. Soziokulturelle Muster – sozialisationstheoretische Perspektiven. Weinheim/München 1996.

Hübner, P.: Die Ganztagsschulen – Ein schulpädagogisches Problem. In: Kubina, C./Lambrich, H.-J. (Hrsg.): Die Ganztagsschhule. Wiesbaden 1991, 3-10.

Huinink, J./Grundmann, M.: Kindheit im Lebensverlauf. In: Markefka, M./Nauck, B. (Hrsg.): Handbuch der Kindheitheitsforschung. Neuwied 1993, 67-78.

Hurrelmann, K.: Einführung in die Sozialistionstheorie. Weinheim/Basel 1986.

Hurrelmann, K. u. a.: Schulische Lernarbeit im Jugendalter. In: ZfPäd 1/1988, 25-45.

Kade, S.: Modernisierung des Alters. Von der Bildungsbiographie zur biographischen Bildung. In: Krüger, H.-H./Olbertz, J.-H.(Hrsg.): Bildung zwischen Staat und Markt. Opladen 1997, 733-742.

Kaufmann, F.-X.: Kinder als Außenseiter der Gesellschaft. In: Merkur 34/1980, 761-771.

Key, E.: Das Jahrhundert des Kindes. Weinheim 1992 (1900).

Klocke, A./Hurrelmann, K. (Hrsg.): Kinder und Jugendliche in Armut. Umfang, Auswirkungen und Konsequenzen. Opladen/Wiesbaden 1998.

Krappmann, L.: Der Zehnte Kinder- und Jugendbericht – der erste Kinderbericht. In: Neue Sammlung 39. 1999, 331-342.

Krüger, H.-H/Ecarius, J./Grunert, C./Michelmann, D.: Kinderbiographien: Verselbständigungsschritte und Lebensentwürfe. In: Bois-Reymond, M. du/Büchner, P./Krüger, H.-H./ Ecarius, J./Fuhs, B. (Hrsg.): Kinderleben. Modernisierungen von Kindheit im interkulturellen Vergleich. Opladen 1994, 221-271.

Lenhardt, G.: Schule und bürokratische Rationalität. Frankfurt 1984.

Luhmann, N.: Soziale Systeme. Frankfurt 1984.

Lüscher, K./Lange, A.: Konzeptuelle Grundlagen einer Politik für Kinder: Ansätze und Begründungen aus sozialwissenschaftlicher Sicht. In: Zeitschrift für Sozialisationsforschung und Erziehungssoziologie 12. 1992, 204-218.

Postman, N.: Das Verschwinden der Kindheit. Frankfurt/M. 1983.

Preuss-Lausitz, U.: Contradictions of Modern Childhood Within and Outside School. In: Chisholm, L. et al. (eds.). Growing Up in Europe. Berlin/New York 1995, 221-227.

Preuss-Lausitz, U./Rülcker, T./Zeiher, H. (Hrsg.): Selbständigkeit für Kinder – die große Freiheit? Kindheit zwischen pädagogischen Zugeständnissen und gesellschaftlichen Zumutungen. Weinheim/Basel 1990.

Qvortrup, J.: Die soziale Definition von Kindheit. In: Markefka, M./Nauck, B. (Hrsg.). Handbuch der Kindheitsforschung. Neuwied/Berlin 1993, 109-124.

Qvortrup, J.: Childhood in Europe: a New Field of Social Research. In: Chisholm, L./Büchner, P./Krüger, H.-H./Bois-Reymond, M. du (Hrsg.): Growing Up in Europe. Contemporary Horizons in Childhood and Youth Studies. Berlin/New York 1995, 7-20.

Qvortrup, J./Bardy, M./Sgritta, G. u. a. (Hrsg.): Childhood Matters: Social Theory, Practice and Politics. Avebury/Wien 1994.

Rolff, H.-G.: Sozialisation und Auslese durch die Schule. Weinheim/München 1997, überarb. Neuausgabe.

Rousseau, J.-J.: Emile oder über die Erziehung. Paderborn 1978, 4. Aufl.

Schäfer, G. E.: Bildungsprozesse im Kindesalter. Weinheim/München 1995.

Schäffter, O.: Die Temporalität von Erwachsenenbildung. In: Zeitschrift für Pädagogik 3. 1993, 443-462.

Schulze, H.-J./Künzler, J.: Funktionalistische und systemtheoretische Ansätze in der Sozialisationsforschung. In: Hurrelmann, K./Ulich, D. (Hrsg.): Neues Handbuch der Sozialisationsforschung. Weinheim/Basel 1991, 121-136.

Sünker, H.: Kinderpolitik und Kinderrechte. Politische Strategien im Kontext der UN-Konvention für die Rechte der Kindheit. In: Neubauer, G./ Sünker, H. (Hrsg.): Kindheitspolitik international. Opladen 1993 (b), 44-58.

Wilk, L./Wintersberger, H.: Paradigmenwechsel in Kindheitsforschung und –politik. In: Zeiher, H./Büchner, P./Zinnecker, J. (Hrsg.): Kinder als Außenseiter? Weinheim/München 1996, 29-55.

Wimmer, M.: Fremdheit zwischen den Generationen. Generative Differenz, Generationsdifferenz, Kulturdifferenz. In: Ecarius, J. (Hrsg.): Was will die jüngere mit der älteren Generation? Opladen 1998, 81-113.

Wouters, C.: Informalisierung. Opladen/Wiesbaden 1999.

Zeiher, H./Büchner, P./Zinnecker, J. (Hrsg.): Kinder als Außenseiter? Umbrüche in der gesellschaftlichen Wahrnehmung von Kindern und Kindheit. Weinheim/München 1996.

Ziehe, T.: Bindungen und Selbsterprobungen – Jungen-Pubertät im Prozess der kulturellen Modernisierung. In: Hafeneger, B./Jansen, M. M./Klose, C. (Hrsg.): "Mit fünfzehn hat es noch Träume ..." Lebensgefühl und Lebenswelten in der Adoleszenz. Opladen 1998, 39-80.

Zinnecker, J.: Vom Straßenkind zum verhäuslichten Kind. Kindheitsgeschichte im Prozess der Zivilisation. In: Behnken, I. (Hrsg.): Stadtgesellschaft und Kindheit im Prozess der Zivilisation. Opladen 1990, 142-200.

Zinnecker, J.: The Cultural Modernisation of Childhood. In: Chisholm, L./Büchner, P./Krüger, H.-H./ Bois-Reymond, M. du (Hrsg.): Growing Up in Europe. Contemporary Horizons in Childhood and Youth Studies. Berlin/New York 1995, 85-94.

Zinnecker, J.: Kindersurveys. Ein neues Kapitel Kindheit und Kindheitsforschung. In: Clausen, L. (Hrsg.): Gesellschaft im Umbruch. Verhandlungen des 27. Kongresses der Deutschen Gesellschaft für Soziologie in Halle an der Saale 1995. Frankfurt/New York 1996 (a), 783-795.

Zinnecker, J.: Soziologie der Kindheit oder Sozialisation des Kindes? Überlegungen zu einem aktuellen Paradigmenstreit. In: Honig, M. S./Leu, H.R./ Nissen, U. (Hrsg.): Kinder und Kindheit. Soziokulturelle Muster – sozialisationstheoretische Perspektiven. Weinheim/ München 1996 (b), 31-54.

Zinnecker, J.: Sorgende Beziehungen zwischen Generationen im Lebensverlauf. In: D. Lenzen/N. Luhmann (Hrsg.): Bildung und Weiterbildung im Erziehungssystem. Frankfurt 1997, 199-227.

Zinnecker, J.: Selbstsozialisation. In: ZSE 3. 2000, 272-290.

Zinnecker, J./Silbereisen, R. K.: Kindheit in Deutschland. Aktueller Survey über Kinder und ihre Eltern. Weinheim/München 1996.

Teil IV

Familie in der Perspektive der evangelischen Theologie – Über die Bedeutung gesellschaftlicher Diskurse

Familie – auch in Zukunft

Grundsätzliches

Notwendiger gesellschaftlicher Diskurs

Die Landessynode hält es für geboten, sich angesichts weitreichender gesellschafts- und wirtschaftspolitischer Veränderungen mit der Rolle der Familie in unserer Gesellschaft zu befassen. Als evangelische Christen und Christinnen stellen wir uns damit der Aufgabe, in dem gesellschaftlichen Diskurs über die Familie zur Wertorientierung beizutragen. Anders als noch vor fünfzig Jahren wird heute unter dem Begriff "Familie" vielfach nicht mehr ein und dasselbe verstanden. Familie lebt heutzutage in vielen Formen. Sie muss im Spannungsfeld ihrer Tradition, ihrer Herausforderungen in der Gegenwart und ihrer Lebensfähigkeit in der Zukunft betrachtet werden, ohne dass dabei ihre unveräußerliche Würde aufgegeben wird.

Familie als Verwirklichung Generationen übergreifender Solidarität

Die Generationen übergreifende Solidarität und die Gleichberechtigung der Geschlechter sind für uns zentrale Bestandteile unseres Familienverständnisses. Familie so verstanden ist also überall dort, wo *Eltern Verantwortung für ihre Kinder* übernehmen und diese in Liebe und Verlässlichkeit aufwachsen können. Familie ist umgekehrt auch der Ort, an dem *Kinder Verantwortung für ihre Eltern* tragen. Mit der Übernahme der Elternschaft und der Annahme von Kindern als Gabe Gottes stellen sich viele Menschen dieser Aufgabe. Wir unterstützen alle Mütter und Väter in ihren Bemühungen, Kinder in einer gesicherten, verlässlichen und liebevollen Beziehung aufwachsen zu lassen, in der sie Vertrauen und Verantwortungsbewusstsein erleben und erlangen können. In dem Grundsatz der Generationen übergreifenden Verantwortung in der Familie wissen wir uns mit Menschen verschiedener Religionen und Kulturen verbunden.

Dabei beziehen wir ausdrücklich auch die bei uns lebenden Ausländer- Familien mit ein.

Menschenwürde und Würde der Familie

Die Würde der Familie ergibt sich daraus, dass sie der primäre Ort ist, an dem ihre Mitglieder die unveräußerliche Würde des Menschen als einmaliges und Unverwechselbares, von Gott gewolltes und geliebtes Geschöpf erfahren können.

Darum gelten die Menschenrechte selbstverständlich und vordringlich auch innerhalb der Familie: insbesondere der Schutz des Lebens und die Ablehnung physischer und psychischer Gewalt. Lebensschutz beginnt bereits beim ungeborenen Leben, schließt ein familiäres Leben mit Behinderungen ebenso ein wie einen würdigen Umgang mit alten und gebrechlichen Familienmitgliedern am Ende ihres Lebens. Selbstverständlich schließt Menschenwürde die *Gleichberechtigung* von Mann und Frau mit ein.

Wir fühlen uns als Christen und Christinnen Gottes Geboten verpflichtet. Diese Gebote dienen dem menschlichen Zusammenleben. Für gelingendes Zusammenleben in Familien gilt insbesondere das 4. Gebot (2. Mose 20,12), das als einziges mit einer Verheißung endet: “Du sollst deinen Vater und deine Mutter ehren, auf dass dir's wohl gehe und du lange lebest auf Erden” (zitiert nach Luthers Kleinem Katechismus, Evang. Gesangbuch, S. 1554). Dieses Gebot gilt lebenslang. Es konkretisiert sich in jeder Lebensphase anders, in der Kindheit anders als in der Jugendzeit, in den mittleren Lebensjahren anders als im hohen Alter. Immer weist es die Generationen aneinander und dient somit dem gelingenden Leben miteinander. In der Familie, in dem Reichtum ihrer Formen, verwirklicht sich der Wille Gottes, dass es nicht gut ist, dass der Mensch allein sei (1. Mose 2,18).

Freilich steht auch die Familie unter Jesu grundsätzlicher Aussage zu allen institutionellen Formen des Zusammenlebens, dass nicht sie die Güte des Lebens garantieren, sondern dass sie an der Verwirklichung von Menschlichkeit zu messen sind (Mk 2,27). Als Christen und Christinnen sind wir daher aufgerufen, die jeweilige Gestalt von Familie in Jesu Geist, im Geist der Nächstenliebe und Verantwortung, zu gestalten.

Insofern bleibt die Würde der Familie auch im Wandel der Institution erhalten. Diese Würde darf nicht zur Disposition stehen und nicht für politische und ökonomische Zwecke vereinnahmt werden.

Familienformen und Familienleitbild

Die Herausforderungen in der globalen multimedialen Gesellschaft werden immer stärker. Lebenslanges Lernen, Zeitmanagement, Teamfähigkeit und Flexibilität werden uns abverlangt. Ihre Begleiterscheinungen sind häufig Zeitdruck, Wegwerfmentalität, Konkurrenzdenken und Egozentrismus. Oft bleibt die Mitmenschlichkeit auf der Strecke. Wie kann unter diesen Voraussetzungen ein verlässliches und geordnetes Zusammenleben gelingen? Die Pluralisierung der Familienformen ist sicherlich eine Reaktion auf diese Frage. Auf unterschiedliche Weise können familiäre Aufgaben übernommen und verantwortlich gelebt werden. Wir denken dabei vor allem an allein erziehende Frauen und Männer, aber auch an verbindliche Partnerschaften, an Großeltern und Verwandte, die für ihre Angehörigen Verantwortung wahrnehmen, und an diejenigen, die ältere oder behinderte Angehörige pflegen. *Wo immer solches verantwortliches Zusammenleben praktiziert wird, besteht Anspruch auf Schutz und Anerkennung durch die Gesellschaft.* Grund für unsere Orientierung am christlichen *Leitbild Ehe und Familie* sind verlässliche Beziehungen zu Mutter und Vater.

Dieses Leitbild verwirklicht sich für uns am deutlichsten in dem von Liebe und partnerschaftlicher Wertschätzung getragenen, geordneten Zusammenleben von Mann und Frau, das Kindern Liebe und Geborgenheit bietet und damit ein Grundpfeiler der Familie ist.

Christliche Verantwortung für die Kinder

Die Fürsorge für Kinder ist uns Christen und Christinnen besonders ans Herz gelegt. Jesus Christus ruft die Kinder zu sich. Er sagt: Wer ein solches Kind aufnimmt in meinem Namen, der nimmt mich auf (Mt. 18, 5). Gott selbst wendet sich uns Menschen zu und nimmt uns bedingungslos und lebenslang in der Taufe an. Daraus erwächst unsere Verantwortung für christliche Sozialisation und Glaubensvermittlung; die Familie ist der primäre Ort dafür. Aus der Taufe und dem Versprechen, die Kinder christlich zu erziehen, erwächst zugleich die Aufgabe der Kirche, die Erziehenden bei dieser Aufgabe zu unterstützen. Darüber hinaus werden in der Familie die *Fundamente des gesellschaftlichen Miteinanders* gelegt, sie bietet Beheimatung und Schutz. Auch unter erschwerten Rahmenbedingungen gilt:

Die Familie hat für die Zukunft unserer Kirche und Gesellschaft große Bedeutung, weil sie unser Gemeinwesen prägend mitgestaltet und nachhaltig sichert. Es darf nicht sein, dass familiäres Leben zum sozialen Abstieg und zu gesellschaftlichen Nachteilen führt. Wir erwarten vielmehr von Politik und Gesellschaft, dass sie die *Übernahme familiärer Aufgaben als Bereicherung* und Beitrag zur Zukunftssicherung anerkennen und honorieren. Wir selbst wollen uns daran messen lassen, ob und inwieweit wir als Kirche den oben genannten Grundsätzen und den nachfolgenden Anregungen und Forderungen (s. unten V.) gerecht werden.

Anregungen und Forderungen

I Familie gestaltet die gemeinsame Zukunft unserer Gesellschaft

Familie ist eine lebensbejahende und persönlichkeitsbildende Gemeinschaftsform für alle Schichten unserer Gesellschaft. In ihr können Erfahrungen gesammelt und Verhaltensweisen eingeübt werden, die für jede menschliche Gemeinschaft unverzichtbar sind. Zu Recht stellt das Grundgesetz (GG Art. 6) Ehe und Familie unter seinen besonderen Schutz.

- Wir wenden uns an den Staat und die Gesellschaft

Wir wünschen von Staat und Gesellschaft mehr Verständnis und Schutz für die Familie. Wir entnehmen dem Grundgesetz (Art. 6) die Verpflichtung, ein besonders kinder-, alten- und *familienfreundliches Klima* zu schaffen. Dieses ist jedoch weder seitens des Staates noch seitens der Gesellschaft hinreichend erkennbar. Kindergelderhöhung und Besserstellung der Familien im Steuerrecht sind Schritte in die richtige Richtung. Bedeutung, Wert, Würde und Bedürfnisse der Familie müssen noch stärker im öffentlichen Bewusstsein verankert werden, z. B. durch das geplante "Forum Familie Bayern".

Auch mit Blick auf die *materielle Förderung* der Familie besteht immer noch ein krasses Missverhältnis zwischen der gesellschaftlichen Bedeutung von Kindern und dem Umfang der Entlastung der Eltern. Mehrere Kinder zu haben, erhöht das Armutsrisiko. Davon sind zunehmend mehr Familien in unserem Lande existenziell bedroht. Die wirtschaftliche und gesellschaftliche Benachteiligung trifft vor allem Frauen. Der Anteil von Kindern und Jugendlichen, die von Sozialhilfe abhängig sind, ist viel zu hoch. Nicht nur Reichtum wird vererbt, sondern auch Armut. Sie kann Lebenschancen der ganzen Familie beeinträchtigen und weist auf Defizite auch in der Familienpolitik hin.

Unzureichend reagieren Staat und Gesellschaft auch auf die Tatsache, dass bei uns immer mehr Menschen immer älter werden und sich an den Rand der Gesellschaft gedrängt fühlen. Deshalb kommt es künftig noch mehr darauf an, die *Solidarität der Generationen zu fördern* und in der Öffentlichkeit ein Bewusstsein für die unterschiedlichen Bedürfnisse in den unterschiedlichen Lebensphasen und Familienformen zu schaffen. Familienarmut, Kinderfeindlichkeit und mangelndes Verständnis füreinander können die demokratische und solidarische Kultur in unserem Land beeinträchtigen.

II Familie gestaltet die Zukunft unseres Sozialstaates

Familien leisten für den Fortbestand und die Sozialkultur unseres Gemeinwesens einen Beitrag von unschätzbarem Wert. Frauen und Männer, die sich entscheiden, eine Familie zu gründen oder Generationen übergreifende familiäre Verantwortung zu übernehmen, sichern die Zukunft unseres Landes, unseres Sozialstaates.

- Wir wenden uns an Politik und Gesetzgebung

Wir erwarten von Politik und Gesetzgebung bessere ideelle und materielle Rahmenbedingungen für Familien. Der Trend, Familienprobleme in den privaten Bereich abzudrängen, muss umgekehrt werden, um Raum für eine präventive Familienpolitik zu schaffen. Familienpolitik ist eine Querschnittsaufgabe, die alle Gruppen der Gesellschaft angeht. Deshalb sollten diejenigen, die selbst nicht in einer Familiensituation mit Kindern leben, von Politik und Gesetzgebung darin bestärkt werden, sich angesichts ihrer Freiräume auch für andere einzusetzen.

Es geht auch um die finanzielle Seite: die Landessynode fordert eine angemessenere Berücksichtigung der gesellschaftlichen Leistung in der Familienarbeit durch einen verbesserten *Familienleistungsausgleich.* Dabei sind vor allem junge und kinderreiche Familien sowie Alleinerziehende mit geringem Einkommen zu berücksichtigen. Mehr Steuergerechtigkeit für Familien erwarten wir nicht nur durch eine Verbesserung bei der Bemessungsgrundlage der direkten Steuern (Kinderfreibetrag, Existenzminimum etc.) sondern auch durch eine Entlastung bei den besonders familienunfreundlichen Verbrauchssteuern (Mehrwertsteuer z. B. bei Babynahrung und Kinderkleidung, Energiesteuer etc.). Mehr Rentengerechtigkeit für Familien erfordert eine stärkere Berücksichtigung der Erziehungsleistung der Eltern, z. B. bei der Berechnungsgrundlage der Altersrente, aber auch durch Entlastung bei den laufenden Beiträgen zur Rentenversicherung-Rentenbonus für Familien.

Bisher ist die *gesellschaftliche Anerkennung der Eltern- und Familienarbeit* unzureichend. Deshalb ist sie zu verstärken und in ihrer Bedeutung als Wert schaffende Arbeit zu unterstreichen. Hierzu ist beispielsweise eine Verbesserung beim Bundes- und Landeserziehungsgeld oder die Einführung eines "Erziehungsgehalts" erforderlich. Keinesfalls darf letzteres allerdings an einen Verzicht auf Erwerbsarbeit gekoppelt sein und zur Reduzierung anderer familienpolitischer Maßnahmen führen. Mit Blick auf die Vereinbarkeit von Familien- und Erwerbsarbeit sind nicht nur Verbesserungen beim Erziehungsurlaub (flexible Gestaltung für beide Elternteile bis zum zehnten Lebensjahr der Kinder) anzustreben, sondern auch verbesserte Angebote von Ganztagsschulen, familiengerechten Halbtagsschulen und Horten.

Nicht zuletzt fordert die Landessynode mehr finanzielle und moralische Unterstützung für die vielen *Familien, die ihre Angehörigen pflegen* und sozial immer noch unzureichend abgesichert sind – immerhin werden etwa 80 % der hilfsbedürftigen alten Menschen in ihren Familien gepflegt. Auch den besonderen finanziellen und psychischen Belastungen durch die Betreuung behinderter Menschen muss Rechnung getragen werden. Hier braucht es zusätzliche Beratungs- und Erholungsangebote für Familien. Ebenso mahnt die Landessynode die kostendeckende *Finanzierung der Familienpflege* durch die Kostenträger an. Nur so kann die Grundlage zur Stabilisierung und zum Ausbau der Familienpflege als wichtiges Angebot für Familien erhalten und auch zukünftig sicher gestellt werden.

Bei uns lebende *ausländische und Asyl suchende Familien* benötigen wegen ihrer oft harten Lebensumstände besondere Hilfen und Förderung. Sprachkurse für Mütter sind beispielsweise wichtige Hilfen zur Integration.

Vordringlich ist auch eine familienfreundlichere *Wohnungspolitik:* Bezahlbarer, verlässlicher und familiengerechter Lebensraum stabilisiert das Eltern-Kind-Verhältnis und das Zusammenleben zwischen den Generationen. Die Kinderzulage der Wohnungsbauförderung von Bund, Ländern und Kommunen sollte erhöht werden.

III Familie gestaltet die Zukunft der Arbeits- und Lebenswelt

Die Familie ist im Leben der meisten Menschen der erste Ort, wo Zusammenleben erfahren wird. In ihr wird nicht nur der Grundstein für das künftige Miteinander der Geschlechter und Generationen gelegt, sondern auch für die Gewichtung zwischen Erziehungs- und Erwerbsarbeit. Insofern bestimmt die Familie über Arbeits- und Lebensbedingungen mit. Darüber hinaus bereichert sie das nachbarschaftliche Verhältnis vor Ort.

- Wir wenden uns an Staat, Wirtschaft und Kommunen

Wir erwarten von Staat, Wirtschaft und Kommunen, dass sie als Arbeitgeber und Kulturträger flexibler auf die Bedürfnisse der Familien reagieren. Viele Elternteile wollen nach wie vor keiner Erwerbsarbeit nachgehen, sondern sich ganz der Familienarbeit widmen. Wir erwarten, dass dieses Familienmodell genauso akzeptiert wird wie andere Formen, und dass *Familienarbeit grundsätzlich aufgewertet* wird. Diese darf allerdings nicht einseitig zu Lasten der Frauen gehen, die bisher den Großteil der Familienarbeit tragen.

Immer mehr Eltern wollen oder müssen allerdings *Familie und Beruf miteinander vereinbaren.* Die beste Voraussetzung für ein gelingendes Familienleben ist die persönliche Identifikation mit der übernommenen Aufgabe. Für viele Menschen gehört der Beruf zu einem wesentlichen Teil ihrer Persönlichkeitsentfaltung. Daher ist die Vereinbarkeit von Familie und Beruf eine der entscheidenden gesellschaftlichen Herausforderungen. Ihr stehen oft noch mangelnde Betreuungsangebote für die Kinder, aber auch unflexible Arbeitszeitmodelle und alte Rollenklischees in Staat, Kirche und Wirtschaft entgegen. Wir brauchen partnerschaftliche Arbeitsteilung und eine gerechte Verteilung bezahlter und unbezahlter Arbeit zwischen Männern und Frauen. Die Gesellschaft, insbesondere die Arbeitswelt, favorisiert immer noch ein einseitiges Männerbild. Junge Väter sind starken Rollenkonflikten ausgesetzt, dabei ist ihre Einbeziehung in die Familienarbeit heute in besonderer Weise gefordert. Auch Kirche und Diakonie müssen als Arbeitgeberinnen ihre eigenen Einrichtungen daraufhin kritisch überprüfen.

Mehr Familienfreundlichkeit erfordert konkret unter anderem:

- Mehr Teilzeitstellen auch für qualifizierte Tätigkeiten,
- flexiblere Arbeitszeiten,
- Beibehaltung des arbeitsfreien Sonntags als Tag des gemeinschaftlichen Lebens,
- gleiche Aufstiegschancen für Teilzeitbeschäftigte,
- betriebseigene Betreuungsangebote für Kinder,
- familienfreundliche Mitgliedsbeiträge von Verbänden und Vereinen,
- günstigere Erholungs- und Freizeitangebote während der Schulferien,
- aktive Beteiligung von Kindern und Jugendlichen bei der Ausgestaltung ihrer Lebenswelt,
- Anerkennung der aus Familienarbeit gewonnenen Kompetenz (z. B. Teamfähigkeit, Konfliktregelung, Improvisation) als Qualifikationszuwachs bei der Erwerbsarbeit.

Der *Familienpolitik in den Kommunen* kommt eine besondere Bedeutung zu. Eine familienfreundliche soziale Infrastruktur (Kinderbetreuungsplätze, Spiel- und Sportplätze, Jugendzentren, Kultur- und Beratungsangebote für Jung und Alt, Förderung von gemeinnützigem Vereinsleben, adäquate Bauleitplanung etc.) entlastet die Familien und fördert damit gleichzeitig die Attraktivität der Kommune als Wirtschaftsstandort. Ermäßigte Eintrittsgelder und Benutzungsgebühren sowie auch auf andere Kommunen übertragbare Familienpässe für kinderreiche bzw. geringverdienende Familien sind unverzichtbare Ergänzungen. Nicht zuletzt sind im Sinne der Familien vermehrte kommunale Anstrengungen zur Schaffung von wohnortnahen Arbeitsplätzen mit ergänzenden Kinderbetreuungsangeboten nötig. Für Kommunen ebenso wie für Unternehmen ist ein "Familien-Audit" (Gütesiegel) anzustreben, um den sich stets wandelnden Anforderungen gewachsen zu sein.

IV Familie gestaltet die Zukunft von Bildung und Kommunikation

Offenheit und Achtung vor dem Anderen, Zeit haben, Zuhören und sich Zuwenden sind Fähigkeiten, die lebenswichtig sind. Diese Fähigkeiten und Tugenden wie Treue, Verlässlichkeit und Toleranz können in der Familie erlebt und erworben werden. Geborgenheit in der Familie, mit der Möglichkeit des Neubeginns, schafft die nötige Stabilität, um mit dem heutigen Anpassungsdruck und mit konsumorientierten Leitbildern kritisch umgehen zu können. Die Familie führt in elementare Regeln des gesellschaftlichen Zusammenlebens ein. Damit Familien diese in ihnen ruhenden Möglichkeiten entfalten können, brauchen sie Unterstützung.

- Wir wenden uns an die Familienberatung und die Bildungseinrichtungen

Wir erwarten von Staat, Wirtschaft und Kommunen, dass sie als Arbeitgeber und Kulturträger flexibler auf die Bedürfnisse der Familien reagieren. Viele Elternteile wollen nach wie vor keiner Erwerbsarbeit nachgehen, sondern sich ganz der Familienarbeit widmen. Wir erwarten, dass dieses Familienmodell genauso akzeptiert wird wie andere Formen, und dass *Familienarbeit grundsätzlich aufgewertet* wird. Diese darf allerdings nicht einseitig zu Lasten der Frauen gehen, die bisher den Großteil der Familienarbeit tragen.

Die Landessynode fordert deshalb für die Familie Bildungskonzepte, die personale Bindung gewährleisten und dadurch auch Chancengleichheit für die Schwachen ermöglichen.

Unser Bildungssystem muss grundsätzlich familienfreundlicher gestaltet werden. Die Frage "Berufliche Aus- und Weiterbildung oder Kinder" darf keine Alternative sein. Vordringlich sind die Angebote in der staatlichen und kirchlichen Familienbildung und -beratung auszubauen, Prävention und gewaltfreie Konfliktlösung als Lerninhalte noch stärker zu akzentuieren. Um der Gewalt unter Jugendlichen vorzubeugen, dürfen sich Staat und Kirche nicht aus der Erziehungsberatung zurückziehen.

Andererseits muss die Schule die erzieherische Verantwortung der Eltern sowohl respektieren als auch einfordern. Schule kann als vertrauensvolle Lebenswelt nur dann gedeihen, wenn die Familie als grundlegende Bildungsinstitution nicht ausfällt. Sie braucht Unterstützung in ihrem Bemühen, etwaige familiäre Defizite auszugleichen. Unterricht und Unterrichtsmaterialien sind immer wieder auf die aktuelle Lebenssituation der Kinder abzustimmen und sollten sie in ihrer Persönlichkeitsentwicklung und Sozialkompetenz positiv unterstützen. In diesem Zusammenhang haben Schulen und Eltern neue gemeinschaftsbildende Aufgaben erhalten.

Mit Blick auf eine Generationen übergreifende Bildungsarbeit sind neue, offene Konzepte nötig, die der zunehmenden Verzerrung der Generationenfolge Rechnung tragen. Nicht zuletzt müssen die vielfältigen Formen der *Familienselbsthilfe* - z. B. nachbarschaftliche Netzwerke, Treffs für Alleinerziehende oder Frauenhäuser - gerade in unserer individualisierten Gesellschaft vom Staat mehr Anerkennung und Förderung erfahren.

Von den Medien erwarten wir, dass sie ihre Informations- und Bildungsangebote noch stärker auf die Bedürfnisse der Familien abstellen und einen verantwortungsvollen Journalismus pflegen. Kinder- und jugendgerechte Programme müssen auch einen Beitrag zur Entwicklung einer positiven Streitkultur leisten, die auf Offenheit und Kompromissbereitschaft statt auf Konfrontation und Anpassung beruht. Solche Programme dürfen nicht ausschließlich unter kommerziellen Gesichtspunkten gestaltet werden. Die verharmlosende Darstellung von Gewalt in Bild und Sprache sowie die Verletzung der Intimität, zum Beispiel auch im Internet, lehnen wir ab. Eltern und Schule sollten gerade diese Phänomene in der Realität der Medien aufmerksam beobachten und die Kinder und Jugendlichen zu einem kritischen Medienbewusstsein befähigen.

V Familie gestaltet die Zukunft unserer Kirche

Elementare Erfahrungen in der Familie sind oft ausschlaggebend dafür, ob ein Mensch den Weg zum Glauben und zur Kirche findet. Die Familie kann so etwas sein wie die kleinste

Form einer Gemeinde: "Wo zwei oder drei versammelt sind in meinem Namen, da bin ich mitten unter ihnen" (Mt. 18, 20). So wird die Familie zum Ort der Erfahrung für christlichen Glauben und christliches Leben. Kirchliche Angebote können und sollen die Familie nicht ersetzen, sondern sie in ihren Möglichkeiten unterstützen.

- Wir wenden uns an Kirche, Gemeinde und Diakonie

Wir wünschen von Kirche, Gemeinden und Diakonie, dass sie die *Familie noch mehr in den Mittelpunkt* ihres seelsorgerlichen Dienstes und ihrer Bildungs- und Beratungsarbeit rücken. Bei letzterer sind insbesondere präventive Maßnahmen gefordert. Ebenso wichtig ist die Vorbereitung auf die Elternrolle und die seelsorgerliche Begleitung von Mutter/Vater-Kind-Gruppen. Die Angebote von Kirche und Diakonie auf dem Feld der Familienarbeit sollten mehr mit denen der Kirchengemeinden vernetzt, die Familie in ihrer Lebenswirklichkeit stärker wahrgenommen werden. Diese Prioritätensetzung erfordert auch die Bereitstellung finanzieller Mittel.

Eine vernetzte, konzeptionell auf örtliche Bedürfnisse eingehende Familienarbeit muss zum integralen Bestandteil von Gemeinden, Werken, Diensten und Einrichtungen werden. Damit ist gemeint:

Die Gemeinden sollten weiterhin *Hilfe leisten bei der religiösen Sozialisation von Familien;* sie sollten Eltern bei der christlichen Erziehung ihrer Kinder unterstützen. Das beginnt bereits bei der Vorbereitung auf die Taufe und setzt sich fort bis zur Konfirmation. Ein besonderes Augenmerk ist dabei auf Familien mit behinderten Kindern zu richten.

Die Gemeinden sollen die Familien bei der *Bewältigung von Alltagsproblemen* unterstützen. Bei Krisen in den Familien ist in den Gemeinden Aufmerksamkeit, *Seelsorge und Beratung* gefragt.

Für konfessionsverschiedene Familien sind verstärkt *ökumenische Seelsorge* und andere ökumenische Angebote anzubieten.

Die Kirche muss weiterhin Maßnahmen und *Einrichtungen stützen, die Kindern und Jugendlichen, Senioren und Pflegebedürftigen zugute kommen.* Vor einem Rückzug aus diesen Arbeitsbereichen sind Möglichkeiten der Kooperation mit anderen Trägern (Staat, Kommune, Ökumene) zu prüfen.

Angesichts der gesellschaftlichen Umbrüche gewinnt der Auftrag evangelischer *Tageseinrichtungen* für Kinder eine immer größer werdende Bedeutung: ganzheitliche, wertorientierte und familienunterstützende Erziehung, Bildung und Beratung werden dort geleistet. Sie sind Teil eines Netzwerks, das insbesondere die Klein- und Teilfamilie stützt.

Gerade in der pluralistischen Gesellschaft ist die Entwicklung und Einübung christlicher Wertmaßstäbe, wie sie dem Konzept evangelischer *Schulen und Internate* zugrunde liegen, eine profilierte Ergänzung staatlicher Bildungsangebote.

Die Kirchengemeinden sollten nicht nur ihre *Eltern-Kind-Arbeit* ausbauen, sondern diese auch stärker mit den anderen Angeboten der Gemeinde verknüpfen. Die Gemeinde braucht eine Vielfalt von Veranstaltungsformen, um der Vielfalt der Familienformen gerecht zu werden. Die Teilnahme am Gemeindeleben mag unterschiedlich intensiv sein, die Zusammengehörigkeit aller Gemeindeglieder bleibt davon unberührt. Durch Vernetzung wird vermieden, dass sich Familien, allein Erziehende oder Singles jeweils in eine randständige Rolle innerhalb des Gemeindelebens gedrängt fühlen.

Die *Beratungsdienste* für Familien in Krisen und Notsituationen dürfen nicht ausgedünnt werden.

Jugend- und Altenarbeit sind auch als Teil der Familienarbeit zu begreifen und als solche inhaltlich stärker auf das Miteinander der Generationen zu konzentrieren: Gerade wenn eine Gemeinde bewusst Zielgruppen ins Auge fasst (z. B. Kinder, Jugendliche, Senioren), sollte sie das Augenmerk besonders auf Familien richten und solche Veranstaltungen verstärken, bei denen *Begegnungen über die Generationen hinweg* ermöglicht werden. Gemeindefeste, wie sie fast überall begangen werden, können ausgebaut werden und Anstoß zu weiteren Begegnungen geben. Wir erinnern an die Anregungen aus dem Wettbewerb: "Kinder- und familienfreundliche Gemeinden" (1995).

Nicht zuletzt sind *Kirche und Diakonie auch als Arbeitgeberinnen* gefragt. Jede ihrer Äußerungen wird daran gemessen, wie sie selbst im Vollzug Familien-, Erwerbs- und ehrenamtliche Arbeit gewichten. Sie übernehmen hier eine gesellschaftspolitische Verantwortung, die weit über die Grenzen der verfassten Kirche hinaus wirkt. Flexible Arbeitszeitgestaltung, Stellenteilung, Aufstiegschancen auch für Teilzeitbeschäftigte sind bereits eingeführt, müssen aber noch weiter ausgebaut werden, um familiengerechte Rahmenbedingungen zu schaffen. Familie braucht solche Rahmenbedingungen, damit Kinder zusammen mit ihren Eltern im Grundgefühl von Geborgenheit, Sicherheit, Vertrauen und Verlässlichkeit gemeinsam leben können. Familie vermag einer weiteren Vereinzelung in der Gesellschaft entgegen zu wirken. Sie ist ein Zukunftsmodell, weil sie die Chance bietet, gemeinschaftsfähig vor Gott und den Menschen Leben in Staat, Kirche und Gesellschaft zu gestalten und Verantwortung zu übernehmen.

Unser Dank

Die Synode freut sich über die bereits bestehende erstaunliche Fülle von Aktivitäten in der familienbezogenen Arbeit in Kirche und Diakonie, wie sie in der Broschüre "Kirche lebt mit Familien" vorgestellt wird. Sie empfiehlt diese Broschüre den Gemeinden zur Orientierungshilfe.

Allen Gemeinden und diakonischen Einrichtungen sei herzlich gedankt für ihren unermüdlichen Einsatz angesichts immer größer werdender Aufgaben. Es wird sehr viel getan für Kinder und Familien. Vieles davon geschieht im Verborgenen, vieles gelingt, anderes scheitert an ausweglosen Situationen. Dies auszuhalten erfordert Kraft, Selbstlosigkeit, Ausdauer und Vertrauen zu Gott.

Unser Dank gilt allen Mitarbeitenden, die in Diakonie und Gemeinde ihren Dienst als Ehren-, Neben- oder Hauptamtliche tun; er gilt auch denen, die - unabhängig von Kirche und Diakonie - in Nachbarschaftshilfe, in spontanem Aufgreifen von Notsituationen dazu beitragen, dass Familien in Krisen begleitet werden, dass ihnen in Schwierigkeiten geholfen wird.

Wir danken allen Verbänden und Gruppen, die sich in der Gesellschaft für ein familienfreundliches Klima einsetzen. Wir danken insbesondere den Politikerinnen und Politikern, die im Rahmen der Gesetzgebung kooperativ mit unserer Kirche zum Wohle der Familien zusammenarbeiten.

Wir freuen uns über alle, die sich der Herausforderung einer Familie stellen und danken denen, die jungen Menschen den Mut vermitteln, selbst eine Familie zu gründen.

Priv. Doz. Dr. Dr. Bernd Wannenwetsch

University Lecturer in Ethics, University of Oxford, GB

Teil IV.2

Von Wert und Würde der Familie

1. Die neue "Lust auf Familie" und ihre Hintergründe im Werte-Denken

Es ist schon erstaunlich: Alle sind für die Familie, und doch geht es ihr immer schlechter. Passee sind längst jene kulturkämpferischen Töne aus den späten sechziger Jahren, in denen die Familie grundsätzlich in Frage gestellt wurde und Gegenmodelle sozialen Zusammenlebens propagiert wurden. "Pro familia" sind heute irgendwie alle. Liest man die Parteiprogramme von schwarz bis grün findet sich an diesem Punkt große Übereinstimmung: Familie ist wertvoll, heißt es überall, sie braucht Unterstützung und eigentlich bräuchte sie auch mehr davon, als sie bislang erhielt.

Auch die Forderungskataloge ähneln sich in bemerkenswertem Umfang. Angela Merkels CDU will gar schon einen neuen Trend "Lust auf Familie" verspürt haben und stellt ihre neuen familienpolitischen Leitlinien werbewirksam unter dieses Motto. Wenn wir uns freilich mit der ja auch christlich gebotenen Nüchternheit fragen, woher diese neue "Lust auf Familie" denn stammt, lässt sich ein Verdacht nicht so leicht unterdrücken, den ich in folgende These gefasst habe:

These 1:
Die neue Betonung des "Wertes" der Familie in der Gesellschaft ist bisher nicht nur weitgehend folgenlos geblieben. Sie verdankt sich möglicherweise dem gleichen Denken, das die Familien seit Jahren in die soziale Schieflage gebracht hat: einem vorwiegend an Zweck und Nutzen orientierten Denk- und Handlungsmuster, das die Familien zuerst ausgezehrt hat und nun, da das Sozialgefüge der Gesellschaft immer weniger funktioniert, deren "Wert" wiederentdeckt.

Die neue Wertschätzung der Familie ist wohl weniger durch die bestehende soziale Ungerechtigkeit gegenüber den Familien veranlasst. Was das Bundesverfassungsgericht vor einigen Jahren ausdrücklich angemahnt hat, ist ein seit langem bestehender und bewusster Prozess, wonach der Lebensstandard von Familien gegenüber dem der Alleinlebenden seit 1965 kontinuierlich nach unten gegangen ist.

Nein, die neue Wertschätzung der Familie verdankt sich offenbar einem ganz simplen Sachverhalt: Die Rechnung geht nicht mehr auf. Unübersehbar ist mittlerweile geworden, dass bei abnehmender familiärer Lebensweise und Kinderzahl die Subsidiarpflicht des Staates über Gebühr belastet wird, wovon explodierende Kosten im Gesundheitswesen, im Erziehungs- und Sozialfürsorgebereich zeugen.

Wir haben offenbar in der Verfolgung gängiger gesellschaftlicher Leitbilder so lange auf Kosten der Familie gezecht, bis diese Ressource sich immer mehr erschöpft hat. Nun, da die Rechnung nicht mehr aufzugehen droht, entdecken wir ihren "Wert" wieder. Die Frage für uns evangelische Christen lautet nun freilich: Wollen wir in den Chor der Stimmen einfallen, die in diesem Sinn den Wert der Familie preisen? Ich rate zur Vorsicht.

2. Ein eigenes Ja

Wenn wir als evangelische Kirche[1] nicht lediglich als Trittbrettfahrer dieses neuen Wertbewusstseins auftreten wollen und die üblichen Forderungskataloge zur "Stärkung der Familie" nicht einfach mit religiöser Lackierung versehen, wenn wir vielmehr ein eigenes und qualifiziertes Ja zur Familie sprechen wollen, wie könnte dieses aussehen? Ich denke, dazu müssen wir die Quellen unserer Erkenntnis gezielt auf eine Alternative zu jenem funktionalen Wert-Modell befragen. Diese Alternative muss anders begründet sein als durch die ewige Sorge der Konservativen um den Werteverfall und anders begründet als durch die Sorge der Liberalen vor dem Funktionsversagen des Systems.

Nun möchte ich vorschlagen, die Alternative zum Wertemodell mit dem Stichwort von der "Würde" der Familie ins Auge zu fassen. Ich kann hier an den Vorschlag zum Wort der Synode anknüpfen, wo diese Vorstellung ausdrücklich aufgenommen wurde. Wollen wir erkunden, wie die Würde der Familie theologisch verstanden werden kann, dann können wir freilich nicht einfach einen biblisch-theologischen "Befund" sicherstellen, von dem aus dann ein Katalog von Forderungen abzuleiten ist, der an alle möglichen Adressaten verschickt wird. Vielmehr kommt es darauf an, neu auf die Quellen unseres Glaubens zu achten und im Lichte eines so gewonnenen Verständnisses von der Würde der Familie dann in den Blick zu fassen, wie und wo diese Eigenwürde in der gesellschaftlichen und kirchlichen Wirklichkeit gefährdet ist und wie ihr andererseits positiv entsprochen werden kann. Ansatzweise möchte ich das im Folgenden versuchen.

Zunächst aber will ich noch deutlicher sagen, welchen Unterschied es macht, ob wir vom Wert oder von der Würde der Familie sprechen.

These 2:
Während der "Wert" der Familie von ihren verschiedenen Leistungen ("Angebot") her bemessen wird und von dem her, wie diese Leistungen in der jeweiligen gesellschaftlichen Situation in Konjunktur stehen ("Nachfrage"), bedeutet die Zuschreibung einer Würde die Achtung vor einer Lebensform, die in sich selbst als gut und sinnvoll (an-)erkannt wird und ihre Daseinsberechtigung nicht erst von ihrer Funktionalität her rechtfertigen muss.

Die Unterscheidung von Wert und Würde ist besonders von Immanuel Kant eingeprägt[2] worden. Dabei geht er vom "Wert" als einer prinzipiell ökonomischen Kategorie aus. Einen Wert hat, was gerade in Konjunktur steht. "Was einen Preis hat, an dessen Stelle kann auch etwas anderes, als Äquivalent gesetzt werden; was dagegen über allen Preis erhaben ist, mithin kein Äquivalent hat, das hat eine Würde." Kurz gesagt: Was einen Wert hat, ist eine Ware, jede Ware hat ihren Preis, und der Preiswert macht jede Ware grundsätzlich austauschbar. Denn der Nutzen, den man sich mit ihr einhandeln möchte, kann ja je nachdem auch anderweitig erreicht werden.

Auf die Familie gemünzt, heißt dies dann: Während der Wert der Familie in der Währung ihres Nutzens angegeben wird, in dem also, was sie "bietet", was sie "bringt" – sei es dem Einzelnen oder der Gesellschaft insgesamt –, ist mit der "Würde" gemeint, dass es sich hier um eine Lebensform handelt, die gewissermaßen ihren "Wert" in sich selbst hat: unvergleichlich, konkurrenzlos, unersetzbar. Mit seiner Beschreibung des Wert-Modells hat Kant einen Mechanismus angesprochen, den Karl Marx und Friedrich Engels in ihrer unübertroffenen Analyse der kapitalistischen Gesellschaft weiter konturiert haben.

Sie haben den Blick dafür geschärft, dass die Würde der Familie keineswegs unantastbar ist. Unter der Oberfläche einer in der Gesellschaft gepflegten idyllischen Rhetorik von der "heiligen Familie"[3] werden die tatsächlichen Lebensbedingungen dieser Lebensform unterhöhlt, wenn die Logik der modernen Produktionsverhältnisse auch in die Reproduktionsverhältnisse einzieht[4].

Zwar bietet die Familie aufgrund ihrer besonderen durch emotionale Bindungen strukturierten Lebensweise einen gewissen natürlichen Widerhalt gegen die Alleinherrschaft des Nutzendenkens.

Andererseits wird sie durch die gesellschaftlichen und insbesondere die ökonomischen Bedingungen von außen unter Druck gesetzt, wie sich das heute etwa an der familienfeindlichen Forderung nach beruflicher Mobilität ablesen lässt. Zudem zieht sich das Zweck- und Nutzendenken auch in die innere Lebenslogik der Familien hinein. In einer Marktgesellschaft werden die Beziehungen selbst marktförmig: wenn etwa der Kinderwunsch unter dem Aspekt eines Erfüllungswertes an Erfahrung gesehen wird, wenn Kinder gegen ihre Eltern auf Unterhalt klagen, oder wenn die Unterstützung für die alten Eltern von erbrechtlichen Vereinbarungen abhängig gemacht wird, und so fort.

In Klammern sei hier angemerkt, dass der Vorschlag der Erklärung der Landessynode[5] diesen Zusammenhang der Gestaltung der Familie durch die herrschenden Kräfte (des Marktes und des Nutzendenkens) weitgehend abblendet und statt dessen tapfer, aber doch etwas idyllisch durchgehend davon redet, wie und was die Familie ihrerseits alles "gestaltet"[6]. So sehr dieser Aspekt – die eigene Kraft dieser Lebensform – im Sinne ihrer Würde in der Tat Beachtung verdient, so wenig sollte doch andererseits verborgen bleiben, wie sehr die fortschreitende Kapitalorientierung der Marktgesellschaft die Familie zersetzt und wie sie in gewissem Umfang geradezu von der Zersetzung der Familie lebt.

Schließlich geht es ja auch um den Verkauf von Dienstleistungen, welche die Familien sonst abdecken, bis hin zum Verkauf von Ersatzmitteln für die elterliche Präsenz. Und muss eine auf ständigem Wachstum basierende Ökonomie nicht geradezu notwendig daran interessiert sein, eine Heerschar gieriger Konsumenten heranzubilden, die mangelnde familiäre Zuwendung durch exzessiven Konsum kompensieren?

Die Anfrage sei erlaubt: Kann sich die theologische Aufgabe darauf beschränken, die Kräfte der Familie zu loben und zu stärken? Oder müssten nicht auch die "Mächte und Gewalten" in den Blick kommen, die sie unterhöhlen? Kann es hinreichen, mit allerlei Forderungen nach einer Stärkung der Familie an die Öffentlichkeit zu treten, ohne sich darüber Gedanken zu machen, wie ihre faktische Schwächung mit den Ideologien zusammenhängt, die wir ausleben?

3. Die Würde der Familie als elementare Lebensform

Wenn sich Christen nun nicht mit einem solchen Werte-Modell begnügen können: Wie lässt sich theologisch plausibel machen, dass die Familie eine Lebensform eigener Würde ist, die als solche "gut", und sich nicht erst durch ihre Leistungen nach innen (Was bieten mir meine Eltern? Was nützen mir meine Kinder?) oder außen (gesellschaftlicher Nutzen) in ihrer Existenz rechtfertigen muss.

These 3:
In der Sprache der theologischen Tradition ist die Würde der Familie mit der Vorstellung ausgesagt worden, dass diese Lebensform (wie die Ehe, sowie das politische, wirtschaftliche und religiöse Leben) dem Willen des Schöpfers selbst entstammt und nicht einfach als menschliche Erfindung gelten kann, die dem Gesetz des "gesellschaftlichen Wandels" folgend auch durch Äquivalente ersetzt werden könnte.

Mit Hilfe welcher Begriffe man diese Vorstellung in der theologischen Tradition auch immer formuliert hat, der theologische Witz liegt jeweils darin, dass die Familie nicht als Menschenwerk, sondern von Gottes eigenem Willen und seinem Wirken her verstanden wird. Während die Sozialtheorien der Neuzeit in der Traditionslinie von Hobbes, Locke oder Rousseau davon ausgehen, dass der Mensch, als Individuum geschaffen, sich selbst die Formen seines Zusammenlebens schafft, bezeugt die Schrift, dass die Schöpfung auch in sozialer Hinsicht kein "Chaos", sondern ein "Kosmos" ist: dass Gott also auch die Gemeinschaft der Menschen schafft und ihr bestimmte Formen verleiht, in denen sie gelebt werden kann. Denken wir an die Schöpfungsgeschichte, wo Gott Mann und Frau nicht nur jeweils für sich schafft, sie nicht nur füreinander bestimmt, sondern sie auch einander zuführt (Gen 2, 22), d. h. auch ihre Gemeinschaft stiftet und sie im Nachwuchssegen (Gen 1, 28) auf die Erweiterung zur Familie hin anlegt.

Hier findet sich ein theologisch starker Einwand gegen die Unterwerfung der Familie unter die Konjunktur und "Tyrannei der Werte"[7]. Denn als eine dem Schöpferwillen selbst entsprechende Lebensform ist die Familie nicht disponibel, weil sie ist ja nicht dem Urheberrecht des Menschen entstammt.

Wo dieser geschöpfliche Ursprung hingegen bestritten wird, wie das in den Sozialtheorien der Moderne üblich geworden ist, liegt es nur allzu nahe, die Familie aktuell demselben Denken zu unterwerfen, das ja schon bei ihrer vermeintlichen Erfindung durch die Menschen Pate gestanden hat: den sozialen Nützlichkeitserwägungen eben.

Luther hat den theologischen Bezug in der Vorstellung aufgenommen, dass es sich bei den elementaren Lebensformen wie der Familie um "Mitgeschöpfe" handelt: um soziale Lebensformen, die Gott zusammen mit dem Menschen geschaffen hat[8]. Nun ist diese theologische Vorstellung freilich missverständlich und auch missbraucht worden, wie etwa zur ideologischen Überhöhung fragwürdiger Institutionen wie der Männerherrschaft oder gar solcher Ideen wie der vom gottgegebenen Recht eines Volkes auf rassische Homogenität etc.

Mit der berechtigten Kritik an solchem Missbrauch hat freilich das Verstehen dessen nicht Schritt gehalten, was mit der Rede von sozialen Lebensformen als "Mit-Geschöpfen" in der Tradition überhaupt gemeint ist. Was jedenfalls Luther damit nicht gemeint hat, wie es aber in der neu-lutherischen Traditionsbildung seit dem späten 19. Jahrhundert auf verhängnisvolle Weise akzentuiert wurde, ist, dass es zeitlose Ordnungen gebe, die gewissermaßen über den Menschen schweben, und in welche die Menschen hineingezwängt werden müssten.

Dies würde ja eben voraussetzen, dass die Ordnungen *vor* und *unabhängig* von den Menschen existieren und eben nicht "Kon-Kreaturen", Mit- Geschöpfe des Menschen sind. Die Familie als ein solches Mitgeschöpf oder, wie ich lieber sage, als elementare Lebensform[9] zu betrachten, besagt auch nicht, dass nun etwa alle Menschen eine Familie gründen müssten, um ein christliches Leben zu führen. Das wäre ja schon angesichts der Ehelosigkeit Jesu und der ganzen klösterlichen Tradition absurd.

Was eine solche Vorstellung verlangt, ist zunächst lediglich die Anerkennung der Tatsache, dass wir uns als geburtliche Lebewesen[10], als Kinder unserer Eltern, bereits innerhalb der familiären Lebensform vorfinden, bevor wir uns dann daran machen, diese zu gestalten oder eine eigene Familie zu gründen.

Dies ist keineswegs eine Banalität ohne Folgen. Wollen wir nämlich die Tatsache, dass wir als Kinder unserer Eltern geboren werden, theologisch, d. h. von Gott her, verstehen, bedeutet dies eben, dass wir zusammen mit unserer individuellen Geschöpflichkeit auch die Geschöpflichkeit der Familie erkennen. Dann aber werden wir nicht mehr so leicht auf die Idee kommen, die Familie, auch nicht die, die wir selbst gründen, als unser eigenes Konstrukt anzusehen und dementsprechend über sie verfügen; – als Mitgeschöpf geachtet wird die Familie nicht als Wert behandelt, über den wir disponieren, noch als Laboratorium zum sozialen Experiment herabgewürdigt.

Freilich: Die Familie als eine Lebensform anzusehen, die uns gegeben ist, und in der wir uns *vor*finden können, anstatt sie *er*finden zu müssen, bedeutet nun keineswegs, sie als überzeitliche Ordnung zu verstehen, in und an der es für uns nichts zu tun gebe. Als Kon-Kreaturen sind diese Sozialformen eher wie der Garten und gehören zu den zeitlichen Gütern der Schöpfung, die den Menschen zu "bebauen und bewahren" aufgetragen ist und mithin zum sogenannten Kulturauftrag.

Der springende Punkt dabei, der immer wieder übersehen wird, ist dieser: Die theologische Tradition, von sozialen Lebensformen im Sinn von "Mitgeschöpfen" zu reden, birgt mit der grundsätzlichen Bejahung dieser Formen einen ausgesprochen emanzipatorischen Charakter: Erst wenn wir in ihnen nämlich nicht zufällige Ergebnisse der Kulturgeschichte sehen, deren Verlauf uns deren eigene Normativität aufnötigt, wird eine kritische Prüfung dessen möglich, wie wir in ihnen leben. Denn dann lässt sich der jeweilige gesellschaftliche Status quo einer solchen Lebensform wie der Familie immer wieder neu am Willen dessen überprüfen, der sie geschaffen hat. Denken wir etwa daran, wie Jesus die an Nützlichkeitserwägungen orientierte Scheidungspraxis seiner Zeit mit dem Hinweis auf den ursprünglichen Schöpferwillen kritisieren konnte, Mt 19, 7-9.

These 4:
Der kirchlichen Sozialverkündigung ist es aufgegeben, sich an einem substantiellen Begriff der Familie (Mutter, Vater, Kinder) zu orientieren, der den organischen Zusammenhang mit der Ehe nicht aus dem Blick verliert. An einem solchen normati-

ven Familienbegriff sich zu orientieren, schließt freilich gerade ein, dass die Leistungen, die etwa Alleinerziehende erbringen, volle Anerkennung und Unterstützung erfahren.

Mit der Würde der Familie ist die Frage verbunden, ob die Familie als eigene Form, als in sich stimmige Proportion, geachtet oder ob sie wiederum nur funktional bestimmt wird: von einer bestimmten Funktion her, von der dann gesagt werden kann, dass sie in verschiedenen Formen erfüllt werden kann. "Familie lebt in verschiedenen Formen", heißt es in der Erklärung der Landessynode[11]. Das ist offensichtlich von der Absicht getragen, die oft bewundernswerten Leistungen, die in allerlei familienähnlichen Kontexten erbracht werden, nicht abzuwerten.

Die Frage ist freilich, ob wir gut beraten sind, die in der Tat geforderte Anerkennung der Leistungen etwa von Alleinerziehenden um den Preis einer solchen funktionalen Reduzierung des Familienbegriffs zu ermöglichen, wonach Familie überall da ist, wo Kinder erzogen werden, wie es in der Erklärung definitorisch heißt. Würde eine echte Würdigung der Leistungen von Alleinerziehenden nicht eher darin bestehen, anzuerkennen, dass sie diese Leistungen unter defizitären Bedingungen erbringen, wenn eben der Vater oder die Mutter fehlt? Es hilft den Betroffenen nicht, wenn wir diese Differenzen, die doch von ihnen selbst schmerzlich verspürt werden, mit einem substantiell entleerten Familienbegriff einebnen.

So weit haben wir uns mit der Frage beschäftigt: Was ist die Familie in theologischer Perspektive, als was sollen wir sie ansehen, wenn wir gewissermaßen einen Schritt zurücktreten? Und die wesentliche Alternative war: Verstehen wir die Familie als Funktionsgefüge oder als elementare Lebensform? Als Wert oder Würde?

Nun aber wenden wir unseren Blick gewissermaßen nach innen und fragen: Was charakterisiert die Familie in besonderer Weise? Worin ist ihre Würde als elementare Lebensform in ihren konkreten Lebensvollzügen ansichtig?

4. Die Würde der Familie als Tradierungsgemeinschaft

These 5:
Nach innen betrachtet lässt sich die besondere Würde der Familie in ihrem Charakter als Tradierungsgemeinschaft erkennen – wo die elementaren Lebens- und Glaubensvollzüge an die nachfolgende Generation weitergereicht und diese in die elementaren Lebensformen eingewiesen werden. Diese Tradierungsaufgabe weist

deshalb auf die Würde der Familie zurück, und nicht auf einen "Wert" (etwa für die Kirche oder die Gesellschaft), weil der Vorgang der Einweisung in die entsprechende Lebensform (zumal des Glaubens) so komplex ist, dass er nicht in einzelne Funktionen zerlegt werden kann. Vielmehr erwachsen die wesentlichen Lernvollzüge gerade aus dem Ineinander der verschiedenen Lebensbezüge in der Familie.

Wenn man soziologisch von der Familie als einer "Mehrzweck"-Institution gesprochen hat, so liegt der springende Punkt nicht darin, dass sie eine Mehrzahl von Aufgaben in sich versammelt, die sie dann recht oder schlecht im Einzelnen erfüllt. Das Charakteristische der familiären Gemeinschaft, für das das Griechische ein eigenes Wort für "Liebe" – storge – kennt[12], ist vielmehr die Art, wie diese vielfältigen Aufgaben *miteinander* wahrgenommen werden und auf spannungsvolle und effektive Weise zusammenwirken.

Da wird nicht auf der einen Seite erzogen und auf der anderen Seite ein Zärtlichkeitsbedürfnis erfüllt; vielmehr macht erst, wie die Erziehung mit Zärtlichkeit durchsetzt ist, das Besondere elterlicher Erziehung aus. Da wird nicht einerseits ein materielles Bedürfnis gestillt und andererseits auch noch ein religiöses. Wenn beim Tischgebet für das Essen gedankt und auch für die Armen gebetet wird, ist gerade die Vernetzung von Versorgungsleistung und religiöser Erziehung das Besondere. Die Reihung ließe sich fortsetzen[13].

Eben diese Verschränktheit von verschiedenen Lebensvollzügen ist im tichwort von der Tradierungsgemeinschaft anvisiert. Denn das Weiterreichen von Lebenswissen und das Einweisen in Lebensformen – traditio – ist ein komplexer Vorgang, der nur in der familiären Vernetzung der verschiedenen Aufgaben und Beziehungen geschehen kann. Einzelne Ersatzagenturen können nur jeweils in einzelne Vollzüge einweisen: Lebensformen tradieren können sie nicht. Auf dieses Tradierungsmotiv zielen auch die biblischen Aussagen zur Familie in besonderer Weise. Auch das Gebot, die Eltern zu ehren, ist vor diesem Hintergrund zu verstehen, wie die ihm beigefügte Verheißung deutlich macht: "... auf daß du lange lebst und es dir wohl ergehe auf Erden".

Der Zusammenhang ist klar: Wenn Kinder ihre alten Eltern ehren, werden es ihre eigenen Kinder von ihnen abschauen, und darum wird es den Befolgern des Gebotes selbst gut gehen im Alter. Dieses Traditionsprinzip zielt freilich nicht allein auf die Versorgung. Es impliziert, dass die Eltern ihr Lebenswissen, das, woraus sie selbst leben, an die Kinder weitergeben. Für Israel sind das natürlich insbesondere die Ge-

schichte Gottes, die es zu erzählen gilt, die Weisungen Gottes und die Grundvollzüge des Glaubens, die es weiterzureichen gilt.
"Er gab ein Gesetz in Israel und gebot unseren Vätern, es ihre Kinder zu lehren, damit es die Nachkommen lernten, die Kinder, die noch geboren würden; sie sollten aufstehen und es auch ihren Kindern verkündigen, dass sie setzten auf Gott ihre Hoffnung und nicht vergäßen die Taten Gottes, sondern seine Gebote hielten" (Ps 78, 2-4).

Von der besonderen Würde der Familie als Tradierungsgemeinschaft her wird auch verständlich, warum das Elterngebot in der Reihe der sogenannten Sozialgebote auf der zweiten Tafel des Dekalogs als erstes genannt ist. Warum hat Gott dieses Gebot "obenan gesetzt", wie Luther im Kleinen Katechismus formuliert?[14] Es steht wohl darum den anderen voran, weil in der Lebensform, die es schützt, der Familie, eben das gelernt wird, was den Menschen ermöglicht, auch die anderen Gebote zu halten: wie das Lebensrecht des Nächsten geachtet wird, wie es zugehen kann, einen Menschen des anderen Geschlechts zu lieben, wie als Bürger zu leben (das Recht des anderen auf guten Leumund und faire Gerichtsverfahren zu achten), das Eigentum des Anderen zu achten, etc.

These 6:
In der Perspektive reformatorischer Theologie ist Elternschaft selbst im qualifizierten Sinn als "Beruf" verstanden worden – als eine Lebensform, die auf den Ruf Gottes antwortet in der Bewährung des Glauben im alltäglichen Leben. Will die Kirche heute mit dieser Erkenntnis Schritt halten, wird sie in ihrer Sozialverkündigung Mut machen, diesen Beruf auch wirklich auszuüben. So müsste die Frage nach der Präsenz der Eltern in neuer Dringlichkeit gestellt werden und dürfte nicht in der allgemeinen Forderung nach "Vereinbarkeit von Familie und Beruf" aufgehen.

Für die Reformatoren war die Familie nicht einfach eine stumme Tatsache, in die man sich halt einfinden musste, sofern man sie nicht besser meiden wollte. Gegen die mittelalterliche Tendenz, das familiäre Leben gegenüber einer höheren "geistlichen" Berufung etwa zum klösterlichen Leben abzuwerten, hat die reformatorische Theologie darauf gewiesen, dass die vocatio, dass die Berufung Gottes ebensogut innerhalb der Familie gehört und gelebt werden kann.

Für diese Berufung kommen zwei Aspekte zusammen: ein natürlicher (vocatio interna) und einer, der durch das ausdrückliche Wort Gottes hinzukommt (vocatio externa). So lässt sich durchaus die bloße Tatsache, dass einem Paar ein Kind geboren ist, als Berufung zur Elternschaft hören.

Da dies freilich ein Stand ist, der von allerlei Anfechtungen heimgesucht wird, ist es ebenso wichtig, zu dieser "impliziten" Berufung auch die explizite zu hören: das Wort der Verkündigung, das die Angefochtenen gewiss macht: "Es ist gut und recht, als Eheleute und Eltern zu leben; bei aller Mühe und Last gefällt es doch Gott, dem Herrn". Ihre höchste Würde erlangt diese Berufung, wie Luther in seiner Auslegung zum vierten Gebot im Großen Katechismus sagt, dann darin, dass Eltern sich als "Stellvertreter Christi" bei ihren Kindern verstehen dürfen: indem sie ihnen Herolde des Evangeliums werden[15].

Wenn es demnach also gute Gründe gibt, theologisch von der Elternschaft als "Beruf" zu sprechen, müsste sich das nicht entschlossener in der Sozialverkündigung der Kirche niederschlagen, etwa in der klaren Ermutigung, diesen Beruf auch wirklich auszuüben?

Die geläufige Formel von der "Vereinbarkeit von Familie und Beruf", so richtig sie im Grundsatz ist, sollte dann freilich, wie mir scheint, nicht ohne jede Qualifizierung und Differenzierung übernommen werden, wie dies im Vorschlag der Synodenerklärung der Fall ist.

Denn einerseits schlägt diese Formel den Berufsgedanken ja wieder einseitig auf die Seite der Erwerbsarbeit und verortet die Familie auf der anderen Seite (als was eigentlich: als ehrenamtliche Arbeit, Hobby?). Andererseits lässt sich der Verdacht nicht von der Hand weisen, dass diese Formel doch eher verschleiert, was Eltern und zumeist recht einseitig den Frauen als Dreifach-Belastung zugemutet wird, wenn sie nun gewissermaßen zwei Berufe gleichzeitig ausüben und (als dritte Belastung) diese auch noch "vereinbaren" müssen, sofern sie zu einem selbständigen Rentenanspruch kommen wollen.

Und drittens wird die Formel in ihrer generellen Lesart auch den Kindern nicht gerecht, sofern sie den ökonomischen oder ideologischen Druck widerspiegelt, der nicht selten beide Elternteile zu gleichzeitiger außerhäuslicher Erwerbsarbeit zwingt und den Kindern die elterliche Präsenz entzieht. So kann die Formel von der "Vereinbarkeit", wenn man sie nicht zumindest lebensphasenspezifisch differenziert, also eher eine Beschönigung für die doppelte Ausbeutung der Familien sein.

Sollte die Kirche gegenüber solchen Verschleierungen der "political correctness" nicht vielmehr den Mut aufbringen, entschlossen den Erziehungsauftrag in den Vordergrund zu stellen? Sollte sie nicht Eltern ermuntern, zumindest in den ersten Lebensjahren der Kinder für kontinuierliche Präsenz jeweils eines Elternteils zu sorgen? Sollte sie Eltern nicht dazu ermuntern, in der eigenen Lebens- und Karriereplanung dem Beruf der Elternschaft zumindest zeitweilig Priorität einzuräumen?

Müsste im Sinn der Würde der Familie nicht anstelle der allgemeinen Forderung von "Vereinbarung von Familie und Beruf" dafür gesorgt werden, den Eltern eine *selbständige* Entscheidung über die Verteilung und Gewichtung der jeweiligen Berufe in Familie und Büro zu ermöglichen, wie immer das dann zwischen den Partnern ausfällt? Hier sind die Forderungen an Staat, Gesellschaft und Kirche als Arbeitgeber, die Ausübung des Elternberufs nicht zu bestrafen wie bisher, sondern gesetzliche Leistungen und gesellschaftliche Anerkennung für Väter und Mütter auszubauen, sicherlich wichtig.

Allerdings darf dabei ein Sachverhalt nicht unterschätzt werden, der wiederum mit dem Charakter der Familie als Tradierungsgemeinschaft zusammenhängt. Die Ermutigungen, sich dem familiären Leben und der Kindererziehung als einer Sache eigener Würde zu widmen, dürften wohl nicht nur in dem Maße auf fruchtbaren Boden fallen, wie Frauen und Männern dies ohne gesetzliche und gesellschaftliche Nachteile ermöglicht wird. Inwieweit eine solche Ermutigung greifen wird, hängt auch ganz wesentlich davon ab, ob Menschen etwas (erfahren) haben, das sich weiterzugeben lohnt.

Wenn es nichts Wesentliches zu tradieren gibt, dann ist nicht einzusehen, warum Eltern ihre Kinder selbst erziehen sollen. Dann kann die Aufgabe ebensogut an Dritte delegiert werden: an Tagesmütter, au-pair, Kinderkrippen und so fort. Die Reduzierung der Familie zur bloßen Versorgungsgemeinschaft – auch in den Köpfen der Familien selbst – bezeichnet ihren unterschwelligen Verfallswert. Denn alles andere als die komplexe Tradierung von Lebenswissen und Lebensformen lässt sich ja auch anderweitig organisieren – und professioneller noch dazu. Auch die Erkenntnis, dass die Zunahme professionalisierter Ersatzleistungen für die Familie volkswirtschaftlich ruinös ist, wird aus sich heraus noch kein neues Tradierungsbewusstsein erzeugen.

These 7:
Der Ansatz bei der Würde der Familie als Tradierungsgemeinschaft lässt das Augenmerk darauf richten, wo diese Würde jeweils in Frage gestellt, bzw. wo ihr positiv entsprochen wird. Konkret müsste dies anstelle eines unspezifischen "Ja zur Familie" heißen: Alles, was die selbständige Wahrnehmung dieser Aufgabe fördert

und den (vom Grundgesetz geschützten) Konnex von elterlichem Erziehungsrecht und elterlicher Erziehungspflicht subsidiär bestärkt, verdient kirchliche Unterstützung; und dementsprechend gilt umgekehrt: Alles, was dies untergräbt – an ökonomischen, politischen, weltanschaulichen und individuellen Bedingungen –, müsste kirchliche Kritik oder Selbstkritik auf sich ziehen.

Hier müssten wir als Kirche in unserem eigenen familienbezogenen Verhalten und in unserer Einflussnahme auf öffentliche Meinung und staatliches Vorgehen wohl deutlicher unterscheiden: zwischen der notwendigen subsidiären Unterstützung der Familien (von Kindergärten bis zum Familiengottesdienst) und solchen Maßnahmen, die eher dazu angetan sind, genuine Aufgaben aus der Familie auszugliedern und das Abschieben elterlicher Verantwortung oder der Verantwortung gegenüber den Eltern zu erleichtern. In einer solchen Lesart erscheint der Forderungskatalog im Wort der Synode weniger homogen als er gemeint sein dürfte.

Lässt sich etwa die Forderung nach mehr Ganztagsschulen oder Kinderhorten so einfach mit der Betonung der Erziehungsaufgabe der Eltern als Kennzeichen der Würde der Familie harmonisieren? Wenn wir von der eigenen Würde der Familie ausgehen, heißt das, die kritische Aufmerksamkeit auf diejenigen Bezugsbereiche in Staat, Gesellschaft, Kirche zu richten, in denen die Würde der Familie zum Wert herunterdekliniert zu werden droht: wenn ein Staatsapparat etwa primär an der Leistung der Familie als Disziplinierungsanstalt braver Untertanen interessiert ist und dabei deren selbständige Tradierungspotentiale behindert, wie dies in totalitären Regimen immer wieder vorkommt; wenn eine Gesellschaft die Familie als Ferment und stabilisierenden Faktor benutzt und ihr gleichzeitig im Gewand des "gesellschaftlichen Wandels" (Individualisierung, Ökonomisierung) die Lebensgrundlage entzieht. Davon war ja ausführlich die Rede.

Es lässt sich aber auch fragen, ob nicht auch die Kirche in der Gefahr steht, die Familie einer eigenen, kirchlichen Bevormundung zu unterziehen, anstatt sie als Tradierungsgemeinschaft zu unterstützen. Dann wäre folgende Erinnerung hilfreich: Zwar hat sich die Kirche schon zu apostolischer Zeit selbst als eine "familia" höherer Art begriffen und den Loyalitätsanspruch der Herkunftsfamilien der Gläubigen gegenüber der wichtigeren Loyalität zum Reich Gottes relativiert. So wie ja auch ihr Herr in einer für seine eigene Familie sicher herben Wendung davon gesprochen hatte, dass seine "wahren Verwandten" diejenigen sind, die ihm nachfolgen: "Wer Gottes Willen tut, der ist mein Bruder und meine Schwester und meine Mutter" (Mk 3, 31-35).

Gleichwohl hat die Kirche von Anfang an der Versuchung widerstanden, sich selbst an die Stelle der Familie zu setzen, wie dies für sektiererische Gruppen typisch ist, die einen totalen Loyalitätsanspruch für sich reklamieren, nach dem Motto: "Wir sind jetzt deine Familie." Statt dessen haben die christlichen Gemeinden von Anfang an die natürliche Familie geachtet, geschützt und einer eigenen apostolischen Unterweisung für wert befunden, wie sich etwa an den Haustafeln der neutestamentlichen Briefe ablesen lässt, in denen die Familienglieder einzeln angesprochen werden.

So sicher einerseits die Familie auf die Kirche angewiesen ist, ist es die Kirche auch auf die Familie. Müsste es ihr deshalb nicht stärker darum gehen, den Eltern zu helfen, selbst Herolde des Evangeliums an ihren Kindern zu werden, anstatt ein duales System zu etablieren, in dem Eltern und Kindern jeweils getrennt religiös versorgt werden?

Abschließend möchte ich die Würde der Familie theologisch mit einer Unterscheidung Luthers noch einmal zuspitzen, die dieser im Blick auf die elementaren Lebensformen vorgenommen hat.

5. Die Würde der Familie als Heiligungsmittel

These 8:
Die Familie macht nicht "selig", sondern "heilig" (Luther). Sie ist kein "Heilmittel" wie Wort und Sakrament, wodurch Gott die Menschen rettet, sondern "Heiligungsmittel", wodurch Gott die Menschen zu einem gottgemäßen Leben führen will. In einer Zeit, in der die "family values" von allen Seiten neu entdeckt und gepriesen werden, ist die theologische Erinnerung angebracht, dass es dem familiären Leben nicht bekommt, wenn es zum "höchsten Wert" einer Gesellschaft oder zur "Sinnmitte" individuellen Lebens stilisiert wird. Medium der Heiligung vermag die Familie indessen gerade dadurch zu werden, dass sie in besonders elementarer Weise an die Grenzen menschlicher Möglichkeiten gemahnt und dadurch auf die Gnade Gottes hinführt.

An Luthers Unterscheidung von "heilig" und "selig"[16] ist beides ernst zu nehmen: Gerade in einer Zeit, wo die Familie für viele als ein letztes Refugium vor der völligen Bestimmung des Lebens durch Leistungswerte gilt, und darum die Erwartungen an diese warme, familiäre Gegenwelt immer mehr anschwellen, ist theologisch nachdrücklich zu sagen: die Familie rettet nicht; sie ist auch nicht selbst "sinnstiftend", wie es im Entwurf des Synodenwortes heißt.

Je mehr die Familie mit solchen soteriologischen Erwartungen aufgeladen wird, desto leichter wird sie entweder unter dieser Last zerbrechen oder als Hort eines kollektiven Egoismus kultiviert werden: "Trautes Heim, Glück allein; my home is my castle". Auch eine "evangelische Familienideologie", wie sie sich seit dem 18. Jh. entwickelt hat und sich heute noch etwa in der Erwartung einer heilen Welt des Pfarrhauses widerspiegelt, ist theologisch betrachtet ein Götzendienst.

Während eine solche Ideologisierung der Familie gewöhnlich die Gegenreaktion einer neuen Abwertung und Diskriminierung provoziert, schlägt die von Luther benannte Alternative nicht ein solches Pendel an. Seine Hochschätzung der Familie als "heiligender Stand" verdankt sich nicht einer idyllischen, sondern gerade der nüchternsten Einschätzung der familiären Realität.

Vor Augen steht dem Reformator dabei, dass das Familienleben von einer Eigenart ist, die den Glauben geradezu "hineinzwingt"[17]: Denn hier sehen wir uns in der frei gewährten Liebe der Eltern zu den Kindern und der Kinder zu den Eltern einerseits einer vorbereitenden Gnadenerfahrung ausgesetzt; andererseits ist die bekannte chaotische Struktur des familiären Lebens mit seinen vielen Grenzerfahrungen dazu angetan, das wohl wesentliche Hindernis für den Glauben abzubauen: den Glauben an die Möglichkeit nämlich, das Leben selbst in der Hand zu halten[18]. Gibt es wirklich Eltern, die von sich sagen könnten, dass sie "gute Eltern" sind? Wir zuhause jedenfalls scheitern schon an der einfachen Mahnung des Apostels: "Reizt eure Kinder nicht zum Zorn."

Oder kann es in diesem Sinn "gute Kinder" geben? Im Familienleben gibt es offensichtlich keine "Könner". In keiner anderen Lebensform ist die Angewiesenheit auf Vergebung, Hilfe und Gnade so deutlich in die Alltagserfahrung eingesenkt. Einen messbaren "Wert" hat das nicht. Was aber könnte die Würde des familiären Lebens tiefer kennzeichnen als dieses Aufgeschlossensein für Gottes Gnade?

Anmerkungen

1 Der Beitrag wurde als Systematisch-Theologisches Referat auf der Tagung der Landessynode der Evangelisch-Lutherischen Kirche in Bayern am 23.3. 2000 in Bad Alexandersbad gehalten, die unter dem Motto stand "Familie – auch in Zukunft".

2 Grundlegung zur Metaphysik der Sitten; Werke in 10 Bänden. Darmstadt (Wiss. Buchgesellschaft) 1983, Bd. 6, 68.

3 Karl Marx: Die heilige Familie. In: Ders. Die Frühschriften. Von 1837 bis zum Manifest der Kommunistischen Partei. Ausgabe Kröner, Stuttgart 1971.

4 Karl Marx und Friedrich Engels: Manifest der Kommunistischen Partei. Ausgabe Reclam, Stuttgart 1969, 43.

5 Was hier kritisch auf den Vorentwurf zum Wort der Landessynode gemünzt war, gilt ebenso für die verabschiedete Fassung, deren Erstellung sich gegenüber den hier vorgelegten theologischen Analysen ausgesprochen irritationsfest erwiesen hat und von dem der Synode zur Beratung vorgelegten Entwurf nur marginal abweicht. Vgl. das in diesem Band mit abgedruckte "Wort der Landessynode der Evangelisch-Lutherischen Kirche in Bayern" vom 27.03.2000: "Familie – auch in Zukunft".

6 Zur Kritik der "Gestaltungs-Ideologie" vgl. meinen Beitrag: Innen und Außen? Evangelische Praxis Pietatis als gottesdienstliche Frömmigkeit. Erscheint im Themenband "Frömmigkeit" der Wissenschaftlichen Gesellschaft für Theologie. W. Sparn (Hrsg.) Gütersloh 2001, im Druck.

7 Vgl. C. Schmitt, E. Jüngel, S. Schelz: Die Tyrannei der Werte. Hamburg 1979.

8 "Ergo cum conditae sint Politiae et Oeconomiae, cum leges et artes divina ordinatione cum homine concreatae sint." WA 40 III, 222, 35f.

9 Vgl. meinen Beitrag: Wovon handelt die "Materiale Ethik"? Oder: Warum die Ethik der elementaren Lebensformen theologisch unaufgebbar ist. In: Kirche(n) und Gesellschaft; Ökumenische Sozialethik, Bd. 3. A. Fritzsche und M. Kwiran (Hrsg.) München 2000, 95-136.

10 Zum theologischem Verständnis der Geburtlichkeit vgl.: Karin Ulrich-Eschemann: Vom Geborenwerden des Menschen. Theologische und philosophische Erkundungen. Studien zur Systematischen Theologie und Ethik 27. Münster, Hamburg, London 2000.

11 Erster Abschnitt.

12 C. S. Lewis: The Four Loves. London 1960.

13 Vgl. dazu meinen Beitrag: Der Einfluß des Christentums auf Ehe und Familie. In: I. Resch (Hrsg.): Mehr als man glaubt. Christliche Fundamente in Recht, Wirtschaft und Gesellschaft. Gräfelfing 2000, 125-141.

14 Bekenntnisschriften der Evangelisch-Lutherischen Kirche (abgekürzt: BSLK). 8. Aufl., Göttingen 1978, 592.

15 BSLK, 601 ff.

16 Vgl. dazu O. Bayer: Natur und Institution. Luthers Dreiständelehre. In: Ders. Freiheit als Antwort. Zur theologischen Ethik. Tübingen 1995, 116-146.

17 Vgl. dazu meinen Band: Die Freiheit der Ehe. Das Zusammenleben von Frau und Mann in der Wahrnehmung evangelischer Ethik. Evangelium und Ethik Bd. 2. Neukirchen-Vluyn 1993, 42 ff.

18 Vgl. die Kennzeichnung des christlichen Lebens als "living out of control" bei S. Hauerwas: Selig sind die Friedfertigen. Ein Entwurf christlicher Ethik. Neukirchen-Vluyn 1995, 166.

Dr. Martin Hein

Bischof der Evangelischen Kirche von Kurhessen-Waldeck

Was dem Leben dient: Familie – Ehe – andere Lebensformen [1]

1. Vom Lehramt in der evangelischen Kirche

Im Februar 1999 ging folgende dpa-Meldung durch die Presse: Unter der zugkräftigen Überschrift "Wenige Deutsche haben noch Lust auf die Ehe" war zu lesen: "Die Deutschen werden immer heiratsmüder. Im vergangenen Jahr gaben sich bundesweit nur 417.000 Paare das Ja-Wort. Dies ist im Vergleich zum Vorjahr ein Minus von 1,2 Prozent, wie das Statistische Bundesamt in Wiesbaden am Mittwoch mitteilte. 'Damit setzt sich der Trend seit 1990 fort', sagte ein Sprecher der Behörde." Soweit das Zitat. Eine andere Agenturmeldung hob aus der gleichen Mitteilung des Statistischen Bundesamtes hervor, dass "die Zahl nichtehelicher Lebensgemeinschaften 1998 mit zwei Millionen einen neuen Höchststand erreicht" habe.

Man könnte mit Achselzucken über diese Nachrichten hinweggehen, zumal sie in den Zeitungen nicht einmal besonders auffällig plaziert waren. Allzu dramatisch klingt eine Abnahme der Eheschließungen um 1,2 Prozent keineswegs. In anderen Bereichen haben wir uns an sehr viel stärkere Rückgänge gewöhnt. Immerhin waren es auch 1998 noch weit über 800.000 Menschen, die sich für eine Ehe entschieden haben. Und insgesamt gibt es in Deutschland 19,5 Millionen Ehepaare.

Aber ist das alles, was zu dieser statistischen Auskunft zu sagen wäre? Zumindest die Überschrift der ersten Zeitungsmeldung suggeriert doch bewusst den Eindruck, eine ehedem weitgehend fraglos akzeptierte Lebensform befände sich allgemeingesellschaftlich auf dem Rückzug und unter großem Plausibilitätsdruck. Müssen sich da nicht zumindest die christlichen Kirchen in irgendeiner Weise mit dieser Entwicklung auseinandersetzen, zumal gerade sie es waren, die über Jahrhunderte hin das Zusammenleben von Frau und Mann in der Ehe propagiert und normiert haben? Der statistisch nachweisliche Rückgang von Eheschließungen könnte ja ein Indiz dafür sein, dass die Bindekraft kirchlicher Traditionen nachlässt und dass zwischen beidem ein enger, wenn nicht gar ursächlicher Zusammenhang besteht.

Nun wird wahrscheinlich unter uns leicht darüber Einigkeit herzustellen sein, *dass* die evangelische Kirche sich der gegenüber früher veränderten gesellschaftlichen Situation stellt, sie aufmerksam wahrnimmt und nach den Ursachen der Veränderung, aber auch nach möglichen christlich verantworteten Perspektiven fragt. In ethischen Fragen vom Evangelium her Orientierungen für menschliches Handeln zu geben, ist eine ihrer wichtigen Aufgaben – und zwar nicht nur im Blick auf diejenigen, die der evangelischen Kirche angehören, sondern auch im Blick auf den Meinungs- und Urteilsbildungsprozess in der Öffentlichkeit insgesamt. Das ist sie ihrem Anspruch als Volkskirche schuldig. Mit anderen Worten: Sie entwirft keine Spezialethik für den Kreis der evangelischen Kirchenglieder, sondern ihre Äußerungen wollen immer auch Anstöße für das Gelingen des gesellschaftlichen Miteinanders sein.

In Frage steht aber, *wie* solch eine Stellungnahme der Kirche, die unser Handeln bestimmen soll, entsteht und was von ihr erwartet werden kann. Gerade angesichts des Wandels von Werten, der sich immer schon, freilich auch jetzt in unserer Gesellschaft vollzieht und den manche als "Werteverlust" erleben, wird von verschiedenen Seiten ein klares "Wort der Kirche" gefordert. So auch im Blick auf Ehe und Familie. Die Betonung liegt dabei auf "klar": In einer Situation, die als irritierend offen und unabgeschlossenen erfahren wird, wächst gegenüber der Kirche die geheime oder ausdrückliche Erwartung, sie könne Eindeutigkeit und unmittelbare Handlungsanleitung vermitteln.

Oft genug richtet sich diese Erwartung an die leitenden Geistlichen der evangelischen Kirchen, die Bischöfe, Kirchenpräsidenten oder wie immer ihre Amtsbezeichnung lauten mag. Sie sollen Stellung nehmen – und zwar für die Kirche: zur ganzen Vielfalt gesellschaftlicher Tendenzen wie zu aktuellen politischen Herausforderungen. Der Welt der Medien kommt solch eine Konzentration auf erkennbare Gesichter und Namen entgegen, und je profilierter eine Stellungnahme ausfällt, um so eher ist die Gewähr, dass sie publizistischen Nachhall findet.

Aber mir erscheint fraglich, ob solch eine Äußerung immer schon ein Wort *der* Kirche ist. Denn das Grundproblem ist damit noch keineswegs gelöst, und dieses Grundproblem lautet: Wie bildet und vollzieht sich überhaupt im evangelischen Kontext Lehre, die Auswirkungen für Glauben und Leben haben will? Oder anders: Wie steht es mit dem Lehramt in der evangelischen Kirche? Denn dass Äußerungen zu Familie, zu Ehe und zu anderen Lebensformen mit kirchlicher Lehre zu tun haben, ist außer Zweifel. Deshalb ist es sachgemäß, sie im Gesamtrahmen der Synodalthematik "Evangelisches Bekenntnis im ökumenischen Kontext" aufzunehmen und zu verorten.

Um Missverständnisse zu vermeiden: In den Stellungnahmen zu den genannten Lebensformen sollte sich zwar widerspiegeln, wie sich in der evangelischen Kirche Lehre bildet, aber sie haben darum nicht gleich Bekenntnisrang! Trotz dieser Warnung vor einer falschen Überhöhung kommt es bisweilen dazu, dass angesichts mancher kirchlicher Verlautbarungen auf Seiten derer, die damit nicht übereinstimmen, der sogenannte "Status confessionis" ausgerufen wird. Dies war bei den kirchlichen Äußerungen in der Debatte um den NATO-Doppelbeschluss so; das betrifft ebenso die zurückliegende Diskussion um die Neufassung des § 218 StGB und weiterhin die ethische Beurteilung des Schwangerschaftsabbruchs oder auch den Umgang mit den verschiedenen Formen menschlichen Zusammenlebens. Ich persönlich deute den Ruf "Bis hierhin – und nicht weiter!" als eine vernehmliche Erinnerung daran, worauf sich jede lehrmäßige Äußerung unserer Kirche zu beziehen hat, wenn sie denn "evangelisch" ist: nämlich auf Schrift und Bekenntnis. In jedem einzelnen Fall wird dies ins Spiel zu bringen sein.

So gesehen ist das Ziel meines Beitrags zu diesem Band ein doppeltes: Ich möchte Ihnen nicht nur den *Inhalt* einer aus meiner Sicht zutiefst evangelischen Äußerung zum Themenkomplex "Familie – Ehe – andere Lebensformen" nahebringen, sondern am Beispiel eines wichtigen ethischen Bereichs zugleich auch das *Verfahren* evangelischer Lehrbildung beschreiben und Sie daran teilnehmen lassen. Evangelisch gesehen, meine ich, ist das eine, also das "Wort der Kirche", nicht ohne das andere, den Lehrbildungsprozess, zu haben!

2. Zur Orientierung am Evangelium in einer Welt der Vielfalt von Lebensbedingungen

Dass unsere Landeskirche um diese Verknüpfung weiß, kommt schon allein in der Tatsache zum Ausdruck, dass sie sich seit vierzig Jahren eine Theologische Kammer leistet. Sie soll die wesentlichen Entwicklungen auf dem Gebiet von Theologie, Kirche und Gesellschaft mit kritischem Geist verfolgen, besonders aber als Beratungsorgan für Bischof, Rat und Landessynode zu theologisch verantworteten Stellungnahmen beitragen. Mit gutem Grund ist die Theologische Kammer schon als solche als ein Forum gedacht, auf dem divergierende Auffassungen miteinander ins Gespräch und in fruchtbare Auseinandersetzung kommen, und sie bildet darum in sich selbst ab, wie sich ein Prozess der Meinungs- und Urteilsbildung innerhalb der Landeskirche und darüber hinaus vollziehen kann: nicht autoritär nämlich, nicht oktroyiert, keiner von vornherein vorgegebenen Linie folgend, sondern *konziliar*, d. h. im beständigen *und* gemeinschaftlichen Ringen um die angemessene Art und Weise, wie dem Evangelium in den unterschiedlichen Herausforderungen der Zeit als hilfreiche Orientierung Geltung zu verschaffen sei – und zu diesen Herausforderungen gehören gegenwärtig gerade die ethischen.

Insofern war es ebenso naheliegend wie sachgemäß, dass der Rat der Landeskirche im Herbst 1994 die Theologische Kammer beauftragte, "sich der Frage nach Familie und Ehe sowie der Zuordnung anderer Lebensformen zuzuwenden" (Didaskalia 49, Kassel 1998, S. 8). Nicht zum ersten Mal wurde der Kammer die Behandlung dieser Thematik als Aufgabe gestellt. Schon 1979 erschien unter dem Titel "Erwägungen zum Verständnis und zur Bedeutung der Ehe" eine vergleichsweise kurze Ausarbeitung. Es lohnt sich durchaus, deren Kernthese in Erinnerung zu rufen. Sie lautete: "Die sich verändernde und differenzierende Situation des Zusammenlebens von Mann und Frau verlangt nach einem differenzierten Bezug der Normen. Diesem wird am besten ein System abgestufter Werte gerecht, von dem her die verschiedenen Formen des Zusammenlebens der Geschlechter differenziert betrachtet und beurteilt werden können" (Didaskalia 25, Kassel 1979, S. 18).

Beim bloßen Betrachten werden Sie bemerkt haben, wie häufig in den beiden zitierten Sätzen von Differenzierung die Rede war: dreimal! Darin kommt zum Ausdruck, dass die Theologische Kammer sich schon damals in Wahrnehmung wie Beurteilung bemühte, der sich wandelnden Lebenswelt – oder besser gesagt: *den* sich wandelnden Lebenswelten – gerecht zu werden. Zwei Folgerungen zog die Kammer daraus. Sie verstand sich dazu, dass in "einem System abgestufter Werte die von der christlichen Ethik entwickelten normativen Vorstellungen von der Ehe weiterhin bestimmend" seien (S. 18), und konzedierte zugleich in der damaligen Diskussion um die ethische Legitimität sogenannter "wilder Ehen" oder von "Ehen ohne Trauschein", es müsse anerkannt werden, dass es neben der Ehe "Formen des Zusammenlebens von Mann und Frau gibt, die 'in der Aszendenz zur Ehe' stehen" (S. 19). Mit dem eigentümlichen Begriff der "Aszendenz" – heute ja eher im esoterischen Bereich beheimatet – sollte versucht werden, andere Lebensformen als die Ehe in ihrer relativen Eigenbedeutung zu würdigen, ohne zugleich das Leitbild "Ehe" in Frage zu stellen. Rückblickend stellt sich dieser Ansatz für damalige Verhältnisse als durchaus angemessen dar. Die Theologische Kammer hatte darum bei der Neubearbeitung des Fragenkomplexes keinen Grund, die Stellungnahme von 1979 mit Schweigen zu übergehen.

Allerdings ist die Entwicklung inzwischen fortgeschritten – nicht einmal in erster Linie die argumentative Diskussion, sondern die fast selbstverständliche, gesellschaftlich tolerierte Gestaltung einer Vielfalt von Lebensbeziehungen. Dies macht es einerseits schwieriger, andererseits aber auch notwendiger, die Bedeutung von Familie und Ehe zu betonen – vorausgesetzt, man versteht sie überhaupt weiterhin als Leitbild und fordert nicht eine prinzipielle Gleichrangigkeit aller Formen des Zusammenlebens.

Natürlich war im Bereich der Evangelischen Kirche in Deutschland die Theologische Kammer keineswegs das einzige Gremium, das sich zur Auseinandersetzung mit diesen Fragen herausgefordert sah. Vor allem in Nordelbien gab es um eine Stellungnahme, die die dortige Synode vor drei Jahren zu einer Handreichung mit dem Titel "Ehe, Familie und andere Lebensformen" verabschiedete, heftigen Streit. Dieser Streit resultierte aus der Tatsache, dass die synodale Stellungnahme unter anderem die "Anerkennung" eheähnlicher Partnerschaften forderte, jedoch das Bischofskollegium der Nordelbischen Kirche mehrheitlich gegen diesen Passus Einspruch erhob und die Vereinigte Evangelisch-Lutherische Kirche um ein Gutachten bat. 1997 erschien es unter dem Titel "Die Ehe als Leitbild christlicher Orientierung". Wie immer man auch zu den einzelnen inhaltlichen Aussagen der einen oder der andere Seite stehen mag – deutlich wurde in Nordelbien durch die Konflikte zwischen Synode und Bischofskollegium und im Bischofskollegium selbst, dass evangelisch verantwortete ethische Urteilsbildung ein Prozess ist, der – will er erfolgreich (und das heißt schlicht: will er überzeugend) sein – darauf angelegt sein muss, viele zu beteiligen und einen möglichst großen Konsens zu erzielen. Das ist zweifelsohne ein mühsamer Weg. Die nordelbische Synode beschloss deshalb, in ihren Synodalverhandlungen das Thema "Anerkennung eheähnlicher Gemeinschaften" drei Jahre lang ruhen zu lassen, um weiterführende Diskussionen zu ermöglichen. Im Jahr 2000 lief dieses Moratorium ab. Das macht deutlich: Schnelle "Worte der Kirche" verbieten sich in diesem Zusammenhang. Mit dieser Spannung hatte auch die Theologische Kammer in den Jahren 1994 bis 1997 bei der Abfassung ihrer Erwägungen zu kämpfen.

3. Familie als gesellschaftliches Leitbild

Vorgelegt und publiziert wurde – nach zustimmender Kenntnisnahme durch den Rat der Landeskirche – schließlich eine *Thesenreihe* mit ausführlichen Erläuterungen. Diese Form wurde mit Absicht gewählt, um schon in der äußeren Gestaltung zu signalisieren, dass mit einer Thesenreihe die Eröffnung eines weit angelegten und möglicherweise auch kontroversen Gesprächs beabsichtigt ist. Deshalb bemüht sie sich, ihre eigenen Denk- und Argumentationsvoraussetzungen offenzulegen.

Sie tritt nach ausdrücklichem Bekunden der Theologischen Kammer "angesichts der Vielfalt faktisch bestehender Lebensformen dafür ein, dass es auch in einer plural differenzierten Gesellschaft bei aller Varianz hinreichend deutliche gesellschaftliche Leitbilder für Lebensformen geben muss, die aus guten Gründen politisch gefördert, rechtlich geschützt und der folgenden Generation vermittelt werden" (Didaskalia 49, Kassel 1998, S. 14).

Der besondere Beitrag evangelischer Ethik kommt darin zur Geltung, insofern die Thesenreihe "darüber hinaus von der Basis des christlichen Wirklichkeitsverständnisses her zeigen [will], dass es gut begründet ist, wenn in der Gesellschaft die Lebensform der Familie, verstanden als eine mindestens zwei Generationen umfassende personale Lebens- und Wohngemeinschaft von Eltern und Kindern, und ihr zugeordnet die Lebensform der Ehe, als Leitbilder gewahrt werden" (S. 14). Dieser Satz enthält eine folgenreiche Grundentscheidung der Kammer, die genaue Beachtung verdient: Ausgangspunkt der Überlegungen ist *nicht* zunächst die Begründung und Entfaltung eines evangelischen Eheverständnisses, um von hier aus zu Aussagen über Familie und andere Lebensformen zu gelangen, sondern die Thesenreihe setzt vielmehr bei der Familie ein und denkt von ihr her zur Ehe hin. In der Begrifflichkeit der Stellungnahme von 1979 hieße dies etwa sinngemäß: Die Ehe steht in "Aszendenz" zur Familie! Beide, Familie wie Ehe, kommen dadurch jeweils eigenständiger in den Blick. Und auch die anderen Lebensformen gewinnen eine andere Zuordnung, wenn der argumentative Einstieg mit der Familie erfolgt. Die Folgerungen aus dieser Entscheidung der Kammer will ich später genauer verdeutlichen.

Und noch drei weitere Klarstellungen muss ich an dieser Stelle ausdrücklich nennen, um möglichen Missverständnissen vorzubeugen, die sich gerade in den Diskussionen über "Familie – Ehe – andere Lebensformen" leicht einschleichen:

1. Wenn die Theologische Kammer im Zusammenhang ihrer Verlautbarung von "Familie" und "Ehe" spricht, meint sie damit die jeweilige Lebensform als "Struktur", nicht deren konkrete Gestaltung durch einzelne Menschen. Das mag sich zunächst recht spitzfindig anhören und bedarf der Erläuterung: Es lässt sich beispielsweise ohne größere statistische Erhebungen beobachten, dass heutzutage Ehen häufiger geschieden werden, als das früher der Fall war. Dies besagt freilich noch recht wenig für die Lebensform "Ehe" als solche, denn ebenso ist festzustellen, dass viele, die sich getrennt haben, in einer anderen Beziehung erneut eine Eheschließung anstreben. Kurz gesagt: Dass Ehen scheitern können, spricht nicht prinzipiell gegen diese Lebensform!

2. Die Theologische Kammer versteht sich dazu, sehr konkret die Familie als gesellschaftliches Leitbild zu benennen. Diese Bejahung darf aber nicht zu der Annahme führen, als hätten damit alle anderen Lebensformen einen minderen Rang. Wer beispielsweise vom besonderen "Wert" der Familie und der Ehe spricht, gerät – und sei es ungewollt! – in die Gefahr der Abwertung anderer Lebensformen. Es stellt eine große Herausforderung dar, hier die angemessene Begrifflichkeit zu finden. Ob die von der Kammer vorgeschlagene, auf die ich zu sprechen kommen werde, dem eigenen Anspruch genügt und auf breite Zustimmung stößt, sei dahingestellt.

3. Aus Sicht der Theologischen Kammer bedeutet die Bejahung des gesellschaftlichen Pluralismus nicht die völlige Vergleichgültigung aller denkbaren menschlichen Lebensformen. In letzter Konsequenz würde dies wohl auch niemand ernsthaft fordern wollen. Die Thesenreihe ist deshalb als Beitrag zu einer "qualifizierten Pluralität" zu deuten, die die gegebene Vielfalt ernstnimmt und sich gerade deshalb nicht scheut, mit guten Gründen für die Notwendigkeit von orientierenden Leitbildern einzutreten.

Soweit die recht komplexen Vorüberlegungen, die aber erforderlich waren, um die eigenen Voraussetzungen aufzudecken und dadurch dialogfähig zu machen.

4. Lebensdienlichkeit als Kriterium der Weitergabe, der Entfaltung und der Bewahrung des menschlichen Lebens

Angesichts dieser differenzierten Vorgehensweise mag man einwenden, ob es nicht sehr viel einfacher oder klarer wäre und zudem evangelischer Lehrbildung eher entspräche, bei den biblischen Aussagen zu Familie und Ehe einzusetzen und sie für die Gegenwart als Orientierung in Erinnerung zu rufen.

Wer dies fordert, übersieht ein methodisches und ein inhaltliches Problem: Die *methodische* Schwierigkeit liegt darin, biblische Texte unvermittelt in die Gegenwart zu übertragen und unmittelbar aus ihnen Anweisungen für das heute und jetzt gebotene Handeln oder Verhalten ableiten zu wollen. Die Bibel bekäme in diesem Fall den Charakter eines Gesetzbuches. Evangelisches Schriftverständnis fragt sehr wohl nach der Bibel, aber zugleich danach, was darin, wie es Luther sagte, "Christum treibet". Dies muss erst erhoben werden und liegt nicht in jedem Fall gleich offenkundig zu Tage. Eine *inhaltliche* Schwierigkeit kommt in unserem Fall hinzu: "Nirgendwo im

Alten oder im Neuen Testament sind Familie und Ehe als Institutionen eigenständig reflektierte Themen" (S. 23). Und in "der im Neuen Testament überlieferten Verkündigung Jesu von der anbrechenden Gottesherrschaft spielen Lebensformen wie Familie und Ehe nur eine untergeordnete Rolle" (These 1, S. 21). Um diesen Befund kommt man nicht herum! Jesu eigene Lebensweise ist dafür der schlagendste Beleg: Er stand seiner eigenen Familie wenigstens nach dem Zeugnis der synoptischen Evangelien überraschend distanziert gegenüber und blieb selbst unverheiratet. Seine Lebensform war der Kreis der Jüngerinnen und Jünger, die ihm nachfolgten. Auch der Apostel Paulus entschied sich zur Ehelosigkeit und empfahl diese Lebensform den Christen angesichts der kurzen Zeitspanne bis zur erwarteten Wiederkunft Christi.

Daraus folgt allerdings nicht, Familie und Ehe würden im Neuen Testament "für gleichgültig erklärt. Ihre Erhaltung, Respektierung und Pflege entspricht dem Schöpferwillen Gottes." (These 2, S. 23) Aber es sind *irdische* Ordnungen. Sie dienen der Ermöglichung menschlichen Zusammenlebens. Entscheidend ist freilich, dass in ihnen *Liebe* "erlebt und gelebt wird" (S. 21). Für die Theologische Kammer kommt – gut biblisch begründet – hierin der wesentliche Maßstab zum Ausdruck, der die Gestaltung von Familie, Ehe und anderen Lebensformen bestimmt: Es ist die *Liebe*, und alle Lebensformen müssen sich daraufhin befragen lassen, inwieweit sie es ermöglichen, dass in ihnen Liebe in einem umfassenden Sinn Wirklichkeit werden kann.

Ähnlich hat das auch die Reformation verstanden: Luthers viel zitierter Satz, die Ehe sei ein "weltlich Ding", macht damit ernst, dass die Ehe als Lebensform zum Bereich des sogenannten weltlichen Regiments Gottes gehört, durch das er unsere Welt erhält. Luther wäre indes missverstanden, wollte man mit Berufung auf ihn daraus die Möglichkeit der völlig autonomen Gestaltung dieser Form des Zusammenlebens von zwei Menschen folgern. *Wie* zwei Menschen ihre Ehe leben, orientiert sich sehr wohl an Gottes Willen. Aber die Ehe gehört nicht zur Heilsordnung. Wir werden nicht durch sie selig. Und sie ist auch kein Sakrament. Das macht die große Nüchternheit des evangelischen Verständnisses aus und erlaubt realistische Wahrnehmungen ohne Überfrachtungen. Um beides geht es also zugleich: um Liebe, die "um ihrer selbst willen bestimmter Formen des Zusammenlebens bedarf" (S. 31), *und* um die Lebensformen, die im wahrsten Sinn des Wortes ihre Erfüllung in der Liebe finden.

Ethisch gesehen wird damit nichts nivelliert! Vielmehr ist es der Theologischen Kammer – ich erwähnte es bereits – möglich, in der Situation gesellschaftlicher Pluralität für benennbare Leitbilder zu plädieren. Doch wie kann die Darstellung eines Leitbildes bis hinein in die verwendete Terminologie so gelingen, dass sie "vorzuziehende

Lebensformen auf eine Weise benennt, dass damit andere Lebensformen nicht von vornherein disqualifiziert werden" (S. 35)? Nach Abwägung mancher denkbarer Möglichkeiten wurde versucht, sich an dem Begriffspaar von "Regel und Ausnahme" zu orientieren. Was ist darunter zu verstehen? "Regel" bedeutet das, was im Sinn eines Leitbildes für die Gesellschaft grundsätzlich verallgemeinerbar sein kann. Daneben gibt es ganz legitim und mit gutem Grund viele Ausnahmen. Wird von "Ausnahme" gesprochen, dann darf das keinesfalls im Sinn der Bewertung oder gar der Abwertung missdeutet werden. Nur sind Ausnahmen eben nicht in der gleichen Weise verallgemeinerbar, wie es die Regel ist. Der Blick in die Christentumsgeschichte führt dafür viele Beispiele vor Augen: sei es etwa das Mönchtum, sei es die evangelische Diakonissenbewegung. Niemand von denen, die diese Lebensform gewählt haben, würde sie zur Regel für alle machen wollen. Entscheidend ist, dass beide, Regel wie Ausnahme, sich an den gleichen ethischen Maßstäben auszurichten haben.

Das genau ist der Ort, an dem die Theologische Kammer das Kriterium der "Lebensdienlichkeit" einführt (These 7, S. 37). Ihm verdankt sich der Titel der veröffentlichten Thesen: "Was dem Leben dient". Lebensdienlich ist, eigentlich recht simpel ausgedrückt, was die Weitergabe, die Entfaltung und die Bewahrung menschlichen Lebens fördert. Im Blick auf die verschiedenen möglichen Formen des Zusammenlebens werden insgesamt fünf Bedingungen genannt, die diesen Maßstab der Lebensdienlichkeit entfalten sollen (S. 38 f.):

"Respektierung der Würde menschlichen Lebens"
"Dauerhaftigkeit"
"Verlässlichkeit"
"Verantwortung für das Schutz- und Pflegebedürftige"
"Offenheit für die Weitergabe menschlichen Lebens"

Besonders die letztgenannte Bedingung verdient Beachtung. Zumindest potentiell wird die "Offenheit für die Weitergabe menschlichen Lebens" in einer Lebensform gegeben sein müssen, sofern sie verallgemeinerbar sein soll. Ob sich dann im konkreten Zusammenleben zweier Menschen diese Weitergabe durch Zeugung und Geburt auch ereignet, steht auf einem ganz anderen Blatt.

Unter den genannten Bedingungen erweist sich aus Sicht der Theologischen Kammer die *Familie* als diejenige Lebensform, die verallgemeinerbares gesellschaftliches Leitbild sein kann und die darum auch besonders zu fördern ist. Hier kann Liebe zwischen Eltern und Kindern erfahren werden. Hier "können Kinder in verantwortliche Selbständigkeit hineinwachsen und Orientierung in der Lebenswelt finden" (S. 42). All das bedeutet weder eine Idealisierung der Familie noch die Beschreibung eines Idylls. Auch Familien sind vielfach gefährdet. Und doch wird man sagen dürfen, dass gerade die Familie "der wichtigste Ort auch der kulturellen und religiösen Sozialisation ist" (S. 43).

Wie steht es dann aber mit der *Ehe*? Ich erwähnte es bei der Darstellung des Ansatzes der Thesenreihe: Sie ist der Familie zugeordnet. Meist wurde und wird der Ausgangspunkt umgekehrt gewählt: von der Ehe zur Familie, was dem lebensgeschichtlichen Zusammenhang weithin entsprechen mag – so zuletzt wieder in der Verlautbarung der katholischen deutschen Bischöfe vom Januar 1999, die den Titel trägt: "Ehe und Familie – in guter Gesellschaft". Hier heißt es lapidar: "Familie baut auf der Ehe auf" (Die deutschen Bischöfe 61, Bonn 1999, S. 10). Dies genau hat die Theologische Kammer nicht formuliert! Für sie besitzt die "Ehe als Liebesgemeinschaft" eine "relative Eigenbedeutung" (S. 45) und darf nicht sogleich familial verzweckt werden, wie es in der jüngsten katholischen Stellungnahme geschieht, wenn wieder Allbekanntes zu lesen ist: "Kinder gehören ganz wesentlich zur ehelichen Lebensgemeinschaft von Mann und Frau, denn wahre Liebe will nicht für sich allein bleiben" (S. 10). Nein, eine Ehe hat auch in sich selbst ihren Sinn! Aber das schließt ja keinesfalls aus, dass die Ehe in besonderer Weise das Entstehen und Bestehen von Familien stützt. Deshalb wird von der Kammer der grundgesetzliche Schutz nicht nur der Familie, sondern auch der Ehe als Lebensform nachdrücklich begrüßt und als "Grundlage gesetzgeberischer Entscheidungen in Erinnerung" gerufen (S. 45). Die Kammer nennt dazu in den Erläuterungen zu den Thesen 10 und 11 eine ganze Fülle von dringend notwendigen Aufgaben in Staat und Gesellschaft: etwa die Neubewertung von "Familienarbeit" oder die steuerliche Entlastung von Familien, und sie erinnert nicht zuletzt auch unsere Kirche daran, "dass sie die Begleitung und Unterstützung von Familien zu einem Schwerpunkt kirchlicher Arbeit macht" (S. 49).

Wenig war bei alledem bisher von den Alternativen zu den Lebensformen Familie und Ehe die Rede! Und ich gestehe zu, dass der Untertitel der Thesenreihe, der auch sie ausdrücklich nennt, Erwartungen wecken kann, die der vorliegende Text möglicherweise enttäuscht. Es ist schon vom Umfang her nicht zu übersehen, dass das Schwergewicht der Ausführungen bei Familie und Ehe liegt. Das mag dem Anliegen der Thesenreihe entsprechen und zumindest nachvollziehbar sein. Gleichwohl könnte sich der Eindruck festsetzen, als habe die Theologische Kammer nicht mit der gleichen Genauigkeit – und manchmal auch sonst fast ermüdenden Differenzierungen! – jene Lebensformen in den Blick genommen, die nach der Diktion der Kammer ohne den Hintersinn einer Abwertung als "Ausnahmen" gekennzeichnet wurden. Dies lag nicht in der Absicht, und es ist deshalb um so wichtiger ernstzunehmen, was in These 12 ausgeführt wird: "Familien und Ehen können zerbrechen. Für manche Menschen ergibt es sich nicht, zu heiraten oder eine Familie zu gründen. Andere wollen es bewusst nicht. Daher sind auch die bestehenden Alternativen zu den Lebensformen Familie und Ehe wahrzunehmen und zu würdigen" (S. 52).

In diesem Zusammenhang kommt die Kammer neben anderen Erfahrungsfeldern ausdrücklich auf Partnerschaften homosexuell lebender Menschen zu sprechen. Auch wenn gleichgeschlechtliche Partnerschaften dem Begriffspaar "Regel – Ausnahme" zufolge den Ausnahmen zuzurechnen sind, weil sie eine nicht uneingeschränkt verallgemeinerungsfähige Form des Zusammenlebens darstellen, sind sie dennoch in ihrer Eigenbedeutung ernstzunehmen, ja mehr noch: Sie sind, wie andere Alternativen auch, "gesellschaftlich legitim und notwendig" (S. 54). Diese steile und sicher nicht unumstrittene Feststellung besagt zugleich, dass auch diese Partnerschaften sich wie alle Lebensformen am Maßstab der Liebe und dem Kriterium der Lebensdienlichkeit ausrichten, mit anderen Worten: dass auch sie ethisch verantwortet und entsprechend gelebt werden. Es mag als ein Manko der Thesenreihe gesehen werden, dass sie nicht eigens ausführt, welche konkreten Konsequenzen aus diesem Ansatz für den gesellschaftlichen, aber auch für den kirchlichen Umgang mit den genannten Alternativen folgen können oder müssen. Ein Plädoyer für die rechtlich geordnete "Anerkennung eheähnlicher Gemeinschaften", wie dies im nordelbischen Synodalbeschluss der Fall war, enthält die Thesenreihe ebensowenig wie etwa die Forderung nach Segnung homosexuell lebender Menschen. Hier bleibt sensibles Weiterdenken notwendig!

Das ist um so eher möglich, je klarer man sich ins Bewusstsein führt, dass "auch die beste Form menschlichen Zusammenlebens ... zur vergehenden Welt gehört" (These 13, S. 55). Diese Einsicht bewahrt davor, bestimmte Lebensformen zu verabsolutieren und im Umgang mit der Vielfalt vorfindlicher Formen unduldsam zu werden. Entscheidend ist, wie sich in ihnen jene Liebe verwirklicht, aus der wir alle leben und die über diese Welt hinaus Bestand hat.

Das Fazit, mit dem die Kammer nochmals Rechenschaft über Sinn und Ziel ihrer Thesenreihe zu geben sucht, ist zugleich Programm. Es lautet: "Die Lebensform Familie muss – zum Nutzen der gegenwärtigen und zukünftigen Gesellschaft – ihre zentralen Aufgaben in vollem Umfang wahrnehmen können, *und* es dürfen dadurch Alternativen zu dieser Lebensform oder gar die Menschen, deren Leben darin individuelle Gestalt gewinnt, nicht moralisch diskriminiert werden. In diesem Sinne betont die Kirche im gesellschaftlichen Diskurs um die grundlegenden Strukturen einer humanen zukünftigen Gesellschaft die zentrale Bedeutung der Lebensformen Familie und Ehe, die als gesellschaftliches Leitbild nach wie vor unverzichtbar sind." (S. 56)

5. Das Postulat evangelischer Meinungs- und Urteilsbildung in ethischen Fragen: Freiheit zu gewissenhafter Entscheidung

Wer sich im wahrsten Sinn des Wortes die Mühe macht, die Thesenreihe und ihre Erläuterungen zur Kenntnis zu nehmen, stößt auf keinen leicht lesbaren oder eingängigen Text und findet auch keine einfachen Antworten. Manche werden Spitzensätze – in welche Richtung auch immer – vermissen. Aber es ist eben die Frage, ob solch eine Erwartungshaltung überhaupt dem entspricht, wie sich evangelische Meinungs- und Urteilsbildung vollzieht. Damit komme ich auf meine Anfangsüberlegungen zurück.

Was die Theologische Kammer vorgelegt hat, ist – formal wie inhaltlich gesehen – eine gemeinschaftlich verantwortete Äußerung. Es bleibt bei einem mehrjährigen Prozess theologischen Nachdenkens und fortwährender Überarbeitung mit dem Ziel, einen größtmöglichen Konsens zu erreichen, nicht aus, dass alle vorhandenen unterschiedlichen Positionen zueinander in Beziehung gebracht werden und sich dadurch auch verändern. Verlautbarungen, die Einzelne oder Gruppen von Gleichgesinnten veröffentlichen, mögen vielfach pointierter sein. Aber es ist mir fraglich, ob sie dadurch mehrheitsfähig sind. Diesen Anspruch freilich sollten evangelische Lehräußerungen – ob zu dogmatischen oder zu ethischen Fragen – nun gerade nicht aufgeben! Ein Verfahren, wie es die Theologische Kammer und andere kirchliche Kammern und Gremien handhaben, garantiert keineswegs von vornherein, dass alle dem Ergebnis beipflichten. Doch die Möglichkeit dazu besteht eher, wenn zuvor schon eine Fülle verschiedener Auffassungen berücksichtigt und ernstgenommen wurde.

Evangelischer Meinungs- und Urteilsbildung in ethischen Fragen entspricht, dass sie nicht dekretiert, sondern *orientiert*. Ihr Ziel ist es, zu gewissenhaften Entscheidung im individuellen und im politisch-gesellschaftlichen Bereich beizutragen. Aber sie nimmt diese Entscheidungen im konkreten Fall nicht ab, sondern sie belässt Freiheit! Die Thesenreihe sucht deshalb zu überzeugen; sie wirbt um Einsicht und um daraus erwachsende Zustimmung, die dann das Verhalten bestimmt. Mit anderen Worten: Sie ist, wie jede evangelische Lehrbildung, auf Partizipation angelegt. Wenn dies gelingt, wenn gemeinschaftlich ausgebildete Lehre als eigener Standpunkt verantwortet wird, ist ihre Absicht verwirklicht.

Insofern markiert die Verlautbarung der Theologischen Kammer nicht das Ende, sondern erst den Anfang einer weiteren Verständigung darüber, was aus evangelischer Sicht zu Familie, Ehe und anderen Lebensformen zu sagen ist und wie sie ausgestaltet werden könnten. Viele sollten sich daran beteiligen: Synoden und Gemeinden ebenso wie Einzelne und Gruppen. Und es sollten auch jene einbezogen werden, die vielleicht nicht unmittelbar im Blickfeld traditioneller Kirchlichkeit stehen. Die Tatsache, dass die erste Auflage der Thesenreihe mit immerhin 1.950 Exemplaren bereits im vergangenen Jahr vergriffen war und eine weitere Auflage nötig wurde, lässt hoffen, dass dieser Beteiligungsprozess, der eben mehr ist als bloße Rezeption, begonnen hat und weitergeht. Ob landeskirchliche Einrichtungen dazu weitere Hilfestellungen geben können, sollte noch einmal eigens bedacht werden.

Recht verstanden geht es also um weit mehr als um ein bloßes "Wort der Kirche" zu wesentlichen Fragen menschlichen Zusammenlebens, das zur Kenntnis genommen und womöglich alsbald abgelegt wird. Es geht darum zu bedenken und im Vollzug zu erproben und zu bewähren, was dem Leben dient. Dieser Weg ist der langwierigere und schwierigere. Von ihm sollten wir uns gerade bei den brennenden ethischen Fragen nicht durch das angebliche Erfordernis der Tagesaktualität abbringen lassen. Denn er ist aus meiner Sicht der ehrlichere und auch zukunftsfähigere Weg. Er entspricht heutiger gesellschaftlicher Situation, in der sich viele – zurecht! – gegen Bevormundung wehren und zugleich nach orientierenden Leitbildern fragen. Aber er ist vor allem dem gemäß, *wie* die evangelische Kirche lehrt und wie sie Glauben und Leben prägt: bezogen auf das Evangelium, ausgelegt auf Zustimmung und – in den Worten des Augsburger Bekenntnisses – getragen vom "magnus consensus".

6. Die Thesenreihe: 13 Thesen

Aus der Einführung

Die Thesenreihe tritt angesichts der Vielfalt faktisch bestehender Lebensformen dafür ein, dass es auch in einer plural differenzierten Gesellschaft bei aller Varianz hinreichend deutliche gesellschaftliche Leitbilder für Lebensformen geben muss, die aus guten Gründen politisch gefördert, rechtlich geschützt und der folgenden Generation vermittelt werden.

Sie will darüber hinaus von der Basis des christlichen Wirklichkeitsverständnisses her zeigen, dass es gut begründet ist, wenn in der Gesellschaft die Lebensform der Familie, verstanden als eine mindestens zwei Generationen umfassende personale Lebens- und Wohngemeinschaft von Eltern und Kindern, und ihr zugeordnet die Lebensform der Ehe, als Leitbilder gewahrt werden.

Dabei ist schon hier auf folgende Grundentscheidungen aufmerksam zu machen, die den Gedankengang bestimmen:

- Die Thesenreihe spricht von der Familie als Lebensform (bzw. als Form des Zusammenlebens). Dabei unterscheidet sie konsequent zwischen der jeweiligen Lebensform als Struktur einerseits und der Gestaltung von Lebensformen durch einzelne Menschen andererseits.
- Ein häufig verwendetes Argument, das diese Unterscheidung in typischer Weise übersieht, lautet: "Viele Familien versagen. Auch in Ehen geschieht Gewalt. Hingegen gibt es andere Lebensformen, in denen Menschen in ethisch beeindruckender Weise leben." Die Wahrheit dieser empirischen Beobachtung wird von der Thesenreihe ausdrücklich zugestanden, denn tatsächlich garantiert nicht schon die Lebensform das Gelingen ihrer Gestaltung. Dies bedeutet jedoch gerade nicht, dass auf die begründete Benennung einer Lebensform, die die Funktion eines Leitbildes haben kann, zu verzichten wäre. So ist die genannte Beobachtung gerade vom Leitbild 'Familie' her zu deuten: Wenn in der gegenwärtigen gesellschaftlichen Situation viele einzelne Familien scheitern oder unter den ihnen aufgebürdeten materiellen und psychischen Lasten zusammenbrechen, besagt dies noch nichts gegen den Leitbildcharakter der Lebensform 'Familie'. Um dem Sachanliegen der Beobachtung gerecht zu werden, muss vielmehr gefragt werden, welche Rahmenbedingungen zum Scheitern von Menschen in dieser Lebensform führen und wie diese Rahmenbedingungen unter Umständen lebensdienlicher gestaltet werden können.
- Die Thesenreihe gibt Gründe an, warum 'Familie' gesellschaftliches Leitbild sein soll und warum Lebensformen, die diesem Leitbild nicht entsprechen, nicht abgewertet sind. Sie sieht das Zeichen einer humanen Gesellschaft in deren Fähigkeit, sowohl Leitbilder zu entwerfen als auch Ausnahmen von diesen Leitbildern wahrzunehmen und zu integrieren.
- Die Thesenreihe geht davon aus, dass es ein Missverständnis des Pluralismus ist und diesen letztlich zerstören wird, wenn eine Gesellschaft der nachwachsenden Generation nur noch die 'Gleichgültigkeit' aller Lebensformen signalisieren

kann: Diese Botschaft ist nicht nur ein Zeichen der Schwäche und Unsicherheit, sie enthält den jungen Menschen damit auch in unverantwortlicher Weise Erfahrung vor, die sich in einer langen gesellschaftlichen Entwicklung in Leitbilder umgesetzt hat.

Demgegenüber plädiert die Thesenreihe für eine qualifizierte Pluralität, in der die Notwendigkeit von Leitbildern bejaht wird und Leitbilder deshalb auch ethisch, politisch, rechtlich, pädagogisch, kirchlich vertreten werden.

13 Thesen

1. In der im Neuen Testament überlieferten Verkündigung Jesu von der anbrechenden Gottesherrschaft spielen Lebensformen wie Familie und Ehe nur eine untergeordnete Rolle. Wo sie zum Hindernis auf dem Weg der Nachfolge werden, muss ihnen sogar radikal abgesagt werden. Sie gehören zu der vergehenden Welt. Demgegenüber gehört die Liebe (agape), die auch in solchen Lebensformen erlebt und gelebt wird, zu dem, was bleibt.

2. Ehe und Familie werden im Neuen Testament jedoch nicht für gleichgültig erklärt. Ihre Erhaltung, Respektierung und Pflege entspricht dem Schöpferwillen Gottes.

3. Diese zweifache Sichtweise wird im Laufe der Kirchengeschichte zunächst in einem zweistufigen Ethos ausgeformt. Die Reformation nimmt diese zweifache Sichtweise in eigenständigem Rückgriff auf das Neue Testament auf und klärt sie durch die Unterscheidung zwischen den beiden Regierweisen Gottes, der geistlichen und der weltlichen, gedanklich weiter.

4. Zur geistlichen Regierweise gehört die Liebe (agape), die sich (auch) in den unterschiedlichen Lebensformen ereignet. Die Lebensformen selbst gehören zur weltlichen Regierweise Gottes. Beides darf weder vermischt noch gegeneinander ausgespielt werden.

5. Aus der – auch entlastenden – Unterscheidung von Lebensformen und dem Wirklichwerden von Liebe folgt zunächst, dass prinzipiell für jede Form des Zusammenlebens die Möglichkeit besteht, dass sich in ihr Liebe ereignet. Trotzdem sind die Formen des Zusammenlebens vor allem aus den folgenden Gründen nicht beliebig:

- Verschiedene von Menschen wählbare Formen des Zusammenlebens verhalten sich in unterschiedlicher Weise zu dem Erhaltungswillen Gottes.

- Formen des Zusammenlebens sind in unterschiedlichem Grade der Liebe angemessen. Die Liebe selbst prägt und verändert sie gegebenenfalls.
- Da Liebe ständig gefährdet ist, ist sie in ihrer Entfaltung angewiesen auf Formen des Zusammenlebens, die sie pflegen und schützen können.

6. Gesellschaftliches Leben vollzieht sich nie anders als in geprägten Formen. Gerade angesichts der Möglichkeit und gegenwärtigen Wirklichkeit unterschiedlicher Formen des Zusammenlebens ergibt sich die Notwendigkeit der Wahl und die Frage nach Maßstäben individueller Entscheidung.

In der Gesellschaft werden Leitbilder für Lebensformen wahrgenommen und entwickelt werden müssen, die als Regel fungieren können. Gleichzeitig sollte jedoch die Gesellschaft selbst so beschaffen sein, dass in ihr Ausnahmen von dieser Regel nicht nur als Bedrohung, sondern auch als Momente einer lebendigen Genese von Formen des Zusammenlebens begriffen werden.

7. Formen des Zusammenlebens haben stets dienende Funktion. Sie sollen dem göttlichen Erhaltungswillen gemäß die Weitergabe, Entfaltung und Bewahrung menschlichen Lebens ermöglichen. Unterstützung durch Kirche, Staat und Gesellschaft verdienen deshalb diejenigen Formen des Zusammenlebens, die diesem Maßstab der Lebensdienlichkeit genügen.

8. Im Blick darauf erweist sich die Institution der (generationenübergreifenden) Familie als die Lebensform, die gesellschaftlich besonders zu fördern ist:

- Die Lebensform Familie ist der Raum, in dem Liebe zwischen Eltern und Kindern wachsen kann.
- In der Familie können die Kinder die Rollen (Vater, Mutter, Kind, Geschwister, Großeltern, Freunde) und deren Interaktion wahrnehmen und werden so auf eine eigenständige Lebensführung vorbereitet.
- Die Familie als eine relativ festgefügte, gesellschaftlich anerkannte und staatlich geförderte Institution bildet einen Raum der Verlässlichkeit, der es erleichtert, dass Kinder in Geborgenheit und Freiheit aufwachsen.

9. Der Lebensform Familie zugeordnet ist die Lebensform Ehe. Sie stützt die Möglichkeiten der Familie, die mit dem Kriterium "Lebensdienlichkeit" geltend gemachten Bedingungen zu erfüllen, in besonderer Weise. Sie steht deshalb zu Recht unter dem besonderen Schutz der staatlichen Ordnung.

10. Unter gegenwärtigen gesellschaftlichen Bedingungen steht die Familie – insbesondere als Kernfamilie – unter großen Belastungen, denen sie oft nicht gewachsen ist. Auch deswegen ist es wichtig, das soziale Umfeld – insbesondere das gesellschaftlich-politische, berufliche, kirchliche – in die Beschreibung und Bewertung der Familie mit einzubeziehen. Von daher können bestimmte Überforderungen vermieden oder besser verarbeitet werden.

11. Es gibt eine Tendenz, Funktionen, die in der Vergangenheit durch die Familie, vorwiegend von Frauen, wahrgenommen wurden, in gesellschaftliche Institutionen zur professionellen Wahrnehmung auszugliedern. Diese Tendenz ist insoweit zu akzeptieren und zu fördern, als sie die Familie unterstützt; ihr ist jedoch zu widersprechen, wo sie darauf zielt, Familie in ihrer wesentlichen Funktion zu ersetzen.

12. Familien und Ehen können zerbrechen. Für manche Menschen ergibt es sich nicht, zu heiraten oder eine Familie zu gründen. Andere wollen es bewusst nicht. Daher sind auch die bestehenden Alternativen zu den Lebensformen Familie und Ehe wahrzunehmen und zu würdigen.

13. Jede Lebensform, die dem Kriterium der Lebensdienlichkeit entspricht, ist förderungswürdig. Das hebt die Unterschiede zwischen ihnen nicht auf. Aber auch die beste Form menschlichen Zusammenlebens gehört zur vergehenden Welt. Dies zu wissen, bewahrt vor unsachgemäßen Rigorismen.

1 Text nach einem Vortrag während der 3. Tagung der 10. Landessynode der Evangelischen Kirche von Kurhessen-Waldeck am 28.04.1999 in Hofgeismar. Text zu VI. aus: Didaskalia 49, Kassel 1998, S. 14-19.

Teil V

Die Botschaften

Die familiensoziologische Botschaft
Die psychologische Botschaft
Die erziehungswissenschaftliche Botschaft
Die drei theologischen Botschaften
Die ordnungspolitische Botschaft

Prof. Dr. Dr. h. c. Rosemarie Nave-Herz

Carl von Ossietzky Universität Oldenburg, Institut für Soziologie

Von einem Bedeutungsverlust von Ehe und Familie kann nicht die Rede sein

Mit der Analyse des Wandels der Familie als gesellschaftliche Institution aus familiensoziologischer Sicht verbindet sich insofern eine Aufklärungsfunktion, als sie zu einer kritischen Auseinandersetzung mit einigen – meist essayistisch in die Öffentlichkeit transportierten – gängigen Vorstellungen über das heutige Familienleben führt. Aus den familienstatistischen Trendverläufen der vergangenen 30 Jahre, insbesondere der Abnahme der Eheschließungs- und Geburtenzahlen sowie dem Anstieg der Kinderlosigkeit wurde in allen Arten von Kommunikationsmitteln mit einer Reihe von Behauptungen eine "Krise der Familie" diagnostiziert, ohne zu bedenken, dass statistiche Daten keine Motivanalyse bieten. Erst wenn den verurachenden Bedingungen für den Wandel des innerfamiliären Zusammenlebens nachgegangen wird, lassen sich die tatsächlich zu erwartenden familialen und gesellschaftlichen Folgen aufzeigen und das Spezifische der heutigen Familie (von heutigen Familien) darstellen. Dann wird allerdings sichtbar, dass die Zwei-Eltern-Familie weiterhin das "Normalmuster" von Familie darstellt und dass diese in der subjektiven Wertschätzung weiterhin oberste Priorität besitzt. Alle übrigen Familienformen nehmen eine Minoritäten- bzw. eine Randstellung ein. Daraus folgt jedoch keineswegs, dass sie familienpolitisch unbedeutend sind. Zu beachten ist vornehmlich, dass sich generell die Phase des Zusammenlebens von Eltern (Elternteilen) und Kindern in einem Haushalt infolge der im Vergleich zur Zeit vor etwa 100 Jahren deutlich geringeren Geburten- und Kinderzahl sowie der gestiegenen Lebenserwartung auf lediglich nur noch ein Viertel der gesamten Lebenszeit verkürzt hat. Die nachelterliche Phase erscheint nunmehr als längster Zeitabschnitt des Familienzyklus.

Die Eheschließung hat sich zeitgeschichtlich insofern verändert, als sie als gesellschaftlich zwingende Notwendigkeit zur Erfüllung des elementaren Bedürfnisses, in einem eigenen Haushalt zu leben, oder als materielle Versorgungsinstitution (vor allem für Frauen) an Bedeutung entscheidend verloren hat. Der starke Anstieg nichtehelicher Lebensgemeinschaften seit ca. 20 Jahren ist zweifellos auf diesen Sachverhalt zurückzuführen; er trug gewiss wesentlich zu den abnehmenden Heiratsziffern und zudem zum Anstieg des Heiratsalters bei. Dennoch hat – wie zahlreiche empirische Untersuchungen belegen – die quantitative Verbreitung von nichtehelichen Lebensgemeinschaften nicht dazu geführt, die Ehe und Familie obsolet werden zu lassen. Lebensgemeinschafts-Paare sind überwiegend keine Gegner von Ehe und Familie. Ehe und Familie haben für sie allerdings eine andere Qualität als früher: Ehe und Familie gelten heute vor allem als bewusst gewählte und erklärte Sozialisationsinstanz für Kinder. Die These von der "kinderorientierten Ehegründung" (Nave-Herz 1984) ist inzwischen durch viele Studien bestätigt worden.

Eine der größten sozialen Veränderungen während der letzten Jahrzehnte stellt der Wandel von Kindheit dar. Infolge vor allem des Geburtenrückgangs, neuartigen Wohnumwelten, der allgemeinen bis in die jüngsten Lebensphasen reichenden technischen Neuheiten, der zunehmenden Pädagogisierung im Erziehungs- und Ausbildungssektor hat Kindheit heute einen völlig anderen Stellenwert als vor 30 Jahren. Insbesondere sind die Leistungsanforderungen an die Eltern während der vergangenen Jahrzehnte in allen sozialen Schichten so stark angestiegen, dass sich eine Leistungsüberforderung von Familien abzuzeichnen scheint. Dabei spielen Faktoren wie der Bedeutungswandel von Kindern, die Ansprüche an die Elternrolle (auch seitens der Eltern selbst), veränderte Erziehungsziele und -methoden, die Rückverlagerungen von Funktionen von der Schule an die Eltern neben anderen eine beachtliche Rolle. – Auch die Ansprüche an den Ehepartner haben sich erhöht. Eheliche Partnerbeziehungen, wenn sie konfliktreich sind, werden heute wegen des hohen emotionalen Wertes der Ehe schlechter "ertragen" als früher; man löst sie deshalb leichter auf. Dennoch enden noch immer zwei Drittel aller Ehen nicht durch Scheidung, sondern durch Tod. Nie hat es zuvor für die Mehrzahl der heimischen Bevölkerung eine zeitlich derart lange potenzielle Ehepartnerschaftsbeziehung gegeben, was wiederum die Lebensformen verändert. Wie schon der Fünfte Familienbericht (1994) resümiert: Die Anforderungen an die Familien als Lebens- und Solidargemeinschaften und die ökonomischen Belastungen der Familien waren in unserem

Kulturkreis zu keiner Zeit so groß wie heute. Die Erwartungen an die Pflege-, Förder- und Erziehungsleistungen der Familien sind höher als früher. Gleichzeitg sind die Aufwendungen, die mit dem Erbringen dieser Leistungen verbunden sind, gestiegen.

Insgesamt zeigt sich damit, dass von einem Bedeutungsverlust von Ehe und Familie nicht die Rede sein kann. Der historisch zu beobachtende Bedeutungswandel steht im Zeichen einer Differenzierung von familialen Lebensformen. Ob und inwieweit die daraus resultierende Vielfalt die Chance, Familie leben zu können, verbessert, wird nicht zuletzt davon abhängen, ob unsere Gesellschaft erkennt und anerkennt, wie sehr sie ihre Zukunft der Überlebensfähigkit der Institution Familie verdankt.

Prof. Dr. Dr. h. c. Rosemarie von Schweitzer

Justus-Liebig-Universität Gießen,
Institut für Wirtschaftslehre der Haushalts- und Verbraucherforschung

Eine neue Familienorientierung braucht das Land

1. Das politische Leitbild und die gesellschaftliche Realität des familialen Alltagslebens

Das Bild des Menschen und die Formen des Zusammenlebens in Ehe und Familie sind durch die grundgesetzliche Verfassung der Bundesrepublik formal geregelt. Wir haben eine Verfassung, die den Einzelnen in seiner Selbstbestimmung und Freiheit schützt, ohne dass sie sinnsetzende Lebensorientierungen vorzugeben vermag, soweit nicht die gleiche Freiheit anderer oder die elementaren Erfordernisse des Zusammenlebens verletzt werden. Der Vielfalt familialer Lebensformen und möglicherweise auch einer neuen Vielfalt von grundgesetzlich geschützten eheähnlichen Lebenspartnerschaften steht das Verfassungsgericht nicht im Wege. Doch wie steht es mit dem Begriff der Familie und der ihr garantierten Schutzgewährung?

Dazu die Antwort von Prof. Dr. E.-W. Böckenförde, Präsident des Verfassungsgerichts a. D., vom 27. Juli 2001 in der Frankfurter Allgemeinen Zeitung: *"Der Begriff der Familie ist aus nachvollziehbaren Gründen aus der Verbindung mit der Ehe gelöst worden, die bei der Entstehung des Grundgesetzes vorausgesetzt worden war. Auch die ehelose Mutter-Kind- oder Eltern-Kind-Beziehung fällt unter das Schutzgebot des Artikels 6 Absatz 1. Andererseits ist dieses Schutzgebot in den rechtlichen Gestaltungen des Arbeits-*

und Erwerbslebens, der Schulorganisation, der Kinderbetreuung und auch des Renten- und Steuerrechts bemerkenswert wirkungslos geblieben. Immer stärker muß sich die Familie heute den nach ökonomischer Rationalität organisierten Funktionsabläufen des Arbeits- und Wirtschaftslebens anpassen, ebenso wie den Arbeitsregelungen des öffentlichen Dienstes und den Organisationsentscheidungen der Schulbehörden, anstatt daß diese von den Bedürfnissen der Familien als einer verbindlichen Vorgabe her gestaltet werden. Eben diese Bedürfnisse aber und nicht die ökonomische Rationalität und das Streben nach Dienstzeitregelungen im individuellen Beschäftigungsinteresse verdienen, wie die Verfassung sagt, besonderen Schutz. So entgleitet der ureigenste Gemeinschaftsbezug über das familiäre Kind-Eltern- Verhältnis dem Zugriff verfassungsrechtlicher Schutzgewährung."

2. Der Abschied des christlich-bürgerlichen Familienideals und die neue Herrschaft ökonomischer Denkmuster

Die "politischen Eltern" unserer grundgesetzlichen Verfassung sind mehrheitlich in bürgerlichen Elternhäusern des 19. Jahrhunderts aufgewachsen bzw. haben ein solches Familienleben, als selbstbestimmte nicht weiter zu hinterfragende Lebensorientierung, gepflegt. Wie aber fällt die selbstbestimmte Lebensorientierung aus, wenn der religiös-weltanschaulich neutrale Staat einzig auf seine verfassungsgemäße Aufgabe des Schutzes der individuellen Freiheitsrechte achtet und im übrigen der "unsichtbaren Hand des Marktes", auch im Bereich der Kulturgüter, den Einfluss auf die individuellen Wertorientierungen überlässt, wobei zu fragen ist, ob dieser Markt nicht doch von medial gestützten Macht- und Kapitalinteressen gesteuert wird? Das Menschenkind kommt nicht als sich selbst lustvoll genießender und zugleich mündiger, gemeinschaftsfähiger Mensch auf die Welt. Der Mensch bedarf sein Leben lang der Versorgungsleistungen anderer, der Ausbildung seiner Persönlichkeit und der überzeugenden Vermittlung menschenwürdiger, sozial akzeptierter und kulturell allgemein erwünschter Daseinskompetenzen.

Kann die Gesellschaft auf die Wertmuster des im Alltagsleben der Familien bisher vorgelebten "alteuropäischen, christliche-bürgerlichen Kulturerbes" noch bauen? Wird es so vermittelt, dass es zugleich hinterfragt wird bezüglich gerechterer Geschlechter- und Generationensolidaritäten und der sozialen Sittlichkeiten und Verantwortungsbereitschaft für Schwächere und die Umwelt? Wird erkannt, dass all dies zu einer entscheidenden Voraussetzung geworden ist für die Bereitschaft zum Haben und Aufziehen von Kindern und zu einer nachhaltigen Haushalts- und Wirtschaftsführung für nachfolgende Generationen? Ist die Vermittlung von Sach- und Daseinskompetenzen mit solchen handlungsleitenden Lebensorientierungen immer noch ausreichend gesichert in der Konkurrenz zu den Qualifikationsansprüchen der Erwerbsberufe sowie der wachsenden medialen Außensteuerung und Einflussnahme auf die Wertorientierungen und Sinnsetzungen für das Alltagshandeln?

3. Steigende persönliche Erwartungen, Alltagssorgen und gesellschaftliche Ansprüche an das Familienleben

Der Machtmissbrauch und die totalitäre Unterdrückung des Menschen im nationalsozialistischen Regime bestimmte die Entscheidung des Parlamentarischen Rates zur Betonung der Würde des Menschen und seiner Rechte auf Selbstbestimmung. Er war sich dabei wohl bewusst, dass sich damit die offensichtliche Abkehr von der aristotelischen Rechtsauffassung ergab, in welcher der Mensch als "zoon politikon" erst durch die Gemeinschaftsbindung zu sich selbst und zur Entfaltung seines Menschseins komme. – Er wusste wohl gleichfalls: Diese für Deutschland neue Akzentuierung müsse zur Folge haben, dass für Ehe und Familie ein Schutz- und Förderungsgebot im Grundgesetz festzuschreiben und auch das Privateigentum in sozialer Verantwortung, zu sichern war. Wer denkt darüber nach, wie solche unabdingbare Gemeinschaftsbindung durch das familiale Alltagsleben korrespondiert mit den berechtigten Emanzipationsansprüchen der Frauen, dem feministischen Begehren nach Gleichstellung in Politik und Erwerbsleben, der Diskriminierung der Nur-Hausfrau und der "typisch weiblichen" Bildungs- und Tätigkeitsfelder" sowie einer unrealistischen Vorstellung des "Rollentausches" der Geschlechter? Der nahezu vollständige Verlust eines familien -und alltagsorientierten Bildungsangebotes für beide Geschlechter führt zunehmend zum Mangel an familienorientierten, sozial verantwortungsbereitem Personal in Wirtschaft und Gesellschaft sowie insbesondere für Familienarbeit und für nahezu alle personenbezogenen haushaltsnahen Dienste und Pflegearbeiten. In der Wirtschaft und im öffentlichen Leben wird kritisiert, es fehle an sozialer und kultureller Verantwortungsbereitschaft für Schwächere und Fremde. Familie und Schule werden als Schuldige für diese zunehmende "Kälte" der Gesellschaft ausgewiesen. Die Einsicht für die Mitverantwortung eines jeden für diese Entwicklung ist äußerst selten vorzufinden, und nur diese könnte den notwendigen Wandel im Gesellschaftsleben einleiten.

Im Unterschied zur vorindustriellen Familienwirtschaft verbringen die Generationen in modernen Gesellschaften bereits ab der frühen Kindheit bis zum Ende der Erwerbstätigkeit, aber auch im Ruhestand relativ viel Zeit außerhalb der Kern- und Kleinfamilie in jahrgangsmäßig getrennten Altersgruppen. So werden die unmittelbar im familialen Alltagsleben zu vermittetelnden Lebenserfahrungen weniger über

Geschwister- und Generationenbezüge im Zusammenleben und -wirtschaften erworben als viel mehr über die Gleichaltrigen weitergegeben. So entstehen "defiziente" Handlungsorientierungen (M. Heidegger 1949, S. 323 ff.), in denen Junge primär ihre Zukunft, Alte ihre Vergangenheit und die mittleren Jahrgänge primär ihre Gegenwart als maßgebend für ihren Wissenserwerb und Erfahrungsaustausch ansehen. Dieses hat zur Konsequenz, dass Vergangenheitsbezüge und Zukunftorientierungen in der mittleren, die gesellschaftliche Verantwortung tragenden Generation fehlen und zu verkürzten ausschließlich gegenwartsbezogenen Aktivitätsmustern verleiten.

Eltern und Großeltern werden gebraucht zur Organisation, Unterstützung und Kooperation sowie zur Finanzierung der Konsumwünsche. "Lebenserfahrungen" für die jüngeren Generationen vermitteln Fernsehen und peers, weitgehend unbemerkt von Eltern und Schule. Diese außengesteuerte Wertorientierungen in Form von Trends, Moden, Subkulturen aber auch von fundamentalistischen und sektiererischen "Problemlösungsangeboten" werden als "modern" und "fortschrittlich" angesehen und sichern die Zugehörigkeit zur Altersgruppe. Wer aber spricht mit diesen Kindern, Jugendlichen oder auch Lebensorientierungen suchenden älteren Menschen über die ihnen in den Medien präsentierten Verheißungen, Verlockungen, aber auch Schreckensbilder und die Sorgen und Ängste, die sich mit diesen verbinden?

Die Selbstbestimmungsansprüche der Kinder wurden und werden nicht nur von den Eltern akzeptiert. Sie werden auch seitens fast aller gesellschaftlichen Gruppierungen und der Familienpolitik von den Familien eingefordert bei gleichzeitig erhöhten Erwartungen an die Erziehungs- und Ausbildungsleistungen der Eltern und Kinder. Elternschaft und das ihr zuvörderst zugeordnete Erziehungsrecht sind so erheblich anspruchsvoller geworden.

In der Alltagspraxis bedurfte das "Wirtschaftswunder" des weiblichen Arbeitspotenzials sowie für alle Erwerbstätigen verlängerter und anspruchsvollerer Aus- und Weiterbildungen. Auch benötigten die Familien zur Sicherung ihrer wachsenden Konsumansprüche ein zweites Einkommen. Verstärkt wird dieses im Vergleich zu früher durch die Tendenzen von Wirtschaft und Staat Leistungen, die sich "nicht rechnen", dem Kunden und nach dem Subsidiaritätsprinzip den Familien und dort den in der Familie Tätigen zu überlassen. An Ressourcen zur Daseinsvorsorge – Kompetenzen, Zeit und Finanzen – fehlt es aber zunehmend.

Eltern und Großeltern waren über Jahre hinweg "Hilfen" für die junge Familie, dann wurden sie zurückgewiesen wegen ihrer traditionellen Erziehungsvorstellungen. Die Lehren von der "antiautoritären Erziehung" waren gewiss eine Folge des Missbrauchs der elterlichen Erziehungsautorität in der patriarchalischen "bürgerlichen Familie" und den Auswüchsen in der NS-Zeit. Dieses trug auch zum Imageverlust des traditionellen, christlich-bürgerlichen Leitbildes von Familie im Nachkriegsdeutschland bei sowie zu einem Bruch im Vertrauen zwischen den Generationen und zu einer Distanzierung der Generationen voneinander.

Inzwischen haben sich die Älteren daran gewöhnt, vor allem "gesellig und wohltätig" mit ihren Nachkommen umzugehen und selbst ein eigenständiges Leben zu führen. Zu einer "kofigurativen" Kulturvermittlung zwischen den Generationen, d. h. zur Pflege einer Kultur, die von drei fortgesetzt miteinander in Kontakt lebenden Generationen vorgelebt wird, müssten sie wohl erst wieder ermutigt werden.

4. Die "Wissensgesellschaft" ohne sinnstiftende Lebensorientierungen und die Freiheit zur Selbstbestimmung ohne ausreichende Sach- und Daseinskompetenzen

Erziehung in Familie und Schule ist ohne verbindliche Lebensorientierung der Erziehenden nicht möglich. Brauchen wir in Zukunft Ethikräte nicht nur für politisches Handeln, sondern auch in Familien und Schulen, welche aushandeln und mittels Mehrheitsbeschlüsse festlegen, welche Wertorientierungen verbindlich sein sollen? Oder wünschen wir, dass Kinder aus selbstbestimmter Freiheit sich einem Konsumterror untereinander aussetzen, sich bewaffnen, Lehrer bedrohen und Unterricht aus Selbstinteresse, Lust und Laune stören? Der "sich selbst lustvoll genießenden Persönlichkeit" – ob Kind oder Erwachsener – ist die mit ihr verbundene Verantwortung zur Sittlichkeit für humanes Handeln nicht angeboren. Sie muss vorgelebt, erlernt, eingeübt und als Gewissensanspruch verinnerlicht werden. Diese Kulturvermittlung erfolgt primär über die Kultur des Zusammenlebens und Zusammenwirtschaftens im familialen Alltagsleben. Familie ist aber eingebunden in eine zunehmend plurale Nahumwelt und eine medial vermittelte, global geprägte Außenwelt. Die bürgerliche Vorstellung der Familie als "Privatsache und Spezialist für Intimität" hat zwar nie der Lebensrealität und schon gar nicht der gesellschaftlichen Bedeutsamkeit von Familie entsprochen. Sie sollte sie vor staatlichen Übergriffen schützen. Stattdessen droht der Familie ein gesellschaftliches Abseits. Familie wird zunehmend ihrem privaten politischen Schicksal überlassen. Wer sorgt sich um die Folgekosten für die Gesellschaft?

Das Problem ist erkannt, weder die Verfassung noch die Familien, sondern das für die Familienorientierung der modernen Gesellschaft handlungsleitende "Kulturerbe" gehört auf den Prüfstand. Familie muss als die Bildungsinstitution, die Lebenssinn stiftet, leichter lebbar gemacht werden. Sie darf weder ein "Luxus" noch ein "Sozialfall" und auf keinen Fall eine private Bagatellangelegenheit sein. Die Familien mit ihren Hauswirtschaften sind die primären Leistungsträger der Humanvermögensbildung und damit der Wohlfahrt und Kultur der Gesellschaft von heute und morgen. Deshalb bedarf die Familie als gesellschaftliche Institution eines allgemeinen alltagsorientierten Bildungsangebots zum Erwerb von Sach- und Daseinskompetenzen für das an Alltagssorgen orientierte Handeln in Familie und Erwerbsleben.

5. Die Option "Familie zu leben" wird immer weniger konkurrenzfähig zu alternativen Lebenskonzepten

Familie zu leben wird zunehmend zu einer Option, die nur mittels einer "ökonomisch irrationalen" Einstellung und einer insbesondere für Frauen erheblichen "Bereitschaft zum Risiko" gewählt werden kann. Hier dürften Faktoren wie unser Wohlstand, die Akzeptanz des Vorranges der Selbstbestimmung, die relative Auflösung eines allgemein akzeptierten, an der protestantischen Ethik mit ihrer "nützlichen Moral" orientierten Arbeits- und Konsumverhaltens, die Enttabuisierung des Sexualverhaltens und ihrer Entbindung von Ehe und Familie von Gewicht sein. Es sind primär die für die Erwerbsarbeit gut vorgebildeten Frauen, die auf die "Option Familiengründung" verzichten mit der Tendenz, dass jede dritte junge Frau eines Geburtsjahrganges kinderlos bleiben wird.

Mit dem Modewort "Globalisierung" wird von Wirtschaft und Politik ein Vielfaches an Flexibilität eingefordert: die Mobilisierung der Anpassungsbereitschaft der Erwerbstätigen an die "Überlebens-Interessen" der Unternehmen durch räumliche, berufliche und soziale Flexibilität. Der Augenschein einer zunehmenden "hire and fire" Mentalität sowie einer raschen Entwertung von Erwerbsqualifikationen tun ihr Übriges dazu, die Entscheidung für eine Familiengründung zu verneinen oder aufzuschieben mit dem Risiko, dass sie nicht mehr möglich wird. Daher muss sich auch die Wirtschaft nach ihrer "Familienorientierung" befragen lassen, denn das Humanvermögen, das sie als Ressource benötigt, wird in den Familien herangebildet, versorgt, gepflegt und erzogen.

Wiederum ist das Problem erkannt: Eine auf die Verwirklichung von Einzelinteressen ausgerichtete Auslegung von "ökonomischer Rationalität" lehrt, dass durch die

Entscheidung, ohne Familienverantwortung zu leben, die individuellen Lebenschancen, die individuellen wirtschaftlichen Erfolgsaussichten und die Aussichten auf ein sozial weitgehend ungebundenes Privatleben erhöht werden. Doch wie stellen sich die Zukunftschancen einer Gesellschaft mit solchen vom Selbstinteresse geprägten Lebensweisekonzepten dar ? Was bedeutet es, wenn mehr und mehr Menschen auf ein Leben mit Kindern und für Kinder bewusst verzichten und es somit auch verlernen, mit Kindern umzugehen und primär nur für die eigene Gegenwart und Zukunft zu leben wünschen?

Die Bevölkerung altert und schrumpft und wird durch Zuwanderung, der ethnischen Herkunft derselben entsprechend, "bunter". Auch die Zuwanderer haben Familien, auch sie werden sich den Verhaltensweisen des Gastgeberlandes anpassen. Sie erfahren die strukturellen Rücksichtslosigkeiten und Barrieren, die ihnen für ihr Alltagsleben hier geboten werden. Sie haben die Option, weiter zu wandern oder auch wieder heimzukehren und sie werden das tun, je ungastlicher unser Land ist. "Familien" werden knapp und teurer für unser Land!

6. Die Herausforderung und familienwissenschaftliche Begründung, "Familie" wieder attraktiver und leichter lebbar zu machen

Die Bevölkerungsstruktur, ihr Altersaufbau und die Zahlen der Zuwanderung sind "harte Fakten", mit denen statistische Ämter und demographische Wissenschaftler die Familien- und Haushaltsstrukturen in Deutschland, Europa und der Welt über 100 Jahre der Öffentlichkeit bekannt machen. In der multilokalen Mehrgenerationen-Familie können im 21. Jahrhundert geborene Säuglinge mit großer Wahrscheinlichkeit nicht nur ihre Großeltern, sondern auch noch die eine oder andere Person der Urgroßelterngeneration kennenlernen. Doch familienwissenschaftlich und familienpolitisch argumentiert wird auf der Datenbasis der Gegenwart. Allzu oft werden diese Fakten vermischt mit persönlichen Alltagsvorstellungen, polemisch aufbereitet und "weitererzählt". Berichtet wird vom Funktionsverlust, von der Krise und dem Verfall von Familie, von "unvollständiger" und Gattenfamilie. Entdeckt werden die "multilokale Mehrgenerationen-Familie" und die "Singles", die doch wohl auch alle aus Familien kommen. Es geht bis hin zu dem Verzicht auf einen Familienbegriff und dessen Ersatz durch Begriffe wie "familiale Lebensformen" oder "familiale Netzwerke" und andere. Positiv gewendet zeigt sich darin, dass sich eine relativ neue anspruchsvolle Aufgabe stellt, das Alltagsleben in der Pluralität der Lebensformen, Lebenslagen, der sozial-ökonomischen und räumlichen Rahmenbedingungen sowie in den weltanschaulichen und ethnischen Ausprägungen wissenschaftlich adäquat zu charakterisieren und die sich daraus ergebenden gesellschaftspolitischen Handlungsbedarfe sachkundig zu beschreiben.

Aber: Die Familienwissenschaft ist in der deutschen Hochschullandschaft nicht institutionalisiert, sie wird in den unterschiedlichen humanwissenschaftlichen Disziplinen mehr oder minder als Randerscheinung gepflegt. Dem für Familienpolitik zuständigen Bundesministerium für Familie, Senioren Frauen und Jugend sind seine Zuständigkeiten seit den 80er-Jahren permanent entzogen worden. Es ist faktisch ohne wirklichen politischen Einfluss und das in einer Zeit, in der dem Gesetzgeber aufgrund von Verfassungsgerichtsurteilen familienpolitischer Handlungsbedarf ständig neu auferlegt wird.

Das für Familienpolitik zuständige Bundesministerium (BMFSFJ) fördert allerdings die familienwissenschaftliche Forschung und deren laufende Berichterstattung über Familien, Altern, Frauen sowie Kinder und Jugend. An Daten fehlt es also nicht, wenn auch vor allem die amtliche Bevölkerungs-, Haushalts- und Familienstatistik dringend der Erneuerung, Erweiterung und Förderung bedürfte. Was fehlt sind familienwissenschaftliche und demographische Kompetenzen in all jenen Ressorts, die im Interesse der Bedürfnisse der Familie – wie Böckenförde feststellt – exekutive Verantwortung tragen sollten. Es mangelt an parteipolitischer Macht derjenigen Parlamentarier – zumeist weiblichen Geschlechts – deren Aufgabe die Wahrnehmung dieser Interessen der Familien in der Legislative und in der Gesellschaftspolitik ist.

Welcher Schluss ist daraus zu ziehen? Mit der Forderung nach mehr Familienorientierung ist weniger das "Volk" angesprochen, viel mehr sind es die Verantwortungsträger und Verantwortungsträgerinnen in Familie, Wirtschaft und Gesellschaft. Nur mit mehr Geld und mehr Betreuungseinrichtungen für Familie allein läßt sich keines der Gegenwartsprobleme der Familien lösen, so beschämend es auch ist, dass es stets erst der Klagen beim Verfassungsgericht bedarf, bis finanzielle Ungerechtigkeiten in der Gesetzgebung gegenüber den Familien neu geregelt werden.

Es muss die Einsicht wachsen, dass der Aufbau und die Erhaltung des Humanvermögens einer Gesellschaft in den Familien-Hauswirtschaften und die Produktion von Gütern und Diensten in den Wirtschaftsbetrieben zwei sich einander bedingende und einander fördernde Seiten der Wohlstandsentwicklung und der Kultur des Zusammenlebens und Wirtschaftens in Gegenwart und Zukunft sind. "Familie zu leben" wird immer weniger Akzeptanz finden, solange gedankenlos und gegen alle Vernunft die Humanvermögensbildung an vermeintlich unumstößliche ökonomische Prinzipien und für unvermeidbar gehaltene, macht- und kapitalgesteuerte Sachzwänge angepasst werden soll, – wenn dies gar als das leitende Prinzip der Gesellschaft zu sein beansprucht wird. Sollte dann Klonen und Aufzuchtplanung in effizienten, medizinisch kontrollierten Erziehungsinstitutionen nach den platonischen und zugleich modernsten biologistischen Utopien zur Beschaffung eines "brauchbaren und nützlichen Menschenmaterials" tatsächlich eine Chance erhalten, Realität zu werden?

Frauen und Männer, beide Geschlechter, aus allen Generationen bedürfen einander: gleichwertig und gleichrangig, in Kooperation und gegenseitiger Akzeptanz auch ihrer unterschiedlichen Wertvorstellungen sowie ihrer Lebens- und Arbeitsfelder – den familialen und sozialen wie dem erwerbswirtschaftlichen –. Wir moderne Menschen verbringen 90 % unserer Lebenszeit im familialen Alltagsleben, – und ausgerechnet hier glauben wir, auf die Vermittlung allgemeiner familienorientierter Sach- und Daseinskompetenzen verzichten und der Familie ihre gesellschaftliche Bedeutsamkeit als Leistungsträger für die Humanvermögensbildung, Wohlfahrt und Alltagskultur absprechen, sie abwerten zu können? Engstirniger und kurzsichtiger kann eine Gesellschaft sich kaum organisieren und für die Zukunft handlungsbereit machen wollen, für *eine Zukunft, die sie ohne Familie gar nicht haben kann!*

Prof. Dr. Klaus A. Schneewind

Ludwig Maximilians-Universität München, Institut für Psychologie
Persönlichkeitspsychologie, Psychologische Diagnostik und Familienpsychologie

"Freiheit in Grenzen" – die zentrale Botschaft zur Stärkung elterlicher Erziehungskompetenz

Nachdenken über Erziehung hat derzeit Konjunktur in unserem Land – wieder einmal. Vielleicht auch deswegen, weil Erziehung zum Problem geworden ist – wieder einmal. Auch schon vor der nachdenklich stimmenden Publikation der internationalen Schülervergleichsstudie PISA mit ihren für deutsche Schüler und Schülerinnen wenig schmeichelhaften Befunden (vgl. Baumert 2001) hatte die Gattin des deutschen Bundeskanzlers, Doris Schröder-Köpf, Aufsehen mit ihrer Forderung erregt, dass Kinder besser erzogen werden sollten. Und auch Titel wie "Die Erziehungskatastrophe" (Gaschke 2001) oder "Der Erziehungsnotstand" (Gerster & Nürnberger 2001), die es bis auf die Sachbuch-Bestsellerlisten gebracht haben, waren vor der Veröffentlichung der PISA-Studie erschienen. Dass Erziehung und Bildung in den Blickpunkt des öffentlichen Interesses gerückt sind, hat mit folgender Ausgangssituation zu tun.

1. Die Ausgangssituation

Auf der einen Seite besteht ein breiter gesellschaftlicher Konsens darüber, dass die nachwachsende Generation das wichtigste "Humanvermögen" ist, damit unser Land in einer zunehmend globalisierten Welt bestehen kann. Dies besagt, dass Kinder und Jugendliche über entsprechende Voraussetzungen wie Leistungsbereitschaft, Kompetenz und Gemeinschaftsfähigkeit verfügen sollten, um für zukünftige Herausforderungen gerüstet zu sein.

Auf der anderen Seite zeigt sich, dass immer mehr Kinder und Jugendliche Persönlichkeits- und Verhaltensstörungen aufweisen. Hierzu einige Belege:

- Nach einer Literaturübersicht von Petermann et al. (2000) liegt die Prävalenzrate für unterschiedliche psychische Störungen von Kindern und Jugendlichen (z. B. aggressives Verhalten, soziale Ängste, hyperkinetische Störungen) zwischen 18 % und 27 %.
- In einer epidemiologischen Untersuchung an knapp 4400 Einschulungskindern wurden 77 % aller Kinder von ihren Müttern so eingeschätzt, dass sie "viel streiten und widersprechen", 54 %, dass sie "viel Beachtung brauchen". Etwa 33 % der Kinder werden als unkonzentriert, impulsiv und "zu redefreudig" beschrieben. Darüber hinaus wird bei den Kindern gehäuft die Tendenz, sich zu produzieren, und die Neigung zu Wutausbrüchen beobachtet (vgl. Resch 2001).
- Bereits für Kinder im Kindergartenalter stellte sich in der Braunschweiger Kindergartenstudie nach den Einschätzungen von rund 850 Eltern und 820 Erzieherinnnen heraus, "dass ca. 18 % aller Kindergartenkinder unter behandlungsbedürftigen emotionalen und Verhaltensstörungen leiden" (Hahlweg & Miller 2001, S. 45).
- In einer weiteren epidemiologischen Studie wurden 13,4 % von rund 4.200 Grundschülern und -schülerinnen von ihren Lehrern und Lehrerinnen als hoch gefährdet (gemessen an Merkmalen wie aggressives Verhalten, Lügen, schlechte Schulleistungen, Stehlen, negative Haltung gegenüber Schule, Lehrern und Erwachsenen, Verhaltensauffälligkeiten) eingeschätzt (vgl. Landscheidt 2001).
- Kindliche Verhaltensstörungen erhöhen im Jugendlichenalter die Wahrscheinlichkeit für Schulversagen, Aggressivität, frühe und ungeschützte Sexualität, Drogenmissbrauch, Vandalismus, Delinquenz und Kriminalität. Hierfür nur ein Beispiel: in den alten Bundesländern ist nach den Daten der Polizeilichen Kriminalstatistik die Tatverdächtigenquote der 14- bis 18-Jährigen zur Gewaltkriminalität in der Zeit zwischen 1984 bis 1998 um das 3,3 fache gestiegen (vgl. Pfeiffer & Wetzels 1999).

Diese alarmierenden Zahlen, die das Bild eines psychisch gesunden "Humanvermögens" in Gestalt der nachwachsenden Generation deutlich trüben, sind u. a. vor dem

Hintergrund eines epochalen Wandels zu sehen, der nach dem Motto "Von der Erziehung zur Beziehung" zu einer zunehmenden Liberalisierung des Eltern-Kind-Verhältnisses geführt hat (vgl. Schneewind & Ruppert 1995). Für viele Eltern bedeutet dieser im Prinzip begrüssenswerte Liberalisierungsschub allerdings eine Verunsicherung hinsichtlich ihrer Erziehungswerte und -methoden. Dies vor allem dann, wenn es darum geht, ihren Kindern in herausfordernden Situationen (z. B. wenn sie sich nicht an Vereinbarungen halten, sich abfällig und respektlos verhalten, anderen gegenüber aggressiv sind) klare Regeln zu vermitteln und Grenzen zu setzen. An diesem Punkt setzt das Konzept einer "Stärkung elterlicher Erziehungskompetenz" ein.

2. Vom Erziehungswissen zur Erziehungskompetenz

Trotz der oben genannten Studien zur Prävalenz von Verhaltensauffälligkeiten im Kindes- und Jugendalter sollte zweierlei nicht übersehen werden. Zum einen hat es, beginnend mit Homer und seitdem in allen Epochen der Menschheitsgeschichte, immer wieder Klagen der Erwachsenengeneration über die Disziplin- und Sittenlosigkeit der nachfolgenden Generation und eine Verherrlichung der "guten alten Zeit" gegeben (vgl. hierzu schon Delbrück 1893). Zum anderen gilt für den weitaus größten Teil heutiger Familien, dass das Verhältnis zwischen Eltern und Kindern überwiegend positiv und für die Kinder entwicklungsförderlich ist. Insofern tut man wohl gut daran, weder die nationale Katastrophe noch den nationalen Notstand in Sachen Erziehung auszurufen, wohl aber das Augenmerk darauf zu richten, dass die Qualität elterlicher Erziehung einen wichtigen Beitrag zur Entwicklung der nachwachsenden Generation leistet. In der Tat lassen sich manche der "Verhaltensauffälligkeiten" im Kindes- und Jugendalter positiv umdeuten und geraten damit in Kontrast zu einer allzu negativen Einschätzung. Der Kinder- und Jugendpsychiater Franz Resch (2001, S. 99) hat dies wie folgt auf den Punkt gebracht:

"In positiver Weise formuliert erscheinen die Kinder durchsetzungsbereit, sie zeigen einen hohen Grad an Selbstbehauptung, sind beim Einfordern ihrer Bedürfnisse hartnäckig, streitbar, aktiv, beweglich und reizoffen. Dies wären notwendige Eigenschaften zur zukünftigen Bewältigung postmoderner Problemstellungen. Aber in negativer Formulierung erscheinen die Kinder ichbezogen, sozial und emotional unsicher, egozentrisch und bedürftig nach Bezugspersonen. Sie haben eine eher geringe Frustrationstoleranz, Probleme mit sozialen Regeln; ihre Selbstkontrolle ist eingeschränkt, die Aufmerksamkeitssteuerung erscheint ungenügend. Diese Erlebens- und Verhaltensmerkmale kennzeichnen eine 'neue Normalität' mit allen Chancen und Risiken. Die Herausforderungen an Eltern, Erzieher

und andere vorbildhafte Bezugspersonen werden in jedem Fall deutlich. Die zunehmende Komplexität der Welt bedarf einer entsprechenden Elternschaft und Erziehungsleistung, um die individuelle 'Passung' des Kindes an zu rasch wechselnde Bedingungen vorzubereiten."

Das Zitat macht es deutlich: kompetente elterliche Erziehung ist kein "naturwüchsiger" Prozess. Sie erfordert vielmehr ein erhebliches Maß an Zuwendung, Verantwortung, Ichstärke, Wertebewusstsein, Lebenswissen und gekonntem Handeln. Das klingt nach einer hohen Messlatte für diejenigen, die sich im alltäglichen Erziehungsgeschäft zu bewähren haben. Kein Wunder, dass sich vor diesem Hintergrund ein Phänomen einstellt, das der Publizist Till Bastian als *Elternangst* bezeichnet. Bastian (2001, S. 119 f) nennt hierzu drei mögliche Spielarten von Elternangst, nämlich (a) "Angst vor der Triebhaftigkeit des Kindes (und der Eltern)", (b) "Angst vor der Unkontrollierbarkeit des Kindes" und (c) "Angst vor dem Versagen elterlicher Sozialisationsbemühungen". Angst ist gewöhnlich kein guter Ratgeber. Insofern wäre es wünschenswert, wenn sich Eltern den Herausforderungen des Erziehungsgeschäfts möglichst angstfrei und im Bewusstsein ihrer eigenen Kompetenz stellen könnten – auch wenn es weder die perfekte Erziehung noch die perfekten Eltern und auch nicht die perfekten Kinder gibt.

Was es aber gibt, ist ein wissenschaftlich fundiertes Wissen darüber, welche Formen elterlicher Beziehungs- und Erziehungsgestaltung am ehesten geeignet sind, bei ihren Kindern zu einer Persönlichkeitsentwicklung beizutragen, die mit bestimmten individuell wie gesellschaftlich erwünschten Zielsetzungen eines "bejahenswerten Lebens" in Einklang zu bringen sind (vgl. Schmid 1998). Welche Zielsetzungen dies sind, hat erkennbar mit einer ethischen bzw. praktisch-philosophischen Dimension des Verständnisses menschlicher Lebenstätigkeit zu tun. Diese Zielsetzungen sollten jedoch letztlich von jedem einzelnen so angenommen, angeeignet und verinnerlicht werden, dass sie die Qualität einer selbstverantworteten und quasi-normativen Gesetzlichkeit der eigenen Lebensgestaltung erlangen. Damit ist sowohl der Rahmen für die Voraussetzungen von Erziehung auf der Elternseite als auch für die Ziele von Erziehung mit Blick auf die Entwicklung der Kinder markiert.

Zugleich sind damit auch zwei zentrale Überzeugungen angesprochen, die den folgenden Ausführungen zugrunde liegen. Zum einen ist dies die Orientierung an einem Menschenbild, das sich einem humanistisch-demokratischen Verständnis von individueller Entwicklung und Gemeinschaftlichkeit verpflichtet fühlt. Zum anderen kann vor dem Hintergrund eines derartigen Menschenbildes auch wissenschaftlich fundiertes Erziehungswissen nur als ein Angebot für das je eigene Erziehungswissen und -handeln verstanden werden (vgl. Schneewind 2000a).

3. "Freiheit in Grenzen" als Erziehungsprinzip

Getreu den genannten Grundüberzeugungen ist im Folgenden von einer Erziehung nach dem Prinzip "Freiheit in Grenzen" die Rede. Zugleich wird damit in einer dialektischen Denkbewegung die Synthese auf den Begriff gebracht, die sich aus der These "Grenzen ohne Freiheit" (sprich: autoritäre bzw. autokratische Erziehung) und der Antithese "Freiheit ohne Grenzen" (sprich: antiautoritäre Erziehung) ergibt.

Genauer betrachtet besteht die Antithese "Freiheit ohne Grenzen" (oder antiautoritäre Erziehung) aus zwei Spielarten, die man als elterliche Nachgiebigkeit und elterliche Unengagiertheit bezeichnen kann. *Elterliche Nachgiebigkeit* ist dadurch gekennzeichnet, dass Eltern zwar auf die kindlichen Bedürfnisse eingehen, aber wenig von ihnen fordern, was im Prinzip einem verwöhnenden Erziehungsstil entspricht und in einer Reihe von Elternratgebern als Konsequenz einer Wohlstandskultur wie der unsrigen gesehen wird (vgl. Ehrensaft, 2000, Wunsch, 2000, Wyrwa 1998). Hingegen äußert sich *elterliche Unengagiertheit* darin, dass Eltern weder auf die Bedürfnisse ihrer Kinder eingehen, noch klare Erwartungen und Forderungen an sie richten. Vor diesem Hintergrund wird auch von einem vernachlässigenden und zur Verwahrlosung führenden Erziehungsstil gesprochen, dem jedoch hierzulande im Vergleich zur Verwöhnung als der "Verwahrlosung im Glitzerlook" (Wunsch 2000, S. 161) relativ wenig Beachtung geschenkt wird. Aus diesem Grund spricht Deegener (2000, S. 32) in diesem Zusammenhang auch von einer "Vernachlässigung der Vernachlässigung".

Das Erziehungsprinzip "Grenzen ohne Freiheit" (oder autoriäre bzw. autokratische Erziehung) läuft darauf hinaus, dass Eltern einerseits nur wenig auf die physischen und psychischen Bedürfnisse ihrer Kinder eingehen, andererseits aber hohe Forderungen an sie stellen und deren Nichterfüllung mit strengen Sanktionen ahnden. Es ist dies der Nährboden für einen durch Gewalt in all ihren unterschiedlichen Spielarten geprägten Umgang mit den Kindern, der im Kontext eines Beziehungsklimas stattfindet, das durch mangelnde Liebe und Wärme gekennzeichnet ist. Autoritäre Erziehung, die sich in elterlicher Gewaltausübung äußert, ist – wie aktuelle Studien zeigen – in unserer heutigen Gesellschaft nach wie vor ein auch in quantitativer Hinsicht nicht zu unterschätzendes Phänomen (vgl. Schneewind, im Druck).

Von der autoritären Erziehung strikt zu unterscheiden ist das Konzept der *autoritativen Erziehung,* obwohl es wegen der Lautähnlichkeit beider Begriffe häufig zu Verwechslungen kommt (wie z. B. in einer Sammelrezension von Erziehungsratgebern der Autorin Barabara Sichtermann in der Wochenzeitung "Die Zeit", 2001). De facto ist der auf die amerikanische Psychologin Diana Baumrind (1971) zurückgehende Begriff des "authoritative parenting" im Kern identisch mit dem Erziehungskonzept "Freiheit in Grenzen". Gemeint ist damit, dass Eltern sowohl die kindlichen Bedürfnisse nach einem liebevollen, akzeptierenden und unterstützenden Verhalten beantworten als auch Erwartungen an ihre Kinder stellen und ihnen Forderungen zumuten, auf deren Einlösung sie konsequent bestehen.

Neben den Aspekten des elterlichen Wertschätzens und Forderns kennzeichnet eine Erziehung nach dem Prinzip "Freiheit in Grenzen" noch eine wichtige dritte Dimension. Es ist dies die Gewährung von *psychologischer Autonomie,* die es den Kindern und Jugendlichen in entwicklungsangemessener Weise ermöglicht, Erfahrungen als Konsequenzen ihres eigenen Handelns zu machen und damit zu selbstverantwortlichen und selbständigen Personen heranzuwachsen (Steinberg 1990).

In diesem Sinne behauptet Till Bastian: "Kinder brauchen böse Eltern" – so der Titel seines Buches. Er meint damit, dass Kinder Eltern brauchen, die ihnen – den Kindern – herausfordernde und manchmal auch unbequeme Sparringspartner auf einem bisweilen konfliktreichen Weg zur Selbständigkeit sind. Eltern sollten akzeptieren – so sagt Bastian (2001, S. 202) – "dass Eltern dafür gebraucht werden, eines Tages nicht mehr gebraucht zu werden". Und er fährt fort:

"Die Kunst so umfassend präsent zu sein wie nötig und sich dann so rasch überflüssig zu machen wie möglich – sie ist das Geheimnis erfolgreicher Eltern, die es schaffen, ihren Kindern für ein Leben in Selbständigkeit die nötige Hilfestellung zu geben. Die Wut, die Kinder auf ihre Eltern empfinden, wenn diese ihnen Grenzen setzen, gehört zum Weg in die Selbständigkeit unabdingbar dazu. Sie muss ertragen werden. 'Böse' Eltern können das. Sie lieben ihr Kind, sehen in ihm aber nicht den Nabel der Welt. Sie biedern sich bei ihrem Kind nicht an, sondern sorgen lieber dafür, dass es genügend Gelegenheit findet, Durchsetzungskraft und Durchhaltevermögen zu trainieren."

Vor diesem Hintergrund bedeutet Erziehung im Sinne der Gestaltung und Gewährung von "Freiheit in Grenzen" für die Eltern ein Dreifaches, nämlich zum Einen, dass sie ihren Kindern als Interaktionspartner zur Verfügung stehen und ihnen auf diese Weise quasi "naturwüchsig" Lernerfahrungen und Entwicklungsanregungen vermitteln. Zum Zweiten, dass sie im engeren Sinne des Wortes erzieherisch auf ihre Kinder einwirken, indem sie auf deren Lebensführung in körperlicher, psychischer und moralischer Hinsicht Einfluss nehmen. Und zum Dritten, dass sie – auch ohne unmittelbar gegenwärtig zu sein – Gelegenheiten schaffen bzw. ermöglichen, die ihren Kindern im Sinne einer zunehmenden "Entpaternalisierung" ihrer Erzieherrolle dazu befähigen, ihr Leben selbst in die Hand zu nehmen (vgl. Schneewind 2001).

Von zentraler Bedeutung ist bei all dem das Profil elterlicher *Erziehungswerte,* die sich in konkreten Entwicklungszielen für ihre Kinder manifestieren. Hierzu gehören *Entwicklungsziele* wie Selbstvertrauen, Selbstbewusstsein, kommunikatives Verstehen, Selbstverantwortlichkeit, Kooperation, Selbstmotivation, Beharrlichkeit und Empathiefähigkeit. Diese Entwicklungsziele äußern sich auf der Kindseite als entsprechende Fertigkeiten auf der persönlichen, emotionalen, sozialen, motivationalen und moralischen Ebene und auf der Elternseite als konkrete elterliche Unterstützungsmassnahmen (vgl. Borba 1999).

Wie im Zusammenhang mit den "bösen" Eltern bereits angedeutet, heißt "Freiheit in Grenzen" auch, dass elterliche Erziehungsbemühungen nicht immer konfliktfrei ablaufen – dies insbesondere im Hinblick auf die kindliche "Eigenwilligkeit". An dieser Stelle ist es erforderlich, entwicklungsangemessene Regeln zu vereinbaren und Grenzen zu setzen, die mit den übergeordneten Entwicklungszielen im Einklang stehen. Hierzu besteht eine grundsätzliche Dialektik zwischen *elterlichem Grenzensetzen* und *kindlichem Grenzentesten,* die zum Lackmustest elterlicher Erziehungskompetenz wird. Dabei ist durchaus zu bedenken, dass Eltern in manchen Situationen oder bei manchen (z. B. scheuen) Kindern auch die Aufgabe zufällt, statt Grenzen zu setzen, Grenzen zu überwinden. Wenn es jedoch um inakzeptables Kindverhalten geht, stellt es eine erhebliche erzieherischer Herausforderung für die Eltern dar, einem derartigen Verhalten Einhalt zu gebieten – und zwar einerseits unter Anerkennung der kindlichen "Eigenwilligkeit", andererseits aber auch mit der erforderlichen Klarheit und Konsequenz des Einhaltens von vereinbarten Regeln und Grenzen. Bei solchen Gelegenheiten wird deutlich, wie wichtig es ist, dass Eltern konfliktreiche Auseinandersetzungen mit ihren Kindern bewältigen können, ohne dass dabei ein respektvoller und wachstumsförderlicher Umgang mit ihren Kindern zu Schaden kommt. Wie dies im einzelnen und konkret geschehen kann, ist an anderer Stelle ausführlicher dargestellt (vgl. Schneewind 2000b).

4. Was ist zu tun?

Ein autoritatives bzw. am Prinzip "Freiheit in Grenzen" orientiertes Erziehungskonzept trägt – das hat eine Vielzahl von Forschungsstudien gezeigt - entscheidend dazu bei, dass Kinder und Jugendliche sich zu selbständigen, selbstbewussten, leistungsbereiten und gemeinschaftsfähigen Personen entwickeln (vgl. z. B. Ambert 1997; Steinberg et al. 1994). Allerdings hat Diana Braumrind (1991) in ihren eigenen Untersuchungen festgestellt, dass nur ca. 10 % der Eltern den Merkmalen eines autoritativen Erziehungsstils entsprechen. Dies ist – wenn man das Erziehungskonzept "Freiheit in Grenzen" und seine nachgewiesenen positiven Effekte auf die Lebensführung der nachwachsenden Generation befürwortet – eindeutig zu wenig. Da – wie bereits gesagt – die Entwicklung elterlicher Erziehungskompetenz kein naturwüchsiger Prozess ist, erscheint es erforderlich, wissenschaftlich fundierte Erkenntnisse zu den Voraussetzungen und Konsequenzen elterlichen Erziehungshandelns auf möglichst breiter Basis und auf ansprechende Weise den Eltern als Angebot zur Stärkung ihrer Erziehungskompetenz nahezubringen.

Ein derartiges Angebot sollte jenseits aller unabweisbaren Belastungen, mit denen viele Familien heutzutage konfrontiert sind (z. B. finanzielle Knappheit, Arbeitslosigkeit bzw. Arbeitsüberlastung, Partnerschaftsprobleme, Unvereinbarkeit von Zeitplänen, Konsumdruck, Medienüberflutung), und jenseits einer bloßen monetären Unterstützung von Familien ein integraler Bestandteil eines weitsichtigen gesellschafts- und familienpolitischen Programms sein. Ein solches Programm sollte zwei aufeinander bezogene Ebenen umfassen, nämlich eine nicht-personalisierte und eine personalisierte Ebene und zwar jeweils mit dem expliziten Ziel einer Stärkung elterlicher Erziehungskompetenz.

Die *nicht-personalisierte Ebene* sollte sich auf ein möglichst flächendeckendes, zugleich aber auch die Privatheit der Nutzer respektierendes Angebot zur Stärkung elterlicher Erziehungskompetenzen mit einem hohen Animationswert beziehen. Hierzu eignet sich ein multi-mediales Konzept, das im Sinne einer "public health" Initiative einen möglichst großen Kreis von Adressaten, d. h. vor allem Eltern und solchen, die es werden wollen, erreicht. An erster Stelle sind hier *Fernsehspots* mit interessant gestalteten Erziehungsszenarien zu nennen, die für die meisten Eltern in ähnlicher Weise schon einmal eine Herausforderung dargestellt haben (z. B. Unordnung, oppositionelles Verhalten, Steitereien zwischen Geschwistern, Nicht-Einhalten von Vereinbarungen) und für die nach dem Prinzip des Infotainment in anregender Weise gezeigt wird, wie man als Elternperson mit den jeweiligen Situationen umgehen kann. In Australien waren die Erfahrungen mit derartigen Fernsehspots außerordentlich positiv und haben zu hohen Einschaltquoten geführt (vgl. Sanders 1998). Im Übrigen können die jeweiligen Erziehungsszenarien auch Anregungskerne für *TV-Sendungen* sein, in denen "natürliche" Experten, d. h. die Eltern, und "professionelle" Experten wie z. B. Pädagogen oder Psychologen sich – womöglich auch kontrovers – über ihre erzieherischen Vorgehensweisen austauschen. Ergänzt und erweitert werden können diese TV-bezogenen Angebote durch (a) *Videos* (vgl. das für deutsche Verhältnisse adaptierte Positive Erziehungssprogramm Tiple P, PAG Institut für Psychologie, 2000), (b) *Internet-Portale*, über die einschlägiges Bild- und Textmaterial abgerufen werden kann, (c) *interaktive CD-ROMs* (vgl. hierzu die positiven Erfahrungen mit dieser Variante des Elterntrainings in den USA durch Gordon, 2000) und auch (d) *traditionelle Printmedien*, die in Form von z. T. gut gestalteten Elternratgebern bereits verfügbar sind. Jedenfalls kann auf diese Weise auf breiter Basis eine gesellschaftliche Sensibilisierung für die Relevanz und Qualität elterlicher Erziehung geschaffen werden.

Die *personalisierte Ebene* erfordert einen persönlichen Kontakt zwischen Eltern und Vertretern des professionellen Systems der *Erziehungs- und Familienberatung bzw. -therapie*. In Deutschland gibt es hierzu ein relativ gut ausgebautes Angebot an entsprechenden Institutionen in Form kirchlicher, kommunaler oder freier Praxen. Obwohl die Schwellenangst vor der Inanspruchnahme derartiger Institutionen in den letzten Jahren abgenommen hat, bedarf es für viele Eltern immer noch einer erheblichen Überwindung, mit ihren Erziehungsproblemen den direkten persönlichen Kontakt im Rahmen einer professionellen Institution zu suchen – und zwar auch dann, wenn die Probleme gravierend sind und nur eine professionelle Unterstützung Aussicht auf eine Lösung oder zumindest Linderung des Problems verspricht. Insofern kann die erste (nicht-personalisierte) Ebene in bestimmten Problemkonstellationen die zweite (personalisierte) Ebene auf keinen Fall ersetzen. Wohl aber kann eine nicht-personaliserte "public health" Perspektive elterlicher Erziehungskompetenz dazu beitragen, dass es kein Makel, sondern im Gegenteil ein Zeichen von Reife und Verantwortungsbewusstsein ist, wenn man in schwierigen Erziehungs- und Lebenssitutationen professionelle Hilfe in Anspruch nimmt. Darüber hinaus kann das Material an Erziehungsszenarien, das auf der nicht-personalisierten Ebene zur Verfügung steht, auch im Rahmen personalisierter professioneller Kontakte genutzt werden, wie dies in den USA z. B. in dem überaus erfolgreichen "Positive Parenting" Programm der Universität von Minnesota der Fall ist (vgl. Pitzer 2001).

Die konsequente Umsetzung eines hier nur in Umrissen skizzierten Konzepts zur Stärkung elterlicher Erziehungskompetenz ist sicher nicht zum Nulltarif zu haben.

Aber angesichts der Milliarden, die in unserer Gesellschaft jährlich für Konsumwerbung ausgegeben werden, dürften sich die Kosten für die Umsetzung eines derartigen Konzepts lediglich im Bereich der sprichwörtlichen "pea nuts" bewegen. So gesehen ist es verwunderlich, dass eine Gesellschaft wie die unsrige, die – wie eingangs bereits erwähnt – in hohem Maße auf das "Humanvermögen" einer psychisch gesunden und kompetenten nachwachsenden Generation angewiesen ist, bislang wenig getan hat, um auf breiter Basis die Grundlagen für eine gelingende Entwicklung eben dieser nachwachsenden Generation zu schaffen. Ein zentraler Ansatzpunkt hierfür ist die Stärkung elterlicher Erziehungskompetenz im Sinne des Erziehungsprinzips "Freiheit in Grenzen". Kinder und Jugendliche, die sich im Rahmen dieses Erziehungsprinzips entwickeln können, bringen alle Voraussetzungen für eine weitere positive Entwicklung ihres Lebens mit – sei es im persönlich-privaten Bereich, sei es im schulischen, beruflichen und damit letztlich auch gesellschaftlichen Bereich. So gesehen ist vorausschauendes und beherztes Handeln dringend geboten.

Literatur

Ambert, A.-M.: Parents, children, and adolescents. New York 1997. Haworth Press.

Bastian, T.: Kinder brauchen böse Eltern. München 2001.

Baumert, J. (Hrsg.): Pisa 2000. Basiskompetenzen von Schülerinnen und Schülern im internationalen Vergleich. Opladen 2001.

Baumrind, D.: Current patterns of parental authority. Developmental Psychology Monographs, 4. 1971, 1-102.

Baumrind, D.: Effective parenting during early adolescent transition. In: P. A. Cowan/M. E. Hetherington (eds.): Family transitions Hillsdale. NJ 1991, 111-163. Erlbaum.

Borba, M.: Parents do make a difference. San Francisco, CA 1999. Jossey-Bass.

Deegner, G.: Die Würde des Kindes. Weinheim 2000. Beltz.

Delbrück, H.: Die gute alte Zeit. Preußische Jahrbücher, 71. 1893, 1-28.

Ehrensaft, D.: Wenn Eltern zu sehr ... Stuttgart 2000. Klett-Cotta.

Gaschke, S.: Die Erziehungskatastrophe. Stuttgart 2001. Deutsche-Verlags-Anstalt.

Gerster, P./Nürnberger, C.: Der Erziehungsnotstand. Berlin 2001. Rowohlt.

Gordon, D.: Parent training via CD-ROM: Using technology to disseminate effective prevention practices. Journal of Primary Prevention, 21. 2000, 227-251.

Hahlweg, K./Miller, Y.: Prävention von emotionalen Störungen und Verhaltensauffälligkeiten bei Kindern. In: B. Rill/C. Rummel (Hrsg.): Elternverantwortung und Generationenethik in einer freiheitlichen Gesellschaft. Argumente und Materialien zum Zeitgeschehen 30. München 2001, 43-51. Hanns- Seidel-Stiftung e. V.

Landscheidt, K.: Das Lehrerurteil bei der Früherkennung von Kindern mit Verhaltensstörungen. Psychologie in Erziehung und Unterricht, 48. 2001, 107-119.

PAG Institut für Psychologie: Positive Erziehung. Triple P Positives Erziehungsprogramm. Münster 2000. Verlag für Psychotherapie.

Pfeiffer, C./Wetzels, P.: The structure and development of juvenile violence in Germany. Forschungsberichte Nr. 76. Hannover 1999. Kriminologisches Forschungsinstitut Niedersachsen.

Petermann, F./Döpfner, M./Lehmkuhl, G./Scheithauer, H.: Klassifikation und Epidemiologie psychischer Störungen. In: F. Petermann (Hrsg.): Lehrbuch der Klinischen Kinderpsychologie und -psychotherapie. Göttingen 2000, 29-56. Hogrefe.

Pitzer, R. L.: Elterliches Handeln ohne Schlagen. In: M. Kreuzer (Hrsg.): Handlungsmodelle in der Familienhilfe. Neuwied 2001, 139-158. Luchterhand.

Resch, F.: Der Einfluss gesellschaftlicher Rahmenbedingungen auf die kindliche Entwicklung. In: K. Gebauer/G. Hüther (Hrsg.): Kinder brauchen Wurzeln. Düsseldorf 2001, 90-106. Walter.

Sanders, M. R.: Verhaltenstherapeutische Familientherapie: Eine "Public-Health" Perspektive. In: K. Hahlweg/D.H. Baucon/R. Bastine/H. J. Markman (Hrsg.): Prävention von Trennung und Scheidung - Internationale Ansätze zur Prädition und Prävention von Beziehungsstörungen. Stuttgart 1998, 273-288. Kohlhammer.

Schmid, W.: Philosophie der Lebenskunst. Frankfurt a. M. 1998. Suhrkamp.

Schneewind, K. A.: Kinder und elterliche Erziehung. In: A. Lange/W. Lauterbach (Hrsg.): Kinder in Familie und Gesellschaft zu Beginn des 21sten Jahrhunderts. Stuttgart 2000a, 187-208. Lucius & Lucius.

Schneewind, K. A.: Freiheit in Grenzen. Wege zu einer wachstumsorientierten Erziehung. Expertise im Rahmen des AEU-Projekts "Familie in Wirtschaft und Gesellschaft". Unveröffentlichtes Manuskript. Universität München 2000b.

Schneewind, K. A.: Kleine Kinder in Deutschland: Was sie und ihre Eltern brauchen. In: A. v. Schlippe/ G. Lösche/C. Hawellek (Hrsg.). Frühkindliche Lebensumwelten und Erziehungsberatung. Münster 2001, 124-150. Votum.

Schneewind, K. A.: Familie und Gewalt. In: R. Nave-Herz (Hrsg.). Wandel und Kontinuität der Familie in der Bundesrepublik Deutschland. Stuttgart, 2. Aufl., im Druck. Lucius & Lucius.

Schneewind, K. A./Ruppert, S.: Familien gestern und heute: ein Generationenvergleich über 16 Jahre. München 1995. Quintessenz.

Sichtermann, B.: Das Herz der Erziehung. Die Zeit, Nr. 42. 2001, 55.

Steinberg, L. A.: Autonomy, conflict, and harmony in the family relationship. In: S. S. Feldman/G. R. Elliot (eds.): At the threshold: The developing adolescent. Cambridge, MA 1990, 255-276. Harvard University Press.

Steinberg, L. A./Lamborn, S. D./Darling, N./Mounts, N. S./Dornbusch, S. M.: Over-time changes in adjustment and competence among adolescents from authoritative, authoritarian, indulgent, and neglegtful families. Child Development, 65. 1994, 754-777.

Wunsch, A.: Die Verwöhnungsfalle. München 2000. Kösel.

Wyrwa, H.: Die Schlaraffenlandkinder. Weinheim 1998. Beltz Quadriga.

Prof. Dr. Peter Büchner

Philipps-Universität Marburg, Institut für Erziehungswissenschaft

Über biographisches Lernen – Von der Erwachsenenzentriertheit des Kindes zur Kindorientierung Erwachsener

1. Der aktuelle Wandel der Kindheit als Lebensphase ist in seiner Wirkung ambivalent und muss danach beurteilt werden, ob und inwieweit er kulturelle Teilhabe- und soziale Anschlusschancen für Kinder eröffnet oder verschließt.

Der aktuelle Wandel der allgemeinen kindlichen Lebensverhältnisse und die damit verbundenen veränderten Anforderungen und Belastungssituationen für Kinder unter den gegenwärtigen gesellschaftlichen Modernisierungsbedingungen werden je nach Standpunkt des Betrachters unterschiedlich bewertet. Was die einen als Auflösung traditioneller sozialer (Familien-)Bindungen, als Verlust an (lokaler) Solidarität und Destabilisierung zwischenmenschlicher Beziehungen, als Erosion des Erziehungsgedankens beklagen, sehen andere als Vergrößerung der Chancen zu kindlicher Selbständigkeit und individuell gestalteter Lebensführung, als Zuwachs an Verhaltensspielräumen und an Möglichkeiten für Individualität und eigenständige biographische Optionen im kindlichen Lebensverlauf. Unabhängig vom Standpunkt des Betrachters besteht allerdings im erziehungswissenschaftlichen Diskurs Einigkeit darüber, dass dringend nach neuen Wegen gesucht werden muss, um die kindliche Selbständigkeitsentwicklung und den damit verbundenen Prozess der kindlichen Biographiegestaltung im Rahmen des Erwachsenwerdens nachhaltig im Interesse des Kindes zu unterstützen. Dazu gehört insbesondere auch, sich darüber Gedanken zu machen, wie die Voraussetzungen für angemessene formale, aber auch nichtformale Bildungsprozesse verbessert werden können, die nicht allein humankapitaltheoretisch, sondern gleichzeitig auch sozialisationstheoretisch begründet sind.

Ganz allgemein gilt es, auf die umfangreichen Empfehlungen (über 200 an der Zahl) des Zehnten Kinder- und Jugendberichts hinzuweisen (BMFSFJ 1998), die von der Notwendigkeit der Schaffung einer neuen *Kultur des Aufwachsens* von Kindern und Jugendlichen ausgehen. Darunter wird ein wohlabgestimmtes Gefüge von persönlichen Beziehungen und unterstützenden Einrichtungen verstanden, in dem Wissen, Werte und Normen vermittelt, zugleich aber auch die Entwicklung eigenen Sinns und die Übernahme von Verantwortung für sich und andere auf Seiten der Kinder und Jugendlichen möglich ist (Krappmann 1999). Das setzt einen Balanceakt voraus, der die Anerkennung der Eigenrechte der Kinder, die soziale Unterstützung von Kindern und materielle Zuwendungen für Kinder und Familien in einen sinnvollen Zusammenhang bringt und eine soziale Lebenswelt der Kinder, für Kinder und mit Kindern schafft, die das Zusammenleben der Generationen mit geeigneten kulturellen Teilhabe- und sozialen Anschlusschancen für alle Beteiligten ermöglicht. Im Sinne des Kinder- und Jugendhilfegesetzes (KJHG) heißt das, "positive Lebensbedingungen für junge Menschen und ihre Familien sowie eine kinder- und familienfreundliche Umwelt zu erhalten oder zu schaffen" (§ 1).

2. Der allgemeine Entwicklungstrend beim Eltern Kind-Verhältnis von der Elternzentriertheit des Kindes zur Kindorientierung der Eltern eröffnet den Kindern Selbständigkeitsspielräume, die allerdings gleichzeitig vielfältige Risikopotentiale (riskante Freiheiten) enthalten. Eine gelingende (vor allem biographisch frühe) kindliche Verselbständigung ist eine Frage der gelingenden Mobilisierung von ökonomischen, sozialen und kulturellen Ressourcen, wofür von der Erwachsenengesellschaft entsprechende (auch pädagogische) Unterstützungsleistungen bereit gestellt werden müssen.

Der Lernort Familie, die "Bildungseinrichtung" Familienleben, ist für Bildungsprozesse (nicht nur der nachwachsenden Generation) in den unterschiedlichsten Lernzusammenhängen von zentraler Bedeutung. Kindliche Selbständigkeit und spezifische Vorstellungen von kindlicher Autonomie gelten in diesem Zusammenhang als wichtige Erziehungsnormen für Eltern und Pädagogen, die es für wichtig halten, die freien und eigenständigen Entfaltungsrechte des Kindes in einer weitgehend erwachsenenzentrierten Gesellschaft zu stärken und das bestehende Machtgefälle zwischen Kindern und Erwachsenen zu verringern. Die Erziehung zur Selbständigkeit des Kindes wird im aktuellen erziehungswissenschaftlichen Diskurs allgemein als historische Errungenschaft angesehen und für alle Kinder weitgehend ohne Einschränkung eingefordert. Das Motto lautet: "Von der Elternzentriertheit des Kindes zur Kindorientierung der Eltern". Unabhängig vom Standpunkt des Betrachters scheint Einigkeit darüber zu bestehen, dass es darum geht, die kindliche Selbständigkeitsentwicklung und den damit verbundenen Prozess der kindlichen Biographiegestaltung nachhaltig im Sinne der Verbesserung der Lebenschancen des Kindes zu unterstützen. Vor diesem Hintergrund stellt sich die schwierige Frage, wer wann und unter welchen Umständen bestimmt, was (in welchem Lebensalter und in welcher Lebenssituation) kindgerecht ist oder nicht.

In vielen empirischen Studien zeigt sich nun allerdings, dass eine ganze Reihe von vermeintlichen "Selbstverständlichkeiten" hinsichtlich der kindlichen Selbständigkeitsentwicklung von den Kinder erziehenden Eltern oder auch Großeltern recht unterschiedlich eingeschätzt werden (ganz abgesehen von Lehrerinnen und Lehrern mit einer oft gänzlich anderen Sicht) und nicht nur auf unterschiedliche Werte- und Präferenzhierarchien bei Kindern, sondern auch auf sehr unterschiedliche Bewertungsstandards, Normalitätsmaßstäbe und Mentalitäten bei Erwachsenen treffen. Es ist somit nicht verwunderlich, wenn für den (frühen) Übergang von der Kindheit in die Jugendphase einerseits charakteristisch zu sein scheint, dass dieser insgesamt faktisch – und auch in der Selbstwahrnehmung der Betroffenen – durch erstaunlich viele Selbständigkeitsspielräume und biographisch frühe alternative Wahlmöglichkeiten gekennzeichnet ist. Andererseits gilt es aber zu beachten, dass diese Selbständigkeitsspielräume in völlig unterschiedlichen sozialen und kulturellen Kontexten und Denkzusammenhängen verortet sind und somit auch völlig unterschiedliche Nutzungsvoraussetzungen und Wertigkeitszuschreibungen haben. Wenn nun für all diese mutmaßlichen allgemeinen "Selbstverständlichkeiten" gleichermaßen von der Erwartung einer gelingenden frühen kindlichen Verselbständigung ausgegangen wird, besteht die Gefahr, die Ambivalenzen dieses Kindheitsmusters zu übersehen und in ein postmodernes Beliebigkeitsdenken zu verfallen. Es droht die Gefahr, dass der kindheitstheoretische Diskurs über die kindliche Selbständigkeitsentwicklung dieses Ziel pauschal und unhinterfragt als positive Norm voraussetzt, ohne gleichzeitig die damit verbundenen biographischen Risiken für Kinder angemessen zu berücksichtigen. Erst mit der Analyse der Risikopotentiale, die mit einer frühen kindlichen Verselbständigung verbunden sind, lassen sich angemessene kindheits- und familienpolitische Forderungen begründen und geeignete pädagogische Unterstützungsmaßnahmen konzipieren.

Ganz besonders kommt es in diesem Rahmen darauf an, die Strukturen der sozialen Ungleichheit im Kinderleben zu berücksichtigen. Es wäre verfehlt, von der kindlichen Selbständigkeitsentwicklung als weitgehend anthropologischer Größe auszugehen und die sozial und kulturell bedingten Ungleichheitsmuster bei den kulturellen Teilhabe- und sozialen Anschlussmöglichkeiten von Kindern zu vernachlässigen. Wenn diese soziale Ungleichheit dann auch noch auf ein Schulsystem stößt, in dem jede Schulform (oder gar jede Schule und jeder Lehrer) mit einem eigenen (normativ begründeten) Umgangsprofil den Schülern gegenübertritt, kann sich die Befähigung von Schülern (und Eltern), in eigener Verantwortung sinnvolle Bildungsentscheidungen zu treffen, bei vielen Beteiligten aufgrund sich ergebender (besonders ungünstiger) Konstellationen nicht angemessen entwickeln. Einem entsprechenden Beratungsbedarf wird häufig nicht oder nicht in geeigneter Weise entsprochen.

Es wird allerdings vor allem auch in der eher normativ orientierten Pädagogik des Kindesalters immer wieder übersehen, dass die erfolgreiche praktische Umsetzung der allgemeinen Leitnorm der Erziehung zur Selbständigkeit bestimmte Rahmenbedingungen voraussetzt, die keineswegs in allen Fällen des kindlichen Erwachsenwerdens voraussetzungslos gegeben sind. Allgemein kann man sagen: Je größer die ermöglichten biographisch frühen Selbständigkeitsspielräume sind und je größer die gegebene biographische Optionsvielfalt ist, desto wichtiger wird ein hohes soziales Unterstützungs- und individuell verfügbares Bewältigungspotential beim biographischen Projekt des Erwachsenwerdens unter solchen Gegebenheiten. Für die sozialwissenschaftliche Kindheitsforschung ist es deshalb äußerst wichtig, die Verbreitung und die Qualität der in der Realität gelebten Generationenbeziehungen und die dabei anzutreffenden alltäglichen kindlichen Selbständigkeits*formen* zu untersuchen. Eine frühe (gelingende) kindliche Verselbständigung ist eine Frage der gelingenden Mobilisierung von Ressourcen.

3. Eine gelingende Schullaufbahn ist mehr als das Erreichen eines (hohen) Schulabschlusses. Die schulische und außerschulische Bildung der nachwachsenden Generation muss stärker aufeinander bezogen und miteinander verbunden werden und der Abbau von herkunftsbedingten Chancenungleichheiten muss ernsthafter als bisher – unter Vermeidung eines humankapitaltheoretisch begründeten Ausschließlichkeitsanspruches – in allen Bildungsbereichen betrieben werden.

Besonders wichtig erscheinen unter Bildungsgesichtspunkten die biographischen Übergänge: vom Kindergarten in die Schule, von der Grundschule in die Sekundarstufe, von der Schule in den Beruf, aber auch der Übergang in die nachberufliche Lebensphase. Aus schulpädagogischem Blickwinkel steht der Übergang von der Grundschule in daran anschließende weiterführende Schullaufbahnen als Gegenstand kontroverser Diskussionen nach wie vor auf der Tagesordnung. Bis heute steht die 1920 eingerichtete Grundschule "für alle" immer noch im Widerspruch zu einem mehrfach gegliederten und selektiven weiterführenden Schulwesen. Wird von der Grundschule "nur" eine gezielte Vorbereitung auf eine "höhere" Schullaufbahn verlangt, der sich alle anderen Bildungsziele unterordnen müssen, wird die Erfüllung (quasi vorweggenommener) gymnasialer Leistungsanforderungen zu einem dominierenden Kriterium für die Organisation von Lernprozessen in der Grundschule. Andererseits aber legt in der Sicht aller Beteiligten (Schüler, Lehrerinnen/Lehrer, Eltern) das grundschulpädagogische Selbstverständnis großen Wert auf eine kritische Distanz zu den späteren Anforderungen eines Sekundarschulwesens, in dem der dort eher übermächtige "Ernst des Lebens" eine zentrale Orientierungsnorm für die Organisation des schulischen Lernens ist. Genau diese kritische Distanz zwischen Grundschulpädagogik und Sekundarschulpädagogik und die damit verbundene Schulpraxis erschweren aber den Übergang von der Grundschule in eine weiterführende Schule. Als Problem für die betreffenden Schüler erweist sich in diesem Zusammenhang, dass der Übergang in weiterführende Schulen für viele Schüler zu früh erfolgt und auch viele Eltern zu diesem Zeitpunkt unter den gegebenen Bedingungen überfordert sind, eine gelingende Schullaufbahn ihres Kindes in hinreichender Form zu unterstützen.

Beim Übergang von der Grundschule in eine weiterführende Schule drohen daher vielen Schülern, dem Augenschein nach nicht zuletzt auch solchen, die aus modernen "Verhandlungsfamilien" stammen, beachtliche individuelle Risiken und ernste biographische Folgewirkungen, wenn nicht als zwingend notwendig erkannt wird, dass die Sekundarschulen von der Grundschulpädagogik lernen müssen, mehr Wert auf soziale Lernprozesse und eine engere Verbindung von schulischem und außerschulischem Lernen zu legen. Dass in diesem Kontext z. B. die Schule, die auf diese neuen individualisierten und tendenziell selbstbestimmten Verhaltensweisen nicht eingestellt ist, das daraus sich ergebende Verhalten von Kindern nicht einfach als unbotmäßig, aufsässig und störend bezeichnen und negativ sanktionieren darf, liegt auf der Hand. Verhindert werden muss, dass in zahlreichen Fällen der Übergang für die Schüler mit einem Schock-Erlebnis verbunden ist, das sich lähmend auswirkt und weitere fachliche und überfachliche Bildungsanstrengungen be- oder verhindert sowie eine gelingende Schullaufbahn mit geeigneter Zukunftsperspektive abrupt in Frage stellt.

Immer ist diesbezüglich offen oder versteckt das Ressourcenpotential der Familie eine wesentliche Einflussgröße, wenn es um Fragen von schulischer und außerschulischer Bildung, sozialer Anschlussfähigkeit und kultureller Teilhabe geht. Dabei ist vor allem die Frage der Chancengerechtigkeit wichtig: Welche Bedeutung hat die Herkunftsfamilie für die Bildungslaufbahn? Welche Nutzungsformen von Bildungsangeboten werden aufgrund welcher familienkultureller Gegebenheiten gewünscht und faktisch ausgewählt? Welche elterlichen bzw. familialen Unterstützungspotentiale stehen Kindern zur Verfügung und in welchem Verhältnis stehen Familie und Familienkultur, Schule und Schulkultur sowie die Vielfalt außerschulischer und außerfamilialer Bildungangebote für die verschiedenen Altersgruppen? All das sind Fragen, über die es bislang große Forschungsdefizite gibt.

Eine partielle Entprivatisierung der Familienkindheit und eine Entfamilialisierung von Bildung, wie wir sie gegenwärtig beobachten können, gefährden unter bestimmten Voraussetzungen die soziale Anschlussfähigkeit und die kulturelle bzw. die Bildungsteilhabe der betroffenen Menschen, wenn nicht über angemessene Möglichkeitsräume und Gelegenheitsstrukturen für den Bildungserwerb mit entsprechenden Anregungs-, Ingangsetzungs- und Unterstützungspotentialen nachgedacht wird. Entscheidend sind in diesem Zusammenhang nicht familienpolitische, kinderpolitische oder schulpolitische Maßnahmen für sich genommen, sondern es geht um ein begründetes und abgestimmtes neues Mischungsverhältnis. Es kommt auf das Zusammenspiel von Familie, Schule und außerschulischen Instanzen in neu zu entwickelnden Mischungsverhältnissen an, für die geeignete Voraussetzungen zu schaffen sind. Wenn von der Notwendigkeit der Schaffung einer neuen Kultur des Aufwachsens von Kindern und Jugendlichen die Rede ist, kommt es auf die Anerkennung der Eigenrechte der Kinder und *gleichzeitig* auf die soziale Unterstützung von Kindern und materielle Zuwendungen für Kinder und Familien an, so dass eine soziale Lebenswelt der Kinder, für Kinder und mit Kindern geschaffen werden kann, die das Zusammenleben der Generationen mit geeigneten kulturellen Teilhabe- und sozialen Anschlusschancen für alle Beteiligten ermöglicht.

4. Hilfen zum biographischen Lernen, zur persönlichen und sozialen Selbstfindung und zur kindlichen Biographiegestaltung im schulischen und familienergänzenden außerschulischen Gemeinschafts- und Gesellschaftsrahmen sind umso wichtiger, je weniger die traditionellen Voraussetzungen einer gelingenden Familienerziehung gegeben sind. Diese Hilfen schließen, konservativ gesprochen, auch Elemente von Werteerziehung ein, aber besser lassen sie sich als schulische und *außerschulische politische Bildung für Kinder und junge Jugendliche bezeichnen, die vielfältige Partizipationsformen vorsehen und praktisch ermöglichen muss.*

Schlagworte in der Reformdiskussion sind in diesem Zusammenhang: stärkere Gemeinwesenorientierung und Öffnung der Schule gegenüber den außerschulischen Lebens- und Erfahrungsräumen der Schülerschaft, Kooperation von Jugendarbeit und Schule, ganztägige Betreuung in Stadtteil- und Nachbarschaftsschulen, Schulsozialarbeit. Mit einer stärkeren Verankerung von sozialpädagogischen Anliegen in der Schule soll die bisherige Exklusivität des Lernorts Schule als Institution für Wissensvermittlung und intellektuelles Training in Frage gestellt werden. Die Schule soll die Familie bei ihren Erziehungsaufgaben mehr als bisher unterstützen und ergänzen, indem sie Kindern soziale Möglichkeitsräume und Gelegenheitsstrukturen zum biographischen Lernen anbietet und entsprechende Unterstützungsleistungen bereitstellt. Allerdings darf das weder um den Preis einer weiteren Verschulung des Kinderlebens, noch einer heimlichen Aufgabe des Bildungsauftrages der Schule umgesetzt werden. Vielmehr soll der Schule wieder mehr realer Lebensweltbezug zurückgegeben werden, indem die sozialpädagogisch inspirierte Aufgabenerweiterung der Schule erzieherische Hilfen zur Lebensbewältigung vorsieht und darüber hinaus elternergänzende Betreuungsangebote im Rahmen von Schülerhilfe und Schulsozialarbeit gemacht werden, um problematische Biographieverläufe in der Folge von instabilen Familienverhältnissen u. a. auch präventiv korrigieren zu können (vgl. dazu BMJFFG 1990, 1998). Gefordert werden didaktische Netzwerke, die von der gesamten Lebenswelt der Schüler als Lernumwelt ausgehen und eine entsprechende Kooperation aller Beteiligten voraussetzen.

Bei der Diskussion über Daseinskompetenzen (als Ziele für biographisches Lernen) wird davon ausgegangen, dass diese für eine aktive Teilnahme am gesellschaftlichen Leben und bei dessen Mitgestaltung unverzichtbar sind. Ähnlich wie beim biographischen Lernen geht es um Kompetenzen zur angemessenen Regelung aller sog. Privatangelegenheiten, die aber weit über die Privatsphäre hinausreichen.
Dazu gehören

- Fähigkeiten zur Aktivierung der eigenen Kräfte und Anlagen,
- Einsichten und Fähigkeiten zum situationsangemessenen und kritischen Handeln in privaten und öffentlichen Angelegenheiten,
- Fähigkeiten zur Entwicklung und Realisierung von Konzepten der eigenen Lebensweise (insbesondere des Familienlebens) und von Lebensstilen,

- Fähigkeiten, die ein besseres Selbst- und Fremdverstehen im gesellschaftlichen Zusammenleben ermöglichen, bis hin zu
- Fähigkeiten zur Entwicklung der eigenen Persönlichkeit, auch als soziales Wesen, und zur Übernahme von persönlicher Verantwortung für die eigene Gesundheit, die Alltagsversorgung und Alltagskultur (was u. a. auch Komponenten wie Haushaltsführungskompetenz einschließt).

In der Schule gehört das zwar pauschal "alles" irgendwie zum sozialen Lernen, aber soziales Lernen in der Schule ist fast immer dem formalen schulischen Lernzweck untergeordnet und tritt deutlich hinter die Vermittlung von Fachwissen zurück. Deshalb sind Hilfen zur Selbstfindung und Biographiegestaltung im familienergänzenden außerschulischen Gemeinschafts- und Gesellschaftsrahmen wichtig. Diese Hilfen schließen, konservativ gesprochen, auch Elemente von Werteerziehung ein, aber besser lassen sie sich als schulische und außerschulische politische Bildung für Kinder und junge Jugendliche bezeichnen. Dafür sind neue Konzepte zu entwickeln in der eindeutigen Absicht, diese in der Praxis zügig zu erproben und umzusetzen, wobei verschiedenartige Partizipationsmodelle zur Anwendung gebracht werden müssen.

Die Einrichtung von Ganztagsschulen sind ein in jüngster Zeit besonders häufig diskutierter Reformvorschlag, den sich zuletzt auch die Bundesbildungsministerin zu eigen gemacht hat. Allerdings ist diese Forderung nicht mit einem "Aufbewahrungsanspruch" zu verwechseln. Die schulische Inanspruchnahme der Lebenszeit von Kindern und Jugendlichen, wie sie durch die Ganztagsschule geschieht, ist nur zu rechtfertigen, wenn Schule mehr als bloß immer zukünftigen Lebenssinn darzustellen vermag. Solange die Schule keinen sozialen und individuellen Lebenssinn für das gegenwärtige Leben von Kindern und Jugendlichen besitzt, ist sie als Ganztagsschule nicht gerechtfertigt. In Verbindung mit der Forderung nach einer Öffnung der Schule geht es um eine Verbesserung der Bildungs- und Sozialisationsfunktion der Schule, indem sie zum einen ihren Unterricht stärker an der Lebenssituation der Schüler orientiert und sich zum anderen zu Bestandteilen eines räumlich-sozialen Netzes entwickelt. In der Weiterentwicklung dieses pädagogischen Ansatzes geht es dann darum, diese Leistung der Schule in ein Netz von sozialen Institutionen (z. B. andere Schulen, Jugendbegegnungszentren, Volkshochschulen) einzubinden und die verschiedenen Angebote aufeinander abzustimmen – miteinander zu vernetzen. Bei einem derartigen Ansatz haben dann auch Beratung und Betreuung von Schülern ("Schülerhilfe") und Freizeitarbeit ihren Platz in einer derart ganztägig geöffneten Schule.

5. In Anbetracht der zunehmenden (teilweise kommerziell begründeten) Privatisierungstendenzen im Bildungs- und Erziehungssektor kommt es auf die Stärkung der öffentlichen Verantwortung für Bildungs- und Erziehungsfragen bei gleichzeitiger Förderung und Stützung lokaler Ressourcenpotentiale im Rahmen von pädagogischen Mehrgenerationennetzwerken an, um das Zusammenleben der Generationen für alle Beteiligten möglichst erfolgreich zu gestalten.

Ein großer Teil dieser Diskussion vollzieht sich vor einem Hintergrund, in dem sich neuerdings wiederum die Stimmen zugunsten einer gezielten Förderung von ausschließlich spezifischen Begabungsreserven und Begabungsprofilen mehren – nicht zuletzt auch unter dem Aspekt der qualifikations- und leistungsbedingten "Sicherung des Standorts Deutschland" durch den Produktionsfaktor Arbeit. Die sich nur zögerlich durchsetzende Revision der Auffassung, es könne zu hohe Quoten des Übergangs ins Gymnasium geben, zwingt die Schulen zu einem Umdenken bezüglich der pädagogisch und didaktisch angemessenen Gestaltung des schulischen (auf Wissensvermittlung konzentrierten) Lernens in Verbindung mit der Eröffnung von Lern- und Bildungsmöglichkeiten, die über die Qualifikation der nachwachsenden Generation als zukünftige Arbeitnehmer hinausgehen. Dabei muss die im OECD-Vergleich auffallend niedrige Akademikerquote in Deutschland ebenso beachtet werden wie die Tatsache, dass Ende der 90er-Jahre nicht einmal mehr als die Hälfte der Abiturienten zu einem universitären Abschluss gelangte. Gleichzeitig zeigen aber z. B. zahlreiche Jugendstudien ausgesprochen enge Zusammenhänge auf, die zwischen unzureichender Bildung und Gewaltphänomenen oder zwischen unzureichender Bildung und Rechtsradikalismus bestehen. Auch vor einem solchen Hintergrund "rechnen sich" verstärkte Investitionen in eine höhere allgemeine Bildung.

Was aber in Anbetracht der jüngsten gesellschaftlichen Entwicklungstendenzen als Hauptmotiv für die Notwendigkeit wesentlich größerer schulbezogener, aber auch außerschulischer Bildungsanstrengungen (im Sinne einer neuen Bildungsoffensive) ins Feld geführt werden muss, ist die Verpflichtung der Erwachsenengeneration gegenüber der nachwachsenden Kinder- und Jugendgeneration, dieser hinreichende Ressourcen und soziale Unterstützungs- sowie individuelle Bewältigungspotentiale für ihren Prozess des Erwachsenwerdens und eine gelingende Selbständigkeitsentwicklung zur Verfügung zu stellen. Das schließt z. B. auch familienbezogene Bildungsinhalte in Schulen (Familienwissen, Daseinskomptenzen) ein, die in einer ganztätig geöffneten Schule ganz anders berücksichtigt werden könnten. Was in der Erwachsenen- und vor allem Altenbildung biographische Bildung genannt wird, muss z. B. als Inhalt für das Schulkindalter erst noch entdeckt werden. Biographische Bildung im Rahmen von außerschulischen Aktivitäten und sozialen Netzwerken von Kindern gehört gleichermaßen in diesen Überlegungszusammenhang. Dies umso mehr, als z. B. private Nachhilfe/Nachhilfeinstitute (welche Riesensummen privater Mittel werden hier mobilisiert!), lerntherapeutische Einrichtungen, erlebnispädagogische Camps oder Lerncamps eigene (kommerzialisierte) Lern- und Bildungsbereiche sind, ohne dass dies je unter der Frage diskutiert worden wäre, welche gesellschaftlichen Problemlagen der Anlass für ein solches Nachfrageverhalten sind. Unter Chancengerechtigkeitsgesichtspunkten ist diese Tendenz zur Privatisierung des Bildungssystems mit Sicherheit ein wichtiges Thema, das dringend politischen Handlungs- und Gestaltungsbedarf signalisiert.

Die südhessische Initiative "Teach your Teacher", die auf Landkreisebene erfolgreich finanziert wird, ist ein Beispiel für die Entwicklung einer Lernkultur, die erst möglich geworden ist, nachdem wir die Qualität der Austauschbeziehungen zwischen den Generationen anders sehen und bewerten lernten. Nicht nur die Jungen lernen von den Alten, sondern die Alten öffnen sich in bestimmten Lernfeldern auch gegenüber den Lernangeboten der Jungen. Der Begriff "pädagogische Mehrgenerationennetzwerke", die skandinavische Debatte über "das Generationenverhältnis neu denken", die Aufforderung von Zinnecker, das binäre pädagogische Verhältnis zwischen Alten und Jungen zu überwinden zugunsten eines pädagogischen Mehrgenerationenverhältnisses mit verteilten Rollen von Hilfegebern und Hilfenehmern sind Beispiele für die Entwicklung von Perspektiven für die (Neu-)Gestaltung des Wechselverhältnisses von Familie und Bildung, schulischer und außerschulischer Bildung und der Beziehungen zwischen Alt und Jung. Dabei ist zu berücksichtigen, dass Eltern aus unterschiedlichen Familienkulturen die Bildungsfrage anders sehen und bewerten und dass das Zusammenwirken von Familie, Schule und außerschulischen Bildungs- und Kulturangeboten recht verschiedenartige Formen annehmen kann, weil bestimmte Rahmenbedingungen einfach ganz anders sind und Bildungs- und Kulturtransferprozesse im Mehrgenerationenzusammenhang zumeist über ganz unterschiedliche Formen und Inhalte ablaufen. Kulturelle Hegemoniebestrebungen sind freilich an dieser Stelle fehl am Platze.

Die erste theologische Botschaft

Die theologische Botschaft der Landessynode der Evangelisch-Lutherischen Kirche in Bayern[1]

Bisher ist die gesellschaftliche Anerkennung der Eltern- und Familienarbeit unzureichend

Notwendiger gesellschaftlicher Diskurs

Die Landessynode hält es für geboten, sich angesichts weitreichender gesellschafts- und wirtschaftspolitischer Veränderungen mit der Rolle der Familie in unserer Gesellschaft zu befassen. Als evangelische Christen und Christinnen stellen wir uns damit der Aufgabe, in dem gesellschaftlichen Diskurs über die Familie zur Wertorientierung beizutragen. Anders als noch vor fünfzig Jahren wird heute unter dem Begriff "Familie" vielfach nicht mehr ein und dasselbe verstanden. Familie lebt heutzutage in vielen Formen. Sie muss im Spannungsfeld ihrer Tradition, ihrer Herausforderungen in der Gegenwart und ihrer Lebensfähigkeit in der Zukunft betrachtet werden, ohne dass dabei ihre unveräußerliche Würde aufgegeben wird.

Familie als Verwirklichung Generationen übergreifender Solidarität

Die Generationen übergreifende Solidarität und die Gleichberechtigung der Geschlechter sind für uns zentrale Bestandteile unseres Familienverständnisses. Familie so verstanden ist also überall dort, wo Eltern Verantwortung für ihre Kinder übernehmen und diese in Liebe und Verlässlichkeit aufwachsen können. Familie ist umgekehrt auch der Ort, an dem Kinder Verantwortung für ihre Eltern tragen.

Menschenwürde und Würde der Familie

Die Würde der Familie ergibt sich daraus, dass sie der primäre Ort ist, an dem ihre Mitglieder die unveräußerliche Würde des Menschen als einmaliges und unverwechselbares, von Gott gewolltes und geliebtes Geschöpf erfahren können.

Darum gelten die Menschenrechte selbstverständlich und vordringlich auch innerhalb der Familie: insbesondere der Schutz des Lebens und die Ablehnung physischer und psychischer Gewalt. Lebensschutz beginnt bereits beim ungeborenen Leben, schließt ein familiäres Leben mit Behinderungen ebenso ein wie einen würdigen Umgang mit alten und gebrechlichen Familienmitgliedern am Ende ihres Lebens. Selbstverständlich schließt Menschenwürde die Gleichberechtigung von Mann und Frau mit ein.

Familienformen und Familienleitbild

Die Herausforderungen in der globalen multimedialen Gesellschaft werden immer stärker. Wie kann unter diesen Voraussetzungen ein verlässliches und geordnetes Zusammenleben gelingen? Die Pluralisierung der Familienformen ist sicherlich eine Reaktion auf diese Frage. Auf unterschiedliche Weise können familiäre Aufgaben übernommen und verantwortlich gelebt werden. Wir denken dabei vor allem an allein erziehende Frauen und Männer, aber auch an verbindliche Partnerschaften, an Großeltern und Verwandte, die für ihre Angehörigen Verantwortung wahrnehmen, und an diejenigen, die ältere oder behinderte Angehörige pflegen. Wo immer solches verantwortliches Zusammenleben praktiziert wird, besteht Anspruch auf Schutz und Anerkennung durch die Gesellschaft. Grund für unsere Orientierung am christlichen Leitbild Ehe und Familie sind verlässliche Beziehungen zu Mutter und Vater.

Dieses Leitbild verwirklicht sich für uns am deutlichsten in dem von Liebe und partnerschaftlicher Wertschätzung getragenen, geordneten Zusammenleben von Mann und Frau, das Kindern Liebe und Geborgenheit bietet und damit ein Grundpfeiler der Familie ist. Die Fürsorge für Kinder ist uns Christen und Christinnen besonders ans Herz gelegt. Jesus Christus ruft die Kinder zu sich. Er sagt: Wer ein solches Kind aufnimmt in meinem Namen, der nimmt mich auf (Mt. 18,5).

Die Familie hat für die Zukunft unserer Kirche und Gesellschaft große Bedeutung, weil sie unser Gemeinwesen prägend mitgestaltet und nachhaltig sichert. Es darf nicht sein, dass familiäres Leben zum sozialen Abstieg und zu gesellschaftlichen Nachteilen führt.

Familie gestaltet die Zukunft der Arbeits- und Lebenswelt

Die Familie ist im Leben der meisten Menschen der erste Ort, wo Zusammenleben erfahren wird. In ihr wird nicht nur der Grundstein für das künftige Miteinander der Geschlechter und Generationen gelegt, sondern auch für die Gewichtung zwischen Erziehungs- und Erwerbsarbeit. Insofern bestimmt die Familie über Arbeits- und Lebensbedingungen mit. Darüber hinaus bereichert sie das nachbarschaftliche Verhältnis vor Ort.

Familie gestaltet die Zukunft von Bildung und Kommunikation

Offenheit und Achtung vor dem Anderen, Zeit haben, Zuhören und sich Zuwenden sind Fähigkeiten, die lebenswichtig sind. Diese Fähigkeiten und Tugenden wie Treue, Verlässlichkeit und Toleranz können in der Familie erlebt und erworben werden. Geborgenheit in der Familie, mit der Möglichkeit des Neubeginns, schafft die nötige Stabilität, um mit dem heutigen Anpassungsdruck und mit konsumorientierten Leitbildern kritisch umgehen zu können. Die Familie führt in elementare Regeln des gesellschaftlichen Zusammenlebens ein. Damit Familien diese in ihnen ruhenden Möglichkeiten entfalten können, brauchen sie Unterstützung.

Wir wenden uns an Staat, Wirtschaft und Kommunen

Wir erwarten von Staat, Wirtschaft und Kommunen, dass sie als Arbeitgeber und Kulturträger flexibler auf die Bedürfnisse der Familien reagieren. Viele Elternteile wollen nach wie vor keiner Erwerbsarbeit nachgehen, sondern sich ganz der Familienarbeit widmen. Wir erwarten, dass dieses Familienmodell genauso akzeptiert wird wie andere Formen, und dass Familienarbeit grundsätzlich aufgewertet wird. Diese darf allerdings nicht einseitig zu Lasten der Frauen gehen, die bisher den Großteil der Familienarbeit tragen.

Familie gestaltet die Zukunft unserer Kirche

Elementare Erfahrungen in der Familie sind oft ausschlaggebend dafür, ob ein Mensch den Weg zum Glauben und zur Kirche findet. Die Familie kann so etwas sein wie die kleinste Form einer Gemeinde: "Wo zwei oder drei versammelt sind in meinem Namen, da bin ich mitten unter ihnen" (Mt. 18,20). So wird die Familie zum Ort der Erfahrung für christlichen Glauben und christliches Leben. Kirchliche Angebote können und sollen die Familie nicht ersetzen, sondern sie in ihren Möglichkeiten unterstützen.

Wir wenden uns an Kirche, Gemeinde und Diakonie

Wir wünschen von Kirche, Gemeinden und Diakonie, dass sie die Familie noch mehr in den Mittelpunkt ihres seelsorgerlichen Dienstes und ihrer Bildungs- und Beratungsarbeit rücken. Bei letzterer sind insbesondere präventive Maßnahmen gefordert. Ebenso wichtig ist die Vorbereitung auf die Elternrolle und die seelsorgerliche Begleitung von Mutter/Vater-Kind-Gruppen. Die Angebote von Kirche und Diakonie auf dem Feld der Familienarbeit sollten mehr mit denen der Kirchengemeinden vernetzt, die Familie in ihrer Lebenswirklichkeit stärker wahrgenommen werden. Diese Prioritätensetzung erfordert auch die Bereitstellung finanzieller Mittel.

Eine vernetzte, konzeptionell auf örtliche Bedürfnisse eingehende Familienarbeit muss zum integralen Bestandteil von Gemeinden, Werken, Diensten und Einrichtungen werden.

Dank

Wir danken allen Verbänden und Gruppen, die sich in der Gesellschaft für ein familienfreundliches Klima einsetzen. Wir danken insbesondere den Politikerinnen und Politikern, die im Rahmen der Gesetzgebung kooperativ mit unserer Kirche zum Wohle der Familien zusammenarbeiten.

Wir freuen uns über alle, die sich der Herausforderung einer Familie stellen und danken denen, die jungen Menschen den Mut vermitteln, selbst eine Familie zu gründen.

Anmerkung

1 Auswahl aus dem Text IV.1. durch Hans-Günter Krüsselberg

Priv. Doz. Dr. Dr. Bernd Wannenwetsch

University Lecturer in Ethies, University of Oxford, GB

Wir brauchen die Familien-Emanzipation

Der Frauen-Emanzipation muss eine Familien-Emanzipation folgen, wenn wir nicht wollen, dass die Rede von der "vaterlosen Gesellschaft" zur "mutterlosen" und schließlich zur "kinderlosen Gesellschaft" erweitert werden muss. Soll die eigene Würde der Familie anerkannt werden, so wird dies nur im konkreten Gegenüber zu den Mobilitätsansprüchen von Arbeitgebern, zur staatlichen Verwertungsmentalität, und auch im Gegenüber zu den Karriere- und Emanzipationsinteressen von Frauen und Männern geschehen können.

Seit es – wenn auch wenige – Hausmänner gibt, zeigt sich, dass die gesellschaftliche Diskriminierung weniger dem weiblichen Geschlecht als solchem, sondern vielmehr der Familien- und Hausarbeit als solcher gilt, die fast ausschließlich von Frauen verrichtet wurde und wird. Zu dieser Diskriminierung hat die Politik der letzten Jahrzehnte in gehörigem Maße beigetragen, indem die Ausübung des Familienberufs ihres unschätzbaren Wertes für die Gesellschaft zum Trotz auf vielen Ebenen (Renten, Sozialversicherung, Steuer- und Eherecht) systematisch bestraft wurde.

Im Sinn der Wiederherstellung sozialer Gerechtigkeit muss darum die vom Bundesverfassungsgericht eingeforderte Kehrtwende in der Familienpolitik mit dem Mut zu radikalen Revisionen eingeleitet werden, für die auch ein ordentliches Erziehungsgehalt, wie es u. a. die Deutsche Hausfrauengewerkschaft (DHG) seit langem fordert, kein Tabu sein darf. Freilich: So wichtig und dringlich die soziale und ökonomische Gleichstellung der Familienarbeit mit anderer (Erwerbs-)Arbeit auch ist: Die gesellschaftliche Anerkennung der Familienarbeit wird sich auf dem Wege politischer Revisionen allein nicht einholen lassen.

Denn die Diskriminierung der häuslichen Familienarbeit ist tief in der neuzeitlichen Ideologie der Produktivität verwurzelt, deren Kehrseite immer schon die Abwertung aller "nur" reproduktiven Tätigkeiten gewesen ist, all jener Tätigkeiten also, die nicht etwas Sicht- und Zählbares herstellen, sondern sich um die Erhaltung, Pflege und Wiederherstellung von elementaren Lebensbedingungen mühen. Die seit dem industriellen Zeitalter beschleunigte Einteilung in wertvoll-produktive und minderwertige, weil nur reproduktive, Tätigkeiten ist durch einseitige finanzielle Prämierung (Erwerbs-Arbeit) und die damit verbundene ungerechte Zuteilung von Lebenschancen verstärkt worden.

Was wir also brauchen, ist eine Emanzipation der Familie auf mehreren Ebenen: politisch (Rahmenbedingungen), gesellschaftlich (Anerkennung) und ideologisch (Produktivitätsdenken). Da sich Denkweisen und Lebenshaltungen nun aber durch politische Gegebenheiten und gesellschaftliche Gepflogenheiten einspuren, und diese rückwirkend bestärken, kann die notwendige Emanzipation nur im Durchbrechen des gesamten Regelkreises erfolgen – eine Leistung, die sich letztlich einer grundlegenden geistlichen Neuorientierung verdanken müsste.

Wie Christen wissen, kann eine solche geistliche Neuorientierung nicht gemacht, sondern nur erbeten werden. Dennoch haben die Kirchen hier einen wesentlichen Auftrag, im Sinn einer klaren Sozialverkündigung auf den Emanzipationsbedarf im Einzelnen hinzuweisen und die Alternativen aus dem Evangelium zu benennen. Stichwortartig wären dies insbesondere folgende:

1. "Was hast du, was du nicht empfangen hast?" (1 Kor 4,7): Emanzipation von der Produktivitätsideologie

Der jüdisch-christliche Schöpfungsglaube erkennt das Leben und die elementaren Lebensgrundlagen nicht als Resultat menschlicher Kreativität und Schaffenskraft, sondern die Lebensgrundlagen als anvertrautes Gut und die eigene Schaffenskraft als Begabung Gottes. Dies verdichtet sich gleichsam in der Tatsache der Geburtlichkeit des Menschen: dass Menschen in diese Welt hineingeboren werden, und nicht etwa aktiv "ins Leben treten" oder aber von ihren Eltern oder der modernen Fortpflanzungsmedizin "erzeugt" werden.

Die Familie ist der Raum, in dem die wesentliche Empfänglichkeit des menschlichen Daseins primär zur Erfahrung kommt, wenn Kinder auf die Versorgung und Erziehung durch ihre Eltern angewiesen sind, und später die Kinder für ihre alten Eltern

Verantwortung übernehmen. Wer in dieser Lebensform elementarer gegenseitiger Abhängigkeit (die es von ungesunden Formen der Abhängigkeit zu unterscheiden gilt) erfahren ist, wird einerseits eher in der Lage sein, dem Irrglauben der Moderne zu widerstehen, wonach nur das unsere Wertschätzung verdient, was wir aus uns selbst hervorgebracht haben. Andererseits wird die gefährlichste Bedrohung der Familie dort erkenntlich, wo dieselbe Produktivitätsideologie nun auch in die Binnen-Logik der Familie Einzug hält und die Frage im Zentrum steht: Was bringt mir die Familie, was bringt mir ein Kind?, und so fort.

2. "Kinder sind eine Gabe des Herrn" (Ps 127,3): Emanzipation vom Options-Denken

In einer am Produktionsparadigma orientierten Gesellschaft wird die Option zum Gebot: Wir müssen alles nach dem Muster von "Angeboten" oder "Möglichkeiten" verstehen, die wir frei wählen und kombinieren. So erscheint die familiäre Lebensform nicht mehr als der gute Normalfall, von dem zu dispensieren es bestimmte Gründe geben kann. Vielmehr wird die Familie selbst zur "Option", die man aus einer Reihe von alternativen (und prinzipiell gleichberechtigten) Lebensformen herauspickt. Der optionale Anspruch wird sich dann auch auf das familiäre Innenleben ausdehnen: Man meint dann, bestimmte weitere Optionen miteingekauft zu haben wie etwa das "Recht auf ein Kind" – eine Vorstellung, die sich sowohl als "Recht auf ein Wunschkind" im Sinne der "Option Abtreibung" geltend machen kann als auch umgekehrt im Sinne der Optionspalette, welche die Fortpflanzungsmedizin bis hin zu den genetischen Merkmals-Katalogen des erwünschten Nachwuchses (Designerbabies) bereithält.

Was anderes als die Erinnerung daran, daß Kinder eine "Gabe des Herrn" sind, wird in der Lage sein, dem Rad der Machbarkeitsvorstellung in die Speichen zu fallen und uns davor zu bewahren, das Leben unserer Kinder unter den Genitiv der eigenen Wunschvorstellungen zu beugen? Wenn Kinder nicht unserem eigenen Willen, sondern dem Lebenswillen Gottes entspringen, und dementsprechend im Vertrauen auf Gottes Güte und Hilfe angenommen werden, wie sie kommen, wird zugleich einer weiteren Emanzipation Vorschub geleistet, die dringend zu erhoffen ist: der Emanzipation von der verbreiteten Idee und Praxis der "Patchwork-Familie".

Wenn sich ein Mensch einer vater- oder mutterlos gewordenen Familie annimmt, und sich im Bewusstsein der Notlage der schwierigen Rolle eines Zweitvaters oder Zweitmutter widmet, ist das eine gute und bewundernswerte Sache. Etwas anderes ist es allerdings, wenn die Familie generell als ein Konstrukt verstanden wird, das sich in allen möglichen Formen und Zusammensetzungen beliebig dekonstruieren und rekonstruktieren lässt, ohne substantiell Schaden zu nehmen. Was auf der Logik des Optionsdenkens naheliegt, nämlich die konkrete Form der Familie in ihrer Beständigkeit als unwesentliche Äußerlichkeit abzutun und alle möglichen Kombinationen von Leihmüttern und Spender-Väter, Kooptions-Eltern und Scheidungsgeschwistern mit der Rhetorik von "pluralen Familienformen" zu bemänteln, wird im Lichte der christlichen Annahme von Kindern als "Gabe Gottes" in seiner Fragwürdigkeit offenbar. Die "Flexibilität der Familienformen" wird spätestens dann als ideologisches Konstrukt entlarvt, wenn auch das Lebensrecht behinderter Kinder anerkannt ist und eine Familie mit dieser Belastung ganz schlicht darauf angewiesen ist, dass Vater, Mutter und Geschwister gemeinsam die Last der Familie tragen.

3. "Es ist dir gesagt, Mensch, was gut ist" (Micha 6,8): Emanzipation von der privatisierten Moral

Im Lichte des aufgezeigten Bedarfs an Familien-Emanzipation bleibt abschließend noch einmal an die der Kirche vom Evangelium her gestellte Aufgabe zu erinnern, auch in Familiensachen eine Sozialverkündigung zu betreiben, die das klare Wort auch dann nicht scheut, wenn es gegen den Strich der gesellschaftlichen Trends geht. Damit wird dem Trend entgegenzutreten sein, die Frage des familiären Lebens zur Privatsache zu erklären, deren ethische Relevanz dem öffentlichen Diskurs entzogen ist. In Sachen Sozialverkündigung gibt es, insbesondere auf Seiten der evangelischen Kirchen, ein klares Defizit, das wohl nur mit Hilfe einer Emanzipation von der eigenen Angst vor gesellschaftlichem Akzeptanzverlust behoben werden kann.

Wer sonst, wenn nicht die Kirchen, vermögen klar zu sagen, dass es sich nicht um private "Optionen", sondern um Verantwortungslosigkeit handelt, wenn sich Väter aus der Familie davonschleichen, wenn Mütter sich einen neuen Partner suchen und ihren Kindern den Vater entziehen, wenn Eltern ihre Kinder unbesehen an Dritte zur Erziehung abgeben, oder wenn Kinder ihre alten Eltern ohne Not abschieben. Dies lässt sich freilich nur dann und deshalb in aller Unbestechlichkeit sagen, sofern und weil die Familie eine Lebensform ist, die Gott in seinem Wort selbst gutheißt und zu segnen versprochen hat. Die besagte Emanzipation wird darum in dem Maße wirklich werden können, indem Menschen neues Zutrauen zur Güte Gottes als Schöpfer und Erneuerer finden.

Theologische Kammer der Evangelischen Kirche
von Kurhessen-Waldeck

Was dem Leben dient: Offenheit für die Weitergabe, Entfaltung und Bewahrung menschlichen Lebens

Die Einschätzung von Familie und Ehe unterliegt nicht erst in jüngster Zeit einem deutlichen Wandel. Es ließen sich sehr unterschiedliche Motive nennen, die im Lauf der Geschichte diesen Wandlungsprozeß beeinflusst haben. Dennoch zeichnet beide Lebensformen eine überraschende Stabilität aus.

In der christlichen Ethik wurden sie über Jahrhunderte hinweg als die bestimmenden und selbstverständlich gültigen Formen menschlichen Zusammenlebens vorausgesetzt und begründet.

Durch die Entwicklung weiterer Lebensformen und deren zunehmende gesellschaftliche Bejahung stellt sich jedoch in der Gegenwart die Frage, in welcher Weise die evangelische Kirche heute – unter Wahrung ihrer Ausrichtung am Wort Gottes – Familie und Ehe würdigen und zugleich anderen Lebensformen, die sich davon unterscheiden, angemessen gerecht werden kann.

In rasanter Geschwindigkeit ist die gesellschaftliche Pluralisierung von Lebensformen vorangeschritten. So sind neben Familie und Ehe ganz unterschiedliche neue Lebensformen entstanden, die nebeneinander bestehen und gesellschaftlich geduldet bzw. akzeptiert werden. Es gibt z. B. Alleinerziehende, die entweder bewusst auf eine Heirat verzichtet haben oder die sich von dem Partner oder der Partnerin getrennt haben, Paare, die ohne Kinder oder mit Kindern zusammenleben, aber nicht miteinander verheiratet sind, Ehepaare, die bewusst kinderlos bleiben, gleichgeschlechtliche Lebensgemeinschaften, Wohngemeinschaften, Alleinlebende (Singles), die ihre Freundschafts- und Partnerschaftskontakte nach ihren individuellen Bedürfnissen gestalten.

Die sich in dieser Entwicklung dokumentierende "individualistische Botschaft" bedeutet einerseits, dass die Gesellschaft eine zunehmende Zahl ganz unterschiedlicher Lebensformen zu integrieren haben wird. Andererseits macht sie verständlich, dass gerade im Hinblick auf die unterschiedlichen Lebensformen die gegenwärtige Situation durch die Vorstellung gekennzeichnet ist, dass die Gestaltung des Lebens und insbesondere die Wahl einer Lebensform die ureigene Sache des einzelnen ist und deshalb seiner Wahlentscheidung unterworfen ist. Gerade im Zusammenhang der Wahl einer Lebensform wird jede normative Vorgabe als inakzeptabler Versuch einer Fremdbestimmung wahrgenommen und entsprechend entschieden zurückgewiesen.

Mit dieser Vielfalt von Lebensformen ist jedoch für den Einzelnen die anspruchsvolle Situation entstanden, aufgrund eigener und verantwortlicher Entscheidung eine Lebensform wählen zu können und zu müssen; der gesellschaftliche Diskurs steht unter der entsprechenden Herausforderung, ohne den Rückgriff auf eine allgemein anerkannte normative Instanz in unterschiedlichen Bereichen Leitbilder zu entwickeln, zu begründen und zu vertreten.

Damit ist die Frage aufgeworfen, ob mit der Vielfalt der Möglichkeiten alle diese Lebensformen für eine Gesellschaft 'gleich gültig' sind, so dass es letztlich gleichgültig ist, in welcher Lebensform die einzelnen leben. Oder ist es möglich, Argumente zu benennen, mit denen Lebensformen als gesellschaftliche Leitbilder qualifiziert werden können?

Grundsätzlich gilt, dass in allen (oben genannten) Lebensformen Entlastung, Stabilität und Schutz erlebt werden kann und sie dem Kriterium der Lebensdienlichkeit in unterschiedlicher Weise entsprechen, auch wenn nicht in allen die Gesamtheit der Bedingungen voll zur Geltung kommt. Als nicht uneingeschränkt verallgemeinerungsfähige Formen des Zusammenlebens stellen sie die Ausnahmen zu den Regel-Formen Familie und Ehe dar. Als solche Ausnahmen, die sich ebenfalls am Kriterium der Lebensdienlichkeit ausrichten, sind sie gesellschaftlich legitim und notwendig.

Jede Lebensform, die dem Kriterium der Lebensdienlichkeit entspricht, ist förderungswürdig. Das hebt die Unterschiede zwischen ihnen nicht auf. Aber auch die beste Form menschlichen Zusammenlebens gehört zur vergehenden Welt. Dies zu wissen, bewahrt vor unsachgemäßen Rigorismen.

In den bisherigen Thesen (siehe dazu IV. 3. Abschnitt 6) wurde gezeigt, dass Formen des Zusammenlebens konstitutiv auf Lebensdienlichkeit angelegt sind. Darum wurde "Lebensdienlichkeit" zum Kriterium dafür erhoben zu prüfen, welche Lebensformen uneingeschränkt verallgemeinerungsfähig sind, deswegen als Regel fungieren und folglich als Leitbild zur Geltung zu bringen sind. Dabei wurde das Kriterium der Lebensdienlichkeit mit Hilfe der folgenden fünf Bedingungen entfaltet:

- Respektierung der Würde des menschlichen Lebens,
- Dauerhaftigkeit,
- Verlässlichkeit,
- Verantwortung für das Schutz- und Pflegebedürftige,
- Offenheit für die Weitergabe menschlichen Lebens.

Da Formen des Zusammenlebens im wesentlichen die Aufgabe haben, der Weitergabe, Entfaltung und Bewahrung menschlichen Lebens zu dienen, sind nur solche als Leitbild zur Geltung zu bringen, die die Gesamtheit der genannten Bedingungen erfüllen oder wenigstens erfüllen können. Sie verdienen staatlichen Schutz und darüber hinaus in besonderer Weise Förderung durch Kirche und Gesellschaft.

Nun gibt es aber auch Formen des Zusammenlebens, die nur teilweise die genannten Bedingungen erfüllen und daher in einem abgeleiteten Wortsinn, und das heißt in einem eingeschränkten Sinn, als lebensdienlich bezeichnet werden können. Diese können darum zwar keine Leitbildfunktion für die Gesellschaft übernehmen; gleichwohl sind aber auch sie in dem Maße, wie sie dem Kriterium der Lebensdienlichkeit entsprechen, förderungswürdig und in geeigneter Weise zu unterstützen – als Ausnahmen von der Regel.

Die Unterschiede zwischen den verschiedenen Lebensformen, die darin bestehen, dass die Gesamtheit der aus dem Kriterium "Lebensdienlichkeit" entwickelten Bedingungen in unterschiedlichem Umfang oder unterschiedlicher Weise erfüllt wird, werden dadurch nicht aufgehoben.

Alle Formen des Zusammenlebens, auch die unter dem Gesichtspunkt der Lebensdienlichkeit besten, gehören allerdings, von der Vollendung der Gottesherrschaft her gesehen, zur weltlichen Regierweise Gottes, und das heißt, sie gehören zu dem, was "abgetan wird". Was bleibt, ist die Liebe (agape), die in den Lebensformen erlebt und gelebt wird. Das Wissen von dieser Vorläufigkeit aller Lebensformen bewahrt davor, eine bestimmte zu verabsolutieren; und die Aufmerksamkeit für das Lebensdienliche, in dem sich jene Liebe, die bleibt, schon jetzt verkörpert, bewahrt vor Gleichgültigkeit gegenüber allen Lebensformen und deren Unterschieden untereinander.

Gesellschaftliche Leitentscheidungen müssen so getroffen werden, dass sie zweierlei zugleich leisten: Die Lebensform Familie muss – zum Nutzen der gegenwärtigen und zukünftigen Gesellschaft – ihre zentralen Aufgaben in vollem Umfang wahrnehmen können, und es dürfen dadurch Alternativen zu dieser Lebensform oder gar die Menschen, deren Leben darin individuelle Gestalt gewinnt, nicht moralisch diskriminiert werden. In diesem Sinne betont die Kirche im gesellschaftlichen Diskurs um die grundlegenden Strukturen einer humanen zukünftigen Gesellschaft die zentrale Bedeutung der Lebensformen Familie und Ehe, die als gesellschaftliches Leitbild nach wie vor unverzichtbar sind.

Textauswahl durch Hans-Günter Krüsselberg aus dem gleichnamigen Titel, erschienen in: DIDASKALIA 49, Schriftenreihe der Evangelischen Kirche von Kurhessen-Waldeck. Herausgegeben von Horst Dickel und Herbert Kemler Kassel 1998, S. 7, 13 f. , 54 ff.

Prof. Dr. Hans-Günter Krüsselberg

Philipps-Universität Marburg,
FB Wirtschaftswissenschaften, Wirtschafts-, Sozial- und Familienpolitik

Vom Gebot der Sicherung und Stärkung familialen Humanvermögens

1. Über die Hoffnung auf die Offenheit der Zukunft

In ihrer äußerst anregenden Studie über den "Konflikt der Generationen", 1969 geschrieben, fordert Margaret Meade: "Nunmehr müssen wir offene Systeme schaffen, die sich auf die Zukunft konzentrieren". Sie sieht die "Entwicklung einer neuen Kulturart" dicht bevorstehen. Diese werde fundiert durch Lehr- und Lernmethoden, "die die Zukunft offenhalten". Sie kritisiert die Unfähigkeit vieler Autoren, "sich eine unbekannte Zukunft auszumalen und sie dann auch noch zu akzeptieren". Deshalb fürchtet sie, die Entscheidungsträger in Wirtschaft und Gesellschaft könnten auf "die unerhörten Veränderungen der Welt" in der Gegenwart mit Methoden von "Gestern" reagieren. Damit drohe die Gefahr eines gravierenden "Konflikts zwischen den Generationen", der letztlich bedingt sei durch einen Vorgriff der älteren Generationen auf die Entscheidungsfreiheit der nachwachsenden Generationen (Meade 2000, S. 120 ff.).

Es ist nicht sicher, dass Margaret Meade mit ihrem Wort von den "unerhörten Veränderungen der Welt" auch die historische Entwicklung zur gegenwärtigen Variante eines Sozialstaats mit bedacht hat, dessen zentrales Defizit letztlich bedingt ist durch gravierende Vorgriffe der älteren Generationen auf die Entscheidungsfreiheit der nachwachsenden Generationen. Dazu zählen die Transferausbeutung der Familien ebenso wie ein familienfeindliches Steuersystem, die überbordende Staatsverschuldung und ein in Zukunft nicht zu finanzierendes Sozialbudget. Mit unserem Versuch, solche "Verwerfungen" bewirkende Fehlentwicklungen im Bereich der Wirtschafts- und Gesellschaftspolitik bis hin zur Gegenwart unter Berücksichtigung der unseres Erachtens ideologisch bedingten Umgereimtheiten nachzuzeichnen, wollten wir darlegen, in welch hohem Ausmaß Familienpolitik besondere ordnungspolitische Anforderungen an ein zeitgerechtes Konzept Sozialer Marktwirtschaft stellt. Das Resümee lautet: Staatliche Interventionen in die Wirtschaft und Gesellschaft, die Wohlstand für alle fördern wollten, haben zu Wohlstandsdefiziten vornehmlich in den Familienhaushalten geführt, womit das gesamte System der Politik unter diesem Aspekt auf den Prüfstand gehört.

Keine Instanz hat dieses für die Bundesrepublik Deutschland so deutlich gesagt wie das Bundesverfassungsgericht. Besonders große Bedeutung ist hier dem sogenannten "Trümmerfrauen-" oder "Familienurteil" vom 7. Juli 1992 zu attestieren, mit dem das Bundesverfassungsgericht seinerzeit *zunächst* gravierende Benachteiligungen der Familien im Rentenrecht bemängelte. Den im Rentenrecht konstatierten Mangel nannten die Kläger damals und nennt die familienwissenschaftliche Diskussion seitdem "Transferausbeutung". Transferausbeutung ist das Ergebnis dessen, dass im Alterssicherungssystem der Bundesrepublik hohe Prozentsätze (geschätzt werden 40 %) der Leistungen der Alterssicherung von Kindern *anderer* Personen erbracht werden. Diese Diskrepanz ist in ihrer Größenordnung enorm. Vor dem Bundesverfassungsgericht wurden seinerzeit die folgenden Zahlen "verhandelt": In ansteigender Größenordnung sei jährlich eine Vermögensübertragung von (inzwischen erwerbstätigen und deshalb abgabepflichtigen) Kindern an andere Personen, oder besser gesagt: von Familienmitgliedern an andere Personen, erfolgt von zunächst über 150 Milliarden DM im Jahr 1990 auf gegenwärtig mehr als 200 Milliarden DM. Das sind die Zahlen, die vor dem Verfassungsgericht verhandelt und nicht beanstandet wurden.

Ich nannte das und nenne es weiterhin "Plünderung familiären Vermögens" durch Gesetzgebung. Wären diese Beträge auf den Konten der Familien geblieben, wären mit diesen schon heute Ersparnisse zum Zweck der selbstverantwortlichen Zukunftsvorsorge möglich, wie es der Gesetzgeber in Zukunft von den Familien erzwingt. Oder: der hohe Verschuldungsgrad der deutschen Familien, über den derzeit laufend berichtet wird, dass er immer noch steige, wäre deutlich geringer oder gar ausgeblieben. Dazu ist ergänzend daran zu erinnern: Bei seinen einschlägigen Untersuchungen über die Situation der Familien in der Bundesrepublik Deutschland hatte das Bundesverfassungsgericht *zusätzlich* festgestellt, dass die Benachteiligungen von Familien nicht allein im Rentenbereich stattfinden, sondern wesentlich auch in anderen Bereichen des Rechts und der Gesellschaft. Gemeint sind vor allem verfassungswidrige Belastungen von Familien im Steuerrecht. Das Bundesverfassungsgericht hat deshalb beanstandet, dass der Familienlastenausgleich im allgemeinen unzureichend sei. Es traf zudem (in seinem Trümmerfrauenurteil vom 7.7.1992) folgende verbindliche Aussage: *Von nun an, d. h.: mit dem Jahr 1992 beginnend, sei der Gesetzgeber bei jedem Reformschritt veranlasst sicherzustellen, dass die Benachteiligung der Familien tatsächlich verringert wird.* Man sollte genau auf die Formulierung achten; sie lautet – *bei jedem Reformschritt!*

Zu befürchten ist, dass bislang kaum jemand die volle Reichweite dieses Satzes zur Kenntnis genommen hat. Schließlich drückt damit das Bundesverfassungsgericht seine Überzeugung aus, dass die Familien in der Bundesrepublik Deutschland in nahezu jedem Lebensbereich benachteiligt sind. Es folgert, aus diesem Grund und aufgrund der Forderungen des Grundgesetzes sei es den politisch Verantwortlichen geboten, diese Benachteiligungen der Familien in Zukunft durch gesellschaftliches und gesetzgeberisches Handeln Schritt für Schritt abzubauen. An sich hätte man nach dieser Entscheidung von der Politik, vom Bundestag, von der amtierenden Bundesregierung oder der Opposition erwarten können, dass sie darauf reagiert. Irgendein institutionelles Gebilde hätte die Befugnis erhalten sollen, alle Gesetzgebungsvorgänge hinfort daraufhin zu überprüfen, ob dieser Forderung des Bundesverfassungsgerichts Genüge getan wird. Dass nichts dergleichen geschehen ist, sollte bedenklich stimmen. Es mehren sich die Befürchtungen, hier deute sich bereits ein tiefgreifender Konflikt an zwischen dem Bundesverfassungsgericht als Hüter und Verteidiger des Wortlauts der Verfassung und dem Gesetzgeber und seiner Administration. Dieser Eindruck verstärkt sich, wenn man die Berichterstattung über breite Reaktionen in Regierungskreisen verfolgt, die eine weitere familienpolitisch relevante Entscheidung des Bundesverfassungsgerichts (am 3. April 2001) auslöste. Die Kernsätze dieses Urteils lauten wie folgt: "Die Versicherungsleistung versicherter Eltern begünstigt innerhalb eines umlagefinanzierten Sozialversicherungssystems, das der Deckung eines maßgeblich vom Älterwerden der Versicherten bestimmten Risikos dient, in spezifischer Weise Versicherte ohne Kinder". Es ergänzt: "Eltern, die unterhaltsbedürftige Kinder haben" und "kinderlos bleibende Versicherte im erwerbsfähigen Alter"... "beide sind *bei einer Finanzierung der Sozialversicherung im Umlageverfahren darauf angewiesen, dass Kinder in genügend großer Zahl nachwachsen*". Und die bereits seit 1992 bekannte Botschaft wird bekräftigt: *"Wird ein solches allgemeines, regelmäßig erst in höherem Alter auftretendes Lebensrisiko durch ein Umlageverfahren finanziert, so hat die Erziehungsleistung konstitutive Bedeutung für die Funktionsfähigkeit dieses Systems ..." "Für ein solches System (ist) nicht nur der Versicherungsbeitrag, sondern auch die Kindererziehungsleistung konstitutiv. Wird dieser generative Bei-*

trag nicht mehr in der Regel von allen Versicherten erbracht, führt dies zu einer spezifischen Belastung kindererziehender Versicherter". Das ist deshalb eine verfassungswidrige Benachteiligung, weil sie die Verfassungsgebote des Art. 3 Abs. 1 und des Art. 6 Abs.1 GG verletzt. Sie verletzt einmal den Gleichheitssatz, zum anderen die Verpflichtung des Staates, Eingriffe in die Familie zu unterlassen, und die darüber hinausgehende Pflicht des Staates, Ehe und Familie zu schützen und zu fördern.

Einerseits gibt es hochrangige Journalisten, die meinen, das Pflegegesetz-Urteil sei "ein Muster ohne Wert", es böte allenfalls Anlass für eine Reparaturnovelle. Dieser Ansicht stimmt ein oft gefragter Sachverständiger offensichtlich zu. Er wiegelt ganz klipp und klar ab: "Dieses Urteil ist ein Urteil, das uns nicht stören soll". Auch der Sachverständigenrat scheint dies so zu sehen. "Kurzum: Der Sachverständigenrat sieht keine Notwendigkeit, dieses für die Gesetzliche Pflegeversicherung geltende Urteil auf die Gesetzliche Rentenversicherung zu übertragen" (Jahresgutachten 2001/02, Textziffer 277). Es wird abzuwarten sein, wie sich die jüngste Entscheidung des Bundesverfassungsgerichts "Zur Gleichwertigkeit von Familienarbeit und Erwerbsarbeit bei der Bemessung nachehelichen Unterhalts" weiterhin auswirken wird (BverfG, 1 BvR 105/95 vom 5.2. 2002). Bestätigt wird damit nur das, was wir in unseren Texten ausführlich zu begründen suchten: *Die Entscheidungspraxis des Bundesverfassungsgerichts kollidiert grundsätzlich mit den traditionellen Prinzipien der Sozialversicherung*. Sehr hilfreich wäre es und zukunftsweisend noch dazu, wenn andererseits die Meinung an Raum gewönne, die die Redakteure des "Spiegel" in die Worte fassen: "Schon reift unter den Sozialpolitikern die Erkenntnis: soll der Richterspruch wirklich umgesetzt werden, muss der Sozialstaat tiefgreifender umgebaut werden als anfangs gedacht" (Der Spiegel 15/2001, 104).

Über die Richtung des fälligen Umbaus haben wir uns in diesem Band bereits unmissverständlich geäußert. Leitidee für einen solchen Umbau muss eine Vorstellung sein, die den ehemals verbindlichen Prinzipien eines Systems Sozialer Marktwirtschaft folgt. Zu denken ist an Ludwig Erhards letzte Rede vor dem Deutschen Bundestag am 14. Dezember 1976, in der er sagte: "Zuviel Staat, zuviel Skepsis kann zur Sepsis werden und lähmt uns, auch wenn sie in der Kutte eines grauen Realismus oder eines überzeugungsängstlichen Pragmatismus auftritt". Vertieft wird diese Einschätzung durch seine Überzeugung von der Notwendigkeit, sich zu einem "gesellschaftspolitischen Leitbild" zu bekennen, in dem "die unabdingbare Priorität des Allgemeininteresses" gegenüber den meist sehr mächtigen organisierten Interessen zu wahren ist. Zur Wahrung des Allgemeininteresses bedürfe es nicht nur der *Förderung des privaten Eigentums an Haus und Boden, sondern auch der Förderung der Bildung von Geldvermögen und der Beteiligung am Produktivvermögen in allen sozialen Schichten.*

Diese Ausrichtung präge das Programm einer Politik Sozialer Marktwirtschaft. Eine breite Streuung des sich bildenden Vermögens stärke nicht allein die wirtschaftliche Freiheit und Unabhängigkeit des Einzelnen und der Familien, sondern auch die Stabilität der freiheitlichen Wirtschafts- und Gesellschaftsordnung. Dazu gehöre zwingend eine Sozialversicherung, deren Selbsthilfecharakter besonders herauszustellen sei, die weder etwas verschenkt noch ein Instrument interpersoneller Umverteilung ist. Es sollte schon vermerkt werden, dass damit die Grundmerkmale benannt sind, auf die jegliche Variante einer "Mehr-Säulen-Theorie" Sozialer Sicherung rekurriert. Die Voraussetzungen zu schaffen für die wirtschaftliche Freiheit und Unabhängigkeit von Familien bedeutet zugleich Wahlfreiheiten zu begründen für die Entscheidungen für Familienarbeit und Erwerbsarbeit und deren Vereinbarkeit, dazu aber muss es Freiheit von Transferausbeutung geben.

2. Von der Notwendigkeit, mehr als bisher in Vermögenskategorien zu denken, und den Schwierigkeiten, Denkblockaden aufzulösen

In der Schriftenreihe des Bundeskanzleramtes "Perspektiven und Orientierungen" erschien 1995 unter dem Titel "Zukunft der Familie im vereinten Deutschland" ein Text von Franz-Xaver Kaufmann, der darzulegen suchte, "wie vielschichtig die struktuellen Rücksichtslosigkeiten sind, mit denen heute junge Menschen zurechtkommen müssen, die Elternverantwortung übernehmen". Seine "zentrale Schlussfolgerung" lautete: "Die Familie braucht Hilfe – aber es ist schwer, ihr zu helfen." Der Autor nennt diese Formulierung selbst "irritierend", meint aber, sie sei "unumgänglich", wenn die "Herausforderung" ernst genug umrissen werden soll, "vor der heute nicht nur die Politik, sondern alle gesellschaftlichen Kräfte stehen, die bisher von den Leistungen der Familien *in einer letztlich als parasitär zu bezeichnenden Weise* profitiert haben"(Kaufmann 1995, V, 164 ff., Hervorh. H.-G. K.).

Einsicht in die parasitäre Aneignung der Ergebnisse familialer Investitionen in die humane Infrastruktur einer Gesellschaft durch nicht-familiale Dritte zu vermitteln ist ein wichtiges Anliegen auch dieses Bandes und der daran anknüpfenden Botschaften. Mit dem Fünften Familienbericht erlangte die ökonomische Theorie der Familie eine breite sozialwissenschaftliche Fundierung. Die zentrale These lautet hinfort: Die Leistungen, die im Familienhaushalt erbracht werden, sind eine entscheidende Voraussetzung für die Kreativität der davon begünstigten Menschen im Alltagsleben und im Erwerbsleben; sie schaffen zugleich die handlungsmäßigen Voraussetzungen für die Erstellung des Sozialprodukts, das sich grundsätzlich in Gestalt von Konsumgütern, die für den unmittelbaren Verbrauch bestimmt sind, und von Investitionsgütern darstellt. Die Bedeutung von Investitionsgütern erwächst aus der Tatsache, dass sie die Erhaltung und Erweiterung oder Umgestaltung der Produktivkräfte gewährleisten.

Konkret führen Investitionen zum Aufbau von Beständen an produktiv nutzbarem Vermögen. Grundsätzlich gilt für solche Bestände, dass sie jene Teile aus der Produktion der Vergangenheit darstellen, die bewusst verfügbar gehalten, d. h. nicht verbraucht wurden, um für die Zukunft einer Gesellschaft zu ermöglichen, dass das für ihre Mitglieder bislang erreichte Versorgungsniveau nicht wieder unterschritten, sondern stabilisiert und darüber hinaus möglichst verbessert werden kann. Gesichert wird ein Verhalten dieser Art durch institutionelle Muster, in denen sich Erfahrungstatbestände der Vergangenheit ausdrücken. Alle Gesellschaften haben nämlich vielfach erfahren müssen, dass es *gesellschaftlich rational* ist, dafür Sorge zu tragen, dass das gesellschaftliche Handlungspotential erhalten bleibt, und dass zu diesem Zweck alle Varianten von Vermögen (wenngleich in unterschiedlichem Umfang und in verschiedenen Formen) des gesellschaftlichen Schutzes und gesellschaftlicher Kontrolle bedürfen.

Der Erfolg des von Ludwig Erhard u. a. propagierten Systems der “Sozialen Marktwirtschaft” war das Ergebnis einer Wirtschafts- und Gesellschaftspoltik, die starke Anreize bot zum Aufbau volkswirtschaftlichen Vermögens. Die Gegenwartsanalyse scheint allerdings zahlreiche Indizien für die Annahme zu liefern, dass es für eine Volkswirtschaft wie die Bundesrepublik Deutschland, die bis zur Gegenwart ein gewaltiges Volumen an Vermögen aller Art, an Produktiv-, Geld-, Finanz- und Verbrauchsvermögen, aber auch an Infrastrukturvermögen und Sozialem Sicherungsvermögen (Krüsselberg 1997, S. 317 ff.), angehäuft hat, immer prekärer wird, dessen Bestandserhaltung zu gewährleisten. In der Politik und im Alltagsdenken der Öffentlichkeit bis hin zu nicht unbeachtlichen Partien in wirtschaftswissenschaftlichen Lehrmeinungen zeigt sich deutlich eine Dominanz einkommensorientierter Argumentation. Verteilungspolitische, vielfach auch sozialpolitische Interessen verdecken eine oft sträflich vernachlässigte implizite Prämisse ökonomischen Denkens. Sie ist jedoch wie keine andere geeignet, ordnungstheoretisches Denken zu fundieren. Sie lautet: Es ist *rational,* dafür Sorge zu tragen, dass das gesellschaftliche Handlungspotenzial erhalten bleibt. Es besteht daher eine *gesellschaftliche Verantwortung, Vermögen aller Art in ihrem Bestand zu erhalten,* zum Zweck der Bewahrung der Lebenschancen der Gesellschaft in der Zukunft.

Das ist ein Befund, dessen Bedeutung für die Einschätzung der wirtschaftlichen Entwicklung in der Zukunft bislang kaum hinreichend erkannt wird. Es ist insofern ein bemerkenswerter Befund als er die Aufmerksamkeit auf die große Gefahr lenkt, dass Defizite in der Vermögensbildung eine Destabilisierung von Einkommenschancen der Zukunft einleiten. Diese These gilt für alle Varianten von Vermögen, insbesondere aber für die Verfügbarkeit von menschlichem Handlungspotenzial. Dort geht es um die Erhaltung jener individuellen Handlungspotenziale, die in allen Gesellschaften die Menschen zu aktivem, zu kreativem Handeln in der Familie, der Wirtschaft, dem Staat und der Gesellschaft befähigen, um die Bewahrung jener Alltags- und Fachkompetenzen, deren Grundlegung durch "Investitionen in den Menschen" erfolgt, was am "Arbeitsplatz Familie" geleistet wird.

Zu erinnern ist in diesem Kontext an jene Partie aus dem Bericht der Sachverständigenkommission im Dritten Familienbericht der Bundesregierung aus dem Jahr 1979 mit dem Titel "Familie und Bevölkerung", die als Beleg dafür dienen kann, als wie unfähig sich die Öffentlichkeit und die Politik erwiesen, die zeitlichen, räumlichen und sozialkulturellen Dimensionen des generativen Verhaltens zu erfassen. Damals wurde ebenso über die zu erwartenden Finanzierungsengpässe von "Rentenbergen" berichtet, wie über die "Erhaltung der Bevölkerungszahl" als potenziell zu empfehlende "politische Leitlinie" zur Sicherung zukünftiger Einkommensströme nachgedacht und auch über die Notwendigkeit von "Maßnahmen mit dem Ziel der Erhöhung der Geburtenzahl" gesprochen. Zumindest um Chancen zu gewähren für die Verwirklichung der Kinderwünsche junger Eltern seien nachhaltig die wirtschaftlichen und sozialkulturellen Voraussetzungen dafür zu schaffen. Gemeint war, dass "zu diesem Zweck" Eltern "langfristig" von der "Gewissheit" ausgehen können sollten, "nicht jahrelang materielle Benachteiligungen hinnehmen zu müssen".

Zu Recht erinnern heute Bevölkerungswissenschaftler an ihre frühzeitigen Warnungen. Wegen der fortdauernden Missachtung dieser auf die Bedeutung der nachwachsenden Generationen zielenden demographischen Komponente in jeglicher Art von Politik fordern sie das Eingeständnis eines gravierenden Politikversagens der Bundesrepublik Deutschland ein. Ihnen widerfährt Gerechtigkeit durch das Urteil des Bundesverfassungsgerichts vom 3. April 2001, das dem Gesetzgeber vorwirft, "seine Regelungen (im Bereich der Sozialen Sicherung im Alter) nicht anhand inzwischen möglicher (bevölkerungswissenschaftlicher) Erkenntnisse und Erfahrungen überprüft" zu haben, womit er "auf den Versuch einer sachgerechten Lösung verzichtet(e)" und der Gesellschaft Schaden zufügte (Textergänzungen, H.-G. K.). In dieser Entscheidung des Bundesverfassungsgerichts wird als "sachgerecht" eine Lösung für den Bereich der Sozialen Sicherung angemahnt, die die Leistungen der Familien für die nachwachsende Generation als Anspruchsgrundlage hinreichend berücksichtigt.

Das Besondere der Leistungen von Familien ist darin zu sehen, dass die Eltern zumindest in einer doppelten Weise Arbeit leisten. Arbeit, die der Bewältigung von Aufgaben in den Familien dient, sowie Arbeit, die auf die Erzielung von Einkommen ausgerichtet ist. Jener Teil der Familienarbeit aber, der für die Sicherstellung der Lebenslage der nachwachsenden Generation durch die Eltern erbracht wird, ist *in volkswirtschaftlicher Sicht* deshalb als investiv zu charakterisieren, weil er zum einen durch elterlichen Konsumverzicht finanziert wird und zum anderen das Investivgut "Humanvermögen" schafft, welches die einzige Vermögenskategorie darstellt, die sich auf menschliche Leistungspotenziale bezieht.

Die mit dieser Einsicht verbundene ordnungspolitische Herausforderung ist vielfach erörtert worden. Sie resultiert aus der Tatsache, dass in jeder Gesellschaft die Verteilung des Lebenseinkommens auf drei Lebensphasen zu leisten ist: auf die Phase der Kindheit und Jugend, in der nur bedingt produktive Arbeit geleistet werden kann, auf die des Arbeitsalters und schließlich des Lebensabends, in dem sich das Arbeitspotenzial reduziert. Unsere Gesellschaft hat sich dafür entschieden, die erste und die dritte Lebensphase weitgehend von Erwerbsarbeit freizustellen. Damit bedarf sie einer gesamtgesellschaftlichen Regelung im Hinblick auf die Lenkung der Verteilungsströme auf diese drei Lebensphasen. Grundsätzlich ist dabei zu klären, auf welche Weise sich Anspruchsrechte und Leistungsströme unterschiedlich auf die Altersgruppen einer Gesellschaft verteilen. Es gilt, eine Verteilungsordnung aufzubauen, die neben dem Unterhalt der mittleren Generation "die Aufzucht von Kindern und die Erhaltung der alten Menschen ermöglicht". Es liegt nahe, so zu argumentieren, wie es in der Diskussion über die Chancen, zu einer "Solidarität zwischen den Generationen" zu gelangen, in der Zeit nach der Entstehung der Bundesrepublik Deutschland der Fall war: Für die Sicherung der potenziellen Lebenslage der Kinder-Generation wäre zu unterstellen, dass sie durch Versorgungsleistungen von Seiten der im Erwerbsalter stehenden Elterngeneration erfolgen wird. Zum Ausgleich dafür erwürbe dann diese Elterngeneration *nach dem Prinzip der Äquivalenz* einen Rechtsanspruch auf Unterhalt durch die nachwachsende Generation in ihrer letzten Lebensphase. De facto ginge es um die Rückzahlung eines an die Kinder gegebenen Darlehens. Um aber selbst als spätere, zweite Eltern-Generation wiederum im Alter versorgt zu sein, bedarf es einer vergleichbaren Rechtskonstruktion. Nur mit einer wiederum nachwachsenden Generation kann diese zukünftige Versorgungsleistung zustande kommen, wenn diese in die Phase der Erwerbsarbeit hineingewachsen ist.

So stellt sich das Bild der Zuordnung der real zu erbringenden Leistungsströme zu den Generationen in einem virtuellen Solidarpakt dar. Es unterstellt, wie wir früher mit Wilfrid Schreiber bereits hervorhoben, die Gültigkeit des "berühmt gewordenen" Satzes von Mackenroth, "dass aller Sozialaufwand immer aus dem Volkseinkommen der laufenden Periode gedeckt werden muss", aus dem Volkseinkommen, das jeweils die Elterngeneration dominant erwirtschaftet. Wichtig ist es zu erkennen, dass dieses Bild der real zu erbringenden Leistungsströme normativ konstituiert ist. Es ist der Idee einer Verteilungsordnung verpflichtet, die von einer Symmetrie zwischen Pflichten und Rechten für alle aufeinander folgenden Generationen ausgehen will. *So soll ein Recht auf eine volle Versorgung im Alter durch die nachwachsende Generation allein dann zustande kommen, wenn man während der Zeit der Erwerbstätigkeit sowohl der Verpflichtung nachgekommen ist, die Unterhaltsleistungen der Kindheitsphase an die eigenen Eltern abzugelten, als auch mit den investiven Vorleistungen der Sicherung des Lebensunterhalts der nachwachsenden Generation einen eigenen Anspruch auf Alterssicherung erworben hat.* Dieser Systemidee folgend, leistet Sozialpolitik einen intertemporalen Ausgleich der Lebenseinkommen in engeren sozialen Gruppen zum Zweck der Sicherung bestimmter Lebensstandards oder Versorgungsniveaus.

Von Anbeginn wurde betont, dass Voraussetzung für die nachhaltige Funktionsfähigkeit eines solchen Sicherungssystems ist, dass das "Geschäftsvolumen" einer derartigen "Volksrentenanstalt" nicht abnimmt, sondern eher zunimmt. Lediglich bei einem stetig wachsenden Volk gilt aber diese Voraussetzung als von vornherein gesichert. "Es ist (daher) nicht mehr als billig und gerecht, dass der wirtschaftliche Dienst, den der Kinderreiche der Gesellschaft leistet und der Kinderarme schuldig bleibt, auch in den wirtschaftlichen Parametern der gesellschaftlichen Renten-Ordnung seinen Niederschlag findet", meinte Wilfrid Schreiber vor vielen Jahren. Es entspricht der Logik dieses Modells, dass diejenigen, die wegen ihrer Kinderlosigkeit die systemerhaltenden investiven Vorleistungen nicht erbringen, ihren eigenen Rentenanspruch verwirken. An dieses Argument knüpft sich eine hoch kontroverse Debatte an. Gleichwohl ist es volkswirtschaftlich konsequent. Die soziale Sicherung der Kinderlosen könnte durch die Einzahlung der Beträge, die sie nicht für die Existenzsicherung von Kindern aufbringen müssen, in private Sicherungsfonds oder durch deren Anlage am Kapitalmarkt gewährleistet werden. Es ist daher nicht verwunderlich, wenn Konzepte dieser Art unter Verweisung auf die Gerechtigkeit des Inter-Generationen-Arguments immer wieder vorgetragen werden.

Bis heute wirkt fatal nach, dass bei der Einführung des Systems der dynamischen Rente in der Bundesrepublik Deutschland Familientätigkeit mit dem Bewertungsfaktor " für die Anspruchsgrundlage unbeachtlich" versehen wurde und Erwerbstätigkeit mit dem Indikator "als Anspruchsgrundlage allein positiv einstufbar". Es sind durch die Unterbewertung der Leistungen im Familienhaushalt im Politikfeld Ungleichgewichtslagen entstanden, die gegenwärtig einen erheblichen Korrekturbedarf haben entstehen lassen. Mühsam ist es, diese Fehlentscheidung zu korrigieren. Aber es steht eindeutig fest, dass mit dieser Fehlentscheidung Familien belastet wurden.

Inzwischen liegt der "Erste Armuts- und Reichtumsbericht" der Bundesregierung vor. Er resümiert, "die meisten Familien leben in sicheren materiellen Lebensverhältnissen und sind keineswegs von Armut bedroht". Gleichzeitig aber verlautet, es gebe allerdings doch "Lebensereignisse, die dazu führen, dass Familien in Armut geraten". Als "auslösende Faktoren" werden genannt "in erster Linie Arbeitslosigkeit und Niedrigeinkommen, Probleme des Konsum- und Marktverhaltens sowie besondere Lebensereignisse, vor allem infolge von Trennung bzw. Scheidung oder infolge von Schwangerschaft und Geburt eines Kindes". "Ein erhöhtes Armutsrisiko tragen vor allem junge Familien mit kleinen Kindern, da im Zuge des Aufbaus eines Familienhaushalts ein erhöhter finanzieller Bedarf besteht." "Armut von Kindern ist vielfach eine Folge geminderter Erwerbs- und Einkommenschancen ihrer Eltern" (Bundesregierung 2001, S. 16 f., 90 f., 92).

Bereits in den fünfziger Jahren wurde dieses Problem thematisiert. Es spiegelt sich sehr deutlich in den Ergebnissen einer Studie von Helga Schmucker (siehe jetzt 1980) aus jener Zeit wider. Dort wird über Einnahmen- und Ausgabenüberschüsse in den verschiedenen Phasen des Lebenszyklus einer Familie, die bereits in ein System der Sozialen Sicherung eingebettet ist, in typisierender Form berichtet. Dabei zeigte sich, dass die Phase des Zusammenlebens mit Kindern deutlich stärker mit einem Verschuldungsrisiko belastet ist als die Altersphase, in der ein (Renten-)Einkommen meist wieder allein einem Paar zu Gute kommt. – Helga Schmucker sprach in diesem Kontext von "Bedrängniszonen", in die Familien wegen ihrer Bereitschaft zum Kind geraten. Es muss nachdrücklich darüber nachgedacht werden, mit welcher Darlehensvariante dafür gesorgt werden kann, dass Kinderarmut und familiale Einkommensbedrängnis kein ernstes Thema unserer Gesellschaft ist.

3. Die These von der Rückverlagerung von Lasten auf die Familie durch herrschende institutionelle Arrangements

Lange Zeit spielte in der Diskussion über die Entwicklung moderner Familien die These von deren "Funktionsverlust" eine große Rolle. Schulfunktion, Ausbildungsfunktion, Versicherungs- und Versorgungsfunktion, Schutz der Alten, Schwachen, Kranken und Invaliden seien an spezialisierte Institutionen der allgemeinen Gesellschaft übergegangen (siehe dazu die sehr differenzierte Darstellung bei R. König 1974, S. 69 f.). Von einem umfassenden Bedeutungsverlust von Ehe und Familie in diesen Lebensbereichen kann jedoch in unserer Gesellschaft nicht ernsthaft die Rede sein. Im Gegenteil: Die Ansprüche an die Familien als Lebens- und Solidargemeinschaften und die ökonomischen Belastungen der Familien waren in unserem Kulturkreis zu keiner Zeit so herausfordernd und verantwortungsbeladen wie heute. Eine der größten sozialen Veränderungen während der letzten Jahrzehnte stellt der Wandel von Kindheit und der Erwartungen an deren Gestaltung dar. In allen sozialen Schichten sind die Leistungsanforderungen an die Eltern, die Erwartungen an die Pflege-, Förderungs- und Erziehungsleistungen der Familien umfassender als je zuvor. Gleichzeitig sind die Aufwendungen, die mit der Erbringung dieser Leistungen verbunden sind, gestiegen (siehe dazu R. Nave-Herz und R. von Schweitzer in diesem Band; ferner Kaufmann 1995, S. 133 ff.).

Eltern erleben täglich, dass sie als Akteure der Institution Familie ungemein hohen Ansprüchen unterworfen, manche meinen: gar überfordert sind. Sie erfahren täglich, dass viele der Institutionen, die ihre im Grundsätzlichen auf das Alltagsleben in Familien bezogenen Aktivitäten unterstützend und ergänzend begleiten sollen, durch Leistungsdefizite Lasten auf sie zurückverlagern, ohne dass sie nennenswerte Chancen haben, sich dieser Zusatzbelastung zu erwehren. Solche Defizite gibt es im Bereich der Elternbildung, der Erziehungsberatung, im Bildungs- und Gesundheitssektor ebenso wie in der familialen Kranken- und Altersversorgung.

In der öffentlichen Debatte ist zur Zeit Erziehung wieder einmal zum Problem geworden. Titel wie "Erziehungskatastrophe" oder "Erziehungsnotstand", vor allem aber die Publikation der internationalen Schülervergleichsstudie PISA haben Erziehung und Bildung in den Blickpunkt des öffentlichen Interesses gerückt. Einigkeit besteht wohl dahingehend, dass die nachwachsende Generation das wichtigste "Humanvermögen" sei, soll unser Land in einer zunehmend globalisierten Welt bestehen können. Um für zukünftige Herausforderungen gerüstet zu sein, sollten Kinder und Jugendliche über entsprechende Voraussetzungen wie Leistungsbereitschaft, Kompetenz und Gemeinschaftsfähigkeit verfügen. Gleichzeitig zeigt sich, dass immer mehr Kinder und Jugendliche Persönlichkeits- und Verhaltensstörungen aufweisen. Alarmierende Zahlen, die das Bild eines psychisch gesunden "Humanvermögens" in Gestalt der nachwachsenden Generation deutlich trüben, veranlassen Wissenschaftler, sich für die "Stärkung elterlicher Erziehungskompetenz" einzusetzen (siehe dazu K. A. Schneewind in diesem Band). Zur Stärkung elterlicher Erziehungskompetenz wird die Beachtung des Erziehungskonzepts "Freiheit in Grenzen" empfohlen. Gemeint ist damit, dass Eltern sowohl die kindlichen Bedürfnisse nach einem liebevollen, akzeptierenden und unterstützenden Verhalten beantworten als auch Erwartungen an ihre Kinder stellen und ihnen Forderungen zumuten sollten, auf deren Einlösung sie konsequent bestehen. Neben den Aspekten des elterlichen Wertschätzens und Forderns kennzeichnet eine Erziehung nach dem Prinzip "Freiheit in Grenzen" eine dritte wichtige Dimension. Sie setzt auf die Gewährung von psychologischer Autonomie, die es Kindern und Jugendlichen in entwicklungsangemessener Weise ermöglicht, Erfahrungen als Konsequenzen ihres eigenen Handelns zu machen und damit zu selbstverantwortlichen und selbständigen Personen heranzuwachsen.

Solche Denkansätze (siehe ebenfalls P. Büchner in diesem Band) ermutigen dazu, die Eigenheit und den Wert eines jeden Menschen anzuerkennen, ihm Kompetenz zuzugestehen, das Leben selbsttätig zu gestalten. Dazu zählt insbesondere seine Fähigkeit und seine Berechtigung, sich zwischen Alternativen zu entscheiden. Für die Elternpädagogik würde das bedeuten, dass innerhalb der großen Breite pädagogischer Lehrmeinungen sie sich mit ihrer Einflussnahme für die Wahl jener Bildungs- oder Schulvariante einsetzen können dürften, die ihren eigenen Vorstellungen nahe kommt, und dass sie solche ablehnen können dürften, die ihnen fremd vorkommen. Es ist wohl wiederum an der Zeit darüber nachzudenken, wie die professionellen Ansprüche, mit denen außerfamiliale Erziehungsinstanzen, insbesondere die Schulen, gegenüber Eltern auftreten, mit den elterlichen Kompetenzen "versöhnt" werden können. Schließlich muss nach wie vor "im Interesse des Kindes und seiner Identitätsentwicklung" die "*advokatorische Funktion der Eltern,* d. h. die Wahrnehmung der spezifischen Interessen dieses einzelnen Kindes, "als eine entscheidende Erziehungsaufgabe herausgestellt werden" (Kaufmann 1995, S. 134, 184).

Akzeptiert wird hier die Alltagserfahrung, dass die Anforderungen, die die moderne Gesellschaft an das Wissen, an die Verlässlichkeit, an die Effizienz und Kreativität des Handelns ihrer Menschen stellt, in erster Linie zu Ansprüchen an die Qualität der Bildung des Humanvermögens in den Familien führen. Gefordert ist der Aufbau der Fähigkeit junger Menschen in ihren Familien, miteinander und mit anderen zu sprechen, zu kommunizieren, Wahrnehmungen aufzunehmen, sie dabei in eine soziale Umwelt einzuordnen, sich als eigene Person zu empfinden und zu entdecken. Ohne diese Fähigkeit dürfte unmöglich die Vermittlung von Befähigungen zur Lösung qualifizierter gesellschaftlicher Aufgaben in einer arbeitsteiligen Wirtschaftsgesellschaft und zur bewussten Einflussnahme auf die Umwelt und zu deren Gestaltung nach eigenen Entwürfen gelingen. Begründet werden damit Potenziale für kreatives Handeln in komplexen Umwelten: Alltagswissen und Gesundheit, Bildung, Wissen und Lernbereitschaft zum Erwerb von Qualifikationen für den Umgang mit Schule und Arbeitwelt, mit Demokratie und Politik.

Welche Bedeutung solchen sozialen Integrationspotenzialen zur Bewältigung "des sozialstrukturellen Differenzierungsprozesses, der für alle modernen Gesellschaften kennzeichnend ist," zukommt, hat die Sechste Familienberichtskommission mustergültig herausgearbeitet. Danach stellen "internationale Migration und das Zusammenleben von Menschen unterschiedlicher Herkunft ... moderne Gesellschaften vor dauerhafte Herausforderungen an ihre Integrationsfähigkeit". Betont wird gleichwohl zu Recht, dass angesichts der Pluralität der familialen Lebensformen in der Bundesrepublik Deutschland mit dem Thema Migration für die familienpolitische Diskussion keine neue, sondern lediglich eine "zusätzliche Facette" ins Blickfeld rückt. Wenn als ein besonderes "Anliegen" des Berichts darauf aufmerksam gemacht werden soll, "dass rechtzeitige und zureichende Investitionen" in das Humanvermögen "der Zuwanderer viel an langfristigen und ökonomischen sozialen Folgekosten ersparen" können, wird wiederum an einem Spezialfall die Grundsätzlichkeit der präventiven Möglichkeiten von Familienpolitik demonstriert (Sechster Familienbericht 2000, S. 2, 4 ff., 206 ff., 209 ff.).

Im "Dossier" der "Zeit" vom 4. Januar 2001, das die Fehlentwicklungen im deutschen Schulsystem skizziert, fehlt der Hinweis auf die Ergebnisse der TIMS-Studie, die der Pisa-Studie voranging, nicht. Unverblümt wird auf Aussagen von Pädagogen verwiesen, die "eine neue 'Bildungskatasprophe' auf die Republik zurollen" sehen. Für viele Eltern, Experten und Politiker – so heißt es weiter – sei sie schon da. Kaum jemals zuvor sei die deutsche Lehrerschaft "so weit von den Gedanken und Gefühlen, Moden oder (Musik)Stilen ihrer Schüler entfernt" gewesen "wie heute". Beide trennten nicht nur "Lebensjahre, sondern Lebensstile". "Rund 75 % der Arbeit eines Hauptschullehrers bestehen aus Sozialarbeit", verlautet sehr präzis aus dem Munde der Leiterin einer Ostberliner Hauptschule. Und in einem "Brandbrief" in der Leserbriefspalte der "Zeit" vom 20. Dezember 2000 spricht eine Sonderschullehrerin von "guten" Mathematikern und Technikern, "die grottenschlechte Didaktiker" seien, keine Grundlagen zu vermitteln wüssten, und deshalb als "qualifizierte Kinderquäler" für Schulversagen sorgten. – Im Informationsdienst des Instituts der Deutschen Wirtschaft vom 15. Juni 2000 wird über die Ergebnisse einer neuen Studie der Industrie- und Handelskammer zu Köln berichtet, die den Titel: "Schulungsqualität und Ausbildungsanforderungen" trägt. Danach werden wegen gravierender Mängel im "Grundwissen" die wichtigsten Anforderungen an das Leistungspotenzial der Auszubildenden in einer "zum Teil alarmierenden" Weise verfehlt. Im deutschen Schulsystem seien die Rollen klar verteilt: "Die Schüler büffeln und die Lehrer prüfen deren Leistungen, vergeben Noten und Zeugnisse. Doch wer prüft wiederum die Qualität der Schulausbildung?" Das Urteil lautet: "In Deutschland bewerten die Schulen sich letztendlich selbst – in anderen Ländern dagegen kontrollieren außenstehende Experten den Ertrag der Schularbeit."

Es ist hier ebenso wie im Fall der Transferausbeutung: Das, was als institutionelle Entlastung von Familien gelten sollte, führt zu neuen Lasten bei den Familien. Die sozialen Lasten defizitärer institutioneller Arrangements fallen voll auf die Eltern zurück. "Nachhilfe ist inzwischen an allen allgemeinbildenden Schulformen – auch an Grundschulen – zu einer festen Einrichtung avanciert", so lautet das Ergebnis einer Elternbefragung in Nordrhein-Westfalen 1997/98. Die Hochrechnung ergibt, bezogen auf das gesamte Bundesgebiet, dass von jährlich getätigten Ausgaben für Nachhilfeunterricht in Höhe von 11,8 Milliarden DM ausgegangen werden kann. Wird dazu noch der Aufwand der familiären Nachhilfe und des unbezahlten Nachhilfeunterrichts durch der Familie nahestehende Personen gerechnet, liegt das "kalkulierte jährliche Investitionsvolumen" für diese gesellschaftlich notwendige Variante von familialen Dienstleistungen in Deutschland bei rund 4,5 Milliarden DM (Kramer, Werner 1998, S. 51 ff.). Im Informationsdienst des Instituts der Deutschen Wirtschaft vom 25. Februar 1999 wird die Vermutung geäußert, allzu lange würden die Eltern "die offensichtlichen Mängel der Institution Schule wohl nicht mehr hinnehmen".

Bislang aber haben die Eltern angesichts der monopolartigen Form des schulischen Angebots offensichtlich keine nennenswerte Chance, sich dieser Zusatzbelastung zu erwehren. Hier rächt es sich, dass die wohl begründeten Empfehlungen des Wissenschaftlichen Beirats für Familienfragen aus dem Jahr 1979 in der Politik kein Gehör fanden, vor allem dort, wo der Staat in die Leistungserstellung für die nachwachsende Generation eingreift, immer wieder die Frage nach deren Qualität und Effektivität aufzuwerfen. Im konkreten Fall müsse "dargetan werden, weshalb ein im öffentlichen Interesse gewünschtes Versorgungsniveau der nachwachsenden Generation nicht durch entsprechende Transferzahlungen an die Erziehungsberechtigten erreicht werden kann und inwieweit ein kollektives Angebot eher geeignet ist, ein solches Versorgungsniveau sicherzustellen". In ordnungspolitischer Sicht geht der Beirat davon aus, dass "staatliche Maßnahmen die Entscheidungsfreiheit von Individuen nur in begründeten Fällen einschränken sollen" (Wissenschaftlicher Beirat 1979, S. 13 f., 147ff., 183 ff.; siehe auch P. Büchner in diesem Band).

Doch noch sind die modernen Gesellschaften weit davon entfernt einzusehen, dass die Familienarbeit wegen ihrer Bedeutung für die Schaffung von Wohlfahrt, Alltagskultur und Humanvermögensbildung als Gesellschaftshandeln anzusehen ist und dass ihr aus diesem Grund die gleiche Aufmerksamkeit und der gleiche Respekt zu erweisen ist wie der Erwerbsarbeit und ihrer technisch-funktionalen Produktionsleistung. Familienhaushalte sind "Unternehmen", lebenslang auf Nachhaltigkeit und Bedarf hin orientiert, um der Humanvermögensbildung, Wohlfahrt und Alltagskultur willen. Bedauerlicherweise wird weitgehend in unserer Gesellschaft außer acht gelassen, dass "Unternehmen" keine Selbstläufer sind, sondern wissensgesteuerte Systeme, die dazu noch Regeln unterworfen sind, um Effizienz und Effektivität zu bewirken. Dieses Versäumnis trifft vor allem das "Unternehmen Familienhaushalt". Haushalts- und familienbezogene Bildung wird in unserem Lande seit 30 Jahren fast nicht mehr vermittelt. Selbst in der Armutsforschung wird oft übersehen, dass "Armut" nicht nur ein finanzielles Problem junger Familien ist, sondern sehr dezidiert eine Folge eines zunehmenden Mangels an Daseinskompetenzen für Haushalts- und Familienarbeit. All das geschieht angesichts deutlich zu beobachtender sozial-kultureller und haushaltsökonomischer Verantwortungszuwächse. Freiheiten und personale Autonomieansprüche bescheren nicht nur Chancen, sondern nicht zu unterschätzende neue Risiken für den familialen Alltag, nicht zuletzt, wenn die Einkommens- und sonstigen Risiken zunehmen bei gleichzeitig wachsenden Konsumansprüchen. Jegliche Befähigung zum Erwerbsleben in der globalen und zunehmend Verantwortung fordernden Wirtschaftswelt bedarf deshalb zur Balance einer fachkundigen bedarfsorientierten "Verbraucherorientierung" und einer haushaltsökonomischen Kompetenz. Basis für all dies sind auf das Wohl aller Menschen ausgerichtete, deshalb humane Wertevermittlungen. Eine derartige Wertevermittlung bedarf sowohl "familial gebildeter" Eltern und Lehrer als auch familial orientierter Entscheidungsträger im vermittelnden Wissensbetrieb in Schule und Ausbildung, Lehre und Forschung, Arbeitswelt und öffentlichem Leben. Betrachtet man die gängigen Meinungen über den Bedarf an Wissensbildung, erscheint der Balance-Sektor nahezu als "das völlig unterentwickelte Andere" in einer nur "hälftig" wahrgenommenen Lebenswelt. Schon Xenophon lehrte, dass reich ist, wer mit seinen verfügbaren Mitteln auskommt, auch wenn sie gering sind, und arm, wer trotz großen Besitzes nicht genug hat. Auch das ist Teil einer auf Familie ausgerichteten ordnungspolitischen Botschaft (siehe dazu R. von Schweitzer in diesem Band).

Nur mit einer wertorientierten Humanvermögensbildung in Familie und Schule werde eine innovative und effiziente Wirtschaft und eine dynamische, weltoffene Gesellschaft möglich – das war die Botschaft des Fünften Familienberichts. Das sollte Konsequenzen haben. Der Kern dieser Botschaft müsste zum Maßstab werden für die von allen Seiten für die Bundesrepublik Deutschland angemahnte grundlegende Reform des Sozialstaats. Es muss in einem erheblich höheren Ausmaß als bisher darüber nachgedacht werden, welche Verfahren angebracht sind, um zu einer problemorientierteren Leistungsbewertung für die vom Staat offerierten Geld- und Realtransfers zu gelangen. Eine Förderung der Leistungskontrolle der Dienstleistungsanbieter im öffentlich rechtlichen Raum durch die Nutzer, die Verstärkung der Chancen für eine nachfragebezogene Bewertung dürfte zu einer sowohl gerechteren als auch effizienteren Angebotsstruktur im Bildungs- und Sozialleistungssektor führen. Damit gelangen wir zu einem äußerst bedenkenswerten Befund. Die Chance, Familie in der Gegenwart der Bundesrepublik Deutschland leben zu können, wird nicht zuletzt davon abhängen, ob unsere Gesellschaft erkennt und anerkennt, dass dazu ein bestimmtes Volumen an familienorientierten Dienstleistungen erforderlich ist, und davon, dass sich mit einer aufklärerischen familienpolitischen Offensive die Einsicht durchsetzt, dass es angesichts bedeutungsschwerer Rückverlagerungen von Aufgaben und Funktionen an die Familien deren konkreter Unterstützung bedarf.

Erneut könnte mit Kaufmann gesagt werden: "Die Familie braucht Hilfe – aber es ist schwer, ihr zu helfen". Gewiss: alles "Wesentliche, was familiale Lebensformen ausmacht, müssen die Familienmitglieder selbst leisten" ... "Das Einschlagen einer 'Familienkarrier' ... ist heute ... kein kulturell vorgebener, sozusagen notwendiger Bestandteil weiblicher und männlicher Lebensentwürfe mehr, sondern *eine Frage der Wahl, der inividuellen Entscheidung geworden"*. Mit dem "*Schwund der kulturellen Selbstverständlichkeit von Familie und Ehe"* ist das Bewusstsein für die Risikohaftigkeit dieser Entscheidungen gewachsen. Auch Kaufmann erscheinen die Verpflichtungen gegenüber den Kindern als eher "umfassender und verbindlicher" als zuvor. Das Problem steckt einfach in der Tatsache, dass mit der "*Anerkennung familialer Autonomie als Norm ... noch nicht ihre Verwirklichung im Sinne einer praktischen Umsetzung (gewährleistet) ist"* (Kaufmann 1995, S. 165). Muss dann nicht die Lösung des Problems in der Stärkung der familialen Autonomie gesucht werden? Muss dazu nicht zwingend die Antwort lauten: Rückverlagerung von Verantwortung in die Familie durch die staatliche Zuweisung von Nutzungsrechten an die Familien, mit deren Hilfe sie den Zugriff auf bei ihnen etwa fehlende Fachkompetenzen erlangen können? Exakt diese Frage nach den Handlungspotenzialen für Familienhaushalte in den Gegenwartsgesellschaften der hoch entwickelten Länder, nach den realen Chancen für Familienhaushalte, "souverän ein Leben lang ein selbstbestimmtes Lebensweisekonzept realisieren" zu können, sollte Anlass sein, nach den Voraussetzungen zu fragen, unter denen die "*Anerkennung familialer Autonomie als Norm" auch die Chance zu ihrer Verwirklichung besitzt.* (Siehe hierzu ebenfalls die einschlägigen Erwägungen über die

"Würde" von Familie in den Texten IV.1, Landessynode, und IV.2, B. Wannenwetsch, in diesem Band).

Die Leitthese für solche Recherchen müsste lauten: Die Verkörperung von Wissen und Kompetenzen im Humanvermögen vieler Einzelner befähigt zu individuell und gesellschaftlich nutzbaren Leistungen immer nur in Verbindung mit verfügbaren Ressourcen. Das entscheidende Element einer Förderung der familialen Autonomie besteht in der Schaffung von Rahmenbedingungen, die gewährleisten, dass etwa fehlende "Besitz"-Einkommen als Sicherungseinkommen substituiert werden können durch alternative institutionelle Arrangements. Mit der Gewährleistung von Wahlpotenzialen durch die Verfügbarkeit von Rechten ließe sich die Attraktivität etwaiger Antworten begründen.

Ziel müsste es sein, möglichst vielen Familienhaushalten durch den Zugang zu einer Palette von Ressourcen, von "Vermögensrechten", die Soziale Sicherung einschließen, Chancen zu eröffnen, ihre individuelle Wahl zu treffen bezüglich der Durchsetzung ihrer individuellen Vorstellung für ein ihnen angemessenes Lebensweisekonzept. – Das wäre eine große Chance für die Bundesrepublik Deutschland, dem seit geraumer Zeit beklagten "Reformstau" im Beschäftigungs- und Sozialsystem zu begegnen. Dazu bedarf es zwingend der Anleitung durch ein Leitbild, das auf die Befähigung zur raschen Anpassung an neue gesellschaftliche Herausforderungen setzt und zur Abkehr von standardisierten Produktions- und Lebensmustern sowie von starren Organisationsformen ermutigt. Zunehmend erörtert wird in diesem Kontext der Einsatz sogenannter "Voucher". "Voucher" sind Gutscheine. Bildungsgutscheine einsetzen zu können bei der Wahl von Schulen und Schulformen würde jungen Eltern ein gutes Stück familialer Autonomie zurückgeben.

4. Die These von der Notwendigkeit eines Umbaus des Sozialstaats, der im Zeichen der Gleichwertigkeit von Familientätigkeit und Erwerbstätigkeit steht

In diesem Zusammenhang wird auch über Familienarbeit neu zu reden sein. Schon thematisieren sich Bemühungen um die "Aufwertung der Erziehungsarbeit". In einem ersten Schritt ging es um eine Bestandsaufnahme von Modellen bzw. Vorgehensweisen bezüglich einer (verstärkten) Anerkennung und Honorierung der familiären Betreuungs- und Erziehungsarbeit durch Staat und Gesellschaft in verschiedenen europäischen Ländern (Leipert 1999). In einem zweiten Schritt erfolgten Analysen zum Thema "Familie als Beruf" (Leipert 2001). In völliger Übereinstimmung mit der Diktion der Fünften Familienberichtskommission heißt es hier: "Die Aufgaben, die beim Großziehen von Kindern in der Familie von den Eltern über lange Zeit erfüllt werden, sind für die Gesellschaft elementar, konstitutiv und wichtig." ... "Familien schaffen mit ihrer Versorgungs-, Erziehungs- und Betreuungsarbeit das Humanvermögen der Zukunft, auf das Gesellschaft und Politik in der Wissensgesellschaft von morgen dringend angewiesen sind. Durch ihr Engagement in der Familie stellen die Eltern den stabilen Bezugsrahmen bereit, der den fruchtbaren Nährboden für eine erfolgreiche und möglichst störungsfreie Entwicklung ihrer Kinder – vor allem in den sensiblen ersten Lebensjahren – bildet. Von Menschen mit stabilem Selbstvertrauen, gesunder Leistungsbereitschaft und Sinn für solidarisches Handeln – Eigenschaften, deren Herausbildung auf elterliches Engagement und elterlichen Erziehungswillen angewiesen ist – profitieren Gesellschaft und Staat in vielfältiger Weise." Gefolgert wird eine Orientierung am Modell der allgemeinen Erwerbstätigkeit für alle arbeitsfähigen Erwachsenen – wenn möglich ohne, höchstens aber mit kurzen Unterbrechungen –, "wie sie sich vor dem Hintergrund der demographischen Nöte in der aktuellen Politik immer mehr durchsetzt", führe in die Sackgasse. "Die Abdrängung der Familie an den Rand der Gesellschaft durch eine expandierende Erwerbsgesellschaft" gehe vor allem "auf Kosten der Kinder und der Mütter" (Leipert 2001, S. 13 ff.).

Bezweifelt wird zunehmend, dass die Gegenwartsgesellschaft zu Recht die Einlassung akzeptiert, Einkommenssicherung in den erwerbsarbeitsfreien Zeiten der Familienarbeit sei im wesentlichen Privatsache oder sollte in einer zentralen Abhängigkeit von bereits existierenden Erwerbsarbeitsverhältnissen stattfinden. Zudem beantwortet diese positive Einschätzung des gesellschaftlichen Werts von Familientätigkeit in Verbindung mit der Botschaft von der Notwendigkeit ihrer gesellschaftlichen Aufwertung eine besonders prekäre Frage der Gegenwart. Diese Frage stellte Richard Sennett in seinem Buch: "Der flexible Mensch". Dort heißt es: "Wer braucht mich?" sei eine Frage, die "der moderne Kapitalismus" völlig zu negieren scheine (Sennett 1998, 201). Wenn zutrifft, dass die Investition in das Humanvermögen über die Zukunft der Gesellschaft entscheidet, beantwortet sich diese Frage zumindest für die Familienarbeit sehr schnell.

Wie sehr sich das Bild der "Arbeitslandschaft" der Gegenwart und der Zukunft verändert, wenn die Leistungen von Familien ebenfalls als zur Erwerbstätigkeit gleichwertige "Arbeit" betrachtet werden, zeigen die Ergebnisse der Zeitbudgetstudien für unsere Republik. Für 1992 wurde errechnet, dass im "alten" Bundesgebiet der Umfang der – wie das Bundesamt für Statistik durchgängig argumentiert – "unbezahlten" Arbeit (im Familienhaushalt) mit 76,5 Mrd. Stunden um 61 % über dem der

Erwerbsarbeit (47,5 Mrd. Stunden) lag. Frauen leisten dabei mit etwa fünf Stunden fast doppelt soviel unbezahlte Arbeit wie die Männer (mit 2 3/4 Stunden täglich). Von den unbezahlten Arbeiten nehmen die hauswirtschaftlichen Tätigkeiten mit 76 % die weitaus meiste Zeit in Anspruch. Für die gesamte Bundesrepublik Deutschland lautete die Relation "unbezahlt" zu "bezahlt": 95,5 Mrd. Stunden zu 60 Mrd. Stunden (Blanke u. a. 1996). Dieser Befund beziffert das Ausmass des Realitätsverlusts jeglicher Analyse der "Arbeit der Zukunft", die Familienarbeit ausblendet. Die "Zukunftsperspektive für Familie und Wirtschaft" steht sicherlich stärker als je zuvor im Zeichen der volkswirtschaftlichen Gleichwertigkeit, wie es unsere Analyse der wertschaffenden Leistungen von Familien im Teil I.2 zu belegen suchte.

Wer gleichwohl das Gewicht dieser Argumentation mindern möchte, sollte sich mit der Aussage des Bundesverfassungsgerichts vertraut machen, dass "Haushaltsführung und Kinderbetreuung ... für das gemeinsame Leben der Ehepartner keinen geringeren Wert (haben) als Einkünfte, die dem Haushalt zur Verfügung stehen". Es fügt zur Erläuterung seiner Grundauffassung hinzu, "dass sich die Gleichwertigkeit der familiären Unterhaltsbeiträge von Ehegatten nicht an der Höhe der Erwerbseinkommen (bemisst), das einer oder beide Ehegatten erzielen, oder am wirtschaftlichen Wert der Familienarbeit und an deren Umfang". Sie drücke vielmehr aus, "dass die von den Ehegatten für die eheliche Gemeinschaft jeweils erbrachten Leistungen gerade unabhängig von ihrer ökonomischen Bedeutung gleichgewichtig sind und deshalb kein Beitrag eines Ehegatten höher oder niedriger bewertet werden darf als der des anderen" (BverfG, 1 BvR 105/95 vom 5.2.2002, jeweils Absatz 29 und 30). Wie auch immer interpretiert werden mag, bestätigt wird hiermit die auch ökonomisch relevante Aussage von der unabdingbaren Komplementarität beider Leistungen.

Es bleibt dabei: Sollen die Entscheidungen des Bundesverfassungsgerichts zur Lage der Familie in Deutschland wirklich umgesetzt werden, muss der Sozialstaat tiefgreifender umgebaut werden als vielfach gedacht und zudem bislang politisch zugestanden wird. Erinnert sei daran, dass, *mit dem Jahr 1992 beginnend,* dieses Gericht vom Gesetzgeber verlangt, *mit jedem Reformschritt sicherzustellen, dass die Benachteiligung der Familien tatsächlich verringert wird.* Dass Reformen nicht vorankommen können, wenn nicht zuvor über die Prinzipien nachgedacht wird, die für ein soziales Sicherungssystem gelten sollen, welches sich den Herausforderungen der Gegenwart, der Zukunft zugewandt, stellen will, ist evident. Wir fordern hier dessen grundlegende Familienorientierung und eine konsequente Einbettung in ein System Sozialer Marktwirtschaft. Ohne einen umfassenden Wandel überkommener gesellschaftlicher Denkmuster wird jedoch wenig bewirkt werden können. Deshalb versuchen wir mit den Beiträgen dieses Bandes Nachdenklichkeit zu wecken. Dass vieles von dem, was im ökonomischen und gesellschaftspolitischen Bereich zur Diskussion gestellt wird, bereits früher gefordert und begründet wurde, mag uns als Verpflichtung erscheinen, dort weiterzuarbeiten, wo unsere Vorgänger mit ihrer Argumentation endeten. Im Jahr 1982 legte Willi Albers, ein renommierter Finanz-, Familien- und Sozialpolitikwissenschaftler, Mitglied und stellvertretender Vorsitzender der Transfer-Enquete-Kommission, ein Buch vor, mit dem er seiner Meinung Ausdruck gab, im Gegensatz zur Mehrheit der Kommissionsmitglieder halte er eine auf die Lebenslage von Familien ausgerichtete "Reform des sozialen Sicherungssystems (der Bundesrepublik Deutschland) *an Haupt und Gliedern .... für notwendig*". Auch "die These, man könne einen Teil der Sozialleistungen abbauen, da sie ohnehin *nur eine Umverteilung von der rechten in die linke Tasche ein und desselben Bürgers* darstellen", widerlege der Bericht nicht. Mit gegenteiligen Behauptungen und Formulierungen wie "Kritik überzogen" gehe es politisch "offenbar darum, solche Aussagen als Rechtfertigung für die Beibehaltung des Status quo auszulegen"(Albers 1982, 9, Hervorhebung und Einfügung, H.-G. K.).

Vor diesem Hintergrund dürfte eine aktuelle Nachricht Beachtung verdienen. Im Weltentwicklungsbericht 2000/2001 mit dem Titel: "Bekämpfung der Armut" verweist die Weltbank auf eine Studie über die "realen Welten des Wohlfahrtskapitalismus" (Goodin u. a. 1999). Danach zeigen die Ergebnisse der Maßnahmen in der Bundesrepublik Deutschland zum Abbau von Armut durch das gegebene System der Besteuerung und der Sozialtransfers im Zeitraum von 1985 bis 1994 keinen nennenswerten Erfolg. Das sei eine Folge der Ideologie dieses Systems der Umverteilung, meint die Weltbank (Weltbank 2000, S. 140). Zu bedenken ist dabei all das, was der bereits zitierte "Erste Armuts- und Reichtumsbericht" der Bundesregierung festgehalten hat mit seinem Hinweis: "Ein erhöhtes Armutsrisiko tragen vor allem junge Familien mit kleinen Kindern, da im Zuge des Aufbaus eines Familienhaushalts ein erhöhter finanzieller Bedarf besteht." "Armut von Kindern ist vielfach eine Folge geminderter Erwerbs-und Einkommenschancen ihrer Eltern" (Bundesregierung 2001, S. 16f., 90f. 92).

Ist das eine Bestätigung der Albers-Position? Schließlich könnte die Feststellung der Weltbank so ausgelegt werden, dass wegen seiner gesellschaftlichen Fehlleistungen das Umverteilungssystem der Bundesrepublik Deutschland in seiner Undurchschaubarkeit und Unwirksamkeit im Hinblick auf seine Zielsetzung an sich zur Disposition stehen müsste, *an Haupt und Gliedern*. Diese These sollte nicht nur Erschrecken auslösen. Sie könnte nämlich auch als Hinweis auf verfügbare Änderungspotenziale verstanden werden. Ginge man von einer Totalaussage des Versagens aus, beliefe sich damit die derzeitige finanzielle Verfügungsmasse für Sozialreformen auf das Volumen des aktuellen Sozialbudgets, das 1999 den Wert von 668 Milliarden Euro erreichte. Niemand sollte also davon reden, es sei nirgendwo ein beachtlich großer Fonds zur Finanzierung des aktuellen Umgestaltungsbedarfs auszumachen. Schon seit Jahrzehnten blockieren die von der Weltbank genannten Ideologien die vielfach geforderten Reformen. Der Preis dafür ist ein schleichender Verzehr der volkswirtschaftlichen Vermögenssubstanz bis hin zum Bestand an Humanvermögen. Die absolute Höhe der bestehenden, wenngleich abschmelzenden Vermögenspotenziale des "gelähmten Riesen" Bundesrepublik Deutschland (Krengel) verdeckt das Ausmaß der "Lähmung", scheint aber zugleich auch den Blick auf die konkret verfügbare Verfügungsmasse für Sozialreformen zu versperren.

Nicht ohne einige Berechtigung wird gegenwärtig darauf aufmerksam gemacht, dass die moderne Industriegesellschaft seit der Mitte des 19. Jahrhunderts schon schwierigere Übergänge gemeistert habe. Gewiss seien für diesen Prozess das höhere Bildungsniveau, "die industriegesellschaftliche 'Ressource' der Individualisierung" und ein "Kernbestand an sozialstaatlichen Sicherungen" hilfreiche Elemente. Es möge zudem Ermutigung schaffen, die Übergangsperiode auf "lediglich zwei bis zu drei Dekaden zu veranschlagen" (Wiesenthal 1999, S. 140).

Festzuhalten ist bei allem als entscheidende Grundidee, dass für die Sicherung und Förderung des Wohlstands unserer Gesellschaft, des Wohlstands ihrer Familien, die Stärkung investiver Potenziale einen deutlichen Vorrang haben muss vor den konsumtiven. Nach unserem Befund gilt es, die vier zentralen Säulen der gesellschaftliche Zukunftssicherung investiv zu "bestücken". Das sind die Säulen: 1) Humanvermögensbildung, 2) Aufbau von (Familien-)Haushaltsvermögen mit einem starken Akzent von Wohnungseigentum, 3) breit gestreute Vermögensbeteiligung privater Haushalte an privaten und öffentlichen Unternehmen und 4) die investiven Elemente im Sozialen Sicherungsvermögen, jene Elemente, die die familiale Humanvermögensbildung stützen, nicht zuletzt das Gesundheits- und Bildungssystem. Jeder Schritt, der in diese Richtung führt, stabilisiert die Lebenslage von Familienhaushalten und die Zukunftsfähigkeit moderner Gesellschaften.

Die Veränderung der Methoden "von Gestern" mit Hilfe der Überzeugungskraft von "Lehr- und Lernmethoden, die die Zukunft offenhalten", wird ohne (kritische) Betrachtungen über die denkmöglichen Entwicklungspotenziale der Gesellschaft der Zukunft – Betrachtungen, die deutlich empiriegeleitet sein sollten – nicht auskommen. Ohne die Einsicht, dass ohne die Fähigkeit, Kontinuität in der Sicherung der Familienhaushaltseinkommen zu erreichen, die Chance, stabile Lebensverhältnisse zu bewahren, schwindet, wird sich jedenfalls das inzwischen sehr bedrohlich angewachsene Niveau an Denkblockaden nicht auflösen lassen. Dazu bedarf es fundamental der Bekämpfung der strukturellen Rücksichtslosigkeiten in dieser Gesellschaft gegenüber Familien, nicht zuletzt einer sehr kritischen Auseinandersetzung mit dem Thema der Definitionsgewalt mächtiger Institutionen, die wissen wollen, was der Gesellschaft nützt, dabei jedoch verkennen, dass sie nur dann ihrer gesellschaftlichen Legitimation nachkommen, wenn das, was sie leisten, "Familie lebbarer macht"(siehe hierzu R. von Schweitzer und M. Hein in diesem Band).

Literatur

Albers, Willi: Soziale Sicherung – Konstruktionen für die Zukunft. Bonn 1982.

Blanke, Helga/Manfred Ehling/Norbert Schwarz: Zeit im Blickfeld. Ergebnisse einer repräsentativen Zeitbudgeterhebung. Stuttgart, Berlin, Köln 1996. [Schriftenreihe des Bundesministeriums für Familie, Senioren, Frauen und Jugend, Bd. 121].

Bundesminister für Jugend, Familie und Gesundheit (Hrsg.): Dritter Familienbericht – Die Lage der Familien in Deutschland. Bonn 1979.

Bundesministerium für Familie und Senioren (Hrsg.): Familien und Familienpolitik im geeinten Deutschland – Zukunft des Humanvermögens. Fünfter Familienbericht. Bonn 1994.

Bundesministerium für Familie, Senioren, Frauen und Jugend (Hrsg.): Familien ausländischer Herkunft in Deutschland. Sechster Familienbericht. Berlin 2000.

Bundesregierung: Lebenslagen in Deutschland. Erster Armuts- und Reichtumsbericht. Bundestagsdrucksache 14/5990. 2001.

Goodin, Robert E./Bruce Heady/Ruud Muffels/Henk-Jan Dirven: The Real Worlds of Welfare Capitalism. Cambridge 1999.

Kaufmann, Franz-Xaver: Zukunft der Familie im vereinten Deutschland. München 1995.

König, René: Die Familie der Gegenwart. München 1974.

Kramer, Wolfgang/Werner, Dirk: Familiäre Nachhilfe und bezahlter Nachhilfeunterricht. Köln 1998.

Krengel, Rolf: Der gelähmte Riese – Zum Strukturwandel der Produktionsfaktoren in der Bundesrepublik. In: Institut der deutschen Wirtschaft (Hrsg.): Wirtschaftliche Entwicklungslinien und gesellschaftlicher Wandel. Köln 1983.

Krüsselberg, Hans-Günter: Ethik, Vermögen und Familie – Quellen des Wohlstands in einer menschenwürdigen Ordnung. Stuttgart 1997.

Leipert, Christian (Hrsg.): Aufwertung der Erziehungsarbeit. Europäische Perspektiven einer Strukturreform der Familien- und Gesellschaftspolitik. Opladen 1999.

Leipert, Christian (Hrsg.): Familie als Beruf: Arbeitsfeld der Zukunft. Opladen 2001.

Meade, Margaret: Der Konflikt der Generationen. Eschborn 2000.

Sachverständigenrat zur Begutachtung der gesamtwirtschaftlichen Entwicklung: Für Stetigkeit – Gegen Aktionismus. Jahresgutachten 2001/2002. Stuttgart 2001.

Schmidt, Gert (Hrsg.): Kein Ende der Arbeitsgesellschaft. Arbeit, Gesellschaft und Subjekt im Globalisierungsprozess. Berlin 1999.

Schmucker, Helga: Studien zur empirischen Haushalts- und Verbrauchsforschung, Berlin 1980.

Sennett, Richard: Der flexible Mensch. Berlin 1998.

Weltbank: Weltentwicklungsbericht 2000/2001. Bonn 2001.

Wiesenthal, Helmut: Constraint-Soziologie als Risiko. In: Schmidt (Hrsg.) 1999, 123-144.

Wissenschaftlicher Beirat für Familienfragen: Leistungen für die nachwachsende Generation in der Bundesrepublik Deutschland. Schriftenreihe des Bundesministers für Jugend, Familie und Gesundheit, Band 73. Stuttgart 1979.

Die Autorinnen und Autoren dieses Bandes

Peter Büchner, Prof. Dr., Philipps-Universität Marburg, Institut für Erziehungswissenschaften, (*1941). Diplomübersetzer 1968 (Saarbrücken), Promotion Dr. rer. soc. 1972 (Konstanz), Habilitation 1977 (FU Berlin). Wiss. Mitarbeiter, Zentrum für Bildungsforschung, Universität Konstanz (1969-73); Assistenzprofessor, FU Berlin (1974-1979). Seit 1979 Universitätsprofessor für Erziehungswissenschaft (Schwerpunkt: Soziologie der Erziehung und des Bildungswesens, Familien-, Kindheits- und Sozialisationsforschung; Bildungssoziologie – Bildung und soziale Ungleichheit; Lehrer- und Diplompädagogenausbildung). Seit 2001 Forschungsprojekt der Deutschen Forschungsgemeinschaft: Weitergabe von Bildung und Kultur in unterschiedlichen Familienkulturen in der Mehrgenerationenfolge. Zahlreiche Veröffentlichungen, zuletzt: (mit M. du Bois-Reymond u. a.) Teenie-Welten. Aufwachsen in drei europäischen Regionen, Opladen 1998; (mit K. Koch) Von der Grundschule in die Sekundarstufe. Der Übergang aus Kinder- und Elternsicht, Opladen 2001.

Die Landessynode der Evangelisch-Lutherischen Kirche in Bayern

Die Theologische Kammer der Evangelischen Kirche von Kurhessen-Waldeck

Martin Hein, Dr., Bischof der Evangelischen Kirche von Kurhessen-Waldeck, (*1954, Wuppertal). Nach Schulbesuch in Hanau und Frankfurt/Main 1972- 1979 Studium der Rechtswissenschaften und der Theologie in Frankfurt/Main, Marburg und Erlangen. 1979 wissenschaftlicher Mitarbeiter an der Reformationsgeschichtlichen Forschungsstelle (DFG) in Erlangen. 1982 Promotion an der Theologischen Fakultät der Universität Erlangen-Nürnberg. 1982-1984 Vikar in Kassel. 1984-1989 Pfarrer in Grebenstein. 1989-1994 Studienleiter am Evangelischen Predigerseminar Hofgeismar. 1995-2000 Dekan in Kassel. 2000 Habilitation am Fachbereich Erziehungswissenschaft/Humanwissenschaften der Universität Kassel. Seit September 2000 Bischof der Evangelischen Kirche von Kurhessen-Waldeck.

Hans-Günter Krüsselberg, Prof. Dr., Philipps-Universität Marburg, Fachbereich Wirtschaftswissenschaften, Wirtschafts-, Sozial- und Familienpolitik, (*1929, Wuppertal). Abitur, Tätigkeit im Handwerk. Universität Köln: 1953-1957 wirtschafts- und sozialwissenschaftliches Studium. 1957-1960 Forschungsauftrag der Deutschen Forschungsgemeinschaft. 1960-1968 Wiss. Assistent, 1962 Promotion, Dr. rer. pol., 1968 Habilitation. Philipps-Universität Marburg: 1969-1975 Professor für Wirtschaftstheorie, für Wirtschaftspolitik (1975-1997), Institut für Sozial- u. Familienpolitik (seit 1979). – Seit 1973 Mitglied, 1978-1984 Vorsitzender des Wissenschaftlichen Beirats für Familienpolitik beim BMFSFJ. 1991-1994 Sachverständigenkommission Fünfter Familienbericht. Stellv. Vorsitz Marburger Gesellschaft für Ordnungsfragen der Wirtschaft. 1994-2000 Mitglied des Kuratoriums Stiftung "Der Private Haushalt", Düsseldorf. Seit 1986 Mitglied der Synode, Landeskirche Kurhessen-Waldeck. 1993 Verdienstkreuz am Bande des Verdienstordens der Bundesrepublik Deutschland. Forschungsschwerpunkte, Veröffentlichungen: Politische Ökonomik; Soziale Marktwirtschaft; Wettbewerb; Arbeitsmarkt und Verteilung; Mittelstandspolitik, Sozial- und Familienpolitik.

Rosemarie Nave-Herz, Prof. Dr. Dr. h. c., Carl von Ossietzky Universität Oldenburg, Direktorin des Instituts für Soziologie, 26111 Oldenburg. Studium der Soziologie, Wirtschaftswissenschaften und Germanistik an der Universität Köln; 1963 Promotion (Hauptfach: Soziologie); 1965-1967 wissenschaftliche Mitarbeiterin, Max-Planck-Institut für Bildungsforschung, Berlin; 1967-1971 Hochschuldozentin; 1971-1974 Lehrstuhl für Soziologie/Universität Köln; seit Wintersemester 1974/75 Professur für Soziologie, Schwerpunkt Familie, Jugend und Freizeit an der Universität Oldenburg; Frühjahr- und Sommersemester 1985 Gastprofessur an der University of Sussex/England. 1995 Verleihung des Dr. phil. h. c.; 2000 Verleihung des Verdienstkreuzes 1. Klasse des Verdienstordens der Bundesrepublik Deutschland. Mitglied verschiedener Kuratorien, wissenschaftlicher Beiräte, Fachausschüsse und Sachverständigenkommissionen sowie Mitherausgeberin verschiedener soziologischer Fachzeitschriften.

Heinz Reichmann, Dr. rer. pol., Honorar-Professor, Universität Hannover, (*1931, Gelsenkirchen). Abitur, kaufmännische Lehre, Studium der Betriebswirtschaft, Diplom-Kaufmann, Promotion. 1963 Wirtschaftsprüfer-Examen. November 1956 bis Februar 1975 Wirtschaftsprüfertätigkeit. 1965 Geschäftsführer, 1966 Partner einer namhaften Wirtschaftsprüfungsgesellschaft in Düsseldorf. 1975-1992 Mitglied des Vorstandes in zwei Versicherungskonzernen, zuletzt Stellvertretender Vorsitzender des Vorstandes. 1992 Wiederbestellung als Wirtschaftsprüfer. Mitglied des Aufsichts- und Verwaltungsrats in verschiedenen Unternehmen, in einigen als Vorsitzender des Gremiums. – Seit 1988 Mitglied des Arbeitskreises Evangelischer Unternehmer in Deutschland e. V. (AEU); 1991 bis November 2000 Mitglied des Vorstandes, 1994 bis November 2000 Vorsitzender des AEU; seit November 2000 Vorsitzender des Kuratoriums des Arbeitskreises Evangelischer Unternehmer. Mitglied des Kuratoriums des Evangelischen Studienwerkes e. V. Villigst, Schwerte, und des Sozialwissenschaftlichen Instituts der EKD (SWI), Bochum.

Klaus A. Schneewind, Prof. Dr., (* 1939). Psychologiestudium, Universität Erlangen-Nürnberg (1959-1964), Wissenschaftlicher Assistent, Institut für Psychologie der Universität Erlangen-Nürnberg (1964-1967), Postdoctoral Research Associate, University of Illinois, Champaign-Urbana, USA (1967-1968), Wissenschaftlicher Assistent, Institut für Psychologie der Universität Erlangen-Nürnberg (1968- 1970), Professor für Psychologie, Universtität Trier (1970-1977), Professor für Psychologie, Leiter des Institutsbereichs Persönlichkeitspsychologie, Psychologische Diagnostik und Familienpsychologie, Institut für Psychologie der Universität München (seit 1977). – Arbeitsgebiete: Theoretische und empirische Persönlichkeitspsychologie, Entwicklung persönlichkeits- und beziehungsdiagnostischer Verfahren, psychologische Familienforschung, Beziehungskompetenzen im Kontext von Partnerschaft und Familie, Paar- und Familienberatung/-therapie, Transplantationspsychologie.

Rosemarie von Schweitzer, Prof. Dr. phil., Dr. agr. h. c., (* 1927). Praktische Berufsausbildung zur ländlich-hauswirtschaftlichen Lehrerin und Beraterin, Studium der Sozialwissenschaft u. Philosophie in Frankfurt/M. und Bonn, Promotion, Reg. Landw.-Rätin, 1968 Habilitation. Von 1969 - WS 1993/94 Professorin und Institutsdirektorin an der JLU in Gießen. Aufbau des Studienganges Oekotrophologie und der haushalts- und familienwissenschaftlichen Lehre und Forschung. Mitglied zahlreicher nationaler und internationaler Verbände der Bereiche Familie, Haushalt und Agrarwirtschaft. Von 1971-2001 Mitglied des Wissenschaftlichen Beirats für Familienfragen des BMFSFJ. Mitglied/Vorsitzende mehrerer Sachverständigen Kommissionen zur Erstellung der Familienberichte sowie verschiedener Wissenschaftlicher Beiräte und Kuratorien auf Länderebene und von wissenschaftlichen Einrichtungen. Veröffentlichungen und Forschungsschwerpunkte zur Theorie des haushälterischen Handelns, des interkulturellen Haushaltsvergleichs sowie der sozialökonomischen Fragen von Familien und Frauen. Trägerin des Bundesverdienstkreuzes.

Bernd Wannenwetsch, Dr., (* 1959). Studium der Evangelischen Theologie in München. Pfarrer der Evangelisch-Lutherischen Kirche in Bayern. Theologische Promotion und Habilitation an der Theologischen Fakultät der Universität Erlangen. Privatdozentur für Systematische Theologie in Erlangen. Gastprofessur, Duke-University in North-Carolina, Lehrstuhlvertretung Systematische Theologie in Mainz, seit 2000 als University Lecturer in Ethics an der University of Oxford. Publikationen: Die Freiheit der Ehe (Neukirchen-Vluyn 1993), Gottesdienst als Lebensform. Ethik für Christenbürger (Stuttgart-Berlin-Köln 1997), Was tun wir, wenn wir arbeiten? Kleine Theologie der Arbeit (Stuttgart-Berlin-Köln 2002), Wendepunkte in der Ethik (Münster-Hamburg-London 2002), Mitherausgeber der Reihe "Ethik im theologischen Diskurs – Ethics in Theological Discourse" (Münster-Hamburg-London).